吴军

著名学者，投资人，人工智能、语音识别和互联网搜索专家。毕业于清华大学和美国约翰·霍普金斯大学，现任丰元资本创始合伙人、上海交通大学客座教授、约翰·霍普金斯大学工学院董事等职。

吴军博士曾作为资深研究员和副总裁分别任职于 Google 和腾讯。在 Google，他和同事一同开创了搜索反作弊研究领域，成立了中、日、韩文产品部门，设计了中、日、韩文搜索算法，领导了自然语言分析器、自动问答等研究型项目。在腾讯公司，他负责搜索、搜索广告和街景地图等项目。作为风险投资人，他成功地投资了数十家硅谷和中国的高科技企业。

吴军博士著有《数学之美》《浪潮之巅》《大学之路》《文明之光》《硅谷之谜》和《智能时代》等多部畅销书，并多次获得包括文津奖、中国好书奖、中华优秀出版物在内的国家级图书大奖。

文明之光·精华本
CIVILIZATIONS AND ENLIGHTENMENTS

吴军

著

人民邮电出版社

北京

谨以此书献给我的家人。

前言

这本书是我之前写的四卷本《文明之光》的精华本，我从全系列的 32 章中精选出读者朋友反馈热烈的 14 章，编辑成书。

为什么要写《文明之光》系列，我在原书的前言中是这样讲的：

> 人总是要有些理想和信仰。

当人们问起我的理想时，我就给他们讲贝多芬晚年的一个故事。有一天，贝多芬的老朋友维格勒来看他，贝多芬回忆起他们年轻时的理想，那时他们一起读着席勒的《自由颂》，追求自由的理想。贝多芬说他要写一部交响曲，告诉全世界他那"人类团结成兄弟"的理想。在这样的背景下，他写出了不朽的《第九（合唱）交响曲》。一百多年后，法国著名作家罗曼·罗兰再次提到贝多芬和席勒那样的理想，他写下了《巨人三传》和《约翰·克利斯朵夫》。在后一本书中，罗曼·罗兰寄托了他希望德国和法国两个世仇民族能够团结成兄弟的理想。今天，罗曼·罗兰的这个理想已经实现了。我自己也一直有着贝多芬和罗曼·罗兰那样的信念，相信人类最终能够团结成兄弟。我相信，即使今天不完美，将来终究会变得美好，而实现这一切则是要依靠文明的力量。

我们每个人或多或少都会遇到一些不如意的事情，看到或者听到这样那样的丑恶现象。我们有时会因为对当下的不满，而对未来产生怀疑。我们时常会听到这样的声音："都二十一世纪了……"，仿佛在今天的文明程度下，一切事情都必须是合情合理的。其实人类几千年的文明史和地球的历史相比，实在是太短暂了，大约相当于几分钟和一年的关系。虽然今天的社会和农业文明时期相比，已经算是高度发达，但与它所能达到的文明程度相比，还是非常初级的。因此，我们遇到各种缺憾也就没有什么好抱怨的了，因为我们人类还"太年轻"了，人类已经走过的路，相比今后要走的漫漫长路，只能算是刚刚起步。幸运的是，如果跳出一个个具体事件，站在历史的高度去看，我们会发现人类是向着美好的方向发展的。对于人类遇到的问题，最终我们会发现答案比问题更多。

历史上，人和人之间，民族和民族之间，以及人类和自然之间遇到过很多的矛盾和问题，人类甚至不知道解决这些矛盾和问题的最好方法是什么，因此，杀戮和战争成为了常态。人类学会尊重每一个人，学会通过协商解决问题，还只是近代的事情。翻开世界各国尤其是中国的历史教科书，可以看到书里面基本上都在讲述王侯将相攻城掠地的丰功伟业、帝国的扩展和兴衰，很少讲述世界各地区对文明的贡献。人们对强者的崇拜、对权力的兴趣似乎比对文明的兴趣更大。然而，时过境迁，人们会发现，经过历史的涤荡，这些王侯将相其实对世界剩不下多少影响，虽然他们的故事好听也好看。

那么，为什么很多人还会对那些王侯将相的故事津津乐道呢？这本身就说明人类还很年轻，依然向往并崇尚权力。另一方面，那些故事经过一代一代的演绎发挥，常常富有戏剧性和传奇色彩。而如果讲述普通人的故事，讲述文明的发展就未必能如此吸引人了。因此，我在很久以前就萌生了一个想法，我在想，这些过去被忽略了的、听起来可能枯燥的故事，是否也能讲得生动有趣呢？我不知道自己能否做到这一点，但是我希望挑战一下自己，尝试一番。

在为《文明之光》选择题材时，有关王侯将相的赫赫武功基本上都没有选，虽然有时可能会提上一两句，因为我们是在讲文明的故事，而不是讲战争史。对大家熟知的很多内容，比如关于古希腊的艺术、罗马的城市文明等，我也没有选。这并不代表它们不重要，而是因为这方面的书籍已经很多了，各种观点相互争鸣，已经足以为读者提供思考这些问题的全面视角了。

在本书的写作和出版过程中，特别要感谢 JUSTPUB 的周筠女士、李琳骁先生和胡文佳女士，作为本书的主要编辑、排版校对和审阅者，他们花了大量的心血和时间修改完善本书。万科企业股份有限公司董事会主席王石先生在百忙中为本书写了序言（见《文明之光　第一册》），在此向他表示衷心的感谢。另外，我还要感谢人民邮电出版社信息技术分社的俞彬社长，感谢周筠老师主持的文明之光读者群和邮电出版社营销经理孙英女士主持的多个吴军书友会，这为喜爱我作品的读者提供了很好的沟通场所，希望读者在掩卷之后，能从读者群和书友会收获更多观点的碰撞与思想的交汇。如能传扬科学之精神，鼓舞更多人成为理性的乐观主义者，那么读者群和书友会存在的意义便也达成了，感谢周老师和孙经理对读者群和书友会的精心维护。

最后，感谢我的家人对我写作的帮助与支持。

人类文明还在不断地发展，人们的认识也在不断地提高。本人学识有限，书中不免有这样或那样的错误，还请读者指正，也请读者原谅。

2018 年 05 月于硅谷

目　录

i　**前言**

1　**引子　一年与半小时 —— 年轻的人类**

　　第一节　我们的星球

　　第二节　生命的诞生和进化

　　第三节　最后的半小时

19　**第一章　罗马人三次征服世界 —— 罗马法**

　　第一节　罗马的崛起与司法制度的形成

　　第二节　罗马法的体系和法学的发展

　　第三节　罗马法的复兴和影响

49　**第二章　人造的奇迹 —— 瓷器**

　　第一节　陶和瓷

　　第二节　上天的眷顾

　　第三节　宋代青瓷

　　第四节　青花瓷器

　　第五节　风靡世界

第六节　日本的崛起

第七节　从炼金术士到月光社成员的尝试

第八节　瓷器在今天

106　**第三章　一个家族的奇迹 ——** 文艺复兴

第一节　佛罗伦萨的往昔

第二节　最珍贵的财富

第三节　昼夜晨昏

第四节　复兴走向全欧洲

第五节　科学的曙光

第六节　宝贵的遗产

155　**第四章　知识使人自由 ——** 印刷术的发明及影响

第一节　抄书的历史

第二节　印刷的时代

第三节　古腾堡的贡献

第四节　近代出版业的诞生

第五节　知识使人自由

201　　**第五章　用理性之光驱散黑暗 ——** 启蒙运动

第一节　专制下的自由

第二节　狄德罗和百科全书

第三节　斗士伏尔泰

第四节　卢梭和《社会契约论》

第五节　孟德斯鸠和三权分立

第六节　为什么在 18 世纪，为什么在法兰西

246　　**第六章　谈出来的国家 ——** 美国的建国过程

第一节　本杰明·富兰克林

第二节　托马斯·杰斐逊

第三节　乔治·华盛顿

第四节　从大陆会议到独立

第五节　谈出来的国家

302　　**第七章　缩短的距离 ——** 交通和通信的进步

第一节　史蒂芬森和铁路

第二节　莫尔斯和电报

第三节　毛奇的胜利

第四节　由电话到现代通信

第五节　电报和电话进入中国

341　**第八章　从达维特到麦克斯** —— 绘画的发展和个性的解放

第一节　标准审美的新古典主义

第二节　温情脉脉的浪漫主义

第三节　光与色交织的印象派

第四节　写实人生的新世纪绘画

397　**第九章　近代改良的样板** —— 从明治维新到现代日本

第一节　江户时代

第二节　黑船事件

第三节　福泽谕吉

第四节　维新的过程

第五节　并不完美的改革

450 **第十章 打开潘多拉的盒子 ——** 原子能的使用

第一节　一分为二的液珠

第二节　科学家的责任感

第三节　难以完成的使命

第四节　曼哈顿计划

第五节　德国的核计划

第六节　潘多拉的盒子被打开了

第七节　原子能的和平使用

501 **第十一章 伟大的博弈 ——** 华尔街的今昔

第一节　庞氏游戏和泡沫

第二节　华尔街的诞生和发展

第三节　一个人掀翻华尔街

第四节　将鸡交给狐狸照看

第五节　不断重复的愚蠢

560 **第十二章 从 0 到 N ——** 抗生素的发明

第一节　三次偶然的发现

第二节　漫长而艰难的药品化

第三节　机会总是有的

第四节　被滥用的药物

610　第十三章　两个人的竞赛 —— 苏美航天发展的历程

第一节　寻找冯·布劳恩

第二节　特殊的囚徒

第三节　第一回合：人造卫星，科罗廖夫胜

第四节　第二回合：载人航天，科罗廖夫再胜

第五节　第三回合：登月，冯·布劳恩完胜

654　第十四章　上帝的粒子 —— 希格斯玻色子和希格斯场

第一节　世界是能量的

第二节　上帝的粒子

第三节　宇宙的起源 —— 大爆炸

第四节　宇宙的终结

686　参考文献

引子　一年与半小时

年轻的人类

　　我在前言中提到，我们人类还很年轻。可能有人会说，（现代）人类的历史也有十万年以上了，怎么还能说年轻呢？其实，与地球的年龄相比，与人类今后要走的路程相比，人类确实还非常非常年轻，人类的文明史则更加短暂。在讲述人类文明和发展之前，不妨先看看我们人类是从何而来。而讲述人类的由来，先要了解我们居住的星球——地球的由来和演变。讲述地球演变的另一个目的，在大家读到这套书谈到保护地球时就能体会了，因为地球演变成今天这样，实在是不容易。

第一节　我们的星球

　　早期人类对于我们居住的星球的认识，只能用"瞎猜"两个字来形容。物理学家霍金讲了一个笑话：

　　　　一位老太太听完天文学家的报告后说，你说得根本不对，地球是被一个大乌龟驮着的。天文学家并没有对老太太的无知表现出不耐烦，反而问道，那么乌龟站在什么上面呢？老太太说，它站在另一个乌龟上面，一层层地摞下去。

古代各种文明对天地的看法，比这个老太太的说法高明不到哪里去。后来人类了解到地球是圆的，但是人们无法解释为什么地球可以悬在天上，人为什么不会从地球上掉下去，没人知道答案。

1686 年在近代科学史上是一个划时代的年份（也因此成为这套书第一、二册的分界线）。这一年，伟大的科学家艾萨克·牛顿爵士完成了科学巨著《自然哲学的数学原理》，第二年，这部书以拉丁文的形式[1]正式出版。40 多年后，安德鲁·莫特（Andrew Motte，1696—1734）才将它翻译回英文。在这部巨著里，牛顿除了提出了经典力学的牛顿三定律、微积分的原理，还通过他提出的万有引力定律对我们太阳系行星运动的规律作出了准确的解释。人们认识到地球之所以围绕着太阳日复一日、年复一年不停地旋转，而没有漂移到宇宙中，靠的是太阳和地球之间的引力。但是，地球一开始是怎么转动起来的，牛顿也想不出答案。于是他只好把原因归结到上帝身上，认为上帝推了地球（还有其他行星）一把。这就是所谓的第一推动力之说。

牛顿的解释牵强甚至荒唐，除了教会对此津津乐道外，没有什么科学家相信，恐怕连牛顿自己也未必当真。牛顿的局限性在于他没有看到宇宙万物都有一个产生、发展和消亡的过程，日月星辰也是如此。

[1]　在牛顿的年代，正式的科学出版物都以拉丁文书写。

图 0.1 康德－拉普拉斯星云说（旋转的星云）

　　在科学史上，第一个正确解释太阳系（和所有恒星）起源的学说是德国著名哲学家康德提出的星云说。康德是德国古典哲学的奠基人，早年学习数学，有非常好的科学基础。1755年，康德认为太阳系是由一团星云物质收缩形成的，先形成的是太阳，然后剩余的星云物质进一步收缩形成行星。康德以匿名形式发表星云说，写成书后一共只发行了几十本，而且用的是哲学家的语言而不是科学的描述，因此当时在科学界并没有引起什么轰动。而真正让星云说发扬光大的是法国著名数学家拉普拉斯。

　　拉普拉斯虽然在41年后的1796年才发表星云说，但是一般都认为他并未读过康德的论文，而是独立提出的。作为数学家的拉普拉斯用数学和力学定律，尤其是万有引力定律描述了星云物质旋转、互相吸引最后收缩成星系的过程。由于拉普拉斯的论述有理有据、逻辑严密，星云说才被科学家广泛接受，并取得了空前的成功。因此，星云说又被称为"康德－拉普拉斯星云说"。

　　星云说的伟大之处在于，它不再是静止地看待事物，而认为事物是不断变化和演变的。任何事物都有一个产生、发展和消亡的过程，宇宙也不例外。至于星云是如何形成的，康德和拉普拉斯都没有说，在那个时代也很难想象得出来。这一点我们要在后面介绍宇宙大爆炸时再讲。现在读者不妨假设这些星云是可以形成和存在的。

这些星云内部的原子密度不同，高密度区域的原子首先因万有引力收缩到一起，然后再进一步地吸引远处低密度的物质，这种现象在天文学上称为坍缩。当星云坍缩时，一个个高密度区域的原子团，受到在这些区域外的物质的引力，变得受力不平衡起来，就会一边收缩，一边开始缓慢地旋转，因此我们观测到的星云都是螺旋状的。当星云的体积变得越来越小时，它会加快自旋，最后就转出了一个个球状的原子团。

当这些原子团在自身引力下坍缩到一定程度时，密度很高的原子相碰撞，导致温度不断升高，直到最后，热得足以开始发生热核聚变反应。这些反应将氢转变成氦，开始发光发热，释放出的热量支撑着星球对外的膨胀，这样，收缩和膨胀的力量达到平衡，就形成了发光发热的恒星，如同我们的太阳一样。当然，光靠氢和氦还形成不了地球这样的固态行星，还需要氧、碳和铁这样原子量[2]较大的元素。那么这些元素是怎么来的？要靠氦进一步进行聚变反应形成，但是这样的聚变反应需要的温度更高，压力更大。如果恒星的质量不是很大，就像我们的太阳一样，那么直到将氢元素用尽，也不会引发氦到碳和氧的聚变反应。但是某些

2　可以简单地埋解成一个原子中质子数和中子数之和。如果要更严格地说，就是一种元素各种同位素原子的质量相对碳 12 的加权平均。

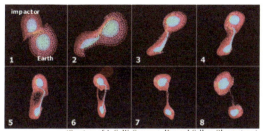

(Courtesy of A. G. W. Cameron, Harvard College Observatory.)

图 0.2　根据大碰撞理论，用计算机模拟月亮的形成

恒星的质量非常大，内部的压力也就更强，温度也就更高，这使得它们的核聚变反应进行得非常快，比太阳快几个数量级，以至于在很短的时间里（也需要上亿年）就将氢全部转换成了氦，然后氦进一步变热，就开始转变成像碳和氧这样更重的元素。

　　科学家们至今还不完全清楚这样的恒星内部是什么样的，大家估计它的中心密度非常高，是一个中子星或黑洞。一些恒星在生命即将终结时会发生超新星爆炸，较重的元素（连同较轻的元素）就被抛回到星云的气体中去，这些气体会再次因为引力而聚到一起，重复前面提到的坍缩和自旋过程，成为下一代恒星。我们的太阳就是这样形成的第二代（甚至是第三代）恒星，因为太阳包含有大约 2% 的重元素，而第一代恒星不会存在这类重元素。而在太阳形成的同时，少量的重元素集聚在一起，形成了地球、水星、金星和火星等几个固态行星。一些气体聚在一起，形成了木星、土星、天王星和海王星这样的气态行星。地球大约形成于 45.4 亿年前。

　　与地球同时形成的，除了太阳系的几大行星外，还有一个火星大小、和地球轨道非常接近的行星，天文学家给它起名为提亚

（Theia）。提亚是古希腊神话中月亮神塞勒涅（Selene）的母亲。再往下读大家就知道天文学家们为什么给这个今天已经不存在的星球这样起名了。距今约45.3亿年时，提亚与地球靠得太近了，终于撞在了地球上。这次撞击的动能非常大，使得原本温度就很高的两个星球融为一体，形成最终的地球；同时有一大块（或者两大块）被抛了出去，形成的天体温度也很高，处于岩浆的状态，成为一个围绕地球旋转的球状天体，这就是月球。关于月球的起源还有好几种假说，但是碰撞说是今天唯一能被证实的，因为阿波罗飞船从月球上带回的岩石表明地球和月球是同源的。

地球在形成之初是非常热的。我们今天通过开普勒太空望远镜观测到最热的行星温度高达2200开尔文（大约2000摄氏度）。在这样的温度下，即便是铁，也是液态的。于是，一些较重的元素（比如铁）下沉，形成了我们星球的内核；相对轻的气体上浮，形成了早期的大气。不过这些早期的大气并不适合生物生存，因为它不含氧气，主要的成分是水蒸气、甲烷、氨气和二氧化碳，同时还有很多有毒气体，比如硫化氢。然而，这样的气体却可能产生原始的有机物。

经过一亿多年的冷却，大气中的水汽冷凝形成了液态水，分布在地球的表面。那时地球表面的温度可能超过100摄氏度，不过地球表面的气压也很大，因此在高压下水可能呈现为液态，而空气中也大量弥漫着水蒸气。至于地球上大量的水是怎么来的，说法不一，大致可以归结成三种。第一种观点是在地球形成时就有了。地球在形成时，到处是喷发的火山，今天的金星依然如此，火山的喷发不仅形成了早期的岩石地壳，也带出来大量的水分，先是弥漫在空中，后来渐渐冷却形成了原始的海洋。第二种观点认为地球上的水是来自于外太空，在太阳系形成时，水分子在离太阳较远的地方变成冰核的彗星，后来又撞到地球上，给地球带来了水。第三种观点认为，地球上早期生命的硫化反应，将大气中丰富的二氧化碳和硫化氢转换成了水、硫和甲烷，否则无法解释早期大气中那些二氧化碳和硫化氢去了哪里。不管怎么样，地球上有了液态水。水是高等生物生存的基础，今天我们在寻找外太空生命时，首先要找的就是在哪里有液态水。

几亿年后（距今约 38 亿—42 亿年）[3]，大量液态水逐步汇聚，形成海洋。不过在最初的海洋里，海水不是咸的，而是酸的。地表的水分不断蒸发，形成降雨又回到地面，把陆地和海底岩石中的盐分溶解掉，不断汇集到海水中。经过亿万年的积累融合，才变成了大体均匀的咸水。最初的地球上只有一个大洋，可称为泛大洋；当时陆地也都连在一起，称为泛大陆。今天的七大洲四大洋，那是在很晚才形成的。不过到这时，宇宙中终于有了一个美丽的蓝色星球。至今我们不知道是否还有第二个。

第二节　生命的诞生和进化

在原始的大气中，雷电不断，这些条件让一些分子偶然结合，形成叫做超分子（supermolecule）的结构，并且在海洋中发展。1953 年，哈罗德·尤里（Harold Clayton Urey，1893—1981）

3　Cavosie, A. J.; J. W. Valley, S. A., Wilde, and E.I.M. F.Magmatic $\delta^{18}O$ in 4400–3900 Ma detrital zircons: A record of the alteration and recycling of crust in the Early Archean Earth and Planetary Science.

和斯坦利·米勒（Stanley Lloyd Miller，1930—2007）发现，在一个封闭的空间里，将甲烷、氨、氢和水的混合物经过放电后，产生了生命必需的有机化合物——氨基酸。不过，现在有另外一种说法，认为地球上的生命是陨石从外太空带来的。这两种说法尚无法完全证实。无论如何，地球上出现了超分子。

这种超分子的结构可将海洋中的其他分子聚集成类似的结构，这样它们就能够复制自己了。当然，每一次复制都可能产生细微的变化。这些变化大多数时候使得新的宏观大分子无法继续复制下去，并最终消亡了。然而，有很少的变化会产生出更稳定、更容易复制的新的超分子。这些新的超分子因为其自身的优势，会取代原先的超分子，这是一个进化的过程。进化导致了越来越复杂、可自我复制的组织的出现，这便是最早的原始生命。至于这些超分子是什么，以前认为是 DNA，但是 DNA 的复制需要其他条件，在当时的地球环境中似乎并不具备。1968 年，美国科学家卡尔·沃斯（Carl Woese，1928—2012）提出最早的、具有生命形态的、可复制超分子应该是 RNA（核糖核酸），这是今天的主流观点。1986 年，诺贝尔奖得主沃特·吉尔伯特（Walter Gilbert，1932— ）将其命名为"RNA 世界"的理论。RNA 出现于距今约 40 亿年前。

地球早期的大气中没有氧气，也没有臭氧层，紫外线可以直达地面，因此生命只能出现在海洋里，靠海水保护，不过缺氧的环境也使得那些超分子不容易被氧化而迅速死亡。又过了两亿年，地球上出现了最早的单细胞生物古菌（Archaea），这种微生物介于细菌和真菌之间，它可以通过化合作用（而不需要光合作用）获得能量生存。现在在富含硫磺的火山温泉里，还能找到这种古菌。再过两亿年，出现了能够进行光合作用的单细胞微生物，这距今有 36 亿年之遥。这些早期微生物的微化石后来在加拿大和南极等地被发现。古菌等原始生命的出现慢慢地消化了大气中包括硫化氢在内的各种有害物质，并且通过光合作用释放出氧气。这样就逐渐形成了类似今天这样的大气成分（不过氧气的含量远没有今天那么高），它适合各种浮游生物、鱼类、爬行动物和包括人类在内的哺乳动物生存。当然这是一个非常漫长的过程，大约经历了 10 亿年，在此期间，岩石地壳和地幔开始稳定。从地球诞生算起，形成低等生物可以生存的环境，就过去了近 20 亿年，几乎占到地球历史的一半，也是人类历史的几千倍，这个环境一旦遭到破坏，恢复起来也是非常漫长的。

又经过了大约 7 亿年，地球上才出现了第一个结构复杂的微生物 —— 有细胞核的单细胞原生生物。这个时间距今约 18 亿年，也就是说，地球上有细胞核的生物的时间不到地球年龄的一半。而还要再过 8 亿年，地球上才出现多细胞的生物，这距今只有 10 亿年。而今天发现的比较完整的多细胞生物化石，是在大约 6 亿年前的古生代，那时海洋里出现了海藻类的植物和海绵这样的多细胞动物。大量海藻的出现以及由它们在阳光下进行光合作用，为地球的大气层提供了大量的氧气，直到这时，地球上富氧的大气才形成。我们地球上的氧气，是从原生生物开始，经过了几十亿年的积累才形成的。约 5.4 亿—4.9 亿年前，地球进入了寒武纪。寒武纪这个词是日本人根据英语 Cambria（英国的地名）翻译过来的，虽然名字中有个"寒"字，但是其实气候并不冷，反而很暖和。在这个时期，地球上的物种开始出现多样性，很多新的物种诞生了（被称为寒武纪大爆发），而地球的海洋才开始称得上是丰富多彩。

当地球大气中的氧气越来越丰富时，就形成了臭氧层，它可以保护地球上的陆地免受紫外线的直接照射。此时，生物才开始能够登上陆地生存。到了 4 亿年前的志留纪，最古老的陆地植物裸蕨类植物和苔藓才出现于潮湿的陆地。不过那时的陆地比今天任何荒凉的地方都更荒凉。在海洋里，虽然生物的种类丰富多彩，但是大都固定在浅海的海底。又过了几千万年，也就是到了地质学家所说的泥盆纪（距今 4.2 亿—3.7 亿年），地球上出现了昆虫和早期的鱼类，鱼类的诞生标志着地球上有了脊椎动物。同时陆地上出现了大量的蕨类和早期的裸子植物[4]。在接下来的几千万年里，出现了松树这类高大的裸子树木，鱼类成了海洋的主人，青蛙这样的两栖类动物开始登陆。若以两栖类登陆作为陆地有了（像样点儿的）动物活动的开始，那么这个时间还占不到地球年龄的 10%。

到了距今 2.5 亿年的二叠纪末期和三叠纪初期，一场大灾难降临地球，95% 以上的物种都灭绝了，其中的原因至今不详。不过在这之后，很多新的物种诞生了，包括现代的鱼类、早期的爬行类动物。在接下来的侏罗纪，也就是距今 2 亿到 1.5 亿年，恐龙和其他爬行类动物成为地球的主人，对于这一段历史，看过《侏罗纪公园》等科幻电影的读者应该不会陌生。但是更值得一提的是，哺乳动物的祖先也在这时出现了。爬行动物在出

4　今天常见的裸子植物包括松柏和银杏等。

图 0.3　侏罗纪时代

现没多久，就演化成了两个分支。一支称为双孔亚纲，也就是恐龙——现代爬行动物以及鸟类的祖先；另一支则被称为合弓纲，其中的盘龙目动物是最早的似哺乳爬行动物。后面的这一支很快就演化成了兽孔目，而兽孔目则是哺乳动物的直接祖先，它们有毛发、乳腺和直立的四肢，这些和今天的哺乳动物都很相似。

　　至于在侏罗纪和后来的一亿多年里，为什么是爬行类动物而不是更高级的哺乳动物主宰世界，古生物学家有各种各样的解释，其中一种让人比较信服的说法是恐龙这一支（祖龙类或者叫古龙类）能够站立的强劲后腿使得它们方便觅食和观察周围的环境。相比之下，兽孔目动物有点像老鼠或者猪，是低头趴在地上的。

　　在植物界，被子植物也就是我们今天所说的大部分花草树木出现了，地球上第一次出现了鲜花，因为花是被子植物所特有的。我们今天形容一个地方自然风景美丽时，常常说"鲜花盛开"，但是在地球95%的时间里，是没有鲜花的。同样，我们今天用"杂草丛生"来形容凄凉的景象，但是在两亿多年前的地球上根本找不到杂草，因为几乎所有的草都是被子植物，要到侏罗纪以后才出现。

恐龙统治地球长达1.6亿年，不仅比我们人类，也比哺乳动物统治地球的时间要长得多。但是在白垩纪的末期，距今约6500万年前，灾难再次降临。这次可能是一个小行星撞到了今天墨西哥湾的位置，大量的尘埃抛向天空，形成遮天蔽日的尘雾，气候骤冷，植物的光合作用也暂时变缓，茂密的蕨类植物森林消失。作为不能恒温的冷血动物，又没了食物，恐龙可以说是饥寒交迫，终于灭绝了。当然，关于恐龙灭绝原因的学说不下20种，只是小行星碰撞说证据最充分而已。不过，恐龙的一些近亲（如鸟类）和更远的亲戚（如鳄鱼）却存活了下来。而可以保持身体恒温且体积较小的哺乳动物，则开始成为这个星球的主宰。

也就是在这个时期，灵长类动物出现了，这些动物早期只有老鼠大小，外观和今天的猴子颇为相像。不过要再经过4000万年，我们人类的祖先古猿才出现，这时距今只有1500万年。然后再过800万年，灵长类人属的古猿才和黑猩猩分开，这时距今700万年。将700万年再缩短一半，到了距今350万年时，真正被称为"人"的动物——肯尼亚平脸人出现了。

在接下来的几百万年里，和人类祖先竞争的还有几种人类，包括能人（Homo Habilis）、直立人（Homo Erectus，元谋猿人、蓝田猿人和北京人都属于直立人）、鲁道夫人（Homo Rudolfensis，以发现化石的肯尼亚鲁道夫湖命名）等，他们遍布地球的亚、欧、非大陆。这些猿人已经开始使用石质的工具，捕杀大动物，也学会了使用火。随着时间的推移，这些人类的近亲在竞争中逐渐消失了，取代他们的是一批更智慧的猿人，包括在印度尼西亚发现的弗洛瑞斯人（Homo Floresiensis），在欧、亚、非

图 0.4　人类的近亲尼安德塔人（美国国家自然历史博物馆的复原模型）

发现的海德堡人（Homo Heidelbergensis，在欧洲、非洲和中国发现多处他们生活的遗址），在欧洲和西亚发现的尼安德塔人（Homo Neanderthal，有多处遗址发现）等。其中海德堡人、尼安德塔人和现代人非常接近，完全直立行走，身高在 1.6—1.8 米，体重 55—70 千克，脑容量和我们相似，尼安德塔人的脑容量甚至比我们更大些（前者平均为 1600 毫升，而现代人平均为 1400 毫升），我们的基因中甚至会有少量的尼安德塔人的基因。但在竞争中我们的祖先现代人最终胜出，才开始了今天的文明。

第三节　最后的半小时

如果我们把地球的年龄缩短成一年，那么人类则出现在这一年最后一天的最后半个小时。在距今约 25 万年前，我们的祖先现代人在东非诞生了。从 DNA 分析，现代人的祖先应该是早期智人，再往前是直立人。在现代人诞生时，和现代人竞争的其他人类还有很多，其中最有竞争力的就是前面提到过的尼安德塔人。而现代人之间也在竞争，他们在捕猎的同时，互相杀戮，最后只有很少的部落生存了下来。

在《山海经》中记述有女娲造人的故事，在《圣经》中记述了类似的亚当和夏娃的故事，都是讲述人类来自于一个男性和一个女性。这些神话今天居然找到了一些科学根据。我们不妨用亚当和夏娃作为人类男性和女性始祖的代名词。科学家对世界各地不同地区和民族进行大量女性线粒体[5]的研究发现，人类共同的母系祖先——"线粒体夏娃"出现在 20 万年前的东非（此前认为是 15 万年前的一位女性）。对于不同种族和地区男性 Y 染色体的研究表明，人类可能也拥有共同的男性始祖"亚当"，他生活的年代应该比"夏娃"晚一些，在 12 万—16 万年之前。在那个年代，女性的现代人显然不止"夏娃"一个，只是其他女性的后代"断子绝孙"了。其他男性的后代也是如此。在人类产生和进化的初期，并没有仁慈，只有为了生存而展开的竞争乃至杀戮。

加州大学伯克利分校的蒂姆·怀特（Tim White）教授是世

5　线粒体是细胞质中的成分，它里面有一种叫做 mtDNA 的遗传物质，只能由母亲传给女儿，就如同男性的 Y 染色体只能由父亲传给儿子一样，因此通过 mtDNA 能找到人类的女性始祖。

界上最著名的古人类学家之一，他的团队在中东非埃塞俄比亚发现了15万—16万年前很多现代人生活的痕迹，包括他们的遗骸和饮食。一个颇令科学家们感兴趣的现象就是，人头骨被锐利的石器砍开，而颅骨则被钝器砸开，这种痕迹不知道是人吃人留下的，还是死后举行特殊仪式留下的。虽然人们不愿意直说，但是心知肚明的是，这些头骨最有可能是被人吃了肉后的战俘的！这篇论文发表在 2003 年的《自然》杂志上。

夏娃和亚当的后代在非洲大陆上繁衍，大约在 10 万多年前，开始从东非向四周迁徙。至于迁徙的原因，至今众说纷纭，比较流行的说法是气候变迁和为了狩猎寻找食物，这和后来游牧民族追逐水草的迁徙颇为相像。而迁徙的路线包括走向南部非洲和向北走出非洲。走出非洲，也不是一两年或者一两个世纪就能完成的壮举，而是一个漫长的过程。甚至有科学家认为人类走出非洲的过程实际上是两次，先后相差万年，不管怎么样，这个过程非常漫长。走出非洲的现代人，人数少得可怜，可能只有150—1000 人。他们大约在 5.5万—9 万年前跨过红海（当时的红海比现在要窄很多），走到了阿拉伯半岛。人类的祖先大约在 5 万年前到达南亚，4万年前到达澳大利亚、中国和欧洲，3 万年前（一说 1.4 万年

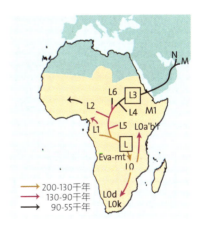

图 0.5　人类走出非洲的时间表（L 是起始点，黑线的时间是 9 万年前到 5.5 万年前）

前）到达美洲。

不过，现代人的迁徙和活动对其他物种，包括其他人类来讲是个灾难。研究表明，多种大型动物的灭绝，与现代人走出非洲后的迁徙路线和时间相吻合。不仅如此，现代人每到一处，那里其他人类的近亲也就渐渐灭绝了。而在人类所有的近亲中，被灭绝的最近的一支就是前面提到的尼安德塔人。

尼安德塔人也是源于非洲，但是他们更早地到达了欧洲。尼安德塔人的遗骸和生活遗迹最早发现于德国尼安德塔地区，这个人种因此而得名。相比现代人，尼安德塔人脑容量更大。他们的身高和现代人差不多，但是相对上身较长，下肢尤其是小腿较短。科学家们认为这是为了适应欧亚大陆相对寒冷的气候（血液循环到四肢的距离较短），并且有利于在山地行走。尼安德塔人在早期进化过程中，进化的速度和现代人应该不相上下，但是在欧洲的日子里，他们进化的速度明显减慢，从他们使用的工具来看，在几万年里并无明显的改进。尼安德塔人以肉食为主，他们发明了长矛捕猎和围猎的方式，但始终没有发明弓箭。也许是因为下肢短小，他们也没有发明避寒的衣物，而是生活在洞穴中靠火来取暖。在现代人到来之前，他们是欧亚大陆的主人，过着相对悠闲的生活，并且开始懂得了用贝壳装饰自己。

尼安德塔人和现代人在欧洲大陆共存了大约一万年，这中间有混血和融合。我们今天非洲以外人类的基因中有1%—4%来自尼安德塔人，而在南部非洲人的基因中则找不到尼安德塔人的痕迹。在西班牙发现了尼安德塔人和现代人共同生活的痕迹。但是在一万年左右的生存竞争中，尼安德塔人最终被现代人淘汰了。

分析了各种人类的脑结构后，古人类学家认为，只有现代人的脑子富有想象力，尼安德塔人可能有想象力，而其他人种则缺乏这种能力。如果没有现代人的影响，让这些人类自行进化，他们或许也能发展出想象力，但是现代人的到来使得他们没有时间进化了。

世界各国都流行着类似黄帝战蚩尤的传奇故事，或许这就是以现代人和尼安德塔人或者其他人类战争为背景的。尼安德塔人是和现代人最接近的一支，他们消失在 2.5 万—3 万年前，而在这以前，现代人已经掌握了弓箭 [6]。

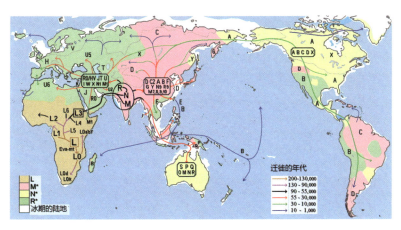

图 0.6　人类走出非洲迁徙图

从大约 3 万年前开始，现代的人类成为了地球的主人，大约发生在 12 月 31 日 23 点 56 分。要再过两万多年，人类的文明才真正开始，这已经是一年的最后一分钟了。

在本节的最后，我们把地球历史上的各个里程碑浓缩到一年

6　在中国出土的最早的箭头是 2.8 万年前的，在非洲甚至发现了 6 万年前的箭头，但是有考古学家认为那是标枪的头。

中，可以得到下面这张表。

表 0.1　地球的历史

日　期	距今天的时间（年）	大　事
1 月 1 日	45.3 亿	月球形成
1 月 11 日	44 亿	液态水形成
1 月底	38 亿—42 亿	海洋形成
2 月初	40 亿	超分子出现
2 月底	38 亿	古菌出现
3 月中	36 亿	光合作用的细菌出现
7 月初	18 亿	复杂的单细胞生物出现
9 月中	10 亿	多细胞生物出现
11 月中	6 亿	海藻和海绵出现
11 月下旬	5.4 亿	寒武纪生物大爆发
12 月初	4.2 亿	脊椎动物出现
12 月中	2.5 亿	二叠纪—三叠纪生物大灭绝
12 月中	2.3 亿	恐龙出现
12 月 15 日	2 亿	被子植物出现，恐龙主宰地球
12 月 26 日	6500 万	恐龙灭绝，哺乳动物兴起
12 月 30 日	1500 万	古猿出现
12 月 31 日 17 点	350 万	人类出现
12 月 31 日 23 点 30 分	25 万	现代人出现
12 月 31 日 23 点 52 分	7 万	现代人走出非洲
12 月 31 日 23 点 56 分	3 万	人类成为地球的主人
12 月 31 日 23 点 59 分	1 万	文明开始

　　从现在开始，让我们沿着人类的文明进程从古埃及走回到今天。

第一章　罗马人三次征服世界

罗马法

古罗马是世界史上故事最丰富的文明。这一时期出了很多家喻户晓的传奇人物，比如，大小西庇隆、苏拉、马略、克拉苏、斯巴达克斯、恺撒、庞培、安东尼和屋大维等人；古罗马的很多历史事件，一直被广大的史学家和剧作家不停地研究，不断地搬上舞台，比如三次布匿战争[1]、斯巴达克起义、恺撒的高卢战事和远征英国、前三雄（克拉苏、恺撒和庞培）和后三雄（安东尼、屋大维和雷比达）的故事等。这些人和事，每一个都可以写成一本书，针对这些内容，市面上有大量更权威、更生动的读物。而本章要讲的是古罗马的法律——罗马法，因为这才是古罗马人为人类文明做出的最大贡献。

罗马人一共三次征服了世界，第一次是靠武力，第二次是靠拉丁语[2]，而第三次则是靠罗马的法律体系。

从公元前 2 世纪开始，罗马人逐步征服了地中海沿岸的早期

1　前264—前146，罗马与迦太基之间的三次战争。罗马人称迦太基人为"布匿"，故得名。战争以迦太基失败亡国而结束。

2　法学家耶林认为第二次是靠基督教，但是基督教并不是罗马的产物，罗马的宗教是万神教。基督教征服了罗马而不是反过来。

图 1.1 罗马帝国全盛时期的版图

强国希腊（当时已经是马其顿帝国的一部分）和迦太基，并且向西征服了高卢（今法国境内）、西班牙和英国；向北征服了日耳曼人（今德国境内）的部落；往东征服了小亚细亚、美索不达米亚地区，一直到波斯；往南征服了埃及和非洲北部。到了屋大维时代，除了印度和中国因为路途遥远鞭长莫及，当时世界上靠马匹和士兵步行所及之处，全都纳入到罗马共和国的版图里。在公元前后，屋大维建立了罗马帝国，元老院授予他"奥古斯都"的称号。奥古斯都大帝在位 42 年，带领罗马帝国进入了全盛时期，并且将地中海变成了罗马的内海。但是，仅仅一个世纪后，帝国就开始衰落。到了公元 3 世纪末帝国便分裂成西罗马帝国和东罗马帝国。西罗马帝国在公元 476 年灭亡，罗马城沦陷。东罗马帝国一直延续至公元 1453 年，并且有过短暂的中兴，但是总体上逐渐沦落为一个二流国家，领土仅限于希腊和土耳其的一部分。靠武力建立起来的罗马（先是共和国，后是帝国），从立国开始到西罗马帝国灭亡，一共持续了 700 年左右，只相当于美索不达米亚文明过程中一个中等时间跨度的王朝。古罗马帝国的中心即意大利地区，今天在欧洲也不过是一个二流偏上的国家。可以说，昔日罗马帝国辉煌不再。

不过，罗马人在其全盛时期创造了辉煌灿烂的文明，而这些文明的影响力一直延续至今。罗马人发明了拉丁语，并且把它变成了世界上语法最严谨的语言。18 世纪以前，拉丁语是欧洲各国人民交流的媒介语言，相当于今天英语的地位，几乎所有的学术著作都是用拉丁语写成的。比如牛顿的《自然哲学的数学原理》就是先有拉丁语版本，后翻译成英语的。18 世纪以后，感谢法国的太阳王路易十四，由于他强有力的统治，法国当时的国际地位如日中天，这使得拉丁语的分支法语成为欧洲大陆最流行的语言。很多国家的王室，比如俄国的沙皇，讲的都是法语，而不是自己国家的语言。在 19 世纪末以前，美国大学主要教授的课程就是拉丁语而不是工程技术，直到 1876 年约翰·霍普金斯大学创立后美国才有了研究型大学。但是，随着工业革命的兴起，英语渐渐取代了拉丁语的国际地位。今天，世界上只有少数基督教的神职人员及学者能够流利地使用拉丁语。几乎没有人在日常生活中继续使用拉丁语，虽然许多西方国家的大学和中学里仍然开设有拉丁语的课程。因此，拉丁语已经被认为是一种死语言了。不过，即便如此，拉丁语也比武力的影响力更为持久。

如今，古罗马人依旧影响着我们的生活（诸如国际关系），这种影响力是通过罗马法来实现的。罗马的法律和司法制度，是古罗马人对人类文明的一大贡献。要讲清楚这个问题，我们先要看看罗马的法律体系是如何发展起来的。

第一节 罗马的崛起与司法制度的形成

"罗马不是一天建成的"，罗马的司法制度和法律也是如此，是随着罗马的兴起而逐渐发展起来的。所幸的是，它没有随着帝国的灭亡而消失，而是薪尽火传，延续至今。

古罗马的中心——意大利这个地方，早在公元前 2000 年左右就开始有人居住。一些印欧语系的部落从北方越过阿尔卑斯山脉，来到亚平宁半岛这片气候宜人的土地上定居下来。当时，他们的文明程度还处于石器时代，也就是说，落后于古埃及或者美索不达米亚几千年，甚至比近邻古希腊也要落后几百年。很多周边的民族，比如腓尼基人、希腊人甚至是高卢人都到过或入侵过这片土地。不过到了公元前 8 世纪以后，这片土地终于成了当地许多意大利部落的天堂。这些部落的名字列举出来至少有十几个，大致分为三支——伊特鲁里亚（Etruria）、萨博利族（Suburana）和拉丁族（Latin），其中拉丁族的一支在台伯河畔建立了罗马城，罗马的历史就从这里开始了。

罗马早期（前 8—前 7 世纪）有四个"王"，相当于中国上古时期的尧、舜、禹，这段历史称为王政时期。不过罗马的"王"既不是我们所说的国王的概念（因为当时罗马还称不上是个国），也没有后来的国王那样绝对的权力。但是，既然西方历史书上称他们为 King，我们就还是称之为"王"，其实他们更像大酋长。罗马人从各个部落中选出了 100 名部族首领，组成了元老院，也称为百人院。不过，很快随着罗马的不断壮大，很多新的部族融入进来，元老院也只好不断扩大，后来扩大到 300 人。

图 1.2　收藏于卢浮宫的法国古典主义大师杰克·路易斯·达维特的名画《荷拉斯兄弟之誓》〔Oath of the Horatii，by Jacques-Louis David〕，三位兄弟在父亲面前表示，在与阿尔贝的战争中，即使敌人是他们姐妹的丈夫也将被杀。这是罗马父权社会的典型写照

元老院不是摆设，而是"王"的顾问、助手，同时也拥有征税、征兵和签订合约等重大权力，罗马的"王"是终身的，但不能世袭。因此，古罗马在立国前，基本上就形成了一种共同执政的民主政治制度。

到了罗马的第五个"王"老塔克文时期，城市开始兴起，罗马才算是在一群氏族部落的基础上建立起了真正的国家。按照西方对文明的定义，古罗马的文明从这时才开始。这时的罗马处于奴隶社会，除了奴隶，自由民之间还有贵族和平民之分，而老塔克文是靠平民支持上的台。他在位期间颇有作为，对外平叛，开疆拓土；对内修建城市、水利工程和公共设施。不过，老塔克文的影响力也随着他政绩的提升而不断扩大，元老院怕这样会破坏了民主制度，便设计将他暗杀。

所幸的是，第六任国王（这时候可以称他是国王了）塞尔维乌斯－图利乌斯（Servius Tullius，？—前534）也是一位贤王。他对罗马进行了一系列改革，重点就是打破了原来的氏族部落组织结构，按照财产多寡将自由民分为五等，每一等都要出一定数量的人去充当士兵。由于古罗马士兵的武器装备是自备的，反而是最富有的第一阶层自由民尽的兵役义务最多，一共出了80个重装步兵百人队、18个骑兵百人队，占罗马军队人数（193个百人队）的一多半。塞尔维乌斯建立了由各个阶层代表组成的议会，各阶层比例按照其百人队的数量来分配，相当于每个百人队出一个代表。这样，第一阶层为国家尽的义务最多，发言权也就最大。虽然不能算是完全公平，却也颇为合情合理，至少比完全的专制制度要好得多。议会负责选举、对外宣战和司法。这样，权力便从由原来部落首领组成的元老院转移到由各阶层代表组成的议会。塞尔维乌斯之后的国王，一个不如一个。公元前509年，罗马人发动起义，驱逐了国王，从此，罗马由王政时期进入共和时期。

在共和时期，罗马的最高统治者是两名由议会选举出的执政官，设置两名执政官的目的在于用权力制约权力。执政官的权力虽然在万人之上，但是任期只有一年，因此无法形成独裁。而元老院的元老却是终身执政，因而反倒是元老院对政治的影响力大。元老院中的元老，绝大部分是贵族，而议会中也是富人代表居多。这样一来，平民的权益就很难得到保证了。

在古罗马，平民和贵族的界限很难逾越，因为他们之间禁止通婚。但是，平民争取权力的斗争从来没有停止过，并且平民利用两次外敌入侵的时机撤出罗马，这样就迫使贵族做出了让步，罗马从此设立了保民官，开始是两名，后来增加到五名。他们不参加元老院的投票，但是可以旁听，并且有权对不利于平民的政府法令行使否决权。这成为制衡贵族的权力。

罗马的共和制持续了 500 年，直到公元前 27 年，屋大维被元老院加封"奥古斯都"[3]的称号，成为罗马的皇帝，从此罗马进入帝国时代，实行君主制。不过元老院依然保留了下来，而且权力还相当大。与中国的皇帝不同，罗马皇帝大多是传贤不传亲，也就是说，皇帝看好谁有才能做自己的接班人，就把他收为"养子"，然后传位给他。不过，有时元老院会废掉或暗杀一些妨碍他们行使权力的"昏君"（实则明君），再选举出一位新君。罗马的君主制一直延续到西罗马帝国和东罗马帝国先后灭亡。

总体来讲，古罗马的社会在贵族乃至平民之内是有充分的民主的，从立国起到东罗马帝国灭亡为止，大约两千三百多年里，统治者个人的作用在罗马的政治格局中不如其他帝国那么重要，更多地是依靠制度和法律维系整个国家。与其他早期文明不同的是，罗马的法律更多的是基于理性，而不是风俗。当然，这些法律是在很长时间里相继完成的，与某个东方帝王在某天公布和推行一套法律的做法完全不同。从罗马建国，到具有标志性的《查士丁尼法典》的完成，前后历经千年。这期间颁布的各项法律都被称为"罗马法"，因此，罗马法不是专指一部法典，而是一系

---

3 奥古斯都，原意为"至高无上的"，后来成为屋大维的封号，再后来演变成罗马皇帝的代称。罗马皇帝的另一种称号为"恺撒"。

列的法律和法律文件。

在罗马国家形成的初期，和其他文明一样，它并没有明确成文的法典，虽然人们根据普遍的习惯或风俗解决纠纷、处罚犯罪，但是，因为这些习惯或风俗没有固定成文，有很大的伸缩性和不确定性。一旦执行起来，贵族会利用权势袒护自己的过错和罪行，而对平民则实行严峻的苛罚。为了改变这种不平等的地位，平民主动组织起来向政府施压，与贵族争夺权益。最终在公元前454年，罗马成立了立法委员会。在这样的背景下，古罗马历史上第一部成文的法律文件《十二铜表法》(*Law of the Twelve Tables*) 于公元前450年诞生了 [4]。这个年代正好是中国历史上奴隶制晚期三家分晋时代，而罗马的奴隶制才刚刚开始，这说明了两个文明在时间上的差距。《十二铜表法》共分为十二个部分，即十二表，每个表用青铜铸成，这部法律因此而得名。刻有法律条文的铜表在公元前390年高卢人入侵时被毁坏了，好在法律的内容在诸多古代著作中都有记载。这部法律的大致结构是这样的：

第一表　传唤和审判的流程；

第二表　审判（第一表的延续）；

第三表　债务赔偿；

第四表　家庭的父权；

第五表　继承和监护权；

4　《十二铜表法》因为由青铜铸成而得名。公元前451年古罗马制定了其中的前十表，第二年又补充了两表，成为古罗马第一部成文的法典。

第六表　占有和所有制权；

第七表　土地权；

第八表　伤害处罚和赔偿；

第九表　公众法；

第十表　宗教法。

法律原本到此为止。后来罗马人觉得漏了一些内容，在第二年（即公元前 450 年）又补上了两个表：

第十一表　对第一、第二、第三、第四和第五表的补充；

第十二表　对第六、第七、第八、第九和第十表的补充。

《十二铜表法》的很多内容借鉴了古希腊和其他文明的成果。这些法律条文在今天看来很多是不合理甚至荒谬的，比如在关于家庭父权的第四表有一条规定："对于逆子，父亲有权将他处死。"显然处罚太重了。对于债务赔偿的法律规定，也颇为偏向债主。现在有些老赖动不动就丢下两句话"要钱没有，要命一条"，或者"来世变牛变马再报答"。这些无赖在古罗马可就得逞不了了，因为不需要来世，现世就能满足他们的要求。根据《十二铜表法》对于债务赔偿的规定，债务人若在一定期限内不能偿还债权人的债务，他将作为奴隶被拍卖（已经牛马不如了），或者由债权人处死（确实是"要命一条"）。不过，总体来讲，《十二铜表法》是人类文明的一个进步，因为法律既已成文，量刑定罪就以它为准了，在一定程度上制约了贵族的为所欲为。不过，当时贵族和平民之间仍有很深的矛盾，双方在立法权和法律内容的制定上进行了长达几个世纪的拉锯战，而这个过程本身，实际上就在不断地完善法律，使之能兼顾各个阶层的利益，日趋合理。

相比其他早期文明的法律（如《汉谟拉比法典》），《十二铜表法》有了很大的进步。《汉谟拉比法典》是一部非常严酷的法典，比如它有这样的条款："倘若自由民指控另一位自由民杀人而不能证实，揭发者应处死。"其总的原则是"以眼还眼，以牙还牙"。相比之下，罗马法虽然也有很多严酷的规定，但是在早期文明的法律上来看，相对要理性得多。比如罗马法强调没有证据，任何人都不能被处死。另外，《十二铜表法》中还有很多与现代法律思想颇为相近的条文规定，比如同居一年以上即被视作事实婚姻。

罗马的司法制度也与其他文明有所不同。在古埃及和美索不达米亚的历史上，司法权掌握在行政官员和祭司手里。而古罗马（和它的老师希腊）则实现了司法与行政的分离。法官不管行政事宜，只管司法。在早期，法官常常是兼职，比如通过抽签选出一批公民组成法官群体，这就是今天西方国家大陪审团的雏形。法官在裁判案件之前，并不直接接触案件，也不主动搜集或调查证据，只是根据诉讼双方提交的证据来判断哪一方所讲的是事实。法官们注重的是衡量双方的证据，确认事实，而不太考察动机，有犯罪动机而没有犯罪行为是构不成犯罪的（这和今天大部分国家的法律一致）。罗马后来设置了最高裁判官来处理民事诉讼，但并不插手调查，每每遇到重大刑事案件，法庭会指定一些人组成委员会，负责收集证据，寻找罪犯，并将嫌疑人提交法院进行审理裁断。

图1.3 古罗马的庭辩

由于对法律的解释不断增加，也日趋复杂，诉讼双方当事人已经很难像《十二铜表法》刚刚诞生时那样自己就能对付整个诉讼过程，尤其是应对法庭上的辩论。因此，需要熟悉法律的人给予帮助。在罗马共和国末期到罗马帝国初期（公元前1世纪的后半叶），专门的辩护人便应运而生了。再到后来，辩护人或者诉讼代理人就需要有专门的资格证明，表明他们在大城市里学习过法律，这才可以从事诉讼代理人的职业，这就形成了专业的律师行当。在罗马帝国之后的欧洲封建时代，封建领主（贵族和骑士）自己兼任了行政官和执法者，罗马辩论式的诉讼被封建领主的责问所代替，律师这个行业也就消失了。直到日后资本主义兴起，律师行业才重新得到恢复和发展。

第二节　罗马法的体系和法学的发展

罗马人在法律体系上的第一个创举，是将法律分为公法和私法。在古罗马以前，没有明确的公法、私法之分。

公法是针对危害公共利益的行为而设置的。对触犯了公法的人，由"公诉人"作为原告提起诉讼，然后由法官进行裁判。人类历史上的公诉人制度就是从古罗马开始的。而对于个人之间的纠纷，则用私法处理。私法又可以进一步分为人法和物法。

所谓人法，就是对人的权利和义务的规定。根据罗马的法律，任何自由人，不论高低贵贱，都享有人格、权利，并须承担义务，从这方面看他们是平等的。当然奴隶不在被保护之列。所谓人格，是指每个自由民都有自由权、公民权和家族权。自由权很好理解，就是指每个人都有自己的自由和意志。公民权或市民权，主要是指选举权、被选举权、财产权和婚姻权等。公民权在早期是罗马公民[5]的特权，到了公元212年，卡拉卡拉（Caracalla，188—217）皇帝将公民权扩展到罗马境内的所有自由人。家族权则有点像中国五代时期规定的三纲五常中的父子关系和夫妻关系，而且与古代中国类似，父亲在家庭中有非常大的权力。不过到了罗马后期，家庭中的夫权逐渐消失了。

在罗马早期，人法的主体都是自然人（但并非自然人都是法律的主体）。不过，到了共和时期，罗马出现了很多的社会团体。一些法学家认为：这些团体也应该像人一样具有独立的"人格"；团体中的个人和团体本身是两回事；个人财产和团体财产应该分开，团体的债务不应该转嫁给团体中的个人。这样一来，团体似乎应该和自然人一样，成为法律的主体。到了帝国时期，"法人"的概念在罗马法律中开始出现，上述的团体在法律上被赋予独立的"人格"，人法适用的范围就从自然人扩展到法人。

---

5   古罗马的公民包括原本住在罗马的人和在罗马出生的人，随着罗马帝国的扩展，它也接受被征服地区（行省）的贵族为公民。其他人如对罗马有特殊贡献，也可以成为罗马公民，而最简单的方法就是从军。在古罗马，公民有很多特权，比如他们不能被判处死刑，除非他们被控诉叛国罪。

随着罗马帝国在欧亚大陆的地位不断提高，来到罗马的外国人逐渐增加，罗马法中的人法又衍生出针对外国人的"万民法"，它是今天国际法的起源。

罗马法中的物法是私法的主体，它包括物权法、债务法和继承法等几部分。物权法的核心就是"谁的东西就是谁的"，这个道理今天很好理解，但是在刚刚从原始部落过渡到私有制社会时，所有权的概念是非常模糊的。罗马法明确指出，物品不再是分享的，而是具有所有权的，这个所有权归物品的主人拥有，他人不得分享。这实际上是从法律上保护了私有制。今天欧美国家的法律规定个人财产不可侵犯，就是源于罗马法。古罗马的债务法规定了债务的担保、履行和偿还等诸方面的细节。至于继承法，与我们今天的理解没有太大的差别。

古罗马的物法后来演变出契约和合同法，现代的契约概念就源于古罗马。在当时，契约的不履行被视为侵权行为，因此，大家必须遵守契约或者合同的规定。

法律的制定一般都会稍稍滞后于社会的发展。随着罗马的迅速扩张，各种不断变化的需求使得早期的法律已经无法完全覆盖现实。当然，一种解决办法是不断制定新法。但是，如果法律经常改来改去，其严肃性、权威性和一致性就会受到质疑。罗马法的诸多变化仍然是在传统价值体系下完成的。执政官并不重新修改法典，而是通过对法律条文进行新的解释或修订已有的法律来解决新的问题。罗马人确立了对传统法律的依赖以及对变动的谨慎态度，这种态度是今天西方国家建立法律体系的一个基本原则。无论是英美法系的代表国家美国，还是大陆法系的代表国家法国，在近代两百多年里都只有一部宪法，不会像苏联，在十月革命后的六十多年里颁布了四套宪法。

对于法律的解释，最早是由执政官进行的，但是很快罗马人就发现这种司法与行政相混淆的做法容易形成集权和暴政，因此，后来在古罗马出现了专门解释法律的人。当然这些人的资格很重要。到了公元前27年，也就是中国历史上西汉与东汉交接的时代，奥古斯都大帝屋大维授予一些法学界人士所谓的"解答特权"，即只有享有该项特权的法学家的解答才具有法律效力。而既然他们的解释具有法律效力，法官就必须遵从。以后的罗马皇帝一直沿用这一办法。这样一来，司法权和行政权其实就互相分离了。在古罗马历史上，屋大维（即奥古斯都大帝）无论从任何角度来看都是划时代的人物。在他之前是共和时代，在他之后是帝国时代。在他之前的罗马历史富于传奇色彩，英雄辈出，但是社会其实并不完善，法律也不健全。而在他之后，罗马的历史少了传奇色彩和英雄人物，却进入了空前的繁荣时期，因为那时的罗马，个人作用已经被法律所代替。罗马法学的发展，基本上是在屋大维之后的事情。

说起罗马的法学，不能不提到屋大维时期一位杰出的学者西塞罗（Marcus Tullius Cicero，前106—前43），他曾经担任过古罗马的执政官，在恺撒成为独裁者后，西塞罗对政治心灰意冷，便退隐回家著书立说。他在政治学、法学、哲学和修辞学上都颇有建树。法学上，他可以称作是罗马法的第一理论家，他的三卷法律专著《论法律》为罗马法提供了理论基础。

西塞罗法学理论的出发点是斯多葛学派（Stoa）的自然法

观念。他第一次明确而系统地阐述了自然法哲学的前提性观点："法律是自然的力量，是明理之人的智慧和理性，也是衡量合法与非法的尺度。"换句话说，也就是一切都要以法律为准绳。他强调法律是理性和永恒的——"法律乃是自然中固有的最高理性，它允许做应该做的事情，禁止相反的事情。当这种理性确立在人的心智之上并且得到实现，就是法律"。

在随后几百年里，西塞罗的学说和自然法精神对罗马法学的影响非常深远。在查士丁尼时期的重要法学论著《法学阶梯》中，我们能够找到自然法被嵌入罗马法中的条文。在《法学阶梯》中，罗马法被明确地区分为三部分：自然法、公民法和万民法。自然法是自然界"赋予"一切动物的法律，不论是天空、地上或海里的动物都适用，而不是人类所特有。比如自然法认为，传宗接代是自然赋予的权利，因此产生了男女的结合，我们把它叫做婚姻，有了婚姻，从而也就有了抚养和教育子女的义务，这就如同母狮子要教小狮子捕食一样。欧美一些国家的环境保护意识和善待动物的传统，源于罗马法中的自然法原则。当然，自然法对罗马法的影响不仅仅因为它是罗马法中的一部分，正如 19 世纪英国著名的法律史学家亨利·梅因（Sir Henry Maine，1822—1888）所说："如果我们只计算那些肯定归属于斯多葛学派教条的法律条文数目来衡量斯多葛派对于罗马法发生的影响，这将是一个严重的错误。"西塞罗和自然法精神对于罗马法的贡献，在于给予罗马法的合理性一些基本的假设。这些基本假设被后人冠以"不言而喻的真理"，比如作为法律主体的人是平等的，每个人都有追求生命、自由、财产和幸福的自然权利。法律的一切规定都必须以这些"不言而喻的真理"为最高原则。1776 年，托马斯·杰弗逊在《独立宣言》开篇就讲："我们认为下面这些真理是不言而喻的：造物者创造了平等的个人，并赋予他们若干不可剥夺的权利，其中包括生命权、自由权和追求幸福的权利。"这里用的就是自然法原则——天地之间有一些"不言而喻的真理"。根据这些自然法原则，杰弗逊在《独立宣言》中一一列出了殖民地的人民应享有的独立权利。由此可见西塞罗学说影响力之深远。

在西方法学史上，西塞罗的《论法律》第一次系统地阐述了罗马法的本质和体系，西塞罗的思想直接影响了后来的罗马法学家，也影响了欧洲近代的启蒙思想家，为他们提供了天赋人权与分权学说的思想源泉。

从奥古斯都时代开始，法学家的地位在罗马得到了极大的提高。他们有的著书立说，有的协助皇帝立法和改革司法制度。在公元 1—3 世纪，罗马先后出现了五位非常著名的法学家，被称为五大法学家[6]。他们发展了西塞罗的学说，著有大量法律专著。这些专著形成了罗马法完整的思想和理论体系，成为后来的法官解释法律的依据。到了公元 426 年，罗马皇帝狄奥多西二世颁布了《学说引证法》，规定以这五大法学家的著作作为解释法律的依据。如果这五位法学家著作中有矛盾之处，则以多数人的观点为准；如果分不出多数，则以伯比尼安的解释为准。他们的理论和对法律的解释，收集在后来东罗马帝国的查士丁尼大帝组织编写的《查士丁尼民法大全》中。

6　他们是盖尤斯、保罗、乌尔比安、伯比尼安和莫迪斯蒂努斯。

从哈德良（Publius Hadrianus Augustus，76—138）[7]开始的罗马历代皇帝，除了那些无道昏君，都热衷整理和汇编先前法学家的论著和著名法官的判例。公元130年，哈德良下令组织一个委员会整理和修订历代大法官的告示和判例，并将它们编订成书，赋予永久的法律效力，这就是罗马法的《永久敕令》。公元212年，卡拉卡拉皇帝颁布了《安托尼努斯敕令》，给予所有在罗马帝国出身自由的人以完整的罗马公民权，后来美国和加拿大等国的移民法借鉴了这道法令。在随后的一百年里，罗马帝国的法学研究和法律编撰全面展开。到了公元三世纪末戴克里先（Gaius Aurelius Valerius Diocletianus，250—312）当皇帝时，虽然罗马帝国已经开始衰弱，但是汇编法典和法律文献的工作不仅没有停止，反而还在加强，直到帝国灭亡。这期间法律上的主要成就包括在戴克里先时期汇编了六部法典，总结了从哈德良皇帝到戴克里先执政期间的全部法律。

到了公元四世纪初，罗马城已经破落不堪，君士坦丁大帝干脆放弃了罗马，在欧亚大陆交会地建立了君士坦丁堡，帝国的中心从此东移。一个世纪后，狄奥多西一世干脆把帝国一分为二，西罗马帝国以罗马为中心，日渐衰落；而东罗马帝国以君士坦丁堡为中心，正欣欣向荣。罗马法的发展也从西罗马帝国转到了东罗马帝国。到了公元五世纪中叶，东罗马帝国皇帝狄奥多西二世（Theodosius Ⅱ，401—450）颁布了《狄奥多西法典》，这是当时最完善的一部法律，多达16卷。不过，罗马史上，乃至工业革命之前，最为系统、规模最大的法律汇编是查士丁尼

7　奥古斯都之后罗马帝国五贤帝之一。

（Justinianus I，484—565）[8]时代编撰的《查士丁尼民法大全》。

　　查士丁尼是东罗马帝国早期颇有雄才大略的一位皇帝，有点像中国历史上的汉武帝，是东罗马帝国在文治武功上数一数二的帝王。在军事上，他靠着一代名将贝利萨留的赫赫武功，几乎恢复了罗马帝国全盛时期的疆土，再次将地中海变成罗马帝国的内海。当然，和很多帝王一样，在盛世的时候查士丁尼也喜欢修书，不过他编撰的是法律。

　　从罗马立国后颁布《十二铜表法》开始，历朝历代留下了大量的法律文件，既包括各项法令，也包括几百年来的法律判例，以及法学家对法律的解释。几个世纪以来，法律文件积累甚多，但是不同时代的文件会有矛盾之处，有些已经不合时宜，不同法官的判例也未必一致，以至于后来难以运用。查士丁尼找来大臣和学者帮他将罗马历史上的各种法律文件全部整理出来，统一编修，最终完成了一件影响了西方社会上千年的大工程，这就是《查士丁尼民法大全》。

　　这部法律大全分为四个独立的部分，第一部分是公元529年颁布的12卷《查士丁尼法典》。四年后（公元533年）他又颁布了《法学阶梯》，里面简要阐明法学原理，成为后世学习罗马法学原理的教材，因此后人也称之为《查士丁尼法学总论》。同时，这位皇帝还组织了十几位当时著名的法学家，对罗马历代著名法学家的著作分门别类加以整理，编成了《学说汇集》，又名《查士丁尼学说汇编》，在同年颁布。在查士丁尼去世的那一年（公

8　东罗马帝国著名的皇帝，他在统治期间（527—565），收复了许多失地，重建圣索菲亚教堂，被后世称为查士丁尼大帝。

元 565 年），法学家们又将《查士丁尼法典》完成后新颁布的 168 条敕令汇编成集，称为《查士丁尼新律》。其主要内容属于行政法规，也有关于遗产继承制度方面的规范。这四个部分被后人统称为《查士丁尼民法大全》。它是关于罗马法最重要的法律文献，虽然是在西罗马帝国灭亡一百年后编修的，但是覆盖了整个罗马时期，尤其是帝国全盛时期的这种法律，使后人得以了解罗马古典时期的全貌。查士丁尼时期，正是欧洲奴隶制完结的时期，虽然他希望通过法典来延长奴隶制，但是，由于奴隶制已经不符合时代的要求了，他不得不在法律中写上释放奴隶的条文。

东罗马帝国在查士丁尼大帝时代靠武功得来的辽阔疆域，在他死后很快就丢光了，在历史上对东罗马帝国的统治几乎没有任何帮助，但是他主持编撰的法典却流传至今。在历史上，武功总是不如文治来得长久，而且文治在一个时代过去以后，多少会给世界文明留下一些宝贵财富。

第三节　罗马法的复兴和影响

西罗马帝国灭亡后，欧洲大部分地区进入了漫长的中世纪，也就是欧洲的封建时期。所谓封建，就是通过分封而建立起来的统治。虽然欧洲还有国王，但是地方的管理权实际上是交给了大大小小上千个封建领主，也就是我们常常在小说里读到的某某公爵、某某伯爵或某某骑士。这些封建领主在自己的领地内既是行政长官，又是司法者和执法者，而法律条文大多是这些贵族们立的私法。因此，在中世纪的欧洲，虽然奴隶制被消灭了，但是经济没有发展，政治上甚至是大倒退。英国著名作家狄更斯在《双城记》里描写的那两个邪恶的侯爵兄弟，就是当时那些为所欲为的贵族的代表，而当时社会上没有法律和公正可言。

在中世纪，宗教成了逃避现世苦难生活的麻醉剂。所有人在精神上都被洗脑，他们从一生下来就被告知，将来要受到审判，可能要下地狱，于是，一生都生活在一种来自内心的巨大恐惧中，唯一的出路就是死后能有个好的归宿。在中世纪人的眼里，现世是苦难的。不仅社会下层人士如此，贵族们也是天天生活在恐惧中，生怕自己将来受到审判后要下地狱，因此，当教会声称若将土地奉献给上帝，他们身上的原罪就能被免除时，他们毫不犹豫地将土地捐给了教会。到了中世纪后期，英国居然有四成左右的土地为教会所拥有。宗教作为最有势力的权力机构，不仅管人的灵魂，还掺和世俗的事情，并且在很多时候拥有了司法权，以至于后来很多民主国家为了防止宗教干政，不得不把政教分离的原则写入宪法。

到了中世纪末，在几任教皇，尤其是格里高利七世的鼓动下，欧洲的基督教徒们进行了 5 次十字军东征。虽然从军事上讲，这是一场彻头彻尾的失败，但是客观上却打开了欧洲通往东方的大门。被封闭了几个世纪的欧洲人发现原来东方的世界比他们知道的要好得多。从西古罗马帝国灭亡后就中断了的东西方交流又恢复了起来，商业和手工业开始发展。而在作为东西方连接地的意大利，最早开始出现了资本主义的萌芽。威尼斯、佛罗伦萨、米兰和热那亚等城市共和国开始在意大利兴起，这些城市不受封建主的统治，它们更多的是由商人、手工业老板或者干脆就是由市民来管理，他们需要用法律治理城市，或者调停商业纠纷。于是，在意大利的各个城邦，掀起了重新研究和宣传罗马法的高潮。到 11 世纪末，意大利的博洛尼亚设立了以教习罗马法为主的法律专科学校，它的学生来自整个欧洲，这直接引发了全欧洲研习罗马法的热潮。起初，大家还只是以考证和解释罗马法为主，后来就逐步发展到要变通罗马法，让它与现实社会相适应。

到了 18 世纪，罗马法对法国的启蒙运动产生了重大的影响。法国著名启蒙思想家孟德斯鸠（Charles de Secondat Montesquieu，1689—1755）写下巨著《论法的精神》。在这部著作中，无论是分析的话题，还是使用的材料，都源自罗马法。他在著作的一开头就重述了西塞罗倡导的自然法原则的观点：

> "从最大限度的广义上说，法是源于客观事物性质的必然关系。从这个意义上推断，所有的存在物都有属于自己的法；上帝有他的法；物质世界也有它的法；高于人类的'先知圣人们'有着他们的法；畜类也有自己的法；人类拥有他们的法。"

在对法律普遍意义的认识上，孟德斯鸠接受了罗马法学家的主流观点，他在该书的"序言"中这样写道：

> "我确定了某些原则，并且看到某些特殊的情况符合这些原则；所有民族的历史也只是这些原则的引申而已；每一项特殊的法律都与另一项法律相联系，或是依赖于另一项更具普遍意义的法律。"

《论法的精神》一书被视为人权保护和确立三权分立原则的经典著作。孟德斯鸠的这些观点和结论，都深受罗马法的影响。在该书的第二卷中，孟德斯鸠重点论述了自由的概念、法律自由与政体的关系。他将国家政体的权力归结为三种，即立法权、行政权和司法权。他著作中所有的材料，除了来自当时已经实行分权的英国的案例，就是古罗马的诸多案例。孟德斯鸠经过研究，指出了处理三者之间的关系的方法 ——"用权力制约权力"。

　　在第四卷中，孟德斯鸠重点论述了"天赋人权"的重要性。而他的理论基础来源于罗马法中的自然法原则。孟德斯鸠认为，人类的繁衍是人类社会赖以生存和发展的基础，因此，婚姻和生育应符合社会发展的需求，同时国家也应制定相应的法律法规保护人类的各种权利。

　　启蒙时代的另一位重量级思想家卢梭也深受罗马法的影响，他从罗马法中强调的法律主体（自由人和团体法人）的平等性，推广到人的平等性，即"法律的条件对人人都是同等的，因此既没有主人，也没有奴隶"。而为了做到这一点，首先要做到经济上的平等。卢梭认为"政府的最重要的任务之一，就是要防止财富分配的极端不平等"。

　　当然，孟德斯鸠和卢梭的论著是现代西方政治制度和司法制度的理论基础，而不是法律本身。要真正复兴罗马法的精神，就必须从它出发，制定一部现代法律。在这个过程中，一位科西嘉人起了很大作用。这位身材矮小的法兰西高等军事学院（École Militaire）的学生，非常喜欢读书，尤其是历史书。有一次他在学校被关禁闭时，发现禁闭室里有很多关于罗马法的书，他便如饥似渴地读了起来，并且对书中的内容产生了浓厚的兴趣。十几年后，这位科西嘉人执政法兰西，他的名字让欧洲的君主们颤栗，他就是拿破仑。1800 年，他下令制定一部法兰西共和国的法典，后来这部法典以他的名字命名，被称为《拿破仑法典》。

拿破仑非常重视并亲自参与了法典的制定。由他任命的起草委员会在完成了民法草案的起草工作后，经过一系列的修改，最后提交参议院讨论。参议院共召开了 102 次讨论会，拿破仑亲自担任委员会主席并参加了其中的 97 次会议，且逐条审议了法典。在讨论会议上他常常引经据典，滔滔不绝地发言，这让著名法学家马尔维尔（Jacques de Malleville，1741—1824）、冈巴塞雷斯（Jean Jacques Régis de，1753—1824）、普雷阿梅纳（Bigot de Préameneu，1747—1825）等人惊讶不已。法典最后经立法院通过，于 1804 年 3 月 21 日正式公布实施。当初这部法典之所以以拿破仑的名字命名，是因为拿破仑的军队打到哪里，就把这部法典带到哪里。虽然拿破仑在军事上的胜利在 1812 年就终结了，但是整个 19 世纪，欧洲依然是在拿破仑·波拿巴的影响下度过的，因为这部法典把资本主义制度从法国推向了全欧洲。在人们的印象中，拿破仑是以他的武功而名垂青史，但是他自己总结一生的成就，最为自豪的却是这部法典。1821 年，拿破仑在圣·赫勒拿（Saint Helena）岛病逝。临终前，他不无感慨地说道："我一生 40 次战争胜利的光荣，被滑铁卢一战就抹去了，但我有一件功绩是永垂不朽的，这就是我的法典。"

《拿破仑法典》采用了查士丁尼《法学阶梯》的结构体系，除序章外，共有三编 2281 条。三编的名称分别为：人法、财产及所有权的各种形态和取得所有权的各种方式。该法典的基本原则与罗马法非常相似，主要强调法律的主体平等、私有财产神圣不可侵犯、契约自由以及过错责任。

《拿破仑法典》奠定了今天大陆法系（欧洲大陆各国，以及世界上除英美以外绝大多数国家采用的法律体系）的基础，而它本身在很大程度上继承了罗马法的精神和很多条款。《拿破仑法典》后来成为欧洲很多国家进入资本主义社会时立法的参照系。在德国，罗马法一直被沿用到 19 世纪末期，而在 1900 年颁布的《德国民法典》也深受罗马法的影响。而日本和中华民国的法典又直接参照了《德国民法典》。从这个角度上讲，罗马人通过法律第三次征服了世界。

各种文明都有自己的法律，为什么只有罗马法对今天世界各国的社会和司法产生了全面的影响，而其他文明的法律没有做到？应该讲，各个文明的法律大多适合各自的发展要求，不过这些法律大多随着王朝的灭亡而终结。但是罗马法却与众不同，第一，它有着很好的延续性，并且历经一千多年，在不断地发展和完善，日渐合理；第二，就要归功于深深浸透在其中的自然法原则了。

亨利·梅因说："我找不出任何理由，为什么罗马法律会优于印度法律，假使不是有'自然法'理论给了它一种与众不同的优秀典型。"[9] 在罗马法文献中，直接赋予自然法的情形并不多，但是自然法的精神浸润到了罗马法的深处。然而，若要进一步追问罗马法究竟如何体现了自然法精神，则颇需要费一番解释。

9 亨利·梅因《古代法》，http://t.cn/StV8wL。

首先，罗马法不是立法者意志的体现，而是要符合自然的法则。这两点区别我们可以通过中国古代杰出的法学家商鞅在变法前游说秦孝公的过程看出来。《史记·商君列传》中有这样的记载：

> （鞅）乃遂西入秦，因孝公宠臣景监以求见孝公。孝公既见卫鞅，语事良久，孝公时时睡，弗听。罢而孝公怒景监曰："子之客妄人耳，安足用邪！"景监以让卫鞅。卫鞅曰："吾说公以帝道，其志不开悟矣。"後五日，复求见鞅。鞅复见孝公，益愈，然而未中旨。罢而孝公复让景监，景监亦让鞅。鞅曰："吾说公以王道而未入也。请复见鞅。"鞅复见孝公，孝公善之而未用也。罢而去。孝公谓景监曰："汝客善，可与语矣。"鞅曰："吾说公以霸道，其意欲用之矣。诚复见我，我知之矣。"卫鞅复见孝公。公与语，不自知跶之前於席也。语数日不厌。景监曰："子何以中吾君？吾君之驩甚也。"鞅曰："吾说君。以帝王之道比三代，而君曰：'久远，吾不能待。且贤君者，各及其身显名天下，安能邑邑待数十百年以成帝王乎？'故吾以彊国之术说君，君大说之耳。然亦难以比德於殷周矣。"

这段话大意是说，商鞅到了秦国，通过秦孝公的宠臣景监见到了秦孝公，两个人第一次见面，商鞅滔滔不绝地谈了很久，秦孝公听得索然无味，居然睡着了。之后，孝公骂景监："你推荐的人说话不靠谱。"景监把孝公的话转给了商鞅。商鞅说："我和孝公谈三皇五帝的帝道，但是他不开窍。"过了一段时间，商鞅又见到孝公，虽然这次谈得好一些，但是孝公仍然没有打算用商鞅，并且让景监转告商鞅。商鞅说，我上次和国君谈的是成汤、文王、武王的王道，他虽然喜欢但是不打算用。过了一阵子，商鞅和孝公又谈了第三次。这次，商鞅谈的是齐桓晋文的霸道，秦孝公听得津津有味，身体不自觉地不断向前倾，最后跌倒在坐席上。而且接下来他们又谈了好几天。

很显然，秦孝公的目的是富国强兵，称霸诸侯，对建立一个传说中的王道乐土（帝道的范畴）没有兴趣。后来，就有了大家熟悉的商鞅变法的故事。商鞅制定的法律有很强的功利性，这些法律是秦孝公统治意志的体现，一切以强国为中心。这样，法律就成了政治和军事的工具，短期功效明显。因此，一百多年后，秦国就吞并了六国，统一了中国。但是，正如当初商鞅预料到的一样，秦很难超越周朝——"然亦难以比德于殷周矣。"[10]事实上，暴秦在统一中国后二十几年就灭亡了，它的皇室亦遭灭族。有人（尤其是儒生）将秦的暴政苛法归罪于商鞅，这并不公平。商鞅其实和同时代的古罗马法学家一样，看到了遵从自然法则建立王道乐土则国运必然长久的道理，只是秦孝公既没有这个耐心，可能也没有什么兴趣。

回到罗马人建立法律体系的原则和方法。他们没有像秦孝公那样，把法律作为开疆拓土的手段，而是从自然法的原则出发，坚持法律必须永远与公正、正义相符。这样才能中立地判断什么是对的，什么是错的，什么可以做，什么不可以做。在现实中，某件事情或行为是否符合公正和正义，不在于它是否符合统治者的意志（即实定法），更重要的是它是否符合于自然。与自然相符合便是自然的，因而也是正义的。这是罗马法明显区别于其他文明的法律最重要的特征。

10 《史记·商君列传》。

其次，自然法的正义化身形象以及自然普遍存在的理论，导致了自然法在时间和空间上具有普遍性的结果。相比之下，体现或者部分体现统治者意志的实定法只局限于特定的地区和特定的人，比如《秦律》适用于以统一天下为己任的秦国，但是到了国家统一以后，那些严酷的法律就不适合了，它最终造成"天下苦秦久矣"的结果。而自然法则不同，它不受时间和空间的限制，不分种族、性别、财富、智力而适用于所有人，不拘是贵族抑或平民，自由人抑或奴隶，也不仅是现在如此，将来亦如是。在自然法下，现实中的种种差异都已被过滤，剩下的都是同样赤裸的平等灵魂。

由于自然法并不体现立法者的意志，人们可能会问：它是如何产生的？对这个问题，法学界有不同的看法。有人认为自然法产生于自然，也有人认为它出自于人之本性，还有人认为其源自人类对上帝的敬畏。但是有一点大家的看法是相同的，即认同自然法在来源上的先验性，也就是说，自然法属于无需经验或先于经验获得的知识，就如同几何学上的公理，是不证自明的。我们回顾一下几何学的公理化体系，就会发现虽然人类对几何学的认识是从具体的图形、形状和度量开始的，但是在发展到一定阶段后，就由欧几里得把它给统一到一个公理化的体系中。基于这些不证自明的公理，就能演绎出整个学科。罗马法也是这样，在诞生之初，它是具体的法律条文，和其他文明没有太大的差别，但是罗马的法学家不断地寻求法律中那些永恒的原则，并且最终在自然法里找到一切法律中不变的基础。比如"在法律意义下，法律的主体（人和法人）是平等的"，比如"人有若干不可剥夺的权利，其中包括生命权、自由权和追求幸福的权利"，再比如"人（和法人）对私有财产的权利"，等等。根据这些类似"不证自明"的公理，演绎出完整的法律体系和新的法律条文。比如从人对私有财产的所有权这条"公理"，演绎出各种所有权法，包括后来的著作权法、专利法，等等。再比如，从法律的主体一律平等，演绎出近代的各种人权法案。

基于自然法的罗马法除了在体系上和基础上明显优于其他文明的法律外，在严谨性和完备性等方面也几乎无懈可击，这也是它后来被广泛采用的重要原因。比如，对于商品生产和交换的一切重要关系，如买卖、借贷等契约及其财产关系，罗马法都有非常详细、明确的规定，以致不必做任何实质性的修改，直接成为后世立法的基础。罗马法的内容和立法技术远比其他文明的法律更为详尽，它所确定的概念和原则具有措词确切、严格、简明和结论清晰的特点，尤其是它所提出的自由民在"私法"范围内形式上平等、契约以当事人之合意为生效的主要条件和财产无限制私有等重要原则，都是适合于资产阶级采用的现成的准则。因此，无论从法律的基础上讲，还是从逻辑性上讲，罗马法都堪比法律学中的"欧氏几何"。

马克思对罗马法的评价非常高，他一再强调，罗马法是奠基于私有制基础上最完备的法律形式，不是一般完备，也不是比较完备，而是最完备的法律形式。他和恩格斯在仔细研究了法国的《拿破仑法典》和德国的《普鲁士普通邦法典》，并且对比了英、美、法三国的法律与罗马法的关系之后，得出这样的结论：近代国家都是以罗马法为基础，把现代生活翻译成司法语言，才创造了像《拿破仑法典》这样典型的资产阶级社会的法典。

罗马法传到中国是在清朝末年，清政府当时锐意变革，从日本请来了法学教授，传授法学知识，特别是重点讲授罗马法。从这以后，罗马法对中国各个时期的立法也产生了重大影响。中国从 1949 年后共颁布了四套宪法，应该讲前三套与中国历朝历代的法律没有什么大的差别，改朝换代了就有新法，完全根据需要立法。第四套仔细读起来，已经有了很大的进步，多少能看到一点罗马法的影子，也就是说，法律本身该是什么样就是什么样。因此，第四套宪法存在的时间比前三套的总和还长。

除了法律和法学本身，罗马人在司法制度上的创造也沿用至今。写到这里，我们不能不说，法律和司法制度，是罗马人留给世界最好的文明成果。

结束语

罗马法历经数千年，其间尽管命运多舛，但它对今天的法律依然有着很大的影响力。罗马法在理论上的合理性来自自然法，它也为今天世界各国的法律提供了理论上的一个脚注。自然法描绘了一种公正和正义的理想图景，在它的指引下，人类从野蛮走向文明。虽然在现实生活中，它未必能够完美地实现，但它提供了一种用于评价国家法律和限制政府权力的普遍性准则。

古罗马人和古罗马帝国都已不复存在，标志着古罗马物质文明的万神殿、斗兽场和凯旋门只剩下了破损的遗迹。但是，我们今天依然能深深体会到古罗马人对文明的贡献。他们取得了辉煌

图 1.4　今天看到的古罗马的遗迹，昔日的辉煌不再

的科学和工程成就，为今天的民主制度奠定了基础。尤其重要的是，他们制定的罗马法为今天包括中国在内的大部分现代国家的法律提供了理论依据和参考。罗马法是古罗马人对世界最大的贡献，它所蕴涵的人人平等、公正至上的观念，具有超越时间、地域与民族的永恒价值。

第二章　人造的奇迹

瓷器

在中国几千年的文明史上，没有任何一种商品能像瓷器那样，改变世界的政治文化和人类的生活。因此，中国被称为"瓷器之国"毫不过分。瓷器是彻底的人造物，它和金属、玻璃（包括水晶）这些东西不同，在自然界是找不到的。它完全是人类活动的结果和文明的标志。

第一节　陶和瓷

我们经常讲陶瓷，其实陶和瓷是两种完全不同的东西，虽然它们多少有点关联。陶器的历史比瓷器要长得多，它不仅是人类文明早期就开始使用的器皿，而且各个文明都独自制造出了陶器。瓷器则不同，它的发明需要很多机缘巧合和技术的准备，它是中华文明成就的集中体现。不过，要介绍瓷器，还要先从陶器说起。

当人类走过茹毛饮血的发展阶段后，便需要用盛器来装水和食物，并储存粮食。最早的盛器可能是一片芭蕉叶、一个瓢、一

图 2.1　人面鱼纹彩陶盆（现收藏于中国国家博物馆）

片木板或者贝壳，甚至是鸵鸟蛋壳（古巴比伦）。但是这些天然的盛器既不方便，也不耐用。我们的祖先在无意之中发现黏土经过火烧之后会变得坚硬而结实，这样，陶器便应运而生。

1953年，在西安东北部的半坡村，发现了距今七千多年的新石器时代仰韶文化一个村落的遗址。在那里出土了大量的陶器，从储存粮食的大罐，到日常使用的锅碗瓢盆，等等。其中最精美的当属人面鱼纹彩陶盆（如图2.1所示），它的尺寸和今天的脸盆差不多，这便是远古陶器的代表作了。在中国西北，从众多的遗址和墓葬中仍能找到大量的陶器。

遗憾的是，在中国没有文字记载或其他的描述告诉我们这些陶器是如何制作和烧造的。不过没有关系，在人类的第一个文明中心埃及，保留了大量的壁画，壁画上描绘了古代陶器的制作过程。更让我们兴奋的是，由于全球发展的不平衡性，有些偏远地区至今还在按照古老传统的陶器制作工艺来烧造陶器。这让我们有机会真实地了解到人类远古祖先烧制陶器的过程。

在印度尼西亚日惹（Yogyakarta）地区的农村，人们的生活和古埃及壁画中描绘的五千年前古埃及人的生活颇有相似之处。当地人需要用器皿盛水和装食物，因为黏土随处可见，而且便于成型，所以它成了制作器皿的首选原料。美国探索频道的记者在当地的巴亚特（音译）村看到了原始陶器的烧制过程，器皿成型后，被放在火中露天烧制。烧制的方法很简单：将泥皿堆在柴火上，然后用瓦片盖好，点燃柴火即可。这种烧制方法只能达到600—800摄氏度，而且温度不均匀，烧制出的陶器不是很牢固，还容易在水中溶解。而附近的一些村庄（如卡索根村，Kasongan），烧制陶器的方法要高明得多。他们用黏土搭了一个一米多高的炉子，将泥皿放在炉子中烧制，这样不仅可以提高炉温，而且温度要均匀得多，出炉后的陶器内部应力较小，陶器也因此变得结实很多。在古埃及卢克索帝王谷的壁画中，人们记录了烧制陶器的过程，这和今天巴亚特村的非常相似，只是所用的炉子更高大。

如前所述，除了黏土，陶器的质量还取决于烧制的温度和炉温的均匀程度。我们前面提到美索不达米亚的赫梯人，他们不仅最先使用铁器，也最早烧制出高温陶器。早在公元前14世纪，他们就能将烧制陶器的炉温提高到1100摄氏度（否则无法冶铁），在这样的温度下，陶土颗粒结合得更紧密，烧制的器皿不仅结实而且可以做得相对轻巧。今天，在很多大博物馆中，我们都可以看到这些从美索不达米亚出土的几千年前的陶器。它们制作精美，历经几千年，依然完好地保存了下来。

制作高质量陶器的另一个关键是要保持炉温均匀。在烧制过程中，陶器会收缩，如果炉温不均匀，有些地方收缩得多，有

图2.2 古希腊陶器（作者摄于纽约大都会博物馆）

些地方收缩得少，这样就会产生内部的应力。我们知道，岩层的应力最终会导致地震，而陶器内的应力就像一个定时炸弹，一旦陶器受到来自某个方向不大的外力，就会破损。陶器越大，炉温不均匀带来的问题就越大。这个问题解决得最好的国家就是中国。虽然中国并没有这方面技术的记载，但留下了这项技术的大量物证——兵马俑和秦砖。

　　大家所熟知的秦陵地宫兵马俑是陶俑，其尺寸基本上是真人大小。这些陶俑并非整体烧制而成，而是一个部件一个部件烧制后，再拼装成人形。陶俑烧成后，体积大约缩小了20%，因此在烧制过程中必须做到黏土成分一致，而且窑火要非常均匀，才能保证各个部件收缩率相同，在烧成之后配合得天衣无缝。在全世界同时期出土的陶器中，没有比兵马俑更精美的了。如今的各种兵马俑仿制品，与原作相比只能用粗制滥造来形容。

　　我们常说的秦砖汉瓦，指的是非常古远的两种优质建筑材料。其实秦砖不同于我们今天盖房子用的砖头——它的体积要大得多，可以长达一米多，而且是空心陶砖。秦砖非常坚固，很多秦砖用于铺台阶，经受多年踩踏，依然完好无损。要烧制这么大的陶器，窑火的温度一定要均匀，否则就会有裂缝，而且不结实。今天无人知道当时的中国人是如何做到的，但是从结果来看，中国人的确做到了。另外，从年代和地点上讲，秦砖并非专指秦朝或者秦国的陶砖，而是泛指先秦时代中国各地制作的同类空心陶砖。这类砖在战国时期的很多地区都有发现，说明当时全中国烧制陶器的技术已经非常高超。

同一时期，古希腊的烧陶技术也非常高超。古希腊人将绘画艺术和陶器的烧制结合在一起，留下了很多精美的陶器。此外，古希腊人还发明了分三次烧制的工艺流程，可在同一陶器上烧出红黑相间的颜色，历经几千年也不会褪色。他们首先做好陶坯，然后用颜料画上图案。在第一次烧制时，他们将温度提升到 800 摄氏度，这样整个陶器和颜料部分都呈红色，有点像今天的红砖。第二次烧制时，提升到 950 摄氏度，整个陶器全部呈黑色。第三次温度再降回到 800 摄氏度，这时颜料部分依然呈黑色，而陶器其他部分呈红色。

但是无论是希腊人还是中国人烧制的陶器，即使再结实、再美观，也无法克服陶器本身的诸多先天不足。首先就是密水性不好。如今日常生活中使用最多的陶器恐怕就是花盆了，之所以用像瓦片一样的花盆养花，就是因为它能渗水透气。但是，如果用来装水或盛汤，渗水这个特性就让人很不舒服了。虽然古代几个发达的文明国家都试图解决这个问题，比如古埃及人在陶器烧制前往土坯上涂抹一层甘蔗汁，但是防水的效果有限。陶器的第二个重大缺陷就是强度不够，不仅厚重而不好用，而且易碎。因此，在古代，无论是埃及、希腊还是中国，王公贵族们并不使用陶器饮酒吃饭。

图 2.3　侍从们用石碗向大流士国王进献食物（图片来源：伊朗百科项目）

在埃及卢克索拉美西斯二世的神庙里，墙壁上的壁画描绘了他向众神敬献美酒和食物的场面。从壁画中可以看出，他使用的是精美的石器，虽然当时古埃及使用陶器已上千年了。石器餐具的制作，如同中国后来帝王用的玉碗、玉碟一样，既费时费力，又不可多得。在古波斯也是类似，向大流士进献食物用的碗也是石头制作的（如上图所示）。

在古希腊，贵族们通常使用银器（甚至是金器）来做餐具。在相当长时间里，古罗马白银的主要用途也是制作餐具。即使到了今天，美国中产之家（不包括第一代移民）多多少少都有些银质餐具，一个家庭拥有一两千克的银器毫不奇怪。而刀、叉、勺这些餐具在英语中仍被统称为银具（silverware），尽管早就不是银质的。很显然，在古希腊和古罗马，银器并不适合广大平民使用。中国的情况我们比较清楚，王公贵族用的是青铜器，虽然到了汉代有一阵使用漆器，但依旧采用青铜器的造型。全世界都需要用一种更好的盛器取代陶器，这就诞生了东方的瓷器。

第二节　上天的眷顾

从陶器到瓷器的飞跃，最初的动机是为了改进盛器的缺陷，尤其是陶器的密水性问题。现在我们知道瓷器的密水性来自两个方面，即材料本身的差别和外部的釉质。但是古代的人们却不知道这些。历史上很多技术的发明可以说是"踏破铁鞋无觅处，得来全不费功夫"，完全是意外发现的。上釉技术源于美索不达米亚文明，早在公元前一千年甚至更早就已发明。往返于沙漠的商人无意中发现，沙子和盐（或者苏打）一起加热到 1000 摄氏度时，就会变成半透明的糊状物，冷却后会在物体的表面形成一层光滑的釉。釉有玻璃的属性，既美观又防水，因此，新巴比伦的工匠们就想到了在陶器泥皿的表面涂上一层细砂、苏打和石灰，然后再进行烧制。这样陶器的表面就带上了一层釉。中东人掌握上釉的技术比中国早了上千年，但是当时的上釉技术并不成熟，在陶器上烧制出来的釉面既不密实，也不牢固，水照样从釉的缝隙中渗透。因此，新巴比伦人放弃了这种吃力不讨好的尝试，干脆将这项技术用在建筑材料 —— 釉面砖的制造上。他们烧制的釉面砖有点像中国的琉璃瓦。当时除了穷人，大多数人家的房子都用这种釉面砖装饰，其中保留下来的最漂亮的建筑当属著名的新巴比伦城门，又称为伊斯塔门。这座城门高约 14 米，宽度超过 30 米，今天保存在柏林佩加蒙博物馆里。整座城门是 2600 年前彩色釉面砖构建而成的杰作，宏大而精美。蓝色的釉面砖组成了城门深邃而亮丽的基色，上面整齐排列着许多金色的雄狮与骏马。

图 2.4　新巴比伦城门，又称为伊斯塔门（Ishtar Gate），保存在柏林佩加蒙博物馆

　　除了新巴比伦城门，新巴比伦留下来的釉面装饰非常多，尤其是雄狮的图案，这种釉面砖的狮子图案，今天成为了新巴比伦的象征，在世界许多大博物馆中都可以见到。

　　新巴比伦人发明了上釉的技术，并且被后来的波斯人发扬光大，但是整个中东地区始终没有能发明瓷器。这项技术也传到了古埃及，在埃及法老图坦卡蒙的黄金面具上镶嵌着闪着玻璃光泽的釉面，但是古埃及人也没有造出瓷器。这不是因为他们的文明不发达，而是缺少烧制瓷器的另外两个必要条件——高岭土和大量的燃料。而上天把这些条件给了中国，让瓷器最终在中国诞生。

　　中国人在发明瓷器之前，制作过一种特殊的陶器——白陶，这种陶器加上后来的上釉技术，最终导致了瓷器的诞生。今天，这种早期的白陶在中国已经不多见了，但是在华盛顿的美国国立亚洲艺术博物馆里仍能见到。在那里陈列着许多亚洲的文物，包括各个国家的陶器，而来自中国的一些陶器与其他国家的陶器有着本质的不同，因为它们不是用一般的黏土烧制的，而是用一种叫"高岭土"的原料制成的，这就是白陶。白陶早在中国的商代就有了，但是它依然是一种陶器，不是瓷器，虽然它的原料和后来的瓷器一样。

烧制白陶的高岭土又称瓷土，因景德镇高岭山的瓷土质量最优而得名。高岭土的名称虽然带个土字，但其实不是土，而是一种矿石，由花岗岩风化形成，主要成分是二氧化硅（石英，即水晶）和三氧化二铝（刚玉）。高岭土矿石被采集下来后，粉碎成非常细致的粉末。在中国古代，高岭土的加工非常麻烦，首先要用类似于舂米的舂子在石缸里把它们舂碎，然后经水洗过滤，得到比面粉还细的粉末。高岭土其实并不是什么稀罕物，在世界上的分布非常广，今天随处都可以买到，而且很便宜。但是在古代乃至近代，高岭土可是宝贝。

由于高岭土是一种储存在岩石之间的矿，早期的各种文明要么当地没有高岭土矿，比如古埃及和美索不达米亚；要么就没有发现，比如欧洲。因此，中国成了唯一一个发现并使用高岭土的早期文明。美洲倒是世界上高岭土储量最丰富

图 2.5　在安阳出土的殷商后期的白陶罐，做工精细，纹饰优美（现收藏于美国国立亚洲艺术博物馆）

的，但是那里的文明落后欧亚大陆几千年，使用高岭土自然是不可能的。人类的文明进程常常得益于地理条件和环境。正如尼罗河三角洲温暖的气候和肥沃的土地造就了古埃及的农业文明，美索不达米亚三大洲交会的特殊位置让它成为了人类最早的商业和贸易中心一样，上天也同样眷顾着中国，给了中国丰富的高岭土和充足的燃料——大片的森林。这也是为什么世界上各个文明都很早地掌握了制陶技术，但除中国之外的其他古代文明未能烧制出瓷器的原因。

烧制瓷器需要三个条件：高岭土、高温和上釉技术，缺一不可。在美索不达米亚地区，新巴比伦人掌握了后两项技术，但是缺少第一个条件；而在中国，尽管陶工们在三千多年前就掌握了用高岭土烧制陶器的技术，并且在接下来的一千多年里，不断研究它的特性，改进工艺，但是窑温不够高，同时也没有掌握上釉技术，因此烧出来的是陶器，而不是瓷器。

新巴比伦人很早就发明了上釉技术，但是或许是因为远隔大漠和崇山峻岭，这种技术在长达一千年的时间里也没能传到中国，尽管在当地已广泛应用于建筑，并传入古埃及。中国工匠掌握上釉技术先是靠一些意外的发现，后来是独立找到了上釉的技巧，和美索不达米亚文明无关。到了西汉时期，铁器已经在中国广泛使用，说明那时火炉的温度可以提升到 1100 摄氏度以上了。到了东汉末年，中国陶器的烧制温度普遍达到了这个水平。在这个温度下，奇迹终于发生了。

某一次烧窑时，熊熊的火焰将窑温提高到了 1100 摄氏度以上，这时，一个偶然的意外发生了，烧窑的柴火灰落到陶坯的表面，与炙热的高岭土发生化学反应，柴火灰的作用相当于中东陶工用的苏打或者盐，它能使石英在高岭土陶坯的表面形成一种釉面。这种上釉方法后来被称为自然上釉法。当窑主和陶工们在几天后打开这个窑，看到因柴火灰溅落而形成的有斑斑点点釉色的陶器时，不知道他们当时是懊恼还是惊喜——坦率地讲，这样的釉面

图 2.6　日本 19 世纪烧制的自然上釉的陶器，釉面的厚薄和色泽都不均匀

并不十分美观。这种自然上釉法的古瓷器或者古陶器今天已经很难找到了，我找了很多博物馆，才见到一件日本江户时代自然上釉的陶器仿品（如图 2.6 所示），从图片看，它确实很不漂亮。如果陶工们因此而懊恼，一点也不奇怪。

　　但是，窑主和陶工们很快就发现，这种釉可以防止陶器渗水。而且或许有人真的喜欢这种流光溢彩的釉面。陶工们显然希望这种奇迹再次发生，烧出一批表面完全覆盖了釉面的精美陶器。不过，这种靠自然上釉得到的彩陶的成品率实在是太低了。这时，中国陶工们的聪明才智就显示出来了。他们很快找到了产生这种偶然意外的原因——由柴火灰溅到高岭土的陶坯表面。既然柴火灰可以让陶坯包上一层釉，何不在烧制前主动将陶器浸泡在混有草木灰的石灰浆 [1] 中呢？我们不知道这个好点子是谁想出

1　釉药中的主要成分有氧化钙，钙和石英结合可以防止渗水。

来的，他或许是一位普通的陶工，或许是个窑主，不管怎样，想必他是一位勤劳而聪明的中国人。当然，第一次涂上草木灰浆烧制的陶器未必成功，或许经过了很多次烧制，陶工们才熟练掌握了其中的技巧，或许经历了很多代人，但结果是，中国人发明了一种可控的上釉方法——草木灰上釉法。

如果说陶工们注意到自然上釉的现象还只是一个发现，那么草木灰上釉法则是一个有明确目标的主动发明。这是一项伟大的发明，在人类发明史上，其作用不亚于我们常说的中国四大发明，因为它解决了一个困扰人类几千年或许上万年的问题——怎样让烧制出的器皿不渗水。它在随后的一千多年里将继续改变世界。我们有时说到发明和创新，必言乔布斯，必言爱迪生和福特，但是相比之下，发明这项上釉技术的人（而且很可能是一批人）更伟大，值得每个中华儿女引以为荣。他们当时可能没有意识到这项发明的重要性，然而，它改变了世界的文明史。

在 1100 摄氏度左右的温度下烧制出来的仍然是陶器而不是瓷器。陶器和瓷器有本质的区别，只要将两者打碎，比较断面就能看出：陶器的断面还呈颗粒状，用一个铁钉子刮一刮它还会掉渣，因为陶器内部的高岭土粉末虽然粘连在了一起，但是它们只是粘在一起的细小颗粒，不是一个整体。如果放在高倍显微镜下看，它们就像是一个个焊在一起的小钢球，而不是一块铁板。但是瓷器就不同了，它的断面是整齐的，而且用铁钉根本划不动。因此，要烧制出瓷器，炉窑的温度还得升高。

从东汉末年到隋唐，中国人的陶器烧制技术不断提高。当窑内的温度到了 1250—1300 摄氏度时，奇迹再次出现：高岭土坯呈现出半固态、半液态的质态。高岭土内部的分子结构发生了根本的变化，原本的黏土颗粒完全融在了一起，形成了一种像晶体式的结构，等冷却下来时，就形成了瓷器。在显微镜下观察瓷器断面，它像铁板一样，是完整的一块，因此，它的强度要比陶器高得多。正因为如此，瓷器可以做得很薄，加上它有半透光性，看上去温润如玉。

中国最早的瓷器出现在什么时候，至今仍有争论。过去一直认为应该是在隋唐，但是后来出土的一些早期瓷器证实，在三国魏晋时代中国应该已经开始生产瓷器了，虽然那些瓷器的质量不高。1970 年在江苏金坛县一处西晋墓葬出土了一件浙江上虞窑的青瓷扁壶，说明在西晋时期已有少量的瓷器了。至于瓷器产生的年代是否更早，以及最早期的介于陶器和瓷器之间的器皿到底算陶器还是瓷器，海内外学者观点各不相同[2]。汉学家、《世界史上的中国》（*China in World History*）一书的作者西蒙·亚德里安·阿谢德（Samuel Adrian Adshead）倾向于认为规模量产的瓷器制作始于唐代，因为后来出土了很多那个时代的越窑瓷器。但即使在唐代，陶器仍然占主导地位。当时最有名的陶器当属唐三彩了。而瓷器的普及，则要到北宋时期。

烧制瓷器的几个关键要素——高岭土、上釉技术和高温，中国都已具备了。要量产瓷器，就需要大量的燃料。上天不仅赐给了中国丰富的高岭土储备，还给了中国广袤的森林（至少在 500

---

[2] 中国社会科学院学者王仲殊（1982 年）声称，早在东汉已经有瓷器了。但是法国陶瓷专家理查德·杜瓦（Richard Dewar）（2002 年）则认为真正的青瓷烧制炉温至少需要 1260 摄氏度，并且经过降火过程，这些直至北宋（960 –1127）初期才被发明。另外，个别瓷器的发现可能是偶然烧制而成的结果，并不说明有了批量生产的技术。

年前依然如此）。因此，瓷器由中国人发明，并且垄断近千年，似乎是老天对中国特殊的眷顾。中东地区由于缺乏高岭土和燃料，从三千多年前发明高质陶器后，几千年来在制陶技术上都没有突破，今天依然在烧制陶器。当然，光靠老天爷的眷顾是无法让中国人在瓷器上领先和垄断近千年的，中国人的聪明才智以及中国古代的科技水平在瓷器制造上得到了很好的体现。

为了大批量生产瓷器，需要修建能够达到高温的大型瓷窑。生过火的读者都知道，无论是扇子还是鼓风机都可以让火烧得更旺，因为这样能及时补充氧气。当然，另一个办法是修建一个高高的烟囱，它能起到同样的作用，将外面的空气吸进炉膛。在中国南方，瓷器工匠们想出了一个更好的方法，他们利用南方多丘陵的地势，将瓷窑依山而建，这些瓷窑通常有几十米长，高处比低处能高出 10 米左右，作用相当于高高的烟囱，这样能让体积很大的瓷窑长期保持高温。这些发明在当时的意义远远超过建立一个现代化的炼钢厂，因为没有这样的技术，瓷器很难量产。中国古代的这些瓷窑相比古埃及和中东地区的小炉窑，就相当于现代化炼钢厂相比 1958 年中国农村建的土高炉。在接下来的近千年里，中国不断改进炉窑。正是靠这样的"高科技"炉窑，中国生产出了大量的瓷器，并且传播到世界各地。

第三节　宋代青瓷

喜欢收藏瓷器的朋友都知道，瓷器有青瓷和白瓷之分，当然还有不常见的黑瓷。青瓷和白瓷本质上并无太大差别，主要是高岭土中的含铁量不同。高质量的高岭土是纯白色的，但是天然的高岭土或多或少都含有杂质，杂质的成分主要是铁，当然也会混有少量其他金属氧化物。高岭土中的氧化铁在烧制过程中被还原成氧化亚铁。氧化亚铁本身呈黑色，因此，如果高岭土中含铁量过高，陶瓷就呈黑色。如果能将铁元素完全去除，烧出的陶瓷就呈白色，而如果介于两者之间，陶瓷就呈青色或者黄绿色。青瓷的出现比白瓷早了好几百年。早期人们不知道如何去除高岭土中的杂质铁，因此烧出的陶器不够白。如此说来，青瓷似乎多少有点缺憾，但是中国人恰恰利用这点缺憾制造出了极富美感的瓷器。

青瓷的制作在唐代已经很成熟了，其代表是浙江上林的越窑瓷器[3]。唐代诗人陆龟蒙曾经用"九秋风露越窑开，夺得千峰翠色来"来赞美越窑青瓷。青瓷器皿在那个时代是非常珍贵的。20世纪80年代，在重修陕西名刹法门寺时，发现了两千多件地宫宝藏。那是唐朝皇帝进献给佛祖最贵重的宝物，包括印度的象牙制品、中亚的金器等，而当中放着的"秘色八棱净水瓶"就是越窑青瓷里的上品。这说明在当时的唐朝皇帝看来，青瓷器皿比黄金、象牙还贵重。

真正意义上的白瓷出现在隋代。早期的白瓷依然无法彻底去除瓷胎铁质，因此窑工们常常在瓷胎表面先涂上一层妆土，来掩盖瓷器的杂色。到唐代中晚期，工匠们已经能将胎质中的铁去除得比较干净了，这种施以妆土的做法才渐渐消失。唐代白瓷的制

3　对于古代瓷器的命名，大多来自窑址的地理位置，越窑顾名思义，来自唐代的越州，即今天的浙江东南部。

图 2.7　陕西法门寺地宫宝藏
——秘色八棱净水瓶

作中心在中国北方的邢州，与南方的越州形成了南青北白的对峙局面。或许是因为白瓷出现得较晚，接受程度不如青瓷，在当时比较有代表性的观点是"邢不如越，白不如青"。但是，白瓷最终在世界历史上扮演了更重要的角色。

虽然唐代的瓷器已经传到日本和东南亚一些国家——日本今天茶道的用具和唐代出土的茶具颇有相似之处，但是，瓷器真正走向全世界并且影响世界文明进程是从宋代开始的。

根据费正清和大多数海外学者的观点，宋朝是中国经济发展的高峰，加上宋朝历代皇帝重文轻武，客观上造就了文化的繁荣和艺术的发展。宋朝开始了文人画，文人们的审美修养和境界都非常高。在这样一个大环境下，宋朝人烧制出了极有品位的高质量瓷器。这些瓷器，在世界史上的地位堪比从路易十四到二战前夕法国的奢侈品。瓷器的制作在北宋达到了第一个高峰，最具有代表性的是被称为汝、官、哥、钧、定的宋代五大名窑，而其中又以汝瓷最为珍贵。

汝瓷因产地在河南省的汝州而得名，汝瓷位列五大窑之首有两个原因。第一是质量上乘而且稀有，第二是漂亮而精致，符合文人的审美。先说说它的稀有性。汝窑建造于北宋末年，实际上是为宫廷服务的瓷窑之一。南宋人叶寘在《坦斋笔衡》中记录："本朝以定州白瓷器有芒，不堪用，遂命汝州造青窑器，故河北、唐、邓、耀州悉有之，汝窑为魁。"因此，汝窑又被称为汝官窑。而正因为是供给宫廷使用，所以汝窑瓷器质量上乘，胎薄而坚。可惜的是汝窑瓷器的烧制时间非常短，前后不过二十多年，而且产量很少。汝瓷在南宋时期已经一器难求了，而流传至今的，全世界不到百件，其中大部分保存在海峡两岸的故宫博物院、大英博物馆和伦敦戴维德中国艺术基金会。笔者有幸在海峡两岸的故宫博物院和大英博物馆见到过十几件。不了解瓷器的人第一次见到汝窑瓷器，未必能留下什么深刻印象，因为它的色泽和今天的瓷器相差甚远。笔者二十多年前在北京故宫博物院看到汝窑瓷器时，除了古老之外，并不觉得有什么特殊之处。后来了解了一些宋瓷的常识，在台北故宫博物院再次观摩时，才特别留意了宋代五大名窑的作品。不过，宋代五大名窑各有千秋，而单纯从色彩上讲，色彩丰富的钧瓷更能给人留下深刻印象。直到后来对世界各国陶瓷了解得比较多，并熟知陶瓷的历史和制作工艺后，再回头看汝瓷，方能体会其美妙之处。

汝窑瓷器之所以名贵，和它内在的美感分不开。汝窑瓷器呈天青色，这是一种深邃而透亮的淡蓝色。这种颜色一方面来自于它特殊的釉，相传釉中掺有玛瑙粉；另一方面来自它特殊的瓷胎，因为其中含有少量的铜，光线经过青色釉面射到瓷胎的表面，部分颜色的光被吸收，而反射回来的青色光变得非常深邃而柔和。这种天青色被形容成"雨过天青云破处"，非常难得，被认为是青瓷的最高境界。这种天青色的瓷器，对全世界的审美产

图 2.8　汝窑杯盏（现收藏于伦敦大英博物馆）

生了很深远的影响。在波斯，商人们通过丝绸之路把宋朝的瓷器带回去，大家都被这种温润如玉、带有天青色光泽的神奇器皿迷住了。当地的工匠试图在陶器上涂上青色的釉，烧制出类似的仿品。直到今天，在伊朗仍然有人在烧制这种颜色的陶器。但是由于青色是涂抹颜料的颜色，而并非瓷器本身的颜色，因此，缺乏汝瓷那种深不见底而又温润晶莹的神韵。即使是在汝瓷的故乡中国，历代也没有再仿制出真正意义上的汝窑瓷器。清代雍正年间是仿宋瓷做得最好的年代，然而仿制的汝窑瓷器，也只是在釉色上相似，而胎本身呈白色，缺乏宋代青瓷的神韵。笔者在伦敦大英博物馆看到一件汝窑杯盏，据说几件同类的汝窑瓷器都在英国。从图片中可以看出它薄而坚的特点，釉色温润，历经千年依然光洁如镜。

其他四大名窑也各有各的特点。哥窑、官窑和钧窑都是青瓷器，只有定窑是白瓷。我们前面讲到，在瓷器发展的早期，人们不知道如何去除高岭土中的铁杂质，因此无法烧制出纯白的瓷器。而到了五代和北宋时期，定窑瓷器已经达到了洁白如玉的水平。与青瓷器不同，定窑瓷器表面常常有雕花和纹饰，以迎合市民阶层的审美。这可能是因为早期定窑属于民窑，而非官窑。虽然定窑瓷器也有进贡给宫廷使用的，但是宋朝的文人对此评价不高。

到了南宋时期，由于北方被金国所占，中国的瓷器中心转移到了南方。在浙江龙泉地区，出现了著名的龙泉窑。今天在那里，考古学家们找到了许多依山而建的窑址，最长的近百米，一般都在 80 米以上，每个窑一次就可烧制 2 万多件瓷器。据估计，宋代每年能烧制上千万件的瓷器。而瓷器则从北宋开始走向全世界。两宋是中国最富足的朝代，南宋时很多年税收超过一亿贯，相当于七八万两白银，超过元代、明代和清初的任何一年，这个记录只有到了乾隆朝最鼎盛时才被超过。两宋三百年，农民的负担并不沉重，那么这些税赋从哪里来？很主要的来源就是贸易，而瓷器成了继丝绸之后第二种远销中东和欧洲的中国商品。

福建泉州是宋代对外贸易的中心，在这里中国的商人将瓷器装上远洋货船，然后经过中国南海，穿过马六甲海峡一直到达印度尼西亚，即当时的爪哇国西部。从那里往西的印度洋是阿拉伯帝国的势力范围，往东的太平洋则是中国人的天下，这样印度尼西亚就成了双方货物的中转站。今天在印度尼西亚，依旧保留有很多宋代的青瓷。有两件小事可以说明在宋代当地的居民对这些漂亮的瓷器非常喜爱，甚至到了迷信的地步。第一件事是他们在祭祀中使用的是中国的瓷器，因为祭祀要用最好的器皿。第二件小事更有意思。很多宋代留下来的青瓷器都有缺口，问一下当地人才知道，当年的爪哇人相信漂亮的瓷器拥有魔力，于是他们把瓷器碾成粉入药了。今天，在印度尼西亚的一些药店里，依然在销售主要成分为高岭土的治疗痢疾的药。用 Google 搜索一下高岭土和痢疾这两个词的英文 Kaolin 和 Dysentery，就能找到很多用高岭土治痢疾的偏方，内容大多来自东南亚和印度。

中国瓷器的输出，在无形中影响着世界一些民族的生活习惯。去印度旅游过的人都会注意到两个奇怪的现象。第一个现象，在印度街头，今天依然能看到人们使用一次性的陶器，用完了就扔掉。这些陶器都是在城市郊区的农村当街用干牛粪烧制的，而制陶的黏土在印度随处可见，因此成本很低。为什么印度会有这样（不环保）的习惯呢？这跟印度的种姓制度有关。不同种姓之间是不能混用餐具的，否则就得扔掉。既然得扔掉，不如使用廉价的陶制杯子和盘子。第二个现象就是用沙子洗碗和盘子，大部分中国人不明白其中的道理。我在请教印度的同事后了解到，这和早期中国青瓷器有关。早期的青瓷器经过丝绸之路来到印度时，非常昂贵，以至于即使被不同种姓的人用了，主人也舍不得扔掉，而是用细沙擦洗一遍重新使用，这个习惯保留至今，虽然很多锅碗瓢盆是用不锈钢而非陶瓷制作的。在印度出土的早期青瓷器上，可以看到底部均留有被细沙打磨过的痕迹。

瓷器在改变世界的同时，也促进了中国的科技进步。首先，出口的需求大大提高了中国的造船水平。当时中国的远洋货船，是世界上最大最先进的，可以载 200 多吨的货物，足足抵得上2000 匹骆驼。这种平底的帆船已经有了密水舱，该技术比欧洲早几百年。加上中国已发明指南针，使得宋代的航海技术相当发达，这是强汉盛唐都做不到的。当时世界上只有横跨欧亚非大陆的阿拉伯帝国可以在海上与中国抗衡。宋代的造船术帮助南宋在抵抗金元入侵中发挥了巨大的作用。公元1161年，南宋在力量悬殊的唐岛海战中，依靠先进的战舰击败20倍于己的敌人（似乎让人难以置信），方才得以保全。

瓷器和繁荣的经济并没有保全宋朝不被外族灭亡。与历史上很多先进的文明被落后的民族毁灭一样，经济发达文化繁荣的宋朝终于也没挡住蒙古人的铁蹄。整个西方，甚至包括日本，对一度统治欧亚大陆的蒙古人评价并不高，不仅低于任何一个建立庞大帝国的民族，而且在所谓的"蛮族"，比如罗马时期的日耳曼人、哥特人、匈人[4]、北方的维京人，以及后来的突厥人中，蒙古人得到的评价也是最低的。这主要是因为蒙古人在欧洲和中东没有留下什么文化遗产。但是在他们入主中原60年后，却创造出一种后来影响了世界的瓷器——青花（白）瓷。

第四节　青花瓷器

青花瓷器为什么会出现在元代[5]？为什么没有出现在经济和贸易更发达的宋代，或者是瓷器烧制技术更成熟的明代？这里面有多种原因，而这些原因组合起来就成了历史的必然。其中最主要的两个原因，就是元朝统治者的审美与多种文明的融合。

先讲讲元朝人的审美。在元朝之前，唐代和宋代的中国人喜欢青瓷甚于白瓷，至少在士大夫阶层如此。对于青瓷和白瓷，最

4　是否是匈奴人，不得而知。
5　有人认为青花瓷器最早出现在唐代，但是那些涂有蓝色的瓷器（甚至只是陶器）和今天的青花瓷器完全是两回事。元代的青花瓷器和今天的没有太大区别。

有名的评论莫过于《茶经》的作者陆羽了。他在《茶经》里写道："邢瓷类银，越瓷类玉，邢不如越一也；若邢瓷类雪，越瓷类冰，邢不如越二也；邢瓷白而茶色丹，越瓷青而茶色绿，邢不如越三也。"其实这三句话颇为主观，倒过来讲，也非常通顺合理："越瓷类玉，邢瓷类银，越不如邢一也……"因此，并不能说明白瓷就不如青瓷。所以在宋代，虽然定窑的白瓷已经烧制得非常好了，但是它依然成为不了主流。相比洁白如玉的白瓷，宋朝人更喜欢闪着青色光泽的青瓷。

而到了元朝，青瓷和白瓷的地位就颠倒了过来。元朝的统治者和唐宋的统治者不同，蒙古族非常豪放，没有宋朝人（和金朝后期的人）那种细腻的文化情趣，因此，他们对宋代瓷器那种靠细微颜色变化带来的美感不感兴趣。蒙古人崇尚白色，比如他们住的蒙古包都是白色的，很多服饰也是白色的（而白色对于古代的汉族人来讲是丧服的颜色）。到了元代，青瓷的发展便停滞甚至倒退了，很多工艺也从此失传了，一些宋代名窑虽然还在出产瓷器，但是质量却大不如以前了。但是在元代，白瓷却迅速发展，出产白瓷的景德镇也替代出产青瓷的龙泉，成为中国瓷器制造的中心和世界瓷都。

和青瓷相比，白瓷有两点优势。首先，它容易做得完美，只要想办法把高岭土中的铁质尽可能地去除即可，但是青瓷需要控制高岭土的含铁量，多一点少一点都不行，一旦控制不好，烧出来的瓷器颜色就不对了。其次，如同白纸上好画画一样，白色的瓷胎上容易绘制各种图案和上各种颜色。至于白瓷上最早采用的颜色为什么为青蓝色，这里面又有两个原因，而第一个原因则和元朝的历史有关。

在中国历史上，元朝是一个非常特殊的朝代，历史学家对它褒贬不一。主流的西方学者，比如哈佛大学的费正清认为蒙古人的入侵不仅破坏了宋朝（和全世界）的经济发展，而且中断了中国向资本主义过渡的可能性。但是另一方面，蒙古人的足迹遍及欧亚大陆，客观上帮助了东西方文化和文明的融合。比如在元青花中，大量地融入了波斯文明和伊斯兰文明的结晶。

蒙古人征服西亚远在征服南宋之前，和历史上大部分征服者一样，他们对待先被征服民族的态度明显比对待后被征服者的要好。在元代，西亚的穆斯林们（色目人）的地位比中国北方的汉人和南方人（南人）的地位要高很多。有超过一百万的穆斯林涌入元朝经商和从事生产，而蒙古人只会打仗不会理财，往往将管理国家的事情交给西亚的商人，因此，很多西亚人在元朝宫廷里做官，其中最出名的是忽必烈时代的大奸相阿合马。正是由于蒙古人和西亚人的这种合作，元朝受伊斯兰文化的影响要远远高于受汉文化的影响。而蓝色恰恰是中东穆斯林喜欢的颜色，因为在干旱的中东地区，水是最宝贵的资源，因此，在伊斯兰文化里，天堂是充满水的世界，是蓝色的。蒙古人和穆斯林喜欢的两种颜色 —— 白色和蓝色，就构成了青花瓷器的基本元素。

不仅青花瓷的颜色受到伊斯兰文化的影响，就连它的颜料最早也来自已经皈依伊斯兰教的波斯。元朝秉承了宋朝开放的国策，大量的波斯商人直接到中国采购瓷器，而元朝为了发展对外贸易，满足销往不同国家和地区的需要，鼓励来料加工。于是波斯商人带了钴蓝颜料来到中国，因此钴蓝颜料在明朝的记载中又称作"回青"，意思是从伊斯兰地区带来的青颜料。这些商人不仅是中国瓷器的消费者和中国文化的传播者，而且直接参与了青花瓷的设计与监制。在元代，景德镇属于浮梁县，而根据当地史料记载，那里很多地方官都是中东人，他们按照伊斯兰教的喜好，提出具有异国风味的造型、装饰和图案的要求，于是景德镇窑工们采用把波斯"蓝"与中国"瓷"融合在一起的方案，烧制成具有多重文化特色的青花瓷器。波斯商人在带回瓷器的同时，也带去了中华的文化。

　　早期绘有图案的瓷器是青色而非其他颜色，还有一个工艺上的原因，即青花瓷使用的钴蓝颜料在高温下颜色稳定。我们今天看到的瓷器上几乎所有的颜色，都是金属氧化物在高温下形成的，比如氧化铜在一定温度下会呈现出红色。但是，大部分金属氧化物经过高温烧制后（可能还伴随木炭带来的还原效果），颜色不仅和预想的不同，而且每次烧制出来的颜色也不一致，很难控制。比如在瓷瓶上画了梅花，本来希望烧出来是红颜色的，但是可能温度（和空气量）控制不好，烧出来却成了黄绿色，更糟糕的是，一枝梅花上各个花朵的颜色可能也不一样，这样的瓷器没有人愿意要。而钴蓝就没有这个问题，它在高温下烧制出的颜色非常稳定，因此，它成了早期绘制陶瓷所用的颜料。到了明朝，瓷器烧制技术进一步提高后，才开始出现五彩的瓷器。

　　元青花和明清以后的青花瓷器有很大的区别。作为马背上的民族，蒙古人有非常豪放的一面，因此他们制作的青花瓷器均为体积硕大、层次丰富的大件，和宋朝那种"汝瓷无大件"的风格正好相反。在纹饰上，元青花采用密集的纹饰，这和汉族士大夫的审美截然不同。中国传统的汉文化在绘画上讲究留白，以体现一种空灵的美，即使画花卉，也以梅兰竹菊这些淡雅的花卉为主。而蒙古人豪放的性格让他们不受汉文化的约束，因此，体现在青花瓷上就是十分丰富的纹饰题材。蒙古人尤喜牡丹芍药这样大富大贵的艳丽花卉，所以，在元青花中牡丹的图案非常多见。另外，还有葡萄和藤蔓的图案，完全是融合了古埃及、古希腊和西方诸多文化的特点。当然，元青花中也少不了汉文化的元素，比如松竹梅兰、竹石荷叶、如意云头、龙凤鱼藻、花鸟草虫等。早期作为外销商品的青花瓷器，既体现了中华传统文化的创造性，又是中西亚文化交流融合的结晶。

在瓷器制造历史上，很多发明和新工艺都伴随着元青花而出现，它们具有划时代的意义。首先是透明釉的发明。宋代以前，瓷器上使用的都是不透明的颜色釉，这样，瓷器的边缘常常会因为釉的涂层较薄而呈现不同的颜色。而元青花则是先将钴蓝颜料画在瓷器未上釉的素胎上，然后在绘制好的瓷器上涂上一层透明的釉，再进行烧制。因此，钴蓝的颜色在釉之下，俗称釉下彩。这样一来经过几百年颜色也不会改变。今天高质量的瓷器一律采用釉下彩的上色方式。这项发明比今天的 iPod 或者混合动力汽车对世界的影响力要大得多，因为 iPod 出现了不过十多年就基本上已经消失，混合动力汽车不过是一个过渡性产品，它从诞生到销售恐怕不会超过半个世纪，而中国元朝发明的这种瓷器制造技术经过了 700 年，在世界范围内还被广为使用。中国古代有无数的发明创造，这些发明创造对世界文明进程的影响要远远超过今天很多世界知名发明家的贡献。元青花的出现，标志着瓷器从雕刻时代进入了绘制时代。从那时起，在中国的三百六十行中又多了"瓷器上的画工"这一行。直到现在，在瓷器制作中，瓷胎的制造和图案的绘制依然是分开的两个步骤。法国的很多名瓷，比如塞夫勒瓷器，甚至是在高岭土的产地利摩日制作完瓷胎，再拿到巴黎，由巴黎精通绘画的名师绘制瓷器上的图案，而这种分工方式，始于中国。

元青花烧制的时间非常短暂，除了在博物馆里能看到一些，存世的作品已经很难找到了。由于元代青花瓷器大部分用于外销，尤其是销往中东地区，因此，今天能看到最多元青花瓷器的博物馆不在中国，反而是在伊朗的德黑兰博物馆和土耳其托普卡比（Topkapi）博物馆，后者居然藏有 40 多件元代青花的珍品。

在世界贸易上，元代的瓷器比宋代时走得更远。在宋代，中国的瓷器已经销往了整个亚洲，但是它的影响力还到不了更远的欧洲。到了元代，这个情况改变了，这一切要感谢一位威尼斯商人——大名鼎鼎的马可·波罗。14 世纪的欧洲还处在中世纪末期，相当落后。但是，随着十字军的东征，他们了解到了东方的文明（主要是伊斯兰文化）。威尼斯人一方面用船将十字军运到东方去作战，另一方面在东西方之间开展贸易，很快，这个水上城市就成了欧洲的中心。马可·波罗出生在威尼斯的一个富商家庭，他和他的父辈们从穆斯林那里听到了东方神秘大国中国的传说，便一直向往着直接和中国进行贸易。1324 年，经过万里跋涉，他们来到了元朝的大都，并在那里见到了当时欧亚大陆的共主忽必烈皇帝。作为来自西方的使者，他们向忽必烈转交了罗马教皇给中国皇帝的信件，马可·波罗也在元朝做了官。他有幸来到中国南宋的旧都杭州，虽然他看到的只是经过战争破坏后残存的一点文明，但是比起中世纪时的欧洲，那里已经是天堂了。在那里，他看到每家每户都用神奇的瓷器盛放食物，觉得简直不可思议。后来他亲自到景德镇探看了瓷器的制作过程——很遗憾马可·波罗并不懂瓷器制造的工艺，他在后来的游记中对瓷器的制作过程有很多错误的描述，这让很多欧洲工匠走了弯路。但是不管怎样，他将一些瓷器带回了欧洲，并且由于后来他的游记成为欧洲人了解东方的必读书，东方神秘的瓷器从此被欧洲人认识和了解。马可·波罗把瓷器比作美丽的贝壳（Porcelain），这个英文单词一直沿用到今天。

元朝末年，群雄混战，非常动荡，经过明初洪武年间轻税赋的休养生息，到了明朝第三个皇帝明成祖朱棣（永乐皇帝）登基时，国力才恢复至自宋代之后的鼎盛时期。青花瓷器在这个时候又有了新的发展，在世界上的影响力也达到了顶峰。在此期间，中国的元素更多地加到了青花瓷器中。首先是颜料的改进。元青花采用的是从波斯进口的钴蓝原料，又称"苏麻里青"。这种原料的好处我们在前面已经提到，但是它也存在一个缺点，就是颜色在烧制的过程中会化开，这样图案的边缘容易模糊不清。中国的工匠们在永乐年间解决了这个问题。他们研制出一种国产的钴蓝配方，改变了里面一些金属成分的比例，这样颜色在烧制过程中不会化开，图案也可以烧制得十分精细。其次，中国从宫廷到民间各阶层对青花瓷器的喜爱，使得在瓷器的绘制方面更多地体现了国画的特点，就是留白和写意。与元代相比，绘制的题材不仅丰富起来，而且更能反映中国的文化和历史。几百年后，当欧洲人开始仿制青花瓷器时，他们使用了中国风的题材。

　　永乐皇帝是个开拓型的皇帝。在当政不算太长的 21 年间，他完成了许多的"伟业"，比如迁都北京，修建故宫，修《永乐大典》，6 次远征蒙古，等等。不过，他在位期间，对世界影响最大的事件当属郑和下西洋。郑和的舰队是第一次世界大战前世界上最庞大的舰队，有多达 200 艘的战舰和补给船。如果史书记载准确，郑和的旗舰（又称宝船）长达 150 米，宽 60 米，直到 19 世纪末铁甲船诞生以前，它都保持着世界上最大船只的纪录。郑和的船队，满载着中国的特产，包括大量的瓷器，驶向东南亚、中东和非洲的东海岸。郑和在沿途许多地方修建、设立了货栈，将中国的商品，尤其是瓷器直接带到全世界。今天在东非的一些地方，还能找到出土的明代青花瓷器。

　　到了朱棣的孙子明宣宗朱瞻基（即宣德皇帝）时代，青花瓷器的制作达到了高峰（著名的宣德炉就是那个时代的产物）。在宣德时代，景德镇官窑的瓷器被打上了"大明宣德年制"的印记，这是世界上最早的商标。这又是值得今天的中国人骄傲的事情，因为我们的祖先发明了最早的商标。有了商标，就容易区分宣德年间的瓷器和其他年代的瓷器。而高品质的宣德青花瓷，也成了后世民窑仿制的对象。到了明朝末年，欧洲人已经发现并且移民到美洲，很多中国的商品以美洲作为中转地，运到欧洲的西班牙[6]。1979 年，人们在加勒比海打捞起一艘明朝末年的西班牙的商船，上面有无数的明代青花瓷器，大概本来是要经过西班牙运

6　根据教皇给早期殖民国家西班牙和葡萄牙划定的势力范围，美洲划给了西班牙，而印度划给了葡萄牙。西班牙人要和中国人做生意，不能从非洲绕到中国，而需要向西经过美洲中转到达中国。

往欧洲的。这些瓷器上面都有"大明宣德年制"的标记，但是沉船的时间和宣德年代差出了两百年。难道说宣德皇帝过世两百年后在中国仍然有大量的宣德青花瓷出售吗？显然不是，原因大概是宣德青花的名头太大，而且是最早标记了年号的瓷器，因此整个明代的民窑都在仿制。欧洲人无法购得大量的官窑瓷器，也就接受了这些民窑的仿品。从这里我们可以看到宣德青花在世界范围的影响力。

由于朱棣的儿子明仁宗在位仅仅一年，因此，人们谈到明初青花瓷时，都会跳过明仁宗的名号，称为永（乐）宣（德）青花。但是到了明朝中后期，因为国力衰退，青花瓷器的制作也就进入了衰退期。

在所有中国瓷器中，青花瓷对世界产生的影响力无疑要排第一位。早在元代，它就成为阿拉伯人最喜爱的瓷器。但是，从中国进口的瓷器非常昂贵，一个青花瓷碗当时要价 30 两银子，除非贵族和富商，一般的穆斯林是用不起这些瓷器的，因此，他们试图仿制青花瓷器。伊朗的古城克尔曼在 13 世纪（元朝时期）是东西方之间重要的贸易城市，那里的人们从元朝开始就试图仿制青花瓷器。伊朗的商人甚至从中国元朝带去了 300 多名工匠，试图仿制景德镇的瓷器，可是，巧妇难为无米之炊 —— 由于没有高岭土，也没有能够达到 1300 摄氏度以上的瓷窑，烧制出来的依然是类似青花的陶器，而不是瓷器。

在大洋彼岸的墨西哥，也出现了类似的情况。西班牙殖民贵族用的是从中国购买的青花瓷器，他们甚至用它来装饰自己的豪宅，但是对一般的移民和当地的墨西哥人来讲，中国瓷器无疑是他们用不起的奢侈品。于是，墨西哥人就开始仿制中国的青花瓷，不过，和伊朗的情况类似，由于找不到上好的瓷土，窑温也不够高，他们制作出来的仍是相对厚重的陶器。在从元朝开始的四百多年里，这种仿制的尝试在世界各地比比皆是。到了17世纪，工业化和贸易在世界上都处于领先的荷兰，也试图仿制中国的青花瓷，很遗憾，他们并不比伊朗人和墨西哥人走得更远。荷兰代尔夫特的工匠们最终烧制出的依然是一种青花的陶器，虽然它的做工相当精美。今天，在伊朗和墨西哥，人们依然在使用类似青花瓷的陶器。而荷兰代尔夫特的青花陶器（荷兰文称 Delfts Blauw）则成了荷兰著名的手工纪念品[7]。

但是，到了19世纪，欧洲人最终制造出了自己的青花瓷，而此时在中国，青花瓷已经开始走下坡路了。在今天欧美的高档百货店里，来自英国、德国和日本的青花瓷器依然占据着很大一片柜台，反而见不到中国的青花瓷。而这些青花瓷中，最受顾客欢迎、各个著名厂家都制作的，是一种被称为青花梧桐图案的瓷器。青花梧桐基本的图案如图 2.9 所示。

这完全是中国的题材，整个画面富于层次感，非常典雅舒服。我最早见到这样的瓷器，是在 20 世纪 80 年代，是景德镇我的一个叔叔送给我的。据他介绍，在 1982 年到 1986 年间，景德镇烧制了一些这种图案的瓷器作为国礼送给外宾。我原以为青花梧桐的图案是中国人设计的，但是很奇怪，在中国明清的陶瓷中并无这类风格的图案。后来在国外，我发现各种青花梧桐图案的

7　代尔夫特最著名的纪念品是源自中国的青花陶器，荷兰文称 Delfts Blauw。蓝陶烧制闻名世界。皇家代尔夫特蓝陶工厂地址：Rotterdamseweg 196。

图 2.9 英国韦奇伍德公司制造的青花梧桐瓷器

瓷器非常多，认真了解后才知道，这个图案最早是由英国考勒瓷器公司（Caughley Pottery）的设计师特纳（Thomas Turner）和学徒托马斯·敏顿（Thomas Minton，1765—1836，后来成为了瓷器设计大师，并且开办了自己的公司）在 1780 年设计的。但是，最早制造出青花梧桐瓷器的，既不是考勒公司，也不是敏顿自己的公司，而是斯波德公司（Spode Factory），这家公司要制造一种有东方韵味的青花瓷，就选用了青花梧桐的图案。在英文中，青花梧桐被称为 Blue Willow，意思是"青色的柳树"，英国人还为它编了一个传奇故事。这个故事翻译过来，大意是这样的：从前在中国有一个公主（叫 Hong Shee, 或者 Koong Shee，不知道是谁）在外求学，爱上了一个穷苦的读书人（叫 Chang），但是她的父母不同意这份婚姻，要把她嫁给一个公爵，因此，两个人就殉情了，最后化做了一对鸟儿。我觉得这很像梁祝化蝶的故事。估计是特纳或者敏顿在听中国的传奇故事时听岔了，又或许是听惯了西方的王子公主故事，便有了先入为主的印象。

优质的青花梧桐瓷器，无论是新的，还是百年前的半古董，在欧美都有很大的市场。相关制造商有上百家，主要在欧洲、美国和日本，其中以英国的韦奇伍德（Wedgewood）公司的产品最为出名；而英国另一家瓷器厂强生兄弟（Johnson Bros），其产品销量可能是世界上最大的。相比今天景德镇制作的青花瓷器，这些来自欧洲和日本的青花瓷，胎质更加洁白，绘制更为精细，着色均匀，整体做工更加精致，完全占据了高端瓷器市场，在美国梅西（Macy's）和诺德斯特龙（Nordstrom）等高端百货商店里，一个直径30厘米左右的青花瓷盘，售价可达上百美元，比同类的中国青花瓷高出一个数量级。而在二手市场，半古董的青花梧桐瓷器价格更高。为了方便收藏者购买这个题材的古董瓷器，每过一段时间都会有关于这类瓷器的收藏指南出版，这些指南除了介绍每一款瓷器的特点和历史，还会给出交易的参考价格。

国际上对青花瓷的研究始于西方，而且只有60多年的历史。中国人对它的热情反而只是最近十几年尤其是最近几年的事情。而一件元青花瓷器在佳士得的拍卖结果，对青花瓷器在中国掀起的收藏热起了非常大的推动作用。2005年7月12日，在伦敦佳士得的一场拍卖会中，元青花罐"鬼谷下山"以1400万英镑的高价成交，创造了中国瓷器拍卖的最高价。之前中国瓷器拍卖的最高价，也是由一件元青花瓷器创造的（580万美元，2003年，纽约）。这些颇具轰动效应的事件，让一些中国公司和个人愿意用"青花"这个概念作为中国文化的名片来推销自己。

这种推销方式颇具合理性。世界上的大部分商品都会有人喜爱、有人不喜爱，瓷器也是如此。即使很精美的宋瓷、明代粉彩、日本的赤绘瓷器，甚至法国最高档的塞夫勒瓷器，不喜欢的也大有人在，因为对这些瓷器的喜爱与文化背景、社会地位和艺术修养等因素关系很大。但是青花瓷是个例外，它在全世界普遍受到欢迎，无论国别，无论民族，无论收入高低。这里面的原因有很多，但至少青花瓷有两点是其他瓷器所不具备的：第一，青花瓷清爽简洁的色彩和丰富的图案适合雅俗共赏；第二，青花瓷不是纯粹的中国产品，而是汇聚了多种文化的结晶——从古埃及到波斯，全世界众多国家和民族都为青花瓷的发展做出了贡献。用今天的话来讲，它从一开始就是国际化的商品。

第五节　风靡世界

从宋代到明末，中国的瓷器在世界上每到一处，就会掀起一股瓷器的热潮，并改变了当地人的生活方式、当地的文化，甚至改变了当地的制造业。世界上还没有第二种商品能在几百年的时间里长期做到这一点。今天，当中国的有钱人热捧一些世界名牌商品，比如美国的苹果手机、法国路易威登和香奈儿的手袋、德国奔驰和宝马的汽车，一掷千金地高价购买时，我们也会感叹什么时候中国的商品能成为全世界认可的名牌，能卖个好价钱。其实，在 18 世纪之前中国的瓷器就是这样的商品。

当蒙古人从整个欧亚大陆退出后，突厥人的一支后裔——奥斯曼人建立了横跨欧亚非的新帝国——奥斯曼土耳其帝国。1453年他们灭亡了持续了上千年的东罗马帝国，控制了欧亚非贸易的要冲——伊斯坦布尔（当时叫君士坦丁堡），土耳其帝国的国王也成为了当时西亚和东欧最有权势及财富的人。与以前信奉伊斯兰教的阿拉伯人一样，土耳其人对中国的青花瓷器也有着特殊的喜好。他们用青花瓷盘作为清真寺和宫殿的装饰品。国王和贵族们不惜重金，购买了大量的中国瓷器作为日用品。我们今天或许认为瓷器是再便宜不过的东西，但是在当时中东和巴尔干最强盛的土耳其帝国里，能使用瓷器便是奢侈。他们的银币曾经是世界上主要的流通货币，土耳其帝国的商人带着白银来到中国购买瓷器、丝绸和茶叶，也带动了中国手工业的繁荣。感谢土耳其人的祖先对中国瓷器的钟爱，在他们昔日的皇宫、今天的伊斯坦布尔博物馆里，珍藏了一万两千多件中国元、明时期的瓷器，其中主要是青花瓷，包括一些非常珍贵的元青花。

欧洲人对瓷器的了解要晚于中东和巴尔干人，虽然马可·波罗将瓷器介绍到了欧洲，但是很多欧洲人对他描述的这种神奇的盛器还是将信将疑。毕竟大部分国家的人没有见过，而眼见才为实。感谢一些无意间传播了文明的商人，他们将中国瓷器从中国经过阿拉伯和巴尔干地区运往欧洲各地，其中有一件元代的青瓷瓶途经匈牙利、意大利、法国和英国，最后来到了欧洲最西边的爱尔兰，这是有档案记载的最早到达西欧的瓷器。正是这件瓷器，让很多欧洲人相信马可·波罗所言非虚。但是当时，瓷器在欧洲属于可遇不可求的珍品，虽然在中国它们已经进入许多家庭的生活。

我们今天很难想象没有瓷器用什么吃饭。这对中世纪的欧洲人来讲，确实是个大问题。从罗马帝国到中世纪结束的一千多年里，欧洲人吃饭用的盛器就没有什么变化。历史学家们借助计算机图像复原技术，复原了在米兰圣玛利亚感恩教堂里达芬奇著名的壁画《最后的晚餐》里的细节，发现画中使用的盘子是用锡做的，而喝酒的杯子是用玻璃做的。锡盘子有很多缺点：很软，也不耐磨，容易损坏。玻璃杯子装酒固然好，但是装不了烫的东西。

到了中世纪末期，欧洲尤其是意大利开始接触到来自东方的奢侈品。历史上有名的富商洛伦佐·美第奇有一天收到了一件贵重的礼物，这是一件来自中国的瓷器，是一位埃及苏丹送给美第奇的。美第奇从来没见过这么精美的瓷器，他非常喜爱，后来斥重金收罗了将近 400 件中国瓷器。美第奇家族被瓷器这种漂亮的釉色和惊艳的工艺所吸引，这个家族最喜欢资助发明、艺术创作和革新，整个文艺复兴是他们家族赞助出来的[8]。于是，美第奇家族在 1575 年集中了地中海地区最好的陶匠，试图仿制中国的瓷器。他们试验了各种可能烧出白色瓷器的原材料，包括黏土、蛋壳、玻璃等。很遗憾，当时还没有现代的化学学科，这些陶工不了解高岭土的成分，也没有办法达到 1250 摄氏度的窑温，因此，美第奇家族的瓷器仿制以失败而告终。但是，他们的努力带来了一个副产品——一种仿青花的陶器餐盘，今天成了佛罗伦萨传统的手工艺品，而且意大利的一些饭馆里还在使用。美第奇家族在大约 200 年间控制着欧洲的金融业，并和很多王室联姻。他们对瓷器在欧洲贵族中成为一种时尚起了很大的作用。当时的欧洲贵族热衷收藏中国瓷器，就如同今天中国的有钱人热衷收藏玉器一样。但是，那时世界上只有在中国能够买到瓷器，于是欧洲的商

8　关于美第奇家族的故事，在后面"一个家族的奇迹——文艺复兴"一章中有详细的介绍。

人们便不远万里来到了中国。

　　当时地中海和中东地区已经被奥斯曼土耳其帝国控制，欧洲人只能绕道而行。最先到达中国的欧洲船队是葡萄牙人的船队，他们绕过好望角，先来到印度，然后在16世纪初来到中国。后来他们从明王朝手里租借了澳门，并且建立了货栈。愿意跑到两万公里以外的中国做生意的葡萄牙人不是很多，因此，葡萄牙的贸易公司也雇佣一些印度人来到澳门。这些印度人中，有一些人便在澳门成家生子，一代一代繁衍下来，直到1999年澳门回归中国之前，他们还在澳门做生意。这些人家都藏有不少当年留下来的中国贸易瓷器，有的人家至今还把这些瓷器挂在墙上作为装饰品。这些瓷器见证着中国和欧洲之间的瓷器贸易历史。葡萄牙国王曾经用260件中国瓷器装饰了桑托斯宫的天顶，这表明在当时欧洲最富有的皇室眼里，瓷器是美和财富的象征。

　　我们今天感叹需要出口一亿双运动鞋才能从美国购买一架波音飞机，而在大航海时代的欧洲人购买中国商品何尝不是如此。1492年，代表西班牙王国出行的意大利水手哥伦布发现了美洲大陆；1545年，西班牙人在玻利维亚发现了银矿，第二年他们在墨西哥的萨卡特卡斯发现了更大的银矿，这个银矿至今仍然是世界三大银矿之一。在随后的150年里，他们从美洲带走了约一万六千吨（约五亿两）白银。这些白银，有三分之一用来购买中国的货物，主要是瓷器和茶叶。对当时的欧洲人来讲，瓷器是财富和地位的象征；而对中国人而言，则让中国赚足了欧洲人发现新大陆后150年里的红利。在中国的海港城市泉州，商人们翘首期盼着从墨西哥驶来的西班牙大帆船队，他们用墨西哥产的白银高价换取中国的瓷器，然后再以大约六倍的价格卖给欧洲人。

葡萄牙人和西班牙人结束了奥斯曼土耳其帝国对东方贸易的垄断。在 16 世纪，世界的贸易中心转移到了欧洲的伊比利亚半岛。西班牙的银币比索也取代了奥斯曼土耳其的银币，成为世界贸易市场的硬通货。但是，好景不长。1579 年，从西班牙独立出来的殖民地荷兰很快成了大航海时代的主宰。1602 年，荷兰和葡萄牙开始了争夺海权的荷兰—葡萄牙战争。第二年，荷兰（东印度公司的）战舰在新加坡附近截获了葡萄牙的商船圣塔卡特尼娜号（Santa Catarina），并且以打击走私为名没收了船上的货物，包括大量的中国瓷器。荷兰人把这些瓷器拿到阿姆斯特丹和密德堡去拍卖，前来参加瓷器拍卖的除了本地商人，还包括法国王室和英国王室的外交使节。通过这次拍卖，西欧和北欧的王室开始对中国瓷器产生了兴趣。随着荷兰对葡萄牙在军事上的胜利，荷兰夺取了葡萄牙在印度洋的很多航道的主导权，并且开始在欧亚贸易中崭露头角。

荷兰人在世界上建立了几十座贸易站，其中围绕中国的就有三座，它们是中国台湾地区的热兰遮城、日本的长崎和越南的河内。荷兰人在中国定制了专门销往欧洲的青花瓷器，这就是曾经垄断欧洲瓷器市场的克拉克瓷器（Kraak）。由于产量很大，现在这种瓷器在世界各地，甚至非洲的博物馆、古玩店和一些人家中都能找到。荷兰东印度公司从这些瓷器中可以获得 300% 的利润，因此，他们每年从中国大量订购瓷器。欧洲人的档案工作做得非常好，他们当年的很多订单现在仍能找到。比如在 1614 年，荷兰商船戈尔德兰号（Gelderland）一次就向中国订购了大约七万

图 2.10　荷兰 17 世纪绘画中的克拉克瓷器（扬·凯塞尔 Jan van Kessel 绘制，私人收藏）

件瓷器，总价达到了 11545 弗洛林 [9]，约合今天的一百多万美元。

400 年前，瓷器是欧洲了解中国的窗口。经过大航海时代，欧洲已经开放，和亚洲一起登上世界舞台。瓷器在当时是承载着中华文明的高科技产品，在欧洲是文明和财富的象征。瓷器上的中国人物和风景，大大增强了欧洲人对中国的好奇心，也使他们对古老的东方文明产生了一种崇拜之情。从那时起直到今天，在欧洲，还有后来的美国，中产家庭大都有一个带玻璃门的瓷器柜，里面展示着（不是摞着摆放着）各种瓷制的餐具，这种瓷器柜就叫 China。如果一个顾客去欧美的家具店，说要买 China，那不是要买瓷器，而是指买瓷器柜。家里没有瓷器柜，会被认为没有品位。

对瓷器的热衷，民间尚且如此，上流社会就更显狂热。在贵族和王室成员的宫殿里，都设有专门的瓷器室，里面摆放着珍贵的中国瓷器，他们甚至在瓷器收藏上互相攀比。17 世纪末，普鲁

　9　弗洛林虽然是佛罗伦萨的金币，但是当时是荷兰主要流通的货币。

士国王腓特烈一世（Friedrich Ⅰ，1657—1713）是个瓷器迷。无论从数量还是质量上讲，他的收藏都是首屈一指。他还专为王后在宫殿里修建了一个豪华的瓷器室，以彰显普鲁士强盛的国力。而在同时期，他的对头、德国南部萨克森公国的国王奥古斯都二世（Augustus Ⅱ the Strong，1670—1733）也把国家治理得空前繁荣，他对外向德国南部和波兰扩张，对内在首都德累斯顿大搞建设，处处想压过腓特烈一世。奥古斯都二世在参观了普鲁士夏洛特宫的瓷器室后，决定建造一间更大的瓷器室，并陆续收集了两万多件中国的瓷器。他对瓷器的热爱可以说到了近乎痴狂的程度，他曾经以 600 名近卫骑兵从腓特烈一世手中换来了 150 个大型龙纹瓷缸。当然，更多的瓷器是他直接从中国买来的。

欧洲的宫廷不仅使用和收藏瓷器，而且还或多或少地模仿东方的生活方式，其中最典型的就是饮茶。很多国王都在自己的王宫里建造了茶室，里面的绘画和雕塑的主题都与瓷器上描绘的中国人的生活相一致，贵族们就在这样的环境中享用中国的茶叶。在 17、18 世纪的欧洲，这种文化现象持续了很长时间。中国瓷器已经不仅是一种精致的商品，而且还是一种文化的传播媒介，成为一种文明的象征。

第六节 日本的崛起

中国瓷器在世界上的垄断地位和影响力于 17 世纪末达到了顶峰，然后便渐渐开始衰退，虽然在 18 世纪和 19 世纪里中国瓷器的出口量依然不低。这其中的原因包括中国的改朝换代和日本、欧洲瓷器的后来居上。

1644 年，明朝灭亡。长期的战乱使得中国的瓷器业遭受了毁灭性的打击。这也苦了荷兰东印度公司的商人们，因为他们没有了货源。根据当时东印度公司和荷兰总部的通信记载，他们靠存货又艰难地支撑了 15 年，终于走到了山穷水尽的地步。于是，东印度公司决定寻找新的货源。他们来到了日本的长崎。要是再早 50 年，日本根本制造不出欧洲所要的瓷器，但是这个时候却不同了，幸运的天平开始向日本人倾斜。

瓷器在很长时间里只有中国出产。到了唐代，青瓷的制造技术首先传到了朝鲜，后来又传到了越南，直到 17 世纪初期，世界上也只有这三个国家能够制造瓷器，而朝鲜和越南的瓷器只是自用，在世界市场上没有任何份额。虽然瓷器早在唐朝就传到了日本，日本今天茶道所用的器具和宋朝的青瓷还很相似，但是日本并不会制造瓷器，而是要从中国和朝鲜进口。从日本人的收藏来看，他们似乎对早期朝鲜制造的瓷器情有独钟，在日本京都的大德寺，保存着一个迄今为止最贵重的瓷器 —— 朝鲜伊多[10]瓷器茶碗，估价为 9500 万美元。

日本人多个世纪以来一直未能制作出瓷器，但是他们对瓷器制作技术垂涎已久。到了明朝末年，他们的机会终于来了。1590年，日本军阀（大名）丰臣秀吉打败其他军阀，成为了幕府将军，统一了日本。仅仅两年后，1592 年，即明万历 20 年，丰臣秀吉发动了侵略朝鲜的战争，史称"万历朝鲜之役"。和历次朝鲜战

10　这是朝鲜制造的最早的瓷器，表面有古拙的釉，传世数量不足百件，十分珍贵。因为其表面质地像井的内壁，故此得名。

争一样，无力抵抗侵略的朝鲜向宗主国中国求援。明万历皇帝派李如松等人率军援朝。在这场战争中，日本侵略军被中朝联军打得惨败，而丰臣秀吉也因此一病不起，很快便去世了，他的后裔和部将后来被德川家康打败并灭族。但是，丰臣秀吉发动的侵朝战争也不是一点收获都没有，他们想方设法从朝鲜俘获了大约一千名瓷器制造工匠，并把他们全部带回日本。与此同时，朝鲜的瓷器制造业毁于一旦。

这些工匠来到日本后，被迫为日本制造瓷器，从此瓷器制造技术传到了日本。在日本九州的伊万里，有一座纪念这些朝鲜工匠的纪念碑，讲述了瓷器制造技术如何从朝鲜传到日本的过程。

九州的诸侯们要求从朝鲜掠来的工匠开始烧制瓷器。朝鲜的瓷工李参平在日本最早烧制出瓷器，被奉为日本瓷器的始祖（陶祖李参平）。他花了 20 年时间，在九州各地寻找适合制作瓷器的黏土，最后他在有田町发现了高岭土。1616 年，瓷器制造在日本终于拉开了序幕，靠的是中国的瓷器烧制技术和朝鲜的陶工。日本人把瓷器制作的工序分得很细，经过短短 30 年的努力，日本瓷器的质量已经达到了欧洲商人们的要求。

东印度公司向日本有田町订购的第一批瓷器就多达 65000 件。日本早期的瓷器大多是仿制中国的，比如今天还能看到在日本（和其他一些国家）的二手市场上出售江户时代印有"大明成化年制"标记的仿品。可能是因为在那个时期，成化斗彩瓷器深受日本人的喜爱。有田町的瓷器也不例外，它早期大量仿制中国的青花瓷，然后销往欧洲。但是，和他们仿制其他产品的过程一样，日本人很快从仿制进入到创新阶段。根据《日本中世纪和早

图 2.11　酒井田柿右卫门制造的赤绘瓷器

期近代生活》一书介绍，有田町的瓷工酒井田柿右卫门在 17 世纪中期便发明了后来非常著名的赤绘瓷器。

赤绘瓷器是一种全新的瓷器，有时要使用 60 多种颜料，但是新颖之处在于它采用了一种特殊的赤色颜料。这种颜料的主要成分是硫酸亚铁，但加工工序非常复杂，完美的赤色颜料需要 10 年左右的时间才能加工出来。赤绘瓷器艳丽的色彩与白瓷洁白的胎质形成鲜明的对比，非常漂亮。这项发明对世界瓷器发展的影响虽然比不上使用钴蓝颜料的青花瓷，但是却改变了欧洲人对瓷器的品味，并且反过来影响了中国的瓷器制造。赤绘瓷器从它诞生开始，就受到欧洲人的欢迎，并且很快风靡欧洲，成为日本瓷器的象征。

虽然到了康熙后期和雍正时期，景德镇官窑的制造水平达到了前所未有的高度，但是民窑和外贸瓷的品质却没有任何进步。西方人评价中国清代的瓷器，认为清代瓷器的质量有粗有细，盒类瓷器多变形，不平整，撇口碗的口沿有极小的凸起边，盘塌底严重；同是碗、盘，也有厚薄之分。釉质白中闪青。而青花颜色有浓艳闪紫的，或蓝中泛灰的。绘画普遍比较潦草。这样的结果是，从 17 世纪后期到 19 世纪中期，中国瓷器在欧洲销量虽有所上升，但是与日本瓷器相比，中国瓷器已经不占优势了。除了品质上的差异外，中国瓷器也失去了品牌的优势，很多出口都属于订单加工。而同期日本九州出品的打着"有田烧"标志的各种赤绘瓷器则是欧洲人心目中的名牌，一些商人为了降低成本，甚至向中国定制赤绘瓷器的仿制品，他们把"有田烧"的赤绘瓷器交给中国商人，让他们照样子仿制。到了18世纪初，大量中国出品的赤绘瓷器销到了欧洲。这时，中国虽然还没有沦为瓷器制造的二流国家，但是垄断世界瓷器市场的时代已经一去不复返了。

第七节 从炼金术士到月光社成员的尝试

到了17世纪末期，欧洲的现代科学开始萌芽，各种发明开始涌现，欧洲人不再满足于从亚洲进口瓷器，而试图自己制造瓷器。这一次，他们的做法和美第奇家族那种盲目的尝试有着本质的区别，并且最终"再发明"了瓷器。

欧洲人喜欢讲"中国人发明了瓷器，后来欧洲人再发明了它"。这种说法听起来很别扭，但是仔细了解一下欧洲人制造瓷器的历史，便会觉得这种说法也颇有道理。欧洲人再发明瓷器的过程富有戏剧性。这一切还要感谢前面提到的那位超级瓷器迷——萨克森公国的国王奥古斯都二世。由于和瑞典开战，萨克森的财力几乎枯竭，依靠横征暴敛当然也不是长久之计。于是奥古斯都二世想到了一个不用征税也能大量生财的"好办法"——炼金。

炼金术在17世纪的欧洲颇为流行，连大科学家牛顿也花了毕生大部分精力来研究它，但是从来没有人成功过。不过，欧洲人炼金的方法和中国人炼丹略有不同，他们留下了诸多实验的记录，这些实验记录导致了后来化学科学的诞生。1706年，奥古斯都二世抓住了两个炼金术士，他命令二人为自己炼制黄金，但是他很快发现这件事是不可能的。当时虽然日本也已加入瓷器市场的竞争，但是欧洲的瓷器售价依然很贵，被称为白色的黄金。于是，奥古斯都二世便命令两个炼金术士开始研制瓷器，这样便无意中成就了炼金术士约翰·弗里德里希·伯特格尔（Johann Friedrich Böttger，1682—1719）的英名。伯特格尔只活到37岁，但是他却因成为欧洲瓷器发明人而名垂青史。

奥古斯都二世把伯特格尔软禁在阿尔布莱希茨堡（Albrechtsburg），并在那里为他建立了实验室。伯特格尔尝试用各种材料调制出瓷土，包括大理石、骨粉等颇为怪异的材料。1707年，他烧制出一种红褐色的陶器。但是没有高岭土就不可能烧出洁白的瓷器，这是困扰欧洲陶工几百年的问题。不过，伯特格尔比较幸运，1708年，他在德国的麦森地区（Meissen）发现了高岭土矿，但是他发现的高岭土矿无法直接制造瓷器，因为长石含量较低，黏性不够。伯特格尔进行了很多次实验，终于发现了陶土中各种元素的最佳配比，他在麦森陶土中添加了长石成份。烧制瓷器的另一个难点是获得1300摄氏度的高温。到17世纪，欧洲人还没有掌握制造高温瓷窑的技术。经过各种尝试，伯特格尔使用了科学家特奇豪斯（Ehrenfried Walther von Tschirnhaus，1561—1608）发明的一种大型聚光镜，能够达到1400摄氏度的高温，终于烧制出了第一批白瓷。这批白瓷保存在德国的德累斯顿瓷器馆内的伯特格尔专厅中，非常精美。

从被带到阿尔布莱希茨堡到制造出欧洲的第一件瓷器，伯特格尔花了4年时间，做了3万次实验，他不仅记录了全部的实验过程和结果，而且把每一次实验之间的细小差异全都记录下来。这些历史文件现保存于德国德累斯顿国家档案馆。为了保密，他的文件都是用密码书写的，只有他和他的助手看得懂。从文艺复兴开始，欧洲人长期进行各种科学实验和材料分析，在没有亚洲工匠的帮助下，终于掌握了瓷器制造的秘诀。与熟练掌握瓷器制造工艺却不明白其化学原理的亚洲工匠不同，这些欧洲人对瓷器烧制的原理有理性认识，并有定量的了解，他们善于通过细微调节瓷土中元素的配比和调整烧制过程，来制造各种精致的瓷器。

伯特格尔的成功给萨克森公国带来了巨大的财富和荣誉，今天德国的麦森依然是世界瓷都之一，并且在国际高端瓷器市场占有很大的份额。奥古斯都二世当然要独享瓷器制造的技术和利益，他把陶工们都关在城堡里。可是到了1716年，也就是伯特格尔发明瓷器后的第五年，三名陶工逃出城堡，来到了奥地利的维也纳，自己开起了瓷窑。奥地利女皇玛丽娅·特蕾莎（Maria Theresa of Austria，1717—1780）对瓷器同样痴迷。奥地利人到萨克森来挖墙角，雇来了不少陶工，把维也纳建成了欧洲第二个瓷器制造中心。女皇亲自掌管瓷器工厂。这位喜欢绿色植物的女皇把自己的喜好加入瓷器中，维也纳人制造出一种绘有鲜艳的绿色植物图案的瓷器，称为"玛丽娅·特蕾西"系列。这种瓷器今天还在生产，成为奥地利瓷器的象征。女皇在她的宫殿里建起一间巨大的瓷器室，里面不仅摆放着青花瓷仿品，而且沙发座椅的图案也和青花瓷上的一致。

德国人和奥地利人的成功极大地鼓舞了欧洲其他国家的君王，他们相信瓷器这种技术是有可能掌握的。在麦森制造出瓷器的50年里，大小瓷窑就已遍及欧洲——从北方的哥本哈根，到中部的斯特拉斯堡，再到南部的佛罗伦萨；从西边的伦敦到东方的圣彼得堡。

这些早期瓷窑都属于各国君主，和中国同期的雍正皇帝一样，他们对瓷器艺术热情很高，这极大地帮助提高了欧洲瓷器整体水平。不过，尽管欧洲瓷器市场竞争激烈，但是麦森瓷器依然独占鳌头，它不仅在很长时间里被称为"欧洲第一瓷"，而且在欧洲市场上打败了历史悠久的亚洲瓷器。到了18世纪，麦森瓷器的售价已经是中国瓷器的两倍，在欧洲只有日本的赤绘瓷器售价比麦森瓷器高。今天，印有两把交叉利剑标志的麦森瓷器在世界上依然是品质的象征。

在瓷器方面，超越德国麦森瓷器的是将工艺和艺术进行有机结合的法国人。法国的太阳王路易十四也是一个瓷器迷，他用中国的青花瓷砖装饰大特丽侬宫的外墙。这位法国国王也希望取代德国占领欧洲瓷器市场。他的这个愿望，到了他的曾孙路易十五时实现了，这在很大程度上要感谢路易十五的情妇、当时欧洲第一名媛蓬巴杜侯爵夫人（Madame de Pompadour，1721—1764）。这位名利场上的代表人物一方面生活奢华，另一方面利用她的影响力大力扶植艺术、文艺和哲学。法国思想家孟德斯鸠和狄德罗等人都是她沙龙上的常客。她对洛可可艺术的发展有着至关重要的影响。在蓬巴杜夫人的扶植下，法国瓷业有了突飞猛进的发展。她把一家不大的瓷器厂迁到了塞夫勒，并且在资金上不遗余力地予以支持。法国工匠们为了弥补起步晚的劣势，在研发新技术和设计新图案上动足了脑筋。在瓷器厂搬到塞夫勒一年后，法国瓷器的质量和式样就堪与德国的麦森瓷器媲美了。塞夫勒的工匠们还发明了一种给瓷器"镀金"的新技术 —— 用大蒜汁和上 24K 纯金的粉末，给瓷器上色，镀金的边饰和内部精细的纹饰成了塞夫勒瓷器的特色，后来逐渐成了欧洲瓷器的标志。蓬巴杜夫人把洛可可的风格带入到瓷器中，使得塞夫勒瓷器外形优美精致，图案的设计和颜色的使用则与洛可可绘画一致。塞夫勒瓷器厂逐渐成了专为法国宫廷提供瓷器的"官窑"，仿制东方或者德国的瓷器被严厉禁止。法国宫廷从此不再使用中国和日本的瓷器，而专用内容题材与他们的生活更贴近的塞夫勒瓷器。麦森瓷

图 2.12 蓬巴杜侯爵夫人曾经带动过法国瓷器的起步。这幅她的画像由洛可可代表画家弗朗索瓦·布歇（François Boucher，1703—1770）绘制，收藏于苏格兰博物馆

器首先发明了淡紫色的颜料，而塞夫勒更进一步，以金色和淡紫色为主题，形成了欧洲瓷器的风格。塞夫勒还发明了一种独特的颜色——宝石蓝，日后成了法国工艺品的标志颜色。加上先前为了绘制洛可可图案，一种类似于洛可可绘画中常用的粉色也用到了瓷器中。上色技术的进步造就了欧洲瓷器绚丽的色彩。

欧洲人不断研制着新瓷器，一种将玻璃液化后烧制在瓷器表面的技术也被发明出来，这不仅在瓷器表面营造出一种晶莹剔透的效果，也使得瓷器更加经久耐用。这就是所谓的西洋珐琅彩瓷器。18 世纪时，这种瓷器被欧洲人带到了中国，康熙皇帝非常喜欢，下令在大内仿制。这实际上标志着中国在瓷器制造技术上已经落后于欧洲了，这时欧洲人不再痴迷中国的瓷器，虽然还从中国大量进口瓷器，那仅仅是因为欧洲本土制造的瓷器价格较贵。在欧洲人看来，他们自己制作的瓷器做工精巧，图案精美，专供高端阶层，而中国瓷器只是针对中下阶层的大众瓷器。

到了 18 世纪中后期，中国在制造大众瓷器方面的优势也渐渐丧失了。这个过程恰恰和英国一个叫月光社（在后面的章节中还会更详细地介绍）的组织的发展相联系。对大多数中国读者来讲，"月光社"（Lunar Circle）这个名称都非常陌生，但要说起里面的核心成员和通信成员，很多都大名鼎鼎：伊拉斯谟斯·达尔文（Erasmus Darwin，1731—1802，发明家和思想家，进化论最早的提出者，也是《物种起源》作者查尔斯·达尔文的祖父），詹姆斯·瓦特（James Watt，1736—1819，蒸汽机之父），约瑟夫·普利斯特利（Joseph Priestley，1733—1804，化学家，发现了氧气的助燃作用和对呼吸的必要性），马修·博尔顿（Matthew

Boulton，1726—1809，瓦特的合伙人，蒸汽机制造商），本杰明·富兰克林（Benjamin Franklin，1706—1790，电的发现者，美国国父之一）和托马斯·杰斐逊（Thomas Jefferson，1743—1826，美国《独立宣言》起草者，美国国父之一）。这群科学家和发明家经常在英国当时的工业中心伯明翰聚集，在一起做实验和讨论科学问题。因为当时没有路灯，他们便经常选择在月圆的晚上借着月光去聚会，"月光社"因此得名。月光社里有一位地质和矿物学家韦奇伍德（Josiah Wedgewood，1730—1795），他对现代瓷器的发展有至关重要的贡献。

作为地质学家，韦奇伍德在英国发现了高岭土矿，但是他对瓷器制造业的最大贡献，是将他的朋友瓦特发明的蒸汽机引入瓷器制造，这也是在世界上的所有制造业中首次大规模使用蒸汽机。蒸汽机的使用，不仅大大提高了瓷器的制造效率，而且不同批次的瓷器的品质都能得到保障。黏土的研磨和陶坯的制作等非常耗费人力的工序都被机器取代了。工匠们的职责分得很细，每个工种的技能都达到了很高的水平。这样，瓷器制造便第一次做到了质量和数量同时都能提高。而在此之前，增加数量总是以牺牲质量为代价。韦奇伍德的后人继承了家族的瓷器业，并且在1812年发明了骨质瓷器——他们将牛骨粉加到高岭土中，这样烧制出来的瓷器更加洁白，由此发明了我们今天所说的骨质瓷器。骨质瓷器比单纯用高岭土烧制的瓷器更结实，抗撞击力更强，因此可以做得更薄，甚至薄到半透明的状态。靠韦奇伍德等人的贡献，英国人只要花一个先令就能买到一件高品质的瓷器了。而在100年前，高品质的瓷器还只是王室和贵族的专用品。瓷器的普及改变了欧洲人的饮食习惯，老百姓的分盘用餐便是从那个时候开始的，因为每个家庭都买得起多套瓷器了。从韦奇伍德的时代开始，瓷器首次在世界范围内供大于求。市场竞争日益激烈，一个瓷器厂如果不能不断创新产品的样式、提升产品的品质，产品就没有人要了。

为了适应市场竞争的需要，韦奇伍德瓷器工厂还发明了一种全新的营销手段。他在伦敦的市中心开了一家展销厅，向市民们展示自己的新产品，这是今天的苹果店和各种品牌展销店的前身。在此之前，瓷器生产厂商都是从销售商那里接订单，然后照单加工，而韦奇伍德的做法让生产厂商能直接了解到消费者的需求，瓷器的更新换代变得非常快。

第八节　瓷器在今天

18世纪对中国和英国来讲，是个分界点。按照西方学者的观点，中国的科技进步到了明朝便停滞了，虽然因为人口众多的因素，在很长的时间里中国的 GDP 还是世界排名第一。而英国因为成功地进行了工业革命，一跃成为世界头号强国。到了19世纪维多利亚女王时期，英国成了日不落帝国。1851年，英国在伦敦举办了第一届世界博览会，当时的目的是向各国展示其工业革命的成就，英国的瓷器是其中重要的展示品。亚洲只有日本积极参加了这次博览会，他们试图在世界市场上占据更大的份额，积累财富，实现富国强兵的目的。事实上，日本早在明治维新前几十年就开始向资本主义过渡，政治变革也开始酝酿。日本的瓷器继古伊万里瓷器[11]后不断推陈出新，成为在欧洲市场上唯一可以和当地瓷器竞争的亚洲产品。九州的领主们在过去的200年里靠出口获得了巨额财富，为后来的明治维新做好了经济上的准备。不仅如此，绘有浮世绘的瓷器包装纸在欧洲也受到了热捧，西方人通过这些绘画了解了日本，渐渐地在欧美人心目中，日本取代了中国和印度，成为东方文明的代表。今天还有很多西方人对日本的浮世绘兴趣浓厚。相反，中国的瓷器失去了宫廷的支持，式样和品质都已然跟不上世界的潮流，开始江河日下。

整个19世纪和20世纪，瓷器在欧洲和美国不断发展，不同的国家之间鲜有模仿，而是努力在某些方面超越对手。丹麦是北欧的一个小国，在世界范围内能数得上的工业品并不多，但是哥本哈根的白瓷却在世间无出其右。哥本哈根是欧洲早期的瓷器制造中心之一，他们用最纯净的高岭土在1460摄氏度的高温下烧制出洁白无瑕的瓷器。这种精品瓷器深受欧洲王室的喜爱。法国是今天唯一拥有国家瓷器厂的国度，由它烧制的塞夫勒瓷器成为了法国的名片。这种纯手工制作的瓷器只能在三个地方看到：法国的国宴上，法国的国礼中，以及拍卖会上。18世纪，法国人在利摩日发现了上等的高岭土，打这以后塞夫勒的瓷器都用利摩日的高岭土制造，原始的瓷胎在利摩日制作完成后，送到塞夫勒上色、绘制和烧制。经过法国工匠和美国商人一百多年的努力，如今利摩日已成为世界瓷都。

法国历来以制造数量少的瓷器精品著称，但不擅长生产大批

11　著名日本瓷器。以位于日本九州港口"伊万里"命名的日本"伊万里瓷"，其特色在于釉下蓝上面再加上铁红和金色的面釉，图案是花卉和几何形状的简单或复杂的组合。

图 2.13　今天世界上最昂贵的塞夫勒瓷器

量的工业品。而美国人则相反，他们善于利用资本来荟萃世界各国之长为自己所用。早在 19 世纪初，美国快速增长的瓷器消费市场被英国品牌所占据，虽然美国其实是世界上高岭土储量第一的国家，但是在很长时间里却没有自己的名牌瓷器。美国人的思维方式很有跳跃性，他们没有走欧洲人超越亚洲人的老路——从头开始去追赶欧洲人，而是直接到法国利摩日建厂，利用那里的优质高岭土和有经验的工人制造自有品牌的瓷器。早期从新大陆回到旧大陆的商人，有点像今天从美国回到中国的海归，他们从美国带去资金在法国建厂。哈维兰家族就是其中的佼佼者。19世纪上半叶，美国瓷器商人大卫·哈维兰（David Haviland）在利摩日开设了哈维兰瓷器厂，生产高品质的瓷器，返销回美国。1842 年，哈维兰造的第一船瓷器运抵美国，大受欢迎，后来它的瓷器也销往欧洲和世界各地。这样的美资瓷器厂在利摩日有很多家，加上法国让·波叶（Jean Pouyat）和博纳多（Bernardaud）

等瓷器公司，利摩日在短时间里到处都是正在建设的瓷窑，就如同明代的景德镇和大航海时代的玻璃制造中心威尼斯。于是，从19世纪中期到现在，利摩日便成为世界瓷都。

到了19世纪末，美国商人莱诺克斯（Walter Scott Lenox，1859—1920）开始在美国本土制造精品瓷器，并且很快风靡世界。到了20世纪初，莱诺克斯的瓷器就开始被法国塞夫勒国家瓷器博物馆收藏，并且成为美国总统选用的瓷器。罗斯福、杜鲁门、里根、克林顿和小布什总统都对之喜爱有加。美国从此也在高档瓷器市场站稳了脚跟。今天，一个高档的莱诺克斯正餐瓷盘（直径30厘米左右），售价依然高达200美元。

从19世纪开始，随着世界各地都发现并开采高岭土矿，很多国家都有能力制造陶瓷了，而机械化生产更是令制造成本大为降低，瓷器变得不再稀有。今天，瓷器不再仅仅是餐具和盛器，而是被广泛地用到了生活的方方面面，包括建筑材料、洁具、绝缘材料、绝热材料和装饰品。瓷器虽然有上千年的历史，不过好些特殊的瓷器在今天依然属于高科技产品，科学家们还在研究它们的特性，并且希望用这些瓷器制造出新的材料。

在我们通常的印象中，陶瓷是最好的绝缘材料之一，电线杆和变电站的高压电线的绝缘瓷芯都是用陶瓷制作的。1946年，美国麻省理工学院发现，一种加有特殊金属氧化物的陶瓷可以将机械能转换成电能，当然也可以把电能转换成机械能，由此他们发明了压电陶瓷。这种材料虽然大家未必听说过，但是都使用过，在打火机、煤气炉，以及在很多喇叭里都有用到。到了20世纪七八十年代，科学家们发现混有特殊金属氧化物的瓷器在低温下呈现出超导的特性。以往已知的超导体需要在极低的温度下才能显示出超导特性，而这种超导陶瓷则不需要那么低的温度就可以出现超导特性。

绝热是陶瓷的另一个特性。美国的航天飞机在重返大气层时，由于表面与空气摩擦，温度高达1800摄氏度。要承受这样的高温，陶瓷是理想的材料。航天飞机的表面附有特殊的（非常轻的）陶瓷散热片，保护航天飞机在进入大气层时不会受到损害。这种陶瓷不是实心的，内部呈海绵状，重量轻而隔热效果好。很难想象一种传统的产品对我们今天的生活还能产生这么大的影响。

中国人托上天赐予的优质瓷土和充足的燃料，加上自己的聪明才智，发明了瓷器。作为瓷器的故乡，中国在六七百年里独占世界市场。自宋代以来，瓷器为中国历届王朝积累了大量的财富，功不可没；同时，瓷器也改变了整个世界的生活习惯、生活方式和文化。但是，中国瓷器业在最近的300年里衰退了，这里面原因有很多，有些看似非常偶然，比如17世纪中期，正值中国改朝换代和清初动荡，而恰巧日本人在这个时候制造出了瓷器，于是抢去了中国在世界的市场份额。但是客观地进行分析，可以看到这又是历史的必然。从17世纪开始，中国的科技和工业水平就停滞不前了，而日本则结束了多年的战国时代，成为一个统一的国家，同时开始重视贸易，并且对外扩张（虽然日本第一次入侵朝鲜以失败告终）。日本是个岛国，原材料相对贫乏，因此制作任何东西都必须精益求精，否则会被认为是浪费财物。日本的手工业者喜欢把自己的名字写到产品上，师傅生怕徒弟的技艺超不过自己，那将是家族的耻辱，因此总是倾囊相授。（不像中国师傅传徒弟，都跟猫教老虎似的，一辈留一手。留到今天，很多手艺都失传了。）而徒弟也生怕师祖们创下的字号在自己手上搞砸了，也因此做事情尽心尽力。他们制作瓷器，即使在人看不见的地方，也要做得尽善尽美。日本的工匠认为赤绘瓷器洁白的底色比上面的色彩更加重要，虽然前者看不见。为了达到这种纯白色的效果，要控制好窑温和氧气量。在 19 世纪，这种表里如一的瓷器，每个瓷盘可以赚取五倍的利润，而大的瓷缸则可赚到八倍。日本人做东西，先是仿制，然后超越、创新，做瓷器也是一样。因为上述原因，日本的瓷器制造技术在短短的几十年里就超越了中国。所以说，即使没有丰臣秀吉发动侵朝战争，日本也早晚会获得瓷器制造技术，而中国几百年都没有进步，是无法阻止其他国家超越自己的。

欧洲人在瓷器制造上超越亚洲人，则是整体科技进步和工业化的成果。欧洲人较早地掌握了现代的科学研究方法，擅长定量分析和比较实验，因此完全弄清楚了瓷器的成分和烧制的原理。在研制过程中，他们保留了全部的原始数据和实验报告，这样，每取得一点进步，后人都可以直接受益。德国的伯特格尔把上万次实验的点点滴滴都记录下来了，这种做事情的方式被英国的韦奇伍德继承了，他研制出碧玉细炻器，做了 5000 多次实验，都有记录。这种科学研究的方法是欧洲人取得长足进步的基础。相比之下，中国工匠更多的是具有对制瓷工艺的感性认识，他们靠"师傅带徒弟"的方法将经验代代相传，而徒弟是否能超越师傅，则完全靠悟性。中间即使有一些发明和改进，却因为没有详细的过程记载，或许是出于保密故意不记载，很多发明和改进都无法传世，比如宋代五大名窑的制作工艺大多失传了。这样，后世常常不得不重复前人的失败，使得瓷器制造技术进步缓慢。这其实不是中国瓷器制造特有的问题，而是中国古代很多手工业普遍存在的现象。

中国的官窑烧制，在清朝中期达到顶峰，但是这些技术成果只供宫廷享受，并不为民窑所用，也没有帮到中国的外贸，统治者只对个人爱好有兴趣，对现代商业关注甚少。从清朝末年开始，因为国力衰退和不断的战争，中国基本上退出了世界瓷器市场，除了制造一些非常廉价的陶瓷制品。到了中国改革开放之后，中国瓷器在世界上的地位才有所恢复，一些中国制造的瓷器的品质已经达到了莱诺克斯和英国强生兄弟（Johnson Bros）等著名厂家低端瓷器的要求，这些公司为了降低成本，将一些中低端的产品转到中国制造。借助这些国际知名品牌，Made in China（中国制造）的瓷器又回到了国际市场。但是，今天，欧洲人依然占据着世界高端瓷器市场 90% 的份额，其余份额则由美国和日本瓜分。

结束语

瓷器，不仅仅是一种盛器、一种商品，它曾经在世界文化交流中起着重要的作用，现在依然如此。西方世界通过它了解到了东方的文明，并与东方展开了大规模贸易。瓷器贸易带来的巨大利润，又刺激了西方化学和材料学的发展，因为过去瓷器利润丰厚，瓷器制造业也成为历史上第一个采用蒸汽机进行大规模生产的行业，这宣告了人类工业革命的开始。从促进文明发展的各个角度来讲，世界上都很难找到第二种商品能和瓷器相比。

第三章　一个家族的奇迹

文艺复兴

全世界恐怕没有哪个家族（王室除外）比美第奇家族（House of Medici）更富有传奇色彩了。这个家族曾经是世界上最富有、最有影响力的家族，他们控制着整个欧洲的金融，并且左右着教皇的任命。他们还通过和欧洲王室联姻，将影响力延伸到欧洲大部分地区和中东的部分地区。中国人讲富不过三代，但是美第奇家族的兴旺长达200年左右。今天虽然我们已经找不到他们的直系继承人，因为早在近300年前（1737年）这个家族就随着他们最后一位成员的去世而终结了，但是我们依然可以看到他们的影子，那就是文艺复兴和欧洲的近代化。

第一节　佛罗伦萨的往昔

中世纪时，欧洲名城罗马便早已没有了往日的辉煌。以现在的眼光来看，它当时不仅破落不堪，而且充斥着贫穷和犯罪，但在中世纪人们的精神世界里，罗马依然占据着重要的地位，因为那里支配着人们（包括国王们）的思想。欧洲上至君主，下至平民都希望得到罗马教廷的庇护，各国的王室之间或者民间发生争议时，也常常请出罗马教廷来调停，洗雪冤情。人们依然从欧洲各地络绎不绝地赶往罗马，来到罗马教廷的所在地拉特兰宫（Palazzo Laterano）。大部分人都会路经托斯卡纳地区阿尔诺河畔的一个小镇，在镇上一边休整，一边找律师办理去罗马教廷公干必需的手续，并找银行家兑汇罗马认可的货币。久而久之，这个小镇就发展成中世纪意大利文明的一个标志性城市 —— 佛罗伦萨。

佛罗伦萨所在的托斯卡纳地区气候温和，适宜农业生产，交通便利。到了中世纪后期，这里的纺织业开始兴起，最初是生产欧洲特有的呢绒。十字军东征后，佛罗伦萨人又从穆斯林那里学到了中国的抽丝和纺织技术，开始生产丝绸。中世纪的欧洲人不仅生活质量低下，而且早期的教会要求百姓（当然也包括他们自己）过苦行僧式的简朴生活，他们对丝绸这样的奢侈品很反感。但是到了 11 世纪，情况发生了变化，那些十字军的骑士，已经从文化上接受了东方享乐型的生活方式。贵族的妻女们更喜欢闪亮柔软的丝绸，而不是她们过去穿的亚麻和棉布。而教廷也逐渐认识到了丝绸的价值，并且用丝绸来装饰用冷冰冰的大理石或花岗岩建成的教堂。欧洲对丝绸和高质量呢绒的需求，促使佛罗伦萨（还有米兰和威尼斯）的商人们大量投资纺织业，他们在意大利北部养蚕，并且招募当地的青年女子成为纺织工人。靠着丝绸生意，佛罗伦萨成了当时欧洲最富有的城市之一。用今天的话来说，佛罗伦萨人通过做丝绸生意，掘得了资本主义的第一桶金。

手工业和商业的发展，有时会带来金融业的兴起。佛罗伦萨地处交通要道，每天都有外地来的人到这里兑汇罗马所用的钱币。于是，一些有投机意识的商人便开始以兑换货币来牟利。这种生意可以说是有百利而无一弊，既不需要什么高难的手艺，也不用承担什么风险，而且利润还丰厚，更重要的是，发财的是本地人，被掠夺的则是外地的贵族或者香客，因此，当地的贵族和官员们对此极为支持。就这样，佛罗伦萨人财富的积累在不断地加速，经过几个世纪，到了中世纪末期，佛罗伦萨就成为整个西方世界的金融中心，如同 18、19 世纪的伦敦，以及 20 世纪的纽约。

有了大量的金钱撑腰，这些商人就不再是走街串巷的小贩，而是富甲一方、出入皆宝马香车的社会名流了。他们的社会地位不断提高，开始关注政治，并且不断提出自己的政治主张。他们组建了行会，开始在社会生活中发挥重要的作用。教会虽然反对商人们这种重利盘剥的行为，并且认为暴利会激起上帝的愤怒，但又无可奈何，对此只能睁一只眼闭一只眼。

中世纪末期（12、13 世纪），欧洲绝大部分地区受教权和王权的双重压制，沉闷得让人喘不过气来，而意大利城市的空气则是清新的。中世纪末的佛罗伦萨，主导城市的力量不再是教会，而是这些商人团体，他们不仅是政治和金融上的直接领头人，而且是那些市民与手工业者的代表和庇护者。虽然在整个欧洲，基督教的势力和王权依然非常强大并且毫不相让，但是佛罗伦萨在商人团体的领导下，出现了繁荣和有序的景象。

经济的发展带动了思想的解放。13 世纪末到 14 世纪初，佛罗伦萨出了一位了不起的人物 —— 但丁（Dante Alighieri,

图 3.1　但丁遇见贝雅特丽齐（亨利·赫利戴 1884 年作品，收藏于利物浦沃尔克艺术博物馆）

1265—1321）。他是旧时代的最后一位诗人，也是新时代的第一位诗人。他的传世之作《神曲》为今天的大众所知。这部用长诗形式写成的巨作，场面极其广阔，它反映出意大利从中世纪向近代过渡的转折时期里，现实生活及各个领域发生的变革，这部作品沐浴着新时代的曙光，洋溢着人文主义的光芒。今天，走在佛罗伦萨的阿尔诺河畔，想象着当年但丁在廊桥边遇到他永恒的爱人贝雅特丽齐（Beatrice di Folco Portinar，1266—1290）的场景，似乎没有比那样的邂逅更为浪漫的了。

　　通常，新时代的到来都不是一帆风顺的，商人之间也有很多对立的派别，相互争权夺利把城市搞得乌烟瘴气。但丁《神曲》地狱篇中的一些描述和莎士比亚名剧《罗密欧与朱丽叶》的背景，都反映出这个历史阶段意大利城市里的内斗。在佛罗伦萨，奎尔普派（Guelphs）和吉勃林派（Ghibellines）[1] 就你死我活地争斗了多年。直到有一天，市民们忍无可忍，决定由同业公会来接管城

1　意大利中世纪末的两个派别，分别支持教皇和神圣罗马帝国的皇帝。

市的行政大权，市政厅中有每个行业选派的代表。市民们再（间接地）选出一位公爵，成为佛罗伦萨的最高统治者，这其实是近代民主的开端。

当然，没有权力制约的民主也会有很大的问题。虽然佛罗伦萨的市政人员都是民选的，可他们一旦当选，照样见利忘义，欺压百姓。（这就如同笔者对中国出租司机做的调查，绝大多数表示一旦权力在手，他们也会当贪官。）倘若这样下去，佛罗伦萨就将沦为一个平庸的城市，更不可能成为文艺复兴的中心。这时，一个家族的异军突起，在推动佛罗伦萨的进一步发展上起到了不可替代的作用。他们努力维系着各种力量的平衡，善待平民，让佛罗伦萨面貌一新。这就是本章的主角——美第奇家族（House of Medici）。

美第奇是一个非常古老的家族，从"美第奇"这个名字来看，他们的祖上应该是江湖郎中，后来却是靠手工业发家的。不过，虽然他们发迹了，但是在开始的几个世纪里，这个家族的成员从不脱离手工业传统。后来，这个家族的势力急剧膨胀，甚至有实力决定教皇的人选了，但是他们依然保持着（至少是名义上）平民的身份。吉奥瓦尼·美第奇（Giovanni di Bicci de' Medici，1360—1429）曾经教育他的儿子科西莫·美第奇（Cosimo di Giovanni de' Medici，1389—1464）："骑在驴子上的人最安全。"因为在当时平民百姓只有驴子可骑，而贵族和富人则骑着高头大马。直到16世纪中叶，这个家族的男主人科西莫一世·美第奇（Cosimo I de' Medici，1519—1574）才当选为托斯卡纳公爵（Grand Duke of Tuscany），有了正式的贵族身份。之后他们家族的女眷也跟着身价倍增，不断有人嫁到其他国家的王族中，成为王后，包括两位法国的摄政王后[2]。此外，美第奇家族还出过多位教皇（一共四位[3]）。

在过去的六七个世纪里，佛罗伦萨的命运与这个家族紧紧联系在一起。在美第奇家族鼎盛时期，佛罗伦萨不仅跟罗马或威尼斯分庭抗礼，而且还对抗着法国和神圣罗马帝国（即今天的德国和奥地利）。但是在这个家族的命运终结之后，佛罗伦萨乃至整个托斯卡纳地区又变回了落后的农村，再难看到往日的辉煌。

第二节　最珍贵的财富

把美第奇家族缔造成金融帝国的是吉奥瓦尼·美第奇。在他之前，美第奇家族经过很多代人的努力，积累了财富，成为佛罗伦萨地区颇具影响力的家族。吉奥瓦尼因为兄弟姐妹等亲戚众多，继承的遗产并不算多，但是他将美第奇家族善于理财的传统发扬光大了。在他 37 岁那一年，他正式注册了美第奇银行。美第奇银行不仅仅是为了赚钱，它更是一个组织。它有些像今天高盛和摩根斯坦利这样的投资银行，而不是大家储蓄然后对外提供信贷的商业银行。吉奥瓦尼看重忠诚，强调保持长期客户关系。找到忠诚的伙伴是吉奥瓦尼　生行事的准则。他是所有客户的保护者，维系着这些客户之间的关系，这些关系向外延伸，便

2　这两位法国王后是凯瑟琳·美第奇（Catherine de' Medici，1547－1559 年摄政）和玛丽娅·美第奇（Marie de' Medici，1600－1610 年摄政）。

3　他们是利奥十世（Pope Leo X，1513－1521 年在位）、克莱蒙特七世（Pope Clement Ⅶ，1523－1534 年在位）、庇护四世（Pope Pius Ⅳ，1559－1565 年在位）和利奥十一世（Pope Leo XⅠ，1605 年在位）。

形成了巨大的关系网，控制着佛罗伦萨乃至整个意大利的政治和商业。因此，他挑选客户非常仔细，并非任何有利可图的生意他都做。

曾经有一位潦倒的教士找到吉奥瓦尼，他叫巴达萨尔·科萨（Baldassarre Cossa），此人有当教皇的雄心，但是无钱无势。吉奥瓦尼看中了他的忠诚，觉得这个人可以信赖，于是资助巴达萨尔·科萨，帮他铺平了通往教皇的道路。1410 年，这个当年落魄的教士终于当上了基督教世界的最高统治者 —— 教皇约翰二十三世。当上教皇后，约翰二十三世投桃报李，将教廷的钱交给美第奇银行打点。

美第奇家族到了吉奥瓦尼这一代，无论是在金融上还是在政治上都已经很有影响力了，但吉奥瓦尼仍保持平民身份。他从不张扬，以免树敌过多。他的一生可谓是风平浪静。吉奥瓦尼在晚年把家族的事业完全交给了儿子科西莫·吉奥瓦尼·美第奇（Cosimo di Giovanni de' Medici，1389—1464），只是偶尔给他一些人生的建议。

科西莫是美第奇家族走上政治前台的第一人。他从小生长在佛罗伦萨，在距他家几步之遥的地方有一个宏大的建筑，这是一座大教堂，有上百年历史，但一直没有完工。当时佛罗伦萨恐怕没有一个老人说得清这座教堂是从什么时候开始修建的，因为在这些老人的父辈甚至祖辈记事时起，它就已经在那里了。佛罗伦萨人是虔诚的天主教徒，他们要为上帝建一座雄伟空前的教堂，它长达 150 多米，完成时高达 110 多米。当时的大教堂都是尖顶的哥特式建筑，这座教堂本来也不应该例外，实际上它的钟楼就是哥特式的。修建这座教堂，恐怕多少有点超出当时佛罗伦萨人的财力和工程水平，进展十分缓慢，加上他们对细节一丝不苟，结果用了80多年才修建好四围的墙壁。可是这时他们才发现，这么大的教堂，无论如何是无法建造一个尖顶的，恐怕还没等修好，顶就要塌下来。没有人知道该怎么办。因此，虽然教堂大理石的地板铺得十分漂亮，四壁亦如此，但是每逢下雨这里就成了一个大水塘。科西莫从小看到的就是这番景象，等他长大后，他希望能给这个大教堂装上顶，让这座有史以来最大的教堂成为荣耀他们家族的纪念碑，可这又谈何容易。

科西莫在25岁那年继承了父亲的事业和财富，但是他一生获得的最大财富并不来源于此，而是另有机缘。他的经历，说起来颇像金庸小说里主人公的传奇：一个偶然的机会，得到了前人留下的宝藏（包括秘籍之类），然后成就了前无古人的伟业。在14世纪末15世纪初，虽然欧洲的黑死病已经过去，但是瘟疫依然不断，教堂常被当作停尸所，而堆满尸体的教堂也就成了无人光顾的废墟。一天，年轻的科西莫来到一个堆满尸体的教堂，跨过这些尸身，来到一个人迹罕至的黑暗角落，在那里他发现了古希腊罗马时代的一些经卷和手稿。这些手稿的年代非常久远，比他生活的年代早10个世纪左右，手稿中有很多机械和工程方面的图纸，以及各种文字描述。这些都是他和他的父辈从未见过的。要知道在中世纪，欧洲只有一本流行的书籍——《圣经》。

科西莫不断收集类似手稿，我们现在不能确定科西莫是否看得懂这些手稿。开始他只是好奇古人都记载了些什么，但是他终于意识到这些手稿中记载了很多古希腊罗马人懂的，而当时的欧洲人却不懂的知识和技术，他凭直觉认识到这些知识将来会非常有用。知识是科西莫一生获得的最大财富，而这些知识很快便在大教堂的建设中派上了用场。

如前所述，佛罗伦萨人一直想把敞了几十年的大教堂的顶给封上，但是没有人能够做到，各种已知的方案都行不通。这时，一个名叫菲利波·布鲁内莱斯基（Filippo Brunelleschi，1377—1446）的人带着他的设计方案来到市政厅，声称他可以解决这个工程难题。布鲁内莱斯基考察过很多古迹，提出可以给教堂盖一个圆顶。这个建议对市政官员们来讲有点异想天开，因为大家都认为这么大而没有支撑的房顶会塌下来，没有人能看懂他的设计，于是官员们把这个"疯子"连同他的设计方案扔出了市政厅。但是，佛罗伦萨有一个人懂得赏识他的才能，他就是科西莫，因为他知道"古人"曾经实现过布鲁内莱斯基的设计。

科西莫开始资助布鲁内莱斯基，他让后者用立柱和圆拱为自己的家祠（也就是后来的圣洛伦佐教堂）修建承重的回廊。布鲁内莱斯基不负他望，果然按照设计完成了回廊的建造，这是自古罗马后上千年来第一次在建筑上只用立柱而不用墙来承重。有了这次的成功，科西莫和布鲁内莱斯基对修建大教堂的圆顶就有了信心。

1418 年，佛罗伦萨市政府对大教堂圆顶的工程招标，科西莫支持的布鲁内莱斯基和佛罗伦萨另一位杰出的工程师洛伦佐·吉贝尔蒂（Lorenzo Ghiberti，1378—1455）[4] 都想得到这个工程。吉贝尔蒂为了中标，将价钱压得和布鲁内莱斯基一样低，于是佛罗

4　吉贝尔蒂在佛罗伦萨留有很多的建筑作品，包括洗礼堂著名的黄金大门。

伦萨市政府就将工程交给了他们两人。这时候，布鲁内莱斯基开始装病，表示无法负责这个工程了，便将全部的工程让给了吉贝尔蒂。到了1423年，吉贝尔蒂终于承认他无法给这个巨大的教堂装上一个中间没有任何支撑的圆顶，只好再拱手交出项目。于是，布鲁内莱斯基就成为了唯一的竞标人，现在他需要说服市政官员圆形屋顶的方案可行。与不懂工程的官员们沟通并不容易，布鲁内莱斯基最后拿出个鸡蛋，让这些官员立起来。这些官员讲，鸡蛋怎么可能立起来？布鲁内莱斯基将鸡蛋的一头砸碎，就立了起来。官员们自然不干了，质问道：你可没有讲可以允许砸碎鸡蛋。布鲁内莱斯基解释道，教堂并没有谁规定一定只能建尖顶，而建成圆顶，就像把鸡蛋竖起来这么容易。官员们最终被说服了，将工程交给了布鲁内莱斯基。而完成这个工程恰恰是科西莫实现其政治抱负的第一步。

科西莫和布鲁内莱斯基接手这个工程后，心里并不轻松，他们要确保这个从来没有人尝试过的圆顶工程能顺利完成。科西莫收集的手稿派上了大用场，布鲁内莱斯基从古希腊和罗马人的智慧中得到了启发，完成了教堂天顶的细节设计。为了证实他们的设计可行，科西莫和布鲁内莱斯基跑到几百公里外的罗马，实地考察了古罗马时期修建的万神殿（Pantheon），这座建于公元2世纪的大理石建筑，长84米，高度近60米，有一个直径40多米的拱形圆顶。当时古罗马人在圆顶的下面搭了脚手架，然后将大理石用水泥砌好。一千多年后，水泥大部分脱落了，但是圆顶上的大理石互相卡在一起，并未坍塌。古罗马人的建筑技术在中世纪都失传了，人类往前走了一千年，反倒不会运用一千年前就已经掌握的技术了。科西莫和布鲁内莱斯基重新发现了这些技术，他们当时或许还没意识到这在世界历史上有多么重要，但是想必一定非常兴奋。

布鲁内莱斯基改进了古罗马人的建筑技术，他设计了内外两层拱顶的结构，这个结构被后来很多圆顶建筑采用，包括英国著名的圣保罗大教堂。和罗马人不同，布鲁内莱斯基建造圆顶用的不是大理石而是砖。烧制大量的砖和水泥是个不小的工程，这由科西莫负责，而布鲁内莱斯基则在现场指挥建造圆顶。为了能把这些砖运到几十米高的工地上，布鲁内莱斯基发明了一种齿轮机械，它能把地面上的圆周运动变成上下的运动，只要用驴、马推动一个大圆盘在地上转动，然后齿轮带动一个升降机，就能将砖头和其他材料运到几十米高的工地上。为了方便工人吃饭（因为几十米高的建筑物爬上爬下不方便），布鲁内莱斯基用升降机将午饭送到圆顶工地上。为了让工人满意，他每餐都给工人们提供葡萄酒，但又要防止他们喝多了犯晕乎，干活时摔下来。他在酒里加入了三倍的水，这是当时给孕妇喝的葡萄酒的浓度。总之，布鲁内莱斯基想尽一切办法，希望能尽快完成这个宏伟的工程。

尽管科西莫和布鲁内莱斯基如此尽心尽力，但是大教堂圆顶的建造还是一波三折。虽然布鲁内莱斯基有美第奇家族的支持，但是美第奇家族在佛罗伦萨并非没有敌人，当时有两个敌对的大家族，包括奥比奇和斯特罗斯[5]家族。吉奥瓦尼在世时对一切来自敌对家族的冲突，都采取息事宁人的做法，以求相安无事。吉奥

---

5 奥比奇（Rinaldo degli Albizzi）：佛罗伦萨的贵族，美第奇家族的对头，后被流放。斯特罗斯（Palla Strozzi）：佛罗伦萨的银行家，家族的财富曾经和美第奇家族相当，后来被流放。

瓦尼去世后，科西莫个性张扬的一面完全显现了出来，彻底得罪了这两个同样有权有势的家族。奥比奇和斯特罗斯家族与市政官员勾结，以莫须有的罪名将科西莫逮捕并监禁起来。当时佛罗伦萨还是民主共和国，无论是官员还是贵族富商都无法决定科西莫是否有罪，而要靠市民（代表）投票。因此，奥比奇家族的人能做的事情就是阻止同情美第奇家族的人参加投票，这样一来，科西莫就被定为有罪了，而且还有可能会掉脑袋。但是，科西莫在佛罗伦萨的影响力已经根深叶茂，在敌人的阵营里也有朋友。最终，科西莫被改判20年流放，这样他就获得了自由，虽然他暂时不能回到佛罗伦萨。科西莫前脚被赶出佛罗伦萨，布鲁内莱斯基后脚便被投进了监狱，大教堂的圆顶工程也就此停工了。科西莫离开佛罗伦萨后，先后到了帕多瓦和威尼斯，他走到哪里，财富就跟随他到哪里。那些有钱人纷纷拿着钱找上他，佛罗伦萨的财富也不断地外流。缺少资金的佛罗伦萨陷入了危机，于是，在一些富人的劝说下，佛罗伦萨市政府不得不再把科西莫请回来。这回轮到奥比奇和斯特罗斯家族被流放了，不过他们的运气没有科西莫好，直到终老也没有能回到佛罗伦萨。

大教堂的圆顶工程又重新开工了，科西莫负责物流，前后有超过400万块红砖和其他大量建筑材料被运到施工现场。工人们按照布鲁内莱斯基的要求一层层往上砌砖，教堂圆顶的敞口在一点点缩小。布鲁内莱斯基每天都泡在工地上，而科西莫也经常去现场。我的这些描写文字叙述简短，但是在当时这些事情却做了很多年。

教堂的圆屋顶建到一半时，已经按照当初设计的那样向里

图 3.2　佛罗伦萨圣母百花大教堂

倾斜了，虽然从力学的角度讲，这种设计没有问题，不会倒塌下来，但是当时的建筑工人从未见过向里倾斜的墙，没有人敢再往上面垒哪怕是一块砖了，仿佛再加一块砖整个屋顶就要塌下来。没办法，布鲁内莱斯基只好自己上了，他爬上脚手架，下面的工人都在为他祈祷。布鲁内莱斯基小心翼翼地放上一块砖，这块砖比下面的又伸出来一些，他把它砌好，砖头稳稳地待在那里。科西莫一直在下面看着，他也不知道这个设计是否正确，现在事实证明罗马人留下的设计是正确的。科西莫和布鲁内莱斯基用"复兴"这个词来形容这个建筑，因为它是在复兴古希腊罗马时代的文明。整个教堂的屋顶修了 16 年。到了 1436 年，这座修建了 140 年的教堂终于完工了。佛罗伦萨的市民潮水般涌向市政广场，向站在广场旁边的乌菲兹宫（今天的乌菲兹博物馆，Uffizi Museum）顶楼的科西莫祝贺。这座教堂不仅是当时最大的教堂，也是文艺复兴时期第一个标志性建筑，教皇欧根尼四世亲自主持了落成典礼。这座教堂以圣母的名字命名，现在中文把它译作圣母百花大教堂（Basilica di Santa Maria del Fiore）。但是，在佛罗伦萨，它有一个更通俗的名字——Duomo，意思是圆屋顶。几十年后，米开朗基罗为梵蒂冈的圣彼得教堂设计了类似的天顶。圣母百花大教堂的落成，首先标志着文艺复兴的开始，虽然文化和艺术的复兴还需要很长的时间；其次它向欧洲证明，美第奇家族是佛罗伦萨的主人。

和美第奇家族的祖先们不同的是，科西莫对古希腊和罗马留下的科学文化产生了巨大的兴趣。他出巨资供养学者、建筑师和艺术家。除了充当布鲁内莱斯基的保护人，他还支持和保护着建筑师米开罗佐（Michelozzo Michelozzi，1396—1472），此人设计和建造了佛罗伦萨的市政广场，即今天美轮美奂充满艺术气息的美第奇广场。他资助和保护的艺术家还包括文艺复兴前期的代表人物弗拉·安杰利科（Fra Angelico，1395—1455）、菲利波·里皮（Fra Filippo Lippi，1406—1469）和雕塑家多纳泰罗（Donatello，1386—1466）。当然，这里面成就最高的还是布鲁内莱斯基，他不仅是西方近代建筑学的鼻祖，而且发明了在二维平面上表现三维立体的透视画法，今天的西洋绘画和建筑草图都采用透视画法。科西莫用于资助艺术、建筑和科学的资金，相当于同期佛罗伦萨税收的六倍。他为什么要这么做呢？他曾经解释道："做这些事情不仅荣耀上帝，而且给我带来美好的回忆，因此我感到巨大的满足和充实。在过去的50年里，我所做的就是挣钱和花钱，当然花钱（赞助）比挣钱更快乐。"当然，科西莫这种做法的背后还包含着富人对社会的责任感。他知道财富和荣耀终有一天会随着他的生命一起结束，但是他建造的大教堂将永世屹立在佛罗伦萨。

科西莫不仅出资复兴文化和艺术，他还四处收集古代的手稿和文献，渐渐地美第奇家族的图书馆成了全欧洲最大的藏书库。甚至有历史学家认为，当时的欧洲，除了教会，只有美第奇家族有《圣经》之外的书籍。所有这些优良传统后来都被他的子孙们发扬光大了。

当然，科西莫在复兴古希腊和古罗马科学、文化和艺术的同时，也进一步扩大家族的业务。美第奇家族的生意版图不断扩展，往西一直到达英国，往南一直到达地中海对岸的突尼斯和开罗。据估计他积攒了 15 万弗洛林[6]，利用这些财富，科西莫左右着佛罗伦萨的政治和经济，他并未在市政府里担任要职，但是佛罗伦萨的大事都由他说了算。用当时佛罗伦萨大主教、后来的教皇庇护二世的话讲"政治问题在（科西莫）家里解决。这个人决定谁担任公职，决定和平与战争……他是无冕之王。"

作为佛罗伦萨的实际领袖，科西莫需要巩固美第奇家族的势力——他对内平衡了意大利主要城市共和国（包括佛罗伦萨、威尼斯和米兰）之间的权力，对外大大削弱了外国（主要是法国和神圣罗马帝国——即德国的前身，和罗马帝国没有关系）势力。他甚至将教皇的枢密院从费拉拉（Ferrera）搬到了佛罗伦萨。他的影响力之大，以至于拜占庭帝国（东罗马帝国）的皇帝约翰八世（John Ⅷ Palaiologos）和其他要员也先后到佛罗伦萨来拜访他。

6　佛罗伦萨金币 floran。根据《文艺复兴时期的佛罗伦萨》一书描述，当时一个家庭的房租（一栋房子中的一层楼）每年是 3 弗洛林，一个城市贵族一年的收入是 1000 弗洛林，一所拥有 24 名教授的大学整个一年的预算为 3000 弗洛林。

这一切，带来了佛罗伦萨空前的繁荣。

1464 年，这位 74 岁的老人走完了他的一生，市民们给了他一个非常荣耀的称号 —— "祖国之父"（Father of Fatherland）。科西莫开创了一个新时代，期间科学、文化和艺术在佛罗伦萨和意大利开始复兴，同时人文主义的曙光开始出现。科西莫·美第奇可能是这个家族中最长寿的一员，他死后，偌大的家业就传给了他的儿子（不幸者）皮埃利·美第奇（Piero di Cosimo de' Medici，1416—1469）。皮埃利身体不好，经常躺在病床上，五年后也去世了。这样，科西莫的事业就由豪华者洛伦佐[7]（Lorenzo de' Medici，the Magnificent，1449—1492）接班了。

第三节　昼夜晨昏

在多次欧洲旅行中，让我最遗憾的就是错过了一座非常不起眼的教堂 —— 圣洛伦佐教堂（Basilica di San Lorenzo）。这座教堂从外面看上去真的很破旧，与佛罗伦萨美轮美奂的建筑和艺术相比，简直不值一提，而且门票似乎也不便宜，加上我的行程很紧，走到了门口，却没进去。但是两天后我就后悔了，因为那里有世界第一艺术大师米开朗基罗（1475—1564）最重要的两组雕塑 ——《昼与夜》（*day and night*）和《晨与昏》（*dust and dawn*）。另外，圣洛伦佐教堂里的拱廊精美豪华，那是布鲁内莱斯基的杰作，我甚至一直都有要专门飞到佛罗伦萨看一看的

7　中文一般把洛伦佐这个称呼 magnificent 翻译成豪华者，但实际上是伟大的人物的意思，也有书籍翻译成"伟大的"。

图 3.3　米开朗基罗的名作《昼夜晨昏》就放在这座很不起眼的教堂内

图 3.4　洛伦佐·美第奇墓前的《晨与昏》(米开朗基罗作品,佛罗伦萨圣洛伦佐教堂内)

冲动。

　　实际上这是两位美第奇家族成员墓前的两组雕塑。在欧洲,最有名的人都是葬在教堂里面的（比如威斯敏斯特教堂里的牛顿墓）。其中《晨与昏》是米开朗基罗为他的赞助人、伟大的洛伦佐精心雕刻的。而圣洛伦佐教堂,其实是美第奇家族的"家祠"。

　　与其祖父科西莫相比,洛伦佐更长于政治,但短于理财。科西莫当年虽然富甲天下,而且在罗马有政治上的强援,但是却拿敌对的家族没什么办法,还受过牢狱之灾,因此,科西莫和皮埃利都很注重对洛伦佐的政治培养。年轻时,洛伦佐就被派到罗马搞外交,并且家族还为洛伦佐选定了一个拥有军队的贵族的女儿做妻子,这是美第奇家族第一次与佛罗伦萨以外的家族通婚。这桩婚事让美第奇家族拥有了安全感。洛伦佐继承家业后,很快就显示出他的政治远见。他把家族成员都安排到政治上很重要的位置。他让自己的儿子乔瓦尼（Giovanni di Lorenzo de' Medici，1475—1521）早年就进入教堂任职，并最终当上了教皇；把自己的女儿马达莱娜（Maddalena de' Medici，1473—1528）嫁给了教皇英诺森八世的儿子。这些安排最终让他的家族在欧洲更有影响力。

长期以来，在佛罗伦萨只有有钱人的声音才能被听到，洛伦佐决定改变这一切。他向穷人敞开大门，尽可能地帮助每一位穷人，解决他们的困难。每天有很多穷人在洛伦佐家门口排队，带上他们所能提供的礼物，比如自制的面包，或两只自己打的野兔，然后一个个被带到洛伦佐的客厅，在那里，他听这些穷人讲述自己的困难或者遇到的麻烦，然后出面帮他们解决。这样，他和市民们成为了朋友，而不是高高在上的独裁者。在美第奇家族家祠的一幅天顶绘画中，画家描绘了美第奇家族朋友之多之广的情形。画面中央是美第奇家族的三代人，周围是各种各样的朋友，遍布各个阶层，从海外的苏丹、国王到意大利的贵族，还有佛罗伦萨的市民。

但是，和祖父科西莫一样，洛伦佐也受到了敌对的帕奇（Pucci）家族的怨恨。但是，那些人已经不能像当年对付科西莫那样将他囚禁起来，只好搞阴谋——在复活节搞暗杀。这次行动得到了当时的教皇西克斯图斯四世（Sixtus Ⅳ）和比萨大主教的支持。洛伦佐受了伤，但是逃过一劫，而他的兄弟朱利亚诺（Giuliano de' Medici，1453—1478）却被刺死。事后，洛伦佐开始秋后算账，派人刺杀了比萨大主教并诛灭了帕奇家族。这样，他和教皇的矛盾也公开化了。教皇想通过没收美第奇家族的财产和开除佛罗伦萨的教籍等手段逼迫洛伦佐就范，但是已经崛起的佛罗伦萨足以和罗马抗衡了，因此，这些办法对美第奇家族没有用。最后教皇只好诉诸武力，联合那不勒斯共和国进攻佛罗伦萨。在危机关头，洛伦佐显示出超人的胆略和外交手段，他单枪匹马来到那不勒斯，说服了敌人放弃进攻，从而化解了这次危机。这次胜利让他的声望和权力在佛罗伦萨及意大利各城邦中达到了顶点，就连当时的一代霸主、奥斯曼土耳其帝国的皇帝穆罕默德二世[8]对他也敬重有加，并且两人成为很好的贸易伙伴。洛伦佐将美第奇家族带进第二个全盛时期。

洛伦佐比他祖父科西莫更热衷于收集各种古代的书籍和手稿，以扩充美第奇家族的图书馆。在对科学和艺术的支持上，洛伦佐更是超过了祖父。历史上，大部分搞艺术的人常常很贫穷，比如梵高、塞尚等人生前穷困潦倒，而大部分有钱人并不十分精通艺术，他们收购艺术品的主要目的是投资，而非喜爱。洛伦佐则不同，他的艺术修养非常高，自己还是诗人，晚年写过不少诗，有些历史学家研究洛伦佐的通信后发现他还懂得绘画。洛伦佐发现、培养和资助了一大批艺术巨匠，包括波提切利（Sandro Botticelli，1445—1510）、达·芬奇（1452—1519）和米开朗基罗（Michelangelo di Lodovico Buonarroti Simoni，1475—1564）等人。更重要的是，他对欧洲人文主义的诞生和发展产生了重要的影响。要了解这一点，我们先来看看欧洲文艺复兴前后艺术的特点，然后再看看洛伦佐时代艺术的发展，便会一目了然。

很多人问我如何鉴别和判断欧洲绘画的年代。其实对 18 世

8 也被称为"征服者默罕默德"，奥斯曼土耳其帝国皇帝，他灭亡了东罗马帝国。

纪以前的绘画，只要了解它们的题材和表现方式就不难判断。我把13世纪到18世纪的绘画概括成"天上—天上人间—人间天上—人间"四个阶段。在文艺复兴之前的几个世纪里，几乎所有的绘画题材都是宗教题材，即使在文艺复兴的初期，这种题材仍占多数。不过，文艺复兴前和文艺复兴时期的宗教题材，在绘画的表现形式上有非常大的差别。文艺复兴前，人性非常受压抑，神在人们的心里是至高无上的，人是神的奴隶。这种心态表现在绘画中时，你会看到所有神的表情都十分严肃，甚至略显呆滞。我们在前面介绍古埃及艺术时曾经提到，好的艺术家要把不同形象的神态描绘好，而中世纪的画家却将上帝、耶稣或者圣母画得目光呆滞，从艺术水平来讲，远不如古埃及的画家。这样的画放在教堂里，也无法让教徒产生神圣的感觉。当时为了区别神和人，画

图3.5　中世纪意大利画家杜乔（Duccio di Buoninsegna，1260—1319）的画作《圣母子》（圣母、耶稣和天使的头上都用金粉画了一圈圣光，现收藏于意大利锡耶纳大剧院教堂）

家的做法是在神的头上都画上一圈圣光。比较细致的画法是把这一圈圣光画成金色的光芒，比较简单的画法则是用一个细细的金圈代表圣光（后期作品的特点）。总之，这个时期的绘画，无论题材还是手法，都是宗教性的，我把这个时期描述为"天上"。

到了文艺复兴初期，虽然绘画在题材上有所突破，可这种压抑的心情在绘画中依然到处可见，人是难得一笑的。这个时期最有代表性的绘画作品，就是波提切利的名画《维纳斯的诞生》，这幅画取材于古希腊传说中的美神维纳斯诞生在贝壳里的故事。很显然，绘画题材和《圣经》已经没有关系了，波提切利在画中表现了女性曼妙的身体，使它成为历史上诸多表现维纳斯的绘画中最著名的一幅。但是，从维纳斯的表情上，我们能够看到一丝忧郁，这是早期文艺复兴绘画的普遍特点，也是那个时代人们心

图 3.6 《维纳斯的诞生》（波提切利的名画，现收藏于佛罗伦萨乌菲兹博物馆）

灵的写照。在波提切利同时期创作的另外一幅画作《三美神》中，依然可见这种忧郁的表情。

但是，到了米开朗基罗时代，绘画作品中这种忧郁的特点已经看不到了，因为人们的生活开始走出中世纪的黑暗，艺术家们要表现的是人文主义思想，而不是宗教。虽然很多画家还是采用《圣经》题材，但只是借助《圣经》中的人物表现人间的生活，这时的神已经凡人化了。米开朗基罗的《圣家族》就很好地表现了这种特点。在这幅画中，不仅中世纪时加到神头顶上的那个神圣的光环不见了，而且这些神都变成了人的形象。无论是耶稣的养父约瑟，还是圣母玛利亚，都是人间慈父慈母的形象，而耶稣则是我们生活中常见到的那种可爱的"大胖小子"。不看这幅画的标题，我们会以为这是一个普通家庭的全家福。文艺复兴时期的另一位大师拉斐尔（Raffaello Sanzio da Urbino，1483—1520，与达·芬奇、米开朗基罗并称文艺复兴三杰）的《圣母子图》也具有同样的特点。这个时代的画家，其实是通过宗教绘画反映出人文主义的气息，因此，这个时期我称之为"天上人间"。

到了文艺复兴中后期，画家开始抛开宗教和神话题材，直接反映人间美好的生活，这在包括威尼斯画派代表人物提香和丁多雷托，尤其是众多尼德兰画家的作品中大量可见。透过这些绘画，我们能感受到走出中世纪，历经文艺复兴时期和后来大航海时代，生活富裕起来的欧洲人，在享受着人间幸福生活的一面。因此，这个时期便是"人间天上"了。

在文艺复兴后期，绘画题材愈加丰富，表现的内容和我们的生活愈加接近，绘画作品不仅表现人间美好的一面，也大胆鞭挞

图 3.7 米开朗基罗的绘画作品《圣家族》（现收藏于乌菲兹博物馆）

图 3.8 《银行家和他的妻子》（这幅由马西斯绘制于 1514 年的作品，反映了当时荷兰市民美好的生活，作品现收藏在卢浮宫）

人性丑恶的一面。西班牙画家戈雅（Goya）的许多作品就体现了这种早期的现实主义特点。因此，这一时期的绘画进入了纯粹的"人间"阶段。

　　艺术从"天上"到"天上人间"的过程，是在洛伦佐时代完成的，这是文艺复兴最重要的时期，也是欧洲人文主义形成和发展的重要时期。洛伦佐在其中扮演了启蒙者的角色。在 15 和 16 世纪，教会依然试图控制人们的灵魂，虽然这种控制力已经较中世纪时小了很多。而洛伦佐的所作所为，在客观上让人们开始享受现世的快乐。他举办的舞会和娱乐活动常常通宵达旦，他自己也喜爱东方的时尚，欧洲的人性解放从那个时候开始了，而在这种氛围里，全新的艺术逐步诞生。

　　洛伦佐的做事方式不仅与常人不同，甚至和很多帝王也大不相同。一般人的思维方式常常是这样的：比如一个有钱人在政治上受到别人的欺压，首先想到的可能是和掌权者搞好关系，提高自己的政治地位；一个统治者如果对所管辖的城市的经济或文化不满意，他可能会借鉴其他城市的历史经验而改变自己，比如日本的明治维新和中国近代的改良都是如此。洛伦佐则完全不一样，他如果对现存的社会格局不满意，就会自己创造出一套新的政治格局。在文艺复兴时期的欧洲，最有权势的政治人物莫过于教皇，洛伦佐并不会去讨好教皇，而是自己立一个教皇。对于佛罗伦萨的管理也是类似。在艺术上，虽然我们可以找到很多酷爱艺术的帝王，他们也曾经为文化繁荣创造了良好的环境，比如中国北宋、清代的一些皇帝，以及欧洲 15 到 16 世纪的一些教皇，但是他们大多停留在继承传统，让现有的艺术稍作发扬光大。而洛伦佐则不同，他努力创造出一种全新的、超越以往任何时代的艺术和文化，他和他所赞助的艺术家们，尝试着各种新的艺术形式和创造方法，我们从佛罗伦萨市政广场的众多雕塑中，从达·芬奇各种题材的绘画中很容易感受到这一点。对于艺术品的收藏，无论是中国的皇帝、阿拉伯的苏丹，还是文艺复兴以后欧洲大大小小的君主们，他们愿意花钱收购古代的名作或者去挖掘古希腊和古罗马的文物，然后用它们堆满自己的博物馆和宫殿。可是，洛伦佐不是这样。他不是一个满足于花钱买现成艺术品的收藏家，他喜欢创造。为了创造艺术，他就去培养艺术家。几乎所有喜爱艺术而又有足够财富的人，都梦想得到十全十美的艺术品，大部分人的做法都是倾其所有去购买。当然十全十美的艺术品通常不是光用钱就能搞定的，有时需要机缘。洛伦佐的做法却

图 3.9　大卫像可以称得上是人类迄今为止最完美的大理石雕塑，每一个细节米开朗基罗都雕刻得一丝不苟（局部）

很简单——创造出十全十美的作品！我们从米开朗基罗的大卫像、西斯廷教堂的天顶画和圣彼得教堂的圣母子雕塑，就能体会到什么是十全十美。在洛伦佐的推动下，文艺复兴开始进入高潮。

在 15、16 世纪，欧洲还没有出现艺术市场，画家只能靠贵族和宫廷供养。洛伦佐就是众多艺术家的保护人，他发现的第一个重量级艺术家是波提切利。洛伦佐很早就发现了波提切利的才华，在经济上支持他，在政治上保护他，并为他的创作提供了最好的条件。在美第奇家，波提切利有机会看到古希腊和古罗马的雕塑收藏，这对他艺术风格的形成产生了重要的影响，他的绘画再现了古代的人体美。为了感谢美第奇家族对他的保护，波提切利在著名绘画作品《三博士来朝》中，采用了美第奇家族人物的形象。这幅画描绘了《圣经》中东方三博士朝拜耶稣的故事。在过去的宗教画中，凡人的形象是不允许入画的，波提切利这么做既有感激美第奇家族的意思，也反映了当时人性开始得到解放。但是在波提切利的另两幅代表作中，又反映出这种解放还处于萌芽状态。1482 年，波提切利为美第奇家族创作了著名的《春》，这幅作品被誉为西方知名度最高的作品之一。画面的情节源于卢克莱修（Lucretius）歌颂维纳斯的长诗。画中的背景是一片优美雅静的树林，中间是维纳斯，她以悠闲幽雅的姿态等候着春天的来临。她右边的三位"优美"女神相互携手翩翩起舞，沐浴在阳光里。如同波提切利的代表作《维纳斯的诞生》一样，这幅画中的维纳斯也带着一丝忧郁。这反映出当时人们刚刚走出中世纪，还带有旧时的忧伤。波提切利的这三幅画作现在都珍藏在佛罗伦萨的乌菲兹博物馆中。

1488 年，洛伦佐开设了（西方）世界上第一所艺术学校，系统地教授雕塑技艺。他将那些珍贵的古希腊和古罗马雕塑拿出来给学生们做样板，有很多希望从事艺术创作的少年在学校里学习。在这个艺术学校里，他发现了一位天才小学员，这位只有 13 岁的少年当时就已经显示出超人的艺术天赋。为了让他得到最好的教育，洛伦佐说服了少年的父母，把他接到自己的宫殿里居住。终于有一天，洛伦佐再次留下了这位少年，他就是后来的艺术巨匠米开朗基罗（Michelangelo Buonarroti，1475—1564）。洛伦佐把米开朗基罗当作自己的亲生儿子一样看待。在美第奇家，米开朗基罗和前辈大师波提切利等人每天生活在一起，切磋艺术，进步很快。不仅如此，美第奇家还是当时欧洲唯一能够看到大量除《圣经》之外的经卷和各种图书的地方，米开朗基罗每天孜孜不倦地阅读着古希腊和古罗马的各种著作，从科学到文艺。人文主义因此深深地刻在了他才十几岁的头脑里，日后在他几乎所有的作品中，都闪耀着人文主义的光芒。

米开朗基罗很多作品的题材虽然是宗教的，但是在他的作品中已经看不到神的气息，而是展现了人间的美好。他最著名的雕塑作品《大卫》，取材于《圣经》中的犹太人祖先大卫王的故事，但是我们从这个大理石雕塑作品中，看到的是英俊健康的男性之美，这和《圣经》的宗教题材其实已经没有关系了。他的另一件雕塑代表作是圣彼得大教堂中的《圣母子》，圣母玛利亚怀抱着被抬下十字架的耶稣，完全是人间慈母的形象。这一特点也体现在他伟大的绘画作品——西斯廷教堂天顶画《创世纪》上。

米开朗基罗的绘画代表作是梵蒂冈西斯廷教堂里的《最后的审判》和《创世纪》。其中，《创世纪》可能是人类迄今为止艺术水平最高的绘画（不是之一）。这幅面积达500多平方米的巨作，场面宏大，辉煌壮丽，人物刻画震撼人心，表现出米开朗基罗超乎寻常的创造力和完美的创作技巧。画面包括九个主题，分别是"神分光暗""创造日月""神分水陆""创造亚当""创造夏娃""逐出伊甸园""诺亚献祭""大洪水"和"诺亚醉酒"，以及四个《圣经》故事，它们各自可成为一幅独立的巨作，放在一起却又和谐而统一。其中的人物多达300多人，每个人形态各异，神态都栩栩如生。画面中的所有人物都是我们生活中的形象，和早期的圣像没有一丝一毫相似之处，充分体现了人文主义精神。整幅巨画均出自米开朗基罗一人之手，他抱着对上帝的崇敬心情，花了整整4年半时间才完成这幅杰作。完成这幅巨画后，37岁的他已经累得像个老人一样了。文艺复兴三杰之一的拉斐尔看了这幅巨大的天顶画之后，不禁感叹："米开朗基罗是用上帝一样杰出的天赋创造这个艺术世界的巨画。"非常遗憾的是，洛伦佐本人没有看到米开朗基罗后来的这些作品。

图 3.10　《创造亚当》是《创世纪》中最富想象力、最出色的作品。米开朗基罗在这幅画中表现了上帝塑造亚当以后又赋予他生命的场面。人类的始祖亚当，被米开朗基罗描绘为体格健美的青年，其身体比例和线条让人联想到古希腊的雕像。上帝和亚当的手指被誉为"绘画中最完美的手"和"神与人触电式的交流"，这个局部无数次地在各种作品中被复制

　　除了波提切利和米开朗基罗，洛伦佐资助的另一名巨匠是文艺复兴时的全能天才列奥纳多·达·芬奇（Leonardo da Vinci，1452—1519）。达·芬奇是个私生子，因此，他的名字里没有姓氏，虽然他是和父亲生活在一起。列奥纳多·达·芬奇这几个字的意思是"从芬奇[9]来的列奥纳多"（Leonardo from Vinci）。在文艺复兴时期，人们的国家概念非常淡薄，没有人说"我是意大利人"或"我是法国人"，大家都说"我是佛罗伦萨人"或"我是莱比锡人"等。因此，人们就称这个没有姓氏的孩子为达·芬奇。14 岁那年，达·芬奇的父亲把他送到佛罗伦萨学习绘画，因为在美第奇家族的推动下，佛罗伦萨当时是欧洲的艺术中心。达·芬奇师从于韦罗基奥，也就是波提切利的老师。在佛罗伦萨，人文

图 3.11　达·芬奇的作品《圣母子》，画中圣母的表情，从容中带着一丝甜美，这幅肖像被用在俄罗斯冬宫门票上（原作收藏于冬宫埃尔米塔日博物馆）

主义者常常在美第奇家举办沙龙，讨论学术问题。达·芬奇在这里结识了一大批知名的作家、艺术家和科学家，开始接受人文主义的熏陶。在 20 岁时达·芬奇已有很高的艺术造诣，他用画笔和雕刻刀去表现大自然和现实生活中的真、善、美，热情歌颂人生的幸福和大自然的美妙——达·芬奇画笔下的妇女都非常甜美。

　　与米开朗基罗等艺术家不同，达·芬奇一生兴趣非常广泛，从某种程度上讲，绘画只是他的业余爱好，而他对科学和机械的兴趣甚至更大。在佛罗伦萨，达·芬奇接受了洛伦佐 7 年的资助，这使得他的绘画水平达到了炉火纯青的程度。作为科学家的达·芬奇尝试着用不同的材料配置绘画用的颜料。继尼德兰著名画家凡·爱克兄弟发明油画以来，达·芬奇自己也琢磨出了这种用来作画的油彩，油画比过去的蛋彩画（他著名的作品《最后的晚餐》其实是蛋彩画）能保持得更长久，而且方便涂改（用新的一层压住下面一层的颜色）。借助油彩，达·芬奇创作出了色彩更丰富、层次更分明、细节更完美的油画，这是一次绘画史上的革命。1481年，达·芬奇想离开佛罗伦萨了，他是一个待不住的人，洛伦佐把他介绍给自己的朋友米兰公爵。在米兰公爵的资助下，达·芬奇得以安心作画，在那里他绘制了著名的《最后的晚餐》。但是，由于缺少洛伦佐这样慷慨的赞助者，米兰在文艺复兴时期一直没有能成为文化中心。

如果说文艺复兴在科西莫时代还只是复兴古希腊和古罗马的科学与艺术，那么到了洛伦佐时代，则是完全的创新了。这种创新不仅前无古人，而且影响深远。从很多方面来看，洛伦佐都称得上是文艺复兴的"教父"。洛伦佐不仅把佛罗伦萨建设成了欧洲文化艺术的中心，而且还将它变成了整个文明的象征。洛伦佐不吝将自己的藏书请人抄写多份，传播到欧洲各地。在洛伦佐时代，大批年轻人来到佛罗伦萨学习希腊文，这样他们就可以看懂古代的书籍和手稿。和洛伦佐同时代，欧洲还有其他一些有影响力的大家族，但是这些家族除了曾经富有过，对今天的世界并未留下多大的影响。而美第奇家族完全不同，他们开创了一个新时代。

1492年4月的一个晚上，年仅43岁的豪华者洛伦佐去世了。他和他的兄弟朱利亚诺同葬在属于他们家族的圣洛伦佐教堂里。多年后，应教皇利奥十世（洛伦佐的养子和侄子）的请求，米开朗基罗亲自为美第奇家族成员设计并雕琢了墓碑的塑像，那就是著名的《昼与夜》（朱利亚诺）和《晨与昏》（洛伦佐二世）。人的生命或许就像那4座雕像一样，有自己的昼夜晨昏。洛伦佐去世后的半年，哥伦布发现了新大陆，大航海时代由此开始。同时，伴随洛伦佐的去世，文艺复兴的中心由佛罗伦萨转移至罗马和威尼斯，并在那里又持续了一个多世纪。在接下来的一个世纪里，美第奇家族的传奇还在继续，佛罗伦萨依然繁荣，但是它的重要性已经不如从前了。

第四节　复兴走向全欧洲

在洛伦佐的晚年，由于过度投资，坏账剧增，家族财务状况大不如前。在他去世之后，他的后代对佛罗伦萨的统治仅仅维持了两年，就被政敌推翻了。很遗憾的是，上台的这些人不仅守旧，而且既不懂艺术，也不懂知识的重要性，他们在复仇的同时也毁掉了大量名画、雕塑和书籍。连波提切利也出于恐惧而不得不烧掉了自己的很多作品。在这些新的统治者中有一位非常知名，他就是大名鼎鼎的马基雅维利（Niccolò di Bernardo de Machiavelli，1469—1527）。

洛伦佐去世后，很多艺术家（包括米开朗基罗）不得不离开佛罗伦萨，其中许多人来到了文艺复兴之风日盛的罗马，此时这座古代名城正在复苏，这在很大程度上要感谢一位颇有作为的教皇——尤里乌斯二世（Julius Ⅱ，1443—1513）。这位教皇不仅在政治上颇有建树，而且对艺术也有着不可磨灭的贡献。他在不断对外征战的同时，致力于美化罗马，让它恢复昔日的繁荣。为此，他请来了米开朗基罗、拉斐尔等当时最优秀的艺术家，让他们为罗马教廷绘画并充当他们的保护人。在那个时代，标志性建筑大多是教堂，因此，尤里乌斯二世决定为罗马的第一位红衣主教圣徒彼得（耶稣的大弟子）建造一座空前雄伟的大教堂，作为自己献给上帝的礼物，同时也是留给罗马的遗产。于是，两百年前在佛罗伦萨建造大教堂的漫长过程又在罗马重演了。

一般人可能会用"慈祥"或"威严"等字眼来形容教皇，不大会将教皇与艺术品位联系在一起。不过文艺复兴时期的教皇大多懂得艺术，包括当时的尤里乌斯二世和接下来的利奥十世（洛伦佐·美第奇的养子）在内的很多 15、16 世纪的教皇，都有非常高的艺术修养。在这些教皇心目中，圣彼得教堂不仅要宏伟，而且要有美感，因此建造过程就变得特别缓慢，一代又一代的建筑师都去世了，可是教堂还没有建成。这些建筑师中，最著名的有三位，他们是拉斐尔、米开朗基罗和贝尼尼（Giovanni Lorenzo Bernini，1598—1680）。16 世纪初，拉斐尔和米开朗基罗不仅先后是大教堂的建筑师，而且承担了教堂很多壁画的绘制以及雕塑和浮雕的雕刻工作。教堂的圆顶是米开朗基罗设计的，他采用了当年布鲁内莱斯基设计佛罗伦萨圣母百花大教堂的方案，使用内外两层圆拱，但遗憾的是他没有看到圆拱顶建成就去世了。大教堂最后一位杰出的建筑师是贝尼尼，他不仅设计了教堂的圣座（据说圣徒彼得的遗骸就葬在下面），还设计了教堂前的广场和柱廊。他是所有建筑师中最幸运的，因为他看到了大教堂的落成，而这时距离教堂的开工已过去了 120 多年。这座雄伟而华丽的大教堂本身就是艺术的精品，从建筑师到工匠都怀着对上帝虔诚而敬畏的心，一丝不苟，力求完美，它也因此成了文艺复兴的代表作。近 500 年过去了，它依然耸立在梵蒂冈的中心，也是世界上最大最美的教堂。

尤里乌斯的继任者是从美第奇家族走出来的利奥十世。他自小耳濡目染，爱好文化和艺术，尤其爱好音乐、诗文和戏剧，在还没有当上教皇时，他就已经是很多学者的保护人了，据说他非常好施舍，身边常带着一个红色的丝绒袋，里面装满了钱币，随时准备分赠给向他有所求的人。他学着他的养父（其实是叔父）洛伦佐的样子，收集大量书籍充实梵蒂冈的图书馆。这位被称为"生活的艺术家"的教皇还经常在教廷里举行音乐会。因为有他这样一位充满人文主义思想的教皇，罗马便逐渐成为继佛罗伦萨之后文艺复兴的中心。

相比之下，没有了美第奇家族坐镇的佛罗伦萨就显得无趣了。不过美第奇家族在佛罗伦萨的影响力是根深蒂固的，加上教皇尤里乌斯二世是他们的朋友，1512 年美第奇家族在教皇支持下杀回了佛罗伦萨，重新掌权，而马基雅维利被投入监狱，之后被放逐，并且在他凄惨的余生里写成了对世界产生了巨大影响的《君主论》(*The Prince*)，因此，在历史上马基雅维利是以作家而不是政治家闻名于世的。

美第奇家族在夺回佛罗伦萨统治权的第二年，即 1513 年，出了家族的第一位教皇利奥十世。美第奇家族似乎又要兴旺起来了，米开朗基罗也回到了佛罗伦萨；但是由于缺少像洛伦佐那样的好族长，家族的影响力已经大不如前，1527 年到 1530 年之间这个家族又遭驱逐，直到伟大的科西莫一世（Cosimo Ⅰ Medici，1519—1574）长大并且接管了家族。注意，这个科西莫不是当年建造佛罗伦萨大教堂的那个科西莫。美第奇家族的男性使用的名字总共没有几个，祖孙多代经常重名。

佛罗伦萨终于结束了长期的混乱和无序，整个城市也迎来了新一轮的艺术繁荣。虽然达·芬奇离开意大利去了法国，并在那里留下了他的绝世名画《蒙娜丽莎》，但是米开朗基罗还在，而科西莫一世又培养出新一代的艺术家：瓦萨里（Giorgio Vasari，1511—1574）、切利尼（Benvenuto Cellini，1500—1571）和蓬托尔莫（Jacopo Pontormo，1494—1557）。其中，作为米开朗基罗的学生，瓦萨里修复了战乱中被砸坏一只手的大卫雕像，更重要的是他写了一本《艺苑名人录》（*Lives of the Most Excellent Painters, Sculptors, and Architects*），这是第一本系统论述美术理论的教科书。书中第一次正式提出了文艺复兴的概念。切利尼最著名的作品是青铜像《珀耳修斯手持美杜莎的头》，这尊被誉为文艺复兴时期最优秀的青铜雕塑，讲述的是一个古希腊传说故事：珀耳修斯是希腊神话中的英雄，他一出生，母子俩即被装进木箱投入大海，后来被一个岛国的国王所救；国王欲娶其母，便设计谋杀珀耳修斯，他让珀耳修斯去取可以让人变成石头的女妖怪美杜莎的头；后来珀耳修斯得众神之助，杀死了女妖，获得成功；回程路上，他救了公主安德洛墨达，并与她结为夫妇；回岛后，他出示女怪头，让国王变成石头，救出了母亲。在这个青铜雕塑中，珀耳修斯的头有正反两张脸，反面的脸是切利尼自己的。靠着这些新一辈的艺术家，文艺复兴得以传承和发展。

与他同名的祖先一样，科西莫一世不仅将佛罗伦萨共和国的版图扩大了很多，还为这个城市留下了一座非凡的市政厅，这就是今天全世界最重要的美术馆之一：乌菲兹美术馆（Uffizi Gallery）。馆中不仅收藏有佛罗伦萨的波提切利、达·芬奇、米开朗基罗和拉斐尔等人的杰作，还收藏了文艺复兴时期威尼斯画派的提香、丁多雷托和罗马画家卡拉瓦乔等人的众多杰出作品。其中，最著名的还是波提切利的三幅代表作：《维纳斯的诞生》《春》和《三博士来朝》。在市政厅前面的广场上，荟萃了文艺复兴时期最优秀的雕塑，包括米开朗基罗的大卫像[10]和切利尼的《珀耳修斯手持美杜莎的头》。当然，科西莫一世的青铜雕像也在其中。

到了15世纪中期，威尼斯继佛罗伦萨之后，成为文艺复兴的另一个中心。和佛罗伦萨由几个家族控制政治的情形不同，威尼斯（当时叫威尼斯共和国）由城市贵族组成的议会管理，对艺术的支持主要靠政府和教会等社会力量。威尼斯能成为世界艺术中心之一，主要靠吸收佛罗伦萨艺术的精华。到了16世纪，威尼斯出了几位世界级的大画家——乔尔乔内（Giorgio Barbarelli da Castelfranco，1477—1510）、提香（Tiziano Vecellio，1490—1576）和丁多雷托（Tintoretto，1518—1594）。威尼斯画派有着自己独特的创作风格，他们在色彩的使用上非常大胆，深邃的天蓝色不仅使画作更为生动明快，而且成为威尼斯画派的象征。同时，人物背景的风景比例非常大，比如从乔尔乔内最著名的作品《沉睡的维纳斯》中就能看到这个特点。另外，虽然很多绘画的主题还是宗教和神话题材，但是从画面上看更像是人间的生活画。

提香在世界绘画史上是著名的寿星，他在90岁高龄还能作画，要不是赶上了一场瘟疫，人们估计他能活满百岁。在绘画史上，提香是个承前启后的人物，他一方面深受拉斐尔和米开朗基罗的影响，但同时在漫长的创作生涯里，也发展出了自己的风

---

10 后来大卫像被人打坏了脚趾，真品便放到了佛罗伦萨美术学院博物馆内，现在放在市政广场的是复制品。

图 3.12 　《沉睡的维纳斯》（乔尔乔内绘制，现收藏于德雷斯顿博物馆）

格。和佛罗伦萨画家相比，提香更重视色彩的运用。提香的作品构思大胆，气势雄伟，色彩丰富、鲜艳，对后来西班牙大画家鲁本斯有很大的影响。美第奇家族大量收藏了威尼斯画派的作品，今天在碧提宫中依然能够看到。

到了 16 世纪末，文艺复兴的春风吹遍了欧洲。在接下来的一个世纪里，从南欧的西班牙到北欧的尼德兰（即今天的荷兰），可谓艺术家辈出——鲁本斯、凡梅尔、伦勃朗等众多艺术史上响当当的名字，都和意大利的艺术有着千丝万缕的联系。

第五节　科学的曙光

随着文艺的发展，科学也开始萌芽了。就在长寿老人米开朗基罗（他活了 81 岁）去世的那年（1564 年），一位科学巨匠在比萨（当时佛罗伦萨共和国的一部分）出生了。他就是近代物理学和天文学的奠基人之一——伽利略（1564—1642）。

伽利略出生于医学世家，小时候就被父亲送到比萨大学学医。在学校时，他注意到吊灯摇摆的周期和摆动的幅度无关。回家后，他架起了两个长度相同的单摆，让其中一个摆动幅度大些，另一个小一些，结果发现它们的摆动周期确实相同。他观察到的钟摆原理，导致了后来钟表的诞生。不过，在校期间，伽利略一开始刻意不学数学课，因为当时做数学家挣钱没有医生多，而搞科学研究一定要有赞助人。后来伽利略旁听了几何课，对数学产生了浓厚的兴趣，随后他改学数学和自然哲学，并从此开始了他的科学家生涯。

伽利略是位全才型的科学家，他发现了物理上重要的现象——物体运动的惯性，虽然他没有能总结出惯性定律（牛顿第一定律）；同时他也是提出加速度这个概念的第一人（不过关于加速度的定律也是牛顿总结的）。他发明了空气温度计和天文望远镜，并用天文望远镜发现了很多天文现象和新的天体，包括太阳黑子、木星的4颗卫星和土星的亮环。

在伽利略的年代，并没有什么自然科学基金供这些科学家专心搞研究。历史上的科学家，要么自己是贵族，比如古希腊的毕达哥拉斯；要么是宫廷和贵族的教师，由他们的保护人供养。而伽利略很幸运，因为他生活的时代有一位热衷于支持科学研究的贵族——科西莫二世（Cosimo Ⅱ de' Medici，1590—1621）。他把伽利略请到家里，做自己和几个孩子的老师。每当伽利略有了新发现，就会在美第奇家的中庭来宣布，这也是当时美第奇家的

图 3.13　用天文望远镜看到的木星和它的 4 颗卫星

一件趣事。为了报答美第奇家族对自己的保护和资助，伽利略用美第奇家人的名字命名他在 1610 年发现的 4 颗木星的卫星。不过，现在人们把这些卫星统称为伽利略卫星，而不是美第奇卫星。这 4 颗卫星的发现，表明存在不围绕地球旋转的星体，从而推翻了古希腊人建立起的宇宙观 —— 即所有天体都围绕着地球运转，这实际上彻底动摇了地心说的根基，也成为日心说的佐证。伽利略找到的另一个日心说的佐证是，发现了金星的盈亏周期。在没有天文望远镜的时代，人们无法通过肉眼看到金星的盈亏现象，唯一能够找到有盈亏现象的星体是月亮，而它恰好围绕地球旋转，这便成了托勒密地心说的佐证。但是，当伽利略观察到金星的盈亏时，就再也无法用地心说来解释了，而用日心说则可以很好地解释这种现象。

　　伽利略的很多天文发现最初在欧洲人看来是难以接受的，但是先后都被证实了，比如他发现的木星卫星很快就被德国天文学家克里斯托弗·克拉维斯（Christopher Clavius，1538—1612）所证实。凭借这些发现，伽利略在科学界获得了极高的声誉，1611

年，他访问罗马时受到了英雄般的欢迎。由于有美第奇家族财力的支持，伽利略的研究工作进展非常快，也就是在1611年，他已经总结出相当精确的木星卫星运行的周期，就连当时的另一个天文学家开普勒也认为伽利略不可能进展那么快。

在那一段时间里，伽利略的科学研究相当"高产"。他在1612年还观测到了海王星，但是他并没有意识到这是一颗行星，误以为是新发现的恒星。他不断记录着海王星相对于其他天体的运行轨迹，但是最终跟丢了目标，也就错过了发现海王星的机缘。不过也就是在这个时期，欧洲的学术空气变得非常糟糕。

从16世纪开始，欧洲的基督教分裂为传统天主教和北方的新教（路德教派和加尔文教派），罗马教廷的权威因此受到了严重的挑战。天主教在日趋衰落的同时也日趋反动，罗马教廷把不遵从其指令的教派统统称为异教，而新教对所谓异端的学说也一样不宽容。米开朗基罗时代那些懂得艺术、行事温和的教皇（比如允许进行尸体解剖的希克斯图斯四世）到17世纪初已经不见了，这时的罗马教廷不仅迫害异教徒，而且禁止异端言论，因此研究科学有可能就会掉脑袋。伽利略比较幸运，因为有美第奇家族的庇护，得以专心研究物理学和天文学，就在这一期间伽利略完善了哥白尼的日心说。

在伽利略以前，日心说和地心说基本上是模型之争，日心说并没有直接的佐证，更何况哥白尼的日心说模型还不如托勒密的地心说模型准确，因此，在很长一段时间里大家对日心说都是将信将疑，教会也基本对此保持中立。面对反对意见，哥白尼使用了一些新的假想来证明还处在假说阶段的日心说，今天看来他的大多数解释基本上都是错误的[11]。而伽利略借助自己发明的望远镜观测到前人看不到的宇宙世界，为日心说提供了大量的佐证。除了发现木星的 4 颗卫星，他通过望远镜，还第一次发现银河系并不是模模糊糊的一片（这是过去的认识），而是由一个个的恒星构成的，而太阳可能是众多恒星中的一个。正是依靠伽利略提供的佐证，理性的人们才信服日心说，但这已经是 17 世纪初的事情了，距离哥白尼去世已经有半个多世纪了。

在 16 世纪末，哥白尼的日心说在欧洲已经颇为流行，虽然大家对此依然将信将疑。说到日心说的传播，要感谢伽利略的一位朋友乔凡尼·布鲁诺。布鲁诺宣扬日心说，同时反对宗教哲学，这引起罗马教廷的嫉恨，同时也为新教所不容（这一点非常奇怪）。最后宗教裁判所以宣扬"异端"的名义将布鲁诺在罗马鲜花广场处以火刑。不过，必须指出的是，布鲁诺遭受火刑，并不是因为他支持日心说，而是因为其泛神论的宗教思想与基督教（一神论）的教义相违背。为了抵制布鲁诺的思想的影响力（主要是宗教思想），与他的言论有关的所有观点都受到了教会的禁

11　当时人们对日心说有下面几个疑问，而哥白尼的回答完全不正确。

1. 如果地球在转动，空气就会落在后面，而形成一股持久的东风。哥白尼答复：空气含有土微粒，和土地是同一性质，因此逼得空气要跟着地球转动。而事实是，空气转动时没有阻力是因为空气和不断转动的地球是连接着的。

2. 反对理由：一块石子向上抛去，就会被地球的转动抛在后面，而落在抛掷点的西面。哥白尼答复：由于受到本身重量压力的物体主要属于泥土性质，所以各个部分毫无疑问和它们的整体保持同样的性质。事实是，在石子向上前具有向西的角速度，依照惯性在空中也会有，而地球也一样有这样的角速度，所以看起来就像没有角速度一样，仅仅会产生难以觉察的科里奥利力。

3. 反对理由：如果地球转动，它就会因离心力的作用变得土崩瓦解。哥白尼答复：如果地球不转动，那么恒星的那些更庞大的球就必须以极大的速度转动，这一来恒星就很容易被离心力拉得粉碎。事实是，和万有引力相比离心力太小，所以不会瓦解。

止，因此，布鲁诺实际上给伽利略带来了很大的麻烦。

到 1616 年，教会对日心说的攻击达到了顶峰，伽利略到罗马劝说天主教廷不要禁止传播他的思想。但是最后教会裁定太阳恒定、地球自转是错误的，认为这与《圣经》相悖，暂停宣传哥白尼的《天体运行论》，直到它被修正。不过，教廷并没有禁止伽利略将日心说当成数学工具，但要求他不能作为天文学的结论。因此，在随后的几年里，伽利略没有发表关于天文学的论著。1623 年，伽利略的朋友马佛奥·巴贝日尼当选教皇，即乌尔班八世，他才得以继续就这一问题著书立说。新教皇是伽利略的朋友，对他十分尊敬，反对 1616 年对伽利略的指控。1632 年，伽利略出版了他的重要论著《关于托勒密和哥白尼两大世界体系的对话》一书。需要指出的是，这本书得到了教皇和罗马宗教法庭的准许，但还是给伽利略带来了巨大的麻烦。

乌尔班八世虽然贵为教皇，但他并没有中国皇帝那种一言九鼎的权威，他在教廷和枢密院里听到的反对声音越来越大，这时他只能先求自保，将自己与伽利略的友谊放在第二位。他私下找到伽利略，请他在书中就日心说给出正反两方面辩驳，并小心不要刻意宣传日心说。教皇同时要求将他的意见也放在伽利略的书中，后来伽利略也满足了这个要求。然而不知是不经意还是故意的，在《关于托勒密和哥白尼两大世界体系的对话》（下面简称《对话》）里，为托勒密地心说辩护的辛普利西奥（Simplicio，意大利语是"头脑简单"的意思），常常自相矛盾，丑态百出。辛普利西奥这个角色使得《关于托勒密和哥白尼两大世界体系的对话》一书成为攻击地心说、为哥白尼理论辩护的著作。更糟糕的是，伽利略将乌尔班八世的话放到了辛普利西奥的嘴里，虽然绝大多数史学家认为伽利略并非出于恶意，而是疏忽，但是这下子他把教皇也得罪了，而教皇是他最大、最重要的支持者。

1632年9月，伽利略被传唤到罗马接受审讯。他和教廷争论的焦点在于伽利略是否信守诺言，有没有宣传哥白尼的学说。伽利略坚称他没有宣传，但是教廷在这件事情上非常不讲理，它威胁伽利略如果不坦白交代，就对他用刑。但伽利略坚持否认，不过教廷还是判了他有罪，除了将他终身软禁在家中，还禁止出版《对话》一书和他今后可能写的书。《对话》这本书是献给美第奇家族的，当时的家族长是费尔南多二世（Ferdinando Ⅱ de' Medici，1610—1670），作为伽利略的保护人，他出面为伽利略说情。但遗憾的是，当教皇威胁费尔南多二世如果插手伽利略的案子就给他的家族好看时，费尔南多二世全然没有当年他的祖先洛伦佐利用佛罗伦萨对抗罗马并且取得胜利的气概，而是选择了沉默。

不过伽利略在教会依然有不少朋友，经大主教阿斯卡尼奥·皮科洛米尼说情，伽利略于1634年回到他在佛罗伦萨郊区的家，在那里度过了自己的余生。在此期间，伽利略总结了过去40年中所做的一切工作，完成了他最经典的著作之一《论两种新科学》（即今天的运动学和材料力学，此书得到爱因斯坦的盛赞）。但是失去了美第奇家族的财务支持后，伽利略晚景凄凉。

1642年，近代物理学的第一位大师伽利略离开了人世。伽利略是牛顿之前最伟大的科学家，英国著名科学家史蒂芬·霍金在评价伽利略时说："自然科学的诞生要归功于伽利略。"除了对

第三章 一个家族的奇迹 一

科学本身的贡献，伽利略的另一大贡献就是确定了科学研究的方法之一：实验和观测。传说在 1590 年，伽利略在比萨斜塔上做了"两个重量不同的铁球同时落地"的著名试验，推翻了亚里士多德"物体下落速度和质量成正比"的说法。这个故事后来进了小学课本，但后来这个故事被严谨的考证否定了。不过这个故事从侧面反映了伽利略的工作方法——做实验。在此之前，很多自然科学的结论都是学者根据常识做出的推理，这在亚里士多德和托勒密的著作中经常可以看到。伽利略采用的这一自然科学新方法，有力地促进了近代科学的发展。

几乎与伽利略同时，北欧涌现了第谷和开普勒等科学家。开普勒的行星运动三定律彻底解释了日心说。不久，法国著名的思想家和数学家笛卡尔也为世人所知。笛卡尔对近代科学研究的方法论贡献非常大，他提出了"大胆怀疑，小心求证"的科学研究方法，至今仍是科学研究的基本方法，虽然笛卡尔当初只是为了证明上帝的存在。

伽利略去世后，费尔南多二世心生愧疚，打算为他举行一场隆重的纪念活动，却被天主教会禁止了。在 17 世纪，天主教廷愈发保守，而美第奇家族对艺术和科学的大力资助也即将完结，这标志着文艺复兴的结束。但是科学的曙光在欧洲已经出现。就在伽利略去世一年后，一位科学巨匠在英国诞生了，他开创了整个科学时代。这位巨匠的故事我们后面会专门讲。

第六节　宝贵的遗产

我们前面讲到的都是美第奇家族的男性成员，比如第一代托斯卡纳公爵科西莫·美第奇和豪华者洛伦佐·美第奇，他们在金融和政治上统治着欧洲；还有出自美第奇家族的教皇们，在精神上统治着民众。这些人在几百年里推动着历史的发展。而事实上他们家族的女性，同样起到了很大的作用，影响深远。

美第奇家族的女性中出了许许多多的王后和贵族的妻子，她们把意大利文艺复兴的文化带到了当时还处于蒙昧状态的欧洲各国。其中最值得一提的是两位法国王后凯瑟琳和玛丽娅。1533 年，法国王储亨利二世（后来的国王）迎娶凯瑟琳·美第奇（Caterina Maria Romola di Lorenzo de' Medici，1519—1589），当时法国还处于"粗鄙"的状态。于是，凯瑟琳决定把美第奇家族的优雅生活方式带入法国：她教会了法国人社交礼仪，教会他们使用刀叉、烹饪美食和讲究时尚，并且写了本相当于贵族生活指南的书《生活的绝妙论说》，这本书成为西欧宫廷礼仪的参考书。1559 年，亨利二世去世，凯瑟琳成为太后，她的三个儿子先后当上了法国国王，她作为摄政太后，左右法国政权长达 20 年。凯瑟琳的女儿玛格丽特后来也成为法国王后，并且是大仲马的小说《玛戈王后》中的主角。

1600 年，法国国王亨利四世再次迎娶美第奇家的女儿——玛丽娅·美第奇（Marie de' Medici，1575—1642）。她后来做了太后，而且非常喜欢弄权，可惜的是她的运气没有凯瑟琳好，她遇上了法国历史上最有权势和政治手腕的红衣主教兼宰相黎塞留

图 3.14　玛丽娅·美第奇的婚礼（西班牙著名画家鲁本斯绘制，现收藏于卢浮宫）

（Armand Jean du Plessis de Richelieu，1585—1642），最终她被流放。不过她对法国文化和艺术的影响非同小可，她按照她娘家的建筑修建了法国的卢森堡宫（今天法国参议院的所在地）。为了装饰宫殿，她资助了一大批艺术家，其中最著名的是西班牙大画家鲁本斯。当然，如果她能够重生，最值得她骄傲的恐怕是有一个将法国带到文艺复兴顶峰的孙子——著名的太阳王路易十四。路易十四和中国的康熙皇帝处在同一个时代，而且在位的时间（72 年）比康熙还长（61 年）。和康熙一样，路易十四是法国历史上文治武功都最为出色的君主，他确立了法国在后来两百年里成为欧洲文化中心的地位，并且制定了被后世认为是典范的欧洲宫廷礼仪。而这些或多或少都受到美第奇家族文艺复兴的影响。

美第奇家族的最后一位男继承人吉安·加斯托内·美第奇是个同性恋，没有子嗣，因此，美第奇家族的最后一位法定继承人自然也是女性——他的姐姐安娜·玛丽娅·美第奇（Anna Maria Luisa de' Medici，1667—1743）。安娜嫁给了一位德国的贵族，但是很快守寡，便回到了故乡佛罗伦萨，生活在家族留下的碧提宫中。她十分慷慨，把大量的个人财富都投入到宗教和慈善活动之中。到了 1743 年，美第奇家族的最后一位合法继承人安娜·玛丽娅离世，这个神奇家族的神话就此终结[12]。临终前，安娜·玛丽娅留下遗嘱，将所有藏品都捐赠给托斯卡纳政府，由政府向公众展出，但是这些艺术品不得离开佛罗伦萨。从那时起，美第奇家族的财产就作为佛罗伦萨的遗产，保留至今。

这是一笔宝贵的遗产，它的价值到今天还无法估计。美第奇家族兴盛的时候，可谓富可敌国，权倾朝野，但也有终结的一天。一个王朝也好，一个家族或一个人也好，终究要给世界留下点什么。美第奇家族的那些现金（几十万弗洛林）留到今天，也不过是十吨黄金而已，相对今天世界的财富不值一提。但是，他们把这些钱投到了文化、艺术和科学上，这些艺术品的价值是无法用金钱衡量的。如果一定要衡量，那么从他们收藏的绘画中随便拿出十几幅画（在碧提宫[13]和乌菲兹博物馆有上千幅），今天的拍卖价格就超过当年他们所拥有的黄金，更不用说达·芬奇和米

12　美第奇家族并非没有后代，只是没有法定的继承人。波旁王朝就有他们的血统，今天西班牙的王室依然是波普家族的后人。

13　Pitti Palace，这是凡尔赛宫之前欧洲最大的宫殿，原是美第奇家族的住宅，现在改成了博物馆。

开朗基罗的那些名画和雕塑了。然而，正如科西莫·美第奇发现最宝贵的财富是知识一样，他们留下的最宝贵的遗产是文化、艺术和科学。

这个家族似乎是专为文艺复兴而存在的，他们的兴起直接导致了文艺复兴。而在文艺复兴终结后，他们似乎也不再有存在的必要，一个王朝式的家族就此终结。今天在欧美，说起美第奇家族是人人皆知，就如同中国人讲的"旧时王谢"一样。但是中国读者对美第奇家族的了解甚少，甚至远不如对欧洲另一个富有的家族罗斯柴尔德（Rothschild）家族的了解多。当我和一些朋友谈到当年的美第奇家族时，常有人问他们是否和罗斯柴尔德家族一样。在历史上，罗斯柴尔德家族远不能和美第奇家族比，因为他们除了钱（和几个酒庄），什么遗产都没有留下，而且到今天，他们连钱也剩不下多少了。而美第奇家族则不同，他们开创了文艺复兴时代。虽然从历史唯物主义的观点来看，没有美第奇家族，文化、艺术和科学早晚也要从中世纪开始复兴，但是文艺复兴就不是我们现在所见到的样子了，也不会是在佛罗伦萨。世界应该感谢美第奇家族，没有他们，就没有波提切利、米开朗基罗和伽利略；达·芬奇或许会有，《蒙娜丽莎》或许会有，但是绝不会有他的《最后的晚餐》。总之，没有美第奇家族，文艺复兴会来得比较晚，整个欧洲的文明进程会比现在来得缓慢。我们今天来看欧洲的这段历史，不能不说是这个家族创造的奇迹加速了欧洲发展的进程。

附录一 美第奇家族族谱（主要成员）

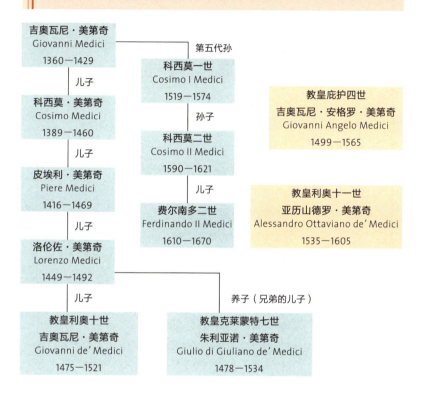

吉奥瓦尼·美第奇
Giovanni Medici
1360—1429

儿子

科西莫·美第奇
Cosimo Medici
1389—1460

儿子

皮埃利·美第奇
Piere Medici
1416—1469

儿子

洛伦佐·美第奇
Lorenzo Medici
1449—1492

第五代孙

科西莫一世
Cosimo I Medici
1519—1574

孙子

科西莫二世
Cosimo II Medici
1590—1621

儿子

费尔南多二世
Ferdinando II Medici
1610—1670

教皇庇护四世
吉奥瓦尼·安格罗·美第奇
Giovanni Angelo Medici
1499—1565

教皇利奥十一世
亚历山德罗·美第奇
Alessandro Ottaviano de' Medici
1535—1605

儿子

教皇利奥十世
吉奥瓦尼·美第奇
Giovanni de' Medici
1475—1521

养子（兄弟的儿子）

教皇克莱蒙特七世
朱利亚诺·美第奇
Giulio di Giuliano de' Medici
1478—1534

附录二　文艺复兴年代表

1265—1321	但丁生平
1269—1436	佛罗伦萨圣母百花大教堂建造
1377—1446	布鲁内莱斯基生平
1445—1510	波提切利生平
1452—1519	达·芬奇生平
1475—1564	米开朗基罗生平
1483—1520	拉斐尔生平
1486	波提切利完成《维纳斯诞生》
1498	达·芬奇完成《最后的晚餐》
1504	米开朗基罗完成《大卫》
1506—1626	梵蒂冈圣彼得大教堂建造
1512	米开朗基罗完成西斯廷教堂天顶画《创世纪》
1519	达·芬奇完成《蒙娜丽莎》
1564—1642	伽利略生平
1610	伽利略发现木星的四个卫星
1632	伽利略出版《关于托勒密和哥白尼两大世界体系的对话》一书
1743	美第奇家族最后一位继承人安娜·玛丽娅·美第奇去世，美第奇家族结束

第四章　知识使人自由
印刷术的发明及影响

　　印刷术被视为人类文明史上最重要的发明之一，它被认为是在上千年里传承知识和文化最重要的手段，带来了人类文明的巨大进步。当然，这种看法成立的前提是，除物质外，知识和文化是人类文明发展最重要的因素，这个观点我无疑是赞同的。

　　人类和其他动物的一个本质区别在于，我们有着超乎寻常的通信能力，而且整个社会的存在和发展都依赖于通信。今天的人们除了吃饭和睡觉，其实都是在以某种方式通信，打电话、开会、聊天和看电视自不消说，就是读书学习，也可以说是在和作者通信。

　　我们的祖先是在何时、何地、以何种方式把类似猿猴的叫声变成一种语言的，尚无任何考古证据和古生物学证据给出解释。语言的出现，一开始还只是出于日常生活的需要，比如或许是为了共同狩猎的需要，或许是为了迁徙的需要，或许是为了表达爱慕、求偶和传宗接代的需要。总之，他们用几十或者一百多种基本而简单的声音表达想要传达的信息，这就形成了最古老的语言。直到今天，世界上的大部分语言都只有数量很少的元音和辅音（音素，phoneme），这一方面与人类发音的生理结构有关；另一方面从信息论的角度来讲，用少量音素表达信息是足够的。

但是，随着人类智力的发展，人们开始有一些知识和经验要传递给后代，这时语言的作用便超出了日常生活的需要，又有了它的第二个用途，那就是传承知识和经验。当一代一代人之间的口口相传已经无法不失真地传递这些信息时，当一个族群所知道的信息多到个人的大脑难以容纳时，文字的记载就成为必须，文字也因此而产生。很多自然史学家和人类学家都在他们的著作中不断强调这样一个事实，在人类发明语言和文字之前，自然界信息的传递主要是靠 DNA 完成的，但是在此之后，出现了另一个平行的信息传递方式，就是通过语言和文字。前者是大自然几十亿年演化的结果，而后者则是人类的发明。有了这个发明，在过去几千年里人类活动对地球外表变化的影响超过了第四纪以来直到人类开始几百万年间自然本身变化的影响。

当然，文字需要载体，从美索不达米亚的泥板到古埃及的纸莎草纸，再到中国的龟甲兽骨和青铜器，这些都曾经是文字的重要载体。写在载体上的文字带来了信息传播的一大方便之处，那就是可以复制这些信息。而早期复制的方法，就是抄写，讲印刷术先要从抄书说起。

第一节 抄书的历史

在古希腊文中，书一词 biblion 源自 biblos，即古希腊人对古埃及纸莎草纸（papyrus）的称呼，当然这个词后来又衍生出一

图 4.1　古埃及人制作纸莎草纸的过程

个我们熟知的词 Bible，即经卷的意思。对于基督教徒来讲，它通常又是《圣经》（*Holy Bible*）的简称。纸莎草是一种生长在热带和亚热带浅泽的植物，最高可以长到四五米高，如今很多地方拿它作为装饰性植物。不过，在几千年以前，它只生长在非洲。纸莎草纸不同于今天的纸张，尽管名称里有个纸字，但它更有点像中国古代编织的芦席。

古埃及人在制作纸莎草纸时，先将纸莎草切成薄片，接着将薄片粘成一大张，然后将两层这样的大张再粘成一张，最后压紧磨光，就制成了一大张可以写字的"纸"。这种纸莎草纸长可达数米，以卷轴（script）的方式记录信息和用于绘图。

但是，有了纸莎草纸并不意味着很快就能出现书。在人类文明早期，识字的人很少，而且相比当时的物价，纸莎草纸极其昂贵，一般只能用于记录重大事件和书写经卷，以把这些重要信息传递给后人。当时的物质条件不允许人们用珍贵的纸莎草纸书写，以供大众（哪怕是僧侣和贵族）阅读。事实上，古埃及或古希腊人在使用纸莎草纸书写卷轴时，都需要先打草稿，然后誊

图4.2　20世纪50年代在美索不达米亚地区出土的3400年前的泥板，上面记录了乐谱，但这个泥板并不是给大众使用的

抄，以免浪费。中国古代没有纸莎草纸，最早记录大事件的除了个别龟壳兽骨[1]外，主要是靠铸在青铜器上的钟鼎文。和纸莎草类似，它们所起到的作用只是将信息一代代地传递给后人。正是有了这样的记载，我们对古埃及5000年前发生的事情，或对中国3400年前发生的事情，比对500年前的印第安人的历史了解得还要多。

接下来，随着文明的不断发展，书写的载体慢慢变得便宜且容易获得。古埃及的纸莎草纸虽然还很昂贵，但是僧侣和贵族们都还用得起。在东方，竹简和木简既便宜又随处可得，也很快得到了普及。这么一来，人们记载的内容越来越多，除了有记载历史事件、宗教的经卷外，还记录了歌曲、戏剧等文艺创作，这些载体的使用者也不仅仅是祭司和史官，也包括贵族、诗人，甚至是歌手或演员们。但是，那时候把一部戏剧抄写10份供贵族们阅读，仍然是一件不可想象的事情，这不仅成本过高，而且在文明发展的那个阶段，即便是知识阶层，也未必能拿出多少闲暇来

1　甲骨文记载的大多是占卜的结果，其他大事件记载得较少。

享受阅读。用今天的话来讲，就是社会上没有读书的风气。

到了公元前五世纪左右，甚至更早，具有现代意义的书籍开始在古希腊出现了。据生活在公元前五世纪到公元前四世纪的希腊著名剧作家阿里斯托芬讲，当时自认为有高度文化修养的人日益增多，开始阅读经卷、戏剧和哲学家们的著作。起初，这些有钱的上层人士会训练出一些识字的奴隶，让他们抄写"书籍"。也就是说，精英阶层读书的风气是在那个时代开始逐渐形成的。在中国的春秋战国时期，刻在竹简（或木简）上供大众阅读的书（主要是经卷）也慢慢开始出现。

书籍的出现算得上是文明史上的一件大事。在此之前，那些经卷和典籍，或刻在石头和青铜器上的文字记载，通常只能以很低的速度让知识和信息在少数人中慢慢地传播，这明显有碍文明的发展。由于掌握知识或信息的人很少，客观上形成了信息的不对称，这种危害就不用多做解释了。在传播过程中，每一个人都是关键节点，只要他有意或无意地修改了经典中的内容，后面的人便很难恢复原貌。当可供大众阅读的书籍出现后，知识和信息才能并行、快速地在许多人中间传播，这不仅带来了文化的繁荣，而且让社会逐渐变得透明和公正。

在古希腊这样的商业社会中，只要社会产生一个需求，很快便能形成一个市场。于是，图书行业就在很短的时间里迅速发展起来了。当精英阶层有闲暇开始读书时，很快就有人开始让奴隶们从事专职抄书的工作，然后将图书拿到市场上出售。到了柏拉图的年代（前427—前347），雅典已经能够买到手抄的图书了。也就是说，图书作为商品的历史，至少有2400年。

在古希腊的文化中，统治者和上流社会对书本的喜爱到了痴狂的地步。亚里士多德就藏书很多，他死后把那些书留给了自己的学生亚历山大大帝和泰奥弗拉斯托斯（Theophrastus，约公元前371—前287）等人。后来亚历山大征服了他所能抵达的已知地区，并且把西方科学文化的中心从雅典搬到了埃及的亚历山大城。他的部将托勒密一世虽然是个暴君，却对艺术和科学有着浓厚兴趣，他在亚历山大城建立起了古代历史上最著名也是最大的图书馆——亚历山大图书馆，而亚里士多德的那批藏书辗转运送到了这里。托勒密的子孙们对图书的痴迷不亚于他本人，托勒密三世甚至强征到亚历山大做生意的商人们的书籍，留下原本，送还抄本。

到了罗马时期，在地中海周边，以弗所（Ephesus）是仅次于亚历山大和罗马的第三大城市，那里出了一位罗马的元老塞尔瑟斯（Tiberius Julius Celsus Polemaeanus），他的儿子为了纪念他，修建了塞尔瑟斯图书馆，藏书多达12万册，与亚历山大图书馆不相上下。可以说，在整个希腊罗马时期，知识和文化得到了相当的普及，很多奴隶干的并不是粗笨的体力活，而是在做账房先生、乐师、家庭教师等需要有文化才能从事的工作，而图书市场也相当繁荣。

讲到这里，大家可能会有一个疑问，这么多的书是怎样生产出来的？如前所述，办法很简单——抄书！在印刷术诞生之前，中国虽然也有人抄书，但那大多是为了自己学习读书，而不是为了卖书。在古希腊时期，虽然有人组织奴隶抄书挣钱，但那毕竟还只是个人行为，而到了古罗马时期，则出现了专业抄书的作坊。

图 4.3　以弗所的塞尔瑟斯图书馆遗迹（在今土耳其境内）

　　抄书作坊的主人，相当于今天的出版商，他们会雇佣一批受过专门训练的，甚至可以说很有学问的奴隶，将经典或当下流行的新作品，抄录成书。抄录的方法可以是一个人直接从原本抄录，但更常见的是由一个人朗读，多人同时抄录，这样不仅能大幅提高效率，还可以将不同抄录者誊抄的版本进行比对，加以校正，减少抄写错误。在古罗马流传下来的经卷中，还能看到修改错误或者注明遗漏之处的痕迹，可见当时的书籍抄录业务和今天的出版业已有一些相似之处了。与今天印制而成的图书的另一点相似之处是，古罗马誊抄的图书已经有了排版的概念，奴隶们不是光把书的内容抄下来就可以了，还要将图书版式规划得整齐漂亮，甚至加上插图。图 4.4 所示的是保存在巴黎圣丹尼斯（St Denis）教堂[2]的古罗马诗人维吉尔（Virgil，前 70—前 19）的著作的手抄卷。从图中我们可以看出，这个手抄本的排版相当漂

2　　另一说法是保存在梵蒂冈博物馆。

图 4.4　古罗马诗人维吉尔著作的手抄本

亮。维吉尔是奥古斯都大帝时期古罗马著名的诗人，但丁在他的《神曲·地狱篇》中，由维吉尔出任引导员。

在今天意大利的古罗马决斗场附近，人们发现了一家公元前后抄书作坊的遗址，前面是卖书的店面，后面则是奴隶们抄书的作坊。古罗马的抄书行业已经形成了产业，当时，一本书通常可以被复制500—1000个，甚至更多个拷贝，如此力度的知识传播，大大地加速了古罗马的文明进程。据《纽约时报》的一篇文章估计，在古罗马城的100万市民中，会读写的人数超过10万，这个比例在古代文明中是非常高的。

不过，虽然古罗马的抄书业颇为发达，但是当时既没有版税制度，也没有版权保护法规，因此发财的是书商，而很多作家却常常穷困潦倒。像恺撒、西塞罗（前106—前43）和普鲁塔克（约46—125）等人身为贵族，著书不是为了挣钱，而是为了立说和流芳百世，有没有版税收入自然没有关系。但是那些生活贫困的作家，因为写书不挣钱，常常只能靠富人的资助为生。当然，他们还有一条出路，就是争取让自己的戏剧和诗歌被市政府选上，从而获得不菲的报酬——在古罗马，市政都有支持文化事业的预算。

由于没有版权保护，而图书又是个相当挣钱的行当，因此古罗马的图书盗版成风，到了公元二世纪末，书商们终于意识到再这样下去整个出版业就会被毁掉，于是他们在三世纪初的207年成立了行业协会，这应该是世界上最早的出版协会了。

到了中世纪，基督教以反对异端学说为名，大肆毁坏古希腊和古罗马留下的各种图书，令欧洲又重新回到了图书流行以前的蒙昧时代。在中世纪，因为缺乏图书，不仅知识难以传播，而且信息不对称的问题又开始变得严重起来，即便是"上帝"的话，传到下面也都走了样。

不过，有趣的是，教会一方面在毁坏书籍，另一方面却把抄书的行业保留了下来，加以发扬光大。在中世纪留下的肖像画中，许多都是表现抄书人的形象，这些肖像画不仅成为我们了解当时抄书人生活的史料，而且不同时期的肖像画反映出了抄书方式的进化。最初，抄书人是将书本放在膝盖上抄写，到后来使用略有斜面的课桌，在这种课桌上写字比在完全水平的写字台上更舒服一些，我在清华读书时，在清华学堂的绘图教室还使用过那样的课桌。

从抄书人的肖像画中（如图4.5）还可以看出，早期誊抄书籍不只是拷贝正文的内容，渐渐加入的插图和注释越来越多，而且字体也开始有变化了。

图 4.5　中世纪的抄书人

在古罗马时期，书籍主要是用那些见棱见角的大写字母抄写，但是到了 4—9 世纪，则开始流行以弧线为主的小写字母抄写，不仅美观，而且容易阅读。在 9 世纪之后，大写字母就只出现在书名、章节名称或者目录中了。

在中世纪主导抄书工作的不再是商人，而是教会，而抄书也不再是为了盈利，而是为了让教士们阅读《圣经》、宗教法规、教士们的作品（各种心得和忏悔录）以及圣徒们（比如圣方济各）的生平。抄书人不再是奴隶或者受过教育的贫民，而是修道院里的僧侣和修道士，他们怀着对上帝的崇敬之情，日复一日年复一年地在羊皮纸上抄写着今天看来颇为无趣的文字。他们不仅抄写文字，还兼作美工，绘制精美的插图，设计并制作封面，然后装订成一本本漂亮的图书。到后来，修道院拥有了从生产羊皮纸，到制作出成品书这一完整的抄书生产线。抄书的速度很慢，为了把每一本书抄得尽善尽美，工作量特别大。到了后来，教士们已经来不及制作手抄书了，于是在 12 世纪时，一些受过教育的妇女开始加入到抄书的行列中，她们负责绘制书中的彩色花饰。

中世纪的图书种类非常有限，被抄写得最多的是《新约全书》，其次便是赞美诗。而古罗马时期那种藏书上万卷的图书馆在中世纪是找不到的。一般修道院的图书馆藏书不会超过三百本，意大利著名的博比奥修道院历经三个世纪的收藏，也不过藏书六百多本而已。更具讽刺意义的是，由于宗教对思想的禁锢，尽管抄书的僧侣们和色彩花饰女工们不遗余力，到了中世纪末（13 世纪），欧洲修道院里的藏书总量却比中世纪初不增反减。所幸的是，当时的僧侣们为了研究上帝创造世界的伟大之处，在修

图 4.6　中世纪的羊皮纸抄本，字体抄写相当整洁，破损处用线缝补

道院里还多少研究点科学，因此虽然大部分古代希腊和古罗马的著作被焚毁了，但是一些版本却在修道院里得以保存下来，比如希波克拉底、毕达哥拉斯、欧几里德、阿基米德和伽图等人的著作。而更多的欧洲经典则传到了阿拉伯地区，在中世纪欧洲一片黑暗时，阿拉伯的文化和科技却相当繁荣，很多欧洲著作后来反而是从阿拉伯语翻译回欧洲的。

　　就在中世纪的欧洲陷入文化的黑暗时，东方的科技和文化一片欣欣向荣，而在知识和文化的传播上，中国的造纸和印刷术起到了关键性的作用。

第二节　印刷的时代

　　要介绍印刷术，先要谈谈造纸术。中国人早在公元一世纪时就掌握了用廉价材料造纸的方法，而欧洲人掌握这项技术是一千年以后的事情。发明这项技术的是东汉一位叫做蔡伦的宦官，在日本人写的介绍中国宦官的一本书中，蔡伦被认为是在中国伟大的宦官中排名第一位的人物，著名航海家郑和排在他的后面。蔡伦发明造纸术，在中国可谓无人不知，没有太多可说的，可是偏偏有一些具有质疑精神的时代新人（质疑本身是好的），他们不仅对此事提出疑问，甚至质疑到中国所发明的纸张的历史作用，因此在介绍印刷术之前，倒是值得追本溯源，为蔡伦造纸正正名。

今天对蔡伦质疑最多的，聚焦于他究竟是不是发明纸张的第一人。在反对者看来，证据似乎很是确凿——考古学家发现了西汉的纸张，时间显然比蔡伦早很多，于是简单得出结论——"纸并不是蔡伦发明的"。注意，这个质疑首先偷换了一个概念——把纸张的发明和造纸术的发明混为了一谈。蔡伦发明的是一整套采用便宜原料大量制作纸张的工艺，并不是说在他之前没有纸，这是其一。其二，能造出一张纸，和能够形成一个造纸产业是两回事。其三，在蔡伦之前确实有用来垫着油灯的纸，作用相当于抹布，而不是用于书写，并不在我们讨论文字载体之列。有时候，一定要追究一项发明的第一人是没有意义的，因为只要有时间考古，常常能找到更早发明的证据，但是越往前追溯，便会发现找到的那些发明雏形与后面真正改变世界的那个伟大发明相比，就越来越不是一回事。不管大家喜欢与否，在历史上发明的荣誉常常是给最后一个发明者，而不是第一个。从某种意义上讲，蔡伦既是造纸术的第一个发明者，也是纸张最后的发明者，他的贡献是发明了一种通用的书写载体，而这件事在蔡伦之前没有发生，但是由于他的杰出工作，传承文化的廉价载体首次出现了。

对蔡伦的第二个质疑是，"因为蔡侯纸质量太差，中国在使用纸张记录信息之后，反而找不到历史的原件了"。质疑者所说的当然也是事实，因为在中国历史上反而是用竹简甚至甲骨留存的历史档案时间更持久（美索不达米亚的泥板和古埃及石刻则更有利于保留档案）。但是，不要说蔡伦当年的纸张，就是今天的纸张，要想

图 4.7　中国伟大的发明家、造纸术发明人蔡伦

保留上千年也不太可能（大部分纸张含有酸，很难保留太长时间，在美国，重要文件的原文要求用很贵的无酸纸打印或书写）。以能否保存信息达到上千年来质疑蔡伦的历史作用，似乎过于苛刻。蔡伦发明造纸术的目的是制造大量的、便宜的书写工具，用来传播信息和知识，而非保存档案，没有留下历史档案这个罪名安不到蔡伦头上。

蔡伦代表的中国造纸术，历史作用首先在于将书写载体变得"便宜、轻便和易于使用"，相比之下，西方的纸莎草纸或者羊皮纸，都非常昂贵；从东汉末年到隋唐，虽然战乱不断，中华文化却在不断发展，其中纸张的贡献不可低估。中国的造纸术在 8 世纪被阿拉伯人学会了（他们在打败了唐军后，俘获了一批工匠），造纸术传到了大马士革和巴格达（正值阿拉伯帝国的崛起），然

后进入摩洛哥，在 11 世纪和 12 世纪经过西班牙和意大利传进欧洲。造纸术每到一处，当地文化就得到很大的发展。欧洲的第一个造纸作坊于 1150 年出现在西班牙。一百多年后，意大利出现了第一个造纸厂，当时正是但丁生活的年代，很快文艺复兴就开始了。又过了一个世纪，法国成立了第一个造纸厂，然后欧洲各国（其实当时国家的概念还不强）逐渐有了自己的造纸业（恰好又在宗教改革之前）。1575 年，西班牙殖民者将造纸术传到了美洲，在墨西哥建立了一家造纸厂。而美国（北美殖民地）的第一家造纸厂于 1690 年才在费城附近诞生（早于北美独立运动）。造纸业的发展，和西方国家的文明进程（和经济发展）有着很强的相关性（而且一般都先于重大历史事件）。这也并不奇怪，文明的进程常常和知识的启蒙、普及有关，而知识的普及离不开廉价的载体 —— 纸张。

当然，纸张的发明并未让书变得便宜和普及，因为制造书的瓶颈在于抄写。抄书不仅工作量大，而且经常会抄错。大家可以算一算，如果每次抄错千分之五，那么抄 20 次下来，累积误差就有大约百分之十，这也不难理解，很多唐诗传到今天有不止一个版本。在印刷术发明之前，为了防止累积误差的出现，无论是中国还是其他文明，都曾经把一些重要的经文和法律文件刻在石头上，作为标准版本，供大家比对。抄书的另一个瓶颈是需要大量识字的人，而训练识字的人又需要书，于是又陷入先有鸡还是先有蛋的困境。就在人类对知识的强烈渴望和需求下，印刷术应运而生。

每当我们讲到印刷术时，总要提及四大发明中的活字印刷术。虽然活字印刷术最早是中国人发明的，但是对中华文明的直接贡献并不大，因为中国人自己并没有好好使用它。在与书有关的发明中，对中华文明乃至世界文明贡献最大的，除了纸张的发明，就要数广义上的印刷术了。

今天要找出世界上第一个发明印刷术的人已经不可能了，甚至很多地区还在争它的发明权。比如一些学者把中国秦汉时期的石碑拓片说成是印刷，试图证明中国的印刷术历史非常悠久，这其实没有什么实际意义。按照这个逻辑，美索不达米亚地区就可以把公元前 3000 年当地人发明的滚筒印章印刷作为更早的印刷术，但是这和我们说的印刷图书的技术完全是两回事。真正发明实用印刷术的应该是中国唐代甚至更早一点的隋代的某个工匠，当然更可能是一大批工匠。他们发明了雕版印刷术。

所谓雕版印刷，是将文稿反转过来摊在平整的大木板上，固定好后，让工匠在木板上雕刻绘上，然后再在木板上刷上墨，经纸张压在雕版上，形成印刷品，一套雕版一般可以印几百张，这样书籍就能批量生产了。对于雕版印刷出现的时间，今天的大部分学者都认为印刷术出现在唐初，因为沈括在《梦溪笔谈》的《技艺》篇中有明确的记载："板印书籍，唐人尚未盛为之。"也就是说唐朝有了，但还未普及。唐朝有了，但唐朝以前呢？这是一个比较有争议的问题，一些学者认为可能已经有了。一个根据是，19 世纪末的日本学者岛田虔次认为中国在 6 世纪的南北朝时就有了雕版印刷，他的依据是北齐颜之推的《颜氏家训》中有"书本"一词，当然质疑者认为这可能是指翻页书，而非指印刷。支持雕版印刷术出现在隋代的证据是，明朝陆深在《河汾燕闲录》的《俨山外集》中说："隋文帝开皇十三年十二月（公元593 年）敕，废像遗经，悉令雕撰。"然后他又说道："此印书之始。"如果陆深说的没错，那么在隋代就应该有雕版印刷的图书，接下来的问题就是寻找考古证据。遗憾的是，迄今为止尚未发现隋代的图书，目前发现最早的雕版印刷图书是唐代武则天时期，即 1906 年在新疆吐鲁番出土的 690—699 年印刷的《妙法莲华经》，现藏于日本。除此之外，在韩国也发现了武则天时期的中国雕版印刷佛经。今天大家可以看到的早期雕版印制的图书是收藏于大英博物馆的唐朝末年的《金刚经》。

雕版印刷术出现后，知识得以在中国开始普及，也让中国在很长的时间里文化和经济都走在世界前列。不过，雕版印刷的木版不耐用，印制过程中很容易损坏，需要经常更换，这就限制了大量印刷的可能性。此外，雕版的刻制比较困难，刻错一个字，整板就要重新刻制，成本很高。大部分时候，刻制都要交给有经

图 4.8　收藏于大英博物馆的唐代末年的《金刚经》

验的工匠来完成，只有使用比较便宜的木头或雕刻不太重要的部分时，工作才会交给经验较少的工匠。

虽然早在宋朝就发明了胶泥活字印刷术，但是这种方法在中国并未普及开来。至于为什么没有普及，有很多的原因，比如无论是胶泥还是木刻的活字都容易损坏，即使全用活字排版，印不了几张纸就要换掉一些损毁的活字，另外那些材料制成的活字很难做到大小一致，排版不如雕版美观。因此，一直到了清朝，中国依然主要采用雕版印刷技术。在中国，采用雕版印制图书的作坊，既有朝廷官办的，也有民间商人为了牟利兴建的，还有个人为了出版书稿请工匠到家里来工作的，它们分别被称作官刻、坊刻和私刻（又称为家刻）。其中官刻的质量最高，其印刷品不仅是图书典籍，还包括朝廷的文告和资料文献。比如在宋朝，有国子监刻书，印制的多为经史子集。另有校正医书局，这个机构的成立是我国医政史上的一个创举，它集中人力、物力对古典医籍进行了较为系统的校正和刊刻印行，对医学知识的传播贡献很大。而同为官刻的司天监刻书，印制的则是天文地理资料。宋朝崇文而不尚武，朝廷对收集和印制图书很有兴趣，据《续资治通鉴》记载，宋朝初年朝廷还只有 4000 部书版，开国 40 年后，居然有多达 10 多万部，可谓是"经史正义皆具……书版大备"[3]。足见宋代官刻图书之盛。

由于官刻图书是皇家的生意，不以赢利为目的，因此大部

3　《续资治通鉴》记载"（景德二年，即公元 1005 年）五月，戊申朔，（真宗）幸国子监阅书库，问祭酒邢昺，'书版几何？'昺曰，'国初不及四千，今十余万，经史正义皆具。臣少时业儒，每见学徒不能具经疏，盖传写不给。今版本大备，士庶家皆有之，斯乃儒者逢时之幸也。'"

分雕版刻制完成后，印上少量的几本，就丢在一边了。不过在宋代，商品经济非常发达，官家也不例外，可以通融，将官刻雕版借出去挣钱。一些士大夫在得到官家许可后，也可以用那些雕版自己出钱再印一份，史书记载"例许士人纳纸墨钱自印"。不过，一些工具性图书也有官家印制后公开出售的，比如今天能够看到的宋本《说文解字》，就有雍熙三年中书门下牒徐锴等校订的官刻版本，这个版本当时由国子监公开出售。不过总的来讲，官刻图书并非为了赢利。

然而，坊刻图书的作坊就不同了，它的主人是以赢利为目的的书商。坊刻要赢利，就要追求发行量，因此当时的通俗读物就成了坊刻图书的主流产品。北宋的汴梁和南宋的临安，都曾经是当时世界上最大的图书出版中心。在福建的建阳，出现了当时的书商一条街。建阳刻印的"建本"，与浙江临安的"浙本"、四川成都的"蜀本"齐名。宋代著名理学家朱熹在《建宁府建阳县学藏书记》中写道："建阳版本书籍，行四方者，无远不至。"建阳书坊为朱熹及师友印刷书籍颇多，除《近思录》《南轩集》《二程集》《二程外书》等，还出版过不少其他儒学、理学著作。另外，朱熹与弟子注释的古代文献也在建阳刻印出版，成为建阳考亭书院生员的教材。

注释经典，就是朝着通俗化、大众化的方向前进。这是继孔子编纂六经，孜孜于找回散失的上古文化并通过教育传下去之后，又一次意义甚伟的文化运动，它使文化的广泛传播和更多人受教育成为可能。建阳因之"书院林立，讲帷相望"，盛况有甚于春秋曲阜阙里。来此读书的非止建阳子弟，而是四方学子负笈来学。两宋进士以福建为最，福建进士以大武夷文化圈为最，仅建阳、建瓯、浦城三地宋代进士多达一千二百九十四人。这促进了建本刻书业的繁荣，天下书商贩者往来如织，建本因数量多、成就高、影响大，令建阳享有天下"图书之府"的盛名。

造就这业绩的不只是学者，更有民众。以建阳书坊镇为例，其时雕坊比屋连檐，人口会集约三万，私家出版业前店后厂，书市"逢一六集"，即十日两墟。这种常态化的书市，对中华文化持续、切实的传播，有甚于如今大都市里年度性的展览式书市。为了让运载书籍的苦力在休息时也能翻看书，中国最早的连环画在建阳诞生，且是为促销而设的赠本。延至明清，那些讲造反的书在京都难以刻梓出版，遂使《水浒全传》《三国演义》首先在建阳刻印问世。

除了官刻和坊刻，宋代家刻图书也非常普遍。在中国古代，文人学士的理想除了"戴一顶（乌纱）帽，娶一房小"之外，就是"刻一部稿"了。很多文人，如陆游、范成大、杨万里等人，都在家里请工匠来刻印自己的书稿。家刻图书和官刻、坊刻都不同，目的是为了显示自己的身份和学术成就，并不以赢利为目的。从效果来看，家刻图书保存和传承了文化传统。

从宋代直到清代之前，中国古代的出版业都相当发达。尤其值得一提的是，与出版业同样发达的古罗马不同，中国在清代之前没有出版审核制度，而古罗马是有的。中国的家刻图书有点像现在的自出版，只要有钱就可以出书。这项宽容的举措，让中国在相当长的时间里在文化上领先于世界。虽然每过几十到几百年就会来一次改朝换代，很多建筑会被焚毁，但是大量的书籍还是流传了下来，而且新书也在不断产生。到了清朝，由于清政府大兴文字狱，以及朝廷借编纂《四库全书》之际大肆删改毁坏图书，中国的图书产业才开始停滞不前。

　　雕版印刷技术很快传到了朝鲜和日本，并且在日本发展出了一种特殊的艺术形式——浮世绘。浮世绘实际上是基于雕版印刷的彩色套印，雕版师在原画木板上雕刻出图形，再在木板上着色，将图案转印到纸上，要上多少色就必须刻多少板。随着日本商品经济的发展，浮世绘被印在茶叶和瓷器的包装纸上，并且在19世纪传到了欧洲。其风格对当时的印象派画家们产生了巨大的影响，比如梵高就临摹过很多幅浮世绘，他的成名作《星空》被认为是参考了葛氏北斋的《神奈川冲浪里》。今天，虽然世界上不再有人用中国的雕版印刷技术制作图书，但是它作为一种艺术形式依然存在，从这个侧面也能反映出中华文明对世界的贡献。

　　就在宋代的中国人享受阅读各种图书时，欧洲人还在抄书，因此就连《圣经》也不是每个人都能读到的。不过，就在欧洲处

图 4.9　葛氏北斋的《神奈川冲浪里》，俗称《大浪》，这也是乔布斯最喜欢的作品

于蒙昧年代之时，一位德意志地区的发明家开始改写欧洲的历史了，这个人就是大名鼎鼎的古腾堡（Johannes Gutenberg，约1398—1468）。

第三节　古腾堡的贡献

要介绍古腾堡，先要讲讲毕升的贡献。

中国历史上的发明创造并不少，但是这些发明家的姓名留存至今的却不多，这可能和工匠在中国古代不受重视有关，在士农工商四民中，工仅排第三。不过，发明活字印刷术的毕升是幸运的，因为当时有个士大夫沈括在《梦溪笔谈》中记载了他的事迹和发明的详细情况。

根据《梦溪笔谈》记载，毕升发明的是胶泥活字印刷术，书中介绍了毕升为什么不用木活字（因为木头吸水后形状会改变）。按照沈括的记载，印制大量不同的书，毕升活字印刷术的效率要比雕版印刷高，但具体高多少不得而知。应该说，毕升的发明相当先进，甚至有些超越时代。遗憾的是，他发明的技术一直没有成为中国印刷业的主流，其中的原因很多，我们就不做具体分析了。从结果上讲，活字印刷术对中国文化的发展影响不是很大，不过它却改变了欧洲的历史，而促成这件事的人就是约翰内斯·古腾堡。

2005年，德国评选了历史上最有影响力的德国人，古腾堡排第八，在巴赫和歌德之后，俾斯麦和爱因斯坦之前。为什么大家对古腾堡的评价如此之高呢？首先他发明（或者说再发明）的

图 4.10　在欧洲发明印刷术的古腾堡

不仅仅是一种采用活字印刷的方法，而是一整套印刷设备，以及可以快速批量印刷图书的生产工艺流程。其次，古腾堡还带出了一大批徒弟，他们作为印书商将印刷术推广到了全欧洲，这不仅让图书的数量迅速增加，而且开启了欧洲重新走向文明的道路，并最终摧毁了一个在文化上封闭、技术上停滞不前的旧世界。

就在佛罗伦萨的大文豪但丁完成他的巨著《神曲》后大约一百年，印刷和推广这部巨著的人——古腾堡于1398年[4]出生在德意志美因茨地区一个制作金银器的商人家庭。古腾堡的父亲曾供职于教会的造币厂，因此古腾堡从小就对造币技术了如指掌。造币，首先需要制作一块钢质模板，然后再将其印在金币或银币上。通过这项技术，人们可以清楚地了解铸造的类型。今天，我们对古腾堡早年的生活了解甚少，甚至古腾堡也不是这个家族

4　古滕堡的出生年份至今找不到非常确凿的记录，但是大部分历史学家认为他应该出生在 1398 年。

原来的姓氏，而应该是他们祖先的居住地。后来美因茨发生暴乱，古腾堡一家搬到了埃尔特菲莱（Eltville am Rhein）。古腾堡年轻时（可能于 1418 年）在埃尔夫特大学（University of Erfurt）学习过，但是这件事谁也说不准，因为历史学家使用的证据是那所大学有一个叫"从阿尔塔维拉来的约翰内斯"（Johannes de Altavilla）的学生，而阿尔塔维拉（Altavilla）在拉丁语里就是埃尔特菲莱的意思。当然，这条证据是否充分，读者朋友可以自行判断。

接下来，古腾堡就失踪了长达 15 年之久，没有人知道他到底去了哪里，有了什么奇遇，以至于后来掌握了印刷术。直到后来找到了他在 1434 年的书信，从中可以断定他来到了德意志的名城、后来莫扎特的故乡斯特拉斯堡，在那里他从事金银器的制作，尤其是生产镜子。在接下来的六年里，古腾堡的职业生涯依然是个谜，从当时他和合伙人[5]打官司的一份档案中大致可以猜出，他在摆弄压力机和铅板印刷（有点像中国的雕版印刷）。根据古腾堡自己的说法，他的活字印刷术想法基本上就是在那个时期形成的。遗憾的是，法庭档案的原件已在 1870 年的一场大火中被焚毁，今天只有誊抄的副本，因此后人对这段历史记录的可信度评价不一。古腾堡在斯特拉斯堡生活到 1444 年，而接下来的四年又没有人知道他在哪里了。1448 年古腾堡再次回到出生地美因茨，而这时他已经完成了活字印刷术的发明，并且开始印刷拉丁文的语法书和历书了。由于古腾堡的生平缺少足够多的记

5　他的两个合伙人是安德烈亚斯·德瑞岑（Andreas Dritzehn）和安德烈亚斯·海尔曼（Andreas Heilmann）。

载，以至于今天无法找到确凿的资料证明活字印刷术是他独自发明的还是从某个渠道学习到的。欧洲人一般将近代印刷术的发明归功于古腾堡，但是也有人认为在他履历中出现空白的那些年里，他可能外出从欧洲的其他地方学到了活字印刷术，或者受到了来自东方的启发。当然，这桩公案现在无法讲得清了。但不管怎样，利用活字印刷术发明了近代印刷术，并让书籍得以在欧洲普及，这是古腾堡的功劳。

古腾堡的第一个发明是所谓的"古腾堡字母库"。受父亲的职业影响，古腾堡少时便对造币技术十分熟悉，后来他在制造镜子的过程中进一步研究出了用于铸造拉丁文字母活字的合金——铅锡合金和相应的铸造法。古腾堡先是在非常坚硬的合金上刻出外凸的字母，再把这种坚硬的金属字母压到软一点的金属上，这样就形成了字母的模具，然后再将铅锡合金浇注到模具中，就得到了所谓的"铅字"。拉丁文只有几十个字母加上少许的数字和符号，并不需要做很多字母模具，一个模具可以制造出大量的铅字，这样就可以印制任何一部拉丁文书籍了，并保证书中同一个字母一定是一样的。此外，古腾堡还发明了一套被称为"古腾堡字体"的拉丁文字库，非常古朴美观，在很长时间里一直被欧洲

图 4.11　古腾堡字库

人广泛使用。这也是一项巨大的技术成就，称得上是古腾堡最有意义的发明之一。

　　除了发明（或者说再发明）铅锡活字，古腾堡还发明了一种手摇印刷机。这种印刷机能重复垂直和水平两个方向上的运动，具体操作方法是这样的：工人将排好的模板固定在光滑的大理石面上，字面朝上，抹上油墨；然后通过螺杆调节好相应的位置；印刷每一张纸的时候，要将纸张浸湿放在模板上面，然后拉动摇杆，将顶部的对称机件缓缓压下，这样在纸上就印出了文章。这种机械原理，也见于古罗马人发明的榨橄榄油和葡萄汁的机器，而古腾堡恰恰是受了它们的启发。由于早期的顶部对称机件是木制的，压力不是很大，因此有时需要压两次才能印出颜色足够深的书页。为了便于铅字印刷，古腾堡还发明了专门的油墨。

　　古腾堡不仅是个发明家，也是个好的作坊工场主，他制定出了一整套的印刷工艺流程。第一道工序是排字，当时的工人需要先把要被印刷的书籍（或手稿）的装订线拆开，放到排字盘中，由排字工对照着排好版。这部分工作对工人文化水平的要求不高。第二道工序是校对，这是纯粹的技术活了，书的质量在很大程度上取决于这一步。第三道工序是装版，即把校对好的铅板装到印刷机上。完成这些工序之后，就可以印刷了。

　　古腾堡在欧洲发明的活字印刷术，让整个欧洲跳过了雕版印刷阶段，直接进入到活字印刷，这使得欧洲人的印刷机从被发明的一开始，劳动生产率就大大超过了中国的雕版印刷设备。古腾堡的印刷术不仅排版速度比雕刻模板快得多，而且印刷时只需要两个人配合工作，一人上墨，另一人印刷。这样流水线式的工作，印刷效率比中国的雕版印刷高出很多，一小时能够印刷240张。

古腾堡发明印刷术的目的是印书挣钱，最初他印刷的是日历和拉丁文语法书，但是他知道在那个年代里读者群最大、阅读内容最多的书就是《圣经》，于是决定印刷这部绝世经典。整本《圣经》一共有78万字，是一部篇幅相当大的大部头。印刷《圣经》的投入非常大，这不是古腾堡自己负担得起的，于是他决定去找赞助人。1449—1450年前后，他终于说服了银行家约翰·弗斯特（Johann Fust，1400—1466）来投资他的伟大项目。就这样，由古腾堡出技术，弗斯特出钱，他们开始了印刷《圣经》的巨大工程。

弗斯特本人不仅出资，还深度参与了印刷术的改进工作，因为他和古腾堡发现，印刷《圣经》这样的巨著和印刷日历遇到的困难是完全不同的。从1450年到1455年，古腾堡和弗斯特花了四年多时间，终于完成了世界上第一套印制版的《圣经》这项巨大的工程。1455年也就成了欧洲文明史上的一个里程碑。古腾堡印制的这套《圣经》，有335万个字符，上下两卷共1282页。全书的印刷使用了各种字母符号和数字，加在一起近300个字符，远多于一般的拉丁文书籍。这一批《圣经》印了160—180部，包括30本精装本，不算排版，光是印刷就用了两年。不过这个速度也比抄书要快得多，当时抄写《圣经》，每部需要抄写一到两年时间。

古腾堡印制的这批《圣经》，每页有四十二行，又称为四十二行本《圣经》，其制作质量和美感，完全可以匹敌当时最

图 4.12　古腾堡印刷的四十二行《圣经》

好的手抄本，因此当时的教皇庇护二世曾经写信，夸赞了该书的印刷质量。当时一部古腾堡《圣经》的售价大致相当于一个普通职员三年的工资，但这也远比手抄本《圣经》便宜，因为在印刷术发明之前，欧洲的书籍是非常昂贵的。相传当时一个封建主抓住了一个替古腾堡卖书的小书贩，理由是他身上的背包里居然有 5 部《圣经》。四十二行本《圣经》今天有 48 部传世，其中 13 部在德国，11 部在美国，8 部在英国，其他分布在法国、梵蒂冈、俄罗斯等国。每一本都价值连城，按照拍卖行的估价，一部这样的《圣经》，足以换来一个大型现代化图书馆。剑桥、牛津、哈佛、耶鲁、普林斯顿、莱比锡和法兰克福等大学，无不以藏有这样一部《圣经》而感到自豪。今天在耶鲁大学的珍本图书馆里，大家可以看到这版《圣经》的影像，或在纽约市立图书馆看到它的展示。

活字印刷术的发明和四十二行本《圣经》的印制，给古腾堡带来了不朽的英名，但是印刷《圣经》这件事，不仅让古腾堡破了产，而且让他失去了发明印刷术的专属权。原来，虽然古腾堡和弗斯特印出了一百多本《圣经》，但是生意依然亏本了。于是弗斯特把古腾堡告上了法庭，并且赢了官司，获得了印刷术的发明权。获得印刷术发明权的弗斯特后来又和别人合作印刷了不少图书，而古腾堡则跑到欧洲其他地方继续做他的印刷生意。从此，一个欧洲的新时代开始了。

　　在本节的最后，我们不妨对比一下毕升和古腾堡对历史和文明的贡献。毫无疑问，毕升发明活字印刷术比古腾堡早了400多年，但是，真正把活字印刷术应用到文化传播上的是古腾堡。毕升发明了活字术之后，基本上就没有了下文，而古腾堡不仅发明了活字印刷术，还发明了一整套印刷设备和生产工艺流程，而且将印刷术真正用于印制经典著作和其他图书，这才使得活字印刷术在欧洲乃至世界上普及开来。鸦片战争之后，活字印刷术又从欧洲传回中国，它在终结了中国上千年雕版印刷历史的同时，也加快了中国近代化的步伐。

　　那么古腾堡和他的伙伴们又是怎样改变欧洲的呢？

第四节　近代出版业的诞生

　　印刷术的出现，除了有利于传播知识，还促使欧洲出版业蓬勃兴起，并且造就了书商、排字工人和作家这三个职业。

　　欧洲第一位具有近代商业意识的书商是与古腾堡合作过的弗

斯特。当年弗斯特因为没有挣到钱，一气之下把古腾堡告上了法庭，当然古腾堡也没有东西可以赔偿他，只好让弗斯特把印刷术的发明权拿走了。弗斯特是个商人，没有流芳百世的远大理想。他获得印刷术后，就和另一个商人舍费尔合作印了一堆日历、赞美诗等通俗读物，终于赚到了钱。这就如同今天的出版业，经典著作常常没有通俗著作赚钱一样。弗斯特和舍费尔一辈子印了30多种书，给后人做出了通过出版业挣钱的榜样。

不过，在印刷术传播的过程中，古腾堡的徒弟们起的作用远比弗斯特和费舍尔要大得多。古腾堡在输掉官司后，一度被流放，晚年他在贝施达芬塞（Bechtermünze）兄弟的印刷厂当顾问。古腾堡晚年的一个合作伙伴纽梅斯特（Johann Neumeister，？—1522）希望通过出版名著而名垂青史，他选择了另一本大部头的著作——但丁的《神曲》。和当年的古腾堡、弗斯特一样，纽梅斯特也赔了钱，还被债主送进了监狱。出狱后他来到了法国，后来又去了维也纳，随后定居在法国，并一路传播印刷术。

古腾堡并非孤军奋战，他培养的一大批徒弟在古腾堡的生意破产后带着技术和印刷机，加入到推广印刷术的伟大事业中了。这些年轻人义无反顾地走向欧洲各个城市，他们虽然没什么钱，却一路走一路寻找投资，印刷当时数量有限的图书。于是在德国迅速出现了一大批印刷商人，在欧洲印刷术发明后的头十年，今天的德国地区无疑是当时欧洲出版业的中心。接下来，这批工匠和出版商人又从德国出发，去了欧洲各地。这些人在推动印刷术走向普及的商业活动中，不仅给欧洲各地带去了技术，而且表现出一种强烈的敬业精神，他们无论是印制宗教经典还是通俗的读物，都会把图书做得尽善尽美。正是靠着这一大批印刷工人和印刷商人在欧洲开拓市场，印刷术不到 20 年就在欧洲迅速传播开来。历史上很多新技术的普及，都离不开大批人的共同努力，而不是简简单单靠一两个发明家就能完成。

德意志地区的斯特拉斯堡是美因茨之后第二个图书中心，在那里一位叫门泰林（Johannes Mentelin，1410—1478）的出版商开始把目光转向大众市场。他发现古腾堡四十二行本的《圣经》虽好，但是一来太贵大家买不起，二来是拉丁文版的，普通德国教士读不懂，于是他开始印刷小开本压缩版的德文和其他语言版本的《圣经》。由于价格低廉以及方便德语地区的人阅读，门泰林版本的《圣经》成了宗教改革前最流行的版本。此外，门泰林还印刷了很多贤哲和圣徒如阿奎那、亚里斯多德、圣伊西多尔（Saint Isidore of Seville）的著作，以及不少通俗读物。

几年之后，德意志北部的科隆和南部的纽伦堡成了新的出版业中心。在德意志北部，当时一些学者参与到印刷业的发展中，他们给出版商担任顾问。比如著名的出版商阿梅巴赫（Johann Amerbach，1440—1513）就聘请了一大批学者做顾问，他还发明了今天西方报纸和图书常用的罗马字体（Roman Fonts）以取代传统的哥特式字体。在南部，大出版商科贝尔格（Anton Koberger）在欧洲各地先后创办了多达 24 家印刷厂，他也是德国著名画家丢勒的教父，不仅印刷图书，还大量印制绘画作品。

在从中世纪走向文艺复兴的过程中，欧洲南部意大利地区的艺术和北部德意志地区的印刷术起到了关键作用，并且相辅相成。1463 年，也就是在古腾堡发明铅字印刷术的 13 年后，这项技术就传到了意大利。到了15世纪末，仅威尼斯共和国就有了150家印刷厂。印刷术与意大利科学和艺术的碰撞对社会的影响巨大。当时佛罗伦萨正逢美第奇家族的豪华者洛伦佐·美第奇当政，这位一手扶持了文艺复兴的富商对文化艺术的酷爱达到了痴迷的程度。他从世界各地大量收集图书，而印刷术的传入也使古代贤哲的著作得以重新和大众见面。当时，不仅意大利的

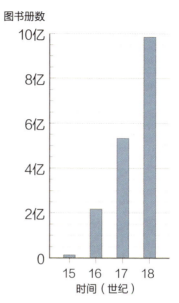

欧洲印刷的图书数量

图书册数

* 不包括南欧（奥斯曼土耳其地区）和俄罗斯

图 4.13　在古腾堡发明印刷术后，欧洲的图书量剧增

上流社会和知识阶层开始读书，而且很多年轻人不远千里跑到当时文艺复兴的中心佛罗伦萨，学习那些从古希腊和古罗马时期留下来的、一度失传了的科学知识和哲学思想。印刷术也对随后而来的科学研究成果的发表和传播起到了关键性作用，这些力量汇集在一起，帮助欧洲走出了中世纪的蒙昧停滞阶段。

　　1470年，印刷术传到了法国。1476年又跨过英吉利海峡传到了英国，第二年英国出版了第一部英语版著作，即当时著名作家乔叟的《坎特伯雷故事集》，这距离古腾堡发明印刷术还不到30年。

为印刷术早期普及做出重大贡献的，除了德国的书商，还有教会，因为当时教会一来有需求，二来有资金。早期的印刷物很多都是宗教读物，除了《圣经》，更多的是各种赞美诗。于是，很多教会的上层人物干脆自己当起了书商。书商一多，两种人就成了稀缺资源——排字工人和写书的作家。

大量书商的出现和各种图书的印制，需要大量的排字工人和校对工人。这些工人与过去的很多工匠不同，他们需要识字，更重要的是做事要格外认真仔细，他们的工作在当时可谓技术含量很高，不是一般人所能胜任的。也正因为如此，这两份工作的收入也很高，当时很多年轻人都愿意学习排字，只要当上排字工就衣食无忧了。根据参考文献 [1] 介绍，到了 19 世纪排字工人和校对工人的工资要占到整本书成本的一半左右。

欧洲早期印刷的图书除了《圣经》和宗教读物，就是古代贤哲们的著作了，这些书籍都不需要支付版税。但是，随着大量书商的涌入，这个市场很快就饱和了，出版商们不得不寻找新的畅销书。而为了鼓励有创作能力的作家写书，书商们常常会事先垫付给写书人一些报酬，这就诞生了"约稿"这种商业模式，当然，更多的书商是通过支付版税的形式给予写书人以报酬。不论是哪一种形式，印刷术的出现都促生了"作家"这个职业，同时也就出现了后来所谓的著作权。不过，在当时欧洲主要的君主制国家里，出版图书是要经过严格审查的，很多新书通不过审查，内容却大受读者喜爱，于是书商们就悄悄出版或拿到国外出版，而作者常常托以假名，这也就是后来笔名的由来。

图书的盗版现象几乎是从一开始就有。为了让职业作家能够靠版税生活，以便继续写书，也为了保护出版人的权益，罗马教皇在 1501 年、法国国王在 1507 年、英国国王在 1534 年就颁布过禁止他人随意翻印书籍的敕令。但是，盗版事件依然非常普遍，直到 1709 年英国下议院通过了《安娜法令》，作者和出版商的权益才算是真正地被纳入到法律保护之下。而第一个在全球范围内保护版权的公约《伯尔尼公约》直到 1886 年才由十国签署[6]，这时距离古腾堡发明印刷术已经过去 400 多年了。

印刷术对欧洲的影响力不只造就了出版业和催生了大批从业人员，更重要的是改变了欧洲人的思想。

第五节　知识使人自由

印刷术对欧洲的宗教、思想和社会产生了重大的影响。除了文艺复兴，印刷术直接导致了欧洲的宗教改革，同时也间接地帮助欧洲许多民族拥有了自己的语言文字和文化传统，至于它对普及教育的贡献，则更是功不可没。我们不妨透过宗教改革来看看印刷术的影响力。

宗教改革是欧洲历史上最重要的事件之一，它不仅催生了今天全球十多亿的新教徒，彻底改变了欧洲的政治和国家格局，而且间接导致了部分英国人、爱尔兰人和荷兰人向北美移民，从而催生了今日的美国。

宗教改革为什么没有首先发生在与罗马教廷关系更生疏的英

6 　该公约的全称是《伯尔尼保护文学和艺术作品公约》，最早的签署国是英国、法国、德国等欧洲国家和海地、突尼斯。美国虽然参加了那次大会，却没有签约，而是在后来的一百年里按照自己（更严格）的法律保护版权，1989 年美国才加入伯尔尼联盟。

国，或王权相对强大的法国，而是出现在德国呢？这里面有很多原因，比如当时名义上统治德意志地区的神圣罗马帝国皇帝和罗马教皇的积怨由来已久，再比如北欧人的生活方式和对宗教的态度与南欧意大利人不同，等等。但是，最令人信服的理由是，印刷术的出现导致了《圣经》在德国地区的相对普及，这样罗马教庭和各个教堂在教徒中的权威便远不如在其他地区那么高。我们不妨来看看这次宗教改革的过程，并且将其与先前那些世俗力量反对罗马教廷却失败了的事件做对比，就能看出知识普及带来的作用了。

公元 1500 年是个很容易记住的年份，这一年不仅是古腾堡发明印刷术 50 周年的纪念年份，也是宗教改革的一个重要当事人、神圣罗马帝国皇帝查理五世出生的年份。这一年也正值意大利文艺复兴的高潮期，受佛罗伦萨的影响，当时以及随后的几任罗马教皇都是充满人文精神的享乐主义者，他们不仅热衷于兴建大教堂、宫殿和陵墓，而且把大部分时间都花在生活享乐以及与艺术家们的交流上。红衣主教们也效仿教皇的模样，常常只用十分之一的时间处理教务，而其余时间都花在欣赏古罗马艺术和古希腊文物上。只有贫穷的乡村神父和教士们依然忠于职守。基督教在它上千年的历史里最大的一次危机就在这看似繁荣的背后潜伏着，而这次危机不是来自外部，而是源于内部。

1500 年发生的另外一件看似无足轻重的小事，是北欧地区的一位神父伊拉斯谟（Erasmus von Rotterdam）去英国拜访了后来被称为空想社会主义家的托马斯·摩尔爵士。伊拉斯谟是个虔诚的天主教徒，精通拉丁语，并且曾经将希腊文的《新约》翻译成拉丁文。同时，伊拉斯谟又是一个人文主义者，他相信无论什么权威也无法阻止人们"唇边带着微笑地弘扬真理"。在英国期间，伊拉斯谟开始写一本《愚人颂》，严厉指责教会和贵族的腐败，嘲笑经验哲学家和僧侣们愚昧无知的空谈。搁 50 年前，这本书或许掀不起什么波澜，但是在印刷术开始普及之后，这本笔调诙谐幽默、内容妙趣横生的小册子不仅一下成了畅销书，开始在基督教世界流传，而且它里面宣扬的主张也被德意志地区的底层民众所接受。这些主张包括对教会实行改革、呼吁人文精神，以及和他一起参与到复兴基督教的伟大使命中。不过，伊拉斯谟还只是一位思想家，并非行动家，但是他的一个读者却是一位坚定果敢的实干家，即宗教改革的主角马丁·路德（Martin Luther，1483—1546）。

　　马丁·路德出身于德意志北部一个普通农民之家，他不仅才智非凡，获得了博士学位，是萨克森地区多明我教派的灵魂人物，而且敢作敢当，勇气超人。在求学期间，他曾经短暂地去过罗马，对当时把精力花在打仗和大兴土木上的教皇朱利叶斯二世（Julius Ⅱ）并无好感。回到北德意志的维滕贝格地区后，马丁·路德在向农民们传教时，仔细研读了《圣经》，很快他发现教皇和主教们的话与《圣经》上所说的并不相同，他认为人们应该通过《圣经》直接和上帝对话，而不是听从罗马教廷。在 1513 到 1516 年间，马丁·路德将整个基督教的教义总结为"义人必因信得生"这样一句简单的话，并终生信奉。这句话今天成为整个路德派神学观的基石，而在当时则是马丁·路德否定罗马教廷赎罪券的根据，并且让他最终与罗马教廷分道扬镳。

图 4.14 宗教改革家马丁·路德

　　就在马丁·路德研习《圣经》时，远在罗马的朱利叶斯二世教皇去世了，美第奇家族的成员、豪华者洛伦佐·美第奇之子利奥十世继任了教皇的职位。这位出身名门、充满人文精神的教皇，一方面加速当时世界上最大的工程 —— 圣彼得教堂的建设，另一方面将各地图书收集到梵蒂冈的图书馆。这些浩大的工程无疑让已经入不敷出的罗马教廷雪上加霜。不得已之下，利奥十世恢复了一项古老的敛财方法，即出售"赎罪券"。所谓赎罪券，就是一张羊皮纸，承诺减少罪人死后待在炼狱里的时间。当然，它要用钱来购买。这件事在中世纪做起来完全没有问题，因为教会讲它有权赦免那些死前忏悔的人，或者减短其灵魂在炼狱里赎罪的时间。但是，在人人可以读《圣经》的文艺复兴时期，这件事就没那么好办了。

　　当萨克森地区的僧侣开始强行推销赎罪券时，其行为大大激怒了当地虔诚的居民，而马丁·路德则站出来为他们出头了。马丁·路德将他的反对意见总结成九十五条，这就是后来被称为著名的《九十五条论纲》的《关于赎罪券的意义及效果的见解》。马丁·路德原本并不想把这种关乎宗教的争论在老百姓中扩大化，因而选择用拉丁文书写这份宣言。但是，在那个文化已经开始普及的年代，马上就有人将它翻译成了德文，并通过印刷术大量印刷发行，结果马丁·路德的《九十五条论纲》立刻不胫而走，传遍德意志和整个欧洲，这时全欧洲的每个人都不得不表明立场，是支持罗马教廷的观点，还是支持萨克森那个尚默默无名的小教士马丁·路德的意见。

罗马教廷得知这个消息后大为震惊，立即派人招马丁·路德到罗马教廷来训话。聪明的马丁·路德知道一百年前捷克一位反对卖赎罪券的教士杨·胡斯（Jan Hus，1371—1415）后来被教廷处以火刑，于是拒绝前往。1520年，罗马教皇开除了他的教籍，这是罗马教廷能够给予教徒最重的处罚，因为据说被开除教籍的人死后将陷入万劫不复的地狱。当年神圣罗马帝国皇帝亨利四世（Henry Ⅳ，1050—1106）因为得罪了教皇格利高里七世（Saint Gregory Ⅶ，1020—1085）被剥夺了教籍，不得不在卡洛莎城堡外的冰天雪地里赤足站了三天三夜，才获得教皇的宽恕，重新获得教籍[7]。很多人都奇怪手握重兵的亨利四世为什么不得不向教皇服软，那是因为他不这么做，就得不到民众的任何支持。

但是，这一次马丁·路德的情况不一样了，他当着众多支持者的面把教皇的敕令给烧了。这样，路德无意中成了反对罗马教廷的基督教徒们的领袖，周围各地的教徒害怕他像一百年前的胡

7　这件事在历史上被称为卡洛莎事件。它意味着罗马教廷权力达到顶峰，但也是亨利四世一个成功的策略，后来他带着军队来到罗马，废黜了格利高里七世，立克雷芒三世为新教皇。

图 4.15　当年马丁·路德将他的《九十五条论纲》张贴在维滕贝格教堂的大门上

斯一样被抓走，都纷纷来保护他，而当地萨克森的选帝侯[8]也表示，只要路德留在自己的辖区，教皇就动他不得。

　　这时，前面提到的查理五世登场了，当时他只有 20 岁，对罗马教廷一向言听计从。他在一个叫做沃尔姆斯的地方召集教士们开了一次宗教大会，讨论路德的问题。在得到了民众的支持后，路德这回大胆地参加了这次宗教大会，虽然在会上他被宣布剥夺了公民权，但是他仍得以全身而退，并且北德意志居民认为对路德的裁判并不公平，唾弃了大会的判决。路德从此安全地待在萨克森的城堡里，把拉丁文的《圣经》翻译成德文，以便每一个德国人都能直接听到上帝的话，而不是经教皇和主教们转述。

　　接下来的事情就不只是宗教内部的争议了。首先德意志爆发

8　神圣罗马帝国中有资格当选为皇帝或者罗马人民国王的诸侯，都称为选帝侯。

了农民起义，接下来支持路德的领主们和支持罗马教廷的查理五世进行了长达 10 年的战争，在遭到一系列军事上的失利后，1555 年这位皇帝不得不与德意志的诸侯们签订了《奥格斯堡宗教和约》，允许路德新教和天主教在德意志领土上并存。不过，这时马丁·路德已经去世 9 年了。

马丁·路德之所以能够成功开启宗教改革，很大程度上靠的是印刷术。在马丁·路德活动的一百年前，捷克地区的杨·胡斯所做的事情与马丁·路德几乎同出一辙，结果却遭火刑处死。当罗马教廷的人来抓他时，没有人出来保护他，虽然他反对教会出售赎罪券是为了保护当地教民的利益。我们可以说当时民智尚未开化，原因是教民们即使连《圣经》也看不到，他们获得信息的唯一途径是教皇和主教们，教皇的话甚至主教们的话就是法律。在那个年代，不要指望老百姓能有什么科学和理性的思想，更不要指望他们破除迷信。马丁·路德所做的事情恰恰是利用老百姓对上帝的信仰，用《圣经》本身破除了他们对罗马教廷权威的信仰。与其说是马丁·路德有力量，不如说是知识有力量。

在马丁·路德之前，另一位与罗马教廷作对的人是亨利四世皇帝，他靠的是武力或者说是蛮力。他有过在教皇城堡外的雪地里站了三天三夜的耻辱，但是最终他依靠军队废黜了教皇格利高里七世，并且逼迫后者死于流亡途中。不过，即便如此，亨利四世和教皇之争也不过是两败俱伤而已，他依然改变不了当时欧洲的格局，更不要说动摇梵蒂冈的威信了。马丁·路德则不同，他就是靠九十五条的一篇檄文，靠着将《圣经》从拉丁文翻译成德文，分发给大家，就颠覆了罗马教廷从圣彼得以来 1500 年左右的统治地位。可以想象，当德意志地区那些朴实的农民、虔诚的教徒读不到《圣经》时，教廷可以利用信息不对称的优势，随心所欲按照自己的利益解释上帝的话，那些梵蒂冈的圣职人员可以在普通教民面前将自己和上帝划上等号。而当那些下层民众能够读到用德语（而不是他们永远看不懂的拉丁语）所写的《圣经》时，他们发现书中的主张和他们敬畏的主教们所说的完全是两回事，那些高高在上的教皇、主教们和上帝也是两回事，最终结果是：上帝依然存在，但是教皇则威信扫地了。

马丁·路德曾经这样评价印刷术的作用——"上帝至高无上的恩赐，使得福音更能传扬"。马丁·路德的原始动机只是纠正教会的弊端，具体来说就是停止赎罪券的出售。没有印刷术，他所代表的新教的主张最多限于某些地区，而不会形成为一场影响波及全欧洲的运动。但是有了印刷术，他无意中做到了欧洲历代君主想做都做不到的事情——脱离梵蒂冈的控制。今天，全世界有 13 亿左右的新教徒，而传统的天主教徒只有 4 亿多。不得不说，世界上比武力更强大的是真相和知识，而知识的传播需要依靠印刷术。

教会包括教皇在印刷术的推广过程中起了相当大的推进作用，因为一开始他们就觉得这是传播上帝福音最好的方式。但是，当每一个人都可以阅读《圣经》并且按照自己的思考去理解上帝的旨意时，罗马教廷的权威就丧失了。在路德之后，全世界大大小小的教派及分支有上百种，它们之间的差异就在于对《圣经》理解的不同，从此在基督教世界内部出现了百家争鸣的局面。与此同时，在整个西方世界里，人们破除了对权威的盲从，恢复了在古希腊和古罗马时期就有的思辨能力，这对后来哲学和科学的发展产生了深远的影响。从那时起，德意志地区便成为全世界出现大哲学家、大思想家、大音乐家和大科学家最多的地区。如今德国人做事情严谨求真的态度，也是从那个时期开始养成的。

图 4.16　约翰·霍普金斯大学的校徽，上书"知识使人自由"

在那个年代，教士们在传播上帝福音的同时，研究上帝创造世界的奥秘成为一种风尚，这就不难理解为什么像莱布尼茨、达尔文和孟德尔这样的大科学家其实都是神学家。哈佛、耶鲁和普林斯顿等美国名校早期都是教会学校，教授的课程主要是拉丁文，旨在让学生们能够读懂拉丁文所写的《圣经》，以便发现上帝创造世界的奥秘。哈佛大学以"知识（Veritas）"作为校训是有其历史渊源和深意的。约翰·霍普金斯大学和加州理工学院等大学的校训则说得更直白——"知识使人自由（Veritas vos liberabit）"，而知识的传播需要依靠印刷术。近代文明的每一步进展，或多或少都与印刷术的应用和传播有一定关联，直到今天，还有很多学者在细致研究和分析这里面的关联性。

印刷术刚出现时，印刷的书籍主要是拉丁文的，但是它的出现却最终终结了拉丁文在西方世界的统治地位。在书籍普及以前，能读书的人非常少，可供阅读的书也非常少，读书人都阅读拉丁文著作没有什么不妥。当时各个民族都有自己的文字，用这些文字写的书籍却非常少。印刷术的出现，导致大量阅读人口的出现。为了方便大众阅读，作家们开始使用本国的文字来表达他们的思想，出版商为了扩大读者市场，也印刷用本国语言写作的书籍，这使得欧洲的很多国家在语言、词汇和语法上开始走向正规化，英文、德文和法文都是从那以后逐渐定型为今天的样子。而一度成为国际语言的拉丁文反而日渐式微，终于成为死的语言。

印刷术还间接地改变了欧洲的社会结构。与中国古代不同，欧洲在封建时期，下层民众除了通过打仗立下战功得到升迁，平时是没有上升通道的。印刷术出现后，排字工人成了第一批富起来的工匠，他们的很多人因为接触到图书而开始读书了，这影响了他们的人生观和世界观。他们中的不少人后来自己成了作坊主，进而发现印制书籍可以名利双收，于是进一步想方设法扩大市场，同时也致力于提高自己的阅读和书写能力。这些出身低微的工匠借助印刷术提高了自己的社会地位。德国发生宗教改革时，很多教士和牧师就出身于工匠家庭，这说明印刷术在潜移默化地慢慢改变着欧洲的社会结构。

16 世纪末，葡萄牙人将铅字印刷术带回到印刷术的发明地中国，1590 年（万历十八年），葡萄牙的耶稣会传教士在澳门用拉丁文出版了《日本派赴罗马使节》一书，这是在中国使用铅字出版印刷的第一本书。但由于没有中文铅活字，在接下来的两个世纪里欧洲的铅字印刷术对中国没有产生什么影响，中国依然采用传统的雕版印刷。

19 世纪初，为了配合传教士到中国传教以及商人到中国做生意，欧美工业国家开始研制中文铅活字，而在首先采用铅活字印刷中文图书这件事情上，一位毅力坚韧的传教士起到了非常大的作用。

1807 年，英国传教士马礼逊（Robert Morrison，1782—1834）到中国传教经商，并且待了一年时间。马礼逊这一次在中国的经历是彻头彻尾的失败，传教失败，经商被骗，自己还大病一场，不得不在第二年回到中国澳门养病。不过，在中国将近一年的时间里他学会了一些粤语和普通话，他决定编写一本汉英词典，帮助欧洲人学习中文。接下来的一年中，没有收入的马礼逊在澳门生活非常艰难，只好租住一个窄小的阁楼，后来房东涨租金，连这个阁楼都住不起了，只能流落街头。即便如此，他也依然没有放弃编写字典的事业。到了 1809 年，马礼逊被英国东印度公司聘为翻译，算是有了稳定的收入和正当出入中国的身份。

在接下来的十多年间，马礼逊来往于澳门和广州，他的主要工作不再是传教，而是翻译《圣经》和编写一套大型字典 ——《中国语文词典》（*A Dictionary of the Chinese Language*，也有译作《华英字典》），该字典共 3 大部分 6 大卷，近 5000 页，从 1815 年出版第一卷到 1823 年最后一卷出齐，历时 8 年之久。其中英文字体太小，无法使用雕版印刷，故采用铅活字排版印刷，具体工作由另一位传教士汤姆斯（Peter Perring Thoms，？ —1851）负责。工程如此浩大的工具书，显然不是这两个人能够完成的，他们在澳门和广州雇用了大量中国人刻制铅字、排字、审稿、校对和印刷。据估计，为了印刷这套字典，仅刻制的中文铅活字就多达 10 万枚左右。这项工作颇具历史意义，但参与其中的大部

图 4.17　最早采用铅字印刷的中文图书《中国语文词典》

分中国工匠都没有留下姓名，除了马礼逊和汤姆斯培养的一位名叫梁发的助手。梁发之所以能在历史上留下名字，倒不是因为印刷《中国语文词典》，而是后来作为传教士写了本《圣经》通俗读物《劝世良言》，并把它发给了一个落榜的学子洪秀全。再后面的故事估计大家都知道。

马礼逊后来致力于在南洋和香港办学，教育当地华侨，创办中文月刊《察世俗每月统记传》（*Chinese Monthly Magazine*），介绍西方的科学、文化和民俗。他还写了很多书，将中国的社会和文化介绍给西方。最后，他和他的夫人都葬在了澳门。今天，在香港仍有不少场所以他的名字命名（有些起名为摩利臣）。

鸦片战争以后，西方势力开始进入中国，开办报纸和印刷厂，顺带也发展了中国的铅字印刷技术，其中对中国后来印刷业影响最大的是美国传教士姜别利（William Gamble，1830—1886）。他于 1858 年到美国在上海开办的美华书馆工作，1859 年发明了用电镀法制作汉字铅活字铜模的方法，他制作的铅字被称为"美华字"，有 1—7 号大小的 7 种宋体，这是今天中文排版字体大小的规范。此外，他还发明了元宝式排字架，将汉字铅字按使用频率分类，并按照《康熙字典》中的部首排列，由此提升了排版取字的效率，成为此后百余年间中文字架的雏形。

铅字印刷进入中国后，催生出中国近代的出版业。到了清末民初，商务印书馆、中华书局、世界书局等著名的出版机构先后诞生，《申报》等近代报纸也出现了。这些文化机构的出现，促进了中国新文化在社会各阶层的传播，对中国迅速走向近代化起到了巨大的作用。

结束语

通过语言和文字承载信息，是人类创造力的结晶。依靠着它们，人类的知识才得以持续不断地快速积累和传播，人类文明才得以迅速发展。

书籍的出现在文明的进程中具有划时代的意义，它让知识和文化得以广泛地普及和传播，大大加速了文明的进程。而造纸术的发明、印刷术的发明、图书市场的出现，则从技术和商业两方面进一步加快了知识通过书籍产生和传播的速度。在这个过程中，蔡伦、毕升、古腾堡等发明家固然起到了巨大的作用，但是大量知名度不高甚至不知名的工匠、出版商、作家和抄书人的贡献也不可低估。他们都在为人类的文明添砖加瓦。

知识的产生和传播，帮助社会不断地进步，知识给每一个人都带来了自由。

附录 与印刷有关的历史时间表

公元前 30 世纪	古埃及人发明了纸莎草纸，同时期的美索不达米亚人开始在泥板上书写。
公元前 13 世纪	中国商朝人在动物的甲骨上书写文字。
公元前 5 世纪	希腊人开始使用羊皮纸。
公元 1 世纪	蔡伦发明造纸术。
公元 7 世纪	中国人发明雕版印刷术。
公元 11 世纪	毕升发明活字印刷术。
1448 年	古腾堡发明铅活字印刷术。
1455 年	古腾堡用他的印刷术印制了四十二行本的《圣经》。
1517 年	马丁·路德发表了《九十五条论纲》，借着之前出现的印刷术，它被从拉丁文翻译成德语后，迅速传播，欧洲的宗教改革开始。
1751—1772 年	狄德罗等人主编的《百科全书》出版，催生了法国的启蒙运动。
1815 年	第一本采用铅活字印刷的中文图书《中国语文词典》出版。
1886 年	保护著作权的《伯尔尼公约》签署。

第五章　用理性之光驱散黑暗

启蒙运动

　　如果说印刷术给欧洲大陆政治格局所带来的第一次冲击是 50 年后的宗教改革，那么 300 年后启蒙运动则是对欧洲的第二次也是更大的一次冲击。宗教改革带来的剧烈震动遍及整个欧洲，尤其是随之而来的 30 年宗教战争。启蒙运动的表现形式则完全不同，它是在和风细雨中不知不觉进行的，以至于当时无论是统治者，还是启蒙运动的学者们都低估了它的威力——启蒙运动不仅颠覆了整个欧洲君主制的基础，而且从此将人类带入民主时代。

　　启蒙运动在时间和空间上可以有两个不同的含义。广义上讲，启蒙运动可以包括从 17 世纪末牛顿所倡导的理性主义开始，经过洛克、康德等人的发展，直到法国的伏尔泰（Voltaire，1694—1778）、孟德斯鸠（Charles de Secondat，1689—1755）、卢梭（Jean-Jacques Rousseau，1712—1778）和狄德罗（Denis Diderot，1713—1784）等人将它推向高潮，最后以富兰克林和杰弗逊等人完成对美国宪政体制的设计为终结，前后 100 年西方的历史；也可以特指在 18 世纪中期路易十五（Louis ⅩⅤ，1710—1774）当政的法国所发生的事情。我们这里要谈论的是后者，它是前者的一个局部，但却是启蒙运动的高潮。

作为启蒙运动的纵容者甚至是间接的赞助者，路易十五可能做梦也没有想到，文人们在沙龙里的清谈和写的几本书，最后导致他的孙子 [1] 上了断头台。而这一切则要从他的曾祖路易十四说起。

第一节　专制下的自由

1600 年，很好记的一个年份，佛罗伦萨美第奇家族的玛丽娅·德·美第奇（Maria de' Medici，1575—1642）嫁到法国，成为这个欧洲最显赫的家族第二位法国王后。她不仅给法国宫廷带来了奢靡享受的生活，也为波旁家族留下了一个了不起的孙子，他就是后来的"太阳王"路易十四（Louis XIV，1638—1715）。

路易十四生活的年代和早年生平与中国的康熙大帝都有几分相似。他生于 1638 年，只比康熙早出生 16 年，5 岁就当上了国王，比康熙登基时的年纪还小一点。登基之初，由他的母亲奥地利公主安娜（来自另一个民族）摄政，由当时的宰相红衣主教马萨林辅政，直到 18 年后马萨林去世，路易十四才开始亲政，那是 1661 年，他 23 岁。康熙皇帝早年则是由出身蒙古族的祖母孝庄皇后（也是来自于另一个民族）指导，由权臣鳌拜辅政，到 14 岁时除鳌拜后开始亲政，那是 1669 年。

路易十四后来的经历也和康熙皇帝十分相似。康熙对内对外武功赫赫，建立了一个疆域空前的大一统帝国；路易十四也是不

1　路易十六是路易十五的孙子，而不是儿子。

图 5.1 "太阳王" 路易十四（伯纳德·达格西博物馆，Musée Bernard d'Agesci）

断地通过战争开疆拓土，他和欧洲几乎所有领土与法国接壤的君主都打过仗，而且胜多负少，从此赢得了"太阳王"的威名。同时他也完成了法国的君主集权，法国成为了当时欧洲少有的中央集权的王国。在内政上，康熙开创了康乾盛世。路易十四实行重商主义，令法国国力大增，成为当时欧洲最富庶的国家。和康熙皇帝类似，路易十四也是个会享受的人，他建造了直到今天都被认为是世界上最奢靡的宫殿 —— 凡尔赛宫。而同期的康熙则开始建造圆明园。

　　路易十四还完善了欧洲上流社会的礼仪，并且让法语成为欧洲最优雅的语言。直到 20 世纪初，包括沙皇俄国在内的欧洲一些宫廷里依然以讲法语为优雅的象征。

　　纵观路易十四的一生，可以用辉煌二字来形容。直到今天，路易十四在法国依然是地位仅次于拿破仑的历史人物，因为他为国家和自己赢得了荣誉。他不仅为法国留下了许多华美的建筑和荣耀的丰碑，而且确立了典雅的文化和崇高的理念。在政治上，他建立了欧洲自封建时代以来最强大的集权王国。法国地方上的封建堡垒在路易十四的强权下土崩瓦解，旧式的贵族在交出了他们的行政权力之后，被集中到了巴黎和凡尔赛供养起来。这些贵族所热衷的事情，也是王朝允许做的事情，就是每天开沙龙，谈论政事、艺术、八卦和科学。由于被（变相）剥夺了行政权，而又有足够的收入维持体面的生活，一些贵族（如孟德斯鸠和后来的拉瓦锡）干脆投身思想和科学研究，甚至成为了思想家和科学家。今天历史教科书在评论路易十四时，常常会用专制一词来形容他，但是他的专制要比东方的专制宽容得多。

最后，路易十四和康熙还有一点非常相似，那就是他们都活得特别长，在位时间也特别长。路易十四活了 77 岁，在位 72 年，是世界历史上真正拥有君主权力的国君里统治时间最长的。不幸的是，由于活得太长，很会享受，又好大喜功，路易十四和康熙一样，生前留下的国家表面繁荣，其实背后财务危机重重。

但是，路易十四在两件事情上与康熙颇为不同。路易十四虽在权力上开创了法国专制之始，但是在思想上却是开放的，是所谓开明专制。路易十四鼓励发展科学、文化和艺术，创办了法兰西油画雕塑学院、文学院、戏剧院，以及法兰西科学院，并且资助了孟德斯鸠和伏尔泰这样的学者及芒萨尔、勒布朗等艺术家，这使得法国在整个 18 世纪获得了科学、文化和艺术上的全面繁荣。直到今天，全世界对法国的文化和艺术依然肃然起敬，不得不说这里头路易十四的功劳很大。而康熙皇帝则相反，他一方面是所谓的明君，相比他的继任者雍正皇帝，康熙对大臣们十分宽容甚至是过分宽容，但是他却开创了文字狱。康熙皇帝虽然自己十分痴迷于科学，却不提倡鼓励其他人研习科学，甚至反对它的传播。在他看来，治国还是要靠儒家之道，而不是依靠西洋的奇技淫巧，中国在科学和技术上的落后于西方自清初开始。

不过，康熙皇帝在另一件事情上比路易十四幸运得多，他留下了一批成年的儿子可以替他收拾身后事。而路易十四因为活得太长了，不仅熬死了他全部的儿子，而且熬死了他所有的孙子，最后只留下一个年仅 5 岁的曾孙，即后来的路易十五。"太阳王"在临死前，将这位小曾孙叫到床前，嘱咐他："我的孩子，你将成为一位了不起的国王。不要像我一样喜欢建筑和战争，而是要设法与你的邻居和平相处；给上帝你所应该给的；总是遵循好的建议；设法免除人民的痛苦，而这正是我所没能做到的。"

应该说，继位的路易十五并不像过去历史书中描绘得那样不堪，他不是一位暴君，也是努力遵循了他那位伟大曾祖的遗训的。现代研究表明，路易十五在统治的前 30 年里，在摄政大臣们的帮助下，把当时欧洲最大的君主国管理得还算不错。但是，他像他的曾祖一样会享受，却没有曾祖那样的雄才大略，遇事常常内心胆怯，这或许和他从小就失去了母亲有关。最终，路易十五把从曾祖那里继承下来的强大王国，一步步引向破产的深渊。

路易十五被后人诟病很多的地方就是生活腐化，甚至被描绘成荒淫无度，不过考虑到他从小就没有了爹妈的事实，便不难理解为什么他在生活上离不开妇女的亲密陪伴。让路易十五在后世备受批评的一件事，是他有着诸多的情妇[2]。当然其中最著名的当属蓬巴杜夫人，我们在本书以前的章节中曾经提到过她。蓬巴杜夫人原来是贵族蒂奥勒（Charles-Guillaume d'Étiolles，1717—1799）的夫人。1745年，35岁的路易十五结识了24岁的蒂奥勒夫人，详细过程这里就不介绍了。总之这位国王爱上了比自己小11岁的绝代佳人，很快她就正式对外宣布离婚，成为了路易十五的情妇。当时法国正与邻国交战，路易十五在前线战场上差不多每天都想着给她写一封信。不久，国王正式册封他的这位情妇为蓬巴杜夫人，同时赐予其贵族的盾徽、城堡和土地。蓬巴杜夫人出身于小市民家庭，她虽然在不断学习掌握宫廷的礼仪，却依然保留了自在爽快的天性，据说这让路易十五非常着迷。

和路易十四一样，路易十五也算是一个专制君主，但是他从来没有限制过科学文化和艺术的自由发展。而蓬巴杜夫人一方面生活上骄奢淫逸，另一方面却在促进法国文化艺术发展的同时，帮助了自由思想的形成。她对洛可可文化的发展以及法国陶瓷的制作有着重大的影响，同时她在上层社会的圈子里，构建了一个自由交流的环境，这对启蒙思想的形成起到了十分关键的作用。蓬巴杜夫人的沙龙在巴黎非常有名，那里不仅聚集了贵族们，也是文人和艺术家的汇聚地，伏尔泰和孟德斯鸠等人就是她的沙龙的常客，而卢梭和狄德罗也算是她的朋友。蓬巴杜夫人还特地资助过伏尔泰，甚至支持狄德罗编写充满了新思想的巨著《百科全

2　当时国王和贵族的情妇是公开的，而且有类似于名分的保证，有点像中国古代的妾，但是这种关系亦可以解除，因此并非今天婚外情的概念。

书》。当时的法国从整体上讲处于历史上的专制时期，但蓬巴杜夫人却在这专制的大环境中，营造出非常宽松的文化氛围，虽然我们不能说没有这种宽松的环境就没有启蒙运动，但是蓬巴杜夫人的沙龙在客观上促进了启蒙时代的到来。

法国启蒙时代是一个人类群星闪耀的时代，当时涌现出了伏尔泰、卢梭、孟德斯鸠和狄德罗等一大批思想家。影响着我们现今世界的那些伟大的思想，以及今天政治法律制度的基础，都形成于那个时代。在这一大批群星之中，我们先来介绍他们中最年轻的一位，因为他通过自己的工作将其他人聚集在一起，形成了思想的合力。

第二节　狄德罗和百科全书

美国著名的通俗历史读物作家房龙把政治家分为三类：第一类是为各种独裁者寻找理论根据的人，他们总是强调人民的意志需要由皇帝、苏丹这样的独裁者代表；第二类是鼓吹精英政治的理论家们；第三类则相信人民的力量，相信人类向善的力量，相信知识和教育可以帮助人类克服各种年代已久的痼疾，让人类变得更美好。法国启蒙时代产生了一大批第三类政治家。而将诸多目光如炬的政治家们聚集在一起，形成完整的民权思想，则首先要感谢一位名叫布雷顿（André François le Breton，1708—1779）的法国书商。

印刷术发明后，书商遍布欧洲。他们为了挣钱，到处找人写书，其中有一类书是编纂知识而成。1728 年，英国的钱伯斯

（Ephraim Chambers，1680—1740）编辑出版了一部百科全书式的词典，全名是《艺术与科学万能百科全书词典》（简称《万能词典》），很受读者的欢迎。于是，法国的布雷顿也想通过出版一套法文版的百科全书而发财。布雷顿做生意很有一套，他先是赶走了两个资深的合伙人——一位德国教授和将百科全书带到法国的英国人米尔斯（Jean Paul Malves，1713—1785）。然后布雷顿凭空构思了一部巨著——《艺术和科学的万能百科全书词典》简称《百科全书》，而且在书八字还没一撇时，居然就空手套白狼预售出很多套。当然，他最终得向读者交出这套百科全书，不过他早就想好了交差的方法，因为他手头上已经有了一套米尔斯从英国带来的百科全书，然后他花钱请了一个懂英文的年轻人来翻译。

布雷顿找到的第一个人是一位中学的哲学教授[3]，不过这位穷书生根本写不出百科全书，让布雷顿颇为失望。面对那些已经预订了书的愤怒的读者，布雷顿需要赶快找人来救场，于是他想到了一个编写过医学词典的年轻人，便将其找来统编整套百科全书。这位新主编名叫狄德罗，时年32岁。

狄德罗生于1713年，出身于一个工匠家庭，自幼受过良好的教育。他16岁进入巴黎大学，20岁获得学士学位。不过狄德罗的生活既不富裕，也不幸福，这在很大程度上是因为他娶了一位虔诚得不可理喻的悍妇。为了养家，狄德罗不得不编辑、翻译各种书籍挣稿费。或许是书读得多的缘故，狄德罗的脑海里充满了唯物论和自由思想。由于他对《圣经》里面创世纪的描述持怀疑态度，一度被作为异端送进了监狱。一出监狱，正好赶上布雷顿

文明之光 精华本

---

3 虽然是教中学，他的头衔确实是 Professor，教授。

图 5.2 启蒙运动的主将狄德罗

找他去救场，于是狄德罗就成为一部日后世界上最有影响力的巨著的主编。

狄德罗一接手就发现，英国的这部百科全书思想陈旧，于是他说服了布雷顿邀请全法国最有权威的学者来编写条目，布雷顿当然求之不得。狄德罗以口才见长，他还说服布雷顿为保证质量，就不要限定时间，这些条件布雷顿也答应了。接下来狄德罗就开出了一个长长的合作人员的名单，首先是后来作为副主编的大数学家和思想家达朗贝尔（Jean d'Alembert，1717—1783），其他著名学者和思想家还有伏尔泰、孟德斯鸠、卢梭和孔多塞（Marie Jean de Caritat，1743—1794）等人，这个名单囊括了法国当时上百名最好的学者、工程师、艺术家和政治家。

布雷顿给狄德罗租了一间办公室，交给他一打稿纸，就让后者自己去工作了。狄德罗在纸上写下了百科全书的第一个条目"A：字母表中的第一个字母"，然后就夜以继日地工作起来。20年后，狄德罗编完了 Z 的最后一个词条，这部工程浩大的伟大著作终于全部完成了。在长达 20 年的编写过程中，狄德罗一直都是在非常不利的情况下坚持工作的，由于报酬极低，他不得不过着非常清贫的生活。那些受邀一起参加编撰工作的学者们由于并非全职工作，进度通常得不到保障，这时狄德罗就不得不亲自上阵。

在编写《百科全书》的过程中，狄德罗还要忍受教会的辱骂和政府的干扰。当时出版图书是要经过严格审查的，布雷顿其实一开始就钻了个空子，这位王室的出版商和当局说的是出版词典，因此法国当局也没有在意。等到第二年（即1751年）狄德罗编出的《百科全书》（第一册）出版时，专制政府才看出问题来了，因为书的内容简直就是洪水猛兽，但是为时已晚。虽然《百科全书》是很多人共同编撰的，这些人的政治观点也不尽相同，但是这套书的力量在于它告诉了民众真相，也就是说我们都生活在一个客观的物质世界里。狄德罗认为迷信和愚昧是人类进步的大敌，因此他编书的目的是通过宣传科学、讲述真理来破除迷信，消除愚昧和成见。这套《百科全书》并没有满篇刻意宣传民权思想，更没有煽动革命。它的基调是，一切社会制度和社会观念都要按照理性来进行衡量和批判，但是在当时的天主教会和特权阶层看来，这样的声音是有着明显反对天赋神权和等级制度的政治倾向的。

当局一度想要叫停这套《百科全书》。1752年，当狄德罗编完第二册时，法庭裁决禁止《百科全书》的编写和出版，于是政府派人去收缴狄德罗的书稿。无奈之下，狄德罗等人带着书稿躲到了贵族马勒泽布（Guillaume-Chrétien de' Malesherbes，1721—1794）家里，政府的宪兵扑了个空。马勒泽布是一位正直而开明的贵族，同时又忠实于国王，后来在法国大革命期间（1792年）他出于良知主动为路易十六辩护，并因此被处死（1794年）。马勒泽布的一个曾孙后来成为了著名的政治学家和历史学家，他就是《论美国的民主》和《旧制度与大革命》的作者托克维尔。在马勒泽布和其他开明贵族的帮助下，当局总算撤销了对《百科全书》的禁令。

不过，在狄德罗接下来编写《百科全书》的近 20 年里，政府经常派人去给他捣乱，甚至编个理由去没收狄德罗的笔记。这中间《百科全书》的编写工作又有一次被当局勒令中断，一些编撰人被关进监狱或者被迫流亡国外，就连达朗贝尔也因为怕受牵连，在 1759 年辞去了这项工作。然而这一切都没有阻抑狄德罗的工作热情，他 20 年如一日，每天工作 20 个小时，每天的生活就是面对着一张床、一个写字台和一叠稿纸。尽管他生活清贫，却还会用自己绵薄的收入招待门外饥饿的人。狄德罗这样的人，在任何时代都堪称是正直、朴实和勤奋的道德典范，恩格斯称赞他是"为了对真理和正义的热诚而献出了整个生命的人"。他用行动实现了自己的座右铭——"做好事，寻求真理"。

从 1751 年到 1772 年，《百科全书》共有 28 卷（17 卷正文，11 卷图片，另有索引）相继出版，4000 多套图书被抢购一空。不过，虽然《百科全书》发行量很大，但是今天我们能见到的却不多，并非都被人们收藏起来了，而是被欧洲各国当局收缴后毁掉了，由此可以看出当时欧洲的封建当局对这套书有多么的恐惧。通过这套《百科全书》，人们看到了未来社会的构想，狄德罗最初的目的终于达到了。如前所述，在法国启蒙运动中，群星荟萃，星光耀眼，伏尔泰、孟德斯鸠、卢梭和达朗贝尔等人，名气和见识都不在狄德罗之下，但是如果没有《百科全书》，这些人就难以发挥他们的影响力。《百科全书》不仅是一套书，而是一套新的、完整的社会和经济的纲领，而且这些纲领很快就成为了统治世界的思想和价值观。可以说，启蒙时代，是人类文明史上的一个伟大时期。让我们记住这个名字——狄德罗。

第三节　斗士伏尔泰

被公认为法国启蒙运动领袖和导师的是伏尔泰（Voltaire，1694—1778），就连另一名启蒙运动的骁将卢梭也把他当作前辈来敬重，虽然他们俩后来交恶。伏尔泰不仅在哲学理论和思想上卓有成就，而且身体力行地捍卫信仰自由和司法公正，始终支持社会改良。

伏尔泰原名弗朗索瓦-玛利·阿鲁埃（François-Marie Arouet），他出身于一个富有的家庭，他的父亲是一位法律公证员，母亲是一位贵族小姐。伏尔泰从小受到了非常良好的教育，按照他父亲的设想，他应该成为一位法官，不过伏尔泰的兴趣却在写作上，尤其是写那些讽刺题材的作品，比如讽刺官员的诗，针砭时弊的文章，评论朝政的论文，等等。由于伏尔泰生活在上流社会，对宫廷政治和生活的很多细节都十分了解，因此他常常通过诗歌揭露法国上层社会的丑闻。1715年，21岁的伏尔泰因为写讽刺诗《幼主》得罪了路易十五的摄政王奥尔良公爵而被流放，两年后又因为写诗讥讽法国宫廷生活的糜烂而被投进了巴士底狱。在狱中伏尔泰也不消停，创作了他平生第一部重要作品《俄狄浦斯王》，并且首次使用了"伏尔泰"这个笔名，从此人们更多地记住了他

图 5.3　伏尔泰被关押的巴士底狱，这是欧洲封建专制制度的象征

的这个笔名，而不是他的原名阿鲁埃。

　　伏尔泰的《俄狄浦斯王》根据古希腊著名剧作家索福克里斯同名悲剧改编而成。简单地说，俄狄浦斯是希腊传说中的一个悲剧英雄人物，破解了斯芬克斯的谜题而除掉了这个吃人的怪兽，但是他最终没有逃脱命运给他安排的杀父娶母的结局。这一剧情被很多剧作家（包括比伏尔泰早一个世纪的法国著名剧作家高乃依）改写过，不过伏尔泰之前所有的剧作家都试图通过这个传说揭示一个道理，即纵使人的力量再大，也逃脱不出命运的安排，或者说神的安排。然而伏尔泰却对情节和人物做了一个大胆的修改，把俄狄浦斯完全塑造成一个英雄，他本身并没有过错，他的悲剧是因为神错了，这实际上是在暗讽教会。

　　在伏尔泰出狱后不久，《俄狄浦斯王》在巴黎首次上演。大家都知道这部剧的作家是一个曾经被关在巴士底狱里的异议者，都很好奇他是如何改编这部著名悲剧的，结果这部剧获得了巨大的成功，在巴黎一连上演了 45 场，创下了当时巴黎的票房纪录。从此伏尔泰在法国声名鹊起，这一年伏尔泰 24 岁。在巴黎上演

《俄狄浦斯王》时，伏尔泰的父亲也悄悄从老家赶来，跑去看了演出，他非常高兴地看到自己不听话的儿子得到了大众的认可，因而对伏尔泰没有按照他的意愿成为法官也就释然了。

几年后，伏尔泰的父亲去世，他获得了一笔丰厚的遗产，于是他拿着这些钱前往欧洲各地考察，一路的所见所闻让伏尔泰开始公开反对教会，并且否定上帝。在他看来，上帝和基督教的教义充满了矛盾，一会儿给人施恩，一会儿惩罚人类，一边辛辛苦苦造人，一边又轻易让人死亡。很快，他遭人诬告，再次入狱，伏尔泰为自己做了辩护并获释，但是却被逐出了法国。于是，伏尔泰前往英国。在英国的 3 年（1726—1729）里，伏尔泰接触到了影响他一生的两样东西——牛顿的科学成果和君主立宪制度。受牛顿思想的影响，伏尔泰成为了自然神论者。1729 年，伏尔泰得到路易十五的许可回到法国，然后他用了 5 年时间把他在英国的见闻和了解到的最新科学和哲学思想写成了一本书——《哲学通信》，这是伏尔泰第一部关于哲学和政治学的专著，由于书中宣扬英国的民主思想，反对法国专制制度，甫一问世就遭到查禁，伏尔泰也因此被法院宣布逮捕。《哲学通信》并不是伏尔泰被查禁的第一本书，也不是最后一本，他一生写了很多书，但是大部分在当时都是被禁止阅读的。

为了逃避追捕，伏尔泰躲到了他的情人夏特莱侯爵夫人（Marquise Emilie du Châtelet，1706—1749）的庄园里，一待就是 15 年，直到侯爵夫人因为难产而去世。伏尔泰一生没有结婚，也没有留下任何子嗣，不过他前前后后和不少位贵族妇女有着情人的关系，夏特莱侯爵夫人可能是在伏尔泰一生中对他影响最大的女人。早在伏尔泰从英国回到法国之时，他整天在嘴边挂着的就两个人——约翰·洛克和牛顿。上流社会的妇女大多对政治和科学没有太大的兴趣，但是夏特莱侯爵夫人却与众不同，她精通文学、数学和自然科学，能讲英语、意大利语和拉丁语，她对伏尔泰谈论的话题非常有兴趣，两个人可以说是一见钟情。这位才貌双全的贵族妇女不仅有着极高的数学和物理学造诣[4]，而且还是最早将牛顿的《原理》一书从拉丁文翻译成法文的学者，甚至"启蒙时代"这个说法也是这位侯爵夫人提出的。在夏特莱侯爵夫人的庄园里，伏尔泰除了写下了大量的哲学、文学和科学著作，还和这位才女一起做了很多科学实验，其中很多实验是为了证实牛顿的理论。伏尔泰后来写成了《牛顿哲学原理》一书（一种说法是他和夏特莱侯爵夫人合写的），这使得牛顿的很多物理学原理，尤其是光学的原理在欧洲大陆得到广泛传播。而历史上那个关于牛顿受到落下来的苹果的启发而发现万有引力定律的说法，就是伏尔泰宣传出来的。靠着在科学上的造诣，伏尔泰于1743 年被选为英国皇家学会会员。几年后，他又当选为法兰西科学院院士。

虽然当时巴黎被看成是整个欧洲大陆的中心，可伏尔泰一生在巴黎待的时间并不算多，这在很大程度上是因为他思想激进，在巴黎得不到保护。夏特莱侯爵夫人在世的时候，利用自己的关系在巴黎为伏尔泰多方斡旋，使得伏尔泰不仅免除牢狱，还能参与到法国上层社会的生活中，甚至成为蓬巴杜夫人沙龙里活跃的人物。但是在夏特莱侯爵夫人去世后，伏尔泰在巴黎就没有了庇

4　她被认为是数学家和物理学家。

护，从此他只能到欧洲那些宽容他的地方生活，先是在普鲁士，后来是到瑞士。在颠沛流离的日子里，他不停地写作，而且题材和内容非常广泛，从历史、政治到戏剧都有涉足。他晚年的代表作《老实人》便是在瑞士写成的。但是，尽管他人不在巴黎，但是他在法国人心目中的地位越来越崇高，巴黎人从上层社会到底层民众都对他非常景仰。1778年，84岁高龄的伏尔泰最终得以回到巴黎，他在那

图 5.4　伏尔泰创作的《牛顿哲学原理》一书的扉页，下面伏案写作的是伏尔泰本人，左上方手持天体的是牛顿，右上方的缪斯女神寓意夏特莱侯爵夫人

里受到了对待国王般的欢迎。但是夕阳虽好，毕竟已近黄昏，就在伏尔泰声誉达到他人生顶点后不久，他终于一病不起离开了人世。在他去世前，这位一生说话诙谐讥讽，对上帝颇不恭敬的智者还不忘记开最后一次玩笑，他要求把自己的棺材一半埋在教堂里，一半埋在教堂外，这样如果上帝让他上天堂，他就从教堂这边上天堂，上帝让他下地狱，他就可以从棺材的另一头溜走。

　　伏尔泰相信一个人首先要生存，然后才能进行哲学思考，所以他在像一个哲学家一样思考之余，到处投资。虽然在大家的

印象中，伏尔泰是个"文科生"，但实际上他的科学素养和数学基础都非常好。他和数学家康达敏（Charles Marie de La Condamine，1701—1774）一起经过研究发现了法国政府彩票上的一个漏洞，并从彩票中赚了 50 万法郎，这在当时是一笔巨款。用投资挣到的钱，伏尔泰即使在被法国政府驱逐后还能在瑞士置办产业，还顺便种了 4000 多棵树。靠着这笔收入，伏尔泰得以一辈子不愁温饱，专心著书立说。

伏尔泰博学多识，才华横溢，著述宏富，在戏剧、诗歌、小说、政论、历史、科学和哲学诸多领域均有卓越贡献。他一生都在以笔为武器，反对封建专制和特权。那些热衷于纸醉金迷的物质享受的富二代，削尖脑袋往上爬的政客，偷税漏税为富不仁的商人，上瞒下骗打压同行的学术霸权者，以及在专制制度下蝇营狗苟求生的懦夫，断然无法理解伏尔泰这样一个出身豪门、生活富足、才华横溢的精英为什么要和当局对着干，以致东躲西藏，过着颠沛流离的生活。其实，伏尔泰的想法很简单，他这么做就是出于对真理的本能的追求而已。伏尔泰相信人们一旦了解了真理，就将获得自由。

伏尔泰并没有直接提出对未来世界的构想，他的政治主张基本上就是支持英国当时君主立宪的做法。根据他的经历，要提出共和的主张是不切实际的。伏尔泰最大的贡献在于将知识和真理告知于欧洲的民众，开启了民智。一百多年后日本出了一个福泽谕吉，做的也是开启民智的事情，因此他被称为日本的伏尔泰，这个比喻非常恰当，也从另一个侧面反映了伏尔泰的贡献。

当然，启蒙运动不仅仅停留在开启民智上，启蒙思想家也对未来社会制度进行了构想。对此贡献最大的两个人物则是卢梭和孟德斯鸠。

第四节　卢梭和《社会契约论》

在法国启蒙运动的所有思想家中，让 - 雅克·卢梭是影响力最大的一个，他的《社会契约论》是美国《独立宣言》和西方宪政国家宪法的理论基础。在法国大革命期间，所有的革命领袖们都自称是卢梭的学生，尽管很多人并没有读过卢梭的书，可见其影响力之大。在启蒙作家中，卢梭的著作我读得最多，但是却又感觉他是最难写的一位，因为他的一生充满了矛盾。就连卢梭自己也说，他是一个充满悖论的人，他甚至说过一些非常有名的矛盾言辞，比如"有时需要强迫人去自由"，这和我们理解的自由完全不同。卢梭一方面声称自己讨厌革命，但又启发后人采用暴力革命的手段，被罗伯斯庇尔等人奉为精神领袖。卢梭不仅在言语上矛盾，而且在行为上也是如此。他在年轻时就写过一部影响了几个世纪的教育论著《爱弥儿》，现实生活中却将自己的 5 个孩子都送进了孤儿院。另一方面参加了《百科全书》的编撰工作，宣传理性思想，但是后来却明确地反对理性运动，并且最后和几乎所有启蒙作家交恶。

卢梭在晚年完成并出版了自我暴露倾向明显的、自传性质的作品《忏悔录》，这部长达千页的大作，虽然取名的含义和圣徒奥古斯丁的《忏悔录》相同，但是与其说目的是忏悔，不如说是为自己的行为做解释。不过通过这本书，我们可以了解卢梭生活

图 5.5　创作于法国大革命时期（1794 年）的油画《革命的寓言》（伯特利，Nicolas Henri Jeaurat de Bertry，1928—1796）。最上方是卢梭像，寓意卢梭的思想对大革命的影响，正面柱子上的法语分别是"力量""真理""正义"和"联合"，旁边树上挂着自由的牌子

的细节、政治观点以及他和其他启蒙思想家交恶的细节。我们不妨先根据他自己的描述来看看他的生平。

按照今天国家的划分，卢梭并不是法国人，虽然所有法国人都把他当作法国的先贤，并且以法国出了卢梭而骄傲。卢梭 1712 年出生于瑞士的日内瓦，他在日后也一直强调自己是日内瓦人，并且在签名时经常写"让 - 雅克·卢梭，日内瓦公民"（Jean Jacques Rousseau, Citizen of Geneva）。我们知道，日内瓦的钟表闻名于世，比如最著名的百达翡丽和江诗丹顿都产自那里，而卢梭的父亲就是一位日内瓦的钟表匠，并且在当时是拥有投票权的中产阶级。当时欧洲大部分公民并没有投票的政治权利，因此从这个信息来看，卢梭当是出身于一个体面的且经济条件至少是小康的家庭。卢梭的母亲出身贵族，可是母亲却在他刚出生时就因为产褥热而离世了，从小缺乏母爱的卢梭后来对成熟的妇女非常依恋。

卢梭没有受过正规教育，但是他非常聪明，并且读了很多书。不过，据他在《忏悔录》中的记述，按照今天的标准来讲卢梭算不上是乖孩子，他从小就喜欢恶作剧，还会偷看女生裙底风光。从现存的画像来看，他应该是一个英俊迷人的男生，女人们都喜欢他。16 岁那年他遇到了比自己大 13 岁的华伦夫人（Françoise-Louise de Warens，1699—1762），两人很快成为了情侣并且同居了，应该说他们都改变了对方的人生。华伦夫人给了卢梭安定的生活、良好的教育和男女之爱，更重要的是给了卢梭所缺失的母爱，这让卢梭成长为一个具有良好人文和艺术素养、对社会保持关注并且身心健全的人。

1742 年，卢梭来到巴黎，结识了狄德罗及孔多塞等许多著名作家和思想家，他们对卢梭产生了很大的影响。接下来卢梭受狄德罗之邀，为《百科全书》撰写音乐方面的内容。在开始的几年里，卢梭和狄德罗成为了挚友，并且两人一直努力以理性的力量来拯救世界。1749 年，狄德罗因为宣传无神论被关进监狱，第二年被软禁在樊尚宫。有一天，卢梭去看望狄德罗，途中他看到报纸上有一则当时法国第戎科学院的一个征文比赛。题目是"科学和艺术是否有利于道德的升华"。看到这个题目，卢梭对苦思冥想了很长时间的这个问题突然得到了"顿悟"，他说他像是被雷击中一般得到了真理。那么这个真理是什么呢？那就是"人性本善，是社会制度使人变恶"。在狄德罗的鼓励下，卢梭参加了第戎科学院的征文比赛并获得名次，这使初到法国的他名声大振。在随后第戎科学院的另一次征文比赛中，卢梭以一篇题为《论人类不平等的起源与基础》的长文再次应征。这篇文章开头描述了人类最初所处的自然状态，天真、纯朴、幸福、和平，然后第二部分勾勒了私有制社会的到来，以及随之而来的自私、不公正、不平等、剥削和侵略性的状态。这次卢梭虽未获奖，但这篇长文成书出版后不仅在当时就引发了轰动，而且对日后的社会科学产生了巨大持久的影响。也正是靠着这篇论著，卢梭确立了自己作为思想家和作家的历史地位。

总的来说，卢梭认为人性本善，而社会把人变坏了。他对人性的思考贯穿了他的一生，他从年轻时就在考虑为什么社会会有不平等的现象，并为此做了很多研究。虽然同样是倡导自由和平等的思想家，卢梭思想的出发点和思维方式与大部分启蒙思想家都不同。要知道从路易十四开始，法国就一直崇尚科学和艺术，崇尚理性，百科全书派的编委们更是崇尚科学的理性派，而卢梭的这种观点是和他曾经参与的百科全书的工作背道而驰的，他和狄德罗等人从此开始出现分歧，而且彼此越走越远，直到矛盾不可调和。

1756 年到 1762 年之间，卢梭发表了他平生最重要的两部著作——《社会契约论》和《爱弥儿》。前者是卢梭对未来社会和政府的总论，而后者是他关于人和社会关系的阐述，它们构成了卢梭启蒙思想的核心。

《爱弥儿》从题材上讲是一部小说，描写了爱弥儿及其家庭教师的故事，但是从内容和目的来讲，这是一本教育论著，其副标题就是"论教育"。卢梭借爱弥儿的故事说明如何教育出一个理想的公民，它也是西方第一部完整的教育哲学专著。康德对《爱弥儿》评价极高，甚至认为它的出版本身就可以和法国大革命相提并论。

在《爱弥儿》一书中，卢梭从古罗马自然法的思想出发，阐述了人性本善和生而自由平等这两个重要的观点。卢梭认为，每一个人生下来都是有良心的，而且彼此是平等的，这是自然赋予的秉性。如果自然发展，就会成为善良的人，所以教育应该是顺着天性让人自然发展。但是，当时封建的教育让人追求成为王公贵族，这样就把人的天性扭曲了，使天真纯洁的孩子沦为社会传统的牺牲品，这样培养下来，他们长大以后就失去了善良的本性。在卢梭看来，要纠正封建教育的错误，就应当使教育回归自然，使儿童的天性得到自然的发展。

卢梭写《爱弥儿》的目的不是为了介绍育儿的经验，事实上他也没有什么经验可言，因为他把自己的5个孩子都送进了孤儿院。卢梭写这本书的目的，是在阐述他的民主教育思想以及对封建价值观的一种批判。这本书日后成为了西方"平等、自由和博爱"基本价值体系中关于"平等和自由"的理论基础。如果把这本书和鲁迅的《狂人日记》做个对比，可以发现它们有一些相似性，两本书的写作目的是对欧洲和中国封建传统进行一种深刻的批判，不同的是，卢梭给出了他理想中教育下一代的方向和方法，鲁迅只是对过去价值观的批判并呼吁救救孩子，但没有说孩子应该怎样培养。二者另一点不同之处在于，《狂人日记》是在中国结束封建王朝统治后写成的，而卢梭的《爱弥儿》成书时正值法国专制统治极盛时期，可以想象它对当时由神权和王权控制的法国产生的冲击有多大。

《爱弥儿》一书出版后，不仅教会和政府反对他，就连其他的启蒙思想家也开始指责他，这本书很快被列为了禁书。卢梭开始也没有太在意，自认为是个遵纪守法的公民，不至于因此人身安全成为问题。但是后来情况的发展就不像他想得那么简单了，一天晚上一位朋友给他来送信，说法院已经认定他有罪并发了逮捕令，第二天就要来抓他。卢梭不得已匆忙逃回了他的故乡日内瓦，但是那里同样不欢迎他，于是卢梭只好继续逃亡，好在他得到了普鲁士国王的庇护。卢梭在普鲁士的领地生活到1765年，后来因为受到当地人的袭击，不得不再次逃亡。这次他受英国哲学家休谟的邀请来到了英国，但是很快卢梭就和休谟交恶，不得不离开英国。此后，卢梭只好化名潜回法国，直到1770年，他才被允许在法国合法居住（但不得出版书籍），这距离他因《爱弥儿》获罪已经过去8年了。在接下来的几年里，他依然过着清贫的生活。

卢梭晚年蜚声全欧洲，不少王公贵族都想结交他，但是他没有能够享受这种声誉带来的幸福。不久，他在一次散步时中风摔倒而死。卢梭去世后，先是被安葬在一个贵族的庄园里。1794年法国大革命之后，他被当作点燃大革命火种的先哲，灵柩被移入法国先贤祠（Pantheon），葬在他的战友也是对头的伏尔泰的对面。伏尔泰这位伟人几乎与卢梭同时离世。在卢梭的陵墓上，设计师设计的图案是伸出一只手，这只手紧握着火炬，象征着卢梭点燃了法国大革命的火种。

在欧洲近代史上，像卢梭这样影响力和争议都很大的人并不多。在卢梭的时代，欧洲大部分国家的教会和君主们都不喜欢他（一开始并非如此），这倒很好理解，因为他的著作触犯了僧侣和贵族阶层的利益。但是他又和几乎所有本应该是他的战友的思想家们交恶，其中被卢梭尊为师长的伏尔泰

图 5.6 位于巴黎先贤祠的卢梭墓，灵柩上伸出手紧握着的火炬，寓意卢梭的思想点燃了革命之火

还几次专门匿名发表文章抨击他，这种行为在今天看来简直有点匪夷所思。不过，如果仔细分析卢梭的出身、生活经历和为人特点，就不难发现卢梭其实和他们不是同道人。伏尔泰出身于富商家庭并且一辈子过着富有的生活，孟德斯鸠本身就是贵族（男爵），狄德罗虽然出身平民，但是晚年生活富足，他们虽然反对专制，提倡平等自由，但是并非国王的敌人。只有卢梭一辈子对物质没有什么欲望，过着一种用今天的话来说非常"草根"的生活，另一方面卢梭对自己能够我行我素地做事情特别看重，他甚至放弃法王路易十五对他的资助，因为那样一来他就没有了自由。卢梭的这种行事方式也使得他日后在底层民众中特别有市场。

在卢梭去世仅仅 11 年后，法国就爆发了大革命。在大革命中既有代表贵族的立宪派，比如著名的拉法耶特将军（Gilbert

du Motier, Marquis de La Fayette，1757—1834），也有代表富商的吉伦特派和代表草根"暴民"的雅各宾派，他们其实本身不该有太多的冲突，但是在当时的环境下很小的矛盾居然变得不可调和。类似地，在启蒙思想家群体中，政治观点也各有不同。总的来说，伏尔泰和孟德斯鸠的想法更接近上层的立宪派，卢梭的思想则更代表草根革命者的想法，而那些今天时过境迁看上去算不上什么根本矛盾的冲突，在当时也闹得水火不相容。

　　卢梭可以说是荣于身后，他不仅被当成了大革命的精神领袖，进入了先贤祠，而且在他去世后的300多年里，被越来越多的民众追捧。2012年在卢梭诞辰300周年之际，他的故乡日内瓦为他举行了十分隆重的纪念活动，几乎天天都有不同形式的纪念活动，这和当年日内瓦因为《爱弥儿》一书向卢梭发出逮捕令的情形完全不同。那一年，欧洲各地纪念卢梭的活动也是连绵不断，欧洲人的口号是"人人皆可享受卢梭的思想"。就连大洋彼岸的美国那些占领华尔街的人，也把卢梭奉为他们的精神领袖。你可以想象，当那些对于卢梭的了解仅限于"让－雅克·卢梭"这个法语名字，而对他的思想一无所知的人也要把卢梭抬出来时，卢梭对今天西方世界的影响得有多么大。其实，这也不难理解，毕竟世界上大多数人依然是普通平民，他们渴望得到平等的对待，渴望自由，而卢梭恰好是平等自由的化身。至于那些自然主义者，则更是把卢梭作为他们这一派的鼻祖。

　　卢梭对后世影响力巨大的另一个原因就是他特别会写书、写文章，以至于他的思想容易被更多的人所接受。孟德斯鸠虽然从理论上阐述了分权的重要性，但他的著作《论法的精神》，除了研读法学和政治学的人，其他人即使是文科生也未必读过。伏尔泰的《哲学词典》也不是普通人愿意阅读的著作，而他的剧作《老实人》今天已经有点落后于时代，缺乏读者了。至于狄德罗等人编撰的巨著《百科全书》，仅正文就达 28 卷之多，显然不是一般读者会有兴趣读的。因此，这些著作虽然系统地阐述了近代民权思想，并且影响了美国革命、法国大革命和各国宪政，但是到了今天，它们的读者并

图 5.7　卢梭像（拉图 Maurice-Quentin1 de La Tour 1704—1788 创作，收藏于法国圣康坦的安托万—利翠叶博物馆，Musée Antoine-Lécuyer）

不多。而卢梭的著作则不同，他不仅著有系统阐述他的政治理念的《社会契约论》和《爱弥儿》等著作，还写了很多可读性强的散文和回忆录等文学类作品，比如《新爱洛漪丝》《一个孤独漫步者的遐想》和《忏悔录》，等等。这些书文笔优美，充满了浪漫主义的情调，即使今天读起来也会觉得津津有味。通过这些作品，卢梭以润物细无声的方式把他的思想传达给了几个世纪里全世界的读者。我本人读卢梭的书，也是先从他的《忏悔录》和《一个孤独漫步者的遐想》开始的。

　　当然，光靠浪漫主义的文学作品，卢梭是不可能对今天的

世界政治制度产生重大影响的。卢梭对人类最大的贡献除了提出了"人生而平等自由"这个观点，更重要的是阐明了现代国家政府的职责以及公民和政府的关系，这主要体现在他的《社会契约论》（也被翻译成《民约论》）一书中。

《社会契约论》成书于1762年，也就是卢梭因《爱弥儿》获罪的同一年。这本大约只有10万字的书，其核心内容是"主权在民"的思想，这一理论被认为是现代社会制度的基石。在书中，卢梭分三个层次展开了他的观点。

首先，卢梭指出人和政府之间实际上存在着一种默认的契约关系，也就是说，政府的权力来自民众的认可，而非神授，非强力。至于政府的构成，卢梭认为需要三个组成部分。首先一个国家需要有一个相当于国家元首的人作为民意的代表，至于他是君主、贵族精英还是民选的代表，卢梭并未明确说明，事实上卢梭并不反对君主制，他认为只要君主能够代表民意即可。其次一个国家需要有人来操办具体的事情，这些人就是官员，他们构成了政府的执行机构。卢梭认为政府的权利应该代表民众的公共意志，那么民众的公共意志由谁说了算呢，卢梭认为需要有一个代表民意的团体（这就是今天议会的雏形）来表达这种意志。卢梭的这种设想在很大程度受到了英国洛克的二权分立学说的影响，但是在英国直到今天立法权和行政权都一直没有明确分离。

接下来，卢梭阐明了人和政府的关系。由于卢梭推崇自然法则，而政府这个组织显然不是自然状态下产生的，因此卢梭认为大家需要有一个（成文或者默认的）社会契约。在社会契约中，每个人都放弃掉一些自然赋予的权利和自由，以换取契约保证的权利和自由。用今天的话来讲，就是社会中的每个人都必须要出让部分私权利，以换取公权力的保护。卢梭还特别指出，这种权利和自由的出让是自愿的，不同于奴隶被剥夺了权利和自由，因此社会的基础乃是独立的公民。

最后，卢梭讲述了公民参与政治过程的方式。他对比了古希腊和古罗马的民主制度，以及基督教内部的制度和当时欧洲的君主制，最后指出，公民的意愿要通过投票来表达。对于宗教，卢梭一方面认为宗教是必要的，另一方面提出了政教分离的观点，因为基督教的做法和社会契约制度是不相容的。今天，政教分离的原则也成为西方现代国家政治制度的特点。

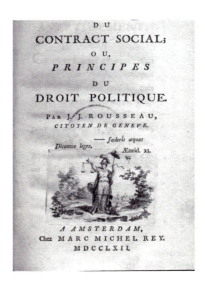

图5.8　卢梭的代表作《社会契约论》，扉页上，女神手中的天平寓意社会的公平

卢梭的理论对美国的国父杰弗逊、亚当斯和麦迪逊等人产生了重大的影响。就在卢梭去世4年后，年仅33岁的杰弗逊起草《独立宣言》，开篇第一段简要提出人人生而平等的声明，之后整段的内容就是在复述卢梭《社会契约论》里的核心思想。杰弗逊是这样写的：

"为了保障这些权利（生存权、自由权和追求幸福的权利），人们才在他们中间建立政府，而政府的正当权力，则是经被统治者同意授予的。任何形式的政府一旦对这些目标的实现起破坏作用时，人民便有权予以更换或废除，以建立一个新的政府。"

这其实就是表明了政府和人民之间的契约关系。杰弗逊接下来按照这个逻辑进一步展开他的观点：

"新政府所依据的原则和组织其权利的方式，务使人民认为唯有这样才最有可能使他们获得安全和幸福。若真要审慎的来说，成立多年的政府是不应当由于无关紧要的和一时的原因而予以更换的。过去的一切经验都说明，任何苦难，只要尚能忍受，人类还是情愿忍受，也不想为申冤而废除他们久已习惯了的政府形式。然而，当始终追求同一目标的一系列滥用职权和强取豪夺的行为表明政府企图把人民置于专制暴政之下时，人民就有权也有义务去推翻这样的政府，并为其未来的安全提供新的保障。"

这样，杰弗逊就利用社会契约的观点，说明了北美殖民地反抗英国政府的合法性。

在美国《独立宣言》发表 13 年之后，法国爆发了大革命并且很快颁布了《人权宣言》，这份宣言其实是对卢梭整体思想的再一次诠释。不过，接下来法国事态的发展恰恰是对《人权宣言》的破坏。到了雅各宾派上台时，他们实际上推行的是一种剥夺个人的私权利、全部收为公权力的极端做法，而他们所谓的理论基础恰恰是《社会契约论》，因为在书中卢梭讲为了全社会的福祉，需要将一些私权利转换成公权力。但是雅各宾派的罗伯斯庇尔等人忘记了，卢梭所说的权利转换不是像对奴隶那样进行权利的剥夺。当然，很快这种极端的做法便随着雅各宾派的倒台而结束。

《社会契约论》的思想被写进了很多国家的宪法中，包括印度和日本等亚洲国家。到了1946年，日本在提出宪法修改草案后让麦克阿瑟将军过目，麦克阿瑟明确指出除了要在宪法中写明放弃战争权力之外，还必须写明"主权在民"的思想。卢梭如果地下有知，看到他的社会契约论思想被全世界广泛接受，应该足以欣慰了。

第五节　孟德斯鸠和三权分立

一位美国的中学生曾经这样问他的历史老师，为什么美国实行三权分立，而英国却没有。老师回答说，英国确立君主立宪制时，还没有孟德斯鸠。换言之，因为有了孟德斯鸠，美国才得以确立今天的政治制度，可见其对历史的影响力之大。在整个法国启蒙运动中，孟德斯鸠和伏尔泰、卢梭一起，被称为"启蒙运动的三剑客"。一些人甚至会用古典主义画家达维特的名画《荷拉斯兄弟的誓言》中的三位持剑勇士来形容这三位启蒙思想家。

和富有传奇色彩的伏尔泰或卢梭相比，孟德斯鸠的生平经历显得平淡无奇。孟德斯鸠出生于波尔多地区的一个贵族家庭，虽然小时候在一个穷苦家庭寄养过一段时间，但总的来讲他受到了非常良好的教育。十几岁时，他学习了文学、科学和其他所有贵族们应该学习的课程，然后进入波尔多大学学习法律。1708 年，19 岁的孟德斯鸠离开家乡，到巴黎学习和工作了 4 年多，直到他 24 岁那年（1713 年）因为父亲去世而返回波尔多。第二年，他出任波尔多议会的庭长。过了几年，他的舅舅去世了，他继承了舅舅的男爵爵位和财富。

在接下来的 11 年里，孟德斯鸠在波尔多议会的司法部门工作，管理过犯人，对法律流程和刑法了解很深。这一段经历对他产生了两个影响，首先是作为地方贵族产生了对中央集权的不满。在这段时间里，也就是在 1721 年，孟德斯鸠匿名发表了他的第一部著作，也是唯一的小说《波斯人信札》。当然，尽管他没有署上自己的大名，大家也都知道这本书是他写的。在这本书里，他以一个波斯贵族青年郁斯贝克在法国游历期间不断给朋友写信的方式，描绘了法国 18 世纪的社会，并借郁斯贝克之口，发表自己对法国宗教政治、法律和社会的看法。为了避免这本书因为政见而遭查禁，小说里夹杂了许多杜撰的波斯故事，其中的细节描绘充斥肉欲、流血和死亡，同时里面的绵绵情话又让人常读常新。书中还表达了对法国"太阳王"路易十四的反感，并且批评法国比波斯更专制。这本书甫一出版，就大受欢迎，甚至巴黎的上流社会对它也十分追捧，该书一连再版了十多次。孟德斯鸠也因这本书进入到巴黎上流社会的沙龙。

路易十四之后，法国的地方贵族不再是过去那种上马管军队，下马管民众，集行政权、财权（税收权）和司法权于一身的诸侯了，因此他们有着相对闲暇的时间。在波尔多的生活对孟德斯鸠的另一个影响，就是让他有空进行科学研究并经常参加波尔

图 5.9　孟德斯鸠在波尔多地区居住的城堡

多科学院的学术活动。孟德斯鸠对科学一直表现出了极大的兴趣，并且发布了不少学术论文，比如《论重力》《论涨潮退潮》《论相对运动》等。后来他当选为法国科学院院士，这主要得益于他在科学上的研究成果，虽然这些成果对科学的发展贡献并不大，但是他的科学素养却培养出了他理性思维的习惯和逻辑性。他的名著《论法的精神》是所有启蒙著作中最为严谨、逻辑性最强、也是理论水平最高的一部。

　　1725 年，孟德斯鸠辞去公职，这样他就有更多的时间做自己感兴趣的事情。孟德斯鸠开始游历欧洲各地，包括在英国做了一年半的访问，期间还列席了英国国会的会议，并且被接纳为英国皇家学会会员。在这一年半的英国岁月里，孟德斯鸠对洛克分权的学说有了深刻的认识，对宪政有了亲身的感受。后来孟德斯鸠因为视力问题不得不中断了游历，于 1731 年回到了巴黎，专心致志地写他一生最重要的著作《论法的精神》。与此同时，他还在写另一部重要著作《罗马盛衰原因论》，这本书反而先于《论法的精神》在 1734 年出版。

《罗马盛衰原因论》从罗马帝国的起源、兴盛、称霸、繁荣，一直写到它的衰落。这本书被认为是历史上诸多关于罗马兴衰史的学术专著中最深刻的一本。不过，与其说这本书是历史著作，不如把它看作一本政治论著，这样更符合该书的性质和作者的本意。孟德斯鸠实际上有一整套他自己的理论体系，并且用它来分析罗马的历史。和今天大部分历史学家的观点不同的是，孟德斯鸠认为罗马的共和国制度是好的，是导致罗马兴起和称霸的原因，后来恺撒和屋大维走向帝制才导致了罗马日后的衰落。在今天来看，这些观点有点偏颇，因为今天历史学家们的共识是，在那个时代罗马的共和制已经无法管理一个日益扩张的帝国了。不过，考虑到当时孟德斯鸠是拿罗马的故事说法国的事情，他的观点就很容易理解了。孟德斯鸠一生都没有直接和当时的政权和教会进行剧烈的正面冲突，尽管一些教会人士反对他。孟德斯鸠常常借古喻今，或者虚构一个国度映射法国的现实，避免了很多不必要的麻烦。当然，与卢梭不同的是，孟德斯鸠出身贵族，所以他没有卢梭那种追求平民平等参政议政的情结。《罗马盛衰原因论》一书当时的现实意义在于孟德斯鸠将自己构建合理社会的设想赋予其中，即以精英民主管理国家的共和制取代独裁。

当然，孟德斯鸠对历史影响最大的著作还是他的《论法的精神》。在这部体现了作者完整的哲学、法学和政治学思想的巨著中，孟德斯鸠阐述了两个至今仍对世界政治制度具有重大影响力的观点，即从自然法的原则出发否定了神授君权，以及分权学说。孟德斯鸠虽然并不反对上帝，也不像狄德罗那样是唯物派，但是他反对神权，主张世俗的权利。今天，除了少数原教旨主义统治下的国家，神授君权的观点已经没有了什么影响力，但是在当时，神授君权的观点是世界各国的君主们统治合法性的依据，即使在英国这样已经实行君主立宪民主政治的国家里，君权神授的思想依然为民众普遍接受。这套思想在欧洲也有其理论基础，代表人物

图 5.10　孟德斯鸠像（现收藏于凡尔赛宫，画家不详）

是著名的神学家阿奎那（Thomas Aquinas，1225—1274），他提出"国王的权力"是"神的意志"的延伸。另一位被奉为圣者的圣奥古斯丁（Augustine of Hippo，354—430）则认为历史是由世俗原则和宗教原则不断冲突推动的。孟德斯鸠并不否认上帝的精神力量，不过他认为世俗的权力和神的力量无关。既然世俗的权力不是神授予的，那么孟德斯鸠接下来就可以回答世俗权力应该如何分配的问题。

　　孟德斯鸠从本质上讲是地方贵族的代表，因此他的政治主张的核心是分权。这包括两个维度的分权，首先是国王和贵族之间权力的分配，但是这种分配又不同于英国国王和贵族直接签署大宪章来规定各自的权力——他提出通过共和的方式来管理国家。但是，孟德斯鸠的共和设想又不同于古罗马时期的共和

制，虽然他的理论某种程度上借鉴了古罗马的制度，尤其是罗马法的精神。孟德斯鸠通过对有文字记载的历史的研究发现了一个公理，即"一切有权力的人都容易滥用权力，这是万古不易的一条经验。有权力的人往往使用权力，一直到遇有界限的地方才休止。"而孟德斯鸠整个关于政治和法律的学说就是建立在这一条公理之上的。这条公理在西方政治学上的地位与欧几里德的 5 条几何公理一样重要，由它可以推导出整个西方国家制度的设计方案。

　　孟德斯鸠比前人聪明的地方在于，他不相信这个问题能通过寻找明君甚至一般的制度来解决，因为这是人性的缺陷，事实上在世界各国，历朝历代滥用权力以及由此产生的专制和腐败都不可能从根本上解决。那么怎么办呢？孟德斯鸠最大的贡献在于他不仅指出了分权的必要性，即给出了"要防止滥用权力，就必须以权力约束权力"这样的解决方案，还给出了一个具体可行的解决方案，即将立法权、行政权和司法权分开，也就是我们常说的"三权分立"。对此，孟德斯鸠是这样解释其必要性的：

　　　　首先，立法权和行政权必须分开，因为当立法权和行政权集中在同一个人或同一个机关手中时，制定的法律一定是便于统治者的苛刑峻法，政治和社会的自由便不复存在了。

　　　　其次，行政权和司法权必须分开，因为"如果司法权同行政权合而为一，法官便将握有压迫者的力量"。用现在的话来讲，不能既当运动员，又当裁判员。

最后，立法权和司法权也必须分开，因为如果这二者合一，司法部门就会出现所谓的专断，比如为了判一种罪而立一种法。

因此，这三种权力必须严格分开。后来，历史事实证明，孟德斯鸠让权力相互制约的办法几乎是唯一一个能够从长远保证权力不被滥用的手段。

至于三权如何构成，孟德斯鸠也提出了自己的设想。首先行政权由精英掌握，不排除国王，这样可以让政府办事有效率。但是行政权必须受到司法权的制约，而立法机关有权解散军队，以免军队成为危害人民自由的工具。接下来，司法权应该由人民选举产生，这代表民意。事实上这么做也可以保证精英和平民意愿的平衡。

当然，这两点关于分权的思想，英国更早期的政治家洛克也提出来过，不过孟德斯鸠进一步提出了司法独立的原则，即司法权独立于立法权和行政权，由选自民众阶层的法官依照法律的规定行使审判权，不受立法权和行政权的干涉。相比洛克的分权理论，这是孟德斯鸠的重大突破，使得他的分权学说成为真正意义上的"三权分立"。孟德斯鸠认为司法独立是"以权力制约权力"的关键，只有"司法独立"才能保障司法权对立法权、行政权的制约。

在《论法的精神》里，孟德斯鸠强烈地抨击专制制度。他认为"教育应当是提高人的心智，而专制国家的教育则降低人的心智。甚至对那些处在指挥地位的人，奴隶性教育也是有好处的，因为在那里没有当暴君而同时不当奴隶的。绝对的服从，意味着服从者是愚蠢的，甚至连发命令的人也是愚蠢的，因为他无须思想、怀疑或推理，只要表示一下自己服从的意愿就行"。

《论法的精神》一书出版后，虽然引起了争议，但并未遇到很大的麻烦，几年后孟德斯鸠在旅途中染病去世。孟德斯鸠一生比较顺利，他既不像伏尔泰和狄德罗那样进过大牢，也没有像卢梭那样被驱逐出境。他虽然提出了自己对未来社会政治架构的设想，并且这些设想后来被美国人和法国人先后实现了，但是他本人并没有丝毫要推翻旧制度的意思，甚至没有要求王室改革政治，他只是著书立说，表示如果你们统治者不改革，法国就完蛋了。或许是因为他这种温和的态度，法国当局才没有找过他的麻烦。

孟德斯鸠认为，民主政治要有群众基础和人民的参与，他曾经讲过"独裁政治权势者的专制，对于民众福祉的危险性，比不上民主政治人民的冷漠"。事实上，在孟德斯鸠之后，虽然世界上很多国家都实行了民主制，但是只有那些具有地方自治传统、民众高度参与政治的国度，效果才会彰显。孟德斯鸠认为有什么样的民众就有什么样的君主。有暴君的地方一定有肯当奴隶的人，那么要想让民众参与政治，就需要启蒙人们的心智。孟德斯鸠和其他启蒙思想家做到了这一点，开启了心智的不只是法国人，也包括大洋彼岸的美国人。

第六节　为什么在 18 世纪，为什么在法兰西

在不少人看来，法国启蒙运动对人类进步的作用不亚于谷

腾堡发明印刷术或者牛顿开启科学时代。且不说这种评价是否过誉，但毋庸置疑的是，全世界各国在体制上的近代化过程，都直接或间接地受到了法国启蒙运动的影响。那么接下来的问题就是，为什么启蒙运动会出现在 18 世纪，为什么出现在法兰西。要回答这个问题，我们需要把时间从启蒙运动再往前推一个世纪。西方在教授哲学史或者文化史时，通常还会讲一个更广泛的启蒙时代——从时间上始于笛卡尔，终于富兰克林和杰弗逊，在空间上扩展到英国、德意志甚至是大洋彼岸的美国。而法国的启蒙运动，既是整个启蒙时代的核心和高潮，也受到之前一个世纪英国科学、哲学和政治的影响，它的产生是历史发展的必然结果。在 17—18 世纪诸多科学巨匠和思想家中，对法国启蒙运动影响最大的是两个英国人——牛顿和洛克。

牛顿不仅是伟大的科学家，也是一位思想家。他不仅用简单而优美的数学公式破解了自然之谜，而且还通过自己的伟大成就宣告了人类理性时代的来临。牛顿告诉人们：世界万物是运动的，这些运动遵循着特定的规律，而且万物运动的规律又是可以被人们认识的。牛顿的这些发现，给人类带来了从未有过的自信。在牛顿之前，人类对自然的认识还充斥着迷信和恐惧，因此屈服于神权也是可以理解的。而在牛顿之后，人类逐步开始以理性的眼光对待一切的已知和未知，这样上帝就逐渐走下了神坛，人一步步地站了起来，最终导致了教会权威的逐步丧失。也正是因为如此，历史学家对牛顿的评价非常高，认为牛顿是人类历史上第二位具有重大影响力的人物，牛顿不仅排在爱因斯坦等科学家之前，甚至被认为其影响力超过了耶稣和孔子。

法国主要的启蒙思想家都有着超乎寻常的科学素养，他们中的很多人本身就是著名的科学家。达朗贝尔是大数学家，他发展了牛顿的微积分。伏尔泰、卢梭和孟德斯鸠都去过英国，接受了牛顿的学说，伏尔泰和他的情人夏特莱侯爵夫人还是牛顿学说在欧洲大陆最重要的传播者。孟德斯鸠对科学的兴趣丝毫不亚于对法律的兴趣，其科学素养也非常深厚，他发表过科学论文，并且是英国皇家学会的会员。狄德罗虽然没有到过英国，但也是牛顿学说的崇拜者。狄德罗通过百科全书，大力普及牛顿和其他英国学者提出的最新科学知识。他们尽管出身不同、社会地位差别也很大，但是有一点是相同的，那就是都具有极高的科学素养和理性精神。即使是卢梭，虽然他在理性和自然之间更崇尚自然，但是他并不赞同旧时代的经院哲学和神权至上。可以说，启蒙思想家们在精神上人人都是牛顿的弟子，他们把自己从宗教思想中解放了出来，他们都反对神权，相信人类的力量，并且希望通过人自身的力量来改良社会。

　　对启蒙运动有重大影响的第二个英国人是约翰·洛克，他也是最早提出分权说的思想家。洛克在世的时候首先被认为是哲学家，他和休谟、贝克莱一起被看成是英国经验哲学的奠基人。但是几百年后回过头来看，他对人类最大的贡献在于对社会契约理论的贡献和分权说的提出。

　　洛克主张政府只有在取得被统治者的同意，并且保障其自然权利（比如生命、自由和财产）时，才获得统治的合法性。因此，政府和被统治者的关系是建立在社会契约基础之上的。如果政府作为契约的一方违背了契约，那么人民便有推翻政府的权利。从这里可以看出，洛克的主张和后来卢梭的主张已经非常相似了，只不过洛克在这两个问题上讲得比较模糊。首先在洛克的时代，英国的首要问题是解决贵族和国王之间的权力平衡问题，以及解决正在兴起的工商资产阶级和封建主之间权利分配的问题，因此，虽然洛克强调每一个人生而具有自然权利，但实际上他并没有像后来的卢梭那样鼓励每一个公民获得同等的权利。事实上，洛克是支持奴隶贸易的。在英国赋予每一个公民平等权利，到19世纪30年代宪章运动之后才解决。其次，也是更大的问题，即公权力如果不是神授予的，那么是怎么来的。卢梭说得很清楚，权力这东西是个常数，每个人必须牺牲掉一些私有的权利，才能有公权力，这也是现代社会公民和国家之间契约的基础。不过洛克当时没有意识到这一点，他希望通过公民之间的理性和谦让来形成公权力。这在贵族之间或许可行，但是要推广到每一个人显然是天真的。但不管怎样，洛克的学说都是卢梭理论的基础。

洛克也看到了权力过于集中后会带来专制，专制对商业文明的发展不利，因此他主张分权。不过他的分权和后来的三权分立不完全相同。洛克主张国家权力分为立法权、行政权和对外权，这三权和孟德斯鸠所说的立法权、行政权和司法权三权是两回事。洛克还主张立法权与行政权的分立，以及行政权与对外权的统一，因此一般认为洛克倡导的是两权分立。

总的来说，洛克根据英国的情况，提出了一种对未来社会的初步构想，正因为是初步构想，才给后面的思想家提供了自由发展的空间，在洛克的基础上，卢梭完善了社会契约论，孟德斯鸠完善了分权说。

　　综上所述，可以看出法国启蒙运动是建立在牛顿和洛克的理论之上的，因此从时间上来看它发生在18世纪是必然的。那么为什么是发生在法国呢？这就不得不从路易十四开始说说当时的法国社会特点了。我们不妨从经济和政治两方面剖析一下法国产生启蒙思想的原因。

　　从经济上，自路易十四开始，一直到路易十六时代大革命爆发前夕，法国一直是欧洲强国，虽然社会矛盾重重，但是经济状况并不差，尤其是上层社会和商人们非常富足，经济发展水平和玛丽娅·德·美第奇嫁过来时已经不可同日而语了。我们常说经济基础决定上层建筑，正是因为生活富足，这些贵族要么自己去做研究和思考社会问题，要么资助其他的精英去做，这有点像文艺复兴时美第奇家族资助文化艺术。

　　再从政治和文化上看，自路易十四开始，法国一方面变得专制，剥夺了地方贵族们的很多权利，把他们逐渐集中到了巴黎，这些无所事事的人聚在一起，就有了议论政治和交流思想的机会。文化方面，从路易十四开始，三位国王都重视法国科学和文化的发展，这让法国成为一个文明的国度。在路易十四之前，法国近乎蒙昧社会，以至于美第奇家的小姐嫁给法国国王时，要教会法国王室一些基本的礼仪，并教会王室成员如何享受精致的生活。上层尚且如此，那就更不用说底层社会的文化素养了。无知是人类最大的敌人，当人类处于无知状态时，人们就难免陷入迷信和被奴役的状态。而当人们开始获得知识后，人类本身向上的力量就会引导自己走向自由。在路易十四的时代，法国成为了

图 5.11　法国乔芙琳夫人（Marie-Thérèse Rodet Geoffrin）的沙龙（收藏于麦尔麦森堡国家博物馆）。画中思想家荟萃，左边前排第一位是孟德斯鸠，达朗贝尔在前排中央，卢梭、伏尔泰和狄德罗等人在后排里

欧洲的科学和文化中心，从上层社会到底层民众，大量的法国人都开始学习和思考了，因此启蒙运动在法国达到顶峰也就不奇怪了。

　　从路易十四开始，法国似乎进入到前所未有的专制时代，但是观察路易十四到路易十六这 100 多年的专制水平，相比中国在辛亥革命之前的统治，简直就如同一位博士教授与一名小学没毕业的学生。法国在那三朝的专制时期，可能比中国历史上最开明的时期还要开明。这三位君主，虽然无一不喜欢专制制度，但是都尊重知识，非常敬重有学问的人。卢梭的思想在启蒙思想家中最为激进，但是路易十五却曾经打算资助卢梭——并非赞同他的想法，而是尊重他的才识。卢梭只是考虑到拿人的手短，才婉拒了路易十五的资助。伏尔泰和狄德罗都进过监狱，失去人身自

图 5.12　从路易十四开始，豪华的凡尔赛宫成为了法国的政治中心

由，思想却是不受限制的，并且实际上他们一些思想恰恰是在监狱里形成的。事实上，对思想进步最大的桎梏不是监狱的高墙，而是宗教般的洗脑。

在这种宽容开明的专制制度下，当时法国贵族的沙龙里充满了各种批评时政的言论。事实上，伏尔泰、卢梭、孟德斯鸠和狄德罗都是各种上流社会沙龙的常客，而且伏尔泰和狄德罗还得到过当时最有名的沙龙的女主人蓬巴杜夫人的帮助。伏尔泰写道，她"有一个缜密细腻的大脑和一颗充满正义的心灵"，这说明她绝非只知道乱花钱的风流女子，事实上这位路易十五的情妇算得上是一位奇女子，酷爱艺术和文化，并且资助和保护了大量艺术家和文人。伏尔泰一生最重要的情人是夏特莱侯爵夫人，她不仅保护了伏尔泰人身安全，而且利用她在巴黎上层社会的关系，最终让法国当局取消了对伏尔泰的通缉。

17 世纪和 18 世纪的法国，可以用政治腐败但思想活跃来形容。正是因为思想活跃，它才能产生进步的新思想，而也正是因为政治腐败，才有必要思考如何从根本上解决问题。这些机缘凑在一起，便导致了启蒙运动出现在法国。

结束语

　　启蒙运动是人类历史上一次空前的思想解放运动，它不仅在半个世纪后直接催生出了美国和法国这两个民主现代国家，而且带动人类从古代文明迈向近代文明。启蒙运动能够在法国成功，在很大程度上靠的是全社会的努力，而不仅仅是一两个英雄人物。将启蒙思想家的名字一一列出，估计可以写满半张纸。即便是他们中间的代表性人物孟德斯鸠、伏尔泰、卢梭和狄德罗，也分别代表了贵族阶层、富商和平民，可见当时启蒙运动在法国是一个全民运动。在法国，当时除了教会之外，各阶层的人包括国王都欢迎至少足够宽容这些新思想。在法国历史上名声最糟糕的国王是路易十五，其坏名声主要来自于他在军事外交上的无能（尤其是输掉了在北美和英国人打的七年战争，继而丢失了大量的殖民地）和财务上的失败，但是在当时大部分民众心中，他依然是一位好国王。至于后来的"亡国之君"路易十六，连法国前总统密特朗都说他是一个好人。按照《旧制度与大革命》作者托克维尔的观点，正是因为法国的旧制度不是那么糟糕，才诞生了新思想以及后来的革命。相反，在德意志地区由于旧制度的桎梏太厉害，反而没有爆发革命。从这个角度上讲，波旁家族的国王们也算是为启蒙运动开了绿灯。

　　启蒙运动的思想能够在法国迅速传播，这要感谢印刷术。在古希腊和罗马时代，传播思想最方便的形式是讲演，而非著书立说，因为在印刷术发明之前讲演的传播效率实在太低。但是到了18 世纪，情况则不同了，印刷术让伏尔泰和狄德罗给法国人上了

图 5.13 枢机主教黎赫留

开启民智的课程，让孟德斯鸠和卢梭将未来社会的设想传播到远离巴黎的偏远地区。最终，知识使人自由，曾经在欧洲王权最盛的法国，在启蒙运动之后，成为了世界上最为自由民主的国度。两百多年过去了，伏尔泰、卢梭、孟德斯鸠和狄德罗等人早已作古，但曾是启蒙运动中心的法国，一直都是全世界左派运动的中心。最后我们不妨借用法国著名政治家，路易十三的枢机主教黎赫留（Armand Jean du Plessis, Cardinal-Duke of Richelieu and of Fronsac，1585—1645）的一句名言结束本章：*The pen is mightier than the sword.*（笔胜于剑）。

第六章 谈出来的国家

美国的建国过程

　　在美国首都华盛顿特区的中心地带（习惯上称为 Mall），耸立着一座高 555 英尺（约合 170 米）、类似古埃及方尖碑的建筑，这就是美国开国元勋、第一任总统乔治·华盛顿（George Washington，1732—1799）的纪念碑。纪念碑内部中空，内有电梯直通顶端，俯视整个华盛顿特区。透过电梯透明的内墙，可以看到美国各州和世界各国颂扬华盛顿的文字，其中中国的文字颇有意思，碑上刻着"大清国浙江宁波府镌"，碑文如下（摘自清代道光年间福建巡抚徐继畬所著的《瀛寰志略》）：

　　"华盛顿，异人也。起事勇于胜广，割据雄于曹刘，既已提三尺剑，开疆万里，乃不僭位号，不传子孙，而创为推举之法，几于天下为公，骎骎乎三代之遗意。其治国崇让善俗，不尚武功，亦迥与诸国异。余尝见其画像，气貌雄毅绝伦，呜呼，可不谓人杰矣哉！米利坚，合众国以为国，幅员万里，不设王侯之号，不循世及之规，公器付之公论，创古今未有之局，一何奇也！泰西古今人物，能不以华盛顿为称首哉！"

图 6.1　华盛顿纪念碑

翻译成白话文，大意是这样的：

> "华盛顿是个非凡的人。他造反精神超过陈胜吴广，在地方割据称雄赛过曹操和刘备，手持三尺长剑（作者的想象），开疆万里，却不为自己设立皇位名号，不传位给子孙，而创造了推荐选举的办法，将天下看成是民众的，简直有尧舜禹上三代贤王的风尚。他治国崇尚礼让善待百姓，不崇尚武力，也和各国不同。我见它的画像，气度非凡，形容刚毅绝伦，哦耶，不能不说是人杰啊！美利坚，通过合众而立国，幅员万里，不设王侯的封号，不采用世代继承的规矩。国家交给民众，创造了以前所没有的格局，是何等了不起啊！西方古今的人物，怎能不以华盛顿为第一人？"

作为美国的开国元勋和第一任总统，华盛顿是那个时代美国社会精英的杰出代表。但是，美国的开国靠的是一大批杰出人物，而不只是一个华盛顿。这批人被美国人称为"国父们"。从广义上讲，"国父们"包括签署独立宣言的所有代表；而在狭义上，通常是指比较有名的本杰明·富兰克林（Benjamin Franklin，1706—1790，美国宪法的主要起草者）、托马斯·杰斐逊（Thomas Jefferson，1743—1826，独立宣言的起草者、美国第三任总统）、约翰·亚当斯（John Adams，1735—1826，美国第二任总统）、詹姆斯·麦迪逊（James Madison，1751—1836，美国宪法之父、美国第四任总统）和亚历山大·汉密尔顿（Alexander Hamilton，1757—1804，美国第一任财政部部长，美国金融体系的创立者）等人。把上面徐继畬对华盛顿的颂扬放在其他人身上，同样适用。正是靠他们的民主作风和无私精神，美国才能成为西方民主国家的典范，并保证了连续两个多世纪的强大。

华盛顿等人不仅创造了一种新型的国家——它的权利由民众共享，内部各个原先的殖民地（后来的州）高度自治，而且开创了以和平方式而不是武力来协调各个地区、各个利益集团之间的权益，然后在此基础上建立共和国的先河。美国的国父们能够做到这一点，与他们个人的理想、品德和教养有关，与法国启蒙运动有关，也与当时北美殖民地的大环境有关。人的因素、时代的因素和地域的因素结合在一起，创造了美国的立国奇迹。现在，就让我们来看看这些国父是些什么样的人。我们不妨从年龄最长的本杰明·富兰克林说起。

第一节　本杰明·富兰克林

若要了解美国的历史、政治、文化和价值观，必须好好了解本杰明·富兰克林。

网络上有这样一个传说，说本杰明·富兰克林有两块墓碑，一块是按照他自己的意思立的，上面写着"印刷工本杰明·富兰克林"；另一块是民众给他立的，上面写着"从苍天处取得闪电，从暴君处取得民权"等颂词。这个说法不是很准确，不过大致描述清楚了富兰克林是个什么样的人。确切地讲应该是这样的——富兰克林曾经说过，希望自己的

图 6.2　富兰克林的墓碑

墓志铭写为"印刷匠本·富兰克林的遗体长眠于此。他像一本旧书的封面，内容被撕去，字母与烫金已经脱落，只能躺在这里供虫子吞噬"。不过，最后他可能改变了主意，他的墓地像一本打开的书，墓碑上简单地写着他和他妻子的姓名。在他的墓前，有一块很小的纪念碑，上面刻有华盛顿和杜尔哥（Anne-Robert-Jacques Turgot, Baron de Laune，1727—1781）对他的赞颂，其中杜尔哥对他的评价就是上面那句"从苍天处取得闪电，从暴君处取得民权"。似乎很少有人质疑上面那个不准确的传说，我想这应该是因为它的描述恰好与富兰克林谦逊而伟大的为人一致。

1.1 童年

本杰明·富兰克林的祖上是清教徒，属于一般的自由民，并不富裕。17 世纪，英国迫害非"国教"的信徒（虽然他们同信基督教），因此很多清教徒便逃到了北美，富兰克林的父亲约瑟和第一任妻子带上他们的三个孩子移居波士顿，然后又生了四个孩子。约瑟在第一任妻子过世后，再娶的妻子艾比亚在波士顿生下富兰克林，两人又总共生了 10 个孩子，这样家里一共有 17 个孩子。不过，可能是孩子们年纪相差太大，因此，在富兰克林的印象中，最多有 13 个孩子同时在家里。富兰克林是家里最小的儿子，下面只有两个妹妹。全家的生活可以用一个词概括——清贫。富兰克林家中的一些决定都和他们的经济条件有关。

富兰克林的哥哥们到了十几岁就都出去学各种各样的手艺了。而作为小儿子，他原本是要被作为"什一奉献"送给教会的。（传统的基督教讲究教徒要将任何财产的十分之一送给教会，比如说钱财收入的十分之一要交给教会，牛羊等牲畜也是如此，如果孩子多，也要将孩子送给教会，将来让孩子做牧师。）因此，他没有像哥哥们那样去学手艺。富兰克林从小就非常聪明，他父亲的朋友们都说要是让他读书，这个孩子将来一定有出息。于是在八岁时，富兰克林被送到法语学校读书。他后来代表美国出使法国，并且取得了了不起的外交成就，或许就是因为这个时候打下的法语基础。富兰克林在学校里渐渐成了班上的优等生。但是由于家里人口多，负担不起他读大学的费用，富兰克林的父亲因此改变初衷，把富兰克林送到一所算术学校，这样他将来能作为账房先生养活自己。可是算术显然不是富兰克林的特长，他考试不及格，在 10 岁这一年又被父亲接回家来，帮助打点家里的蜡烛和肥皂生意。这样算下来，富兰克林一共只接受了不到三年的正规教育。他的父亲原本打算让他一辈子做蜡烛肥皂匠，但富兰克林根本不喜欢这个行业，而是梦想成为航海家。他父亲对他这种奇怪的想法非常不赞同，还是希望他将来有一份在陆地上的工作，可以养家糊口，因此经常带他去散步，看这样那样的手艺活，比如木匠、泥瓦匠，等等。富兰克林对这一切都非常好奇，他会留心观察工人是如何工作的，这种细心观察的习惯让他受益一生 —— 富兰克林不仅从观察中学到了很多东西，还对做实验产生了兴趣。

富兰克林幼年养成的另一个习惯也让他受用终身，那就是从小爱好读书。他虽然没有多少钱，却把全部零用钱都花在买书上。其中一本名为《论行善》的书，影响了他一生。因为爱读书，所以他最初选择了做印刷工，而他的师傅兼老板就是他同父异母的兄长詹姆斯。读者读到这里时，可不要以为他像今天中国的好些年轻人那样，在家族企业中当着二老板的差事。他其实完全是他兄长的学徒兼包身童工。他们兄弟之间签了一份合同，合同规定富兰克林要干到 21 岁，而当时他只有 12 岁。富兰克林在自传中没有感谢过他的这位兄长，因为这位兄长不但没有照顾弟弟，还经常打他，这让富兰克林一辈子对暴力都非常反感，并最终起来反抗暴力。

不过，在印刷厂当学徒的好处就是能读到大量书籍，同时他利用晚上的时间开始学习写作。富兰克林非常用功，他在工作之余自学写作。他的兄长当时除了接一些印刷的活，还出版一份当地的报纸，当然在报纸上写文章的都是当地的名人。富兰克林也想在报纸上发表文章，但知道他兄长肯定不会给他刊登的。于是，他就在夜里将写好的稿子悄悄从门缝中塞到兄长家，当然署的是假名了。他兄长觉得这些文章写得非常好，以为是哪个不愿意透露姓名的乡绅所写，就给刊登了出来。这样，富兰克林的文章便不断地发表在当地的报纸上，没有人能看出这些文章出自一个十几岁的孩童，直到最后他自己说破。

富兰克林的成功并未让他的兄长感到高兴，在他兄长看来，他们兄弟间是师徒以及老板和雇员的关系。而富兰克林则一直想尽早终止这种师徒合同，最后在他 17 岁那年，他兄长遇到生意上的麻烦，这样他终于自由了。但是，他兄长禁止他在波士顿找工作，于是富兰克林不得不辗转来到费城。在费城，富兰克林开始了他的成功旅程，并且在这里度过了他的一生。

1.2　社会责任

当时费城的印刷业比波士顿落后很多，富兰克林原本就是个熟练工，于是又找了份印刷工的工作。除了工作，他最愿意做的事情就是读书和结识读书人。随着他在行业里知名度的提高，一些上层人士，包括宾夕法尼亚州（费城所在的州）的州长，都鼓励他自己开业，但是他得不到家人特别是他父亲的支持，这事儿只好一拖再拖。后来他又辗转到了伦敦，在一家印刷厂工作。最终在一名商人帮助下，回到费城开办了自己的印刷公司。他的公司承接各种印刷业务，这是他谋生的手段，同时他也借此自办报纸，发表自己的文章，靠着这些报纸和文章，他开始在社会上有了名气，并且受到民众相当的尊重。

富兰克林喜欢读书，并有强烈的求知欲，读书和求知贯穿了他的一生。书在当时可不像现在这么便宜，而且不是随处都买得到，因此，即使是富有的家庭藏书也有限。在英国期间，富兰克林曾向一位藏书大家一次性支付过一笔钱，以获得随时在他们家借书的权利。在费城，他周围聚集了一批读书的朋友，他建议大家把各自的藏书拿出来免费分享，后来在此基础上建立了费城第一个公共图书馆。北美的其他一些城市后来也效仿他的做法。这一年富兰克林还不到 30 岁。

富兰克林热衷于为社区工作并且着力于改善社区。除了创建美国第一家公共图书馆，富兰克林还为社会做了许多事，其中不少都是美国第一。我们不妨看看他所做的工作。

1. 建立消防队。

从殖民时期至今，美国城市里的大部分房屋都是木质结构的。在富兰克林生活的年代，全美国都没有任何防火措施（也不懂得安装避雷针，因为这是富兰克林后来的发明），因此，城里火灾不断，这对当时刚刚在新大陆安家的移民们来讲简直是灭顶之灾（即使放在今天也是重大灾难），于是富兰克林在 1736 年组建了北美第一支消防队，队员全是志愿者。

2. 创办大学。

当时殖民地的教育是个大问题，整个北美殖民地只有三所大学（哈佛大学、威廉 - 玛丽学院和耶鲁大学），从纽约到马里兰的广大地区没有一所大学。富兰克林决定创办一所大学，为当地人提供教育，也为他自己搞科学研究提供方便。1743 年，他开始筹建"青年教育学院"，八年后学院成立，这就是今天世界著名大学之一、常青藤名校宾夕法尼亚大学的前身。与此同时，他开始研究电及其他科学问题。

3. 建立医院。

1851 年，富兰克林和托马斯·邦德在费城建起了美国第一家医院 —— 宾夕法尼亚医院。起初，他们的宗旨是让穷人有地方看病。这所医院至今依然遵循富兰克林他们定下的这个宗旨，它更像是一个城市社区医院，而不像后来著名的约翰·霍普金斯医院和麻省总医院那样，以研究最先进的治疗方法为主。

在美国建国的国父们中，富兰克林无疑是对他周围的居民直接贡献最大的。

1.3　科学家

由于生意上的成功，富兰克林到了 40 多岁就挣足了够花一辈子的钱。用今天的话讲，就是财务自由了。以他的聪明才智，他原本可以更加富有，但是他志不在此，而是有志于为公众服务和进行科学研究。因此，他从 1748 年起，就把生意交给别人打点，专注于科学研究和为公众服务。富兰克林非常爱学习，虽然只上过三年学，但是靠自学通晓了法文、意大利文、西班牙文及拉丁文。通过学习，他广泛接受了世界科学文化的先进成果，为自己的科学研究奠定了坚实的知识基础。

富兰克林在科学上最重要的贡献是证明了雷电和电是一回事，发现了电荷守恒定律，并且发明了避雷针。

富兰克林进行雷电实验的故事，至今仍被人们津津乐道。人类注意到摩擦可以产生静电是很早以前的事情。最早的记载来自于希腊的学者泰勒斯（Thales，前640－前546），他发现皮毛和琥珀摩擦以后，琥珀会吸住像羽毛一类的轻微物体，假若摩擦时间够久，甚至会出现火花。不过，几千年来，人类对电的了解甚少。在富兰克林时代，欧洲的科学家们开始关注电并且发现电有两种（玻璃电和琥珀电），还发现了两种电可以互相抵消，以及电可以传导等现象。电火花和雷电有无相似之处，没有人知道（或许以前做这个实验的人运气不好）。富兰克林想证实的一件事就是：到底雷电和电是不是一回事。

图 6.3　画家笔下的富兰克林的雷电实验（现收藏于费城艺术馆）

当时，飞得最高的物体莫过于风筝。富兰克林决定用风筝"取电"。他制作了一个特殊的风筝，风筝上绑了一根金属棒，在手握的线轴上拴着把钥匙，然后用一根细铁丝连接金属棒和钥匙。在1752年的一个雷雨天，富兰克林和他的儿子威廉一道把这个特殊的风筝放上高空，静候闪电的到来。当一道闪电从风筝上掠过，富兰克林用手靠近钥匙，立即感觉到一阵恐怖的麻木感。他抑制不住内心的激动，大声呼喊："威廉，我被电击了！"（富兰克林的这种做法非常危险，1753年，俄国著名电学家利赫曼为了验证富兰克林的风筝实验，不幸被雷电击死。）随后，他又将雷电引入莱顿瓶中 —— 在《文明之光》第二册第十四章"闪烁的能量"中对此有详细的介绍。简单地讲，莱顿瓶是当时做电学实验使用的存储静电荷的玻璃瓶，瓶子内外壁均贴有很薄的锡箔，把摩擦起电装置所产生的电用导线引到瓶内的锡箔上，并将瓶外壁的锡箔接地，这样就可以使电在瓶内聚集起来。回到家后，富兰克林用收集到的雷电做了各种电学实验，证明了天上的雷电与人工摩擦产生的电性质完全相同。富兰克林把他的实验结果写成一篇论文发表，从此在世界科学界名声大噪。英国皇家学会给他送来了金质奖章，聘请他担任会员（今天人们更习惯称皇家学会会员为"英国皇家学院院士"）。除此以外，哈佛大学和耶鲁大学都授予他名誉学位，牛津大学授予他名誉博士。富兰克林后来还写了很多关于电学的论文，他的主要发现包括：

1. 电是单向流动（而不是先前认为的双向流动），并且提出了电流的概念；

2. 合理地解释了摩擦生电的现象；

3. 提出电量守恒定律；

4. 定义了我们今天所说的正电和负电。

这些发现足以让富兰克林在近代物理学中占有一席之地，但是富兰克林并不是书斋里的书虫，他搞科学研究，很重要的目的是改良社会，改善人们的生活。弄明白雷电的性质后，他发明了避雷针。当雷电袭击房子时，避雷针会将电流引入到大地中，房屋建筑因此能避开雷击，完好无损。1754 年，避雷针开始在费城投入使用，但是当时很多人并不接受，害怕它会引起灾害，总有人会在晚上偷偷拆掉避雷针。然而，在一场雷阵雨中，没装避雷针的大教堂被雷电击中着火了，而装有避雷针的高层房屋却平安无事。事实教育了人们，使人们相信了科学。不久，避雷针相继传到英国、德国、法国，最后普及到世界各地。

富兰克林在当时的科学界很活跃，他和英国的许多科学家，尤其是月光社的成员频繁来往和通信。他无疑是那个年代美国最有影响力的科学家和发明家。

1.4　政治家和外交家

富兰克林一直热衷于公共事务，并且尽他所能为大众服务。1736 年，31 岁的他开始担任宾夕法尼亚州议会秘书。第二年，他担任了费城邮政局副局长，后来又担任北美邮政总局副局长。但是，富兰克林真正把主要精力花在政治和外交上，是在北美独立运动开始以后。关于美国独立的过程我们下面再讲。

第六章　谈出来的国家

257

1754 年，作为宾夕法尼亚州的首席代表，富兰克林参加了在纽约州奥尔巴尼市举行的殖民地大会，在会上他提出了各殖民地联合的计划，但是当时条件并不成熟，他的提议并未得到关注，不过他的这些想法后来不少被写进了美国宪法。从 1757 年到 1775 年，富兰克林作为北美殖民地代表多次到英国谈判。1757 年，宾夕法尼亚州议会派他去英国解决一起有关土地征税的争端。当时佩恩家族（Penn Family），即宾夕法尼亚州的领主拒绝为他们占有的大片土地缴税，州议会派富兰克林去宗主国英国，让英国出面解决。富兰克林原以为很快就能办完事回国，但是不曾想在英国一呆就是五年，而且由于在英国缺乏有影响力的朋友，他这事儿没有办成。这件事，还让他和佩恩家族结下了梁子。佩恩家族极力想要毁掉他的政治前途，以至于他在 1761 年的州议会选举中落选，而此前，他已经连续 14 年担任州议会的议员。

宾夕法尼亚州的有识之士决定再次向英王请愿，把宾夕法尼亚变成英国的直辖殖民地而不是佩恩家族的领地，从而永久地剥夺佩恩家族对宾夕法尼亚州的控制权。尽管富兰克林已经不是议员，可州议会还是委托他前往英国交涉。就在富兰克林到了英国以后，宾夕法尼亚有一件更大的事情需要他和英国交涉，这就是后来导致北美独立的英国《印花税法案》。英国在本土早就开始征收这项税，富兰克林以前也建议在殖民地征收这项税，但是英国政府对英国本土人民和殖民地人民区别对待：英国本土的人民交了税就能享受相应的权益，而殖民地的人民却只有纳税义务，没有相应的权益。因此，到了 1765 年，《印花税法案》在北美殖民地引起了骚乱，民众纷纷发表激烈的演讲，反对并斥责英国政府的这一专制行为。由于富兰克林曾建议征收印花税，不少人认为富兰克林是《印花税法案》的罪魁祸首之一。在富兰克林位于费城市场街的寓所，他妻子的人身安全受到威胁。

到此时，富兰克林和大部分殖民地的居民一样，还认同自己是英国人，一开始他企图与英国政府达成某种妥协，但英国执政者置之不理。后来，随着北美反对印花税的呼声越来越高，富兰克林转向主张必须废除这一法案。1766 年 2 月 13 日，富兰克林来到英国的下议院陈述废除《印花税法案》的理由。在长达 4 小时的时间里，富兰克林答复了下议员们提出的上百个问题，他口若悬河，有理有据，完全主导了这次辩论。后来英国学者伯克描述了这次辩论会，说富兰克林就像是一位大师在回答一群学生的提问。几个星期后《印花税法案》被废除，这一次，北美殖民地的人把富兰克林视为英雄。

但是，英国并没有放弃向殖民地征税的想法。不久，英国政府又搞出来新的税种。为了强制征税，英国甚至派遣部队进驻北美，所产生的费用由殖民地居民承担。紧接着，波士顿民众和英国士兵之间发生了口角和殴斗，最终导致 5 人丧生，这在历史上被称为"波士顿大屠杀"。我第一次到波士顿时，当地人介绍说有一个"大屠杀博物馆"可以去看看。我听到这个博物馆的名字，以为是像南京大屠杀或者波兰卡廷大屠杀那样死了许多人，结果一看，一共是 5 个丧生者。波士顿人依然牢记此事，除了珍爱生命之外，主要因为这是美国独立战争的导火索之一。不过到了这会儿，富兰克林仍想缓和殖民地与英国之间的紧张关系，而不是闹独立，他还认同自己是英国人。殖民地同胞批评他过于倾向英

第六章 谈出来的国家

259

国，而英国人却谴责他过于维护殖民地的利益。但是，后来发生的一件事让他和英国彻底决裂了。

富兰克林在伦敦了解到，原来这些英国部队都是马萨诸塞州州长哈钦森（Thomas Hutchinson，1711—1780）要求部署的，此人是彻头彻尾的英国铁杆。富兰克林给马萨诸塞州的一些议员看了哈钦森和英国通信的信件。他的本意可能是让这些议员自己清楚就好，不要公开出来。可是，这种事情从来都无法保密，信件的内容被殖民地的民众得知后，自然在波士顿等地引发了一场轩然大波。愤怒的波士顿民众请愿要求罢免哈钦森，富兰克林成为他们的请愿代表。这件事传回到伦敦后，也引起了一场混乱，下议院召开了关于富兰克林泄密的听证会。在一个半小时的听证会里，富兰克林站在下议院接受英国人的训斥和肆意恶毒的人身攻击。听证会结束后，富兰克林镇静地走了出来，一语未发。这件事是他人生的一次重要转折，用他自己的话讲就是：走进下议院时还是个忠诚的英国人，但是离开时却成了纯粹的美国人。

1775 年 4 月 19 日，英国和北美殖民地的矛盾终于上升为列克星敦的武装冲突。5 月 10 日，第二届大陆会议在费城召开。富兰克林代表宾夕法尼亚州参加了会议，并且和约翰·亚当斯一起协助托马斯·杰斐逊起草了《独立宣言》。之后，也就是在 1776 年，已经 70 岁高龄的富兰克林又远涉重洋出使法国，为北美争取法国的支援。在法国，他受到社会各阶层的欢迎，有些法国贵族和富商家里甚至流行以富兰克林的画像装饰画廊。他的这次出使十分成功，缔结了法国和美国的军事同盟，在美国独立战争中，法国派到北美和英国人作战的军队比华盛顿指挥的联军还要多很多，而且装备精良，成为美国独立战争的主力军。1787 年，富兰克林参加了制宪会议，并且成为宪法起草小组的实际负责人。

1790 年，84 岁高龄的富兰克林溘然离世。那时，他的儿子威廉因为在独立战争中站在英国人一边，已经和他决裂并且留在了英国，他的孙子陪伴在他的身边。费城人民为富兰克林举行了隆重的葬礼，两万人参加了出殡队伍，并且为富兰克林的逝世服丧一个月以示哀悼。

富兰克林的一生诠释了什么是美国梦。他出身贫穷，凭借自己的努力获得成功，关注社会并服务于社会。晚年，富兰克林将自己的经历写成一本《本杰明·富兰克林自传》。这本书激励了几代美国人，历经两百余年而不衰，它包含了富兰克林对人生的真知灼见，以及诸种善与美的道德真谛，被公认为是改变了无数人命运的美国精神读本。大部分美国人认为，富兰克林和亚历山大·汉密尔顿是两位应该当总统而没有当的政治家。富兰克林主要是因为年龄，而汉密尔顿则因为不是出生在美国。不过美国人民没有忘记他们，而是把他们的头像印在了美元上。要知道，美元上的其他头像都是美国总统的。

第二节　托马斯·杰斐逊

2.1　年轻有为

美国《独立宣言》中的这句名言至今仍被世界各国人民传颂并推崇：

我们认为下面这些真理是不证自明的：人人生而平等，造物者赋予他们不可剥夺的权利，包括生存权、自由权和追求幸福的权利。

We hold these truths to be self-evident, that all men are created equal, that they are endowed by their Creator with certain unalienable Rights, that among these are Life, Liberty, and the pursuit of Happiness.

每当人们读到这段话时，不禁热血沸腾，而感慨美国的缔造者们在两百多年前就能有这样的对人的尊重和真知灼见。美国的《独立宣言》被誉为人类历史上第一份人权宣言，而它最重要的起草者就是托马斯·杰斐逊（Thomas Jefferson，1743－1826）。

杰斐逊的生活经历与富兰克林完全不同，和后面介绍的华盛顿也鲜有交集，他们唯一的共同点就是一起创立了美国。

杰斐逊生于 1743 年，比富兰克林整整晚了一代还多。他来自一个非常富足的家庭，家里也是兄弟姐妹一大堆。父亲彼得是弗吉尼亚的农场主，拥有 5000 多英亩的土地（约 20 平方公里），并且在地方上担任一些职位不高的公职。老杰斐逊大概精通数学，经常为当地农民测量土地，这与杰斐逊后来对科学有浓厚的兴趣也有一定关联。杰斐逊的母亲也来自教养很好的家庭。生长在这样的家庭里，杰斐逊从小就受到良好的教育，学习了古拉丁文、古希腊文和法文。14 岁时，杰斐逊不幸丧父，加上因为两个哥哥早逝，他便作为长子继承了农庄和数十名黑奴。与华盛顿不同，杰斐逊十几岁时没有把时间花在经营农庄上，而是进一步求学。他寄宿于一位博学的教士家，接受古典教育（Classical education），并研习历史与自然科学。16 岁时，他进入了美国当时仅有的两所大学之一的威廉 - 玛丽学院（College of William and Mary）学习。在那里，他研习数学、形而上学（哲学）与自然哲学（即自然科学）。据闻杰斐逊非常喜爱读书，每日读书和练习小提琴长达 15 小时。他精通法语、拉丁语和希腊语，涉猎书籍非常广泛，包括古希腊柏拉图、古罗马西塞罗、法国孟德斯鸠以及英国莎士比亚和弥尔顿等人的书，其中他最喜欢三个英国人的学说，这三个英国人是约翰·洛克（John Locke，1632—1704）、弗兰西斯·培根以及艾萨克·牛顿爵士。杰斐逊后来称其为"古往今来最伟大的三个人"。

在政治理念上，约翰·洛克对杰斐逊后来民主思想的形成和对现代政府的构想有非常大的影响。洛克是英国的经验主义哲学家，在社会契约理论上做出过重要贡献。洛克认为政府和人民之间是一种契约关系，人民承诺纳税来维持政府，而政府承诺保护人民的利益。他主张政府只有在取得被统治者的同意，并且保障人民拥有生命、自由和财产等自然权利时，其统治才有正当性和合法性，这一思想后来被杰斐逊写进了《独立宣言》，并在之后的两百多年里成为美国对外政策的准则。美国颠覆他国独裁政府的法理依据都来自于此，即一个政府一旦缺乏被统治者的认同，政府和人民之间的社会契约就不复成立，那么人民便有权推翻政府。

1762 年杰斐逊以优异的成绩从大学毕业，之后专攻法律，并于 1767 年取得弗吉尼亚州的律师资格。在七年的律师生涯里，杰斐逊处理了上千个案件，平均两天就有一件。杰斐逊强调辩论要有说服力，强调简洁、朴实和坦率，反对以词藻取胜，反对夸夸其谈。这些训练帮助他日后成为大陆会议和美国政坛雄辩的政治领袖。而这种简洁而朴实的文风也反映在后来他起草的《独立宣言》中。

1772 年，杰斐逊与一位寡妇玛莎·斯格尔顿（Martha Wayles Skelton，1748－1782）结婚。与富兰克林和华盛顿不同，杰斐逊很少花时间打理他的生意，他长期任职于公共部门，先在弗吉尼亚的地方自治议会（House of Burgesses）中执法，26 岁时就进入了弗吉尼亚的议会。在处理殖民地事务时，他渐渐意识到殖民地的人民有向宗主国英国纳税的义务，却在英国下议院（英国的上议院完全是摆设）中没有投票权，因此，北美十三个殖民地其实不欠英国任何东西。

2.2　政治家的杰斐逊

1774 年，北美殖民地和英国的矛盾已经非常突出了。在以波士顿为中心的新英格兰，人们希望贸易自由并反对英国无端加税，他们的代表是塞缪尔·亚当斯（不是约翰·亚当斯），而在南方的弗吉尼亚，大家要求的是对土地的所有权。英国当局对此处理不当，最后从本土派来很多军队。波士顿的塞缪尔·亚当斯认识到单靠波士顿和马萨诸塞州的力量是无法对抗英国人的，因此，他建议召开北美各殖民地代表大会，并由马萨诸塞州议会出面通知各殖民地议会。当时各州的议会由倾向于殖民地的居民组成，而各州的总督则大多效忠英国王室，因此，马萨诸塞的英国总督盖奇解散了议会。在南方的弗吉尼亚，情况也类似，英国任命的总督解散了弗吉尼亚议会。被解散的弗吉尼亚议会在杰斐逊所在的威廉斯堡开会，并通过决议，召开有十三个殖民地参加的会议。在马萨诸塞州和弗吉尼亚州的号召下，除佐治亚以外的十二个北美殖民地在费城召开了第一届大陆会议。

为了表述弗吉尼亚州的观点，杰斐逊写了《英属美洲民权概观》（*A Summary View of the Rights of British America*）一文。他指出，由于北美十三殖民地在建立时并没有接受英国的统治，和过去国王将领地封给封建主是不同的，因此，北美殖民地的所有权属于这块土地上的人民。相比富兰克林（和华盛顿）早期在忠实于英国王室和北美独立问题上摇摆不定，杰斐逊从一开始就是坚定的"独立分子"。富兰克林一直是英国人争取的对象，而杰斐逊则是英国政府宣布的叛徒，一旦被抓，就将处以绞刑。

弗吉尼亚州代表团包括了华盛顿和著名的律师派帕特里克·亨利（Patrick Henry，1736—1799，以提出"不自由，毋宁死"的口号而闻名）等人，而杰斐逊自己并没有参加。马萨诸塞州的代表有塞缪尔·亚当斯和他的堂弟、后来的第二任总统约翰·亚当斯等。杰斐逊的报告作为弗吉尼亚的观点，在会议上讨论，代表们激烈辩论，可能是因为杰斐逊本人未到场，他的激烈的观点最终没有被通过。马萨诸塞州的代表约翰·亚当斯在会上最为活跃，成了会议的灵魂人物。最后，大会发表了由约翰·亚当斯起草的《权利宣言》，这份宣言是一份和平请愿书，其中对英国的要求和宣言的口气都比杰斐逊的观点要弱很多。宣言表示殖民地仍效忠英王，更未提出独立的问题。

事实证明杰斐逊是正确的，向英国人恳求是没有结果的，北美独立的第一枪终于在列克星敦打响。十三个殖民地紧急召开了第二次大陆会议，这一次杰斐逊参加了会议，并且主导起草了《独立宣言》，他的民权思想在其中得到了很好的展现。

第二次大陆会议后，杰斐逊名声大振，他回到弗吉尼亚州，领导了那里的民主改革，使弗吉尼亚成为民主的一州。他在三年间起草了126条法案，主要贡献包括：废除长子继承制度，改为所有直系亲属共享继承权；在法律上确立了宗教自由，并使司法体系现代化；通过了普及知识的传播法案（普及三年义务教育，因为当时人们认为三年基本教育就够了）。他还促成其母校威廉-玛丽学院的学术改革，包括促成在美国大学中第一个成立选修制度。杰斐逊后来创立了弗吉尼亚大学，这所大学成为美国第一所完全脱离了宗教的高等学院。

在独立战争期间，杰斐逊担任弗吉尼亚州州长。独立战争结束后，他接替富兰克林担任驻法大使。虽然富兰克林依然是全美国最有外交经验的政治家，但是当时他已经年近80岁了，无法长期坐海船旅行，因此，和欧洲建立外交的重任就交给了42岁的杰斐逊。杰斐逊从1785年至1789年在法国一待就是四年，错过了美国的宪法会议（Constitutional Convention）。他虽然支持这部新宪法，但认为它还是有颇多缺陷，主要是缺乏保障人权的法案，于是他积极推动在宪法中加进了后来被称为《人权法案》的10条修正案。

从法国回来后，美利坚合众国也正式成立了，具有外交经验的杰斐逊顺理成章地在乔治·华盛顿组阁的首届政府中出任国务卿（1789—1793）。虽然他在政府首脑中位居华盛顿和副总统约翰·亚当斯之后排在第三位，但是他和排在第四位的财政部长亚历山大·汉密尔顿才是这届政府中最有影响力的两个人，尽管两个人的政治主张相差甚远。概括说来，杰斐逊更倾向于分权给各州政府，认为民众的权利和幸福远比建立一个强大的中央政府更重要，认为只有这样，一个国家才能长期繁荣。而汉密尔顿则倾向于中央集权，他认为英国之所以强大是因为有一个强势的中央政府，美国应该学习英国。至今无法证明谁的观点更好，但是两个人对美国两百多年直到今天的影响都非常深远。美国联邦和州两级立法、司法和行政制度，在很大程度上是杰斐逊的功劳，而美国统一的金融和货币体制则是由汉密尔顿奠定的基础。今天美国政府所拥有的金融权利，比如发行货币、设立中央银行等，都是根据汉密尔顿对宪法的解释而引申出来的。

在杰斐逊看来，汉密尔顿迷恋权力，有悖于他将"权利交给人民"和"政府是完全为民众服务的工具"这些理想。他和另一位国父（也是他后来一生的挚友）詹姆斯·麦迪逊创立了共和民主党，就是今天民主党的前身。与此同时，汉密尔顿创立了联邦党，他力推政见与自己相同的约翰·亚当斯作为党的领袖，他则身居幕后。从才干来讲，汉密尔顿应该是仅次于杰斐逊的政治领袖，而且年富力强（他比杰斐逊还小 12 岁），精力无限。但是，由于他不是在美国出生的，因此注定了这辈子当不了总统，甚至很多历史学家认为，美国宪法里之所以规定只有美国出生的公民才能担任总统，就是针对汉密尔顿的，因为他的政敌太害怕他了。

华盛顿身边有这样两个强势的下属，日子过得可想而知。华盛顿在第二次就任总统的典礼上，只讲了几句话，大意是党争将毁掉我们的民主政府。他的理想是建立一个超然于政党之外的纯洁的政治体系，这个理想显然不现实。

杰斐逊和汉密尔顿的外交主张也迥异。法国大革命之后，英国和法国的矛盾加剧，导致英国纠集欧洲各君主国武装干涉法国。杰斐逊或许是对法国人在独立战争中帮助美国有好感，或许是因为他从骨子里赞同法国大革命的思想，所以他主张联合法国对抗英国；而汉密尔顿或许是因为爱尔兰移民并信奉英国国教，或许是喜欢英国的政治制度，因此主张联合英国对抗法国。最后，华盛顿在汉密尔顿的鼓动下和英国人缔结了同盟。杰斐逊干脆辞职而去。两年后，汉密尔顿因为婚外情被政敌给揭露出来，也只好挂印而去。几年后，汉密尔顿死于一场决斗。约翰·亚当斯也淡出了政坛。这样一来，美国政府在早期将近四分之一世纪里（杰斐逊、麦迪逊和门罗各担任了八年总统），一直由民主党人控制着，各州的独立性得到了确认和巩固。

1800 年，杰斐逊当选为美国第三任总统。在执政期间，他致力于美国庄园经济的发展，这或许与他自己是庄园主有关。他崇尚个人自由，限制政府的权力。在他以及后几任总统的影响下，美国的联邦政府最初只是国家的守夜人，很少干预经济发展。1803 年，杰斐逊政府以 1500 万美元（相当于 8000 万法郎）的价格从拿破仑手里购得法国在北美的殖民地路易斯安那。当时拿破仑因为打仗急需用钱，便将一块殖民地出售给美国。当时买卖双方都不知道这块土地有多大（2,144,476 平方公里），因此美国捡了个大便宜，每英亩的价钱只有三美分。这次土地收购使得美国的国土面积翻了一番。杰斐逊的另一大政绩是于 1807 年签署了禁止进口奴隶的法令。尽管此后奴隶贩子仍不断走私奴隶，但这一法案向废除奴隶制前进了一大步。1808 年，杰斐逊在担任了两届总统后，像华盛顿一样主动离开了这个位置。美国总统轮流执政，而且不超过两届的传统由华盛顿确立，通过杰斐逊巩固了下来，成为了不成文的规定。直到 1940 年因为战争的需要，富兰克林·罗斯福连续担任了四届总统，打破了这个约定，美国才在宪法修正案中明确总统最多连任两届。

2.3　最聪明的总统

杰斐逊不仅是杰出的政治家，还是科学家、发明家和建筑师。他一生热爱自然科学，热衷科学研究和发明。和富兰克林一样，他和英国月光社也经常通信联系。当时北美的经济依然以种植业为主，杰斐逊对种植业和农具发明很有兴趣，他曾经发明了一些农具帮助种植。但是杰斐逊更大的兴趣在于发明各种自动机械。他在弗吉尼亚州西部蒙蒂塞洛（Monticello）的家就是一个大的实验室。他给自己的家发明了一种自动门，还有一种升降梯，可以将饭菜送到楼上。他改进了摆钟，在上面装上了一个垂直移动的指针，用来指示星期几，这可能是世上第一个日历钟。他一辈子写下了大量书信文稿，那个时候还没有发明复写纸，一般人为了留底稿都要重新抄写一遍，杰斐逊发明了一种特殊的复写装置，能够一次得到两份一模一样的书写稿。感谢他发明了复写装置，这样他写的信自己都有一份底稿，这些底稿是美国历史的重要档案。

作为建筑师，杰斐逊设计和建造了自家庄园的主楼，这座两

图 6.4　杰斐逊为自己在蒙蒂塞洛的家设计的主楼

层的大楼外观酷似缩小版罗马万神殿。他似乎颇为钟情于这种圆顶建筑，在他为后来的弗吉尼亚大学设计的主楼中也体现了这种设计风格。

　　杰斐逊信奉"知识就是力量"（Knowledge is power），他从总统任上退休后，潜心办学，创办了弗吉尼亚大学，以便让更多人受到高等教育。在此之前，弗吉尼亚州只有威廉 - 玛丽学院一所大学，学生大多是富家子弟。杰斐逊认为，弗吉尼亚应该有一所让任何居民经由单一共同的评判标准就有机会进入的大学。杰斐逊一生都热爱自然科学，虽然他和约翰·亚当斯政见不同，但是他们都坚信科学可以让人类的生活更美好。亚当斯曾经说，"我必须研究政治和战争，就是为了让我的孩子们能研究数学和哲学。我的孩子们应当研究数学、哲学、地理、自然、历史、造船学、航海、商业和农业，目的是让他们的孩子们能够研究绘画、诗歌、音乐、建筑、雕塑、编织和陶艺"。这无疑是远见卓识，而杰斐逊则将它付诸于实践。

1817 年，弗吉尼亚大学开始奠基，校址选在了杰斐逊的老朋友、当时的美国总统门罗（James Monroe，1758—1831）以前的一个农庄上。因为要去白宫就任，所以负债累累的门罗卖掉了这块土地。1819 年，在杰斐逊的努力下，弗吉尼亚大学拿到了办学许可证，州议会决定每年拿出一万五千美元办一所州立大学。但是这些钱远远不够用，更何况还缺少最初建设教学楼和图书馆的钱。创办大学最初的三个董事除了杰斐逊，还有杰斐逊之后的总统麦迪逊以及当时的总统门罗。用时下的话说，这应该是"史上最强的"大学董事会了。按照今天很多国人的想法来看，三代美国总统要办的事情，而且利国利民，有关部门还不得一路开绿灯，或者门罗总统利用职权给点方便。但是，在刚刚成立的美国，这种事情想都不用想。杰斐逊办学的过程可谓是磕磕碰碰，何况他的一些政敌本着"凡是杰斐逊赞成的事情就一定要反对"的原则故意从中阻挠。杰斐逊本人从来没有利用职权谋取哪怕一点私利，他在担任公职期间因为无暇管理田庄，已经负债累累。因此，他办学时只好求助还在担任公职的朋友捐钱和四处借贷。弗吉尼亚大学直到 1825 年才正式开课。

　　为了办这所大学，杰斐逊可以说是呕心沥血。弗吉尼亚大学的校园是托马斯·杰斐逊一生最为自豪的成就之一，这是他在建筑学和哲学上造诣的集中体现。这在美国建筑界堪称著名的建筑物，已在 1988 年列入世界文化遗产的名单，也是当时北美唯一一所名列其中的高等院校。杰斐逊创办弗吉尼亚大学的思想或理念，一方面包括在学校里强调人人平等的民主思想，另一方面包括通过激发学生了解自然界、探索未知领域，丰富人类的思想和科学成果。今天，弗吉尼亚大学成为美国最好的州立大学之一，在 2013 年《美国新闻与世界导报》（*U.S. News & World Report*）上公立大学的排名中，它仅次于两所加州大学（伯克利分校和洛杉矶分校）。

值得一提的是，杰斐逊之后的两任总统麦迪逊和门罗对办学有着同样的热情，麦迪逊后来还担任了弗吉尼亚大学校长。杰斐逊办学的钱大约有三分之一是以私人名义向朋友借的，其中很大一部分是向门罗借的。门罗应该知道杰斐逊根本还不上钱，事实上最后杰斐逊到死也没有能还上，但是他（和其他一些债权人）还是全力支持杰斐逊的办学事业。今天，弗吉尼亚大学的学生协会就是以门罗的名字命名的。

杰斐逊在弗吉尼亚大学开课的第二年（1826 年）去世。那一天正是美国的独立日（7 月 4 日）。当天晚上，在千里之外的另一位美国国父约翰·亚当斯也坚持着熬到了这一天走完了人生旅程。临终前，亚当斯讲"这回杰斐逊赢了"。他不知道，杰斐逊已经早他几个小时悄悄离开了人世。这两位伟人，连同华盛顿、富兰克林、麦迪逊和汉密尔顿等人一起，缔造了人类历史上空前民主而强大的国家。他们二人虽然政见不同，也不乏相互攻击的言论，但是他们始终遵循彼此尊重、和平协商和互相妥协的原则，解决分歧，为后来美国的民主政治奠定了良好的基础。杰斐逊为自己的墓碑题写的墓志铭为"《独立宣言》起草人和弗吉尼亚大学创办者"，没有提及他作为美国总统的身份。不过他被认为是美国历史上最好的总统之一。他的民主思想已经深入到美国民众中，这是他留给美国和世界最宝贵的遗产。

在众多美国国父和历届美国总统中，杰斐逊被公认为智慧最高而且多才多艺。除了我们前面提到的在政治、科学、工程和教育等方面的成就，杰斐逊还精通词源学、考古学、数学和密码学，并且是很好的作家和小提琴手。1962年，肯尼迪总统曾在白宫设晚宴，宴请当时美国的49位诺贝尔奖得主，他对满堂的社会和科技菁英致辞："我觉得今晚的白宫聚集了最多的天才和人类知识——或许当年杰斐逊独自在这里进餐的时候不计。"

第三节　乔治·华盛顿

关于乔治·华盛顿，历史学家、小说家和儿童作家有关他生平的著述已经有很多了，我们这里仅作简单的介绍。

华盛顿的祖先早在1658年就从英国来到了美国。他的父亲是一个铁矿主兼铁匠铺老板，先后娶过两位妻子，乔治是第二位妻子生的六个孩子中的长子，生于1732年，年纪正好在富兰克林和杰斐逊之间。世间盛传着乔治·华盛顿幼年的一个故事，就是他用一把斧子砍坏了庄园里的樱桃树，后来主动向父亲承认了错误。后来经过考证，这故事是杜撰的，讲故事的人不过是希望孩子们从小学会诚实，就拿一个名人来说事儿。而美国的孩子，一共也不知道几个名人，华盛顿无疑是其中之一。小时候的华盛顿其实和当时大多数家境较好的孩子没什么不同，他被送到教会学校去学习拉丁文，不过他对数学更有兴趣。他的数学基础对他后来绘制和使用地图指挥作战很有帮助。中国电视剧《人间正道是沧桑》中那个地图铺子的学徒杨立青因为画地图的本事比别人大，日后当上将军时占了不少便宜，华盛顿也是如此。

华盛顿童年丧父，他同父异母的大哥奥古斯都就自然而然地成为了家长。在他 14 岁那年，也就是当时被认为是成年的年纪，他的这位兄长就把一个庄园交给他管理，他从此便成了农场主。直到 17 岁前，华盛顿都一直在做购买农具和奴隶、销售农作物、雇佣和解雇工头、记录和考察账目等农庄日常的工作。17 岁时，他在弗吉尼亚的费尔法克斯县（Fairfax）开始担任公职，职位是助理土地勘测员，这份工作使得他对野外生活和地形地貌积累了很好的经验，为他日后利用地形作战打下了基础。

华盛顿 21 岁那年成为英国在北美军队的一名军官。当时正值英法争夺北美殖民地战争期间，美国东部英属殖民地的居民还是站在英国一边，因此，他便随部队到当时还很荒蛮的中部跟法国人作战。华盛顿接到的任务是通知法国军队离开英国的殖民地。那时，既没有地图，更没有 GPS，华盛顿靠着做过土地勘测员的经验，居然穿过荒野和森林来到俄亥俄找到了法国部队，并且把英军的照会交给了法国人。不过法国人并没有把英国人的警告当回事，他们还是和英国人开战了，并且大败缺乏纪律的英国殖民地军队，华盛顿也成了俘虏，直到英国人承诺不再进入俄亥俄后才被释放。

由于这次失败，英国本土不再信任英属殖民地的军人，派来了正规军。英军将领考虑到远征军在北美可能人生地不熟，再次将华盛顿编入部队，并让他担任弗吉尼亚军的统帅，军衔是上校。不过那些从英国来的下级军官并不听华盛顿的指挥，还侮辱他。虽然后来华盛顿告到英军（在波士顿的）司令部并且得到了上司的支持，不过这件事让他在感情上和英国人产生了隔阂。他后来对英国人心灰意冷，借机退役，从此不再为英军效力。不过，他的军事经验却都是从这几年的服役中获得的。

早在华盛顿 20 岁那年，他的大哥去世了，几年后嫂子把田庄卖给了他。华盛顿很喜欢经营田庄，后来也因此成为弗吉尼亚年轻的富翁。现在，结束了军旅生涯的华盛顿要考虑结婚了。虽然他身高 1 米 85 左右，仪表堂堂（按照今天的标准是高富帅），而且在当地的人缘也很好，但就是没有年轻的姑娘喜欢他，因为她们都觉得他太瘦太高了。这并不奇怪，因为那个时代的女性喜欢小个子结实的男人。经过几次恋爱的挫折，华盛顿已经没有了年轻时的浪漫，在婚姻上变得非常现实，于是娶了一位富有的寡妇，一位两个孩子的母亲。这位太太虽然并不年轻美貌，却很会持家理财，这让华盛顿日后可以放心地去打仗。华盛顿和太太在自己的大庄园里度过了无忧无虑的 15 年光阴。如果不是独立战争，华盛顿就会这样了此一生。

但是上天似乎一定要赋予他一项神圣的使命，1776 年，北美独立战争打响，华盛顿再一次离开家，开始了他最后一次戎马生涯。不过这一次，他不再是为英国人服务，而是和英国人作战。

接下来的历史便是人人皆知的了。几年后的一天，1781 年 10 月 19 日，来自芒特弗农庄园的大陆军总司令华盛顿，接受了英军统帅查尔斯·康沃利斯（Charles Cornwallis，1738—1805）侯爵的投降。华盛顿并没有羞辱这位垂头丧气的将军，而是让他保留了自己的佩剑和尊严，这是他为人的准则：对人，即使是对手，也要宽大为怀。

图6.5 华盛顿等人接受康沃利斯的投降（现收藏于美国国会大厦），画面上中央骑马的是林肯将军，他身后骑马的是华盛顿，左边穿红色军装的是英国人

在北美获得独立后，华盛顿的声望达到了前所未有的高度，有人建议他当国王，就像当年荷兰独立战争中的领袖威廉一世那样，但是他根本没有予以考虑，而是选择回到庄园继续做他的庄园主。

在1788年的立宪会议上，华盛顿被全票推选为新成立的美利坚合众国首任总统。华盛顿自己有田庄的收入，因此婉拒了总统的薪水，他是将总统这个职位当作为民众服务的义务。在就职典礼上，他要求仪式的场面和规模尽可能简朴，不要像当时的欧洲王室那样。他的夫人对权力也没什么欲望，她甚至不希望华盛顿做总统，而是在芒特弗农庄园继续过田园生活。作为第一夫人，她负责安排总统府的宴会，直到今天，这依然是美国第一夫人的工作。

在华盛顿不到 10 人的内阁里，有两位强势的部长，国务卿杰斐逊和财政部部长汉密尔顿，两个人各代表一派观点，争执得不可开交。华盛顿虽然和杰斐逊同是弗吉尼亚人，但是他经常站在汉密尔顿一边，尤其是在对英、法的关系上，华盛顿听从了汉密尔顿的建议，和英国签订了合约，后来这导致了和法国的武装冲突。而曾经作为驻法大使在法国生活了五年的杰斐逊，在外交政策上明显倾向于法国，于是他干脆辞职不干了。汉密尔顿利用他在联邦政府里任命权之便，任命了许多好友，因此在华盛顿任职期间，以汉密尔顿和副总统亚当斯为首的联邦党人形成了相当的气候，并最终在华盛顿担任完两届总统后，将联邦党的亚当斯推举为总统。华盛顿对党派之争非常反感，他希望建立一个超越党派的政府，但是这种理想近乎幻想，事实上，他是美国历史上唯一没有党派的总统。

尽管不是很情愿，华盛顿还是被推举连任一次总统，但是他坚决拒绝连任第三届总统，这为后人树立了一个好榜样。在任期里，他对美国民主制度的确立居功至伟，还确立了美国政教分离的原则。

通过上面这简短的描述，读者可能已经可以概括出华盛顿是一位什么样的人了，在这位伟人身上确实没有什么看不懂的地方。乔治·华盛顿缺乏恺撒或者拿破仑那样的军事天才和铁腕，他也不像杰斐逊和麦迪逊那样高瞻远瞩、对国体有深刻的见解，他更不像汉密尔顿那样善于玩弄权术。在外交上，华盛顿几乎没有任何经验，在需要精明、耐心和谈判技巧时，都是由富兰克林、杰斐逊和亚当斯等人担当。华盛顿甚至不是一位好的演说家，他不仅不像亚当斯那样雄辩，而且在美国历届总统中口才算是非常差的。在政治上，华盛顿天生保守，他没有法国革命家那些激进的思想，他的理想就是建立一个秩序井然的平等社会，如此而已。在独立问题上，他显然不如杰斐逊和塞缪尔·亚当斯来得坚决，但是当北美殖民地到了生死存亡之际，他便义不容辞地担起了领导独立战争的重任。今天，几乎所有的美国人都感谢这位来自弗吉尼亚农庄的国父，他不仅把北美殖民地从英国人的统治下解放出来，并且实现了这块新大陆的高度自治。华盛顿一生不贪求权力，不计较得失，对荣誉也看得很淡，在这些方面，他是历代领导者的楷模。用美国早期政治家丹尼尔·韦伯斯特（Daniel Webster，1782—1852）的话说，华盛顿有极高的道德品质，坚毅而自律，并且时刻约束自己的行为。

华盛顿是一位普通的美国人，更是一位历史上的伟人。

第四节　从大陆会议到独立

介绍完这几位具有代表性的伟人，不妨回过头来讲一讲美国立国的过程。

北美这块土地曾经是印第安人的天堂。对印第安人线粒体基因组的研究结果表明，他们的祖先应该是在上一次大冰期，跨过白令海峡从亚洲迁徙到美洲的。而近代最早到达北美大陆的是西班牙人，从 16 世纪起他们就在北美大陆的南部佛罗里达地区建立了殖民点，后来扩展到整个北美的西半部。到了 16 世纪中叶，法国航海家雅克·卡地亚（Jacques Cartier，1491—1557）跨过北大西洋，到达今天加拿大东部的纽芬兰，然后从那里一路南下，到达现加拿大的魁北克地区，建立了魁北克城。今天加拿大东部还有许多人说法语，就是因为那里曾经是法国的殖民地。后来法国人一路南下，占据了北美中部直到路易斯安那广袤的平原地区。不过，西班牙和法国的殖民地与后来独立的北美十三州没有关系。

到了 17 世纪初，英国和北欧的荷兰、瑞典陆续有移民来到北美东部。后来英国人打败了荷兰人，基本上占据了从现在美国东北部的新英格兰到南方佐治亚的大西洋沿岸的狭长地区，并且在那里建立了很多相互独立的殖民地。从英国人在北美建立殖民地的过程看，大约分为三种。

第一种是英国国王赐给某个贵族的领地，比如说马里兰就是封给巴尔的摩男爵乔治·卡尔弗特（George Calvert，1579—1632）的领地，而为了感激当时的英国国王，他以当时英国王后玛丽的名字命名这块土地，称为"玛丽（Mary）的土地（land）"，即马里兰（Maryland）。

第二种是特许公司殖民地。在大航海时代，荷兰和英国为了鼓励国民开拓海外殖民地和市场，向一些公司颁发特许状，允许这些公司以国家的名义在海外做生意、移民和建立武装。历史上最著名的当属荷兰的东印度公司，它有自己的军队和舰队，在全世界范围内建立了多个殖民点和几十个港口，并且控制了很大一部分世界贸易。英国人在北美建立的这种特许公司没有荷兰东印度公司那么大、那么有名，却诞生出后来美国的两个州——马萨诸塞州和弗吉尼亚州。一般来讲，公司的总部在哪里，就由哪里控制，荷兰的东印度公司便是如此——虽然它在世界上的影响力很大，但还是要听阿姆斯特丹总部的话。不过，英国在批准新英格兰公司（后改名为马萨诸塞海湾公司）时可能是一时疏忽，也可能是当时的英王查理一世急着要把这群异教徒打发走，就爽快地在新英格兰（马萨诸塞湾）公司的特许状上签下了自己的大名，根本没有写清楚公司总部的地址应该是伦敦，而是留了空白。这样，后来的殖民者就把总部定在了马萨诸塞州，从法理上讲，可以脱离英国的控制。

第三种是从一开始就自治的殖民地，也称为殖民者契约殖民地。它们是自由移民自订契约建立起来的，比如罗德岛和康涅狄格就是这样的。1620年，乘"五月花"号船来到现马萨诸塞州普利茅斯（Plymouth）的清教徒们，在抵达美洲大陆之前，由成年男子共同签署了一份契约，宣布将制定"公正而平等"的法律来治理他们结成的"公民政治团体"。根据这个契约，他们建立了普利茅斯殖民地。1636年，另一批清教徒来到康涅狄格，建立了定居点并根据他们自定的章程进行管理。几年后，他们共同

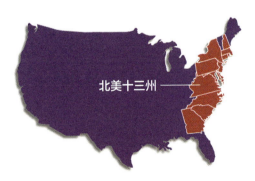

北美十三州

图6.6　北美最早的十三个殖民地（红色）

制定了一部法律文件《康涅狄格基本法》，并且依照股份公司的组织模式建立了殖民地政府，《康涅狄格基本法》也因此被认为是历史上的第一部成文宪法。

从北美十三个殖民地建立的过程来看，它们起初都不是王室将土地分封给臣民的，而是移民们自己开拓出来的。所以严格意义上讲，英国从未真正拥有过这片土地（包括马里兰）。不过，当时北美殖民地的大多数移民（大约占自由民的四分之三），都来自英伦三岛，虽然他们来到北美是为了逃避宗教迫害[1]，但是依旧把自己看成英国人。在起初的一个多世纪里，这些移民及其后裔还是表示效忠英王，而英国政府也以各种借口逐渐将这些殖民地转为王室的殖民地，直接管理，并且任命总督加以统治。

经济上，北美的各个殖民地彼此分立，经济结构因地域特点不同而差异很大。在北方，气候寒冷，不宜耕作发展农业，但是那里水上交通便利，有很多天然良港，因此工商业尤其是造船业比较发达。18 世纪中期，悬挂英国国旗航行的船只，约有三分之一是在这里建造的。而南部殖民地，土壤肥沃，气候适宜，盛行大种植园经济。这些南方的种植园，面积都很大，移民们大量使用黑人奴隶，种植蓝靛（一种染料）、水稻和烟草。因此，各个殖民地的利益差距很大，这在日后导致了南北各州在很多问题（比如蓄奴和废奴）上看法截然相反，也导致后来的建国谈判非常艰难。

但是另一方面，这些移民之间非常相似，除了在宗教上的一

1　当时英国国王自己信奉英国国教，将基督教的其他教派比如清教和传统的天主教看成是异教，并且对这些教徒加以迫害。这些教徒开始逃到荷兰，后来发现荷兰的宗教迫害同样严重，最后他们选择离开旧大陆欧洲，来到未开垦的处女地北美洲。

致性，他们还有着共同的经济文化背景。北美的移民数量增长非常快——在移民开始的一个半世纪里，北美殖民地的人口增加了一万倍，即从210人增加到220万余人。这些移民不是从英国来的，就是从西欧的荷兰和德国北部等资本主义已经发展的地区来的，他们的文化背景基本相同。这些移民还有一个共同的特点，就是大多具有先进的经营理念和劳动技能，很多人懂得企业制度、货币的作用、利润制度，拥有财产、工资和收入的分配等工业化时期特有的经营管理经验。他们关于政府的职能和作用的看法，也非常现代。可以说，这些殖民者基本上是将当时欧洲、英国和荷兰最先进的经济和政治制度移植到一个新的环境中。

到了18世纪，各殖民地都先后建立了议会，他们在不违背英国法律的前提下，制定当地的法律。每个殖民地都有一个总督，代表英国国王的利益，但日常管理由总督和殖民地民选的议会共同治理，总督并不能一个人说了算。地方议会在当时掌握了一项重要权力，即财政权。这样，殖民地议会就可以规定每年征税的项目和数额，限定支出用途，有权撤销政府的任何预算，以此制约总督和其他行政官员。直到今天，美国的财政大权依然掌握在议会手里，这个传统可以追溯到殖民时代。

在宗教政策上，北美殖民地采取宗教宽容政策。今天信仰自由被看成是一种天赋的权利，但在历史上却不是这样。只要看看当下有些国家对不同的教派多么不宽容，就能想象几百年前欧洲的情况。当时欧洲各个教派纷争不断，尤其是17世纪初的30年宗教战争对欧洲的破坏，比第一次世界大战还严重，而在北美殖民地，外来移民受到殖民当局的欢迎，有的还获准建立自己的宗教机构。在当时对异教徒的宽容可以说达到了前所未有的程度。按照中国的话讲，有容乃大，这样北美殖民地的实力就迅速增强了。

1756—1763 年，英国与法国争夺北美殖民地的七年战争，直接导致了后来北美殖民地的独立。在这场战争中，英属殖民地原本是站在英国一边，而华盛顿不多的实战经验，也是在帮助英国人和法国人作战中积累的。最后英国人在殖民地人的帮助下取得了胜利，不仅把法国人赶出了加拿大，而且还控制了北美大陆密西西比河以东的地区。然而，具有讽刺意味的是，尽管英国人赢得了战争，取得了在北美的优势地位，最终却失去了北美殖民地。历史上常常如此，战争可以在短期解决问题，却会带来更大麻烦。对法国的战争结束后，英国政府面临战争导致的财政困难，并试图将财政负担转嫁到殖民地身上。1763 年，英国新上台的首相格伦维尔（George Grenville，1712—1770）把英国的常备军派到北美殖民地，却要求殖民地提供给养；同时第一次向殖民地征收直接税。刚开始，这些北美的殖民者每年仍向英国政府交税，如同当年荷兰人向西班牙人交税一样，但是，后来他们发现自己只有纳税的义务而没有参政的权利，始终受到英国人的剥削。

从 18 世纪中叶起，北美各殖民地和英国在经济上其实已经开始有了竞争。英国为了维护本土的利益，颁布了一系列非常不利于殖民地的高税收法令。一方面他们在处理英国本土和殖民地的关系上，一边倒地保护本土利益，不让殖民地的产品和本土竞争，比如 1764 年颁布的《食糖条例》，要求美洲殖民地必须大量购买英国的食糖、咖啡、酒等商品；另一方面，他们对殖民地的收入变着法儿地征税，比如 1765 年颁布《印花税法》，对所有印刷品直接征税。而殖民地在英国议会没有代表权，因此凡是有利于本土而不利于殖民地的法律总是能通过。这样一来，殖民地的民众就不干了，激进派就喊出了"无代表，不纳税"的口号。温和派就决定派代表游说英国议会，取消印花税，富兰克林就责无旁贷地担此重任，并且不辱使命，说服英国人取消了印花税。

1766 年，在议会被迫废除了印花税法后，英国又设法通过其他形式征税。1767 年，英国开始对殖民地急需的商品（玻璃、纸、茶、糖和铁等）开征高额关税。殖民地只好通过加勒比海走私这些商品。在这样的背景下，北美洲各殖民地就英国与殖民地之间的关系展开了激烈的讨论，主导观点认为宗主国无权向殖民地征税。激进者比如杰斐逊甚至认为英国议会在殖民地没有主权。

北美独立运动的大本营有两个：北方以波士顿为中心的新英格兰地区和南方的弗吉尼亚。1773 年，波士顿的"独立分子们"茶党反对英国利用法案垄断北美茶叶市场，要求运送茶叶的英国商船离港，英国商人在忠实于英王的马萨诸塞总督支持下，当然没有这么做，于是一个激进组织"自由之子"的几十人趁着夜色登上了商船，并且将茶叶全部倒进大海，这就是著名的波士顿倾茶事件。但是，此举受到来自各个方面的批评，包括殖民地民众，很多人包括富兰克林都认为被倾倒的茶叶应该赔偿，富兰克林还表示愿意用自己的钱来赔。但是客观上讲，这件事倒是加速了北美独立的进程。这时，英国做出了可能是它历史上最错误的决定——调重兵镇压茶党运动。在人口只有 16000 的波士顿居然驻扎了 4000 名英国士兵。这更让殖民地人民认为宗主国想剥夺殖民地的权利和自由，这 4000 人不仅没有帮上忙，反而使冲突不断升级。

1774 年，波士顿倾茶事件的带头人塞缪尔·亚当斯（Samuel Adams，1722－1803）意识到，单靠波士顿和马萨诸塞的力量已无法对付英国人的高压政策了，有必要召集所有殖民地的代表来讨论当前的局势和对策。在他的倡议下，马萨诸塞州议会通过决议，决定召开北美各殖民地代表大会，并由议会出面联络各殖民地议会。而忠实于英王的总督盖奇（Thomas Gage，1720－1787）知道后，宣布解散议会，不过这时总督对议员们已经没有控制力了。

稍早一些时候，为了土地所有权，弗吉尼亚州的民选议会和英国指定的总督也发生了冲突，后者也解散了议会，但是议员们跑到威廉斯堡继续开会，并且和马萨诸塞州一样，通过了召开有十三个殖民地参加的会议的决议。在马萨诸塞州和弗吉尼亚州的号召下，十二个北美殖民地（佐治亚缺席）的 76 名代表于 1774 年 9 月在费城召开了第一届大陆会议。这次会议的主要策划者塞缪尔·亚当斯代表马萨诸塞州参加了会议，但是在会议上最活跃的却是他的堂弟，后来美国的第二任总统约翰·亚当斯。而南方的弗吉尼亚则派出了乔治·华盛顿和帕特里克·亨利等代表。遗憾的是杰斐逊没有参加这次会议。据参会代表后来回忆，整个会议有一半时间都在听约翰·亚当斯一个人讲。会议虽然讨论了杰斐逊比较激进的（要求独立的）行动纲领，但是当时大多数代表还不倾向于和英国决裂，因此没有通过。大会由约翰·亚当斯起

图 6.7　波士顿倾茶事件

草了一份相对温和的《权利宣言》。该宣言表示殖民地仍对英王"效忠"，也没有提出独立问题。

第一次大陆会议是各个殖民地自建立后第一次联合起来向英国要求权利。但是，它对英国人的态度没有产生任何影响。因此，双方冲突还在继续，而且在不断升级，并最终在列克星敦爆发了武装冲突。

大家可能会有疑问，殖民地的武装最早从哪里来？根据最初英国、荷兰这种特许公司的惯例，这些公司有权建立自己的武装。虽然后来英国单方面收回对马萨诸塞公司的特许，但是在马萨诸塞州看来，他们有权建立武装，并且这么做了——波士顿通过了《民兵法》。当时殖民地很多家庭都有枪支，因此很快就召集了一支四千人的军队（民兵）。1775 年 4 月 18 日，英军的指挥官盖奇（就是那位解散议会的总督）试图偷袭民兵军火库，他自

图 6.8　第二次大陆会议（中间的高个子是杰斐逊，在他左边是富兰克林，杰斐逊对面的站立者为华盛顿，杰斐逊身后是《独立宣言》的另外三位起草人，该画由约翰·特朗布尔创作，现收藏于美国国会大厦）

以为安排得神不知鬼不觉，谁知走漏了消息，结果在列克星敦中了民兵们的埋伏，偷鸡不成反蚀把米。列克星敦的枪声让殖民地和宗主国彻底决裂了，各地都组织起民兵武装反抗英国人。各州都意识到需要紧急召开一次会议，讨论局势，统一行动。在这样的环境下，美国独立战争中最重要的第二次大陆会议就于 5 月 10日在费城召开了。

　　这次会议，佐治亚也派代表参加了，因而凑齐了北美全部英属殖民地的代表，而且两个重要的代表出席了会议，他们就是杰斐逊和富兰克林。在这次大会上，独立的呼声高过了妥协的声音。会议于 6 月 15 日通过组织大陆军的决议。由于绝大多数代表都是文人，而相比之下只有华盛顿的军事经验最丰富，因此大会任命华盛顿为大陆军总司令。大陆决定起草一份宣言，昭示天下各个殖民地独立的原因。而这件事就交给了由杰斐逊为首的五人小组。小组中的另外四个人是富兰克林、亚当斯、纽约代表罗伯特·利文斯顿（Robert Livingston，1747—1813）和康涅狄格的代表罗杰·谢尔曼（Roger Sherman，1721—1793）。第一稿完全由杰斐逊起草，但是南方一些州的代表坚决反对里面谴责奴隶制的内容，加上其他代表对很多细节也有争议，因此这份宣言经过杰斐逊、富兰克林和亚当斯等人一改再改，直到 7 月 4 日才由全体 76 名代表签署。这 76 人均被看作是广义上的"国父"。后来费城为了纪念 1776 年这个历史性的年份，把费城的职业篮球队起名为"76 人"队，76 这个数字在美国经常能看到，比如到处都能见到的 76 号加油站（康菲石油公司的下属公司）。《独立宣言》的内容就是我们前面提到的，它不仅宣布美利坚合众国从此脱离英国独立，还是世界上第一份人权宣言，提出人人生而平等。

大陆会议的另一项成果是通过了《邦联条例》。从 1775 年起，各州建立了自己的政府并且制定了自己的宪法，但不同的州之间的宪法内容大相径庭，有些条例模糊而不规范。大陆会议的代表们意识到，各个殖民地应该拥有一套正式法律，把州与州团结成为一个整体，这样才能向英国争取更多的权利，并取得独立战争的胜利。在这种形势下，第二次大陆会议提出并着手起草了在各州宪法之上的共同准则《邦联条例》。它于 1776 年起草完毕，但是直到 1881 年各州才全部签署。需要指出的是

《邦联条例》并不是宪法，因而美国在独立后不得不重新制定一部宪法。

独立战争的过程在所有世界史教科书上都有详略不一的描述，结果大家也都知道，这里不再赘述。不过有几个细节与我们后面所述内容关系密切，有必要强调一下。

第一，交战的双方不仅包括英国和北美殖民地，还卷入了法国、德国、西班牙、荷兰和印第安人。一方是华盛顿指挥的大约八万大陆军和民兵（简称美军），加上在北美战场上的一万七千名法国正规军，以及在欧洲牵制英国的七万法国和西班牙联军，再加上一些荷兰军队。而另一方不仅有英国在北美的五万六千名正规军，还有三万多名德国雇佣军，加上北美的印第安人和殖民地忠实于英国王室的五万民兵（相当于美奸或伪军）。华盛顿指挥的美军大多没有受过专门的军事训练，武器弹药也相当匮乏，因此在开战初期常常是节节败退。

第二，就是关于华盛顿的作用。虽然清末民初的仁人志士们常常把华盛顿和拿破仑相提并论，但是华盛顿在军事上远远无法和拿破仑相比，甚至连一流的军事统帅都算不上。在战争中，美国之所以能打败强大的英国，取得独立战争的胜利，很大程度上是靠西班牙、荷兰特别是法国的帮助。他们不仅为北美殖民地提供军火和各种物资，还派了大量正规军直接参战，并且在一些关键性战役中起到了主要作用。比如在决定性的约克敦战役中，美军大约一万一千人，装备很差，而法国投入了陆军八千多人，海军一万五千多人，不仅在数量上超过华盛顿领导的美军，战斗力更是高出一大截。在整个战役中，装备精良的法国军队的作用要远大于华盛顿的部队，法国人的伤亡也是美国人的两倍。因此，在最后的投降签字仪式上，美法联军的代表只有华盛顿一个美国人，倒是有两位法国将军——法国皇家军队的陆军中将罗尚博伯爵（Jean Baptiste Donatien de Vimeur, comte de Rochambeau，1725—1807）和海军中将德·格拉斯伯爵（François-Joseph Paul, marquis de Grasse Tilly, comte de Grasse，1722—1788）。

然而，华盛顿在整个独立战争中的作用依然非常大。在长达八年多的独立战争中，华盛顿以坚强的毅力担负起反抗英国人争取独立的重任。他原本是独立运动中的温和派，但是他一旦被授予领导独立战争的重任，就坚决主张把独立战争进行到底，反对妥协媾和。当时北美面对的是世界第一强国英国，无论从军力还是补给上，北美的大陆军和民兵都处于劣势，在大部分时间里殖民地一方在军事上失败多于胜利，如果这时华盛顿放弃或退却了，北美独立的时间就可能延后很多。在这种情况下，很有韧性的华盛顿成了当时北美独立运动的灵魂。在整个战争中，他表现出卓越的组织才能，他不仅要把来自各州军纪散漫的大陆军和民兵聚集起来，训练成军纪严明的现代军队，还要筹集物资和军备，在战事不顺利的情况下，他还需要不断地鼓舞军队和民众的士气，可以用屡败屡战来形容。另外，在独立战争中，华盛顿努力维系着各个殖民地结成联盟，反对为了各自的利益各行其是。正是靠着这种顽强的信念和韧劲，最终他做成了一件看似不可能的事情。

第三，富兰克林的贡献非常大。正如我们在前面所说，北美独立战争的胜利，在军事上仰仗法国和欧洲其他一些国家的帮助。而当时在巴黎的富兰克林对法国参战起到了至关重要的作用。从 1777 年开始，法国倾一国之力帮助北美殖民地，源源不断地向北美输送弹药、军队和船只。之后西班牙也加入到美国一方，它在战后从北美获得了不少殖民地。在后来的两年里，交战双方从英国人占优势到了势均力敌的僵持阶段。在最后的一次决战中，按计划英国援军会从水路来接应，但是英国的运兵船在半路上被法国军舰击溃，在法国海陆军的帮助下，胜利的天平倒向了华盛顿这一边，英军统帅康沃利斯看到胜利毫无希望，于是投降了，北美独立战争宣告结束。

1783 年，英美两国在巴黎签署了和平协议，并划定了北美殖民地和加拿大英国殖民地的边境线。北美十三个殖民地从此正式独立，接下来的任务是把十三个殖民地融为一个国家。

第五节　谈出来的国家

在美国（乃至世界）历史上有一件很奇怪的事，独立战争在 1783 年就结束了，而华盛顿就任美国第一任总统却是 1789 年，在这中间的六年里，这个国家是由谁来管理的？答案很简单，根本没有人管理，不仅没有总统，没有中央政府，甚至连宪法也没有。虽然在大陆会议上设立了一个联邦议会，但是它并不管事。这似乎令人难以置信，但是当时的事实就是如此。

为什么会形成这么有意思的局面呢？是因为我们前面介绍的美国国父们没有"打江山，坐江山"的想法。对各个殖民地的代表而言，他们的使命是完成民众交给他们从英国独立的任务，当这个任务完成后，他们认为自己的使命也就结束了。民众并没有给他们建立国家的任务，因此，这些国父们当时并没有要成为什么"开国元勋"的想法。北美十三块殖民地的民众们，和当年荷兰的商人们的想法一样，只要能维持他们的田庄和生意就好，并不关心有没有联邦政府，甚至谁也没有意识到联邦政府存在的必要性。因此，在美国人和英国人签订了合约，脱离了英国的统治之后，从统帅华盛顿到普通士兵都解甲归田，回去经营他们的农庄、商店或者工厂了。当时的北美十三州就是处在这样一种现在看来难以置信却也十分有趣的状态。

很快这些在无政府状态下的殖民地就遇到一些麻烦。比如，按照和英国人签订的合约，英国人要赔偿北美十三州的部分损失，但是英国人并不合作，并且暗地里在贸易上刁难这些前殖民地，各殖民地也没有办法。又如，各州为了付清独立战争时借老百姓的钱，不得不发行一些纸币，这些纸币的价值没有保障而开始贬值。再有，在独立战争期间，联盟答应将西部一些未开垦的土地分给参战的老兵，但是对那些不属于北美十三州的土地，比如现在美国中部的田纳西州和肯塔基州，已经被一些殖民者占了，无法分配。至于一些没有被占的土地，北美十三州在如何分配上意见也不统一，因此也进行不下去。到了1786年，马萨诸塞州发生了暴乱（当时北美十三州是家家都有枪），起因是法官把一些拒不还债的人投进了监狱，而当时并没有什么让人很信服的法律说欠债要坐牢。这时，当初各州的代表们才意识到需要通过一部各方都能同意的条例（Ordinance），来保证新独立的殖民地的基本秩序。这些条例最后促成了美国宪法的产生。

1787 年，十三州的代表们又回到了当年举行大陆会议的费城，讨论一部新的邦联条例，战争期间制订的旧条例已经过时，而且当时制订得匆忙，很多条款含混不清，甚至连美国的国名"美利坚合众国"本身的含义都模棱两可。在英语中，合众国是United States，State 可以是邦和州的意思，也可以是国家的意思，因此，United States 是一个国家还是十三个国家的联盟就有争议。当时邦联条例中讲，每个州保留自己的"主权、独立、自由、领土和权利"，这其实是国家的概念。在战争期间，各个殖民地搁置了这些争议，大家同意先脱离英国谋得独立再议。

现在，英国人是被赶走了，各个州在经历了四年无政府状态后到了要解决它们未来国体问题的时候了。在各州的代表中，后来成为了美国总统的弗吉尼亚代表詹姆斯·麦迪逊为美国宪法的确立起了关键作用，他也因此被后人称为"美国宪法之父"。他在给华盛顿的一封信中挑明了当时大家都试图回避的关键问题，就是大家必须在一个统一的国家和十三个独立的国家中作出选择。当然麦迪逊和汉密尔顿一样，主张建立一个统一强大的中央政府。按照他的想法，必须有一部高于各邦（州）宪法的全国最高宪法，同时必须有一个在各邦（州）之上的最高政府。在1787年，麦迪逊和华盛顿有多次的通信，讨论未来的国体。

到了费城会议上，麦迪逊代表弗吉尼亚州起草了一份提案，这是日后宪法的基础。麦迪逊试图说服代表们接受这项提案，他得到了两位重量级代表的支持，他们是汉密尔顿和日后美国首任大法官约翰·杰（John Jay，1745—1829）。最终，他们把修订《邦联条例》的会议开成了美国历史上重要的制宪会议，但这并不是很多代表的初衷，费城会议进行得一波三折。

　　首先，十三州大多数代表在去费城之前考虑的只是如何修订《邦联条例》，而并不打算要讨论一部全新的宪法，他们中很多人并不觉得这次会议有多么重要，也就没有打算参加这次会议。原本在 5 月 14 日这天开会，结果到了这一天，各州 74 名代表中的很多人都没有来，达不到开会的法定人数，已到费城的代表只好等，好在还有代表陆陆续续抵达，到 5 月 25 日，终于到了 55 人，超过了开会的法定人数，会议才正式开始。在会议期间，又有 13 名代表因为各种原因离开了，只有 42 名代表坚持到底。

　　由于大部分代表来之前没有制宪的思想准备，无法直接接受麦迪逊等人提案，他们首先要花时间消化弗吉尼亚（和其他各州）的提案，接下来便是没完没了的讨价还价，整个会议充斥着唇枪舌战。德高望重的华盛顿虽然被大家选为制宪会议的主席，但是笨嘴拙舌的他很少发言，也无法控制会议的讨论。

　　有些议题和提案在大会上没有太多的争议就通过了，比如关于美国的国体，大家都同意建立一个三权分立的民主国家，同时要保证各个州的独立性。美国的各个州不同于中国的省，前者的权力要大得多，美国的州有独立的立法和司法权，因此各个州的民法乃至刑法都不相同。联邦官员和州、县官员之间不存在上下级关系，总统任命不了州长，也撤不了他们的职。这种横向三权分立、纵向州县自治的国策就是当时定下来的。

　　但是，到了细节问题各个州就互不相让了。代表们在会议上争论的焦点有几点，第一个争议是国会议员代表权问题。当时人口众多的纽约州和弗吉尼亚州等，希望以人口分配代表，这反映在《弗吉尼亚提案》中，这样一来小州的发言权就小了，担心被大州控制，于是小州则发表了《新泽西提案》，主张州不论大小一律平等（有点像今天的联合国）。两种意见吵得很凶，以致不得不一度休会。但是双方都希望解决问题，最后按照罗杰·谢尔曼提出的《康涅狄格方案》达成了妥协——国会两院制，众议院代表的名额根据各州人口确定；而参议院的名额各州平等两票。这就是美国的众议院和参议院的由来。小州还不放心，硬是在联邦宪法第五条规定的修宪程序塞入一款，要求参议院的各州平等代表这一条永远不得修正，成为美国宪法中惟一的"永久条款"。

第二个争议在于废奴和蓄奴的矛盾。当时美国除了新英格兰地区的四个州（新英格兰地区有六个州，但是当时缅因和佛蒙特州不在北美十三州之列），其他州或多或少都有奴隶，在 55 名代表中 25 人拥有奴隶，但是各州代表在这个问题上分歧非常大。北美当时 90% 的奴隶都在南方各州，因此他们试图维护奴隶制，因为南部以种植业为主，需要奴隶种田。而以工业为主的北方各州则要求废奴，这样才能获得自由的劳动力。在制宪会议上，北方州提出了废奴，而南方州则不肯让步，南卡罗来纳州的代表约翰·拉特利奇（John Rutledge，1739—1800）甚至威胁如不同意蓄奴就退出联邦。而反对奴隶制最厉害的是特拉华州（北方州）代表约翰·迪金森（John Dickinson，1732—1808），他在会议期间对奴隶制全面开火，虽然他自己曾经是该州最大的奴隶主。为了废奴，他以身作则，释放了全部的奴隶。但是在南方各州的坚持下，最后北方不得不妥协，宪法规定 20 年后再由国会禁止奴隶贸易。（后来在杰斐逊担任总统期间，开始禁止奴隶贸易，但是奴隶并未得到解放，直到林肯担任总统时期。）

第三个比较大的争议表面上也跟众议院中各州代表的人数有关，实际上依然是废奴和蓄奴的矛盾。但是南北各州的代表这次在名额分配这个关乎切身利益的问题上，对奴隶的态度互换了角色。北方州认为，既然你们南方认定黑奴没有人权，那么黑人不得包含在选民基数内，在国会的代表应该减少。但是这样一来南方各州的发言权就小了，因此南方的代表们这次却坚持每个黑奴都是"一个人"。北方代表迪金森等人嘲讽南方代表这种自相矛盾的说法。南北双方争执不休，最后只好妥协。其结果是达成了一个令人啼笑皆非的方案，把黑奴算作 3/5 个人！这就是臭名昭著的"五分之三条款"。这当然是美国宪法的污点，但是这个过程却说明美国早期的政治家们具备合作与妥协的态度，这才使立宪得以顺利进行下去。

制宪的纷争非常多，以至于会议从初夏一直开到秋天（9 月 17 日）。费城在夏天颇为炎热潮湿，当时不仅没有空调，连电风扇都没有，戴着假发的代表们因为怕窗外的蚊虫，只好关着门窗满头大汗地开会。在会上，很多代表最初的想法后来被改得面目全非了。面对这样一个修修改改的结果，当时华盛顿对这部宪法能否维持 20 年都表示怀疑。但是美国的宪法至今没有做太大的改动，而且还被认为是全世界最好、最权威的一部宪法，因为它是照顾了各方利益相互妥协的结果，在很多方面它虽然不是最好的，但却是可以接受的。这部宪法最终得到了绝大多数参会者（42 人中的 39 人）同意。即使如此，由于到会的人数太少，39 票也只比法定多数 38 票多出一票。

在宪法的起草过程中，好几位重量级的人物都没有参加。杰斐逊当时因为接替富兰克林出任驻法国大使，缺席制宪会议。虽然麦迪逊被看成是杰斐逊理念最好的代表，但是杰斐逊依然认为宪法草案中在维护各州和个人权利上做得不够，他的意见最后被体现在宪法的 10 条修正案中。约翰·亚当斯当时出任英国大使，也没有到会，不过他对国体的想法在宪法中有很好的体现，因此他对宪法颇为赞许。他的堂兄，直接挑起殖民地和英国纠纷的塞缪尔·亚当斯拒绝到会，而帕特里克·亨利因为反对集权也拒绝出席。除了麦迪逊，富兰克林对宪法的制定起了关键作用，在参会的代表中，富兰克林年纪最大，政治和外交经验最丰富，自然而然地就成了这些制宪国父的领袖。华盛顿的话反而很少。

需要指出的是，美国的这第一部，也是唯一的一部宪法，保留了各州非常大的独立性。各个州放弃了各自的外交和国防，但是保留了几乎其他所有的权利。这样的分权使得美国很难产生独裁，但是同时各州的法律之间，州和联邦的法律之间常常发生冲突。而一旦冲突发生，一般以所在州的法律（而不是联邦法律）为准，至今如此。不过，这样的双重法律体系，使得美国南方一些州在从南北战争到 20 世纪 60 年代之间长达一百多年的时间里，产生了一个尴尬的局面，那就是虽然在联邦宪法的第十三条修正案中，将种族歧视视为非法，而在南方各州法律中，依然允许种族歧视和种族隔离存在，直到 20 世纪 60 年代的民权运动出现，才彻底改变了这种不合理制度。不过，这部宪法和独立战争前通过的《邦联条例》还是有很大的不同，除了确定美国是一个统一的国家外，宪法的规定可以直接触达到每一个人，而以前的《邦联条例》只是针对每一个州。比如，如果联邦需要用钱，它过去只能委托每个州去征税，不能直接向民众征税。但是现在根据新的宪法，联邦政府是可以做这件事的，虽然美国在立国后的一百多年里并没有征联邦税，直到第一次世界大战前夕。

好不容易形成的宪法草案，在交由各州批准时又遇到了麻烦。从9月中开完费城立宪会议，直到12月7日，特拉华州才率先批准该宪法草案，特拉华后来也因此获得美国第一州的美誉。接下来，新泽西和宾夕法尼亚州在1787年年底前批准了宪法。在1788年的上半年，又有几个州批准了这部宪法草案，但是当时最重要的弗吉尼亚州和当时第一大州纽约州还有异议，迟迟不肯批准。弗吉尼亚州在美国早期政治经济中占有非常重要的位置，前五任总统中有四任来自该州（华盛顿、杰斐逊、麦迪逊和门罗）。结果大家在宪法草案上继续修改，到1788年6月底，已经有11个州批准了。在这一年，华盛顿被推选为即将成立的美利坚合众国的第一任总统，但是罗得岛州和北卡罗来纳州直到1788年年底都拒绝批准，理由是宪法对人权的保障不足。罗得岛州甚至没有派人参加制宪会议。这样，到了第二年一月华盛顿就职典礼时，美国只有11个州而不是当年独立时的13个州了。麦迪逊在完善宪法中再次起到了关键的作用，他负责起草了宪法的十条修正案，又称为《人权法案》，直到这些修正案被通过后，北卡罗来纳州和罗得岛州才正式加入到美国大家庭。这十条修正案和宪法本身结合得非常完美，以至于今天很多人把它们当作了最初宪法的一部分。它们非常重要而且对美国影响深远。而具体到这十条修正案的内容也十分有趣，我们不妨看一看当时（和今天）美国民众关心的问题。

1. 信仰自由；
2. 个人允许拥有枪支；
3. 军队不得进民房；
4. 公民免于不合理的搜查和拘禁；
5. 无罪推定；
6. 刑事案件的陪审团制度；
7. 民事案件的陪审团制度；
8. 禁止严厉刑罚；
9. 宪法未列的权利自动赋予民众；
10. 宪法未赋予各州的权利自动属于民众。

从这十条修正案中可以看到美国宪法赋予民众的权利非常大。美国宪法的其他条款和这十条修正案类似，都是些只要识字就能看得懂的大白话道理，但就是这些看似大白话的道理，树立了社会的正义，并确保美国人能安享自由带来的幸福。到此，一个统一的美利坚合众国才算是真正建立起来了。

美国通过立宪成为近代第一个共和体制的国家，并且将很多民主思想付诸实践。在此之前，法国思想家孟德斯鸠就系统提出过三权（立法、司法和行政）分立的学说，卢梭和狄德罗提出了民权的理论，但第一次将这些民主思想付诸实施的不是法国人，而是美国人。和法国联系非常紧密的富兰克林和杰斐逊是法国启蒙思想的传播者。美国制宪者当时很认真，或者说很较真，为了做到公平，他们决定不能将联邦首都设在任何一个州（虽然汉密尔顿希望设在纽约），而是设在北美十三州的中间点，在马里兰州和弗吉尼亚州中间专门划出了一块正方形的区域作为首都特区。在设计三个最高权力中心——国会、总统、最高法院所在地时，都按当时的标准隔离得足够远（当时没有汽车），以保证官员们不能相互"串门"。

结束语

　　美国的立国，是人类历史上第一次通过协商而非武力解决纠纷，从而达成一致，最终建立起一个多民族统一的国家。美国立宪谈判之所以能成功，当然需要一定的社会条件。首先是法国的启蒙运动使得民主思想在美国普遍被接受，其次是各个利益集团的代表们开明温和的价值取向——这些国父虽然文化背景不同，教育程度不同，身份和利益也不同，但是没有希望使用武力解决问题。美国的立宪过程从 1787 年 5 月到 1788 年 6 月，讨论和争论了一年多的时间，多次面临谈不下去的困境，但是代表们坚持一个原则，就是可以谈判，但是不能动武。在制宪会议上，代表们遇到一个又一个矛盾，他们解决问题靠的是妥协和宽容。没有一位代表对最后的结果完全满意，用富兰克林的话说，"我得承认我自己对这部宪法中的好几个部分并不认同，但是我不觉得我会因此阻止其通过……我们即使再开几次制宪会议也未必能够制订出一部更好的宪法……所以先生们，尽管这让我自己也感到意外，但我认为这个系统已经接近完美……"但是，这样的结果却是代表们（和他们所代表的州）都能接受的。在美国立宪的过程中，我们看到了人类的进步，看到人们学会用文明的方式和理性的力量建立起一个国家。

和历史上很多强大的国家不同的是，美国是一个松散的联邦，而这个联邦日后不仅没有分裂，反而成为了超级大国。这当然是很多代美国人长期努力的结果，但从另一个方面讲，也和这些开国者为这个国家确立了良好的政治体制和树立了无私的道德规范有关。当初，这些开国元勋谁也没有把自己当回事，更没有把自己当成什么开国的伟人，但是历史证明这些没有把自己当回事的国父，反而在后世成为了当代政治家学习的典范。

第七章　缩短的距离
交通和通信的进步

交通和通信的重要性可以从一场战争说起。1870—1871 年，一场战争改变了欧洲的格局，即当时刚刚崛起的普鲁士和欧洲最大的国家法国之间的普法战争。在将近一年的战争中，普鲁士军队在名将老毛奇（Helmuth Karl von Moltke，1800—1891）的指挥下大获全胜。普法战争的起因、过程和结果在历史书上都有详细的描述。而至于为什么是普鲁士获胜，这成为了后来军事专家研究的课题。一般的结论不外乎普鲁士军队组织严密、毛奇指挥得当，等等。不过毛奇早就给出了答案，他在自己的军事论著中提出了一种全新的、影响至今的作战指导思想，即被后人称为"毛奇式的外线战略"的战略战术。而运用这种指导思想的前提，却是看似跟军事并无太大关系的两项发明——铁路和电报。至于什么是外线战略，我们后面再讲，现在先来看看铁路和电报的发明。

第一节　史蒂芬森和铁路

　　铁路是现今载客量最大的交通工具。虽然飞机的速度更快，但是要解决中国每年的春运问题，还得靠铁路。铁路和火车的发明，则要感谢英国自学成才的技师乔治·史蒂芬森（George Stephenson，1781—1848）和他的儿子罗伯特·史蒂芬森（Robert Stephenson，1803—1859）。

　　对英国来讲，1781年是个不幸的年份，这一年它失去了北美殖民地。不过上帝常常是公平的，就在这一年，瓦特改良的蒸汽机已经开始在煤矿和工厂普及，伦敦已经成为了一个百万人口的大都市，英国的工业革命正在蓬勃开展。对世界来讲，这是幸运的一年，因为伟大的发明家乔治·史蒂芬森诞生了。

　　与很多伟大的发明家比如瓦特、爱迪生和富兰克林一样，史蒂芬森也是出生于穷苦人家。要是赶上拼爹的国度和年代，他们可能碌碌一生，幸好他们生在了一个相对公平的社会。十几岁时，史蒂芬森就在煤矿里当童工，但是他聪明好学，后来成为了一名机械工，不过直到18岁，他还不太识字。史蒂芬森知道，当个文盲，一辈子不会有出路，于是自掏腰包，拿出约3%的工资去上夜校，每周三次，从不间断。到19岁，他才会写自己的名字，到21岁，他可以阅读并书写简单的书信了。按时下中国流行的网络用语，史蒂芬森可能是屌丝，他的恋爱和婚姻也一直不顺利，不过在21岁这一年，一个大他12岁的乡村女仆终于同意嫁给他了。和别人不同的是，史蒂芬森很勤奋而有恒心，当那些蓝领工人在工作之余喝酒取乐时，他在研究机械和读书做作业。

史蒂芬森年轻时，没有过上一天好日子，他的太太在为他生下一个儿子后，便去世了。他不得不将幼儿交给妹妹带管，不久他的父亲（也是名技工）也因工双目失明，要靠他照养。不过靠着自己的努力，史蒂芬森在 31 岁那年还是当上了矿上的技师。他终于有钱将自己的儿子送入学校，并跟儿子一起学习。他的儿子罗伯特和他一样喜欢研究东西，十几岁时，罗伯特读了富兰克林做雷电实验的故事，自己也做起雷电的实验，差点把家里的房子给烧了。

史蒂芬森的第一项重大发明并不是火车，而是矿上使用的安全灯。不过，当时英国一位著名的科学家汉弗莱·戴维爵士（Sir Humphry Davy, 1st Baronet，1778－1829）也几乎同时独立地发明了安全灯。这引发了长达几十年的发明权之争。史蒂芬森是个普通的技师，而戴维是当时著名的科学家、英国皇家学会会长，地位显赫。这次争议对史蒂芬森很不利。好在矿主们都支持他，这件事最后不了了之。不过史蒂芬森并不在意，因为他的注意力都集中在火车上。

应该讲，火车的三个要素——车轨、车轮和动力，没有一项是史蒂芬森发明的。马拉的木质矿车在木轨上行驶，早在 16 世纪就有了。在史蒂芬森的时代，煤矿已经用固定的蒸汽机为动力，用一根长长的绳索拉着载满矿物的货车在木轨上行驶。英国工程师特里维西克（Richard Trevithick，1771－1833）在史蒂芬森之前就将蒸汽机装在机车上，组成可以移动的火车头，但是他至死也没有能制造出真正的火车。史蒂芬森应该是听说过特里维西克的发明，而同时期提出类似发明的还不止他们两人。不过，

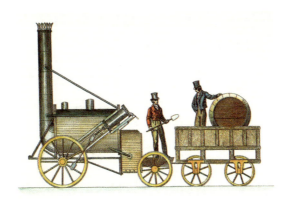

图 7.1　乔治·史蒂芬森和他最早设计的火车

史蒂芬森是制造出人类可以靠机器的动力让一种交通工具自行行驶的第一人，他和同伴们一起解决了铁轨的问题，并且将蒸汽机作为动力源做成了火车头的一部分。

　　在发明火车之后不久，在商人爱德华·皮斯（Edward Pease，1767—1858）的帮助下，史蒂芬森和罗伯特开始修建世界上第一条铁路——达灵顿铁路。为了制造机车，他们父子二人在一些工厂主和银行家的帮助下，成立了以他儿子的名字命名的"罗伯特·史蒂芬森公司"，并且制造出四个火车头——运动号、希望号、勤奋号和黑钻石号。1825 年铁路铺设完毕，火车也造好了。9 月 27 日这天，史蒂芬森亲自驾驶着运动号，拖动着三十多节车厢，装载三百多名乘客以及几十吨的煤和面粉，从达灵顿往几十千米外的斯托克顿驶去，中间遇到一个骑马打猎的绅士，绅士试图和火车赛跑，结果输掉了。这是人类历史上第一次获得比马更快的速度。在铁路沿线挤满了围观的人，很多人爬上火车，结果到达斯托克顿时，车上居然挤满了六百多名乘客，整列火车的载重超过了 90 吨，在人类历史上，还从未有过运载能力这么大的陆上交通工具。

在达灵顿和斯托克顿之间修建铁路，目的是将煤从煤矿运到运河渡口，对经济的影响还不算太大。当时，从英国最大的工业城市曼彻斯特到港口城市利物浦之间的货运量非常大，运输是个大问题。这两个城市之间有运河连接，但是水运速度比较慢。在铁路发明后，火车运输就成了最好的选择，修建曼彻斯特到利物浦之间铁路最早的设想在 1823 年就开始了。这条铁路本来由史蒂芬森的朋友威廉·詹姆斯（William James，1771－1837）勘探设计，但是很快他就破产了，任务便留给了史蒂芬森。史蒂芬森是个出色的工程师，但是数学基础薄弱，平时各种计算问题都是由他的儿子罗伯特代劳，可偏偏这时罗伯特去了南美洲，因此史蒂芬森第一次提出的方案里错误非常多，在议会的多次讨论中，很多关于道路工程的问题他也答不上来。加上利物浦一些民众对这种冒烟的蒸汽机头颇为反感，向国会递交请愿书，经过几十次听证会，修建铁路的方案在 1825 年最终还是被驳回了。史蒂芬森此时遇到了他事业中最大的一次挫折，并被董事会解职。后来这条铁路的方案还是被批准了，但是工程交给了别人。不过，由于接手的工程师开出的条件让董事会无法接受，而同时史蒂芬森负责修建的达灵顿铁路顺利通车了，于是董事会又把他请回来做工程师。事实证明董事会的决定很明智，史蒂芬森非常尽职，每天早上五点钟就出门工作，很晚才回家。两年后的 1827 年，罗伯特终于回到了英国，史蒂芬森这下子如虎添翼，再也不必为工程上的计算问题而发愁了。

在接下来的三年里，这父子二人每天披星戴月，整天泡在铁路工地上。1830 年，他们建成了人类第一条连接两个大城市的铁路——曼彻斯特到利物浦的铁路。在铁路开通的那一天，当时英国的首相、在滑铁卢打败拿破仑的惠灵顿公爵亲临这次历史性的典礼。典礼成了火车的游行，史蒂芬森驾驶着诺森伯兰号（Northumbrian）行驶在最前面，他的儿子罗伯特驾驶着凤凰号也在火车的行列中。此后，史蒂芬森声名鹊起，享誉欧洲，他们父子二人为欧洲建设了很多条铁路。

很有意思的是，英国（乃至欧洲）铁路的普及和一位投机者有很大的关系。这就是当年英国的首富乔治·赫德森（George Hudson，1800－1871）。赫德森出身于一个自耕农家庭（牛顿也是出身于自耕农家庭），家里人口众多（他是家里第五个孩子），他的父母连养活他都不容易，更谈不上给他什么良好的教育。不过因为家里穷，没有钱，他从小就善于算计，有小聪明，爱投机。6 岁时，他母亲过世，8 岁时他父亲也过世了，他不得不自谋生路。15 岁他成了布店的伙计，由于会做生意，被老板看中，招为女婿，这样就有了事业的第一桶金。还有一种说法是，赫德森有个有钱的远房亲戚，在重病时得到赫德森照顾，并且由赫德森给送的终，那个亲戚给了他一笔不小的遗产——3 万英镑（当时史蒂芬森的工资不过一年 800 英镑）。在 30 多岁时，他投机和往上爬的本事益发显露了出来，他曾经帮助议员竞选，并且成为一名活跃的托利党（今天保守党的前身）人。当时人们都在谈论铁路，赫德森敏锐地看到了铁路未来大有前途，便跻身这个行当，成为铁路建设的积极分子。赫德森通过一次偶然的机会见到了铁路之父史蒂芬森，两个乔治谈得非常投机，史蒂芬森为赫德森的雄心和热情所打动。赫德森需要史蒂芬森的名气，而史蒂芬森的事业需要赫德森这样一个精力充沛、活动能力强的人在台前张罗，两个人无意间已经结成了生意上的伙伴。

借助史蒂芬森的名气，赫德森很快融到了 30 万英镑的资金，并开始修建从他所在的约克城到英国中北部的铁路。接着他又融到更多资金，开始接管其他公司的铁路，并建设新的铁路。他融资的方法很简单，就是用新债付旧债的利息，由于他红利给得多，筹钱从来不是问题，大家都说赫德森有本事。当时英国的审计并不严格，很长时间里大家居然没有对他这种庞氏骗局产生怀疑。到了 19 世纪 40 年代，人到中年的赫德森已经是英国的铁路大王了。随着一条条铁路的开通，赫德森的野心也越来越大，他试图控制整个英国的铁路系统。每一次在公共场合，他总是把史蒂芬森抬出来，大谈他们的友谊，这样大家对他就更加坚信不疑。在赫德森的鼓动下，全英国都为铁路而痴狂，一方面，赫德森居然为还没运营的铁路派红利（不知红利从何而来），另一方面，民众为赫德森连细节都还没有公布的铁路大胆地投资。有十三条还不知道建在哪里的铁路，赫德森却筹到了 250 万英镑的资金，这是当年利物浦和曼彻斯特铁路预算的四倍。到后来，史蒂芬森看出赫德森的做法有问题了，不论赫德森再怎么恳求，也不愿意继续跟他合作。

1845 年，赫德森的名望和财富达到顶点，他当选为英国下议员，并购置了大量田产和豪宅。他为自己的家建了火车站和 3 千米长的专线。历史上有私人飞机的富豪很多，但是有私人机场的似乎不多。赫德森就属于那种有私人机场的土豪。英国的铁路热随着赫德森的发迹进入了高潮，1844年，英国批准修建800千米铁路，第二年又批准了2800千米，第三年再次新增4600千米。英国从南到北不过1000多千米，东西方向最窄的地方还不到200千米。这么多铁路，修建起来密度高得惊人，显然很多都是重复建设。

当时全英国从上到下，无论身份多么显贵，或者多么有学识和文化，都免不了被卷进铁路热潮中，在这些追风的人中，我们可以找到一大堆知名的人物：惠灵顿公爵、著名作家勃朗特姐妹、威廉·萨克雷[1]，等等。赫德森圈了钱，一部分用于修铁路，一部分用于派发红利，余下的就进入了自己的腰包。他在伦敦最好的地段买下了豪宅，一心要挤进贵族圈。不过他和家人经常沦为上流社会的笑柄，由于不会说法语，这对暴发户夫妻常常闹笑话。靠着玩庞氏骗局获得的巨额财富，赫德森在英国上下还结交了很多的支持者，包括前首相惠灵顿公爵，连维多利亚女王也接见过他。

不过庞氏骗局越到后来，维持起来就越困难，因为金字塔的底座太大。到了1846年，全英国投资到铁路上的钱抵得上英国的出口额（当时英国是世界上最大的贸易出口国），比英国政府的税收要高得多。铁路的投资侵占了其他工业、教育、卫生等各项事业的资金，很多人开始抨击这种做法了，比如当时的《泰晤士报》就对这种后果提出警告。而包括史蒂芬森在内的利物浦铁路集团出于竞争的目的，也开始抨击赫德森。到了1846年，面

1　《名利场》的作者。

对反对者的抨击，赫德森只能继续采取作假和派发红利的方式掩饰自己的亏损。不过，到了 1848 年，整个英国也支持不住了，击鼓传花的游戏终于结束了，赫德森建立的铁路王国轰然倒塌。他被查出贪污了 60 万英镑（相当于今天的 4 亿美元左右），在公司破产后自己负债累累逃到法国避债。不过，说句公道话，正是因为赫德森制造的泡沫，英国的铁路才在短短 20 年时间里全部建成。

在英国铁路普及的同时，美国的铁路建设也开始起步了。美国第一条真正具有商业意义的铁路是从五大湖区的俄亥俄通往巴尔的摩出海口的巴尔的摩—俄亥俄铁路，它横跨马里兰、西弗吉尼亚和俄亥俄三州及华盛顿特区。这其实不只是一条铁路，而是一个完整的铁路系统，铁路总长近万千米。这条铁路从 19 世纪 20 年代开始修建，主要投资人是约翰·霍普金斯（Johns Hopkins，1795—1873）。铁路于 1828 年破土动工，1830 年开通运营了第一段（距离很短），1831 年开通了大约 100 千米。工程量巨大，铁路的进展缓慢，到了 1835 年才连通到华盛顿，1853 年才修到马里兰和俄亥俄之间的西弗吉尼亚州，这时铁路开工已经 25 年了。就在铁路快完成时，美国爆发了内战，工期再次拖延，直到 19 世纪 70 年代，铁路的干线和各条支线才全部修好。巴尔的摩—俄亥俄铁路建成后，五大湖工业区和大西洋连接在了一起，大大促进了美国工业的发展。在此期间，美国也开始了铁路热，很多新的铁路开工了。到了 1850 年，美国铁路总长达到 16000 千米，已经超过了英国。10 年后美国南北战争期间，铁路总长接近 5 万千米。

铁路不仅带动了整个经济发展，也改变了人们的生活节奏。在1829年，美国总统安德鲁·杰克逊（就是20美元钞票上的那位），从田纳西州到华盛顿上任，路上马车足足走了一个月时间（此前的总统大多数来自临近华盛顿市的弗吉尼亚州），而铁路一开通，走这段路只需要三天时间。铁路的出现不仅缩短人与人之间的距离，也促进了人口的流动。在有铁路之前，两个城市之间的交通工具就是公共马车，一周最多跑两三次，运送几十个人；而在有了铁路之后，旅行的人数增加了几十倍，每周来往于两个城市之间的人数可达上千人。

　　铁路对于货运的作用甚至超过了客运。在铁路出现之前，美国由于地广人稀，各地的市场规模都很小，很多工业品还是靠手工制作。但是，铁路开通后，在工业领域实现大规模生产成为了可能，工业品成本大幅度下降，这导致了后来美国出现了很多超大型的企业集团。铁路还直接催生了美国第一代重工业企业，它们主要集中在钢轨、机车和车厢的制造以及煤炭的开采上。由于铁路使得运费降低了好几倍，南方便宜的农产品被运到了北方，导致整个新英格兰地区（高纬度而气候寒冷）农业的消失。这样，美国（以农业为主的）南方和（以工业为主的）北方的经济结构差异就变得更加明显，这种差异一直延续至今。

　　在南北战争之后，美国迎来了西部的大开发和工业革命，加利福尼亚州联合铁路和中央铁路的建成第一次形成了贯穿东西海岸的铁路网。在建设加州铁路的过程中，华人劳工起到了关键的作用，并且牺牲了大量的生命。夏衍在《包身工》里引用美国作家梭罗（Henry David Thoreau，1817—1862）的话，讲美国铁路的每一根枕木之下都有一个爱尔兰劳工的冤魂，其实华工们也付出了同样的生命代价。当然，付出生命的还有来自世界其他国家的大量劳工，而在这些劳工的血汗基础上，美国实现了近代的文明，也成就了加州铁路大王老利兰德·斯坦福（Leland Stanford Sr.，1824—1893）的英名和财富。今天，在美国中央铁路图片博物馆中，保留着大量的华工修建铁路的照片，反映了华工对这条东西贯穿全美国铁路的重大贡献。有兴趣的读者可以到他们的网站上去观看。

在19世纪，美国诸多铁路系统并不统一，各自独立经营，其中最著名的是连接五大湖地区到纽约的伊利铁路。它一度是美国最大的铁路网，不仅连接了美国主要的工业区，成为货运的干线，而且帮助纽约成为美国最大的贸易中心。在此之前，纽约、费城和巴尔的摩几乎是在平行发展。伊利铁路之所以出名，还因为它在金融史上有一段传奇故事，美国运输业巨头范德比尔特（Cornelius Vanderbilt，1794—1877）以及华尔街历史上两个最大的投机商古尔德（Jay Gould，1836—1892）和菲斯克（James Fisk，1835—1872）在伊利铁路股票控制权上展开的一场你死我活的争斗。范德比尔特被后世称为铁路大王，但是和英国的铁路大王赫德森不同，范德比尔特没有修过一条铁路，不过他通过收购股份控制了美国众多的铁路网。

直到19世纪末，美国的铁路网还非常混乱，重复建设相当严重。以美国东部为例，巴尔的摩—俄亥俄铁路、伊利铁路和宾夕法尼亚铁路基本上是重复的（如图7.2所示，第一张是巴尔的摩—俄亥俄铁路系统，下面的是宾夕法尼亚铁路系统）。

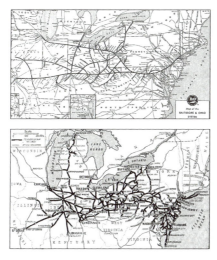

图 7.2　巴尔的摩—俄亥俄铁路（上）和宾夕法尼亚铁路（下）对比图

　　历史总是惊人地相似，虽然在英国铁路热潮中伴随着造假和过度投资，但美国并未接受英国的教训，在全国铁路化的进程中，依然重复了英国的铁路热，并且也因为过度投资而导致出现股市危机。互不相连的铁路网为了订单胡乱杀价，恶性竞争。在范德比尔特之后，将它们真正整合到一起的是著名金融家 J.P. 摩根（J.P. Morgan，1837—1913）。他先后买下了美国东部主要的铁路网，对这些铁路公司进行重组，并且制止了很多铁路的重复建设。

　　英美两国过度投资铁路的历史，到了 20 世纪和 21 世纪还在亚洲继续上演。1955 年，日本国铁（JR）的总经理（相当于中国的铁道部长）十河信二（1884—1981）在他 71 岁高龄时，要完成一件前人不敢想象的大事，他提出将东京到大阪的客运时间从原来的 8 小时降低到 3 小时。新干线应运而生。

由于建设工期长，预算庞大，十河信二知道新干线肯定得不到国会的批准。为了骗取国会的支持，他不惜做假账，把新干线的实际预算3800亿日元（大致相当于当时的10亿美元）改为1972亿日元，并声称有办法从世界银行那里拿到贷款。为了瞒天过海，他宣传说新兴建的铁路时速只有200公里，只是对原有铁路进行改造，这样才使得新干线提案获得通过，并获得世界银行8000万美元的贷款。但是工程只进行到一半，钱就花完了，十河信二不得不要求追加预算，并拿之前的贷款做要挟，如不追加预算完成铁路建设，连世界银行的钱都还不上。日本政府不得不将新干线的投资追加了一倍，以完成工程，同时解除了十河信二的职务。1964年10月1日，新干线顺利通车，十河信二却只能在家里看电视转播。但是新干线对日本经济和社会发展的诸多好处，若干年后人们才逐渐体会到，好在十河信二非常长寿，他活到了97岁，看到了这一天。

到了半个世纪后，中国再次上演英国和日本的铁路热，而主管人员圈钱修铁路的方法甚至都惊人的相似，都少不了瞒天过海和做假账。中国铁道部部长刘志军以修建客运专线为名完成了大量的高铁建设，然后虚报预算，和十河信二几乎如出一辙。从赫德森到十河信二，他们或许如亚当·斯密所说，原本有很多个人目的的考虑，但是他们被一只看不见的手牵引着，加快了铁路的发展。当然，这些进步需要有人来为贪污和浪费买单。

铁路使得人类曾经梦想的日行千里成为了可能，相对距离大大缩短，社会从此开始走向一体化。当然，铁路的作用还不止于此，就在英国铁路热刚刚兴起时，一个德国人从国家安全上看到了它的重要性。这个我们在第三节会详细介绍。

在结束本节之前，有必要提一下因为铁路而诞生的三所美国名牌大学——约翰·霍普金斯大学、斯坦福大学和范德比尔特大学。我们前面讲到这三个人都是铁路大王，霍普金斯和斯坦福都没有子嗣，前者终身未婚，后者唯一的儿子在欧洲求学时不幸病世，他们捐出自己全部的财富，成立了以自己名字命名的大学，这两笔钱在他们的时代先后是美国历史上最大的慈善捐助。这两个人现在仍广为人知，很大程度上是靠这两所世界级的大学。而范德比尔特家族巨大的财富也来自于铁路，他们拿出一部分钱建立了范德比尔特大学。今天其家族的财富已经烟消云散了，但是以他们家族命名的大学却出了两名诺贝尔奖获得者，为人称道。

第二节　莫尔斯和电报

铁路缩短了人与人之间物理的距离，而电报则缩短了人们之间通信的距离。

在人类几千年的文明史上，信息的快速传递一直是个大问题。直到 19 世纪初，快马和信鸽还是最快的传递方式。中国古代还采用过烽火台传递消息，当边境有外敌入侵时，守军点燃高处的烽火台，远处另一个烽火台的守军看到后，点燃自己的烽火台继续传递该消息。到了 19 世纪初，法国人发明了一种"电动烽火台"，它通过高台上灯的闪烁或者信号灯手臂的不同姿势，将信息传到下一站，然后下一站再将信息传到其他各站，直到目的地。法国人在 19 世纪初的半岛战争中采用过这种"电动烽火台"传递信息。但是这样只能传递很简单、很少量的信息，而且不可能投入民用。

不过到了 19 世纪中叶，一项重大的发明彻底改变了这个现状，而发明人是一位精通电学和数学的画家 —— 塞缪尔·莫尔斯（Samuel Finley Breese Morse，1791—1872）。

莫尔斯毕业于耶鲁大学，所学也不是绘画，不过他离开耶鲁之后，在英国学习了三年绘画，在那里，他获准进入皇家学会，看到了很多米开朗基罗和拉斐尔的真迹。回到美国后，他成了一位职业画家，给很多名人（包括美国第二任总统约翰·亚当斯）画过肖像画，即使在他发明了电报之后，他还是继续作画卖画。

1825 年，莫尔斯接了个大合同，纽约市出 1000 美元请他给美国的大恩人拉法耶特侯爵（Gilbert du Motier, marquis de Lafayette，1757—1834）画一幅像。当时的 1000 美元可相当于现在的 70 万美元，不是一笔小钱，莫尔斯于是就离开了纽黑文的家到纽约去作画，然后又去了首都华盛顿。在华盛顿时，他收到了父亲的一封来信，说他的妻子病了，莫尔斯马上放下手上的工作，赶回到五百公里外的纽黑文。但是等他赶到家时，他的妻子已经下葬了。这件事对他的打击非常大，他从此开始研究快速通信的方法。

那时候，电磁学开始兴起。电学基础扎实的莫尔斯遇到一位电磁学学者查尔斯·杰克逊（Charles Jefferson Jackson，1805—1860），并且从后者的各种电学实验中得到启发，他决定研制一种用电来传输信息的装置。要做到这一点，莫尔斯得解决两个关键问题。首先是如何将信息或文字变成电信号，其次是如何将电信号传到远处。

第一个问题的解决办法就是对信息（具体说是字母和数字）进行编码。莫尔斯用"滴"（点）和"答"（线）的组合将英文26个字母和10个数字表示出来（见图7.3）。"滴"就是开关的短暂接触，"答"就是开关的长时间（至少是滴的三倍时间）接触。如果将这两个操作分别对应成二进制的0和1，那么莫尔斯电码实际上就是将英语文本转换成二进制编码的方法。比如A对应"01"，B对应"1000"。虽然当时还没有信息论，更没有人从理论上证明，对经常出现的字母用较短的编码，对不常见的字母用较长的编码，可以降低整个编码的长度，但是，莫尔斯还是根据经验得出了这个结论。从下图可以看出，他对于英语中最常出现的两个字母E和T用了长度仅为1的编码，而对不常见的X、Y和Z等字母，则采用长度为4的编码。对于数字，考虑到它们出现的次数应该大致相同，莫尔斯用了等长的编码，长度为5。这便是著名的莫尔斯电码。

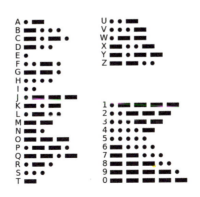

图7.3　莫尔斯电码对英文字母和数字的编码

第二个问题反而是在莫尔斯电码发明之前解决的。莫尔斯最初的设想是用一根电线将发报装置（开关）和收报装置（电驱动的齿轮机械）联通起来，由一个电池供电。他根据这种设想在 1835 年做出了最早的电磁电报机样机，发报方控制电路的开关，而接收方就会出现有电火花和没有电火花两种信号，但是这个电报装置用起来不是很方便。1838 年，在发明莫尔斯电码后，他同时研制出点线发报机。这个装置颇为巧妙，在当发报人将电路短暂接通后（也就是发出一个"滴"），接收装置上的纸带就往前挪一小格，同时有油墨的滚筒就在纸带上印出一个点，当电路接通较长时间后，接收装置上的纸带就往前挪一大段，同时油墨印出一段较长的线。接收人根据接收纸带上的油墨印迹，对应莫尔斯电码，就可以转译成文字。

莫尔斯的这套电报装置获得了美国专利，这堪称是人类历史上最重要的专利之一，因此该专利说明书被"供"在华盛顿的美国历史博物馆里。

几乎在莫尔斯发明电报的同时，英国人库克（William Cooke，1806—1879）和物理学家惠斯通（Charles Wheatstone，1802—1875）也独立发明了电报装置，并且采用多组电池串联的方式，电报的传输距离也更远（21 公里）。库克和惠斯通还实现了历史上第一条电报线，为英国大西方铁路（Great Western Railway）两个车站之间联通了一条电报线作通讯之用，但是他们的发明使用起来并不方便，后来就没有人用了。而相比之下，莫尔斯的设备更便宜，使用简单，维修方便，工作稳定，最终得到了普及，并一直沿用至 21 世纪初。

虽然莫尔斯的时代还没有信息论，但是他已经意识到在通信中提高传输率的重要性。在有线电报系统中，投资最大的是线路，要想降低每一封电报的价格，就必须充分利用"电线"这个信道，在其容量许可范围内尽可能多地传输电报（信息）。最早的电报机完全依赖于人工操作，发报速度很低，即便是最熟练的报务员，每分钟也只能收发 20 组左右的英文单词或者汉字。为了提高线路利用率，莫尔斯发明了一种自动快报机，它包括键盘凿孔机、自动发报机和波纹收报机等设备，这些设备大多是用小型电动机带动的。使用时发方报务员先用键盘凿孔机在凿孔纸条上凿出莫尔斯符号孔，然后把凿好孔的纸条送入自动发报机发报，收方则用波纹收报机收报。由于发报和收报的步骤都用机器代替了人工，效率大幅提升。不过，这种发报机结构复杂，体积笨重，因此只适合在需要大量发送电报的电报站或者邮局之间使用，并不适合野外（军事、勘探等）环境，或我们在影视作品中看到的谍报工作。

电报的发明不仅在通信史上具有划时代的意义，也是人类文明史上的一件大事，从此人类进入了即时通信的时代。但是在电报发明之初，并非所有人都理解它的重大意义。当时的电报是有线电报，需要铺设电线（当时还没有输电线），而且在线路上还要安装和替换电池，因此成本较高，一开始并未得到快速普及。美国第一条城际电报线是从巴尔的摩到首都华盛顿，总长约 64 公里（40 英里），于 1844 年建成。

最早帮助普及电报业务的是新闻记者，因为只有他们才有大量的电报需要发送。1846 年，记者们开始用电报传递新闻，在几分钟里，一篇新闻就传到了几百公里以外。当时有人甚至预测电报业将使报纸变得无用或者变成地方性新闻。但是与他们的预测完全相反，报业最先采用了这项技术，并使地方性报纸变成了全国性乃至世界性的报纸。当时报纸上常常在新闻之前加上"电报报道"几个字，好让读者觉得新闻是最新的。20 多年前我在读报时还经常看到"新华社某年某月某日某时电"的字样。有了电报，一些记者开始深入到第一线采访获取新闻，然后用电报发给报社换钱，也催生了世界各大新闻社。到了 19 世纪 40 年代末（具体时间有争议），纽约的六家报社记者组成了纽约港口新闻社，全部记者来自这六家报社，一旦采访到新闻，除了向自己的报社供稿外，还通过电报向其他城市的报社出售新闻。这就是美联社的前身。

几乎与此同时，德国人保罗·朱利斯·路透（Paul Julius Freiherr von Reuter，1816—1899）在 1848 年开始用信鸽在德国和比利时之间传递股价信息，一年之后，改由电报传送信息，几年后的 1851 年，路透在英国成立了办事处，他和伦敦证券交易所签下一纸合约，通过海底电报线向英国提供欧洲大陆的股市行情，以换取英国股市的信息。1858 年，路透的电报新闻生意终于渗透到报社，开始为英国最有影响力的《泰晤士报》提供电报新闻。1865 年，路透社由个人控股改成了股份有限公司 —— 路透社电报公司。路透后来加入了英国籍，并将新闻社的总部设在伦敦，这就是为什么路透社今天是一家英国公司，而不是德国公司的原因。

到了 1850 年，美国东海岸（大西洋沿岸）的主要城市之间

图 7.4 小马快递员穿过电报杆

都能互通电报了。但是，西部加利福尼亚州的电报业务那时才刚刚起步，而连通美国更是遥不可及的事情。直到 1860 年，美国国会才授权给美国邮局每年 6 万美元的经费，用于电报线的建设。而穿越北美大陆的电报，则要等到 1861 年，这时距离莫尔斯发明电报已经过去了 20 多年。但是电报一旦开始普及，它带来的巨大社会效应便逐渐显现出来。以前通过快马邮车将消息从美国东海岸传递到西海岸需要 20 天时间，而通过电报则几乎瞬间便可完成。很快，当时著名的快马邮递公司——小马快递（Pony Express）就因为电报的出现而关门了。美国人画了上面这幅油画，一个穿着红色制服的小马快递员穿过正在架设的电报杆，暗示着两个不同时代技术的冲突。

电报的普及催生了另一项信息技术的发展，这就是加密技术。在电报出现之前，机密信息的可靠传递，很大程度上要靠传递者的可靠性，这包括他的忠诚和机警。但是电报出现之后，它有可能被敌方在半路截获，因此需要一种密码技术，使得电报的编码只有自己人看得懂，而别人看不懂。

早期"玩"这些密码的都是些业余爱好者，他们大多是出于兴趣，但是对密码学的发展却居功至伟。他们就像中国古代那些给对方出对联游戏的文人一样，互相给对方制造密码的难题，并且试图破解别人的密码。在这些人中，最著名的可能是美国著名侦探小说家爱伦·坡（Allen Poe，1809—1849）。和达·芬奇一样，爱伦·坡喜欢搞一些别人看不懂的秘密。他提出了一个在信息论中非常合理的密码学原理——保密的关键是让不同字母的密码出现的次数相同，虽然他不懂得信息论。不过，将密码学建立在数学基础之上的是英国数学家查尔斯·巴贝奇（Charles Babbage，1791—1871），这位牛顿在剑桥卢卡斯教席的接任者，不仅发明了差分计算机，还将代数演算应用到密码学领域，这奠定了近代密码学的基础。

电报的出现对人们生活的习惯也产生了影响，人们的时间观念开始加强。在18世纪以前，除了在战场上和航海中[2]，人们的时间观念并不是很强，因为信息的到来总是有延时，每当遇事时，人们时常会想为什么不再等等呢？等有了确认的消息再说。电报出现后，做决定就不用等了，准确的情报几分钟就从遥远的地方送来了。所有的一切都改变了，包括工业、商业、金融、政府的决策。今天的事情今天做，已经不仅仅是一个好习惯了，在现代生活中也成为必需。更重要的是，电报的出现使得决策可以基于及时准确的信息，从而能做得更好。最终，这也改变了现代战争的指挥和作战方式。

2　在19世纪航海时，需要靠准确的计时器来确定经度。

现在，我们可以回过头来仔细讲讲本章开头提到的，铁路和电报在普法战争中起到的作用。

第三节　毛奇的胜利

毛奇被誉为拿破仑之后最优秀的军事家，他不仅指挥普鲁士军队赢得了统一德国的两次大战（普奥战争和普法战争），而且开创了现代的军事思想。（毛奇的侄子也是德国陆军的统帅，后世为了区分，称他为小毛奇。我们这里讲的故事是关于老毛奇的。）毛奇将自己的理论和实践写成了一系列的军事论著，这些书成为当今军校学员必学的内容。新中国开国元帅刘伯承的军事理论就是在苏联通过学习毛奇等人的军事思想而建立起来的。

毛奇生于 1800 年，那正是欧洲工业革命和拿破仑战争时期，他祖上是德国的容克，相当于中国历史上的乡绅。但是在大革命时期他们家早已破产，他父亲成为了丹麦的一名军人，他自己也是在哥本哈根受的教育，并且成为丹麦的一名下级军官。不过丹麦是一个弹丸小国，无法实现毛奇的抱负，于是他报考了普鲁士军校，并且成为了一名普鲁士军人。和大部分军人不同的是，他的军旅生涯是从研究军事理论开始的，而不是靠在战场上累积军功。他最早发表的军事论著是《军事测量大纲》，强调地形测绘对军事的影响。1834 年，34 岁的毛奇成了普鲁士在土耳其的军事顾问。当时土耳其和埃及之间爆发了战争，土耳其战败，他也就回到了普鲁士。换了别人在这样一场外国的战争之后，可能很快就淡忘了这件事而去谋求自己的升迁了，但是毛奇不是一般人，他仔细研究了土耳其失败的原因，还写了一篇长篇论著。毛奇概括出这么几点，首先是缺乏统一的指挥，上下不和，前线的指挥完全依赖司令官；其次是军事动员缓慢，最后才是士兵战斗力差等原因。他这时的思考，促使了他后来形成了工业时代大规模现代战争的战略思想。

和拿破仑这些少年得志的军事家不同的是，毛奇算是大器晚成。他42岁那年才当上少校，成为一名中级军官。与拿破仑、霍去病或者亚历山大等人相比，毛奇在起跑线上可谓输得一塌糊涂。霍去病18岁就单独领军破匈奴；亚历山大22岁出征波斯，33岁成就了亚历山大帝国；拿破仑24岁成为将军，36岁指挥了著名的三皇会战（奥斯特里茨战役），而毛奇在这个岁数还只是一个低级军官，之后又去做了后勤。19世纪40年代，他被调去管理汉堡的铁路了。换了别人可能对此大为懊恼，并且恨不能马上离开这个看似与自己前程无关的职务，但是毛奇总是能从自己的经历中获取别人忽略的经验。毛奇对新事物很敏感并且善于思考，早在普鲁士还没有铁路和现代通信工具时，毛奇就开始思考新的交通、通讯工具与未来战争的关系了。在管理铁路时，他对这种新的交通工具有了更深刻的认识。1857年，57岁的毛奇终于当上了普鲁士代理参谋总长。

一旦有了施展空间，毛奇就开始把自己的战略思想付诸实践，并提出一个口号："不要再修建要塞了，给我更多的铁路！"这种快速运动的军事思想，一直影响着德国和美国的近现代军事战略。毛奇在很短的时间里，通过改良交通与通讯系统，大大提高了普军的动员效率。到十年后的普奥战争时期，普鲁士的铁路网已经遍布全国了。也就是在这个时期，毛奇形成了对后世产生重大影响的"毛奇的外线战略"。

要说清楚毛奇的外线战略，先要讲清楚拿破仑或约米尼（Antoine-Henri, baron Jomini，1779—1869）[3]的内线战略。在拿破仑时代，欧洲的军事理论家约米尼总结了拿破仑取得诸多胜利的原因，概括出了内线战略。也就是说，战争的诀窍在于谋取内线优势，因为一旦兵力分散，在交通和通信不便的 18 世纪，就会被各个击破。内线战略最成功的例子就是 18 世纪末，拿破仑在意大利曼图亚包围战役（Siege of Mantua）中，采用各个击破的方法五次打败反法同盟军队，迫使奥地利退出了意大利。中国古代，多路进兵最后被各个击破的战例也很多，比如明末的萨尔浒之战，明朝几十万大军五路进兵想要合围努尔哈赤，由于通信不便，被后者各个击破。在拿破仑战争结束后的很长一段时间内，约米尼的书籍风行欧美世界，以至于美国南北战争期间，双方军官几乎人手一本。内线战略也就被当时的欧美军界奉为致胜法宝。

但是这种战略战术在大规模战争中颇受限制，比如军队的大规模集结就很困难，即使完成了集结，后勤的压力也很大，加上庞大的队伍行动也相对迟缓，可能前方部队已跟敌人遭遇了，后方部队还在路上。中国古代的淝水之战和金海陵伐宋就遇到这种情况。在淝水之战中，苻坚统帅的前秦大军，虽然有 87 万之众，但是集结的部队延绵几百里，前面到达淝水主战场的只有十几万人，等这些人战败，后面还在路上的几十万大军马上后队变

3　法国将军。

前队，成鸟兽散，于是才有了草木皆兵的成语。几百年后，金主海陵王率领 60 万大军南下灭宋，庞大部队的后勤就成了大问题，据《金史》记载，全国几乎所有的马匹都被征用保障后勤，当时低级官员的家中只能留下驴子。最终金主海陵王因后方的反叛而被部将所杀。

但是到了 19 世纪中期，毛奇最早认识到随着电报和铁路的出现，部队在行军时可以分散，然后再会战集结，对敌人形成合围。电报的价值在于为这种新战法和军队的调度提供了技术保障，而铁路则可以使军队的行进速度达到拿破仑战争时代的六倍——两支分散集结的部队可以在短时间里汇合，而不致被各个击破，这样才有可能进行大规模会战。

1862 年，俾斯麦担任了普鲁士首相，普鲁士开始了统一德国的进程。1866 年，普鲁士与当时德意志联邦中最大的王国奥地利开战，这实际上是一场决定由谁来统一德意志的战争。相比几年前在新大陆进行的美国内战（南北战争），普奥战争用上了当时的高科技，其中就包括铁路和电报，当然还有后膛枪。

这场战争是毛奇军事思想的第一次实践，作为普鲁士参谋总长，毛奇指挥了整个战争。单纯从军事实力上看，双方力量相当，各自都动员了 60 多万大军。而在几十年前决定欧洲命运的滑铁卢战役中，双方一共才动员起 19 万军队（法国 7 万 2 千人，反法同盟 11 万 8 千人）。普奥双方上百万的大军，其实都来自于各自同盟的几十个王国和公国，在这种情况下，毛奇的外线战略就显得非常有效了。战争一开始，普鲁士军队利用铁路网迅速将 25 万余兵力和 800 门火炮从四面八方集结到了萨克森和奥地利的边境地区，而新的通信手段电报则解决了远程机动所带来的配合困难。整个战争在三条战线上进行，一共只进行了六周，最后普鲁士联盟以三万七千人伤亡的代价，消灭了对方两倍人数的军队，在法国的调停下，战争结束。

在普奥战争中，普鲁士军队虽然利用了电报，可还是暴露出分兵配合的一些问题。在最后的萨多瓦决战中，虽然普军大获全胜，但统帅部未能进行统一的指挥，也并未组织有效的战术追击，使得奥地利 15 万主力部队安全地撤退了。

在这场战争之后，毛奇总结了经验教训，完善了由电报网组织起来的指挥系统。在后来的普法战争中，他做得更好。

普法战争和普奥战争只相隔四年，直接起因是西班牙王位继承问题。双方原本通过谈判的方式达成了一致，普鲁士国王威廉一世已向当时的法国皇帝拿破仑三世（拿破仑一世的侄子）妥协。但是普鲁士的铁血首相俾斯麦希望通过一场战争完成德国的统一。电报到达俾斯麦手里时，正好毛奇在座，俾斯麦问毛奇如若开战有无把握，毛奇予以肯定的答复，于是俾斯麦修改了电报的内容，一封原本友好的电报到了拿破仑三世的手中就成了挑衅。按照历史学家的描写，"拿破仑三世像蠢驴似地跳了起来"，六天后法国主动向普鲁士宣战。

当时，法国实行常备军制，有随时可以调动的部队，而普鲁士为募兵制，需要做战争动员，因此拿破仑三世希望在普鲁士军队还没有集结之前打败对方。不过，由于法国军事思想还停留在拿破仑时代，没有发达的通信系统调度军队，就出现了将军找不到部队，部队找不到长官的混乱情况。在宣战一周后，才调动起

25万军队开往前线。而与此同时，普鲁士靠庞大的铁路网和电报网，迅速集结了40万军队。到此，毛奇外线优势的战略得到了很好的实施，后面的故事就是很多历史书和文学作品中所描述的那样了，普鲁士军队连战连胜，最后俘虏了被历史学家称为"伟大的伯父的鄙小的侄儿"的拿破仑三世，并且占领了巴黎。威廉一世在凡尔赛宫加冕德国皇帝。从此，欧洲大陆的历史开始了新篇章。

普鲁士的胜利是毛奇新的军事思想的胜利，而其背后是以新的交通和通信手段为基础的。电报在军事上的运用除了产生了新的作战方法，还导致了新的战争指挥体系的出现。在以往的战争包括拿破仑战争中，西方国家虽有总参谋部，但是，它的作用只限于在战前进行规划，而一旦战争开始，一切只能依靠前线指挥的将军了。而前线的将军又常常无法得知全局的信息，只能根据不全面的信息作出判断，这些人的经验和指挥的艺术常常成了决定战争胜负的最重要因素，有时甚至是唯一的因素。在耶拿战役中，拿破仑靠着达武元帅[4]的杰出指挥，轻易获胜。而在滑铁卢战役中，拿破仑则因为格鲁希[5]的平庸而惨败。在战争史上，我们看到战争的胜负往往有很大的偶然性，这在信息流通不顺畅、不及时的时代难以避免。但是电报的使用，使后方的总参谋部可以及时得到前线各战场全部的信息，从而做出对全局最有利的决

4　达武（Louis Nicolas Davout，1770—1823），法国元帅，被认为是拿破仑手下最有能力的将领，一生没有败绩。

5　格鲁希（Emmanuel Crouchy，1766—1847），法国元帅，在滑铁卢战役中既没有按预定的部署追击布吕歇尔的普鲁士军队，也没有能及时增援拿破仑，导致法国在这场战役中的失败。

定。从普鲁士开始，现代国家的战争决策从一两个将军手里转到了总参谋部，这种格局延续至今。这样一来，战争决策就由个人行为变成了"专家"的集体行为，战争中偶然性的错误大大减少。中国古代所说的"运筹帷幄之中，决胜千里之外"在信息流通迅速、交通发达的今天，已经是很平常的事了。

第四节 由电话到现代通信

电报的出现使人类第一次能够及时获得千里之外的信息，但是对老百姓来讲它毕竟不是非常方便。首先，它并不是个人之间的即时通信，直到 21 世纪初各国陆续停止电报业务时，它也没有普及到家庭。人们可以在家里写信、打电话，但没法在家里装一台电报机发电报（在美国互联网普及前，很多家庭有传真机，代替了电报的用途）。除非有急事，一般老百姓很少会去邮局发电报，事实上，在电报刚出现的第一年，由于记者还没开始大量使用，它的营业额极低。其次，电报不是即时交互通信，这点不必多说了。因此，人类还需要一种工具，实现人与人之间的即时传递信息，电话便实现了这个功能。

电话的发明人到底是谁？我们都知道是亚历山大·贝尔（Alexandra Graham Bell，1847—1922），他不仅发明了电话，还创建了伟大的贝尔电话公司，即后来的美国电话与电报公司 AT&T。但是 2002 年美国官方认定的电话发明人却是意大利人安东尼奥·穆奇（Antonio Meucci，1808—1889）[6]，虽然在过去

6　2002 年 6 月 11 日美国国会 269 议案确认穆奇为电话的最初发明人。

的一百多年里，除了意大利，其他地区的人们都认为贝尔是电话的发明人。不过，穆奇虽然发明了电话，并且在1860年向公众展示过，但是他却没有钱申请专利，更没有钱将它实用化。因此，算起来对电话贡献最大的还是贝尔。

关于贝尔的第二个误解是"贝尔是美国人"。这个说法不能算错，因为他确实移民到了美国，并且加入了美国籍，他的工作也是在美国完成的。但是，英国和加拿大都声称他是自己国家的一员，这也不能算错，因为他出生在苏格兰的爱丁堡，1870年移民加拿大，虽然他在那里只待了一年就到了美国。

贝尔本人是一个声学家和哑语教师。贝尔的祖父、父亲和兄弟的工作也都与发声学有关，而他的母亲和妻子是聋哑人，这些都影响着贝尔一生的工作。贝尔为了发明一种听力设备，而最终导致了电话的发明。虽然在他之前穆奇和德国发明家菲利普·雷斯（Johann Philipp Reis，1834—1874）都发明过电话机，但是传输声音的效果极差，根本无法使用。世界上第一台可用的电话机是贝尔和他的助手沃特森（Thomas Watson，1854—1934）在1875年发明的，专利则于第二年被批准。

贝尔和沃特森早期的实验都不顺利，他们有两年多天天在做实验，终于有一天沃特森听到听筒里传来了贝尔清晰的声音"沃特森先生，快来！"这是他们第一次成功的实验，但是要做到实用还需要做更多的工作，这两个年轻人（当时贝尔28岁，沃特森只有21岁）又没日没夜地干了半年，几经改进，终于制造出世界上第一台实用的电话机。

1876年3月3日，贝尔29岁生日那天，贝尔的专利申请被

图 7.5　贝尔发明的电话

批准。贝尔应该感到庆幸，当时他的合作伙伴哈伯德（Gardiner Greene Hubbard，1822—1897）在没有通知他的情况下，赶在另一位发明家艾利沙·格雷（Elisha Gray，1835—1901）之前向专利局提交了电话发明的申请，而后者只晚了几个小时。就是靠早了这么几个小时，美国最高法院在旷日持久的电话发明权官司上，最终裁定贝尔为电话的发明者。不过这件事说明，当电学和声学技术积累到一定程度，电话的发明就成为了必然。即使没有贝尔，人类也将进入电话时代，只是时间上或许要晚几年。贝尔的贡献不仅在于发明了实用的电话，而且还靠着他精明的商业头脑，推广和普及了电话。

　　回到波士顿后，两人继续改进电话，同时抓住一切时机进行宣传。1878 年，贝尔在波士顿与远在 300 多公里外纽约的沃特森首次进行了长途电话试验。和 34 年前的莫尔斯一样，贝尔取得了试验的成功。不过，不同的是贝尔和沃特森的这次试验更像一次科普宣传会，双方的现场听众可以互相交谈。试验中还有个小插曲，本来安排最后由一名歌手对着电话的麦克风唱歌，通过电话，传到远处，但是这位歌手第一次听到电话听筒里传出来的声音后，吓得失声了。贝尔急中生智，让歌手身旁的沃特森代替，沃特森以前从未在公众场合表演过，这次鼓足勇气唱了一首歌，逗得双方现场的听众哈哈大笑，实验圆满成功。

相比电报，电话的优势显而易见，但是当时大部分人并不这么认为，尤其是当时和贝尔争夺电话发明权专利的格雷（当时算是对电话技术数一数二的专家了），不知是不是出于酸葡萄心理，也出来唱衰电话。另外一些人则认为电话让他们没了隐私。当时《纽约时报》这样说，要是装了电话，无论门窗关得多紧，你说的每一句话都可能被人偷听。不看好电话的还有著名作家马克·吐温。这位高产的美国作家一生从版税中挣了许多钱，但是全部让他糟蹋光了，倒也不是挥霍掉的，而是因为他的投资非常失败。后来有人向他介绍电话——你在房间里讲话，几英里以外就能听见，他说，这是什么骗术，于是错过了最有可能成功的一次投资。

不过，不管别人怎么想，贝尔还是把他的电话公司办了起来。1877 年，也就是贝尔发明电话后的第三年，在波士顿设的第一条电话线路开通了，这样工厂主查尔斯·威廉斯先生在波士顿各工厂和他在萨默维尔（Somerville，MA）的住宅之间可以用电话联系了。在这一年，有人第一次用电话给《波士顿环球报》发送了新闻消息，从此开始了公众使用电话的时代。到了 1880 年，美国已经有了 6 万部电话，大部分使用者都是生意人，他们希望随时和公司保持联系。早期的电话通信都是点对点的，比如办公室和家庭之间，用户一次要买一对电话。随着电话用户逐步增加（还远远谈不上普及），这种点对点的通信方式就不再合适了，电话网络的改进就迫在眉睫了。

1878 年，美国人乔治·科伊（George W. Coy）在听了贝尔的报告后受到启发，发明了电话交换机。电话机从此不再是直接连到对方的电话上，而是先连接到交换机上，然后再由交换机连到其他电话上，这样一部电话就可以和很多电话通信了，而不是像先前那样只能和有限的几部电话通话。科伊获得了交换机的专利，并且在纽黑文（New Heaven）建成并使用了这么一个交换机，他自己则是世界上第一位接线员。当时还没有电话号码一说，科伊只能按用户名单，并且每个名字对应一个交换机上的插孔，好在他的名单上只有几十个人，倒不难记。不过，当一部交换机上连着的电话用户多达几百户时，没有电话号码的电话本就有问题了。当时除了接线员，没人记得住哪个插孔对应哪个名字，于是有人发明了电话号码。

　　发明电话号码的是个叫帕克（Moses Greeley Parker，1842—1917）的医生，他不仅是最早的电话使用者之一，也是最早投资电话行业的。1879 年，他所在的洛厄尔市（Lowell）爆发了流行病，他担心接线员一旦生病，就没有人能够替代，于是给每部电话配了一个号码，这样以后打电话的人就不说找谁，而是讲要接通哪个号码。一开始，大家担心这些四位到五位的电话号码（当时的电话较少）记不记得住，但是后来发现这种担心实在没有必要。在手机问世之前，经常用电话的人记得几十个朋友和商业伙伴的电话号码，并不是什么难事。倒是有了手机可以存电话号码后，我们不再记得住朋友甚至自己的电话号码了。当然，对于那些不常打的号码，谁也不可能记住它们，于是电话公司就把它们变成一本厚厚的黄页，送给安装

图 7.6　1892 年，纽约到芝加哥的长途电话开通，贝尔亲自测试通话

电话的用户。直到近年来，随着互联网的兴起，人们才改变了从黄页上查找电话号码的习惯，纸质黄页也才逐渐消失。

　　虽然发明了电话号码，但是早期的电话并不是拨号的，而是拿起话筒对着接线员直呼要联通的电话的号码，在 20 世纪 90 年代使用过固定电话的人可能还有印象，转接分机时常常要告诉接线员对方的分机号码，而不是总机和分机的号码一口气拨下去。当然，总是由接线员转接既不方便，成本又高，后来人们发明了转盘式的电话机。现在的年轻人可能都没有见过这种电话机，它有一个圆形的转盘，每次把手指伸进对应的数字，然后拨到头。每个数字对应一个不同的脉冲，不同的脉冲在交换机将不同线路的继电器联通，这样不需要接线员就可以将电话联通到对方。不过从总机再接到分机时，还是要由接线员操作。

　　在电话发明后的三十多年里，各种围绕电话的发明不断出现，电话用起来也越来越方便，越来越普及。为电话技术做出贡献的人非常多，除了贝尔、爱迪生、科伊和帕克这些我们说得上名字的人外，还有成千上万的科学家和工程师。

　　1885 年，贝尔电话公司成立了一个专门从事长途业务的部门——美国电话和电报公司（American Telephone & Telegraph Company），即后来著名的 AT&T 公司。（后来 AT&T 公司成为所有贝尔公司的母公司。）当然，长途电话的普及离不开电话网的建设，1914 年，AT&T 公司首条连接美国东西海岸的电话线路接通，将纽约和旧金山连在了一起。这条长达 5000 多公里的电话线路，靠着一万三千多根电线杆架起来，当时的建设成本可想而知。1915 年，这条线路第一次投入使用时，每分钟的电话费竟然高达 7 美元，大致相当于现在的一千美元。为了节省成本，就得充分利用一条长途电话线，尽可能多地通话。1918 年，贝尔电话公司实现了多路复用技术，通过调制电流，在一根电话线上可以传输四路通话。这些调制技术是今天提高我们无线通信效率的基础。

　　电话的出现大大缩短了人们之间的距离，在 20 世纪初，世界除南极之外的各大洲都有了四通八达的电话网。原本要几天甚至几个月才能传递的信息，瞬间便可以通过电话告知对方；原本必须见面才能解决的问题，很多可以通过电话解决了。随着电话的出现，政府的管理更加高效，很多相距遥远的城市通过电话紧密地联系在了一起。人类对电话的态度从最开始的怀疑到了狂热的地步。

　　和所有的行业一样，电话在刚诞生时还处在自由竞争阶段

（虽然贝尔的专利保证了贝尔电话公司在 1895 年以前没有什么竞争对手），这使得美国电话的装机数量剧增。到了 20 世纪初，美国电话的装机量已经达到三千万户，凡是中产家庭都装了电话，而电话公司多达 6000 多家。当然这种局面并未维持很久，很快贝尔电话公司通过收购形成了对这个行业的垄断。为了保持技术领先，贝尔电话公司于 1925 年成立了著名的贝尔实验室，这个著名研究机构出过十几位诺贝尔奖获得者，为世界通信产业的发展做出了不可替代的贡献。电信行业从此成为世界上发展最快的工业，到 2013 年，全世界电信市场规模达到五万亿美元[7]，相当于同期中国 GDP 的 2/3。不仅如此，全世界在电信上每投入一元钱，就会产生几倍的经济效益。

今天在我们的生活中，一些文明的成果（比如电报和蒸汽机车）可以不再使用，但是我们无法想象没有电话的生活。关于 AT&T 的故事以及电信行业的发展，请参看拙作《浪潮之巅》。

第五节 电报和电话进入中国

电报加速了中国的近代化进程。电报传入中国并不是很晚，而且普及的速度比美国还快。中国第一条电报线路出现在 1871 年，与 1844 年美国第一条跨城市电报线（巴尔的摩到首都华盛顿）投入使用仅相距 27 年。那一年，英国、俄国和丹麦在铺设从香港经过上海到达日本长崎的海底电报线。当时清政府不知出于什么原因，反对电报线经过上海，于是丹麦公司就将线

7　数据来源 Telecommunications Industry Association。

路引到了上海的公共租界。同年6月3日，中国开始有了电报业务。

而中国自己铺设的第一条电报线，则是1877年由洋务派的地方官员丁日昌在台湾建设的。台湾当时还是荒凉之地，也不会有多少信息需要传递，中国第一条电报线建在这里，从政治和经济上来讲非常不合理，这可能是因为那里天高皇帝远，而洋务派的福建巡抚丁日昌又喜欢尝试西方技术，便拿台湾做实验了。而中国第一条真正有意义的电报线则是在1879年由当时的北洋大臣兼直隶总督李鸿章在天津、大沽及北塘之间架设的，用于军事情报的通信。第二年，也就是1880年，李鸿章在中国开办了电报总局，并在1881年12月开通了天津至上海的电报服务。电报可以算是洋务运动的主要成果之一，它在中国推广普及的速度比当时世界上发展最快的美国还快。1885年，李鸿章曾语，"五年来，我国创设沿江沿海各省电线，总计一万多里，国家所费无多，巨款来自民间。当时正值法人挑衅，将帅报告军情，朝廷传达指示，均相机而动，无丝毫阻碍。中国自古用兵，从未如此神速。出使大臣往来问答，朝发夕至，相隔万里好似同居庭院。举设电报，一举三得，既防止外敌侵略，又加强国防，亦有利于商务"。从1871年上海租界第一次有了电报算起，也不过短短的14年时间。从这时候开始，中国使用了两千午的"驿站+六百里加急"传递紧急公文和情报的时代一去不复返了。有意思的是，就在10年前的1861年，美国依靠快马传递公文的公司"小马快递"（Pony Express）也关门大吉了。

在开办电报总局仅仅三年后，即1884年，北京就开设了民用的电报服务。根据当时的记载"有通州至京城，一端引入署中（政府部门），专供官信，以一端择地安置用便商民"。不过，当时一个字四角银子的价钱（李鸿章语）[8]恐怕不是一般百姓用得起的。1887年，时任台湾巡抚的刘铭传铺设了连接台湾和大陆的海底电缆，这是中国首条海底电缆。遗憾的是，1900年八国联军之乱（又称为庚子之乱）前后，京津地区的电报线被破坏殆尽，虽然后来恢复了，但是中国近代化的进程大打折扣。

从技术上讲，中国人对电报也算是有贡献的。当电报进入中国时，遇到了后来计算机进入中国所遇到的同样的麻烦，就是汉字编码的问题，而解决的方法也和后来类似。为了传送汉字，中国采用四位数字（或者三位罗马字母）对汉字进行编码，即中文电报码，发送前将汉字写成电报码，接收后再将电报码译成汉字。汉字的电报码不像拼音文字的莫尔斯码那么容易记忆，收发电报的人员都要经过较长时间的专业培训，并随身携带一本电码本才能工作。而这些电码本，则成为各种文学和影视作品情节的重要组成部分。

电话进入中国，是在19世纪和20世纪之交。1900年南京最早自办市内电话局，之后北京、天津、上海等十几个城市也先后开办了市内电话局，使用的都是磁石式电话交换机。而中国最早的城际长途电话，却是丹麦人趁八国联军入侵中国之机，在天津私设电话所，将电话线从天津伸展到北京，主要是连接使馆和衙署等政府部门，从此开通了北京和天津之间的长途电话。

---

8 庚子之乱后，李鸿章给张之洞传话，说是电报每个字四角银元实在太贵，要他不要再发"空论长电"，凡事可以摘要发出，以节省经费。

图 7.7　清末中国的电话局

1907年，北京电话发展到2000户以上，月租5元；同年5月15日，英商华洋德律风公司在上海投入使用了万门电话交换机。这说明当时上海的电话用户规模已经在几千到上万这样一个数量级了。但是在接下来的几十年里，由于战乱不断，中国的电话发展并不快。直到1931年中原大战结束后，各省才先后开办省内长途电话，但是不久中国又陷入八年抗日战争和连年的内战，接着又是各种运动，电信行业的发展和世界的差距越来越大。在很长的时间里，中国的电话不是百姓的通信工具，反而成为特权的象征。到了1977年，中国全国的电话装机数量还不如东京、伦敦等大城市。

从1980年起，随着中国改革开放的深入，中国成为世界经济的火车头，而电信成为发展最快的行业之一，到2012年，人口不到14亿的中国，手机用户多达12亿，遥遥领先于世界各国。中国人之间的距离，是在这三十多年里才被真正缩短的。

结束语

人类在交通和通信上的进步使得人与人的距离不断缩短。就在普法战争结束的第二年，法国著名科幻小说家凡尔纳（Jules Verne，1828—1905）出版了著名小说《环游地球八十天》。在书中，主人公福克乘坐火车、蒸汽船和热气球等当时最先进的交通工具，用八十天完成了环游地球的壮举。这比当年麦哲伦的船队经过两年半的时间环球一周要快了很多。但是在今天看来，这个速度则太慢了。20 世纪 70 年代，超音速的协和客机开始商业运营，它做了这样一个广告：一个在巴黎工作的女高管，早上送女儿去幼儿园，然后乘坐协和客机到五千七百公里以外的纽约去开公司董事会议，路上只用了三个小时。会后赶到机场乘协和飞机返回巴黎，还赶得及在幼儿园关门前接上女儿回家。有了最现代化的交通工具，往返于被大西洋隔开的两个大都市在一天之内就能完成了。

1971 年，美国联邦快递公司（FedEx）成立，当时该公司的宗旨是 24 小时内将文件送达世界任何一个城市；而自从有了互联网，这个时间则被缩短成几秒钟。科技的进步和文明的发展，而非政治和战争，才是让我们生活得更美好的原因。

电报和电话进入中国都比较早，但是由于时局动荡，政治经济落后，中国的电信业直到改革开放后才真正得到快速发展，并且后来居上，成为全球最大的电信国家。与此同时，中国也成为世界上铁路系统最发达的国家。

第八章　从达维特到麦克斯

绘画的发展和个性的解放

随着文明的进步，艺术和科学都在不断地发展，但两者的发展模式有着根本的不同。艺术没有科学那种积累的效果，即 21 世纪的科学水平一定比 17 世纪的高。今天，几乎所有的物理学家水平都会超过牛顿，可在艺术上，我们就未必敢说今天的艺术家水平超越了前辈艺术家。事实上今天的画家很难超越米开朗基罗，今天的音乐家也很难超越贝多芬。艺术的发展带有明显的时代色彩和地域特点，并且为时代服务，因此对不同时代的人来讲，最好的艺术是他们喜闻乐见的，而不是他们理解不了的。正因如此，艺术不仅浓缩了历史上不同地区的文明特点，而且成为了解人类文明发展过程的一把钥匙，透过一种艺术，我们能够了解产生它的那个时代、那个国家（或地区）的社会经济和文明发展。

艺术和科技在发展模式上虽然有着根本的不同，但也有相似之处，那就是两者都有人才辈出、快速发展的高峰，以及发展相对平缓的低谷。比如在人类的绘画史上有过两个高峰，分别出现在文艺复兴时期的意大利和 19 世纪的法国。关于文艺复兴，第三章已做过介绍，这里我们不妨从人类绘画史的第二个高峰，即19世纪从古典主义到印象派的这一百年讲起。通过回顾绘画艺术从古典主义，到浪漫主义和现实主义，再到印象派的发展和演变，我们不仅能够看到人类审美不断完善和进步的过程，艺术家对个性解放的不断追求，而且可以看出近代以来，人类社会都在朝着追求人的幸福和个性解放的方向发展。到了20世纪，绘画艺术的发展趋势是个性化、多样性和自我表现主义，这其实折射出整个社会发展的轨迹。现在，就让我们回到18世纪末的法国，体会一下那些古典主义大师所处的年代和他们的代表作。

第一节　标准审美的新古典主义

我们在前面介绍古典音乐时讲过，古典主义是18世纪末和19世纪初这一时期文化和艺术的整体潮流。它出现在欧洲启蒙运动之后，强调理性和秩序，这些特点在绘画中体现得非常明显。为了区分古希腊古罗马时期的古典艺术和启蒙运动之后的古典艺术，后一个时期在艺术史上也被称为"新古典时期"，相应的艺术就是"新古典主义"（Neoclassicism）。但是，在不混淆的情况下，艺术家们一般直接称后一个时期为"古典主义"，而称前一个时期为古希腊和罗马时期。

古典时期音乐的代表人物（比如莫扎特和贝多芬）都出现在德国，而在绘画上古典主义大师都出现在法国。第一位也是最重要的一位古典主义大师就是达维特（Jacques-Louis David，1748－1825）。达维特出生在法国最后一个封建王朝波旁王朝末期，他 9 岁那年便失去了父亲（死于决斗），于是和妈妈一起来到舅舅家生活。达维特从小喜欢画画，在书本上画满了画，并且很早就立志当一个画家。但是他的妈妈和舅舅都反对他从事这个职业，认为当穷画家养不活自己，而是希望他像舅舅那样成为一个建筑师。我的老师、著名书画家王乃壮在讲述幼年经历时，说他自己学习绘画时也遇到过家里人反对的情况，但是坚持做自己喜欢做的事情是日后成功的开始。在达维特的一再坚持下，家里人还是允许他学习绘画了，并且把他送到一位当时颇有名气的洛可可[1]画家那里学习。很快，他的老师就很难再指导他了，于是达维特进入法国当时最高等艺术学院 —— 皇家艺术院继续学习。

在达维特之前，西方艺术的中心在意大利，因此达维特的梦想就是赢得去罗马学习的大奖（每年评选一次的一种奖学金）。他向皇家艺术院申请了五次，但是都没有成功，其中一个原因是他的风格和当时法国流行的洛可可画风颇有不同。这件事情让达维特非常烦躁，而且后来变成了他对君主制下艺术学院教育系统的反感。当然，最终达维特还是成行了，因为所有的老师都承认他确实非常优秀。在罗马，达维特一方面看到了很多前辈大师的巨作，并且学习到很多受用终身的知识和技巧；另一方面他又不照搬这些前辈的方法，这让他成为了学员中的异类，不过他的绘

1　洛可可，即 Rococo 或者 Roccoco，又被称为晚期巴洛克，是欧洲 18 世纪时期的艺术流派，最初诞生在巴黎，在路易十五统治时期达到了高潮，这和路易十五的情妇蓬巴杜夫人的大力扶持有关。洛可可艺术突破了早期巴洛克艺术的那种庄严、对称和充满繁文缛节的特点，同时保留了巴洛克艺术精致、优雅和华丽的特征，并增加了轻快、纤柔、甜腻和温柔的色彩。洛可可艺术一度风靡欧洲，被广泛地应用于建筑、雕塑、绘画、文学、音乐、陶瓷、服装设计等众多艺术领域。到了 18 世纪末，随着欧洲的君主制走向没落，这种艺术流派渐渐被（新）古典主义等其他艺术流派所取代。

画天才是大家公认的。绘画史上的很多突破和发展，都是建立在对先前艺术风格和流派否定的基础上的，在这一点上，艺术和科学有相通之处。

在意大利期间，达维特形成了自己的风格，这种风格后来演变成为了新古典主义。它的精髓是讲究布局的平衡，画面线条的清晰，以及色彩鲜艳。绘画的题材主要是古希腊和罗马的传说，以及现实的大事件和英雄人物，既没有宗教题材，也没有男欢女爱。画面中的人物形象（不论是喜剧性的还是悲剧性的），都具有英雄气概，这一点从达维特在意大利时期创作的早期代表作《荷拉斯兄弟的誓言》（简称《誓言》，在第一册"罗马人三次征服世界 —— 罗马法"一章中介绍过）中彻底体现了出来，这幅旨在讴歌英雄主义的作品，色彩庄重，布局平衡，构图严谨，并且体现出一种积极向上的精神。达维特的这种画风一扫当年法国上流社会奢华淫靡的洛可可艺术风格，也正好符合了当时法国大革命的需要，他说过："艺术必须帮助全体民众的幸福与教化，艺术必须向广大民众揭示市民的美德和勇气。"而在那个时代，绘画能做的事情就是向社会传达一种争取自由、积极向上的精神。

达维特本人的生活也深受他那个时代的影响。在专制制度下，来自中下层社会的达维特对社会的不公平非常反感，因此他渴望着变革。1789 年，法国大革命爆发，憎恨旧体制的达维特成为坚定的革命者，并且加入了激进的雅各宾派。在大革命时期，达维特被选为国民代表，并担任艺术委员，相当于今天的文化部部长。从那时起，他便用画笔作为武器向旧世界宣战，并且忠实记录了许多重大的历史事件。

图 8.1　网球厅的誓言（局部）（现收藏于巴黎卡纳维拉特博物馆，Carnavalet Musée）

　　达维特记录法国大革命历史事件的第一幅油画是《网球厅的誓言》（*The Oath of the Tennis Court*），这幅画再现了法国大革命的原因。要讲述这幅画，就得从法国的三级会议讲起。在历史上法国有三个阶层，包括神职人员（第一阶层）、贵族（第二阶层）和市民（第三阶层）。凡是重大的决定，国王是不能一个人说了算的，而要通过召开三级会议讨论。1789 年，法国当时的波旁王朝遇到了前所未有的内忧外患，路易十六债台高筑，作为债主的城市商人要求召开三级会议共商国是。在此之前，法国曾经几次召开三级会议，不过都是由贵族和教会主导。这次会议则与以往的历次会议完全不同，它和上一次会议之间间隔了 175 年，整个法国社会结构已经开始变化。受启蒙运动的影响，法国民众已经接受了平等自由的思想，这一次市民代表们（主要是商人）态度非常坚决，既然国王（和贵族）欠了我们的钱，就要用权力来交换（取消前两个等级的特权）。

国王和第一、第二等级的代表当然不干，这样一来会议就开不下去了，于是第三等级的代表跑到皇宫附近的网球厅自己开起了"国民会议"（当时天在下雨）。在那里，577名第三等级代表中的576人签署了一个誓言——史称"网球厅宣誓"，他们发誓不实行宪政就决不休会。达维特的这幅画描绘的便是这个场景，网球厅宣誓通常被认为是法国大革命开始的标志。

作为一幅历史巨画，达维特试图将几百人的场景反映在一幅画中，同时又能突出重点。画面中央是当时在大会上最活跃的几个代表，当然也包括了唯一没有签署誓言的那位代表，而整个画面的背景是激愤的群情。需要指出的是，这幅巨画并没有完成，不过这成为几年后他绘制另一幅场面宏大的巨画《拿破仑的加冕礼》的路演。

法国大革命可以用血雨腥风四个字来形容，各个政治派别和阶级集团，不仅在明面上斗得死去活来，而且还经常搞一些见不得人的暗杀勾当，革命家马拉（Jean-Paul Marat，1743—1793）成为暗杀的牺牲品。马拉被认为是法国大革命时期最坚定也是最有才气的革命家，他为了躲避政敌的追杀，一直躲在地下室里工作，并因此染上了风湿病。为了减轻病痛，他只能在泡满药水的浴缸里工作。不过马拉的藏身之所最后还是被政敌们找到了，一名女刺客刺杀了马拉。法国的百姓们听到马拉遇刺的消息，都非常难过和愤怒。作为马拉的战友和雅各宾派的一员，达维特在马拉遇刺的两个小时后就赶到现场，并被眼前的惨状所震惊，于是他决定用画笔来记录这悲壮的历史场面，同时揭露敌人的残忍。在这样的背景下，达维特创作了油画

图 8.2 　《马拉之死》（现收藏于卢浮宫）

《马拉之死》。画面表现了马拉刚刚被刺的惨状：被刺的伤口清晰可见，鲜血到处都是，马拉握着笔的手垂落在浴缸外。在浴缸边立有一个小木台，这是马拉的"办公桌"，木台上有马拉刚刚写完的一张便条："请把这 5 法郎的纸币交给一个有 5 个孩子的母亲，她的丈夫为祖国献出了生命。"这让人想起了一百多年后的宋教仁，他为实现共和而被刺后，留下类似的遗言"我本寒家，老母尚在，如我死后，请克强与公及诸故人为我照料"。

　　《马拉之死》画面非常感人，它成功地塑造了一个能够博得众多人同情的革命领导人的形象。马拉在生前对政敌颇为残忍，但是在历史上的口碑并不差，某种程度上要感谢达维特的这幅名画。达维特在这幅画中将马拉塑造成一个为共和捐躯的悲剧英雄形象。画作完成以后，达维特将它交给接下来召开的国民大会，作为对他的战友的祭奠。在艺术上，《马拉之死》是古典主义的代表作之一，它确立了古典主义的艺术形式，强调理性而非感性的表现，它突出的是人物的形象，而非洛可可时代夸张的色彩。在构图上强调完整性，在造型上重视轮廓的准确，在细节上精雕细琢。

由于雅各宾派的红色恐怖让巴黎的市民天天提心吊胆，1794年巴黎爆发了热月政变，推翻了雅各宾派的统治，进入到相对平稳的资产阶级领导的时代。很多激进的雅各宾派领导人包括罗伯斯庇尔被处死，但是达维特并没受到冲击。作为拿破仑的好友和支持者，他以拿破仑为题材创作了两张巨幅传世名作：《拿破仑越过阿尔卑斯山》和《拿破仑的加冕礼》(简称《加冕礼》)。

《拿破仑越过阿尔卑斯山》创作于1801—1805年，反映了拿破仑率军翻过阿尔卑斯山，进军意大利的历史事件。在这幅高2.6米宽2.2米的画作中，拿破仑是唯一的人物，他骑在高头骏马上，右手指向前方，沉着坚毅，那不可一世的神情被描绘得惟妙惟肖。达维特强调绘画要突出英雄人物，体现人类不可战胜的气概，这些特点在这幅画中得到了充分的表现，这幅肖像也因此成为拿破仑诸多肖像画中最著名的一幅，并成为世界绘画史上最出名的肖像画。

另一幅巨作《加冕礼》则描绘了拿破仑的加冕仪式。在这幅长近10米高6米多的巨幅作品中，画家忠实记录了1804年在巴黎圣母院举行的拿破仑加冕仪式。这一年拿破仑称帝。欧洲的皇帝和中国的皇帝不是一个概念，从某种程度上说，欧洲的皇帝是教皇认可的欧洲最高统治者（而不是每个国家都可以有一个皇帝），因此历史上皇帝的加冕是由世俗的皇帝到罗马请求教皇

图 8.3 《拿破仑越过阿尔卑斯山》（现收藏于马迈松宫，Château de Malmaison）

授予。作为革命者的拿破仑，根本不相信什么君权神授，在他看来这一切都是他自己获得的，当然不可能去罗马祈求教皇为他加冕。但是，他又需要借助教皇在宗教上巨大的号召力，让欧洲人民承认他在法统上的合理性。于是干脆把教皇庇护七世（Pope Pius Ⅶ，1742－1823）"请"（其实和抓没有什么区别）到了巴黎为他进行加冕。在以往的加冕礼上，都是由世俗的皇帝跪在地上，由代表上帝的教皇把皇冠给跪着的皇帝戴上，但是拿破仑不仅拒绝跪在教皇面前让庇护七世给自己加冕，而且对这位已经被吓得魂不附体、哆哆嗦嗦的教皇（当时教皇已经 62 岁了）没有了耐心，干脆抢过皇冠自己戴到头上，表示他皇帝的位子是自己挣得的，不是什么人恩赐的。接下来，他拿过另一顶桂冠给皇后约瑟芬戴上。《加冕礼》描绘的就是这一瞬间。

《加冕礼》中的人物多达百人，有大臣、将军、中下级官员、

图 8.4 　《拿破仑的加冕礼》（局部）（现收藏于凡尔赛宫，
卢浮宫有一幅同样出自达维特之手的复制品）

王公贵妇、主教与各国使节等。为了保证每个人物的形象精准而
不致雷同，许多历史人物被达维特请到画室里来做模特。整幅作
品场面壮观，富丽堂皇，画中的人物之多，均为以往作品所罕
见。米开朗基罗的《创世纪》虽然规模更加宏大，但是其中的人
物并没有《加冕礼》那么密集，而背景的复杂程度也不如该画。
为了画好这一鸿篇巨制，达维特专门制作了一座模仿加冕全景的
木质模型，以便对画面整体的光线进行调整。这幅画成为新古典
主义的代表作，充分体现了达维特对绘画意义的诠释：绘画艺术
必须是严肃的、雄伟的、有感染力的。同时它包含着生活的真
理，把握着时代的脉搏。它应该用来讴歌和赞美英雄，通过艺术
和激情唤起民众。

　　达维特一生创作非常辛勤，但是他的画作并不算多，原因
是他在绘画上精益求精，而且每一幅画都尺寸巨大，一般要占据
整整一堵墙。他的画作大多收藏在卢浮宫里，由于画幅巨大，很

远就能看见，成为卢浮宫画廊里最抢眼的作品。艺术是时代的镜子，透过达维特的绘画，我们能够体会到法国大革命时代的波澜壮阔。

由于和拿破仑在政见上一致并且保持着非常亲密的私人关系，达维特成为了拿破仑时代法国绘画的掌门人。达维特一生培养了大量的优秀画家，他和他的学生们一扫波旁王朝末期欧洲颓废的画风，将绘画艺术带入一个欣欣向荣的新时代。但是，也正是因为他和拿破仑走得很近，在1815年拿破仑被第二次流放后，达维特也只能亡命他乡。好在他培养的一大批画家都成长了起来，继续主导法国的画坛。其中最杰出的是安格尔（Jean Auguste Dominique Ingres，1780—1867）。

安格尔被誉为古典主义的捍卫者（达维特被誉为古典主义的旗帜），他的画风完全承袭了达维特倡导的那种构图严谨、线条工整、轮廓确切、色彩明晰的理性倾向。但是，在创作的题材上，他和达维特完全不同。达维特以刻画从古代到现实生活中的英雄人物为主，而安格尔则以描绘女性阴柔的美著称。安格尔是一位不折不扣的唯美主义者，他毕生追求和表现理想的美。安格尔认为女性的人体是最美的，在他的笔下，每个女性都画得圆润细腻，温文典雅，健康柔美。从他的画中能看到希腊雕塑的影子。他最著名的画作当属《泉》（*Source*），在这幅画中，一位赤裸的少女举着一个古希腊式的陶制水瓶，少女的造型遵循古希腊雕刻的原则，但更为细腻微妙。她右臂高举，以弯曲的肘部为顶点，身体略微倾斜，这是典型的古希腊雕塑造型；左边水罐与抬起的手臂组成圆和三角的几何结构，胸部和腹部的转折起落则形

图 8.5　安格尔的代表作《泉》（现
收藏于巴黎奥赛博物馆，Orsay
Musée）

图 8.6　《浴女》（现收藏于卢浮宫）

成波浪式的曲线，与左边的单纯形成对比。整个画面严格遵守比
例对称的原则，少女的体形姿态遵循古希腊雕塑的 S 形曲线美。

　　安格尔画了大量反映女性的作品，这些作品非常柔美细致，
他对皮肤和轻纱的处理达到了绘画史上的高峰，比如油画《浴
女》（见图 8.6）。不过这些并不表明安格尔只能画女性，他也创
作了不少和达维特风格类似的讴歌英雄的画作，比如《拿破仑
的座像》，又如反映特洛伊战争的《阿伽门农的使者》，等等。

　　安格尔一生最崇拜的画家就是文艺复兴时期的拉斐尔，他
在作画时也像拉斐尔一样注重细节，因此今人看他的画，会觉

得非常耐看。在绘画风格上，安格尔承袭了达维特开创的古典主义，他严谨的素描功力充分发挥了线条的表现作用，把人物的形体动态刻画得极其准确，简洁而概括，对后世的绘画，尤其是对 20 世纪的绘画产生了巨大的影响。20 世纪两位最著名的西班牙画家毕加索和达利（尤其是毕加索），都深受安格尔的影响。

　　古典主义诞生在 18 世纪末到 19 世纪初的法国，有着历史的必然性，因为那时社会需要这样的艺术。类似的情况还发生在 1949 年后的中国。新中国成立后的十几年里，无论是在视觉艺术（绘画、雕塑等）还是在表演艺术上，发展的历程和法国大革命后欧洲的艺术发展过程都十分相似。革命刚取得胜利，无论是电影还是舞台剧，主题都是讴歌英雄，主人公的形象都是高大全，这和达维特与贝多芬倡导的英雄形象完全吻合。在绘画上，无论是董希文的油画《开国大典》还是刘春华的《毛主席去安源》，都可以与达维特的《加冕礼》和《拿破仑越过阿尔卑斯山》形成对比。中国的艺术家并没有模仿欧洲的古典主义，但是由于处在相似的时代，他们创造出的作品就有共同之处，这就是时代给艺术留下的烙印。

　　在古典主义后期，浪漫主义绘画已经在法国兴起，相比注重素描线条和准确性、强调理性和秩序的古典主义，浪漫主义更注重色彩和个人表现，于是在绘画史上就出现了一次非常有意思的争论，争论的双方是安格尔和浪漫主义的代表人物德拉克罗瓦（Eugène Delacroix，1798—1863）。

第二节 温情脉脉的浪漫主义

浪漫主义绘画和我们很多人从字面上理解的意思完全不同，说起浪漫，很多人会想到温情脉脉，讲究精致的生活情调，或者想到所谓的小资情调，但是浪漫主义绘画不是指这些。反倒是17—18世纪尼德兰的绘画更接近于很多人心目中的这种浪漫。

要讲清楚浪漫主义绘画的艺术特点，还要再回顾一下古典主义。相对而言，古典主义强调美的共性和客观性，比如女性的人体曲线一定要柔和，肤色一定要健康，造型常常是直线的几何图形和曲线（如圆）均衡地搭配在一幅画中。古典主义绘画中的男性人物多是英雄人物，他们大都高大而俊美，即使并不高大漂亮的拿破仑在达维特和安格尔的笔下都显得十分英武。古典主义画家绘画的目的，常常是讴歌英雄，反映出时代的精神和歌颂美好的生活，反映出来的美相对都是客观的、写实的，不太掺杂个人的感受。（20世纪70年代之前出生的读者不妨对比一下中国的样板戏，看看是否具有类似的特点。）古典主义在创作技巧上要求线条准确，因此非常强调素描的基本功。

法国浪漫主义时期的绘画，特点则是张扬个性，并希望跳出古希腊和（新）古典时期定义的那种标准的审美。画家追求个人内心的独特美感，他们试图通过绘画揭示独特的自我，实际上这体现了审美的主观性。因此，在画家的笔下，自然的形象，比如英雄人物和历史事件不再是创作的原型和对象，而是体现画家个人情感和思想的一种假托。这一点我们在后面介绍一些浪漫主义代表作时会进一步提到。在创作技巧上，浪漫主义强调色彩，而非线条。

对于绘画来讲，到底是线条重要还是色彩重要，这就是安格尔和德拉克罗瓦争论的焦点。这场争论如同金庸小说里写的华山"气宗"和"剑宗"之争，没有一个结论。因而，两个画派的绘画也就由此特点鲜明。说到这里，可能有人会问，为什么不能同时兼顾色彩和线条呢？这并非做不到（当然会有一些难度），而是没有必要这么做，因为一幅画不可能取悦于所有的观众。坦率地讲，即使是《蒙娜丽莎》也会有人觉得它不过如此。好的画家都懂得取舍，他们会突出自己的风格，加进自我的元素。这么做虽会失去一些观众，却能保证欣赏他们的人不会走开。至于什么风格的绘画在当时最受喜爱，那就要看那些画是否具有时代的色彩，并符合当时人们的品味。在浪漫主义时期，整个欧洲都在强调个性解放，因此，中规中矩的古典主义作品就被浪漫主义的绘画取代了。

正如讲到古典主义不能不提达维特和安格尔一样，说到浪漫主义就不能缺了席里柯（Theodore Gericault，1791—1824）和德拉克罗瓦。席里柯出生于一个律师家庭，从小就热爱绘画，17 岁时全家搬到巴黎，他跟随一位古典主义大师盖兰（Pierre-Narcisse Guérin，1774—1833）学习绘画，不过他从盖兰那里学习到创作的技巧，却没有坚持老师的创作风格。在拿破仑之后，巴黎已经取代意大利成为绘画艺术的中心，文艺复兴时的很多名作也被带到了巴黎。席里柯经常出入于巴黎的各个艺术馆，他对文艺复兴时的大师拉斐尔和提香十分推崇。为了直接从那些文艺复兴大师的真迹中学习绘画，席里柯 27 岁时只身来到意大利，在那里他不知疲倦地临摹米开朗基罗的作品，并且按照自己的理解复制了米开朗基罗的名画《最后的审判》。或许是由于对米开朗基罗的偏爱，他后来被称为"法国的米开朗基罗"。离开意大利之后，席里柯又到英国和比利时游学，尤其是在比利时，他专门去布鲁塞尔拜访了被流放的古典主义创始人达维特。在这个时期，席里柯开始形成自己的绘画风格，他已经不受古典主义的约束，在绘画上开始大胆地表达个人的情感，风格上他的绘画色彩对比强烈，笔法奔放，整个画面富于戏剧性变化。席里柯的代表作《梅杜莎之筏》就创作于他这次游学之后。

"梅杜莎号"是当时法国的一艘军舰，1816年它作为旗舰带领三条舰船前往塞内加尔，执行接受英国归还该殖民地的任务。船长是一位20多年来很少出海的贵族，并不具备丰富的航海经验，结果导致"梅杜莎号"偏离航线一百多海里，在毛里塔尼亚海滩搁浅了，船长和一些高级船员抛下乘客弃船而逃。被丢下的一百多名乘客，只好搭制简陋木筏在大海上漂泊，等待过往的船只救援。几天之后，因为没有了水和食物，饥饿难耐的人们开始互相残杀，靠吃死者的肉坚持。最后当木筏上的人被救起时，上面只剩下15个人，都奄奄一息，情形非常悲惨。当时拿破仑刚刚在滑铁卢战败，波旁王朝复辟，整个法国处于黑暗的专制统治之下，因此这件事激起了法国民众对专制制度的不满。

席里柯虽然不像达维特那样是个坚定的革命者，但是他富有良知和正义感，同时他对封建专制制度也非常反感，他从这一真实事件出发，创作了这幅世界名作《梅杜莎之筏》，表达对

图 8.7　浪漫主义的经典之作《梅杜莎之筏》（现收藏于卢浮宫）

现实的不满和对光明的向往。要在一幅画中将整个梅杜莎事件描绘清楚并非易事，席里柯一开始构思了很多草图，最后他选定了遇难者在见到远处船只时呼救的那一瞬间的场景。在木筏上，遇难者已经奄奄一息，但是当他们看到远方的船只时，求生的欲望让他们挥动一条红巾奋力呼救。席里柯在背景上画了一个风帆，而木筏却是被风逆向往后吹行，这就使得遇难者渴望求生的心情和逆风将木筏往后吹的现实形成了鲜明的对立。这种强烈的对比，正是浪漫主义绘画的特点。与古典主义时期画家通常就事论事地记载史实不同，在浪漫主义时期，绘画的内容常常是画家表达内心的手段，席里柯将《梅杜莎之筏》上的人们比喻成在专制统治下法国的民众，那条红色的围巾寓意着法国的民主思想，远方的船是希望所在，而现实又是逆风的困境。法国历史学家弥列什（Jules Michelet, 1798—1874）赞扬说："席里柯凭一己之力把船引向未来，法兰西本身，我们本身都在《梅杜莎之筏》上被表现出来了。"

为了创作好这幅画，席里科可谓呕心沥血，他不仅阅读了幸存者的回忆文章，访问了其中的一些人，还在他们的指导下，做了一艘类似的木筏，亲自在海上漂泊，以体验真实的环境、气氛。为了准确地描绘那些将死之人的肤色、表情和神态，他亲自到医院实地观察。不仅如此，他还将解剖的尸体浸于海水中观察其色彩变化。在绘画室里，他用黄疸病人做模特，绘制垂死的人。《梅杜莎之筏》在世界美术史上占有重要的地位，这除了绘画本身有着鲜明的时代特点和寓意外，与画家一丝不苟的创作努力也是分不开的。

《梅杜莎之筏》高五米，宽度超过七米，结构宏伟，气势磅礴，人体塑造坚实而有力度，尤其是在画面上，十几个人构成了两个金字塔式的几何图形，这些是古典主义的特色。另一方面，画中的情节紧紧抓住人心，构思大胆而富有戏剧性，充满动感。光影对比强烈，整个色调阴森沉郁，显示出震撼人心的悲剧力量。这是典型的浪漫主义特点。席里柯生活的时代是从古典主义向浪漫主义过渡的时代，因此，这幅画体现出这种过渡时期的特点丝毫不奇怪。

《梅杜莎之筏》的问世，开辟了浪漫主义的先河。而他的一位同门师弟曾这样写道："在画《梅杜莎之筏》时，席里柯允许我去看他作画，他给我这样强烈的印象，当我走出

图8.8　《梅杜莎之筏》的两个金字塔三角形构图

画室后，我像疯子一样跑回家去，一步不停，直到我到家为止。"这个人就是被誉为"浪漫主义之狮"的德拉克罗瓦。

德拉克罗瓦比席里柯小七岁，年轻时也随着盖兰学画，他一生对绘画的色彩有深刻的研究，并且留下一本关于绘画色彩的专著《德拉克罗瓦日记》。如果说席里柯的画风还兼顾了古典主义和浪漫主义，那么德拉克罗瓦的画风则完全与古典主义相对立。比如说古典主义强调理性，而想象力和热情则是德拉克罗瓦的创作之源。他在绘画中，不再坚持安格尔提倡的那种客观的、绝对的美，而认为"美丑皆可入画"。德拉克罗瓦用色彩掩盖了古典主义强调的线条，用动态感很强的颜色对比，对抗古典主义在色彩上讲究的静态和谐。

德拉克罗瓦最出名的画作是《自由引导人民》，在中国知道这幅画的人可能比知道德拉克罗瓦这个名字的人更多，因为他的名字长而拗口，不好记，而这幅画则经常出现在各种场合。《自由引导人民》的创作背景是 1830 年法国的七月革命。我们介绍《梅杜莎之筏》时提到，拿破仑失败后法国在波旁王朝统治下非常黑暗，包括资产阶级在内的法国民众对政府的不满情绪日益高涨，到了 1830 年 7 月，终于又爆发了革命，巴黎市民再次走向街头进行了武装起义，推翻了查理十世的统治，法国从此结束了波旁王朝的封建复辟，进入君主立宪时代。

作为生于大革命时期的法国人，德拉克罗瓦对自由充满了向往，他决定用绘画来歌颂这次起义。他在写给他兄弟的一封信中谈到："当我努力创作的时候，我的心情便好转了……即使我没有为了我的祖国战斗，我也可以用我的画作来歌颂它。"

图8.9　德拉克罗瓦的代表作《自由引导人民》（现收藏于卢浮宫）

　　这幅画的正中是袒露双乳的自由女神，她右手挥动着法国的红白蓝三色国旗，面向右侧后方。画面右侧的背景是巴黎的地标建筑巴黎圣母院，代表着革命发生的地点是在巴黎。在巴黎圣母院和主要人物之间比较空旷，显出画面场景的深远。画面左侧是一群手持刀枪向前冲的民众。最突出的是前方的两个男人，最左边的一个是工人装扮：敞开的白衬衫，头上是工人们常戴的鸭舌帽。在他右侧的男人则是资本家打扮，头戴黑色卷边圆礼帽，身穿黑色正装，手上端着步枪。在自由女神的左侧，有一个正举着右臂的小男孩，他戴着法国少年常戴的小帽，身背挎包，双手各拿着一把手枪。这些人构成了1830年革命的主体。人群的前方是倒卧的尸体，其中很多穿着波旁王朝时期的蓝色军装，自由女神正跨过这些尸体，向前迈去。

德拉克罗瓦不喜欢古典主义那种强调精确细致的艺术特征，而倾向于使用更为奔放自由的笔触和明亮强烈的色彩。因此，当《自由引导人民》于1831年第一次在巴黎沙龙展上向公众展出时，便引起了争议。有评论家认为它的画面"太过脏乱"。直至1874年，这幅画才被收入巴黎卢浮宫。不过，后世对这幅画的评价非常高，因为它集中反映了浪漫主义时期绘画的特点。1980年，这幅画的局部被做成了法国10法郎的邮票，1993年德拉克罗瓦和他的这幅名画上了100法郎的钞票。

德拉克罗瓦完成了绘画从讲究素描到加强色彩变化，强调个性的第一步。在德拉克罗瓦之后，绘画进入了现实主义时代。现实主义的出现不仅是绘画发展的需求，也和法国的时代背景有关。1848年拿破仑三世当政之后，法国完成了工业革命，经济和社会有了突飞猛进的发展，但同时劳资矛盾加剧，贫富分

图 8.10　现实主义绘画的经典之作《画室》（局部）（现收藏于奥赛博物馆）

化加剧。在这一时期，法国的知识分子和艺术家们表现出强烈的忧国忧民之心，他们用自己的方式，比如文学和艺术，对现实中不合理的现象进行抨击。就在绘画进入现实主义的同时，法国的文学创作也进入了批判现实主义时期，法国涌现出一大批优秀的作家，包括巴尔扎克、福楼拜和莫泊桑等人。因此，现实主义绘画的出现有着历史的必然性。

现实主义绘画的题材更贴近生活，其中的代表人物是库尔贝（Gustave Courbet, 1819—1877）等人。正如达维特颠覆他之前的洛可可风格，德拉克罗瓦颠覆古典主义风格一样，以库尔贝为代表的现实主义也是建立在对古典主义和浪漫主义颠覆的基础上的。库尔贝坚决反对传统的风俗观念，他主张艺术应以现实为依据，反对粉饰生活，他的名言是："我不会画天使，因为我从来没有见过他们。"库尔贝的代表作是《画室》，他在其中画出了当时法国社会各阶层的人物，还包括画家自己和模特。库尔贝除了绘制很多反映现实生活的大作，还画了很多风景画。

图 8.11　米勒的代表作《拾穗者》（现收藏于奥赛博物馆）

和库尔贝同时代的画家米　勒（Jean-François Millet, 1814—1875），则进一步把绘画的主题从城市拓展到农村，他的代表作《拾穗者》完美地表现了三个辛勤工作的农妇的形象[2]。这幅作品带有纯朴而浑厚

2　那些妇女是底层人民的代表，她们被允许收集麦子收获之后散落在地里的麦穗，被认为是地主的恩惠。

的乡土气息，歌颂了辛勤的农妇，仿佛诠释了歌德在浮士德中的观点"劳动最美"。罗曼·罗兰曾评价说："米勒画中的三位农妇是法国的三女神。"到了现实主义时期，绘画已经完全脱离了各种条条框框，成为画家表现自我感受，反映社会生活的工具。在这样的背景下，绘画在 19 世纪末进入了一个高峰时期—— 印象派。

第三节　光与色交织的印象派

世界上有两种艺术作品几乎为所有人喜爱，一种是青花瓷，另一种就是印象派绘画。不过"印象派"这三个字一开始可并非什么褒义词，而是评论家对这种画风的嘲笑。

欧洲的绘画发展到 19 世纪后半期，再往前如何发展，画家们都有点迷茫了，而一次偶然的画展让一位"另类"的画家脱颖而出。那时正值拿破仑三世执政时期，法国达到了空前的强盛，拿破仑三世为了营造一个文化繁荣的社会，于 1863 年在巴黎举行了一次规模空前的画展。不过，由于筛选作品的评委大多来自法国艺术学院，因此入选的绘画还都是传统风格的。为了取悦那些落选的中下层画家，在拿破仑三世的亲自过问下，巴黎举办了 ·个落选作品的画展。在这个画展中，一位不知名的画家马奈（Édouard Manet，1832—1883）的一幅作品《草地上的午餐》引起了争议，成为轰动一时的作品。虽然它当时没有得到主流画家们的认可，却以大胆写实的风格和准确的光与色的效果得到了一批青年画家和文学家的赞赏。

图 8.12　马奈的代表作《草地上的午餐》（现收藏于奥赛博物馆）

　　此后，一批不受传统艺术束缚、追求创新的"文艺青年"，包括年轻的艺术家和作家，便经常聚集在巴黎克利奇大道（Avenue de Clichy）的盖尔波瓦（Gail Bova）咖啡馆里谈论艺术和文学。这些人中包括后来印象派的代表画家莫奈（Claude Monet，1840—1926）、雷诺阿（Pierre-Auguste Renoir，1841—1919）、毕沙罗（Camille Pissarro，1830—1903）和塞尚（Paul Cézanne，1839—1906）等人，以及作家左拉。后来马奈和德加（Edgar Degas，1834—1917）也加入其中。由于马奈年长，在艺术上已经有一些名气了，因而成为这个团体的核心。

　　这些年轻画家的作品虽然在题材上大多是对现实生活的写实描绘，但是他们对现实生活进行了特殊的艺术再现（这和现实主义完全不同）。在印象派之前的传统绘画，画家创作时大都在室内，在光线处理上比较简单，主要是通过明暗的变化进行处理。在现实主义时期，室外的题材，包括风景画成为绘画中很大的一

文明之光　精华本　一

364

部分，但是，画家们还来不及细心去研究在室外光线下会产生怎样的色彩效果，而欣赏者也慢慢养成了欣赏这种室内油画的习惯。在这样的背景下，这些年轻的画家不自觉地承担起了尝试在绘画中对各种光和色彩进行搭配的实验。

1872 年，莫奈创作了一幅名为《印象·日出》的绘画，并且在两年后的一次小规模沙龙画展中展出。当时的批评家莱罗伊（Louis Leroy，1812—1885）将这幅画的名称中的"印象"二字作为他评论的标题"印象派的绘画"，这个不经意起的名字后来就成了这种画派的名称。不过当时莱罗伊使用这个词有讽刺的意味，他当时在报纸上这样评价，"这完全是根据印象作画，画面太过随意，即使是海报的草稿也比它更完美"。但是，正是这种当时不被批评家看好的绘画风格，日后却受到了大众的欢迎。有意思的是莱罗伊本人写的美术评论今天已经没有人关心了，大家还记得他，是因为他起了"印象派"这个名字。

印象派画家在绘画上的第一个贡献就是对光线和颜色的处理。在印象派之前，油画的色彩普遍偏灰暗（比如达·芬奇的

图 8.13　印象派的代表作《印象·日出》（现收藏于莫奈博物馆，Musée Marmottan Monet）

《蒙娜丽莎》），即使是一些人体画也是如此。这除了上面提到的绘画的色彩是以画室内的色调为背景颜色之外，还有另外两个原因。首先，这和过去画家们观察事物的方法有关。在 19 世纪初期之前，画家们对绘画中不同物体的颜色有固定的认识，比如天一定是蓝色的，树一定是绿色的，花是红色和白色的，因此油画的色彩看上去千篇一律；其次，当时的人们搞不清楚颜色和光亮度的关系，一般的认识是，浅色和鲜艳的颜色就是亮，深色就是暗，所以明暗则通过加入褐色或者灰色等深颜色表示出来，因此，19 世纪以前的油画，基调常常是深褐色的，大家看看本章从图 8.1 到图 8.10 的绘画作品就能体会这一点了。到了 19 世纪后期，由于科学的发展，人们已懂得光的强度和颜色是两回事，物体之所以呈现不同的颜色，不是因为光的强弱，而是由于它们吸收和反射不同的光所造成的。物体吸收全部的日光便是黑色，全部反射回来则为白色，吸收一部分，反射一部分就呈现出不同的颜色。善于观察的印象派画家们注意到，哪怕是同一个光源，比如日光，在早晚不同的时间里，也会在物体上产生不同的色彩影响。而且光照的角度、物体表面的质地（光洁度）均会影响物体色彩的变化。一些敢于挑战传统的画家们，通过自己的作品对光和色彩之间的搭配进行了大量的尝试。比如莫奈就曾尝试在不同的光线和角度下对同一个物体连续创作多幅作品，以寻找最理想的颜色搭配。后来，这种就同一主题重复作画的方法被 20 世纪的艺术家安迪·沃霍尔（Andy Warhol，1928—1987）和麦克斯（Peter Max）等人大量采用。就这样，在印象派画家的尝试中，传统绘画对光和色彩的固定

图 8.14　转成黑白色的《印象·日出》

认识就被彻底打破了。我们不妨以莫奈的《印象·日出》为例说明这一点。

　　我们在生活中有这样的体会，在日出或日落时（尤其是日落时），天是亮的，太阳是深红色的，并不比周围的环境亮很多，这时直视太阳而不会伤及眼睛。那么如果我们画日出或者日落时应该怎么画呢？很显然，这时既要保证突出太阳，又要保证它的相对背景不要太亮了。莫奈在这幅画中对此做了很好的处理，首先整幅画的基色很亮，和日出时基本一致，然后，他用红色突出太阳。和一般人想像所不同的是，这幅画中的太阳并不比周围的背景亮多少。图 8.14 是我用 Photoshop 把《印象·日出》的彩色图片转换成黑白灰度图片后的效果图，你会发现太阳其实并不是整个画面中最亮的部分，如果不仔细看，太阳好像从画中消失了一般。有兴趣的读者朋友，可以自己从网上卜载这幅名画的彩色图片，然后用 Photoshop 转换成黑白灰度的，看看是否如我所说。这个例子说明，到了印象派时期，画家将亮度和颜色完全区分开来了。

由于对颜色有了更深刻的认识，印象派画家自如地应用各种色彩来表现他们内心的感受，这使得绘画的表现力超过了从前，这是印象派对绘画的一大贡献。从印象派开始，绘画中主观的元素越来越多，这也是印象派之后近代的绘画作品比印象派之前的绘画作品更难看懂的原因。

　　到了19世纪末，欧洲涌现出一大批优秀的印象派绘画大师，除了我们前面提到的马奈、莫奈、塞尚和雷诺阿等人，还有后期印象派著名画家梵高等。这些人通过绘画表达自己对世界的看法，并且抒发自己的情感。虽然他们的绘画都同样具有善于使用光和色的特点，但是他们创作的主题和风格迥异，每个人的绘画都是他们所生活的社会的再现。

　　印象派画家中最著名的可能当属莫奈，他也很幸运，生前他的艺术就得到了社会的认可，因此他的晚年生活过得非常富庶。由于不再需要为生计发愁，莫奈晚年时搬到了巴黎西北郊的乔万尼（Giverny）养老和作画。在他住的庄园里，有一个不大的日本花园，他每天一有闲暇，就以这个花园为题材进行创作。在这个

图8.15　莫奈的代表作《日本桥》（现收藏于华盛顿国立绘画馆）

时期他的艺术水平达到了一生的巅峰。这些以日本花园中的景致为题材创作的作品，比如睡莲、日本桥等等，独具东方风韵，在莫奈诸多作品中最受人们的欢迎。莫奈在这个时期创作的一幅睡莲图，2008 年在佳士得创下 4000 多万英镑的拍卖纪录。莫奈晚年害了眼病（可能是白内障），虽然经过手术治好了，但是他却从此能看见别人看不见的紫外线，因此他对颜色的识别都偏蓝。在他晚年的一些画作中，原本应该是绿色的荷叶被画成了蓝色，这倒不是他的什么新尝试，只是他的视觉出现了偏差而已。

并非所有的印象派画家都像莫奈那么走运，相比之下，雷诺阿的生活就显得很悲惨了。雷诺阿原本是一个瓷器工厂的画工，但是他想成为一名画家，便只身来到巴黎。在巴黎他一度穷困得连颜料都买不起，第一次画展也不成功。在 30 岁那一年，他赶上了普法战争和巴黎公社运动，有一次在塞纳河边作画时，被当作间谍抓了起来。直到 35 岁，他创作了一生中的代表作《煎饼磨坊的舞会》，这才开始出名。但不幸的是，几年后他在旅行时染上了肺病，从此身体一直不好。

虽然自己的生活并不顺利，可雷诺阿是位乐观的画家，一生创作了许多深受大众喜爱的作品。雷诺阿的绘画以人物画最为出名，尤其是那些甜美、悠闲的法国女性，在他的笔下，她们都丰满、健康、神态迷人并且脸上充满了阳光。雷诺阿对光线的处理非常到位，他认为，虽然绘画不是科学的光线分析，但是也不能随意布局，若处理得当，画面上的光亮就会给观众带来愉悦的感觉。他的代表作《煎饼磨坊的舞会》就很好地体现了这些特点。

图 8.16　《煎饼磨坊的舞会》（现收藏于奥赛博物馆）

　　在这幅画中，光线透过树荫，照射在每个人的衣服上、头上和脸上，这种斑驳的光线充满了整个的画面。在这样柔和的光与影中，透露出印象派对光线处理上的那种朦胧的美。在整个画面中，人的脸部都很朦胧，不强调真正肌肤细腻的感觉（这和古典主义完全不同），有些人的五官被影子所遮挡，画家捕捉到人在树下不同的位置时，光线透过树荫射到人脸上呈现出的不同色彩，给人以既真实又神秘的感觉。

　　历史上的画家们，无论是中国的还是西方的大多比较长寿，这可能与他们通过绘画陶冶性情有关，总体来讲他们是心态平和的艺术家群体。但是，在画家中也有例外的，他们像音乐家一样通过燃烧自己来创作艺术（音乐家寿命相比画家要短得多），这其中最著名的就是后期印象派大师梵高（Vincent Willem van Gogh，1853—1890）了。

和大多数职业画家从小开始学习绘画不同，梵高 27 岁开始学习绘画，33 岁才进入美术学院正式学习。但是他叛逆的性格和对艺术迥然不同于老师的看法，使得他很快站到了老师们的对立面。梵高是个相当我行我素的人，在这种情况下他很快就退了学，只身来到当时的世界艺术之都巴黎自行学习和创作。在巴黎，他遇到了另外一些印象派画家，包括后来颇为有名的毕沙罗和高更，这些人是他少有的几个知音。然而，梵高的性格使得他很难和别人相处，在一次和高更吵架之后，他割掉了自己的半只耳朵。

　　在巴黎，梵高接触到很多日本浮世绘的作品，这对他的画风影响很大。他大胆地尝试着各种新的画法和颜色的搭配，虽然每天过着吃了上顿没有下顿的艰难日子，却依然创作不止。在他短短的十年创作生涯中，他创作了将近一千幅油画。梵高创作这些

图 8.17　梵高的名作《向日葵》（现收藏于伦敦美术馆）

作品的目的，根本不是为了卖掉挣钱，而是像科学家通过实验来探求真理一样，通过从线条到颜色的各种尝试，追求更有表现力的绘画技巧。梵高最成功的实验是在颜色的搭配上，他喜欢把对比度最强的两种颜色放在一起，这使得他的绘画色彩斑斓，波光流泻。比如在他的名作《星空》中，蓝色和黄色的搭配产生了星光流动的感觉。在笔法上，梵高粗旷的笔下透露出饱满的（甚至是骚动不安的）生命活力。梵高是一个将生命高度有机地融入到绘画中的艺术家。

图 8.18　梵高的《星空》（现收藏于纽约现代艺术博物馆）

梵高的画在很长一段时间内并不被世人所接受，直到 20 世纪初人们的思想得到空前的解放，对新事物的接受能力也大大提高，因而相对超前的梵高的艺术作品，这时才适应了人们的审美需求。因此梵高的出名是在身后，他生前没有享受到快乐，也没有体会到成功。1890 年，梵高 37 岁，他的癫痫病越来越严重，最后终于举枪自杀了。

又过了 37 年（正好是梵高的寿命），第一次较大规模的梵高画展才得以举行，当时一位 26 岁的美国年轻作家欧文·斯通在朋友的怂恿下去看梵高的画展，斯通一下子就被那些充满活力，色彩灿烂的油画吸引了，他对画家的生平产生了浓厚的兴趣并且很快写成了一本畅销书《渴望生活 —— 梵高传》。几十年来这本书销售了上千万本，被翻译成几十种语言，使得全世界对梵高有了全面的了解。因为有这本书，很多人即使不喜欢梵高的绘画，但至少也对他的故事津津乐道。第二次世界大战以后，梵高的绘画被日本收藏家所钟爱，使得他的绘画作品在拍卖中屡创新高，这或许是因为梵高在绘画中融入了日本浮世绘的元素吧。

印象派作为一种艺术思潮，在 19 世纪末到 20 世纪初对整个西方的文化产生了巨大的影响。在追求绘画艺术新突破的同时，印象派（也被称为印象主义）也代表着艺术家和年轻一代追求个性解放的趋势，这些趋势在当时或多或少被看成是叛逆，但是后来随着时间的筛选和淘汰，其中的一些优秀作品日后成为了经典。印象主义对文学、音乐和舞蹈都产生了连带的影响。在音乐方面，德彪西（Achille-Claude Debussy，1862—1918）的音乐作品《大海》堪称印象派在音乐中的体现。在舞蹈方面，美国舞蹈家邓肯（Angela Isadora Duncan，1877—1927）大胆挑战了传统的舞蹈，她的舞蹈动作让人感觉模糊不清，转瞬即逝。在文学上王尔德（Oscar Wilde，1854—1900）的作品明显具有印象主义倾向，他的一些小说只剩下对印象的朦胧追求。

在印象派之后，强调个性成为绘画艺术发展的特点，在这样的基础上，20 世纪的绘画呈现出了多样性。

第四节 写实人生的新世纪绘画

说到 20 世纪的绘画，大家必然会想到毕加索（Pablo Picasso，1881—1973）。虽然毕加索名气特别大，看过他的画作的人，无论是真迹还是印刷品，也不少，不过我估计如果现在让喜欢毕加索作品的人举手，恐怕不一定多。为什么他的知名度和他在人们心中的喜爱程度有如此大的反差呢？我听到的最多的原因有这样两点：

1. 他的画看不懂。的确，对大部分人来讲欣赏古典绘画比欣赏古典音乐容易，而欣赏现代绘画则要比喜欢现代音乐难得多。

2. 他的画不就是涂鸦吗，我也能画，或者我的孩子也能画。一些艺术家朋友抱定这样一个观点，因为他们觉得学习毕加索，或者成为毕加索似乎不是难事，至于他们没能像毕加索那样出名，是因为怀才不遇。其实他们想错了，并非他们怀才不遇，而是大部分人都没有理解毕加索成功的背后有着非常特殊的原因。

在这一节，就让我们围绕这两个问题说明为什么毕加索能靠看似涂鸦的画成为 20 世纪在西方最受艺术家和收藏家欢迎的画家之一，同时让我们来看看另外一些 20 世纪的绘画大师是如何炼成的。透过他们，我们就能看到 20 世纪的绘画在千差万别表象下的共性。

要看懂毕加索的这些"涂鸦"还真不是一件容易的事情，至少我自己从第一次看到他的真迹到能够比较好地（至今依然不敢说完全）理解这些画，就花了十多年时间，这还不算在此之前我曾经专门上课去学习如何欣赏这些画，如果算上去，又是十年时间。20多年后回过头来看，我自己走了一个大弯路。我之所以在此自曝"丑事"，是因为很多人有着和我过去类似的困惑，却又不敢开口，生怕别人笑话他没文化。我想通过这个例子说明，对艺术的理解需要一个过程，而在这个过程中无知的天真其实并不可怕。当然，悟性比我好的人，自然是不需要走那么长的弯路的。

先讲讲我和毕加索绘画的"缘分"。在我还是中学生时，就从各种杂志上或者新闻中看到了毕加索的画，当然今天的孩子们第一次接触他的作品的时间可能已经提前到了小学。但是坦率地讲，那时候不会对他的作品产生比"涂鸦"更好的印象。今天一个十几岁的孩子如果说毕加索的画不好看，这也一点都不奇怪，如果这个孩子说如何如何欣赏毕加索的画，倒是奇怪了，这或许多少有点吹牛的成分。

上了大学，我跑去修专门给清华建筑系的学生开设的艺术史课程，讲课的王乃壮先生是徐悲鸿和吴作人先生在新中国成立后最早的学生，如今他是一位很有些名气的艺术家，我要感谢他教会我系统地欣赏和理解西方绘画的知识，并且在那个无法看到真迹的年代，给我看了上千张幻灯片，让我能广泛地接触西方的绘画作品。但是，讲到毕加索的绘画时，他对这种只有"神似"没有"形似"³的作品并不感冒，因此他在讲述毕加索绘画上花的时间远没有介绍米开朗基罗来得多。虽然我那时的鉴赏能力并不算太低，却很难理解毕加索的绘画好在哪里。

好在我是一个喜欢把事情弄清楚的人。1996年，我第一次来到华盛顿的国家艺术馆，在那里我第一次看到了毕加索的真迹。虽然看不懂这些绘画，但是至少我从这些真迹中看到了在印刷品和幻灯片上看不到的细节。首先，毕加索绘画时使用的颜色远比印刷品上能看到的丰富得多；其次，他的绘画作品中线条的力度在原作上通过油彩（或丙烯颜料）的厚薄程度是可以看出来的，而在复制品上则完全丢失了。在此之后的十几年里，我在欧美各大艺术馆、博物馆和画廊里，至少看到了100—150幅毕加索的真迹。这期间，我还看到了西方绘画史上七八成最有名的绘画的真迹，并且有幸见到了一些当今一流的画家，应该讲对绘画欣赏早已不是门外汉了，但是即便如此，我对毕加索的绘画还是没有太多感觉。虽然我可以很容易地说出他画的是什么东西，但是很难理解为什么要这么画。直到有一天，一个偶然的机会让我彻底领悟了毕加索的绘画艺术。

那次是在并不出画家的城市悉尼。在那次旅行的最后一天我没有安排什么特别的行程，便去了当地的美术馆，也是全澳大利亚最大的美术馆去看画，正好那段时间有一个专门的毕加索艺术展，主办方从世界各地借来了上百幅毕加索的绘画作品，覆盖了毕加索各个时期的创作，其作品完整性超过了世界上所有收藏

3　齐白石讲"画妙在似与不似之间，太似则媚俗，不似则欺世"，强调绘画的形似和神似相结合。

图 8.19　毕加索早年的素描作品（现收藏于巴塞罗那毕加索博物馆，Museu Picasso）

毕加索绘画的博物馆。主办方做的另一件看似不经意的事情却对了解和欣赏他的作品很有帮助，就是提供了一个专业水平很高的导游录音和内容非常详尽的书面印刷材料，这些材料不仅从毕加索早年的素描开始渐进地介绍他的艺术历程，而且介绍了他在创作不同的绘画时欧洲（和世界上）大的社会背景。我那天时间非常宽裕，可以一边听着毕加索成长的故事，一边看着他的画，了解他的艺术演变的过程。一天下来，我对毕加索的认识突然开窍了，这就如同武侠小说里讲一个练武之人，怎么练习功力也上不去，突然某天有一个高手给他一点拨，打通了他的任督二脉，从此他就觉得通体舒畅，有了用不完的内力。

　　好了，我们现在回到毕加索的话题。大多数人的成长都深受大环境的约束和影响，尤其是艺术家们，可以说什么时代什么地点出什么样的艺术家。如果毕加索早出生一个多世纪，他可能

第八章　从达维特到麦克斯——

会是一位不错的古典主义画家，当然考虑到他的寿命特别长，他晚年的绘画应该带有浪漫主义的色彩。事实上，对毕加索早期绘画影响最大的人物就是古典主义大师安格尔。当然大家会说毕加索的绘画和安格尔的看上去完全没有相似性，一个是细致到了极致，另一个则是随意得像涂鸦。不过如果把毕加索早期的作品（有些只是练习习作而已）和安格尔的绘画作品做一个对比，你就会发现它们之间的相似性。

毕加索早在十几岁时就展现出了非凡的绘画天分，他不仅手法巧，而且脑子特别好使。毕加索非常用功，十几岁时就绘制了大量素描作品，而这些作品严格遵循古典主义对绘画的定义，即线条和比例是绘画的灵魂。毕加索自己也承认他的绘画受到安格尔强调线条重要性的影响，这种影响持续了他的一生。因此理解毕加索绘画的秘诀之一就是从线条入手。

如果当时毕加索生活在100多年前的巴黎，他可能会沿着这条艺术道路走下去。但是他出生在西班牙，因此他的绘画后来受到了西班牙画家格列柯（El Greco，1514—1614）、委拉斯凯兹（Diego Rodríguez de Silvay Velázquez，1599—1660）和戈雅（Francisco José de Goya，1746—1828）很大的影响。从毕加索早期的油画作品中，可以明显地看到这些大师的影子，很显然，那时他个人的风格还不明显。毕加索年轻时正值19世纪末20世纪初，大背景是欧洲处在列强争夺霸权的时代，因此他创造的题材和这个背景有着莫大的关系。而在艺术本身，现实主义和印象派的艺术已经兴起，当时的艺术潮流已经是强调个性发展，因此毕加索就注定了要走自己的创作之路。

1900 年，19 岁的毕加索只身来到欧洲艺术之都巴黎，开始了他在法国的艺术生涯。和大多数艺术家早期都很贫穷一样，毕加索当时也是穷困潦倒，以至于不得不和一位记者合租只有一张小床的陋室。好在他们二人一个白天睡觉晚上工作，另一个则正好反过来。就是在这样艰苦的条件下，毕加索大量地创作着，在这段时间里，他对绘画中不同色彩的表现力进行了大量的尝试，最初是蓝色，后来是玫瑰色，后人有时又把他这段时期的绘画称为蓝色时期和玫瑰色时期。在蓝色时期他绘制了《老吉他手》，这是他早期的代表作，在这幅作品中，毕加索描绘出一个巴塞罗那街头老年驼背的盲人吉他手憔悴的形象，这幅画很有感染力，让人看了几乎要哭出来。从单纯艺术的角度讲，它的感染力来自于毕加索的三种尝试：首先是绘画的平面化，19 世纪中期以前的画家都在尝试用二维绘画描述三维世界，而毕加索（包括后期的梵高）实际上在反其道而行之，他将一个活生生的人在绘画中压扁了。其次是色彩的使用，毕加索使用了单一而且让人感到忧郁的蓝色，而这并不是梵高那种充满生命力的蓝色。再次是夸张的表现方法，如果大家注意一下这个老人的手，会马上想到骷髅的手。这三个趋势后来的发展形成了毕加索特殊的（也是很难理解的）风格。这幅画虽然不是他巅峰时期的作品，但是对理解毕加索画风的演变非常关键。这时候毕加索的作品还算不上是现代派的，它们和印象派后期的作品更相像一些。

　　接下来的几年是毕加索的玫瑰色时期，他开始受到非洲艺术的影响，开始尝试用简练、有点类似立方体的几何形状作为绘画的基本元素进行创作，这在后来发展成为绘画流派中的一

图 8.20　《老吉他手》（现收藏于芝加哥艺术学院，Art Institute of Chicago）

图 8.21　毕加索的代表作《阿维尼翁的少女》（现收藏于纽约现代艺术博物馆）

支 —— 立体主义。这期间毕加索的代表作包括《阿维尼翁的少女》（*Les Demoiselles d' Avignon*）。

在这幅画中，毕加索描绘了巴塞罗那街头一群妓女的百态。对比《老吉他手》，毕加索的风格产生了两个变化，首先线条更加简洁，人体的皮肤的色彩（玫瑰色）更加单一；其次引入了几何图形，尤其是立体的方块（Cubic）来构造人体。这种画法在后期印象派画家塞尚的作品中已经可以看到，不知是谁将 Cubicsim 这个词翻译成了立体主义，其实更准确的翻译应该是立方块主义。简洁的线条、单一的色彩和立方块为主的构图，使得画中的人体已经完全没有了古典时期的人体美，毕加索牺牲人体美的目的是为了突出主观的情绪，它伴随着画家对女性的一种渴望和恐惧交织的情绪。在那个时期，毕加索经常出入妓院，对女性的渴望是显而易见的，而恐惧则来源于他怕染上性病。早期这幅画的画面上有两个男性，分别代表嫖客（画家自己）和一名医生，医生拿了个骷髅，它代表"罪恶的代价是死亡"，但是最终毕加索选择去掉这两个人。毕加索通过无名裸女轻蔑的眼神给观众以压力，她们似乎在嘲弄那些男性，让观众产生恐惧。

毕加索在这幅画上投入了相当大的精力，他将绘画抽象化的过程并非"胡乱涂鸦"。为了摆放这五个妓女的位置和姿势，毕加索在创作的过程中绘制了上百种的素描和草稿，我们今天看到的这幅作品是他最后定稿的，而其他的草稿则全部销毁掉了。毕加索的很多作品虽然看上去很随意，但是他在创作时却是非常认真的。《阿维尼翁的少女》的创作过程，成为很多美术学院老师教育学生们要用功的例子。《阿维尼翁的少女》不仅被认为是毕加索绘画的一个转折点，因为从此以后，毕加索的绘画开始往越来越抽象的方向发展了，而且被认为是绘画艺术进入 20 世纪的标志。

在接下来的大约十年时间里，毕加索的绘画变得越来越抽象，当然这是一个渐进的过程。直到在 1917 年的一天，他邂逅了芭蕾舞演员奥尔加·科赫洛娃（Olga Khokhlova，1891—1955），并且爱上了她。第二年他们结婚并诞下一子。这段时间是毕加索生活比较安逸的时期，正好也是欧洲战后比较繁荣的日子，幸福的生活让毕加索画风为之一转，恢复到了他自己的古典时期。那种压抑、喧嚣的元素不见了，他的画变得宁静并且带着梦幻的色彩，他在创作手法上开始走法国古典主义的路线，毕加索这个时期的绘画风格非常秀美。然而，这段时间他的绘画风格的改变，

图 8.22 毕加索"古典时期"为奥尔加·科赫洛娃画的坐像，这时毕加索的作品呈现出平和的复古倾向（现收藏于巴黎毕加索博物馆，Musée Picasso）

也使得后人在理解他的绘画时遇到了困难，因为大家感觉他的画风似乎没有规律可循。当然，如果了解了当时欧洲的时代背景和毕加索个人的经历，就能找到他绘画风格变化的线索。毕加索在这一段时期绘画风格的改变，让我想到贝多芬在和特蕾莎恋爱时音乐风格的改变。看来爱情可以改变人的行为和思维方式。

但是，现实并不总是美好的。1930 年之后，欧洲的局势再次开始紧张，毕加索的祖国西班牙发生了内战，德国人为了在军事上支持西班牙的独裁者佛朗哥，对西班牙共和国所控制的格尔尼卡进行了人类历史上第一次地毯式轰炸。毕加索受西班牙共和国政府委托绘制了巨幅画作《格尔尼卡》，描绘了经受炸弹蹂躏之后的惨状。这幅长达七米多的巨画只用了灰、黑和白三种颜色，因为在画家看来世界已经变得如此灰暗。1944 年，一直反

图 8.23　毕加索的巨幅作品《格尔尼卡》（现收藏于马德里索非亚艺术馆）

抗法西斯的毕加索加入了西班牙共产党。

　　毕加索在晚年之后的绘画风格变得越发简洁而超脱，在他的笔下无论是人还是物都只剩下了简单的轮廓、简单的色彩和具有象征意义的各种符号式的几何图形，这似乎反映出他那种看透人生的生活态度。

　　毕加索一生非常勤奋，他尝试了各种绘画的方法和技巧，并且努力将世界各地的艺术融入他的绘画中，如果将毕加索所有的绘画一字排开，得有好几公里长。毕加索的一生，浓缩了从古典主义开始到现代绘画艺术的变化过程，追踪他一个人绘画风格的变化，在某种程度上便能看出过去二百多年以来绘画的发展。反过来，要理解毕加索的绘画，必须把他放到两个历史大环境中：一个是欧洲绘画发展的历史环境，这是他风格变化的依据；另一个是画家本人生活的小环境和当时世界的大环境，这为他的创作提供了现实素材。很多年轻的画家看到的是毕加索"涂鸦"成功的表像，但往往忽视了他在创作时的艰辛。

　　毕加索的绘画得到一些人高度评价的另一个原因是他对绘

图 8.24 "家"字的演变

画的发展进行的大胆尝试，而这种尝试的核心是将艺术抽象化。我们不妨用一个比喻来说明他这种尝试的意义。远古时代，中国人发明了象形文字，即使不认识这些字的人，从画出来的图形上也可以猜出它的意思，比如"家"字上面是一个房子，里面有一只猪。古语用"豕"字代表猪，而甲骨文的"豕"字非常像一个四脚的动物。因此，如果让一位不认识中文的学者猜甲骨文的"家"字，他有可能根据房子里面有猪猜出这个字的意思，但是如果把今天的写法拿给他看，他猜出来的可能性几乎为零。但是从文字演化的角度来讲，这种简化和抽象（变成两个偏旁）是有意义的。如果我们把这种思路用于绘画，就能理解毕加索绘画在艺术史上的地位了。当然，如果一定要搞懂为什么"家"字从原始的象形文字一步步演变成今天这个样子的，就必须把这个字的甲骨文写法、金文大篆写法、小篆写法和后来隶书的写法放到一起，按时间顺序看过来。在悉尼艺术馆我看到的毕加索绘画作品就是这样按照时间很好地组织起来，而且根据他的绘画发展历程提供了很好的书面说明材料，这就如同将"家"字的写法变化过程从甲骨文开始一路展示下来，看过之后就懂了。而世界上大多数的博物馆（包括毕加索绘画收藏量最大的巴塞罗那毕加索博物馆）也很难将毕加索各个时期大量的绘画作品全部组织好，以至于大部分人看毕加索的绘画作品，就如同把不同时期的不同汉字随意打乱，拿出来一堆让观众辨认。那样的话，观众确实很难理出一个头绪来。

纵观整个 20 世纪的绘画，是画家们自我发挥的百花齐放时代，在这个时代涌现了大量风格鲜明的一流画家。除了毕加索，人们熟知的还有夏加尔、达利、安迪·沃霍尔等人。这些人画风迥异，任何人见了都不会把他们弄混淆。这除了和 20 世纪艺术家们着重追求自我的价值之外，还和他们丰富的人生经历分不开。这些画家，已经不像他们的前辈，比如荷兰著名画家弗美尔（Jan Vermeer，1632—1675）、伦勃朗（Rembrandt Harmenszoon van Rijn，1606—1669）那样一辈子生活在一个城市里。丰富的生活经历给他们的绘画赋予了深刻的内涵。这些画家中最传奇的可能当属夏加尔。

俄罗斯、法国和美国都宣称夏加尔是他们国家的人，而以色列则称他为犹太画家。夏加尔出生在俄国，当时沙皇反感犹太人，将他们安置到今天位于乌克兰、波兰、立陶宛和拉脱维亚之间的四不管地带，那里的犹太人并不是今天大多数人想象中的银行家，而是从事缝纫和手工业的下层劳动者。俄国政府当时甚至不让这些犹太人的孩子在俄罗斯人的学校里上学，因此夏加尔小时候只能上以教授希伯来语和圣经为主的犹太学校。在学校里他看到大孩子画画，非常羡慕，就问那些孩子怎么画，那些孩子告诉他，"找本绘画书，照着画就好"。夏加尔从此开始习画，并且告诉父母自己要当个画家。父母虽然觉得他的想法很不切实际，但还是让他去跟一位现实主义画家学画了，由于没有钱，老师也就没有收他学费。不过他对那种科班的绘画训练没有兴趣，不久便退了学。19 岁那年他们家搬到了圣彼得堡，在那里，犹太人的活动范围依然受到限制，夏加尔便在他能够活动的范围里学习绘画并且为人画肖像和风景画。三年后，也就是 1910 年，夏加尔在别人的赞助下来到巴黎，向当时各种画派的画家们学习。在这期间他受到现代艺术风潮的影响，并且受犹太宗教的影响，形成了他独特的绘画风格。夏加尔的画，大多记录梦幻的感觉，这些画常常让我想起蒲松龄的聊斋故事，作者在人间得不到的欢乐，可以在鬼怪的世界中获得，夏加尔也是如此，他仿佛在告诉人们梦中可以获得生活中所没有的幸福。台湾音乐人姚谦曾经做过一首歌《我爱夏加尔》，歌中唱道：

> 恋爱的人总是浮在城市半空中
>
> 视若无睹的忘情忘我紧紧眷恋着
>
> 连公鸡都在温柔歌颂
>
> 我看爱情爱情看我两头
>
> 我唱了歌歌给了我美好期待中
>
>
> 你在哪里呢我们将在哪座城市相逢
>
> 小猫想作见证趴在窗口
>
> 流星划过我们就恋爱了
>
> 你还没来我一个人就跳跳舞解闷
>
> 你还没来我一个人看着 chagall 画册
>
> 虚构着可能属于我的美丽爱情
>
> 怎么忽然流泪了
>
> 后来又笑开了

这首歌比较准确地描绘出夏加尔的绘画风格，而也只有看了夏加尔的作品后，才能理解姚谦为什么这样作词。

夏加尔很快在巴黎画家成群的环境下脱颖而出，1914年，他举办了个人画展，并且获得相当大的成功。在巴黎获得成功之后，夏加尔回到俄国和他的未婚妻相聚，这时的夏加尔已经是欧洲绘画界颇有影响力的画家了。几年后，俄国爆发了十月革命，作为犹太人，夏加尔坚决支持推翻沙皇专制的革命。布尔什维克考虑到夏加尔在艺术界的影响力，任命他为政府主管艺术的委员（相当于文化部部长）。夏加尔积极投身到新的工作中，并且创办了苏联最著名的艺术学院——维捷布斯克艺术学院（Vitebsk Arts College）。但是，夏加尔很快就发现，布尔什维克的革命和

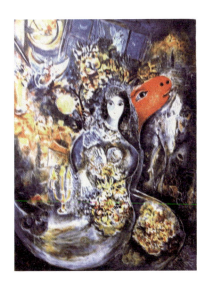

图 8.25　夏加尔的《贝拉》，具有梦幻般的意境（私人收藏）

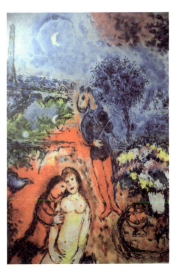

图 8.26　夏加尔的《巴黎的爱情》（私人收藏）

犹太人理想中的共产主义大同世界完全是两回事，于是夏加尔和很多俄罗斯艺术家一样，开始设法逃离苏联，他悄悄申请了法国的流亡许可，并且终于在 1923 年回到了巴黎。

夏加尔人是逃到了巴黎，但是他的画作和所有的草稿却都留在了苏联。夏加尔试图凭着记忆重新绘制那些作品，但是并不是很成功。夏加尔只有往前看，去创作新的作品。1926 年美国举办他的画展，但是他对美国并没有兴趣，画展期间并未前往美国，而是继续呆在法国创作，让他想不到的是，这个当时他并不看好的国家日后将成为他的避难所。在巴黎的十几年中，夏加尔创作了大量的作品，并且成为当时法国现代绘画的代表人物。

1941 年，纳粹德国占领了法国，夏加尔面临双重困境。首先作为犹太人，他是纳粹迫害的对象；其次，德国纳粹在绘画艺术上非常反感现代绘画（当然那些现代画家诸如毕加索也不喜欢纳粹），夏加尔选择了再次逃亡，于是来到了美国。或许是在美国的这段生活，使得他成为了美国收藏家最喜爱的画家之一。在纽约期间，纽约现代艺术博物馆（MoMA）为他举办了大型画展。夏加尔也为这个城市留下了纪念碑式的作品 —— 林肯艺术中心歌剧院的两张巨幅壁画。

1948 年，夏加尔回到了法国，他被法国人看作自己国家最优秀的画家。在欧洲，他和毕加索等人交往频繁，而后者对他赞誉有加。据毕加索的情人弗朗索瓦斯·吉洛特（Françoise Gilot）回忆，毕加索认为夏加尔是马蒂斯（Henri Matisse，1869—1954，野兽派的创始人）之后对绘画颜色掌握最好的画家。1963 年，77 岁高龄的夏加尔受法国歌剧院的邀请，开始创作他一生最宏大，也是最重要的作品——法国歌剧院的天顶画。法国歌剧院建于拿破仑三世时代，是欧洲最豪华的歌剧院。能为这个有百年历史的歌剧院绘制天顶画，是无上的荣誉，因此夏加尔接受了这个任务，这位七十多岁的老人花了一年多的时间绘制完成了面积达 220 平方米的巨幅作品。这个天顶画中，夏加尔将他喜欢的那些音乐家，比如莫扎特、瓦格纳、穆索尔斯基和柏辽兹等人的形象用他自己特殊的绘画风格描绘出来。这幅现代派作品刚完成时，一些巴黎市民觉得它和歌剧院古色古香的风格大相径庭，但是，今天，这幅画却成为了巴黎人的骄傲。在巴黎，类似的事情还发生过多次。19 世纪末，工程师埃菲尔（Alexandre Gustave Eiffel，1832—1923）提出为当时的世博会建一座能看到巴黎全景的铁塔时，巴黎市民大多持反对态度，因为在这个由大理石砌成的、古典韵味十足的城市里耸立这样一个高大的"铁家伙"，被认为是破坏了原有的景观，但是今天埃菲尔铁塔已经成为巴黎乃至全法国的标志。到了 20 世纪 80 年代，当贝聿铭试图在卢浮宫中央广场上加入一群玻璃的金字塔时，巴黎市民同样是一片反对声，好在当时法国总统密特朗全力支持，贝聿铭的设计才得以通过。今天，人们已经习惯了这简洁的现代建筑和源于 12 世纪的经典建筑完美的结合。在历史上，如何将现代的艺术和传统相结合始终是一个难题，解决得不好就会煞风景，真正的大师就要能通过他们对未来的预见性，解决这个一般人看似不可能的难题。夏加尔创作的法国歌剧院的天顶画就给后人解决这类问题提供了一个成功的样板。

在创作风格上，夏加尔独来独往，无门无派，不仅前无古

图 8.27　夏加尔的代表作 —— 巴黎歌剧院天顶画

人，而且后无来者，一些艺术画派试图将夏加尔纳入其中，但是都被夏加尔拒绝了。夏加尔之后，就再无这种风格的画家了。

　　任何一位成功的艺术家或多或少地都是时代的产物，夏加尔也不例外，他的绘画是他的人生，以及他生活的时代的一种体现。夏加尔生活的一个世纪（从 19 世纪末一直到 20 世纪末），是全世界从近代到现代、从战争到和平的变化时代。而在这一百年里，犹太人则是受时代变化影响最大的群体，他们经历了从被人歧视、迫害和驱赶到赢得人们尊重的过程。具体到夏加尔，他一生四海为家，从艰辛到成功，在这不断的变迁中，支持着他追求成功的动力是犹太民族对宗教的信仰和坚毅的内在精神。夏加尔自己讲，"如果我不是一个犹太人，那么我就决不会成为一个画家，可能成为一个和今天的我完全不同的人……我在生活中的唯一要求不是努力接近伦勃朗（Rembrandt Harmenszoon van Rijn，1606—1669）[4]、格列柯（El Greco，1541—1614）[5]、丁多雷托（Jacopo Tintoretto，1518—1594）[6] 以及其他的世界艺术大师，而是努力接近我的父辈和祖辈的精神"。

任何一位有特色的画家或多或少都会从自己民族的文化中汲取养分，同时他们又都具有与众不同的风格，这两点在夏加尔身上都能看到。

在这一章的最后，我们要介绍一位依然健在的绘画大师——彼得·麦克斯（Peter Max，1937— ）。在这里我之所以要介绍他，并非他在名气和影响力上达到了毕加索和夏加尔的水平，也并非因为他是当今依然健在的画家中最优秀的一名，而是因为他的绘画具有鲜明的时代特点和与众不同的创作风格。麦克斯的绘画是美国第二次世界大战后时代精神的集中体现，同时他也是当今最受中国收藏家推崇的画家之一，这可能和他有很长一段在中国的生活经历有关，而他本人对这段经历也是津津乐道。

麦克斯原名彼得·麦克斯·芬克尔斯坦（Peter Max Finkelstein），1937 年出生于德国的一个犹太家庭。他一出生就赶上希特勒迫害犹太人。当时全世界很多国家和地区都不敢或者不愿意接收犹太人，唯独中国的上海给他们开辟了避难之所，于是他们全家于1938 年逃到了上海，并且一住就是 10 年。这一段生活经历让麦克斯走上了绘画之路。

4　荷兰著名画家。
5　希腊出生的西班牙著名画家。
6　文艺复兴时期威尼斯画派的代表人物。

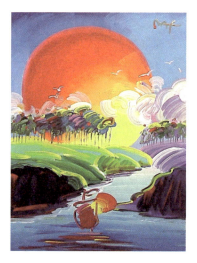

图 8.28　麦克斯的代表作《没有边际》（私人收藏）

　　2011 年，麦克斯和我讲起了他学画的经历。他的第一个绘画老师是一位中国小女孩。在他家不远的地方，常常有一位中国画家在卖画，他看到那些画都画得特别好，自己很动心。于是麦克斯让自己的父母找到这位画家，要求跟他学画，这位画家就让自己比麦克斯大不了几岁的女儿教他绘画，这就是麦克斯艺术生涯的开始。麦克斯后来经常怀着感激的心情提到这个女孩，几十年过去了他还能记得很多关于她的细节，比如非常瘦弱，穿得很单薄，比他高不了多少，等等，但是他一直没有能找到这位小老师的下落。

　　到了 1948 年，犹太人在以色列建国，和全世界很多犹太人一样，麦克斯全家搬到了以色列，不过很快他就来到了巴黎，在卢浮宫系统地学习绘画。1953 年，他们全家又移居美国纽约。从

图 8.29　麦克斯后期作品《芦苇、彩虹和打伞的人》（私人收藏）

此，麦克斯在纽约学习和创作绘画，直到今天。到了 20 世纪 60 年代末，麦克斯在美国已经非常出名了。那时正赶上美国自建国以来一次大的社会变革时期，整个美国社会都在快速发展，民权运动席卷全美国，年轻人追求个性解放。那个年代的美国社会可以用充满活力来形容，而不是像今天这样有点死气沉沉。在 20 世纪 50—60 年代美国诞生了摇滚音乐和波普艺术，纽约取代巴黎成为世界文化之都。麦克斯的绘画很好地展现了当时美国社会的活力和快速变化。

　　麦克斯的绘画属于新表现主义，所谓新表现主义是针对从后期印象派到毕加索的"旧表现主义"而言。和以往的艺术家不同，第二次世界大战后成长起来的艺术家对社会和未来更有信心，他们的生活态度也更加积极，而不是一味逃避，这些在麦克斯的绘画中很好地体现出来了。他几乎所有的绘画都采用了简洁的线条和非常靓丽的色彩，每一幅画都能给观众留下深刻的印象。和毕加索不同的是，麦克斯的每一幅绘画都非常容易理解，这是美国艺术最鲜明的特点之一。或许是因为这些原因，麦克斯从三十多岁起就声名鹊起，得到整个美国社会追捧。热衷于收藏他的绘画作品的，包括美国多位总统，以及很多企业界巨子，比如福特和克莱斯勒公司传奇的总裁李·艾柯卡（Lee Iacocca，1924—）等人。从 20 世纪 70 年代起，他便为美国历届总统画像，当然是按照他特殊的风格绘制的。

和梵高一样，麦克斯喜欢尝试各种颜色的组合，对同一主题，他常常使用不同的色彩搭配画出不同版本的作品。他的很多绘画有好几幅相似的"原作"。和 19 世纪末期至今的很多艺术大师一样，麦克斯晚年喜欢在绘画中融入东方情调，他的一幅反映东方隐者（应该是禅师）立于天地大自然之中的作品《芦苇、彩虹和打伞的人》，成为了他后期的代表作。

麦克斯的艺术历程再次证明了艺术（包括表演艺术和视觉艺术）都是和社会大环境以及艺术家的个人经历分不开的。他们的作品都是时代的反映，而不是自己闭门造车的结果。从毕加索，到夏加尔再到麦克斯，无一不是遵循这个规律。和 17—18 世纪画家不同的是，今天一流的艺术家，常常行万里路，都有着丰富的人生经历。

结束语

艺术是语言文字之外的史实记录，是表达思想的另一种方式，有时甚至是比语言更有效的方式。不同国家的人可能因为语言的不同而无法交流，但是他们有可能通过艺术而进行心灵的沟通，这也是艺术的诸多魅力之一。从达维特开始到今天，西方绘画走过了各个时期，产生了很多流派，不过这些变化都遵循着一个趋势，就是越来越强调个性和多样性。这也是世界文明发展的大趋势。

东西方在绘画艺术上有很多相通之处，早期的绘画艺术都有一个从不似到形似的过程，之后都再有一个从形似到神似的过程。而在后一个过程中，审美本身从强调客观慢慢地向强调个性转变。中国完成这个过程的时间要早于西方。我们把讲究理性和秩序的古典主义作为一个分水岭，在此之前的绘画严格遵循客观的审美，描述客观的事物，和它对应的中国绘画时期则是北宋的院体画和工笔画。在此之后，中国的绘画也是越来越抽象，越来越体现画家的心境。比如明末清初八大山人的绘画和清代扬州八怪中金农的绘画，和毕加索的绘画有很多相似之处。从绘画演变的过程可以看出中西方文化发展过程的相似性。当然，不同文化一定有着自己的特点，比如西方人更多地靠色彩表现自己的思想，东方人则更多地是靠线条。

东西方艺术不仅是相通的，也是在不断地相互影响的，今天，西方的绘画中大量地融入了东方的元素，尤其是日本的浮世绘对近代西方艺术有着非常大的影响。而在现代东方绘画中（尤其是油画中），则采用了西方的技巧和审美方式，甚至可以说中国的油画就是中西方绘画艺术结合的产物。中国不少优秀的现代画家，比如朱德群、赵无极和陈逸飞等人，后来旅居欧美，成为西洋画界的主流画家，而他们的作品则完完全全是中西合璧的产物。艺术的这种融合其实反映了当今世界上各种文明相互之间取长补短、相互融合的大趋势。

在本章的最后，值得一提的是，中国的油画艺术走过了1949 年之后的古典时期，在文革之后也迎来了自己的浪漫主义时期。随着中国人生活的富裕，人性的解放，中国油画素材与风格也不断多样化。所不同的是，中国人在油画上只用几十年的时间便走过了欧美人用了两个世纪所走过的路，这就如同中国在工业发展上，用 30 年的时间走完了欧美两个世纪的历程一样。因此可以说，绘画的发展折射出历史的发展，这又是绘画艺术的一大魅力。

附录 近代到现代绘画艺术的主要流派

流派	时间	代表人物（和作品）
（新）古典主义	18 世纪末—19 世纪初	达维特（《拿破仑的加冕礼》《马拉之死》《荷拉斯兄弟的誓言》） 安格尔（《泉》）
浪漫主义	19 世纪上半叶—19 世纪中期	席里柯（《梅杜莎之筏》） 德拉克罗瓦（《自由引导人民》）
现实主义	19 世纪中期—19 世纪下半叶	库尔贝（《画室》） 米勒（《拾穗者》）
印象派	19 世纪下半叶—20 世纪初	莫奈（《印象·日出》《睡莲》） 马奈（《草地上的午餐》） 雷诺阿（《煎饼磨坊的舞会》） 梵高（《向日葵》《自画像》《星空》）
野兽派	20 世纪初	马蒂斯（《舞蹈》）
立体主义	20 世纪初	毕加索（《阿维尼翁的少女》《格尔尼卡》）
超现实主义	20 世纪中期	达利（《记忆的永恒》）

第九章　近代改良的样板
从明治维新到现代日本

2014 年，中日甲午战争 120 周年，中国各界在各种媒体上不断反思这场给中国带来无尽灾难的战争。而在反思战败原因时，不可避免地要将日本的明治维新与中国同时期的洋务运动、戊戌变法和清末宪政改革进行对比。明治维新从政治到经济都非常成功，将日本带入近代社会，而中国的那些运动、改良和革命却收效甚微，甚至干脆失败了。在很多中国人看来，日本是中国一衣带水的邻邦，乃中国古代文明的传承者之一（在甲午战争前很多日本人也持这个看法），两国有着很强的相似性和可比性，因此大家一直在思索为什么相似条件下的相似变革，结果却是一国成功一国失败。

然而，日本与中国在社会形态与文化上远不像大多数人想象的那般相似，而明治维新也根本不像很多教科书和媒体上所讲的那样，是一群要改革的仁人志士推翻幕府统治的革命。事实上，明治维新和中国同期的那些运动、改良和革命没有多少可比性，这就如同英国的光荣革命、法国大革命和中国的辛亥革命没有可比性一样。另外，从开启民智、强国强兵的角度看，明治维新非常成功，但并不是一次彻底的资产阶级革命或改良，它对日本近现代的民主化进程的帮助并没有想象的那么大。只有充分认识到这些，我们才能更好地认识到当今日本社会和日本国民的特点。

第一节　江户时代

图 9.1　京都清水寺

很多中国人都喜欢日本的京都和奈良，我也不例外。这两个城市我去了很多次，每次都会有新的发现和惊喜，当然更重要的是它们让我感觉仿佛梦回唐朝。是的，京都和奈良都是唐朝长安的翻版，奈良东大寺、京都清水寺，都是唐代风格的建筑。今天看到的东大寺（始建于 728 年）早已不复当年的样子，在历代战乱中被焚毁后历经数次重建，规模也比唐代初建时小了许多——即便如此，它依然是世上少有的、能充分展现唐代建筑风格的大型建筑。清水寺始建于 778 年，1633 年由德川家康捐资重修，保存至今。

日本深受中华文明的影响，这着实不假，但这只是表面现象。相比朝鲜、越南，日本在政治体制上从来就与中国不同。19世纪以后，两国之间政治体制上的差异性，更是比两国文字上的那一点相似性或日本对儒家文化的认同要大得多。在政治上，日本与欧洲更相似，而不是中国。这一点要从日本的国体和明治维新前日本的社会说起。

在历史上日本本州岛的大和国直到 6 世纪才统一日本，日本的天皇也从大和国的酋长变成了日本三岛（不包括北海道）的最高统治者。但是，从 10 世纪开始，日本的天皇在权力上就和今天差不多了，成了名义上的最高统治者，并没什么实权。不过，天皇虽无实权，在日本人的心目中却保持着半人半神的色彩，因为相传日本天皇是神的后裔，万世一系，这完全有别于中国王朝的改朝换姓。在日本，不仅一般的老百姓见不到天皇，就是低等的贵族和武士也不知道天皇长什么样，当然大家更不可能听到他的声音。这种神秘感给了日本国民极大的想象空间，让天皇的神话一直持续到第二次世界大战结束。可以想象当日本国民听到天皇用孱弱而沙哑的声音宣读"终战诏书"，天皇也就在瞬间跌下了神坛。

不仅在中国的历史上找不到一个类似天皇的统治者，甚至在世界上也难找到类似的王室。有人说日本的皇室很像英国的王室，因为他们都没有太多权力，但其实两者差异很大。首先，英国王室在历史上还是拥有权力的，即使在英国的光荣革命之后，它依然有些权力，这个权力是渐渐丧失的，尤其是在维多利亚女王之后才完全丧失的；而日本皇室则是从公元 9 世纪开始就无力控制日本政局，国内战乱纷争不断，到了公元 10 世纪，日本皇室彻底丧失了权力，只有在从明治维新到第二次世界大战结束这段短暂的时间里例外。其次，由于日本的天皇长期不掌权，也就没有人试图推翻他们，皇室才得以延续了上千年。久而久之，它就成了一个符号。在第二次世界大战前日本国民对天皇其实一无所知，虽然他们一直以来受到的教育是要效忠天皇，但是实际上他们要效忠的并非某个具体的人，而是一个神，一个代表日本民族的神。从这个角度来讲，天皇在日本文化中的地位倒有点像中国的衍圣公。日本国民从上到下对天皇宗教般的虔诚，使得他们后来容易聚集在天皇的旗帜下，消除分歧，为了同一个目标而努力。

当然，一个国家的运行不仅需要精神领袖，总还是需要有人掌握行政权的。日本从平安时代（795—1192）开始，权力基本上落入贵族藤原北家手里，中间内乱不断。1192 年，源赖朝建立镰仓幕府，平安时代结束。打这以后的大部分时间里，日本的大权掌握在所谓的征夷大将军手里。中国古代一度将这个大将军称为日本王，可见外界对天皇知之甚少，而误以为大将军就是日本的最高统治者。大将军在天皇的授权下建立起幕府，幕府其实相当于朝廷，而大将军的职位则有点像中国的皇帝，是世袭的，可以子子孙孙不断地传下去，直到被推翻。日本在经历了一百多年相对稳定的镰仓幕府之后，进入了战乱不断的足利幕府统治时期，在其后期的一个半世纪里，日本实际上陷入了军阀混战。日本的历史上，这段时期又被称为战国时期。在战国时期，疆域不大的日本被很多称为大名的军阀所把持，他们相当于欧洲封建时

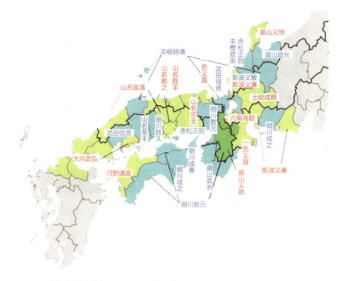

图 9.2　足利幕府的后期，面积不大的日本被分割为数十个由军阀分别控制的领地

期的国王和贵族。大名的手下有家臣和武士，这些人只听命于他们的主人，甚至连主人的主人都不听命，更不要说听命于大将军了。因此，日本在历史上有着地方自治的传统，这点很像封建时期的欧洲。

到了 16 世纪末，今关西大阪地区的丰臣秀吉依靠武力短暂地统一了日本，并在那里修建了号称无双的大阪城。丰臣秀吉的野心很大，不满足当一个日本王，而试图向朝鲜和中国扩张，于是他倾全国之力发动了侵朝战争。那时正值明万历年间，中国虽已开始走下坡路，但是经历了张居正改革和戚继光练兵后，余威尚在，很快便联合朝鲜打败了丰臣秀吉。兵败之后，以丰臣秀吉氏为首的一派损失巨大，而丰臣秀吉也一病不起，很快便在伏见城去世了。从此，日本再次陷入混战。1603 年（日本长庆 8 年）

图 9.3　樱花盛开时节的大阪城，丰臣秀吉权力的象征

德川家康趁机攫取了征夷大将军的职位，并且在远离京都和大阪的江户成立了自己的幕府。几年后（1614—1615 年间）德川家康和丰臣秀吉的儿子丰臣秀赖及其支持者在大阪城外展开了两场决战，史称大阪冬之阵和大阪夏之阵，德川家康在获胜后灭掉了丰臣家族，从此日本进入了德川幕府统治时期。

　　不过，虽然德川家康成为了日本实际上的最高统治者，并且在京都御所（相当于中国的皇宫）旁边建设了象征自己权力的二条城以方便其统治，但是，他从来就不曾有过中国皇帝那种绝对的权力。关西的军阀们对德川家康打心眼里并不服气，这一点德川家康自己也非常清楚，于是他干脆把天皇和政治中心从历史上的政治中心奈良、京都地区，迁到了自己的属地江户，这样江户便成为了日本新的政治中心。日本历史从这个时期直到明治维新之前也被称为江户时代，后来江户被明治天皇改名为东京。

　　德川家康在获得日本最高权力之后，并没有采用中央集权的制度，而是对日本大大小小的军阀采用了分封制，这有点像中国西周时武王在伐纣胜利后分封宗室子弟和功臣一样。当时年俸禄在一万石以上的军阀被称为大名，并根据和德川家康关系的远近分为三类：

- 亲藩大名，即德川家的亲戚；
- 谱代大名，关原之战之前臣服德川家的；
- 外样大名，关原之战之后才臣服德川家的。

在分封了诸多大名之后，德川家康仍不是很放心，在军事上对他们防范得很严。比如他要求这些大名们隔年要在江户住一年，而离江户较近的大名则每年要到江户一次，大名的直系亲属则被要求住在江户。这样不仅方便他看管，而且大名们除了呆在江户，剩下的时间大部分花在了路上，也就没有精力组织造反

图 9.4　大名们在京都的二条城拜见将军德川家康

了。大名的亲属实际上也就成为了人质。另外，德川家康只允许一个领主保留一座城池，即所谓一国一城，这样大名们就无法拥兵自重，一旦有藩主造反，也能及时平叛。不过除此之外，幕府将军对各地的控制力其实是相当弱的。幕府将军并不能直接任命官员管理地方行政，更无法指挥大名们的武士，因为日本和欧洲一样，奉行的是"奴仆的奴仆不是我的奴仆"这样的原则。到了明治维新前夕，靠近开放口岸长崎附近的西南强藩开始训练西式军队，而幕府对此也未加限制。

在江户时代，除了少数贵族，即后来华族的祖先们，国民被分为了士、农、工、商。不过，这里的士是武士和僧侣，而不是中国的士大夫，这一点也更像欧洲而非中国。士可以是一个集地方行政权和司法权于一身的小领主，也可以是只有社会地位但没什么财富的一般武士。和中国不同的是，日本社会没有提供给下层农、工、商向上进阶的机会，另一方面武士也不能从事那些所谓低贱的职业。这使得日本发展到后来，武士阶层因为没有经济能力而开始没落，而商人虽然富庶却社会地位低下。因此，在明治维新前就出现了很多穷困潦倒的武士入赘商人家庭的现象。在四民中位于第二等的农民，每到了荒年因为上缴的粮食并未减少，生活十分艰难。可以说，江户时代的日本，社会基础远没有中国同时期稳固。

丰臣秀吉当年对外采用闭关锁国的国策，除了允许荷兰和中国商人在长崎开展贸易，以及和朝鲜等地有少量的商业来往外，幕府拒绝和当时世界主要贸易国（如西班牙和葡萄牙）进行贸易。不过从今天在欧洲能够看到的日本那个时期的瓷器数量来估计，它和荷兰的贸易额并不低，而且不断蚕食中国瓷器的市场份额。到了明治维新之前，很多西方的文化随着与荷兰的贸易已经渗入到日本社会，日本也兴起了以荷兰语、荷兰商业文明为核心的"兰学"。另外值得一提的是，由于在日本从事农业收成低，到了江户时代的后半叶，日本农村自给自足的自然经济趋于破产，很多农民不顾将军的禁令，进城经商或者做短工，这和中国1979年改革开放之后农民大量涌入城市的情况有点相似。而在城市里，工匠和商人们的活动常常是交织在一起的，这两个阶层的界限渐渐变得模糊不清。这样就在城市里，特别是在关西地区的城市里，逐步形成了有着庞大的工商业人口，足以抗衡旧贵族的政治势力。

德川家康非常喜欢中国儒家文化，也和中国保持着良好的关系，他希望在日本社会推行中国儒家的忠义思想。我和一些日本朋友聊起中国古代的人物，发现他们大部分人都很推崇诸葛亮，多少能说出一点诸葛亮的故事，而对于孔子，很多人只知其名。为什么他们对诸葛亮那么推崇呢？据我了解有两个原因。首先，诸葛亮在日本的文化中被视为忠义的化身，他一生始终忠贞不渝地扶助刘备和那个扶不起来的阿斗，日本国民对这种行为抱有好感。第二个原因在于诸葛亮是失败的英雄，如果诸葛亮真帮助蜀汉光复中原了，反而不那么令人感动了。日本人很喜欢樱花，因为它盛开时非常美丽，但是花期特别短暂，很快便凋零了，这会让人对短暂的人生产生共鸣。诸葛亮才智出众，鞠躬尽瘁，终不能复兴汉室，最后星陨五丈原。他的一生，犹如花期短暂却格外绚烂的樱花，给人以难以言状的感动。忠义是日本人所理解的中国儒家文化的精髓，这不同于孔子所倡导的礼和仁等观点。至于孟子提出的"民贵君轻"，范仲淹所追求的"先天下之忧而忧，后天下之乐而乐"等儒家思想，日本人并不看重。

为了普及儒学，日本在整个江户时代不断地向全民普及教育。首先它以武士为对象，兴建了藩学，讲授儒学、诗文和兵法，以及经济之道[1]。对于其他阶层，则开始普及孩童的教育，比如让6—10岁的孩子上私塾，所教授的内容相当于后来的小学。在整个江户时代，日本人受教育的比例在世界上高得出奇，男性几乎没有文盲，而女子的识字率也很高。这一点不仅中国在清末无法与之相比，即便是新中国成立的初期也比不了。

过去中国主流的观点认为，明治维新前的日本和中国一样落后，一样闭关锁国，但是近年来很多学者（如梅棹忠夫）则认为，把江户时代的日本看作一个非常落后的国家是错误的。在19世纪初，日本社会充满了活力，商品经济的萌芽也已出现，政府的政策对经济发展也相对友善。

我们不妨总结一下江户时代日本社会的特点，可以看出，相比清朝，它实行地方自治，社会基础不稳固，工商业发达，国民全面受教育程度高，这和满清末年中国的社会基础完全不同。换言之，日本变革的社会条件要远比同时期的中国好很多。另外，整个日本上上下下对天皇怀着一种像对神一般的敬畏，但是对于幕府的统治者，国民并不需要有什么忠心，因为那是他们主人的主人，和他们无关。因此，幕府比中国的朝廷相对弱势。今天人

1　经济之道在中国古代是"经世济民之道"，是管理国家的思想和方法，与我们现在的"经济学"的经济不是一个概念。

们在讲述明治维新时，喜欢讲日本人在每件事的做法上和清政府有着怎样的不同，于是导致了一个成功另一个失败的结果。但是很少有人提及在 19 世纪初，日本和中国其实是两个不同的社会。当时的日本，变革的内部条件渐渐开始成熟，而中国当时并不具备这样的内部条件。当然大多数变革还需要外部条件来促成，而就在日本开始变革的前夜，一个美国人闯了进来。

第二节　黑船事件

2003 年，在日本重要的港口横须贺举行了一次特殊的纪念活动，纪念一位叫马修·佩里（Matthew C. Perry，1794—1858）的美国海军将军，因为他在 150 年前用军舰叩开了日本的国门，从此开启了日本的近代化。这种事情在很多国家看来是非常屈辱的，更不可能去纪念它。但是，日本人是一个情感很奇特的民族，对那些在客观上帮助他们进步的入侵者并没有刻骨的仇恨，反而心存感激。这不仅体现在对佩里的态度上，也体现在对后来的美国空军将军李梅 [2] 的态度上。那么佩里是如何用几条军舰叩开日本国门，这件事又是如何导致了日本变革的呢？这就要从黑船事件，或者叫黑船来航讲起了。

1853 年美国海军准将佩里受时任美国总统菲尔摩尔（Fillmore）的派遣，率领四艘蒸汽战舰 —— 密西西比号、萨斯奎哈纳号、萨

---

[2]　李梅，美国空军上将，美国战略空军的创始人，在第二次世界大战时他指挥了对日本本土的战略轰炸，包括东京大轰炸，因此日本人对他是谈虎变色，给了他"鬼畜"和"炸光光"的绰号。但是，在战后李梅积极帮助日本走向正常国家，包括帮助柔道进入奥运会和协助山本培育航空自卫队。1964 年，日本授予李梅一等旭日大绶章。

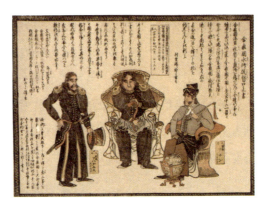

图 9.5　当时日本民众眼里的佩里（中）和他的助手

拉托加号和普利茅斯号来到横须贺港，希望达成美日通商的协议。这些战舰因船体涂有防止生锈的黑色柏油，而被日本人称为黑船。黑船的出现，给日本带来了巨大的恐慌，消息传到江户，朝野上下一片混乱。当时日本人这样记载这件事：

泰平の眠りをさます上喜撰、たった四杯で夜も寝られず。

上喜撰是日本烧茶的茶壶，估计日本人当时看到蒸汽船的感觉，就像今天我们看到外星人的飞碟差不多，他们不知道蒸汽船是何物，就称呼它为大茶壶。实际上，佩里的舰队是世界上第一支蒸汽船舰队。整句话合在一起的意思是："蒸汽船（上喜撰）唤醒太平梦，喝上四杯便再难眠。"

这其实并不是西方国家第一次找上门来试图通商，在此之前，俄国人、英国人甚至美国人的商船都来过，只不过日本幕府的统治者都想方设法搪塞过去了。这一次，幕府依然以日本只开放长崎一处通商口岸，在江户不接待外国人为由，让美国人去长崎。然而佩里远道而来，也不懂日本过去的规矩，在他看来既然日本的幕府在江户，让他舍近求远毫无道理，因此态度非常强硬，表示如果不接受他带来的国书（国书的内容其实很客气），那就只好动武了。然后佩里下令用舰队上的 73 门大炮对天鸣炮，名义上是庆祝美国的国庆日 [3]，实际上是威胁日本人。而当时日本整个东京湾地区射程稍微远一点的岸炮不过 20 门，一旦开战，日本必败无疑。

至此，日本朝野上下已被佩里的四条船完全震慑住了。德川幕府不敢拒绝美国的要求，但又不能有失体面，左右为难。当时幕府将军德川家庆病死，幕府的老中 [4] 阿部正弘临时管理政务，他知道英国在 1842 年的鸦片战争中全面战胜了中国。在他看来，泱泱中国尚且无法抗衡西洋人，更别说地小人寡的日本了。阿部正弘无计可施，只能借口这件事必须要奏明天皇的批准方可，以拖延时间。佩里这次倒也没为难日本幕府，不过离开时放了话：美国的要求得不到满足的话，第二年他将带来更强大的海军力量。

佩里率舰队离开后，阿部正弘为了不承担丧权辱国的罪名，于是想以天皇的名义缔约，破例向各大名、藩士甚至平民征求意见，这样无论是否缔结条约，他的责任都会比较轻。但是，举国上下均拿不出一个好办法，而这种征求意见的处理方式反而令幕

3　佩里到达东京湾时正值 7 月，美国的国庆日是 7 月 4 日。

4　老中是幕府的大臣名称，相当于幕府内第二把手，当幕府第一辅臣大老空缺时，他是幕府内实际行使人权的人。

府威信扫地，毕竟日本在近千年的幕府统治时期，从未向社会征求过意见，这便为后来社会各界倒幕埋下了导火线。

第二年，佩里率九艘军舰再抵江户湾。这回阿部正弘无计可施，也没法拖延，只得被迫与美国缔结《神奈川条约》，就此日本的国门被打开了。

客观地讲，黑船事件其实并没有给日本经济带来什么负面的影响，这一点和中国的两次鸦片战争颇有不同。在黑船事件发生之前，日本城市里已出现资本主义萌芽，工商业者的势力日增，而农村的自然经济已遭受很大的冲击，黑船事件只是加速了这一过程而已。而在中国，自给自足的小农经济在两次鸦片战争之前还相当完整，到太平天国运动之后，才逐渐破产。

相比中国遭受的两次鸦片战争，黑船事件只能算是一个非常小的事件，对日本社会的冲击却远比两次鸦片战争给中国带来的影响大得多。中国在两次鸦片战争后依然沉睡不醒，没有人从改良政治体制上为中国寻找出路。在日本则不同，佩里的大炮虽未伤及任何一个日本人，却把日本从上到下的很多人都给唤醒了。

如前所述，在黑船事件之前，日本的城市里已聚集了大量的商人和手工业者，形成了市民社会，当时市民们处于一种亢奋的状态，要求变革的呼声日高。那时幕府的统治其实已经进入了一个风雨飘摇的时期，只是依靠过去的权威和惯性在维持着。现在，一石激起千层浪，黑船事件不仅让日本人看到了国家的落后和列强的威胁，也让幕府的无能和内部矛盾暴露无遗。幕府过去一直是独断专行，这次却就如何回答美国人的要求开始向全社会征求意见。这不仅让它在上至大名下至民间都威风扫地，而且这个先例一开，日本各界对参政的要求便与日俱增。更要命的是，幕府内部从此分裂成两派——开国派和攘夷派。开国派顾名思义，主张接受西方文明，开放市场和西方人做生意，在对待和西方的冲突上，他们主张退让，这批人有点像中国后来的洋务派。攘夷派从字面的意思来讲，就是排斥外国人，相比开国派，他们主张对外强硬，其中一部分人主张闭关自守。需要指出的是，攘夷派虽然在国家利益上对西方比较排斥，但是他们并不像中国清末倭仁、徐桐等保守派那样排斥西方的文化和政治制度，他们的主张更有点像魏源等人倡导的"师夷以制夷"。另外，无论开国派还是攘夷派，他们的宗旨都是要强国，都没有打算去给西方人做买办，只是他们选择的道路不同而已，但是两派的争斗却使得幕府的政权变得更加不稳固了。

幕府在黑船事件后，做了一次挽救危局的努力。1855 年，幕府中比较开明的阿部正弘主导了史称"安政[5]改革"的改良，主张开关和外国做贸易，并且任用了一些开国派的大臣，希望日本能因此度过政治和经济上的危机。但是由于攘夷派的反对，安政改革并没有成功，性格软弱的阿部正弘干脆辞职，而且很快便英年早逝了。安政改革的失败和阿部正弘的下台，让幕府失去了一次通过改良来维持统治的机会。阿部正弘的死因至今还是一个谜，其中一种说法是被刺杀。如果要将中国的戊戌变法与日本近代的某件事做一个对比，其实与明治维新对比不是很恰当，相比之下戊戌变法更像这次失败的安政改革。

5　安政是当时日本天皇年号。

阿部正弘生前向全社会征求对黑船事件的处理建议，除了想找到一个两全之策外，还希望借此凝聚日本全国各界的人心。虽然他的第一个目的没有达到，而且让幕府威风扫地，但是他的第二个目的却达到了，日本全国奋发图强的行动在黑船事件之后很快就开始了。

在黑船事件后，尽管幕府里的守旧势力还很强，但是很多地位相对低却有能力的（大名的）家臣，得以晋升为幕臣，其中很多人都是受西方思想影响的兰学者。在这些新进幕臣的推动下，幕府也开始研究西洋科学，并且成立了相应的机构，比如在江户的番书调所、讲武所，在长崎的海军传习所，等等。在海军传习所，有从荷兰来的军舰和教员，而前去学习的不仅有幕府的人，还有各藩藩士，这也为日本后来的海军发展奠定了基础。（中国在两次鸦片战争之后，并未创办这样的学校。）

受到幕府这种行为的鼓励，日本商业较发达、和外国接触相对多的西南各藩，也开始学习西方改革内政了，各地开始建立钢铁厂、武器制造厂，甚至模仿西方的军队建制训练新军。（相比之下，中国训练新军是在甲午战争失败后。）很快，寻求自强的风尚也传到了民间，很多有志之士开始办学，开启民智，日后成为日本明治维新期间最重要的首相的伊藤博文，就是在这种新学中接受的教育。在日本的西南各强藩中，还出现了一大批少壮派的志士，其中包括很多武士，他们一方面和幕府的攘夷派一样，立志于驱除外国人的势力，另一方面他们把日本问题的症结归罪于幕府的无能。这些人认为日本要自强，就要推翻幕府。当然，这需要打出一个旗号，于是他们就以拥戴天皇的名义来反对幕府，这些人用上了两千多年前中国杰出政治家管仲的一个口号——尊皇攘夷，因此他们也就被称为了尊攘派。后来在明治维新中起到了关键作用的大久保利通和西乡隆盛，就是这一派的代表人物。地方上尊攘派和幕府的攘夷派都反对开国派，认为后者太软弱，但是他们之间其实主张也各不相同，不过这些矛盾要到很晚才会凸显。

为了更清晰地展示当时日本政治派别的主张及其区别，我将它们一一列在表 9.1 中，从中可以看出，各派在日本自强这一点上并没有冲突。

表 9.1 黑船事件后，日本政治各派的主张和区别

派别	对外国的态度	对日本前途的考虑	对幕府的态度	对天皇的态度
开国派	合作	自强	维护	架空
攘夷派	排斥	自强	维护	架空
尊攘派	排斥	自强	反对	扶持

随着各藩和民间要求自强的风潮越演越烈，幕府被迫不断让步，释放手中的权力，因此日本那个时期已经和中国晚清的中央集权完全不同了。当时在日本，不仅地方强藩的实权在增加，而且各种学说兴起，这有点像中国的五四时期。不过总体上日本该往什么地方走，当时上上下下并没有明确的主张，一些有志的年轻人则在探索救国的道路，他们首先希望出洋看世界，学习西方的文明以拯救日本。

1854 年，一位名叫吉田松阴的年轻人趁佩里第二次来日本，

悄悄爬上了佩里的舰船，想让佩里带他去美国，看看西方国家到底为什么能够发达。佩里虽然不得不将他送回到岸上，但是对他这种求学精神非常感动，并且在日记里记下了这件事。后来吉田松阴在日本致力于办学，并且培养出了伊藤博文等人。也就是在这一年，另一位年轻人福泽谕吉动身前往当时唯一一个对外通商的口岸——长崎，前去学习兰学。在当时的日本，兰学字面的意思指荷兰人的学术，实际上是当时西洋技术的代名词。受到佩里黑船上大炮的刺激，日本国内对火炮技术的需求高涨，福泽谕吉为了学习火炮技术，报效国家，就去了长崎跟着荷兰翻译学习荷兰语。

吉田松阴和福泽谕吉的行为在当时的日本极具代表性。相比之下，在第二次鸦片战争之后，中国的清政府在曾国藩等人支持下，派出容闳四处寻找幼童留洋，但是除了岭南地区，其他地区的官宦人家甚至是耕读人家的子弟对此均毫无兴趣，仍一门心思考科举做官。

综上可见，黑船事件之后，已经出现资本主义萌芽的日本社会全面地被唤醒了。在日本的乡村，图书馆开始普及。举国上下对那些西洋玩意，诸如蒸汽机关（即蒸汽机）、蒸汽船、蒸汽车、传信机（即电报机）和瓦斯灯，并没有抵触，而是产生了浓厚的兴趣，学习西方先进的科学技术成为了社会风潮。此时的日本，只缺一个新的体制，而对这个问题考虑得最为深刻的，正是福泽谕吉。

第三节　福泽谕吉

日本的 NHK 电视台在 2005 年制作的五集电视纪录片《明治维新》中总结这次维新成功的原因时，认为最重要的是"教育的重视、文化的独立、人才的活用"这三条。其中第一条就是对教育的重视，而这里所说的教育不仅仅是文化或科学的教育，更重要的是开启民智，改变国民的思维方式和行为方式。这有点像法国的启蒙运动，而带领日本完成这一使命的，是一批文化精英，其中最重要的人物便是福泽谕吉，也就是 10000 日元纸币上的那个人。我们可以透过福泽谕吉的思想和经历，看到那批日本启蒙思想家对明治维新的贡献。

福泽谕吉出身于一个下等武士的家庭，他的父亲地位低下，但很有学识，他的名字"谕吉"二字就是因为他的父亲得到了一份乾隆皇帝的《上谕条例》而给他取的。不过，当时的日本社会并无上升通道，他的父亲最终郁郁而终，那时福泽谕吉还不到两岁。因此，谕吉从年轻时就反对封建的门阀制度，后来他曾经讲，"门阀等级制度是父亲的敌人"。

福泽谕吉并没有什么家庭背景和特别的机遇，他和美国的富兰克林有些相似，就是起于贫困，最后靠自己长期的努力成就了一番事业。

福泽谕吉少年时以学习中国文化和儒学为主，1854 年黑船事件之后，他前往日本最早的开放口岸长崎学习兰学。整个求学过程并不顺利，先是因为伤寒病休，后来又因为兄长去世而不得不担负起养家糊口的重任，但他还是在变卖了家产后继续学业，当然除了母亲以外，他的所有亲戚都反对他的这种做法。福泽谕吉在大阪用半工半读的形式前后上了四年学，除了学习语言和工程学，他还学习了物理化学和医学，只是因为他晕血而做不了医生，遂不得不放弃对医学的研习。

1858 年，福泽谕吉在江户一家小规模的兰学塾，即一所教授西方学术的学校里获得了一份讲师的工作，他与朋友结伴前往江户，在那里教授兰学，这个小规模的兰学塾就是今天日本著名的庆应大学的前身。在来到江户以前，福泽谕吉还把江户看作是尚未开化的文明落后地区，因为日本当时的商业中心在关西地区，而最早的开放口岸长崎也离那里较近，离江户很远。但是，当他来到江户地区，特别是邻近江户的横滨时，福泽谕吉被迅速涌入日本的西方文明震撼了。在横滨居住着很多外国人，那里很多人都在说英语，路上的招牌也是用英语写的。自认为非常精通荷兰语的福泽谕吉发现自己连招牌都看不懂，于是痛下决心，开始自学英语。

这一年冬天，日本要将批准后的《日美修好通商条约》文本送往美国，美国派出了 2400 吨位的蒸汽战舰鲍汉顿号（Powhatan）运送日本使团赴美国，日本则派出刚从荷兰购买的咸临丸作为备用舰同行。福泽谕吉为了出国看世界，申请作为咸临丸的船员随行。

那一次远洋对福泽谕吉的触动非常大，这倒不是因为他感受到了日本与西方文明的差距，而是看到了世界之大。首先，刚一出海，生活在岛国的很多日本船员和随行人员才体会到了什么叫深海远洋。当时远洋蒸汽船还是新鲜玩意，福泽谕吉登上由日本人自己操控的蒸汽战舰颇为自豪，但是很快船长胜海舟就因为承受不住太平洋深海巨大的波涛而无法胜任该船的指挥，这条船则交给美国人布鲁克（John Brooke）掌舵。舰队的第一站是夏威夷，当时那里还不是美国的一个州，只是海外没怎么开发的一个地区，但是夏威夷却已展现出一种和日本生活完全不同的景象了。等到了美国本土，当时并不算发达的旧金山，在福泽谕吉眼中已经是一个光怪陆离的世界了。为了留作纪念，福泽谕吉还专门找了个美国女孩合影照相。虽然在旧金山待了一个月，但是福泽谕吉工作繁忙，其实只是看到了西方世界的表面繁荣，还没有机会深入了解西方社会的运行机制和深潜于底层的文化。虽然他掌握的情况其实也很有限，但是对于西方和日本差异的直观体验和对西方社会的切身感受，让他成为了当时日本为数不多的有一点外交经验的人士，福泽谕吉也对西方文明心生向往。

　　第二年，即1861年年底，福泽谕吉作为翻译，随竹内保德前往欧洲与各国交涉通商事宜。这番欧洲之旅，对福泽谕吉思想体系的形成意义重大。出访之前，福泽谕吉学习了多年兰学以及西方的科学和政治制度，并且在外交部（当时叫外国方）工作了一年多。但是到了欧洲以后，他看到了很多书本里没有讲到或者没有讲清楚的新鲜事物，比如医院、银行、邮政、政党、议会，等等。对他来讲，这一切没有一样不是新奇的。他悉心观察并仔细研究所见所闻的一切，和上一次在美国只是看到表面繁荣的西洋景情况不同，在欧洲，福泽谕吉花了一年时间留意欧洲各国社会组织的内部细节，并对此做了详细的笔记。那一次，日本的幕府使团在外交上可以说毫无收获，而真正对后来日本历史乃至世界历史产生了影响的，倒是偶然随行的福泽谕吉及其的观察、体验和思考。

福泽谕吉在考察欧洲后，认为国家的文明和体制有着莫大的关系。回国后，他根据自己的笔记，参考大量西方著作，开始编写他的巨著《西洋事情》，从1866年到1870年一共出了10卷。《西洋事情》的出版，标志着福泽谕吉思想体系的形成。这套书不仅讲了西洋的新鲜事，让日本朝野上下对先进文明国家有了初步的了解和认识，而且深刻地剖析了西方国家的政治制度和社会，在日本开启了民智。而忧国忧民之士则视之为维新教科书。明治维新过后，这套书依然继续深刻地影响着新政府的政策。

不过，即使在两次访问美欧之后，福泽谕吉也并没有产生要推翻幕府和封建制度的想法，事实上他一直在为幕府做事，而且试图通过比较温和的改良来改造日本。但是在写作《西洋事情》中间的第二次访美，让福泽谕吉的想法从改良幕府转变为彻底的维新。1867年，二次访美的福泽谕吉到了美国东部政治和经济的中心，有机会了解美国民主制度的精髓，从此，平等自由的思想便根深蒂固地植入到他的头脑中。福泽谕吉认为，日本之所以落后，除了政策失误，其根本原因在于门阀制度，也就是说在这个社会里大家得不到公平的机会，那些无能的世家子弟总能身居要职，而平民中的才俊却屡被埋没。此后，福泽谕吉经常讲这样一件事，在日本无人不知德川家康的后代，但是在美国没有人关心华盛顿的后代，以此说明美国人并不关心出身门第。不过，华盛顿其实并没有留下直系的子嗣，他只有几个继子和侄子。后世的一些历史学家以此指摘福泽谕吉对美国并不了解，闹了笑话，但

图 9.6 庆应大学主楼上，刻有拉丁语的"天在人之上不造人，天在人之下不造人"的校训

其实福泽谕吉举的这个例子本身并不重要，重要的是他想表达的反对门阀制度的思想，在当时的日本有着非常积极的意义。

福泽谕吉一生呼吁人人平等，他讲过的在后世流传最广的话是"天在人之上不造人，天在人之下不造人"，意思是说，世界上既没有高人一等的人，也没有比谁低贱的人。这句话原本是他的系列著作《劝学篇》中开篇的名句，今天成为了庆应大学的校训。《劝学篇》并非像荀子和韩愈那样劝年轻人读书，而是日本版的《社会契约论》，全书都是在宣扬欧洲启蒙运动时的平等与自由的理想。福泽谕吉还在书中强调，没有个人的自由，就不会有国家的自由。

《劝学篇》对日本的影响可能超过了《社会契约论》对法国的影响。在日本明治维新时期，日本几乎每一个识字的人都读过《劝学篇》，而在法国，很多人虽然自称为"让·雅克[6]"的学生，其实并没有读过卢梭的书。日本后来的明治维新能够比较顺利地

6　卢梭的名字。

获得成功，与福泽谕吉为开启民智所做的长期努力不无关系。除了写书，福泽谕吉还兴办学校，普及教育，传播西方先进的思想和技术。明治维新后日本政府在很大程度上接受了福泽谕吉的教育思想，这体现在全国强制实行初等教育，开设自然科学的教育以及在高等教育中加强科学和工程的教育，这使得日本的科技水平不仅远远超过中国，而且到第二次世界大战之前在一些领域已经世界领先了。

福泽谕吉一生写了很多书，从经济到教育，从政治到军事，都有自己的主张，而他对日本影响最大的政治主张莫过于"脱亚论"。

福泽谕吉终其一生致力于弘扬西方文明，并且试图用西方价值观来改造日本。1885 年他在《时事新报》发表了一篇很短的文章《脱亚论》。在这篇短文中，福泽谕吉认为东方文明已经落后，提倡日本应该放弃中国的文化和儒家思想，转而学习西方的文明。福泽谕吉进而呼吁与东亚邻国绝交，以免西方列强把日本和邻国看成是同样的不开化民族。因此，《脱亚论》又被认为是日本思想界和亚洲的绝交书。在《脱亚论》里，福泽谕吉甚至认为日本已经将旧的茅草房改建成石房，但中国仍然是茅草房。按照福泽谕吉的想法，日本应该帮助中国把茅草屋也改建成石房，否则中国着了火，也会殃及到日本。这在日后成为了日本入侵朝鲜和中国的理论依据。很多学者由此批评福泽谕吉是一位种族歧视主义者和社会达尔文主义者，这当然不无道理；不过如果一定要像有些人那样认为"福泽谕吉是日本军国主义的鼻祖"，未免过于牵强。事实上，日本民族对外的侵略性古已有之，而且在明治维新后的一系列侵略行为，最需要负责任的是三任天皇。

另外，在学术界还有一种说法，就是脱亚论的很多主张其实并不是福泽谕吉本人的思想，而是编纂《福泽全集》的石河干明自己加进去的。在此，我们就暂不深究福泽谕吉哪句话说过，哪句没说过等细节问题，而需要特别注意的是福泽谕吉提出的"整体思想欧美的文明要高于亚洲的文明"的观点，这在他的《文明论概略》一书中讲得明明白白。至于脱亚入欧这个词，倒并不是福泽谕吉的发明，而是在他死后人们根据他的理论概括出来的，在日本还有脱亚入米（入美）一词，含义大同小异。福泽谕吉对日本影响最大的是他的思想，而不是一两种说法或者专有名词。

福泽谕吉一生都致力于宣传西方的政治制度、价值观和文明的各个方面，他活到了 1901 年，有幸看到了日本的崛起。福泽谕吉死后，被日本人看成是国家迈向近代化的启蒙者。

在明治维新前后，日本有很多像福泽谕吉这样思想进步的精英人士，他们或者他们的弟子在明治维新的过程中脱颖而出。由于在日本过去的社会结构中，并没有一个强大的文官政治集团，他们上层的"士"是武士而不是中国的士大夫，因此在明治维新后一旦开始实施文官治国，这些精英们就很快占据了日本政坛的各个重要位置，令日本快速完成了脱亚入欧这个原本应该是非常艰难的过程。反观中国则不同，上千年来所形成的强大的文官集团所拥有的势力，使得哪怕微小的变革都变得举步维艰。

第四节　维新的过程

在传统叙事体系下，无论是英国资产阶级革命、法国大革命，还是中国的戊戌变法或者辛亥革命，都会有一个改革或者革命派，以及一个代表旧势力的反对派。比如，在英国资产阶级革命中，对立的双方是以克伦威尔以及后来国会所代表的资产阶级，和代表封建势力的斯图亚特王朝；在法国大革命中，是第三等级和波旁王朝；在中国则是革新派或者后来的革命党，和代表封建统治的清王朝。我们的教科书在介绍明治维新时，也套用了上述套路。教科书对明治维新的描述大抵是这样的：

首先在日本被西方敲开国门之后，德川幕府是守旧腐朽而无能的，但却在拼命维护它的权力；在它的对立面，明治天皇在底层武士、城市商人等力量的支持下，通过类似变法的一系列举措，夺回权力，并向西方学习，让日本从一个守旧的封建国家，变成了新兴的资本主义国家，从此跨入列强的行列。其中的关键性人物西乡隆盛和大久保利通等人，就等效于美国的华盛顿或者英国的克伦威尔，他们自然应该是主张对外开放的新派领袖，而站在他们对立面的幕府自然是闭关自守的反面角色。

遗憾的是，真实的明治维新完全不是这么回事。如果不是因为后来接触到很多日本同事并且多次到日本考察，很难想象我们过去讲述的明治维新和真实情况竟然大相径庭。最让我震惊的是，在明治维新中，其实并没有反对派，这和其他国家或成功或失败的资产阶级革命（或者改良）完全不同。可以说，正因为社会共识高度一致，所以明治维新的成功几乎是历史的必然。

当然一些读者会问，这怎么可能？一场维新居然没有人反对？西乡隆盛和照月和尚这些维新义士不是被反动势力追杀么？幕府的军队和倒幕的军队不是明明发生了战争吗？其实这些都是表象，明治维新的争议和冲突在于"由谁来领导维新"以及"如何维新"，而不是要不要维新。之所以教科书上将明治维新写成两条路线的斗争，主要有两个原因。首先，这种看法陷入了夸大历史普遍性的误区，是套用了世界各国维新套路后得到的结果。第二个原因则是由于梁启超先生的误导。梁启超先生可算作清末民初的中国第一健笔，作为戊戌变法当事人并且和日本维新派有着非常密切来往的梁先生，在社会上有着很大的影响力。他充满激情的表达，在很大程度上左右了人们对戊戌变法和明治维新的看法。然而，尽管梁启超的文章充满了感染力，但是现在看来，他的一些文章，其政治目的超过了史学价值，其中也包括他那篇被选入中学课本的《谭嗣同传》一文。

明治维新的过程和实质，大久保利通、西乡隆盛等重要人物的作用，和中国历史书上讲的出入非常大。了解了明治维新真实的过程，就能理解它为什么能成功。接下来我们不妨来看看明治维新真实的过程。

要讲清楚明治维新的过程，先要搞清楚在这个历史事件中主要人物的派别、主张和事迹。我们把他们列在下面这张表中，从表 9.2 中可以看出，日本当时并不存在什么反动的或反对变革的势力。

表 9.2　明治维新中主要历史人物的作用

姓名	职务	政治主张	事迹
阿部正弘	幕府首席老中	开国派	改革幕府
井伊直弼	幕府大老	开国派	镇压反幕府人士，史称"安政大狱"
德川齐昭	德川家族成员、幕府官僚	攘夷派	被井伊直弼罢黜后勒令终生不仕
堀田正睦	幕府首席老中	开国派	曾就西方人要求征求天皇意见，导致幕府名誉扫地
海盛舟	幕府最后一任陆军总裁	开国派	同西乡隆盛议和，使江户和平开城。后又在明治政府中任海军卿（部长）
孝明天皇	支持幕府	公武一体	暴病身亡，一说是倒幕派所为
德川庆喜	德川氏大名一桥家的家主，末代幕府将军	尊攘派	被井伊直弼罢黜，后来在强藩的支持下成为末代幕府将军
西乡隆盛	萨摩藩掌握军权者	尊攘派	先和尊攘派的长洲军作战，后作为讨幕军统帅率军进入江户
大久保利通	日本第一任首相	尊攘派	发动王政复古政变，宣告废除幕府，开创日本全面向西方学习的时代
吉田松荫	早期介绍西方思想的教育家		伊藤博文等人的老师
伊藤博文	日本第二任首相	尊攘派	在明治期间完成了对日本的改造
萨摩岛津氏、长洲毛利氏、土佐山内氏、肥前锅岛氏	西南四强藩	公武一体尊攘派	在倒幕中提供了军事上的支持，后来在天皇削藩时反叛被镇压

　　需要指出的是，德川幕府的几任末代将军虽然不是什么思想超越时代的领袖，但作为政府的首脑，他们都算是称职的明白人，知道这个国家该如何走——这其实和外界宣传的大不相同。

幕府将军们给人们的印象比较保守，但正因为他们处在领导地位，需要对国家负责任，所以面对强大的西方势力他们知道必须小心应付，对外不能硬抗，对内需要进行温和的改革。如果一定要把他们的做法对应到当时清代的一些官员身上，他们中的大部分人倒像是恭亲王、曾国藩、李鸿章和左宗棠这一类的洋务派。不过历朝历代这种谨小慎微的做法总是容易让人们觉得政府对外软弱，至少当时日本的民众对幕府普遍感到失望。

在地方上，提出"尊皇攘夷"的其实有两类人，首先是以大久保利通、西乡隆盛等人为首的所谓志士，他们原本都是各地大名的家臣或者宾客，这些人在早期有点像今天的愤青，成长为成熟的政治家则是后来的事情；另一类则是各地对幕府不满意的大名，而影响力最大的则是西南地区四强藩，即位于今天本州岛最西边的长州藩、位于九州鹿儿岛附近的萨摩藩、位于今天九州岛佐贺县的肥前藩，以及位于四国岛的土佐藩。这些藩主其实各自的政治主张并不相同，比如有的是支持天皇和将军联合（也称为"公武合体"）共渡难关，有的希望自己取代幕府当将军，而且他们的主张前后变化也很大，比如萨摩藩就一直徘徊于公武合体和倒幕之间。另外，藩主们及其属下的那些志士们的想法也不一样，比如萨摩藩的藩主岛津氏希望维持地方政权的自治，而他的家臣大久保利通则要强制推行中央集权。因此，在明治维新开始之前，日本各派政治力量的想法是相当复杂的，大家在日本政坛这个大舞台上先后登场，各显身手。不过，四强藩的藩主们在三点上的想法是统一的：首先，他们都先后看到了西方在技术和制度上的先进性，愿意接受西方文明；

其次，他们都想在变革中扩大自己的势力范围和权力；最后，他们为了达到自己的政治目的（无论是支持将军也好，倒幕也好），都不惜动用武力。

日本在安政改革失败后，幕府内开国派和攘夷派的冲突就公开化了，并发生了清算攘夷派的"安政大狱"事件。事件的起因是将军继承人之争。当时的将军德川家定过世后没有留下子嗣，这样就要从德川家定的近亲中寻找继承人。攘夷派的首领德川齐昭联合了四强藩的首领岛津、山内等家族，拥立攘夷派的德川庆喜为继任将军。而当时主持幕府的井伊直弼则希望拥立年仅 13 岁的德川庆福（后改名为家茂）为将军，理由是德川庆福的血缘更近，当然实际上很可能是因为庆福年纪轻好控制以便自己掌权。这件事讲得直白点，就相当于攘夷派的"诸侯"和开国派的"宰相"都想立自己的人。

井伊直弼按照历代幕府做事的方式，先跑去争得天皇的首肯（天皇的诏书称为"敕命"），要拿回一个任命德川庆福为将军的"敕命"，这样他立德川庆福为将军在法理上就站得住脚了。在过去这不过是一个客套的流程，因为天皇也不能违背将军的意愿。不过这一次不同，当时的孝明天皇虽无实权，却还有想法，他看不惯幕府对外软弱，这次居然没有爽快地给出敕命。与此同时，德川齐昭也派人跑到天皇那里要一份斥责幕府的敕命，而天皇居然就给了。

有了天皇的敕命，各地志士浩浩荡荡来到江户城请命，内战一触即发。这时井伊直弼的想法是国家不能乱，于是决定先下手为强，他利用掌握中枢大权之便，严惩这批尊攘派。在幕府里，为首的支持尊攘派的是尊融亲王，他被勒令"永年蛰居"，就是终身软禁，幕府中这一派的其他人士也被罢了官。在大名方面，德川齐昭也被处以永年蛰居，攘夷派和尊攘派共同拥戴的德川庆喜也被勒令隐居，其他的大名也受到不同程度的处分。

如果说对幕府人士和大名，井伊直弼等人出于政治需要还给他们留了一些体面，那么对那些地位更低的志士，则是痛下杀手。当时志士们的精神领袖吉田松阴被处斩，很多被通缉的志士则东躲西藏，这就是安政大狱事件的大致过程。值得一提的是，当时志士的首领西乡隆盛和京都清水寺的住持月照和尚被逼相约跳海自杀。最终，月照和尚葬身海底，所幸西乡隆盛被人救了上来。梁启超在《谭嗣同传》中讲到"月照西乡"的故事，就是指这件事。

从安政大狱事件的过程中可以看出，这并非所谓的顽固派对开明派的镇压，冲突的双方都不应该算是顽固派，相比而言，以井伊直弼为代表的幕府当权派主张开国，更加开明一些，因此这件事与梁启超讲的其实不一样。安政大狱实际上是中央政权内部之争以及中央政权和地方豪强实力的一次对决，它在本质上讲，争的是谁来领导日本，而不涉及怎样领导日本。争斗的双方都想要权力，但是在奋发图强这一点上两者并没有什么分歧。

安政大狱并没有让幕府消除来自地方势力的威胁，反而遭到了志士们的报复。在安政大狱之后，很多志士并没有随家主回到领地，而是在江户潜伏了下来。1860 年，几十名志士在一个大雪纷飞的清晨，于江户城的樱田门外刺杀了幕府大佬井伊直弼，史称樱田门外之变。这件事后来被拍成了电影《樱田门外之变》，在电影中，井伊直弼是一个非常可敬的人，他一心为公，面对可能的生命危险，视死如归。我问过很多日本人对德川幕府的看法，他们对其都没有恶感，这和很多中国人憎恶清朝末年腐败无能的王朝截然不同。

井伊直弼被刺事件对于日本后来的政局以及明治维新产生了非常深刻的影响。

首先，幕府力量从此迅速走了下坡路，不得不向强藩们低头，并解除了对德川庆笃和德川庆喜等人的处分。当然，在幕府作出让步的同时，各地强藩也转而向幕府靠拢，而不是痛打落水狗趁机颠覆幕府。这说明幕府和地方势力在日本自强这件事情上并无太多分歧，既然幕府愿意共享权力，强藩们在得到权力之后也愿意与幕府和平相处，而不是争得两败俱伤，这是当时日本政局的第一个变化。在井伊直弼之后掌握幕府政权的老中安藤信正改变了大佬井伊直弼的高压政策，一方面与强藩言和，另一方面提出由幕府将军德川家茂迎娶孝明天皇的妹妹，达到天皇（公家）和幕府（武家）联起手来的目的。这一举措被称为"公武合体"，得到尊攘派各藩藩主和幕府重臣们的一致赞同。这是日本政治格局的第二个变化。从此上层大部分藩主开始奉行尊皇佐幕的政策。渐渐地，就连当初倒幕最积极的西南强藩水户藩也站到了幕府一边，成为尊皇佐幕的中流砥柱。当时长州藩和萨摩藩在很大程度上已经被倒幕义士们所控制，在水户藩倒向幕府后，这两个强藩就成为尊皇攘夷的中流砥柱。1862 年，萨摩藩的藩主岛津久光带了藩兵前往江户，逼迫幕府放宽参觐交待制度，并宣布攘夷。幕府当时在岛津的胁迫下只得答应其要求。在幕府屈服之

文明之光
精华本

428

后，萨摩藩便开始主张维持公武合体的格局，也就没有什么倒幕的意愿了。

搁在一百年前，当幕府、天皇和藩主们达到一种妥协时，日本的政局会趋于平稳，这样就可能没有所谓的明治维新了，而日本或许能够比较平稳地渐渐走向开放国门君主立宪之路，毕竟到了那个时候，融入西方主流社会是日本各方政治力量认可的一个主旋律。然而当藩主们和幕府达成妥协时，这也意味着他们将和麾下的志士们分道扬镳。已在各藩内崛起的志士和中下级武士并不满足于帮助幕府和藩主们维持一种稳定的政治格局，他们中的一些人认为，日本自强必须推翻幕府统治（倒幕），而更多的人则是希望通过倒幕建立新政权来改善自己日益窘迫的经济状况。我们在前面讲过，在江户时代的后期，大量武士沦为赤贫，促使他们要起来颠覆现有的社会秩序。

当藩主们和幕府开始妥协时，各地的大批尊攘派志士便选择脱离藩主，继续革命，这样一来，下层和上层的尊攘派就此分裂为两个阵营。在刺杀了井伊直弼之后，大批志士没有回到各藩，而是选择潜伏在京都和江户城中，直接暗杀看不惯的幕府官员。一时间，京都和江户血雨腥风，就连一些主张开国的思想家也被杀了。但是，倒幕的志士们并没有像义和团那样拒绝西方文明，而是最终从愤青变成了理性的革命者，这在很大程度上是因为一场冲突让他们觉醒了。

就在岛津久光在江户胁迫幕府答应了他的条件以后，在他回藩途中途经横滨附近的生麦村时，他的队伍和四名英国人发生了冲突，他的护卫拔刀当场砍死一人，砍伤两人。这件事史称生麦事件。当时，英国人要求岛津方面交出元凶并支付高额赔偿，遭到岛津的拒绝，于是双方在第二年（1863 年）的三月在鹿儿岛交战。担任萨摩藩军指挥的就是志士大久保利通，他本以为经过学习西方先进科技，并多年苦心经营了沿岸炮台，可以抵挡住英军的进攻。孰料激战过后，伤亡惨重，鹿儿岛也被打成了一片废墟，萨摩藩最后不得不向英国支付高额赔偿。这场"萨英战争"极大地刺激了大久保利通等萨摩志士，他们原本狂热的头脑逐渐冷静了下来。像大久保利通和伊藤博文等有识之士在这个时期从此明白了为什么幕府要和外国谈判、开国，以及进行对外贸易。此后他们的观点从攘夷变成了师夷制夷，并且后来他们也成为明治维新时期日本新国体的设计师。萨英战争也让西方国家了解了西南强藩的军事实力，后来帮助它们主导日本政坛。

但是，大部分志士并没有像大久保利通那样吃了苦头，长了见识，他们依然坚持攘夷。萨英战争爆发时正值幕府新的将军德川家茂上任不久，这位政治经验不足的将军当时做了一件非常糊涂的事情，即在攘夷派和各地志士的支持下，下诏于 5 月 10 日把外国人全部赶出日本，恢复幕府旧有的锁国体制，这有点像 1900 年慈禧太后向十一国宣战。该诏书一下，幕府权威陡然提高（慈禧太后向十一国宣战后，清廷在中国百姓心目中的地位也提高了），各地尊攘志士无不欢欣鼓舞。首先动手攘夷的是长州藩，长州军利用海岸炮台封锁了关门海峡，然后向当地的美、法、荷兰等国的军舰和商船开炮。美国和法国的舰队随即发动反击，长州军惨败。

在吃了与西方列强正面冲突的苦头后，西南诸强藩的志士总算是都明白了幕府开国派的苦心，但是他们和他们的领主们同时明白了，如果幕府的改革能够成功，那么日后维新的胜利则属于幕府，而不属于他们了。因此他们实际上是在和幕府赛跑，要在幕府完成改革之前完成倒幕。当然，他们倒幕必须要有一个好的理由，这个理由就是拥戴天皇——这个平时不大有用的角色现在派上了大用场。长州藩的志士们于是将尊皇攘夷的口号就变成了尊皇倒幕，并付诸行动。

为了对抗长州藩的挑战，当时在天皇和幕府周围的佐幕势力当然也不傻，他们联合了萨摩、会津两个主张公武合体的强藩，控制了天皇，并剥夺了数名尊攘派公卿的职务。尊攘派的一些大臣只好逃到了长州藩。这时，尊攘最积极的两个强藩萨摩藩和长州藩也暂时开始分道扬镳了。1864 年，长州藩和以萨摩藩为首的佐幕联军在大阪、京都附近爆发了激战，长州藩遭到惨败。也就是说到目前为止，倒幕的几次努力均以失败告终。

表 9.3　西南四强藩藩主和著名人物

藩名	藩主家族	著名人物
长州藩	毛利	吉田松阴、木户孝允、伊藤博文
萨摩藩	岛津	西乡隆盛、大久保利通、东乡平八郎
肥前藩（又称佐贺藩）	锅岛	副岛种臣、江藤新平
土佐藩	山内	坂本龙马

那么日本究竟是如何倒幕成功的呢？这在很大程度上是靠一

位叫做坂本龙马的低级武士说服了萨摩藩实际掌权的西乡隆盛，让西南强藩中最大的长州藩和萨摩藩能够携起手来，共同完成倒幕大业。

坂本龙马主张倒幕，但反对采用武力，只主张施压。为了能做到这一点，坂本龙马知道如果萨摩藩和长州藩能携起手来给幕府施压，就有足够强的力量迫使幕府退出历史舞台。但是要想说服萨摩藩并非易事，因为萨摩藩虽然是尊攘派的重要基地，但公武合体的色彩更为浓厚，或者说它支持天皇，却并不想推翻幕府，而且萨摩藩此前还协助幕府与倒幕的长州军作战。萨摩藩的想法是，支持天皇，和幕府达成公武合体的目的，然后利用自己的领地靠京都比较近的优势，最终控制天皇所在地京都的实权。但是幕府这时又做了件蠢事，将萨摩藩推向了倒幕的阵营。

原来，根据藩属和幕府事先的协议，在各藩属帮助幕府打败倒幕者之后，幕府要召开藩属会议，以讨论它们参政的问题。不过在打败长州军以后，幕府急于恢复幕权，对承诺召开的藩属会议不认账了。在这种情况下，西乡隆盛、大久保利通等人的思想开始倾向于武力倒幕。于是，他们在坂本龙马的说服下加入了倒幕阵营。坂本龙马后来在船上完成了"船中八策"，设计了君主立宪的整体机制，这成为日后日本宪法的重要组成部分，但是不久他便遇刺身亡，没有看到明治维新的成功。

1866年，幕府决定对已经成为割据势力的长州藩再次进攻，但是这一次由于萨摩藩已经和长州藩联合，而幕府并不知情，加上西南强藩的军队采用了洋枪洋炮，而幕府的军队还在大量使用弓箭长刀[7]，尽管幕府拼凑出的军队人数有对方四倍之多，但是由于武器上的差距，战争很快变成了对幕府军的屠杀。作为倒幕军总指挥的西乡隆盛指挥出色，在整个倒幕阵营中赢得了巨大的威信。

接下来，西南强藩为了倒幕的需要开始联络天皇，如果当时的天皇依然是愿意和幕府合作的孝明天皇，情况和后来的结局可能会大不相同。但幸运的是，这时日本天皇换成了颇具雄才大略的明治天皇。1867 年明治天皇派人向倒幕派悄悄送去了准许倒幕的密诏。当然，也有历史学家认为那份密诏其实并不存在，而是倒幕派伪造的。但是不管怎么样，在过去的几年里天皇和幕府之间"公武合体"的默契从此终结了。

此时最后一任幕府将军德川庆喜面对强藩咄咄逼人的压力，已经没有把握能够靠武力镇压它们了，再加上他也没有理由公开反对天皇，于是他提出了一个"大政奉还"上奏文，即把行政权归还给天皇。德川庆喜的如意算盘是，天皇刚刚即位，没有行政经验，而倒幕派对国家管理也不熟悉，因此幕府可以派遣家臣进入政府，实际掌控政治；另一方面，这样也可以让强藩失去武力倒幕正当性。

不过倒幕派自恃有天皇支持，并没有因此停止行动。1868 年，长州和萨摩的军队占领了天皇所在的京都，实际上在当时形成了与幕府对抗的另一个政权，然后它们继续东进讨伐德川庆喜。德川庆喜调集重兵主动向京都的倒幕军进攻，双方在京都外围的鸟

---

7   当时倒幕军配备了 500 多门大炮，而幕府军配备了不到 100 门，由于武器的数量差异，幕府军很快战败。

羽伏见等地展开了激战，史称鸟羽伏见之战。在战事最紧急时，倒幕派拿出来了天皇的"锦御旗"，宣布平叛的幕府军为国敌，这样幕府军队便由平叛反而成了叛逆，士气低落不战自溃。

德川庆喜退守江户后，闭门思过，对政事不闻不问，对倒幕军也不抵抗，最后在代表德川的胜海舟和代表倒幕派的西乡隆盛谈判之后，幕府同意交出政权，打开江户的城门，让倒幕军接管江户，史称和平开城。虽然后来支持幕府的军队依然在一些地区组织了抵抗，但是幕府大势已去，很快这些抵抗就被平定了，这样倒幕派就很轻易地取得了胜利。

在幕府交出权力之后，日本面临一个政治危机，那就是由谁来掌权？在西乡隆盛和大久保利通等倒幕志士们的背后，则是四个被称为西南强藩的大名，即萨摩的岛津氏、长州的毛利氏、土佐的山内氏和肥前的锅岛氏。这四大领主为推翻幕府统治提供了军事上的支持，但是在建立什么样的未来社会上，他们并没有很先进的思想。在德川幕府退出历史舞台之后，以萨摩藩主岛律久光为代表的地方豪强试图填补这个权力真空，实际上形成一个新的幕府。这种想法如果放到几个世纪之前或许还能变成现实，但是在日本这条大船已经掉转船头走向近代之时，这种想法就犹如刻舟求剑一样荒唐。这也导致了藩主们和大久保利通等义士们的分道扬镳。

明治维新之后，大久保利通成为了日本首任的内务卿，相当于首相，执掌大权后，他强制推行了版籍奉还、废藩置县等制度，即将原来天皇"赐给"大名的土地收回来，把全国两百多个藩属撤销改成县（郡）。岛津久光等人当然不能答应，于是上书天皇，反对各项资产阶级改革的举措，同时要求撤掉大久保利通的职务。有日本俾斯麦之称的铁血首相大久保利通采取强硬手段，马上把岛津久光逼走，并将旧贵族和武士发动的反政府叛乱（史称佐贺之乱）迅速镇压下去。对于那些拥护新政权的大名们，新政府把他们供养起来，这些家族后来被称为日本的华族。不过，经过这些风波，封建藩主也彻底退出了日本政治舞台。历史似乎和岛津久光等藩主们开了个玩笑，在他们积极推动倒幕之前，肯定想不到明治维新的结果也要终结他们自己的藩国地位，他们的后代也要变成普通人。早知如此，他们也许就不会积极去推翻幕府的活动和明治维新了。

作为明治维新标志的明治天皇，是一个充满了矛盾而非常耐人寻味的政治人物。他即位时才 15 岁，却显示出了非凡的政治手段。他利用幕府的犹豫不决夺回了权力，成为日本历史上少有的掌实权的天皇，因此他有"明治大帝"的美誉。明治天皇一方面头脑里充满了封建专制的理念，另一方面他又愿意接受西方的政治制度和文化。

在明治维新初期，日本新政权不仅面临来自旧势力的威胁，维新派内部也是矛盾重重。在参与明治维新的志士中，最有代表性的是所谓的明治维新三杰，即大久保利通、西乡隆盛和来自长州藩的木户孝允（即桂小五郎），他们的结局也各不相同。在新政府中，木户孝允因为受到大久保利通的排挤，愤而下野，后来郁郁寡欢，英年早逝。而同是来自于萨摩藩的大久保利通和西乡隆盛在对待旧武士的态度上产生了重大分歧，前者主张废除日本旧式文化中不合时宜的东西，包括武士制度；而西乡隆盛则同情

图 9.7　明治天皇主持日本上议院会议

那些毫无谋生手段，同时在维新中已变得一贫如洗的中下级武士们。于是这两个曾经志同道合的志士也分道扬镳了，西乡隆盛离开政府回到萨摩鹿儿岛。在那里大批的武士建立了不受中央控制的独立王国。明治十年（1877 年）二月，这些旧武士发动了对政府的叛乱，叛乱前他们需要打出一个旗号，于是他们就想到了西乡隆盛，当然，这次叛乱很快也被镇压了。至于西乡隆盛本人，虽然他并没有参与这次叛乱，但他是知情人，也没有制止叛乱。叛乱发生后，政府以天皇名义宣布武士们的行为是叛逆，而西乡隆盛则切腹自杀。

至此，一切扰攘归于平静。日本，这个绵延了千年的东方封建古国，正式开始迈入近代国家的行列。

讲到这里，很多人心里可能还会有一个谜团，为什么德川庆喜当初没有进行最后的抵抗？而且从实力来看，支持幕府的藩国还有许多。这也是明治维新历史上的一个著名的谜团，历史学家有各种各样的解释。比如有人认为德川庆喜是拥护天皇的，因为他也同意了"大政奉还"，不论是否出于本心。也有人认为他认识到统一有利于日本的发展和与西洋各国的对抗，既然大家都希望幕府结束，那就结束了。还有人认为德川庆喜是为了德川家族的利益，因为德川家族在交出了权力后，依然成为日本静冈地区的藩主而得以保全。相反，如果对抗到底，可能的一个结果是德川家灭亡。不论是哪一种解释，应该讲德川庆喜都是了解历史的

图 9.8　日本最后一位将军德川庆喜

大势的，在当时，日本只有在天皇的名义下实行富国强兵这条路可以走，因此君主立宪是大势所趋。我向许多日本人询问此事，他们普遍认为，如果没有倒幕运动，那么日本会在公武合体的大前提下实现君主立宪，当然将军世袭的传统在一两代之后可能便难以延续下去，因为近代国家只有君主世袭，没有内阁总理世袭的惯例。到了明治维新开始之前，既然有那么多人反对幕府，幕府从此退出也可以保存住自己。这种想法，对于在近代杀得你死我活的中国人来讲，确实很难理解。

那么明治维新的过程是什么样的呢？我们可以这样总结：19世纪，日本作为农业社会的经济基础和政治基础已经动摇，在西方外来势力的刺激下，日本从上到下、从中央到地方各种政治势

力都要求变革。在当时矛盾重重的形势下，先前没有实权却是日本精神象征的天皇，就成了唯一可能凝聚所有政治力量的核心，无论地方强藩和志士所从事的倒幕运动，还是幕府寄予希望的公武合体，都离不开天皇。在维新的过程中，幕府尝试了改革，尝试了和天皇力量的联合，但是因为各种矛盾的存在，都没有成功。而地方上原先极力抵制外国力量的强藩势力（攘夷派），为了抢在幕府前面实现维新，打着拥护天皇的旗号，在底层武士（愤青们）的支持下，把朝廷里软弱的开明派给打倒了。

接下来，在军事上战胜了幕府的地方实力派想成为另一个幕府，来控制天皇，或者只是另外一个独立王国的统治者，但是时代已经变了，尽管他们中间的一部分人发动了叛乱，但很快就被支持天皇的一方镇压了。由于从中央到地方拥有武力的军阀——退出历史舞台，作为精神象征、几乎没有实权的天皇得以成为日本强势的立宪君主。而那些尊皇攘夷的地方实力派里的精英人士，大多数成了全面西化的维新派，少数试图维持旧时武士制度的则被时代淘汰了。

从日本明治维新的过程不难看出，维新的成功是历史的必然，这一点并没有什么悬念，唯一的悬念不过是谁来领导这次成功的维新，谁继续在台上唱主角，谁会退出历史舞台而已。

第五节　并不完美的改革

从黑船事件到还政天皇，实际上只走完了明治维新的第一步，如果没有接下来的一系列改革，明治维新也不过只是一次改朝换代而已。

在日本明治维新三杰中，对推翻幕府贡献最大的当属西乡隆盛，而对引导日本步入近代社会贡献最大的则是大久保利通。和西乡隆盛一样，大久保利通也是出身于下级武士家庭，武艺不精，却学业优秀，这是不是他后来重文轻武的原因，不得而知。大久保利通在明治维新之后先是担任内阁参议，很快又兼任内务卿。在用铁血手段打压了旧势力，赶走意见与他不同的昔日同志之后，大久保利通开始大刀阔斧地对日本进行激进的改革。

早在 1871 年（明治四年）担任内务卿之前，大久保利通和木户孝允等萨摩长州等地的精英人士，加上一些留学生，便加入了岩仓使节团，一起出使欧美各国，历时近两年之久。这次出访，对日本后来的国体和政局影响深远。大久保利通等官员在出访欧美的途中，仔细地考察了各国的工厂、农场、矿山、证券交易所和铁路设施，甚至参观考察了博物馆和公园这样的社会福利设施，看到这一切，他们不仅深感日本封闭落后，而且认识到，当时的日本不但需要引进新技术，更要引进新的组织和思维方式。使节团成员一致认识到日本与先进国家相比，落后很多，唯有进行彻底的变革才能将日本改造为强盛的现代国家。在明治维新诸贤心目中，强国本身就是目标而不是日本步入现代国家的手段。为了达成这个目标，他们愿意完全摒弃日本上千年的封建传统，全面按照西方的做法行事。

在出访欧洲时，普鲁士的铁血宰相俾斯麦给大久保利通留下了深刻印象，他从此认定了日本要想富强只有采用强行铁腕手段，他后来也因此获得了"日本俾斯麦"的称呼。大久保利通在回国后一方面用强制手段排除了政敌，同时着手做了三件事。

首先是植产兴业，也就是发展资本主义工业，尤其是发展开矿、炼钢铁、修铁路和电信，以及造船等基础工业。大久保利通的做法有点像后来说的国家资本主义，即政府出面通过征税获得财富，然后经营工业，最后再将政府的产业以几乎白送的价格出售给了三井商社、住友商社、三菱商社及安田商社等公司，形成一系列财阀。这种做法在当时确实达到了快速发展工业的目的，但是后遗症也很多，在当时已经造成了社会的不公平，而日本企业和政府之间相互勾结的症结更是一直遗留至今。

由于日本资金的积累是建立在剥夺各级权贵和武士俸禄（即所谓秩禄处分）的基础上的，它一方面瓦解了武士阶层，另一方面造成了巨大的社会矛盾。大久保利通使用铁血手段做了第二件事，即把警察制度引入日本，并负责全国的治安。在此之前，并不存在一个统一维持社会秩序的全国性的内务部门。这个内务部在某种程度上成为了大久保利通强制推行改革的保障部门。

接下来大久保利通做的第三件事，就是带头推进文明开化，即全面西化。他认为以中国为中心的东方文化已经完全落伍，应该统统抛弃，不仅在政治制度上要西化，而且在生活上也要改变上千年的习惯。在这一方面大久保利通以身作则，他率先剪掉发髻，理了一头短发去见天皇，群臣都认为他这是无礼的行为，但是很快明治天皇也剪短了头发，以表示对大久保利通的支持，于是群臣竞相仿效。接下来，政府颁布了散发脱刀令等文明开化政策，并且在上层统治者的表率之下迅速推行。

除了散发脱刀外，大久保利通还推行吃西餐、穿西装等一系列西式生活习惯，并身体力行。他并不会跳西方的交谊舞，仍积极推广这种西式的社交活动，并经常出席舞会。在大久保利通的支持下，日本当时甚至有人提出废掉日语讲英语，引进西方人口改进日本人的人种等今天看来匪夷所思的观点。

大久保利通的铁血手段确实帮助他迅速地推行了西化的政策，使得日本快步走向工业化道路，但是很多社会问题只是一时被他压了下去，并没有得到解决，尤其是失去俸禄的武士阶层的出路问题和日益贫困破产的农民问题。这些问题的积累终于以对他实施刺杀的形式而爆发。

1878 年（明治十一年）5 月 14 日早上，大久保利通在家接见福岛县的县长山吉，他向这位下属憧憬了未来二十年的宏伟大志，然后表示等完成国家富强大业之后，就让后进的优秀分子来继承自己的事业。没想到他的这番话成了他的遗言。山吉走后，大久保利通乘马车去上班，在曲町清水谷遭到几名武士的袭击。大久保利通在身中数刀后，沉着地将自己正在阅读的文件用绸布包好，然后便断气了，时年 49 岁。

大久保利通的继任者是他的助手伊藤博文，这个人因为后来发动了甲午战争，中国读者对他都很熟悉，就不多介绍了，这里只点出影响了他思想和行为的一些经历。首先，他是吉田松阴的学生，早在 1863 年就到英国学习，是日本最早一批到西方学习的人，那时他只有 22 岁，因此很容易就接受了西方思想，特别是英国的政治制度。这一点，他和中国清末的洋务派代表人物恭亲王奕訢、曾国藩和李鸿章完全不同，中国和他经历略有相似处的统治者是后来的段祺瑞。同时，伊藤博文也是一个爱国者，他留洋的目的完全是学习西方政治改良日本，从政治倾向来看，他属于开国派，主张开国进取。1864年，他听说萨摩藩和列强开战了，便匆匆赶回国参战，回国后他的故乡长州藩也卷入了战事，于是他加入了长州藩的军队。需要指出的是，伊藤博文一方面政见和观点与大久保利通非常相近，另一方面在做事的手法上更显圆滑而有技巧。比如他恢复了日本的一些"陋习"，包括被认为是不文明的相扑，等等。为了缓和社会矛盾，伊藤博文一改他的前任大久保利通完全抛弃旧武士的态度，将大量失去俸禄的武士招进了军队（大久保利通拒绝接纳这些人，认为那些人一旦进入军队会祸害国家）。后来证明，大久保利通的担心是有道理的，那些旧时代的武士和浪人进入军队，阻碍了日本进一步文明开化走向现代的步伐，到后来，充满了武士道思想的军官们在很大程度上绑架了政府的决策。

伊藤博文至今依然被认为是日本有史以来贡献最大的首相。从帮助日本近代化的视角来看，他主要有两大贡献。首先，伊藤博文在任内通过了日本第一部宪法，确立了日本类似英国君主立宪的政体。不过，日本虽然在名义上实现了英国的代议制，但是远没有英国那么民主，且不说天皇拥有非常大的实权，百姓民主参政的程度非常低，而且没有实现军队的国家化。军队成为日本政坛的一支完全独立的政治力量，并屡屡产生重大影响。伊藤博文的第二大贡献是帮助建立了日本的近代工业体系。为了快速发展工业，伊藤博文沿用了大久保利通的植产兴业政策，具体来说，就是国家出钱兴办企业，然后交给私人经营，从而大大缩短了工业化进程，但是发展出来的并非英美那种原生态的资本主

图 9.9　伊藤博文的头像被印制在 1000 日元面额的纸币上

义，而是具有很强的官商色彩、由财阀控制的垄断式资本主义。从伊藤博文的这两项最重要的政绩可以看出，明治维新一方面实现了日本快速强国的梦想，另一方面在推进民主进程和发展自由资本主义方面做得相当不彻底。再加上新式装备、战术和旧式思想相结合的军队是日本政坛的一支独立政治力量，导致了伊藤博文在推行富国强兵的进程中，也同时推动着日本走向了军国主义的不归路。

　　从明治维新开始到日俄战争结束，日本强国的目标便已实现，日本政治的改革从那时起也就停止了。从这个角度来讲，日本的明治维新其实非常不彻底。而失去了改革目标的日本在接下来的时间里，不断对外扩张，而军事冒险又屡获成功，于是日本陷入从战争走向更大的战争的恶性循环，直到第二次世界大战战败。在整个日本军事扩张的过程中，明治和裕仁两任天皇[8]推波助澜，起到了极坏的作用，甚至扮演了主谋的角色。在历史上，日本民众本来就对神龙见首不见尾的天皇一直像神一般地崇拜，而在明治维新中以及随后的一系列战争中天皇又起到了决定性的作用，对外军事扩张胜利进一步强化了天皇的神圣性，使得

8　　中间还有一位大正天皇，时间较短，没有发动对外战争。

他在国民中有了绝对的权威。在第二次世界大战中，日本全体国民（包括妇孺）在裕仁天皇的号召下，进入了一种战争痴狂状态，所谓的为天皇效忠的武士道精神不仅给很多国家带来了灾难，也最终让日本民众自食其果。

1945年8月15日，裕仁天皇通过广播播放了终战诏书（无条件投降的文告），由于在此之前一般人都没有听到过天皇的声音，很多日本人（包括很多前线的官兵）拒绝承认那是天皇的讲话。不过，随着日本国民逐渐接受战败的事实，对天皇神一般的崇拜才慢慢开始动摇。

日本比较彻底的民主化过程是在第二次世界大战之后。值得一提的是麦克阿瑟对日本近代化的贡献，这位曾经的日军手下败将、乘着快艇从菲律宾一口气逃到澳大利亚的美军上将，几年后带着美军占领了日本本土。这一次，轮到裕仁天皇忐忑不安地去拜访这位将决定自己命运的盟军太平洋战区司令了。麦克阿瑟到了日本后，惊讶于天皇在日本民众心目中神一般的地位，他认为，处死天皇对日本人而言相当于将耶稣钉上十字架。最后，麦克阿瑟给杜鲁门送去两个对天皇的处置意见，要么派兵来，要么保留他。当时美国派重兵占领日本并维持秩序显然不可能，只好保留天皇，让这位战争发动者、日本头号战犯裕仁天皇逃脱了处罚。

不过麦克阿瑟在保留天皇作为日本名义上元首的同时，也让他走下了神坛。1946年元旦，天皇发表了一篇声明表示他是人（而不是神），这篇声明并非出自天皇或任何皇室成员之手，而是在麦克阿瑟授意下由占领日本的美军顾问们写的。在此之前，天皇拜会了麦克阿瑟，两人还一起合了影，照片中麦克阿瑟神采飞扬，裕仁天皇则显得颇为猥琐，根本没有一点大国君主的样子，照片一登出来，天皇在日本人心中神一般的形象便大大减分。等到了天皇的声明播出，他从法理上到在国民心中，都走下了神坛。

图 9.10　麦克阿瑟和裕仁天皇

　　明确了天皇的定位之后，麦克阿瑟在日本推动了比明治维新更彻底的民主化进程和社会改革，而第一步就是要修改明治维新时的宪法。

　　到了1946年，以日本当时首相币原喜重郎为首的日本官员拿出了一份犹抱琵琶半遮面的新宪法方案，其中包括维持天皇统治权不变这一条。麦克阿瑟对此非常不满，并立即否决了日本官员的方案。麦克阿瑟虽然算不上是杰出的政治家，但是在美国现代民主社会中熏陶出来的他具有足够的政治直觉。对于应该如何一步步帮助日本进行宪政改革，让日本成为一个真正民主化且远离战争的国家，麦克阿瑟有一整套自己的想法，他在否决日本新宪法方案的同时，提出了新宪法的三原则。

　　1. 天皇为国家元首，其皇位世袭。依宪法行使职权，顺应所体现国民基本之意志。

2. 废止日本的封建制度。（除了皇族之外的）贵族特权止于当时现存之一代，其后等同于普通国民。

3. 废除国家发动战争的权力。日本永远放弃以国权发动的战争、武力威胁或武力行使作为解决国际争端的手段。禁止设立陆海空三军及其他战争力量，不承认国家的交战权。这一条非常重要，至今仍是限制日本再次走向军国主义的根本机制。

为了避免日本官员在制定新宪法问题上不必要的扯皮，最后麦克阿瑟干脆委托两位美国法学家米罗·洛威尔（Milo Rowell，1903—1977）和考特尼·惠特尼（Courtney Whitney，1897—1969）来起草日本宪法。其中有四条重要内容是明治宪法中没有的，即给予妇女选举权、天皇仅保留象征性地位、保障人权与公民权，以及放弃战争。这部宪法也因此被称为和平宪法。在日本和平宪法的指导下，各阶层的矛盾才从根本上得到解决，这样日本才能通过和平发展而不是对外扩张来改善经济和人民的福祉，最终使得日本完成了向现代国家的过渡。

讲到这里大家可能会有一个疑问，为什么日本朝野上下会对麦克阿瑟等人言听计从（事实上如果不是由于朝鲜战争麦克阿瑟过早地离开日本，他对日本的改造会更加彻底），这就要说说日本国民的一个优点了。其实无论是黑船事件导致明治维新，还是第二次世界大战战败导致日本进一步改良，背后都有一个共通点，那就是当日本国民看到科技的力量时，愿意接受产出这样的科技力量的社会制度。日本遭受原子弹攻击后，看到装备有大量现代化工业品的美军进驻日本时，日本人在心理上受到的冲击不亚于当年的黑船事件。日本强国的方式是，既然你的政治制度能够产生更先进的生产力，我就接受这种制度。从这里，我们既可以看到科技对一个国家现代化的贡献，也可以看到一个善于学习的民族奋进的精神。相比之下，中国过去历代学习西方，逃不脱中体西用的框框，学习西方技术是为了让当前的政体更稳固，而不是改变它。这才是明治维新成功，而中国历次改良失败的根本原因。

结束语

明治维新能够成功，很大程度上是日本从上到下摒弃了农耕文明时代的政治制度、文化和观念，比较彻底地接受西方相应的东西。日本学者这样描述日本的文化——它就像是卷心菜，当你把它一层层剥开时，发现里面并没有心。日本从唐代开始学习中华文化，但是那对他们来讲其实也是外来的，并非自己文化的内芯，因此他们放弃中华文化转而学习西方就比中国要容易得多。福泽谕吉和吉田松阴等人能够将西方文明的特征在日本广为传播，除了日本长期以来具有良好的教育基础外，和他们愿意接受外来文化的国民心态有关。

从目的和过程上看，明治维新并不是一场先进与落后、开放与保守之争，而是在日本遇到外部危机后，日本上层各方面势力和下层武士共同参与的一次民族自救运动。明治维新的目的其实有两个，首先是要富国强兵，这是中国过去在谈论明治维新时一直强调的主题。的确，当时上至天皇、幕府，下到地方大名，最后再到底层的武士和民众，在这一点上都没有太多的异议，这才使得日本在千年一遇的危机面前，完成了一次重大的变革。

但是，明治维新还有第二个目的，就是解决底层武士日益贫困、农民不断破产等社会问题，这在中国的书籍中鲜有提及，事实上也没有提到。命运最为匪夷所思的是下级武士，他们在明治维新之前就缺乏基本的生活保障，因此成为了维新的主力军。但令他们哭笑不得的是，维新的结果是取消了武士阶层，这让他们成为了明治维新最大的失败者。他们中的很多人后来进入了近代日本的军队，有些人甚至成为了日本军国主义化的帮凶。而农民的问题在明治维新中也没有得到解决，因此日本在明治维新之后的半个多世纪里，下层社会矛盾重重，而统治者解决问题的方法就是通过对外战争转移矛盾。事实上，大久保利通和西乡隆盛的分歧从本质上讲就在于如何解决这些矛盾。大久保利通试图强行消灭掉客观存在于日本社会之中的武士阶层，这显然不现实，而西乡隆盛希望通过对外扩张解决底层民众出路问题的想法则更是危险。西乡隆盛虽是这场争斗的失败者，却被视为平民真正的领袖，至今仍在日本民众中拥有非常崇高的地位，甚至堪比华盛顿在美国人心目中的地位。伊藤博文同时吸取了大久保利通和西乡隆盛的教训，将旧武士编入军队，实际上是在回避问题，日本随后进行了一次又一次的对外军事冒险，开始还屡屡得手，直到在第二次世界大战中以惨败告终。

任何成功的变革，都必须做到让广大基层民众获利。日本的明治维新虽实现了富国强兵、文明开化的目的，却并未给底层的民众带来多少福祉。所幸的是，第二次世界大战的惨败让日本武士阶层从此退出历史舞台，日本有机会在美国的帮助下，从根子上解决社会问题，进入一个新的时代。

在明治维新的过程中，虽然福泽谕吉和吉田松阴等人系统地阐述了新社会的构想，大久保利通等人也在按照西方的社会结构强制推行新的价值观，但是另一方面，明治维新本身既没有事先的方案和计划，在整个过程中也没有明确的目标和做事底线，各派和各阶层的力量、主张和观点不断地发生变化，它们之间的关系也不断地在合作和对抗中摇摆。明治维新的第一代领袖们，最终也没有得到什么，大多数主要的领袖都英年早逝，有的甚至自杀或遇刺。实际上明治维新的胜利果实落入了第二代人之手，他们在结构上完成了日本的近代化，这也是一个很有意思的结果。一个世纪后，当日本人民重温福泽谕吉等人关于民权的主张，才意识到他的伟大之处。

日本民族的幸运之处在于，它在亚洲国家尚未崛起，西方国家没有过分干涉的情况下，率先通过明治维新完成了国家的近代化。而这一次看似顺畅，却并非完美的维新变革，也给后来力图通过改良和维新走向近代的国家提供了参考样本。应该说，一个民族乃至整个人类走向文明进步的大势是历史的必然，明治维新是日本在这个过程中迈出的重要一步。

第十章　打开潘多拉的盒子
原子能的使用

1994 年 5 月，国际纯粹化学与应用化学联合会（IUPAC）建议把第 109 号元素命名为 Meitnerium，并于 1997 年正式命名，以纪念奥地利裔瑞典女科学家莉泽·迈特纳（Lise Meitner，1878—1968），并表彰她在发现核裂变上的贡献。在核物理方面，迈特纳的贡献堪与居里夫人相比，但是长期以来因为性别的歧视，她总是被忽视，而科研成果又常常被她的男性上司和同事们侵占。第一次世界大战期间，她发现了第 91 号元素 Pa，但是成果却被她的老板奥托·哈恩（Otto Hahn，1879—1968）以第一作者的名义发表。1944 年关于核裂变的诺贝尔化学奖也只给了哈恩一人，虽然今天大家认为按照贡献大小，次序应该是迈特纳、哈恩、斯特拉斯曼（Fritz Strassmann，1902—1980）和弗里施（Otto Robert Frisch，1904—1979）。后来迈特纳获得过三次诺贝尔奖提名，但最终仍未得到诺贝尔奖。

在迈特纳诸多可能获得诺贝尔物理学奖和诺贝尔化学奖的工作中，最重要的贡献在原子核裂变方面。这项发现无论是在过去、现在还是未来，对世界的影响都是巨大的。而和很多发现一样，核裂变的发现也多少有点偶然。

第一节　一分为二的液珠

宇宙中有几乎无数种分子，但是构成它们的基本元素只有一百多种，其中还有不少元素是极不稳定的。同一种元素有着相同的质子数（也称为原子数），从 1 排到 119 为止。在 20 世纪 30 年代，人类已知的原子数最多的元素是 92 号元素铀。既然不同元素的差异仅仅是在质子数上，如果给原子数少的原子增加一些质子，就应能得到原子数更大的原子。科学家们用质子束（或者其他粒子束，比如 α - 粒子束）轰击原子，一些质子会撞击到被轰击元素的原子核，并粘在上面，从而产生原子数更大的元素。对于某些元素，这样通过增加质子而得到其他元素的做法确实行得通，于是科学家们就在想，如果给当时已知原子数最大的铀增加一些质子，岂不就能创造出新的元素了？德国的迈特纳、哈恩和意大利的恩里克·费米（Enrico Fermi，1901—1954）等人都想到了这一点。1934 年，费米宣布实验成功，他发现了第 93 号、94 号元素，并获得了 1938 年诺贝尔物理学奖[1]。但是也有人质疑费米发现的是否为新元素。迈特纳和哈恩决定重复费米的工作。在前面关于科学的方法一章中，我们讲到重复别人的实验是新的研究工作的起点。但是一年多来他们做了上百次的实验

---

[1]　因为"证明了可由中子辐照而产生的新放射性元素的存在，以及有关慢中子 (delayed neutron，透过核分裂产物 (fission products) 衰变所释放的中子，并非直接来自铀燃料) 引发的核反应的发现"，荣获 1938 年诺贝尔物理学奖。

却一直未能成功，而他们回过头来对原子数较低的元素做类似的实验却能够成功。后来证明费米发现的并不是新的 93 号元素镎。不过，也没人能解释为什么到了铀这里，原子数就加不上去了。

到了 1938 年，哈恩和迈特纳想到了一种可能性，会不会是铀衰变成了原子数更小的一种放射性元素镭？如果是这样的话，就能解释为什么得不到比铀原子数更大的元素。于是，他们决定监测具有放射性的镭的存在。可是，还没等他们开始实验，希特勒就开始迫害和驱除犹太人，具有犹太血统的迈特纳只好逃往瑞典。哈恩只得独自进行他们伟大的实验了。

迈特纳到了瑞典后，那里不仅实验条件和德国无法相比，而且她的新主管曼内·西格巴恩（Manne Siegbahn，1886—1978）对她也不是很感冒，她基本上无事可做。哈恩在德国的实验也不顺利，他给莉泽·迈特纳寄去一封长信，其中记述了他实验失败的过程。原来哈恩用一束中子流去轰击铀，连镭的影子也没见到，却探测到了很多钡（Ba，原子序数 56）——一种原子数相对较小的非放射性元素。他希望迈特纳能帮他解释这其中的原因。

这时正值圣诞节期间，迈特纳的外甥奥托·罗伯特·弗里施（Otto Robert Frisch，1904—1979）来到斯德哥尔摩和她一起过圣诞节。弗里施发现迈特纳正在读哈恩寄来的信，信中描述了用中子轰击铀却发现了钡这件怪事，于是便和迈特纳一起思考这件事。弗里施的第一反应是哈恩搞错了，因为钡原子的质量只有铀的 60% 左右。虽然当时物理学家和化学家都知道具有放射性的"大"原子会丢掉几个质子和中子衰变成"小一点"的原子，但是从来没见过一个原子一下子"小了"40%。但是迈特纳深知哈恩的化学功底深厚，绝不会犯这样低级的错误。看着窗外从房顶冰柱上滴下来的水滴，忽然她想到了伽莫夫[2]和玻尔（Niels Henrik David Bohr，1885—1962）的一种不成熟猜想，"或许原子并不是一个坚硬的粒子，而更像一滴水"，一个念头从她心中一闪而过，或许原子这滴液珠一分为二变成更小的液珠了。

迈特纳和弗里施马上做实验，果然证实铀原子在中子的轰击下变成了两个小得多的原子"钡"和"氪"（Kr，原子序数 36），同时还释放出了三个中子。这是个了不起的发现，基本证实了迈特纳的想法。但是当他们清点实验生成物时又发现了新的问题，钡和氪加上三个中子的质量比原来的一个中子加上铀（U235）的质量少了一点。对于一个凡事"差不多就行"的人来讲，很可能不去追究少掉的这点质量。但是迈特纳是一个非常严谨的科学家，不肯放过任何一个细节，因此她必须找出质量丢失的原因。这时她想到了爱因斯坦狭义相对论里面那个著名的方程。爱因斯坦预测质量和能量可以相互转换。那些丢失的质量会不会真的转换成了能量？她按照爱因斯坦的公式计算出丢失的质量产生的能量应该为 200 兆电子伏特（MeV）。接下来她再次做实验，这次不是为了证实原子核可以裂变，而是为了测定能量。真的是 200 兆电子伏特！这和爱因斯坦预测的完全吻合，迈特纳兴奋不已。就这样她证实了核裂变的存在。

迈特纳和弗里施对哈恩的实验结果做出了理论解释，并以通讯的形式发表在 1939 年 1 月的《自然》杂志上，在这篇著名的文

2　　《从一到无穷大》的作者。

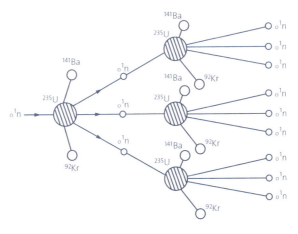

图 10.1　铀裂变示意图

章里，迈特纳和弗里施一起提出了一个物理学上的新概念：核裂变。他们之所以用裂变这个词，是借用生物学中细胞分裂这个形象的比喻。这篇小论文一共只有两页，却有划时代的意义。在后面的章节中，我们还会看到，很多重大的发现，论文都特别短。

第二节　科学家的责任感

　　爱因斯坦预言了世界上最强大的能量所在，而迈特纳和哈恩找到了它们。从上面铀 235 裂变示意图来看，一个中子撞击到铀的原子核后，释放出了巨大的能量，还可以产生出三个中子，如果这三个中子再撞击到其他铀原子核上，就能释放出三倍的能量和 9 个中子。这样一来就有可能产生连锁的反应，物理学上称为链式反应，并释放出难以想象的巨大能量。这能量有多大呢？如果 50 千克的铀只要有 1 千克参与链式反应，而这 1 千克中只要有 1 克质量转换成了能量，这些能量就相当于 1.5 万吨 TNT 烈性炸药所产生的能量。这大约就是后来投掷到广岛的原子弹的当量。

早在 1939 年 4 月，也就是迈特纳和弗里施的论文发表仅仅三个月后，德国就将几名世界级物理学家找到柏林，探讨利用铀裂变释放的巨大能量的可能性。同年夏天，德国开始控制捷克斯洛伐克³的铀矿石，同时不再发布任何关于核研究的成果。但是德国第一次的核计划只持续了几个月便终止了，原因是在 1939 年 9 月入侵波兰时，很多科学家都应征入伍了。在历史上，一个国家穷兵黩武到如此程度，离灭亡的日子就不远了。但是没过多长时间，德国人的第二次核计划就开始了。领导这项计划的包括恩里克·舒曼（Enrich Schumann，1898—1985，著名作曲家罗伯特·舒曼的孙子）和德伯纳（Kurt Diebner，1905—1964），当然参加计划的还包括著名的物理学家海森堡（Werner Heisenberg，1901—1976）等人。但是到了 1942 年，德国人再次放缓脚步，原因是德国军方并不认为这项研究有助于迅速赢得战争。虽然德国这方面的研究一直持续到第二次世界大战结束，但是进展并不快。其中的原因很多，我们后面会仔细讲述。

德国成功地实现了核裂变，并且研究原子能武器的消息很快便传到了美国。至于这个消息是如何传到美国的，历史学家大多认为这要归功于丹麦物理学家玻尔。1939 年初，玻尔到美国普林斯顿大学访问，并且在美国首都华盛顿做了一个学术报告，介绍了核裂变成功的消息。当时参加报告会的有大约 50 名科学家，

---

3   当时已经被德国占领。

他们很多来自于离华盛顿不远的约翰·霍普金斯大学，听到这个消息后，很多科学家下午赶回了在霍普金斯的实验室，连夜做了核裂变的实验，并且获得了成功。另一种说法是，听报告的两个年轻科学家得到这个消息后，马上驱车几小时，跑到三百多公里外的纽约哥伦比亚大学，把这个消息告诉当时流亡到美国的著名科学家恩里克·费米。费米立即做了核裂变的实验。

其实这个消息不需要玻尔传播，美国的科学家们很快也会了解到这个划时代的发现。因为迈纳特等人的论文是公开发表在英国《自然》杂志上的，而在美国，一些物理学家一直在关注着核裂变链式反应的可能性。而这些科学家中，最关注这件事，并且后来产生了重大影响的人物是雷欧·西拉德（Leo Szilard，1898—1964）。西拉德是犹太人，美籍匈牙利物理学家，他最早设想通过链式反应从原子核中获得能量。早在1936年，他就向英国专利局提交了一份利用中子轰击原子核形成链式反应而获取能量的专利。这个专利中的想法无疑是正确的，但方法并不可行，因为他使用的元素无法形成核裂变。而这个时间比哈恩和迈纳特等人成功进行核裂变实验要早两年。1938年，受到纳粹迫害的西拉德到了美国，在哥伦比亚大学任教。很快他的老朋友、著名物理学家费米也因为希特勒迫害犹太人[4]而来到美国，两个人成了同一所大学的同事。

不管美国人是如何得到这个消息的，费米和西拉德马上进行了同样的实验，证实了核裂变的可能性，而且和迈特纳一样，测量到铀裂变所释放的巨大能量。美国的物理学家们对这件事的反

4 费米的人太是犹太人。

应可以用"震惊"两个字来形容，因为他们明白如果这种技术用在军事上，将具有超级的威力。要是战争狂人希特勒首先拥有原子能武器，后果将是非常可怕的。出于科学家的责任感以及对纳粹的痛恨，西拉德起草了一封给罗斯福总统的密信，想要告诉总统先生三个要点：第一，这种武器一旦制造出来，威力是非常可怕的；第二，德国人正在研究这种武器；第三，美国应该有一个计划，以便抢在德国人之前拥有这种武器。西拉德觉得光是自己一个人份量还不够，于是说服他的老师爱因斯坦在他起草的信件上签名。爱因斯坦早在 20 世纪 20 年代就指导过西拉德的论文，对他的才华颇为赞赏。作为一名受到纳粹德国迫害的犹太科学家，爱因斯坦无疑是支持美国研究核武器的，于是他毫不犹豫地签了字。但是这封信通过什么人转交给罗斯福却是个问题。

在此之前，虽然科学家们已不断向美国政府和军方传达核武器的威力以及德国人一旦掌握核武器的灾难性后果，但是在那个年代，一般人并不了解核裂变可能释放出的巨大能量。如果按照一般的常识判断，有人宣称有一种炸弹，只有脸盆粗细，一米来高，威力顶得上几十万颗同样大小的常规炸弹，谁也不会相信。因此，爱因斯坦需要找一个人，这个人既能接近总统，又能把新技术讲清楚，他最后想到了经济学家亚历山大·萨克斯（Alexander Sachs，1893—1973）。萨克斯是当时颇有名气的经济学家和银行家，从 1933 年罗斯福的第一个总统任期时就担任总统经济顾问。但是萨克斯在历史上出名，既不靠作为罗斯福的经济顾问，更不靠作为银行家，而是靠帮助爱因斯坦和西拉德给罗斯福传递了这封信。历史就是这样有趣，很多人刻意做的事情它记不住，而一些人偶尔为之的事情却载入史册。

1939 年 8 月初，爱因斯坦将这封被史学家称为"西拉德 –爱因斯坦信函"的重要信件交给了萨克斯，但是后者一直没有机会约到罗斯福的时间。这样就从 8 月拖到了 9 月，而 9 月 1 日，德国入侵波兰，第二次世界大战爆发了，虽然美国没有被卷入战争，但是罗斯福总统变得更加繁忙了，自然没有时间听萨克斯讲关于原子弹的事情。这件事就一拖再拖，一直拖到 10 月 11 日。虽然前一天萨克斯见到了罗斯福，但是忙碌了一天的总统先生此时已累得疲惫不堪，于是他建议萨克斯第二天一早来。这一夜萨克斯是否像小说家们描述的那样彻夜未眠，我们不得而知，但是他确实在这天晚上想到了一个可以说服罗斯福的简单的比喻。

有些时候，讲故事比讲道理更能说服人。萨克斯讲了这样一件西方人都熟知的史实。19 世纪初，拿破仑领导的法国虽然多次打败英国支持下的反法同盟，但是一直无法从根本上消除欧洲各国对法国的威胁。拿破仑知道这一切的根源在于英国，因此希望建造一支强大的舰队入侵英国。但是，要挑战英国这个传统的海上霸主并非易事，何况当时英国还有海军名将纳尔逊在，几年前纳尔逊就在地中海完胜了法国海军。这时美国发明家富尔顿（Robert Fulton，1765—1815）通过美国驻法大使见到了拿破仑，建议他建造一支蒸汽轮的舰队，而当时各国的战舰还是帆船。拿破仑对富尔顿有所耳闻，几年前他还让富尔顿帮助法国建造世界上最早的潜艇。但是拿破仑却并未理睬富尔顿的建议，当时这项技术还不成熟，他觉得这种没有帆却能快速行进的军舰是天方夜谭。到了 1805 年，法国和西班牙的联合舰队在特拉法加海战中，被纳尔逊率领的英国舰队打得惨败，从此拿破仑入侵英国的设想终成泡影，并被反法同盟在莱比锡和滑铁卢两次打败而被迫下野。萨克斯讲，如果拿破仑当年采纳富尔顿的建议，欧洲的历史或许会改写。罗斯福听到这里早已领会萨克斯的意思，于是说，"我不会成为另一个拿破仑的"。之后不久，罗斯福就成立了铀研究委员会，并且给爱因斯坦回了信。

很多人认为这是曼哈顿计划的开始，其实这时离曼哈顿计划还早着呢。当时美国政府虽然批准了对铀裂变的研究，但是只给了区区 6000 美元的经费，相当于德国同时期的二十分之一左右。要知道最后曼哈顿计划耗费的可是 200 亿美元。这个规模不大的铀研究计划由著名物理学家费米负责，地点选在了芝加哥大学。后来核计划的首倡者西拉德也来到芝加哥，加入了这个计划。

读到这里，大家可能会有一个疑问，既然罗斯福说了"不会成为另一个拿破仑"，那么为什么美国对原子能的研究却还是这样不冷不热呢。因为在 1939 年，虽然世界局势已经非常紧张并且在 9 月份爆发了世界大战，但是美国并未卷入战争，还在努力避免被卷入。换句话说，罗斯福还幻想着美国能独善其身。但是两年后，这一切都改变了。

1941 年 12 月 7 日，星期天，日本联合舰队袭击了美国在太平洋的海军基地珍珠港。日本以极小的代价击沉了几乎整个美国太平洋舰队 —— 全部八艘战列舰，四艘被击沉，三艘被重创，一艘搁浅。另外日本还击毁了美国多艘巡洋舰和驱逐舰以及几百架飞机[5]。在这之后，美国马上对日本，继而是对德、意宣战，这都是大家熟知的史实了。这时，罗斯福总统开始过问铀裂变研究的进展了。美国一旦被人用刀架到脖子上，就会动员出巨大的战争能力，这一点在历史上被所有美国的敌人低估了。12 月 18 日，铀研究委员会召开了第一次会议，讨论使用核裂变做武器的可能性。当时大部分学者在加州大学，因此这次会议就在第一所加州大学所在地伯克利举行了。这次会议聚集了美国物理学界很多大名鼎鼎的人物，包括劳伦斯（Ernest Lawrence，1901—1958，1939 年诺贝尔奖获得者，著名的劳伦斯实验室就是以他的名字命名的）、阿瑟·康普顿（Arthur Holly Compton，1892—1962，海森堡的同事，1927 年诺贝尔奖获得者）、卡尔·康普顿（Karl Compton，1887—1954，阿瑟·康普顿的哥哥，麻省理工学院的校长）、万尼瓦尔·布什（Vannevar Bush，1890—1974，美国国家科学奖获得者）、康纳特（James Bryant Conant，1893—1978，哈佛大学校长）。在会上，大家认识到研制核武器的紧迫性，并

---

5 社会上流传着罗斯福明知日本可能偷袭珍珠港却故意不防范，通过苦肉计让国会通过了对日宣战的说法。这种说法没有足够的根据，只要稍微了解一些美国社会的特点就会知道：罗斯福如果知情而不防范，以两千多名将士的生命换取国会参战，那么他会被认定有失职之罪而失去总统的职位。这种指责最初来源于罗斯福的政敌，但是并没有根据，因此显得无力。一些小说家、剧作家和阴谋论者认为当时美国的三艘航空母舰不在港内，幸免被击沉的命运，说明罗斯福是知情的。但是在当时无论是美国还是日本都更看重的是具有重炮的战列舰，而不是没有在战场上使用过的航空母舰。实际上，日本联合舰队司令山本五十六当时知道美军的航空母舰不在港内，但是依然发动了袭击，因为他没有把这三艘母舰看得很重。另一个罗斯福不可能知情的重要证据是，当时日本联合舰队莫名其妙地放弃了对珍珠港的第三次攻击而返航了，以至于美国海军在珍珠港的储油罐没有爆炸，如果日本发动了第三次攻击，那么美国的珍珠港基地将完全被夷为平地，美国只能退守离珍珠港几千公里以外的圣地亚哥基地了，这样在几年内也很难在太平洋和日本进行战争。因此，罗斯福再使用苦肉计也不能冒着失去在整个太平洋上基地的危险。

且对主要的课题进行了分工。但是由于与会者主要是学者，大家的讨论还是偏学术，并未涉及制造真正可用于战争的原子弹这个工程问题。直到 1942 年 5 月，这个委员会的专家们才正式提交了研究核武器五项关键技术的建议书，并且提出了 5400 万美元的预算，这比两年半前给费米的第一笔经费增加了近一万倍。罗斯福总统收到报告后大笔一挥就同意了，他在报告书上只写了两个词"OK，FDR"，其中后一个是他名字 Franklin Delano Roosevelt 的首字母缩写。

第三节　难以完成的使命

但是，真正研制并制造出核武器，可远没有在实验室里实现一次核裂变反应那么简单。这是一件天大的难事，有很多关键性的问题，既包括理论性问题，也包括工程性的问题，从来没有人遇到过，更不用说解决了。原子弹的原理很简单，就是前面说的链式反应，但是如何确保链式反应真的能够进行下去就是个大问题。虽说一个快中子可以撞开一个铀原子核，并且释放出三个快中子，但是因为原子核的直径只有原子直径的万分之一左右，中子撞到原子核的概率，就相当于一个盲人往高尔夫球场上随便开一枪，恰巧命中了一个小拇指粗细的标准杆的概率。当然，如果铀金属足够"厚"，一个中子可以穿透很多铀原子，那么它撞上原子核的概率就大得多了。假如一个中子在速度衰减下来之前，有机会穿过一万层原子，那么撞到原子核的几率就上升为 63%，这样链式反应就能进行下去了。因此原子弹中铀的体积必须足够

第十章　打开潘多拉的盒子　一

461

大，或者说质量足够大。达到某个质量，链式反应就会自行进行下去了，达不到这个质量，则中子撞到原子核的几率很小，链式反应进行一会儿就停止了。这个质量在物理学上称为临界质量。至于这个"临界"是多大，没有人知道，这既不能猜，也不是多多益善，更遗憾的是，它也无法通过实验来解决，毕竟不能把一堆纯铀堆在一起，看看堆到什么时候爆炸。因此，唯一的办法就是通过理论计算出来。为了解决这个问题，接下来美国研制原子弹最关键的人物罗伯特·奥本海默（Julius Robert Oppenheimer，1904—1967）登场了。他日后被称为"原子弹之父"，而后又成为了麦卡锡主义的牺牲品。而在这时，他还只是加州大学伯克利分校的理论物理学教授，当时由阿瑟·康普顿推荐，他负责解决原子弹中最重要的理论计算问题（快中子计算）。

至此，美国原子能计划从倡导到实施都是由科学家们在推动，他们不懂政治，更不懂军事，他们只知道要抢在战争狂人希特勒之前拥有这种武器。他们中间很多人是犹太科学家或犹太人的亲属，包括爱因斯坦、费米、奥本海默和西拉德等人，他们倡导和参与研制原子能武器完全是出于科学家的良知和责任感。

即使理论计算出链式反应能进行下去，也还需要大量的实验去证实，最好的试验办法就是建立一个"可控"的原子反应堆。为了实现可控，就得让反应堆里面的中子速度降下来，只有快中子撞击铀原子核时才会发生核裂变，速度较慢的中子撞击原子核是不会导致核裂变的，这样就能避免不可控的核爆炸。降低中子速度的物质被称为减速剂，而最佳的减速剂材料是重水或纯石墨。不过，制造大量的重水和纯石墨并不简单，纳粹德国后来就是因为没有重水做实验而影响了核计划的进度。建造验证链式反应的核反应堆的任务交给了费米和康普顿，他们经过研究，决定采用纯石墨作减速剂，并开始研制世界上第一个原子反应堆。根据费米的设计，可以通过铀棒插入石墨块的深浅来控制这个反应堆中铀燃料的链式反应大小。这个反应堆和我们今天想象的核电站反应堆不同，它的输出功率非常小，只有 0.5 瓦，目的只是为了验证可控制的链式反应。但是建造这样的一个小反应堆成本却很惊人。别的不说，光是作为减速剂的纯石墨就用了 40000 块，每块大约 10 千克，即总重量 400 吨左右。要知道纳粹德国制造的减速剂重水，最多的时候也不过一吨多。石墨虽然便宜，纯石墨却非常昂贵，对比美国和德国核研究使用的减速剂数量，就可见美国原子弹工程的规模之大。顺便提一句，这些石墨不仅昂贵，就连当时搬运它们都是个问题。因为搬运石墨的机械非常复杂，当时还没有机械，只能用手搬，而它们的纯度非常高，石墨的粉尘会渗入人的皮肤，据当时的技术员讲，"这些粉尘很难洗掉，洗完澡半个小时后，毛孔里又会渗出可恶的石墨粉尘"。这些工作大部分都是由大学的技术员和研究生完成的。

　　经过一段时间没日没夜的工作，到了 1942 年 12 月 2 日，距珍珠港事件近一周年，人类第一个核反应堆终于建成并开始工作了。费米亲自操控反应堆，这是人类第一次通过原子核裂变获得能量，虽然它当时的目的是为了证实原子弹中链式反应的可行性，但却是今天所有核电站反应堆的鼻祖，为日后人类和平利用原子能奠定了基础。

　　除了理论和实验的问题，制造原子能武器还有很多工程和生

第十章　打开潘多拉的盒子　——

463

图 10.2　费米主持设计建造的世界上第一个原子反应堆

产的问题需要解决。首先，地球上天然的铀元素大部分都是无法进行链式反应的铀 238，只有不到 1% 的铀是可用于制造原子弹的铀 235。如果在原子弹中尽是铀 238，那么中子在撞到铀 235 的原子核之前可能先撞在不会发生核裂变的铀 238 上了，这样链式反应就进行不下去，因此原子弹中需要非常"纯"的铀 235。有关伊朗核问题的新闻里，经常提到"浓缩铀"一词就是这个原因。由于铀 238 和铀 235 是同一种元素的同位素，化学性质一样，无法通过化学方法分离。在工程上，它们的分离是制造核武器的一大难题。当然，这个问题还是有办法解决的，我们后面再讲。

　　讲了这么多问题，是要说明制造原子弹在当时难度很大。而上述这些问题，不是把最优秀的科学家们集中在实验室里做试验就能解决的，因为它取决于一个国家的工程水平和工业水平。用当时玻尔的话讲"这（指原子弹）绝不能实现，除非将美国变成一个巨型工厂"。但是玻尔忘了，第二次世界大战时美国就是一个大工厂，连 IBM 都能制造机枪，还有什么不能做的。

　　为了把美国变成研制原子弹的"巨型工厂"，罗斯福和美国军方决定成立一个新的计划来研制核武器。这项计划最初的办公室在纽约曼哈顿的百老汇街，故被称为曼哈顿计划。考虑到研制核武器需要在一个保密而安全的地方进行，要搞很多基础建设，美国军方最终决定让一位会搞工程的将军担任总负责人。而后来的事实证明，这个人找对了。

第四节　曼哈顿计划

如果没有曼哈顿计划，人们记得格罗夫斯（Leslie Groves，1896—1970）这个人的唯一原因就是他监督建设了美国国防部的五角大楼，当然前提是有人好奇五角大楼的监工是谁。而美国军方选中格罗夫斯来领导曼哈顿计划，恰恰是看中了他会搞基建这一点。但是格罗夫斯很快证明他不光会搞基建，而且识人有术、眼光长远。

格罗夫斯在上任前只是一名上校，职务是美国陆军工程局副局长，相当于中国的工程兵副司令。为了日后便于管理那么多世界顶级的科学家，格罗夫斯要求将他的军衔提升为准将。军方也批准了。这样格罗夫斯准将就上任了。

虽然原子弹还没有设计出来，格罗夫斯知道无论是研究还是制造原子弹都不能缺少铀矿石。于是他就在第一时间将放在纽约港的两千罐（1250吨）富铀矿石买了下来。大家可能很奇怪，纽约港怎么恰巧有这些宝贝呢？原来，在德国占领比利时前夕，比利时商人森杰尔（Edgar Sengier，1879—1963）就把他在刚果的富铀矿开采出来的铀矿石抢运到了美国，因为英国科学家们告诉他这些铀矿石最终会被用来制造消灭纳粹的武器。但是这批宝贝在仓库里一躺就是两年多，无人理会，现在它的买主终于来了。森杰尔很干脆，以400万美元的超低价把铀矿石卖给了格罗夫斯。

有了铀，也有了钱，接下来的关键是要找到人。在美国几乎全部获得过诺贝尔物理学奖和化学奖的科学家都已上阵了，只有爱因斯坦是例外，爱因斯坦当时在从事另一项军工研究——弹道轨迹的研究。大部分科学家的精力都用在了分离和制造可用于原子弹的核材料上。费米在此之前已经开始负责建造用于研究铀特性的反应堆，后来他和康普顿又接受了一项新的重要任务，制造核材料钚239。劳伦斯负责建立大型加速器分离铀235和铀238。但是现在还缺一个研制原子弹本身的技术总负责人。

格罗夫斯选定了颇有争议的物理学家奥本海默。奥本海默当时非常年轻，而且没有得过诺贝尔奖，但是在物理学界的名气却不小。他是一位公认的天才，精通八种语言，被认为是少有的在物理学各个领域都有非凡造诣的人。从技术水平来讲，奥本海默足以胜任这一职位。但是他之前并没有管理经验，更让一些人不放心的是，他有明显的共产主义倾向，他的诸多亲戚，包括他哥哥和前女友都是共产党员。曼哈顿计划当年在美国是超级机密，了解其全貌的人少之又少，因为美国当时非常害怕核计划泄露出去，尤其害怕技术被苏联人掌握。即使在罗斯福的内阁，也只有陆军部长史汀森和罗斯福本人知道，连后来的副总统杜鲁门都所知甚少。如果将这样一个绝密而且事关今后国家安全的计划交给一个政治上可能靠不住的人，确实有很大的风险。另外，奥本海

图 10.3　上了《生活》周刊封面的美国原子弹之父奥本海默博士

默我行我素，早年在剑桥大学读书时，就爱闯祸。而且他在领导曼哈顿计划后，还跑去见了他那位共产党员前女友。因此，联邦调查局一直在监视他。当时，陆军情报部门反对将这项最保密也是最重要的任务交给奥本海默，但是格罗夫斯还是力排众议，任命他为曼哈顿计划的副主任。

　　奥本海默建议，要想在德国人之前研制出原子弹，必须将所有科学家集中在一起工作，而不是像先前那样分别在各自的大学做研究。格罗夫斯采纳了他的建议，并且按照奥本海默的提议，将实验室建在了新墨西哥沙漠中一个偏远的小镇洛斯阿拉莫斯。这里既安全保密，又便于将来进行核试验。奥本海默之所以知道有这么一个大家都没听说过的小镇，是因为他曾在那里养过病。从这件事上看，格罗夫斯对奥本海默可谓言听计从。

　　洛斯阿拉莫斯这个小镇一下子热闹了起来，世界上最优秀的科学家包括费米等陆续来到了这里。但是一支军队光有将没有兵是不行的，可这支部队招兵却很难，因为他们在招聘时不告诉人家做什么，而且要搬到沙漠中的不毛之地去。不过，奥本海默利用实验室里这些大牌科学家的名气，还是招到了近千名科学家和工程师[6]，外加 3000 名工程兵，但是这些人依然不够用。格罗夫斯和奥本海默得感谢希特勒不断地把欧洲富有正义感的科学家往外推，这些人辗转来美国后，不少人都加入了曼哈顿计划。

但是，美国军方和联邦调查局对奥本海默的监视和审查一直没有停止过。由于不被信任，奥本海默甚至接触不到一些机密文件。这让他非常痛苦，但是奥本海默选择了忍受，继续忘我地工作着。支持他的信念是，自己的工作将从希特勒武力下解救无数的生命。奥本海默本人是第二代犹太移民，出生在美国，但是他的很多亲属、朋友和过去的同学依然在欧洲，受到希特勒和纳粹的迫害。虽然他不是共产党员，但是他有强烈的左派自由主义倾向。他反对法西斯主义，在资金上支持过西班牙共和国反对独裁者佛朗哥。他做这一切显然不是为了钱，因为他一辈子的工资还不如他们家一幅藏画值钱[7]。从后来他和助手爱德华泰勒在研制氢弹问题上的争论看，他也不是一个追逐名利的人。唯一支撑他忘我工作的原因，就是要在纳粹德国之前研制出原子弹。

在奥本海默处境艰难的时候，格罗夫斯给予了他充分的信任。格罗夫斯怀疑过其他科学家，但是从未怀疑过奥本海默，而

6　实际上大部分科学家和工程师猜到了要从事什么工作。

7　奥本海默出生于一个非常富有的家庭，他们家族除了在美国有相当可观的生意外，光是收藏品就价值不菲，至少有三幅梵高的作品、大量印象派的作品和毕加索等人的作品。

且他一直坚信只有奥本海默才能领导科学家们最终做出原子弹。作为军方的工程人员，格罗夫斯深知武器的研制不比一般的科学研究，它不仅要求领导者有实际的设计能力和一般意义上广博的知识，而且需要对化学、金属学、武器和工程制造有全面的了解。除了奥本海默，很难找到这样的人，另外，奥本海默身上具有一种其他科学家不具备的优点，就是超出凡人的雄心以及不达目的绝不罢休的韧劲。

奥本海默的同事和下属对他的评价也非常高，他们都认为他是最好的实验室主任，了解实验室的几乎每一项发明。他的同事，也是他在德国哥廷根大学的师兄弟、著名物理学家韦斯科普夫（Victor Weisskopf，1908—2002）曾经这样介绍奥本海默在洛斯阿拉莫斯的工作："奥本海默亲自指导着从理论到实验的各项工作，他能迅速把握各项任务的关键所在，他不是在办公室里发号施令，而是亲临现场做决策。他从实验室到会议室评估和决策每一个想法。有些时候他是方案的提出者，有些时候他不是，但他依然影响着这些方案。他几乎无处不在，让人感觉他在直接指导每一位下属的工作。他用自己的表率作用营造了实验室高昂的士气。"就这样，在格罗夫斯的支持和所有人的努力下，洛斯阿拉莫斯实验室的工作进展迅速。其间奥本海默也在不断调整原子弹的设计方案，直到1945年初才最终确定下来。

就在奥本海默等人夜以继日地研制原子弹时，为原子弹提炼核材料的工作也紧锣密鼓地进行着。经过对比各种方案和前期试验，曼哈顿计划最终确定了两条腿走路的方案。第一方案是用电磁离心分离机（一个大型的回旋加速器）分离铀235和铀238，这项工作由劳伦斯等人负责，电磁分离的方法成本非常高，但是比较有把握，同时美国还尝试了另外两种分离铀235的方法。第二方案是用中子轰击铀238产生一种新的放射性元素钚239，由费米等人负责，这种方法效率较高，但是需要建造大型的反应堆。我们今天建设一个加速器或者核反应堆都需要很多年，而在当时根本没有建设这些工程的经验，却要在很短时间里完成，难度可想而知。格罗夫斯深知除非动员全美国的力量，否则这项工程无法完成。他除了把很多大学和研究所圈进曼哈顿计划，还把很多大公司也拉了进来，它们包括著名的贝尔电话公司（AT&T的前身）、标准石油公司（Standard Oil）和杜邦公司，等等。

曼哈顿计划的耗费超出一般人的想象。格罗夫斯当年的工资是每月600多美元，每天却要花掉上百万美元，这还不包括非经常性的巨额花销。为了建造大型的回旋加速器，需要一个巨大的磁场线圈。劳伦斯设计的这个线圈每个高达80米，要用到大量的铜。而当时美国已经几乎把所有的铜都用到军工上了，再也无法提供这么大量的纯铜。劳伦斯想尽了办法也无法解决这个问题。最后他想出了一个很疯狂的点子，采用比铜导电性能更好的纯银做线圈的导线。劳伦斯将这个疯狂的想法告诉格罗夫斯，后者马上安排他的助手尼古拉斯去和财政部商量。尼古拉斯找到财政部副部长贝尔，说明来意，却拒绝透露用途，只是强调这是战争需要。"要多少？"贝尔问，"6000吨。"尼古拉斯答道。我不知道当贝尔听到这个数字时是什么反应。他用略带不满的口气讲"年轻人，你要知道国库是使用盎司（两）来计算银子的"。尼古拉斯保证战后这些白银会如数归还。当时美国国库一共只有

47000 吨纯银能动用，而曼哈顿计划最终用掉了 14700 吨白银。这些白银直到 1970 年才全部归还国库。

为了知己知彼，格罗夫斯也在不断了解德国人的进展。在第二次世界大战后期，美国派出了一个代号为阿尔索斯的情报小组，追踪德国人的核计划和核基地（因为在盟军的打击下，德国的核基地经常搬家）。最后，同盟国的特工在德国的一个小镇海格尔洛赫找到了德国人的地下核试验室，结果令他们大失所望。原来，这不过是简陋的地下室，只有三间房，里面有个"很土"的反应堆。一共只有作为减速剂的半吨重水，和几十根绳子拴着的几百块小铀块。和美国浩大的曼哈顿工程比，这只能算是小孩搭的玩具。根据被俘德国科学家的介绍，他们的核计划还完全停留在探索阶段，而第一个目标只是利用核反应为能源日益短缺的德国提供能源，至于制造核武器，那还差得远呢。

德国是最早发现核裂变的国家，也是最早开始核计划的国家，他们有包括海森堡等人在内的世界上最优秀的科学家，在1944 年以前他们占据着欧洲大片领土并且控制着铀矿在内的大量资源。那么为什么他们不仅没有造出原子弹，而且离这个目标非常遥远呢？

第五节　德国的核计划

20 世纪初，德国在物理学上曾遥遥领先，在第二次世界大战之前，他们拥有世界上最多的诺贝尔奖获得者，特别是在核物理研究方面拥有像海森堡、盖革（Johannes Wilhelm Geiger，

1882—1945）、博特（Walther Wilhelm Georg Bothe，1891—1957）和哈恩这样的优秀人才。作为首先发现核裂变并且拥有大量铀资源的国家，作为一个具有良好的组织传统并且全民对科学研究都有兴趣的国家，德国却未能在世界上首先制造出原子弹，其中的原因非常复杂。这也是历史学家和剧作家们喜欢谈论的话题，总结一下最流行的观点，有这样几个：

第一、希特勒对这种需要长期投入而不能预见结果的研究没有耐心；

第二、英国人成功地炸掉了纳粹德国在挪威的重水工厂；

第三、海森堡等科学家有非常高的道德水准，有意拖延；

第四、德国没有像美国那样搞一个专门的工程（曼哈顿计划），而是让科学家们各自为战。

我们先不做评论，而是看看德国核计划具体实施的过程。

纳粹德国在入侵波兰以后，马上开始了第二次核计划，并且由陆军直接领导。它的参加者都是些大名鼎鼎的人物，包括哈恩、瓦尔特·博特（Walther Bothe，1891—1957，诺贝尔奖获得者）、霍夫曼（Gerhard Hoffmann，1880—1945）和海森堡等人。但是德国人从来没有美国人那样的紧迫感，这或许和他们早期在欧洲战场上进展太顺利有关。在战争开始不久，古德里安（Heinz Wilhelm Guderian，1888—1954）的坦克部队就按照曼施坦因（Erich von Manstein，1887—1973）制定的计划横扫西欧，很快打败了被希特勒评价为具有欧洲第一陆军美称的法国。1941 年 6 月，他们移师苏联，在半年内让苏联损失了近 300 万兵力。但是有些时候塞翁得马，焉知非祸。德国陆军相信他们的铁甲部队可以很快结束战争，对那还八字没一撇的原子能武器不感兴趣。于是在1942年放弃了对核计划的控制，任由科学家们自由发展。到这时为止，整个德国只有几十名科学家全时参与核计划，加上几十名半时人员，他们分成了几个课题，独自进行研究。而此时，美国的核计划已经聚集了几百人，正在紧锣密鼓地进行着。

到了1942年的6月，德国的核计划又转由戈林的空军领导，事实证明这个决定大错特错。戈林其人非常短视，除非马上能用于战场的东西，他都不投入力量搞研究。更要命的是，核计划的目标是制造武器还是为德国提供能源也没有搞清楚。核计划的主要领导者是核物理学家德伯勒和舒曼。其中舒曼又是政府官员，他的作用相当于曼哈顿计划中的格罗夫斯。但是这位著名作曲家的孙子和他爷爷一样酷爱音乐，物理学家们嘲笑他只会奏"军事音乐"，盖世太保也发现了他的不胜任和科学家们对他的不信任，但并未采取任何措施。

虽然遇到了种种困难，不过科学家们还是在自觉开展核研究，尽管一直停留在实验阶段。1942年5月，海森堡的小组在一个实验反应堆上测到的中子强度比其放在反应堆中间的中子源强度提高了3%，证明"产生的中子比吸收的中子要多"，但它并不是真正的链式反应堆，和同期费米等人在美国的工作相距甚远。而就是这个反应堆还在不久之后的一次事故中毁掉了。

和美国的核计划得到了世界上很多科学家鼎力相助不同，德国的核计划成为欧洲抵抗力量要摧毁的目标。纳粹在欧洲的暴行激起了各国人民的反抗，有道是失道寡助，这很快就在纳粹德国身上应验了。在德国占领挪威之后，很多不愿意做亡国奴的挪威人流亡到了英国，并且参加了反抗德国人的各种行动。德国核计划中用作减速剂的重水恰巧就在挪威的一个水电站制造。英国特工部门军情五处（MI5）为了破坏德国的核计划，招募挪威流亡人士组成敢死队，潜回挪威，在1943年初以极大的代价炸毁了重水工厂和已提炼出来的宝贵的重水。当德国人将它修复后，美国空军于1943年12月又将它炸毁，而正运往德国的重水也被英国情报部门再次炸毁。这一段故事后来被搬上了银幕，1965年由安东尼·曼导演，柯克·道格拉斯等人主演的《雪地英雄》再现了当时这惊心动魄的一幕。后来，德国在本土建设重水工厂的计划也落了空，致使核研究失去了重水来源。

到了1944年，德国本土到处是盟军的轰炸目标，1944年2月，哈恩在柏林的化学研究所遭空袭破坏。为了避开空袭，当局下令将科研机构全面从大城市撤退，在德国南部建立一个新的科研基地。哈恩的化学研究所搬到了美因茨（Mainz）；海森堡的物理研究所搬到了赫津根（Hechingen），并在附近的海哥劳赫（Haigerloch）开始了新的反应堆实验；而化学家哈特克（Paul Harteck，1902—1985）曾在气体离心分离法方面取得一些进展，并造出了几台原型机，但是为了躲避空袭，这些研究小组不得不经常搬迁，根本无法大规模地生产离心机来提炼核材料。

德国的科学家们对外界的情况几乎一无所知。在战争末期，

图 10.4　海森堡简陋的核装置

为了破坏德国人可能的核设施和防止核科学家落入苏联人手里，美国的阿尔索斯情报组深入德国展开仔细搜寻，找到了一些德国科学家以及核设施的痕迹，事实表明德国的核研究离实用还差得很远。但是美国人还不放心，他们坚持一定要找到海森堡。最后他们如愿以偿，找到了海森堡，并确信海森堡等人的研究工作离原子弹还相差甚远。而令他们吃惊的是，海森堡还以为德国的工作远远领先于美国。

　　第二次世界大战后，许多当事人与历史学家对此都作了分析和反思，提出了很多不同的看法。例如海森堡认为失败有两个原因：德国的短期军事研究的影响，以及原子核研究超出了德国科学技术研究的能力。而阿尔索斯行动的一些参与者则认为有这样几个原因：其一，德国物理学家骄傲自满；其二，纳粹迫害非日耳曼裔的科学家，严重损害了科学研究；其三，纳粹对科学组织的严密控制，使得科学家之间各自为战；其四，过分地依赖"大科学家"们，使得研究过于理论化。但是这些当事人所说的问题同样也应该适用于德国火箭的研究，而事实上冯·布劳恩（Wernher von Braun，1912—1977，德国火箭之父，他的故事我们后面还会仔细讲）等人在战时的工作却远远领先于同期的美国人和苏联人。因此，除了这些原因，还有更深层的因素。

第一是综合国力的比拼，德国远不如美国。

　　这其实不用多讲了，我们在前面介绍曼哈顿工程多么浩大、开销多么大就知道了。美国本土除夏威夷外在第二次世界大战时没有受到任何攻击，美国本身的资源又非常丰富。它的战时机器一旦被动员起来，潜力超过当时所有国家的想象。在第二次世界大战期间，美国是唯一在太平洋和大西洋战场同时投入重兵的国家，但是这期间制造和改建了 100 多艘航空母舰，建造的军舰总吨位达 3300 万吨，还制造了 32 万架飞机，10 万辆坦克。美国的钢铁产量几乎抵得上世界其他国家的总和，而原油产量超过世界所有其他国家总和的三倍。

　　在人类第一次研制原子弹时，很多问题的答案都是未知的，比如说怎么浓缩铀，用什么作减速剂。美国的做法是各种可行的方法统统试验一遍，这实际上就是拿人力、资源和金钱换时间，因此在战争期间，只有美国承担得起研制原子弹这样庞大的工程。后来在美苏太空竞赛中，美国也是采用类似的方法，通过人力、物力和财力赢得了竞赛。

第二是得道多助，失道寡助，缺乏足够多的专业人士。

　　美国的曼哈顿计划，得到了全世界很多科学家的帮助，包括很多从欧洲甚至德国来到美国的科学家，比如费米、西拉德和泰勒等人的帮助。曼哈顿计划实际上还是一个庞大的国际合作项目，英国和加拿大也积极参与其中。而德国方面，由于纳粹对犹太科学家的迫害，大量优秀科学家只得逃离德国甚至欧洲，导致核研究方面人才匮乏。在希特勒 1933 年上台后，爱因斯坦等科学家被迫离开德国，这一年共有 20 名诺贝尔奖获得者离开德国。到了第二次世界大战前夕，有大约四成的大学教授失去了他们的职务，而这些职务大多数却落到了不学无术的纳粹分子手里。

另外，纳粹的暴行在欧洲激起了民众的反感，在它占领荷兰、法国和丹麦等国家后，这些国家还有相当一部分优秀的科学家，但是他们不仅不愿意参与德国的核计划，还把自己的研究成果送给盟国。法国著名核物理专家弗雷德里克·约里奥 - 居里（Jean Frédéric Joliot-Curie，1900—1958）和伊莲娜·约里奥 - 居里（Irene Joliot-Curie，1897—1956）夫妇，就是典型的例子。这一对居里夫妇是著名物理学家居里夫人的女婿和长女，他们获得过 1935 年诺贝尔化学奖，并且两次和诺贝尔物理学奖失之交臂（中子和正电子的发现），是当时欧洲顶级的核物理专家。他们在法国参与链式反应和核反应条件的研究，成功利用铀和重水实现可控核裂变的核反应产生能量。爱因斯坦称他为链式反应的主导科学家之一。但是弗雷德里克·约里奥 - 居里是一位和平主义者[8]，他不仅没有帮助纳粹，而且还加入了法国抵抗运动，不断向盟国提供情报。

研制原子弹是一项规模庞大而复杂的科学研究，不但需要有高质量的科学家，而且需要有足够数量的研究人员。德国虽

8　约里奥 - 居里在第二次世界大战后担任世界和平大会的主席，主张全面销毁大规模杀伤性武器。

然有一个很小的由顶尖科学家组成的核心群体，但是缺乏一个由足够数量科学家组成的梯队，尤其是精力旺盛的年轻人。在美国参加曼哈顿计划的大部分年轻人来自于大学。在德国，第二次世界大战前很多大学相比美国毫不逊色，在著名物理学家阿诺·索末菲（Arnold Sommerfeld，1868—1951，海森堡的老师）领导下，慕尼黑大学是当时出色的原子研究中心。1935 年，索末菲准备退休，他和其他学者都想让海森堡作为接班人，但是遭到纳粹的拒绝，并且最终这个职位交给了一个纳粹分子，从而断送了这个研究中心。在大学里，纳粹党最热衷于在青年学生中进行煽动和征兵，他们成功地鼓动了大批德国年轻的研究人员和学生到战场上扛枪打仗，后方的科学研究当然也就开展不起来了。

到 1945 年，美国的曼哈顿计划聚集了几千名科学家和工程师，而德国因为没有人帮忙，能投入的人力连十分之一都不到。不仅如此，德国的核计划还遭到了欧洲抵抗组织的破坏。挪威人帮助破坏德国的重水工厂就是很好的例子。这样一来，德国的核计划就变得遥遥无期了。

第三是纳粹对核研究工作的组织工作不得力。

德国没有像美国那样搞一个目标明确、集中管理甚至集中工作的核计划，而是把任务分配给主管科学家，让他们各自进行。这些科研小组之间的联系也比较少。曼哈顿计划的总负责人格罗夫斯是个军人，讲究效率，他从一开始就按照做工程的方式，而不是搞研究的方式管理这个计划，并最终制造出了核武器。德国的核研究是靠一种对科学的爱好（科学家们）和没有基础的政治狂热（纳粹分子们）而开展起来的。负责人舒曼除了物理学外，兴趣全在"军事音乐"上。另一位负责人埃索开始时对核研究很热情，后来觉得细菌武器可能见效更快，在 1942 年以后，就转到细菌战的研究上了。在最高决策者的支持上，德国也远不如美国，希特勒喜欢大规模杀伤性武器，但是没有耐心，希望六个月就能用于战场（这根本不可能）。后来直接主管核计划的戈林，在支持飞弹研制上可圈可点，对核研究却没有真正的兴趣。有人认为，如果德国及早由军需部长斯皮尔领导核研究的话，进展不至于如此缓慢。

著名物理学家杨振宁教授就物理学家个人对核计划的影响问题，曾经说过这样的话："我觉得哈恩与海森堡都是大学者，可是他们的能力和兴趣与解决设计原子弹所需的能力和兴趣是不相同的。而费米、培尔斯、泰勒、贝特、西拉德等人的能力和兴趣，对解决设计原子弹过程中的问题却特别起作用。"从这点来看，说明美国把科学家的兴趣和实际的原子弹研制结合得更好，而德国人没有做到这一点。

纳粹德国在战争初期进展顺利，认为胜利会马上到来，于是将大部分生产和科研转到直接为战争服务的轨道上，没有做好长期战争的准备。在战争后期，战事不利，又希望能靠新武器扭转战局，但德国的工业却再也负担不起反应堆的建造和原子弹的研制任务了。整个战争期间，全德国只有一台回旋加速器，在战争快要结束时，才在海德堡的医学研究所开始运转。由于试验相当不充分，海森堡计算出的原子弹所需的临界体积比奥本海默的计算结果（实际的数据）大很多。这种失误让德国人误以为原子武器不可实现，转而研究利用原子能提供能源。

第四是科学家们的思想混乱、心理矛盾。

这是一些历史学家和大量剧作家最爱找的原因，认为包括海森堡在内的大量德国科学家在研究原子弹方面其实是在消极怠工。其中在1941年底发生的一件事情让历史学家和剧作家产生了无限的遐想。那次，海森堡受玻尔的邀请来到已被德国占领的丹麦。玻尔邀请海森堡访问哥本哈根的目的和后来证明的实际情况都是做学术报告。但是由于海森堡敏感的身份，以及玻尔在后来对推动曼哈顿计划的作用，很多历史学家都认为他们谈到了原子弹，有些剧作家甚至把海森堡描绘成道德水准超群的科学家，并在暗中帮助盟国。BBC曾经拍过一部电视剧，在剧中海森堡将一个写了字的小纸条悄悄交给玻尔，暗示德国在搞原子弹。而在所有戏剧中，获奖作品《哥本哈根》的影响最大，在剧中两个顶级科学家讨论了核反应堆、铀裂变等，还谈论了战争时期个人为国家履行的责任和义务等。而事实上，根据两位科学家后人公开的材料看，他们当时可能除了学术，什么都没谈，毕竟他们的会面是在纳粹的严密监视之下进行的。而至于海森堡，他并不觉得为纳粹德国进行核研究有什么不对。

海森堡等人一方面或多或少地受到原子弹的道德问题的困扰，并且怀着对希特勒和具体组织者的不信任，另一方面却努力工作，希望自己能最早造出这种武器。一些科学家还很自信地认为，如果德国造不出原子弹，其他国家就更没有希望。1943年

12 月 16 日，盖拉赫在给希特勒的助手的一份报告中写道："我确信，尽管我们得到了比美国人较少的帮助，我们目前在研究和发展方面还是比美国人领先很多。"

当美国宣布它成功地在日本投下了原子弹时，德国参与核研究的重要科学家们的反应是极为复杂的，有反省、悔恨，也含有自我安慰。哈恩听到这个消息后，居然神志十分不清。他说，他感到自己对这次几十万人的死亡负有责任，因为有了他最初的科学发现，原子弹才有可能被制造出来。他还对迈特纳说，当他最初看出自己的科学发现的全部潜在可能性时，他曾经想要自杀。现在这些可能性都已成为事实，他感到自己应该受到责备。对于许多战时参与过核研究的德国科学家来说，在知道别人已经成功地完成了他们没做成的工作之后，痛苦的心情总是自觉或不自觉地困扰着他们。海森堡悲叹自己没有为德国的核计划贡献出像冯·布劳恩贡献给 V-1 和 V-2 火箭一样多的力量，他说："如果我们这些进行过这方面工作的教授，连他们是怎样获得成功的都搞不清楚，我认为这是耻辱。"就是在这样非常矛盾的心理状态下，德国科学家们度过了他们的第二次世界大战时光。而同时期在美国的科学家，都一致认为他们是在为终结希特勒这个独裁者的崇高目标而工作的，两边的士气和积极性立见高下。

在第二次世界大战期间，原子弹这种人类历史上最厉害的武器研制在两个敌对的阵营内独立进行着，并以德国的失败和美国的成功而告终。这对德国的科学家们来说可能是一个耻辱，但对于整个世界来说，则是一大幸事。

第六节　潘多拉的盒子被打开了

虽然爱因斯坦很早就预见了世界上最大的能量所在，而且德国人和美国人都证实了这一点，但是没有人知道利用原子核裂变的质量损失产生的能量毁灭性到底有多大。直到 1945 年 7 月 16 日这一天。

头一天早上，奥本海默像往常一样离开家，他显得很平静，只是和她妻子讲，"如果成功了，我就打电话告诉你把床单换了"。他来到新墨西哥州沙漠中的白沙试验场，距第一颗原子弹试爆点大约 9 公里处。几天前，他亲自监督了世界上第一颗原子弹（代号"三位一体"，Trinity）的组装，现在它被架在了三十多米高的铁塔上。原子弹本来预定在凌晨 4 点引爆，但是临近引爆时，忽然风雨大作，而且风是向几十公里外的居民区刮去的，核爆试验只好推迟到五点半。

曼哈顿计划的负责人格罗夫斯和众多科学家包括费米则在离核爆地点 16 公里外的观测点等候。没有人知道它能否成功，威力如何。科学家们打起赌来，他们猜测这个原子弹的威力从 0（完全失败）到 4.5 万吨 TNT 当量不等。5 点 29 分，一位物理学家引爆了这颗原子弹。刹那间，黎明的天空顿时闪亮无比。"比一千颗太阳还要亮"，这是当时在场的人们的描述，日后也成了记述关于曼哈顿计划传记的标题。在场的每个人对当时的描述都不尽相同，这些描述可以从任何关于核爆炸的描述中找到，但是大家有一点感触是相同的，就是它爆炸的威力超出了所有人的想象。奥本海默当时讲"我们都成了婊子养的""我成了死神"，远

图 10.5　费米用纸片估算第一颗原子弹所释放的能量

在十几公里外的费米扬起了一些纸片，最早估算出其爆炸当量在 1 万吨 TNT 以上。很快，精确的结果出来了，爆炸当量近 2 万吨 TNT。

科学家们知道他们打开了潘多拉的盒子，而这种武器的威力可能毁灭人类自身。于是他们对原子弹的态度来了一百八十度转弯，建议美国政府不要使用这种武器。西拉德和玻尔这些当年倡导原子弹计划的科学家成了最坚决反对使用原子弹的人。但是政治家和军人们的心思却不同。

到了 1945 年夏天，日本不仅没有一点投降的迹象，而且还在做"一亿国民总玉碎"的垂死挣扎。别无选择，盟国只好准备进攻日本本土，并且为此已经制定出落日行动（Operation Downfall）。落日行动包括两个部分：奥林匹克行动（Operation Olympic）和小王冠行动（Operation Coronet）。奥林匹克行动计划于 1945 年 10 月实施，目标是占领九州岛南部三分之一左右的领土，使之与已经占领的冲绳成为下一步进攻的主要基地。小王冠行动则计划于 1946 年春天实施，目标直指迫近东京的关东平原。日本军部对于入侵的可能方向也作出了精确的判断，并相应地谋划了本土防御作战计划 —— "决号作战"，欲倾日本最后之全部国力，而不打算为任何可能的后续作战计划留存余裕。虽然对日决战最终没有付诸实施，但倘若果真实施，参战双方必将付出巨大伤亡。视日本一般民众的抵抗程度如何，盟军的伤亡估计约数百万，而日本军民死伤则可能逾千万。注意，这些伤亡的估计是在雅尔塔协议之后，考虑到苏联出兵的因素。

1945 年初，美国做好了决战日本的准备，并且决定了在必要时由麦克阿瑟统一指挥全部盟军的部队。美国对这次决战的艰巨性有充分认识，准备一直打到 1947—1948 年。考虑到伤亡数量将是惊人的，美国事先制作了 50 万枚紫心勋章，准备授予伤亡的军人。事实上这些勋章至今还没有发完。

但是有了原子弹，情况就不同了。这种超级武器不仅可以让美军伤亡降到极低，而且可以震慑日本国民。要知道，当时日本国民几乎都支持战争。自从第一颗原子弹试验成功，当时的美国总统杜鲁门在和军方磋商后就决定用在日本战场上，以便尽快结束战争。

美军选定了几个尚未被轰炸过的城市作为原子弹的投掷目标，它们分别是广岛、小仓、长崎等。投弹的任务交给了空军第 509 混成大队。为了确保万无一失，这个飞行大队在很多天里就练习一个动作，带一颗大炸弹飞到日本城市的上空，扔下去，飞回来。8 月 6 日，真正的任务开始了，参加轰炸的 7 架飞机，1 架为原子弹载机，由大队长蒂贝茨（Paul Warfield Tibbets, Jr.，1915—2007）亲自驾驶。那天天气很好，广岛上空的能见度很高，509 飞行大队没有遇到任何炮火的袭击就将代号为"小男孩"的原子弹成功投到了广岛市区。原子弹爆炸的惨象就不必描述了，它的爆炸当量是 2 万吨 TNT，相当于东京大轰炸的八倍，造成了 7 万多人死亡和 10 多万人受伤。第二天，苏联就在东北出兵了。

广岛的毁灭给日本朝野带来极大震动，以东乡外相为首的几名内阁成员，建议日本接受《波茨坦公告》投降（他们自己称为终战）。但是日本军方却激烈反对，认为日本军队士气高昂，数百万军队渴望决一死战，而即使政府宣布停战，日军也可能拒绝投降。两派意见相持不下，美国不得不投下了第二颗原子弹。这次投掷原本的目标是小仓，但是投掷的过程非常不顺利，先是油箱故障，部分燃油无法使用，接下来遇到天气问题和地面炮火攻击的问题，509 航空队不得不临时决定将原子弹"胖子"投到了备选城市长崎。这颗原子弹当量更大，但是好在长崎三面环山，损失来得比广岛小些。

就在长崎遭受原子弹袭击的同时，日本在中国东北的几十万关东军，也被苏联的百万铁甲军碾成了齑粉，迫于各方压力，日本天皇决定无条件投降。日本国民（不仅仅是军人）在这次战争中给全世界很多国家带来了无穷的灾难，最后也使广岛和长崎遭受了可怕的原子弹袭击。

对于当时是否应该使用原子弹，从一开始就有争议。科学家们的态度就不用讲了，即使是历史上被日本侵略的一些国家，日后受意识形态的影响，都一度甚至至今仍谴责美国使用核武器。今天，当第二次世界大战日渐久远，而被侵略国家经历过第二次世界大战痛苦的当事人渐渐死去的时候，舆论更加倾向于美国在第二次世界大战末期不应该使用原子弹。不知道是什么原因，或许是日本人很有效的宣传，全世界对广岛和长崎原子弹的受害者的同情远远超过了对被侵略国家无辜死难的平民的同情。从 1945 年到 2006 年蒂贝茨去世前，不断有记者问这位当年投下第一颗原子弹的机长是否良心有所不安。蒂贝茨每次回答得都很干脆"使用原子弹的决定是正确的""我每天晚上都睡得很好"。我想，如果记者们用这个问题去采访参加过太平洋上硫磺岛之战 [9] 的美国老兵们，他们得到的答案会是相同的。

在当时，无论从军事还是政治上考虑，使用原子弹都是将参战双方的死亡人数降到最低的方案。但是从更长的历史时期来看，人类打开了潘多拉的盒子毕竟不是一件好事，核武器从此成了政治家和独裁者们互相讹诈的工具，而人类从此生活在恐惧中。或许从更长远的角度来看，当时科学家们坚决反对使用核武器的理由是对的。当然，他们没有最终的决策权。他们那一代人，一直对原子弹带来的灾难感到不安。爱因斯坦自认为倡导研制原子弹是他一生犯下的最大错误，后来签署了呼吁不使用核武器的罗素－爱因斯坦宣言。玻尔心灰意冷回到了丹麦，西拉德等一大批物理学家干脆改行研究生物去了，这导致了后来生物学的快速进步。

从客观上讲，原子弹没有改变第二次世界大战的结果，但是加快了它的结束。科学家们的建议在当时无疑是正确的。因为没有人预见得到德国的核计划搞得那么失败，以至于美国其实并不

9　美国在太平洋战争时期进行的最惨烈的一场夺岛战争，美军死亡 6821 人，伤 19217 人，超过了日方的死伤人数。

需要搞。当时，哪怕是最乐观的美国人和苏联人也想不到在战争初期横行一时的德国和日本到了 1943 年就开始走下坡路了，倡导美国研制原子弹，无疑是科学家们根据当时的信息做出的最正确的判断，而杜鲁门同意使用原子弹，在当时也是正确的。要知道，战争每延长一年，中国的军民就会死亡 250 万人，是广岛和长崎死亡人数的 15 倍左右。

介绍曼哈顿工程和第一颗原子弹的书籍非常多，最有名的一本当属《比一千个太阳还亮》，非常好看，不过遗憾的是，这本书更像小说而不是史籍，里头错误很多。另外一本是当事人格罗夫斯的回忆录《现在可以说了》，里面介绍了曼哈顿计划的很多细节。

第七节　原子能的和平使用

爱因斯坦指出了人类最大的能量所在，迈特纳和哈恩发现了核裂变，费米等人通过可控核裂变获得了能量。原子能本身是客观存在的东西，利用它造福人类还是毁灭人类，这都要看人类自己了。

爱因斯坦等人其实为人类找到了迄今为止能够实现的最清洁、最便宜和最安全的能源。从长远来看核聚变是最清洁而且取之不尽的能源，虽然在近期内人类还无法利用好这种能源。核能也是至今唯一能够全面取代传统能源的新能源，太阳能、风能和生物质能这些可再生能源都不具有这个能力。

当然，我的这种说法可能和大家想象的核能相差甚远。在很多人眼里，核能很危险（不安全），有核辐射（不清洁），核燃料很贵（也不便宜），因此，我们还是用数据说话。

先说安全性。从 1950 年世界上第一个核电站投入使用至今，世界上已有 31 个国家建立了原子能发电站。到 2012 年 4 月为止，共有 430 个核反应堆在使用。这还不包括 240 个用于各种研究的核反应堆。到目前为止，这些核反应堆一共出过三次大的核事故。它们分别是 1979 年美国的三哩岛核电站的核泄漏事故（简称三哩岛事件），1986 年苏联的切尔诺贝利的核电站事故和 2011 年日本因海啸引起的福岛核电站的核泄漏事故。这三次核事故的经过、原因和后果说来话长，这里我们只对它们造成的危害做一个总结。

1. 三次核事故一共有 56 人死亡，两人失踪。死亡均是在切尔诺贝利核电站事故中造成的，两人失踪是在福岛核电站事故中造成的。三哩岛事件没有任何死伤。在今后最终可能有大约 4000 多人（切尔诺贝利事故可能有 4000 人受到严重辐射，福岛核事故可能有 100 人受到较大剂量的辐射）受到核辐射伤害而死亡。切尔诺贝利核电站之所以造成那么大的危害，是因为苏联没有考虑安全性，核反应堆根本就没有装安全壳，这在西方、日本和中国的核反应堆建设中是不允许的。

2. 三次核事故中，只有福岛核电站的事故主要原因来自外部（地震）。三次事故都有一个共同的特点，就是诸多的人为因素造成了最后的灾难。三哩岛事件主要是人为疏忽所致，当然也有早期核电站的很多控制和监控不够人性化的因素。福岛核电站的关键问题是长期管理混乱，不正视经常暴露出来的小问题，欺上瞒下，在安全方面图侥幸。切尔诺贝利核事故和苏联多起航天、潜艇事故非常相似。首先是设计和工艺粗糙，不注重安全（比如切尔诺贝利核电站连安全壳也没有），一旦出了事故，因为政治的原因，隐瞒实情，致使小事故变成无法收场的大事故。这些事故对生命和环境的影响各不相同，其差别在于有无最后一道保护措施——安全壳。

三次核事故造成的人员伤亡即使在几十年后达到数千人，也比煤矿矿难死伤人数要少得多。煤矿的瓦斯爆炸和塌方是很难避免的灾难，即使在美国，每年的矿难也要死亡几十人。在过去的二十年，美国发生的矿难大约每年要死亡60—100人，只有2009年和2012年情况较好，这两年每年死亡35人。而煤矿矿难占全部矿难的一半。今天，中国的矿难情况比美国更加严重，中国出产世界上35%的煤，但是采煤死亡人数却占了全世界的80%。中国矿难具体的死亡人数，官方公布的和各种机构统计的相差巨大，不过即使是官方的数字，死亡人数也相当惊人，以2006年为例，中国煤矿矿难死亡人数为4749人，已经超过所有核事故几十年后的上限死亡人数。美国在20世纪早期（生产条件和今天的中国差不多的时期），每年的矿难死亡上千人。水电也并非安全，虽然我们无法得知全世界水电站建设（大多在条件恶劣的山区）的死亡人数，但是就公布的一些数字看，工程的死亡人数常常超出一般人的想象，比如美国20世纪30年代在修建胡佛水坝时有 112 名工人死亡。而一旦水电站的库坝决堤，后果不堪设想（1975 年中国河南驻马店地区水库决堤，造成十几万人死亡 [10]）。这样仔细对比起来，核能还是相当安全的。上述三个核电站用的都是第一代核反应堆，安全性比现在大量运营的第二代反应堆要差很多，比现在正在建设的第三代反应堆就差得更多了。现在使用的第二代核反应堆安全系数为"重大事故的可能性平均是每十万核反应堆一年一次"（以全球 430 个核反应堆算，每 250 年可能有一个会出问题），而现在新建设的第三代核电站，安全系数为每 160 万核反应堆一年一次，如果几十年后全球有 1000 个核反应堆，大约每 1600 年会有一个出问题。在这 1600 年间，出现战争的可能性都比核反应堆出事的可能性大得多。因此，核能本身不像公众想象的那么可怕。

那么为什么很多人还是谈核变色呢？主要原因至少有以下两点：

首先是对核辐射和核电站缺乏了解。人类的天性是对偶发性大范围的灾难比经常性的小规模灾难更害怕。比如很多人怕坐飞机，而选择其实安全性比飞机要差很多的汽车。由于广岛和长崎原子弹造成了巨大的伤亡，切尔诺贝利核电站事故造成了对环境长期的破坏，因此很多人对核能产生了恐惧。毕竟大部分人的判断是依据新闻而非统计数据（核事故是记者们喜欢报道的话题，也非常吸引眼球，而人类历史上三次核事故造成的死伤抵不上每年煤矿的矿难死亡人数这个事实常常被人们忽略）。

10　被洪水冲走丧生的就超过 10 万人，受灾人口超过 1000 万人，1100 万亩农田受到毁灭性的灾害，京广线被冲毁 102 公里，中断行车 18 天。

第二个原因是有关政府消息不透明。比如日本国内民众对福岛核事故最不满意的还不是由于地震造成了核泄漏，而是东京电力公司在历史上多次隐瞒问题，2011 年出事故后仍试图隐瞒真相，而国民不知情，只能往最坏的地方去想。这应了那句电影台词"没有最坏，只有更坏"。在这三次核事故中，三哩岛事件透明度最高，因此并没有让美国民众产生什么恐惧。而在切尔诺贝利事故中，苏联当局最爱遮遮掩掩，在历史上谎言不断，搞得欧洲周边国家的民众都忧心忡忡。

在人类文明史上，民众对于新发明的恐惧并非第一次。在远古时代，火的发明和使用是人类进化的转折点。人类因此可以取暖，加工食物，更重要的是有了对付野兽的"超级武器"。但是，从人类早期，直到今天，火带来的灾难并不少。一个村落、一个城市因为人为疏忽引起的大火而焚毁，这种事例数不胜数，可要比核事故可怕得多。但是人类并没有因此而放弃使用火，虽然在很长的时间里人类对火都很恐惧。

一百多年前，人们对电的恐惧丝毫不亚于今天人们对核能的恐惧。那时候人们对电的了解也不多，甚至没完全弄清楚什么东西会导电，什么东西绝缘性能好，也不知道电线的绝缘层会老化，经常出现火灾和人畜被电的事故。一些市民把灾难归罪于电本身而破坏供电设施（主要是电线），发明家和企业家爱迪生不得不派人经常巡逻保护这些设施。而爱迪生为了与特斯拉和西屋电气公司竞争，居然也利用人们对电的恐慌，散布高压交流输电危险的言论。可是，人类依然没有因为恐惧而放弃使用电，反而是越用越广。相信随着人们对核电愈加了解后，恐惧心理会渐渐消除。

为什么说核能是最清洁的能源之一呢？我们还是用数据说话。表 10.1 是用各种能源每发一度电产生的二氧化碳排放量。

表 10.1　不同发电方式的二氧化碳排放

发电方式	二氧化碳排放 （克 CO_2/ 度电）
水电	4
风能	12
核能	16
生物质能（垃圾）	18
地热	45
光伏太阳能	46
天然气	469
煤	1001

可以看到，以不同能源根据其在发电时二氧化碳的排放，自然地分成了两组，最后两排红颜色表示的是传统的化石燃料，包括煤和天然气；表中蓝颜色表示的是可再生能源和核能。两组的二氧化碳排放量相差了 1—2 个数量级，采用表中蓝颜色表示的任何能源发电，都可以大大降低地球的温室效应。用第二组能源发电本身应该不产生二氧化碳，但是在建设电站的过程中，制造建筑材料和施工会产生二氧化碳，这些二氧化碳的排放根据电站的寿命，折算到了每一度电中，当然比传统能源要小很多[11]。在第

11　用生物质能发电本身会产生很多二氧化碳气体，但是这些垃圾或者树叶、农作物的枝叶如果不用来发电而是腐烂掉，会产生同样多的二氧化碳。表 10.1 中给出的排放量，是建设生物质能电站消耗的能源材料按照电站发电量折算下来的结果。

二组中，核能的数据来自第二代核电站（福岛核电站）而不是现在建设的第三代核电站，但是依然比太阳能好不少。而第三代核电站又比第二代要清洁得多。唯一可以和核能媲美的是水电和风力发电，但是水电对环境的影响很大，风力无法在较小的区域内提供较多的能量，可见核能是已知的对地球生态环境破坏最小的能源。

当然什么事情都要考虑成本。松下幸之助讲，任何一种好的生意必须是能够盈利的，否则就是对人类的犯罪，因为有限的资源本可以用到其他地方。同样，一个好的产业也是如此，而不是长期靠政府补贴。事实上我们没有看到哪个靠政府补贴的产业能够持久。之所以世界上很多发达国家还保留了传统的火电，一个重要原因就是成本低。因此，强调环保和低碳发电的同时必须做到成本不至于太高，才会最终受到全世界的接纳。当然，计算发电的成本也并非易事，比如资源国（澳大利亚、中东）采用常规能源发电成本就比日本这种靠长距离海运进口煤和石油的国家要低。下面分别是澳大利亚、日本、欧盟和美国用各种能源发电的数据。

我们先来看看澳大利亚的数据。那是一个幅员辽阔的资源大国，不仅火电成本最低，而且日照时间长，有利于太阳能的应用。从表 10.2 可以看出现有核能发电成本和传统能源相当，而新核能则很有竞争力。

表 10.2　2006 年澳大利亚各种能源发电的成本（数据来源：澳大利亚政府）

发电方式	成本（澳元每度电）
新型核能	0.055
旧核能	0.090
煤（不加环保措施）	0.033
煤（加上各种环保措施）	0.085
天然气加环保	0.073
水电	0.0 55
风能	0.063
光伏太阳能	0.120

　　而日本则相反，国土窄小，缺乏资源。日本给出的数据（2011 年）见表 10.3。在日本，核能的成本优势更加明显。

表 10.3　日本各种能源发电成本 [12]（数据来源：Japan Times）

发电方式	成本（日元每度电）
核能	5.5
风能	12
太阳能	49
煤	N/A

　　从资源的拥有量来讲，澳大利亚和日本是两个极端的情况，那么美国和欧盟经济规模更大，或许更有代表性。下面是欧盟的数据。

12　Johnston, Eric, "Son's quest for sun, wind has nuclear interests wary", Japan Times, 12 July 2011, p. 3.

表 10.4　2010 年欧盟各种能源发电成本 [13]（数据来源：维基百科）

发电方式	发电成本（欧元每度电）
核能	0.107 — 0.124
煤	0.088 — 0.107
风能	0.05 — 0.096（陆地） 0.035 — 0.15（海洋）
水能	0.035 — 0.127
太阳能	0.284 — 0.391

在美国，按照入网的成本（不是发电的成本）计算，可再生能源比传统能源的发电成本要贵得多。

表 10.5　2011 年美国各种发电方式的成本 [14]（数据来源：经合组织原子能机构）

发电方式	发电成本（美元每度电）
核电	0.172
煤	0.107
天然气	0.054
风能（陆地）	1.63
风能（海上）	2.05
太阳能	1.48

从欧、美数据得到的结论和从日本、澳大利亚数据得到的结论类似，均表明核能是最便宜的能源之一，和传统火电的成本差不多。而被热捧的太阳能则非常昂贵，至少近期看不到盈利的可能，完全靠政府补贴。这就是美国总统奥巴马新能源计划投入大效果差的主要原因。他的这一政策也因此饱受国民的质疑。

综合考虑成本、清洁性和安全性，公平地讲核能是最好的能

13　http://t.cn/8szZiCF
14　http://t.cn/8sD2KVp

源。核燃料在地球上的储量并不低，至少够人类用千百万年。当前及未来几十年里，唯一能与核能竞争的是风能（因此中国发展风能的政策是非常正确的）。但是风能受季节性影响较大，而且输电不方便，因为有利于风力发电的地方常常人迹罕至。水电站对环境影响较大，争议也越来越大，如今，全世界拆大坝（一般在发达国家）和建大坝（一般在发展中国家）的趋势并存。在短期内，最不可能取代传统能源的是炒得最热的太阳能，除了成本奇高根本无法盈利以外，太阳能占地面积非常大，或者说单位面积发电量非常有限，而且还受季节性和天气变化影响很大，很难提供稳定的电量。太阳能电池对于使用者（美国和欧盟）来讲是环保的，对制造者来讲（中国）却是非常不环保的，因此这种提倡环保的做法多少有点以邻为壑。考虑到所有的因素，只有核能有可能完全取代传统的化石燃料，成为全球电力供应的主要来源。

在本章的最后，我们必须讲讲法国人对世界原子能的贡献，因为他们为人类利用原子能作出了很好的表率。

法国科学家弗雷德里克·约里奥-居里和伊莲娜·约里奥-居里夫妇是世界上最早实现稳定的人工放射性的科学家，并因此获得1935年诺贝尔化学奖。之后，他们参与链式反应和核反应条件的研究，并且成功利用铀和重水实现可控核裂变的核反应产生能量。爱因斯坦称约里奥是链式反应的先驱科学家之一。第二次世界大战期间，法国被德国占领，核研究被迫终止，美国和英国的核研究却在曼哈顿计划中飞速发展。苏联核计划也依靠洛斯阿拉莫斯国家实验室的间谍窃取的大量情报而快速发展起来。这就让法国在核研究方面大大落后了。第二次世界大战后，戴高乐决定成立原子能委员会（CEA）。起初他十分热衷于发展核武器，可是后来这种热情慢慢消退了。主要原因是当时法国共产主义者坚决反对核扩散的鲜明态度。而研究骨干弗雷德里克·约里奥-居里正是一名共产主义者。直到 1956 年，法国才成立了一个原子能军事应用委员会。1958 年 6 月，戴高乐才确定了法国第一次核爆炸的时间，并决定加快法国的核计划步伐，并且在 20 世纪 60 年代有了核武器。

法国和平使用原子能的成就在很大程度上要归功于 1973 年中东战争带来的石油危机。1974 年，法国政府做出了一个历史性的决定：从传统能源转向核能。当时法国建造核电站的技术还不是很成熟，早期的核反应堆是美国西屋公司帮助建设的。不过从 1974 年起，法国加强了核反应堆技术的研究和投入，到 20 世纪八九十年代，它的第二代核反应堆技术就领先于世界了。

冷战结束后，法国核工业的发展进一步向民用倾斜，并调整了核力量的数量和结构，裁撤陆基核部队，缩小了海空基核力量的规模。对于核武器，法国人一直坚持够用就好。随着苏联的解体和冷

图 10.6　核电站遍布法国

战的结束，法国主要的外部威胁已经不复存在了。这种"够用就好"的指导思想再次发挥作用。最直接的反应是发展核计划的经费大大降低。核武器项目的投资减少了50%多。经费的减少带来了一系列的连锁反应，法国开始了全方位大规模的核裁军。

首先，法国逐一关闭所有生产核弹所需裂变材料的工厂。法国是唯一宣布并开始拆除自己核裂变设施的核国家。1992年以后法国就不再分离武器级的钚。1996年中期以来，法国停止了所有用于核武器的裂变材料的生产。

同样是冷战的胜利者，美国虽然也在削减核武器（主要是过期的），却没有一个像样的和平利用原子能的计划。美国依然严重依赖传统能源，而且在从1991—2012年的20多年里，为了石油打了两次海湾战争。三十多年后的结果是，美国在这些年里很少建设核反应堆，而在核电站的很多技术上也被法国超越了。

今天，法国的核电取得了举世瞩目的成就，并且在技术上保持世界领先。我们不妨看看这个只有6500万人的中等国家的核电成就。

- 法国的国土面积只有中国或者美国的十五分之一，却有58个反应堆（美国是104个），遍布在全法国。
- 法国是目前世界上核电比例最高的国家，核电占整个发电量的78%，2011年为4210亿度（千瓦时），相比之下，有法国人口五倍、人均GDP更高的美国，核电的发电量仅为法国的两倍而已（2010年，8069亿瓦时，20%）。
- 由于核电的成本低廉，法国成为全世界最大的电力输出

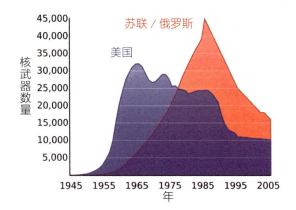

图 10.7　苏联和美国核武库在各个年份的对比（数据来源 Robert S.Norris and Hans M.Kristensen，"Global nuclear stockpiles，1945–2006，" Bulletin of the Atomic Scientists 62，no.4（July/August 2006），64–66.）

国，每年电力出口的收入约 30 亿欧元。

• 法国的核电技术世界领先，率先建造了第三代核反应堆。它的核电技术、服务和核燃料是重要的出口产品。

• 法国 17% 的电量来自回收的核燃料（第一代和第二代核反应堆使用过的废料）。

2010 年，国际能源组织（International Energy Agency）希望法国人担负起为全欧洲提供低成本、低碳、低污染的能源的重任。

在全世界 400 多个核反应堆中，日本有 50 个反应堆，核电占全国发电量的 30%，估计到了 2017 年，可占到 40%。这个曾经的原子弹受害国，今天得益于原子能。

原子能既能杀人，也能造福人类，就看如何使用了。人类可以制造出全世界威力最大的核武器（新地岛氢弹，当量相当于

5000个广岛原子弹）以及能够毁灭地球几十次的核武库。也可以选择法国人的做法，和平利用原子能，造福人类。随着人类的进步，我们有理由相信整个世界对待核能的态度最终也会像法国人那样，更多地用于造福人类，而不是毁灭人类。具有讽刺意味的是，拥有全球最大核武库的苏联（一度达45000颗核弹），不仅没有灭掉任何一个国家，反而灭亡了自己。

结束语

核能本身是双刃剑，既能毁灭世界，也能造福人类，潘多拉盒子里的魔鬼不在于核能本身，而藏在人类自己身上。哈恩、西拉德、玻尔和爱因斯坦等人如果活到了今天，他们或许不会再有任何罪恶感，而是庆幸自己的发现。因为当全球正在为大量使用传统的化石燃料而造成了严重的污染和气候变化时，幸好有了他们的发现，有了核能，我们才有了可以全面替代传统能源的新能源。而对全人类来讲，在全面掌握了核反应、核辐射和核能的特点（包括优点和危险）之后，当这些核电站的运营变得更加透明之后，人们的核恐惧便会慢慢消除。再过几十年，等人类回首再看待原子能时，可能会觉得今天对核的恐惧是多么的可笑，就如同现在人们会觉得19世纪末对电的恐惧非常可笑一样。通过和平利用原子能，人类会把文明进一步向前推进。爱因斯坦、迈特纳、哈恩、玻尔和费米等科学家给人类带来的不是潘多拉的盒子，而是火种，他们是近代的普罗米修斯。原子能的发现和使用再次证明一个真理，人类的文明的推进靠的是这些在不同层面上创造文明（科学发现是最高层次）的人，而不是那些发动战争的人。

第十一章　伟大的博弈

华尔街的今昔

人类是介于天使和魔鬼之间的动物，既有天使的一面 —— 这一点我们在前面诸章节中已经介绍了，也有魔鬼的一面 —— 贪婪、自私而且不断地重复错误，尤其是在有巨大利益诱惑下，这个弱点会表现得特别明显。

在人类身上的另一个习性就是好赌。英语里有一个词 —— 博弈（Game），它既含有游戏的意思，比如朋友之间下棋打牌；同时也含有赌博的意味，比如赌场中那些和金钱联系在一起的游戏。不过对大多数人来讲，比这更有趣也更刺激的是在证券市场上的游戏。自从 17 世纪初荷兰人正式发明了有价证券的交易市场，四百多年来人们在这个看不见硝烟的战场上乐此不疲地博弈着，很多人因此而暴富，但是更多的人在博弈中倾家荡产甚至妻离子散。在这四百年间，虽然后人有幸能看到历史上一个个金融泡沫破碎后的恶果，但是依然会在资本市场上吹起一个个新的、更大的泡沫，而且每一次都会给自己找理由 —— 这次和以前不一样，不是泡沫。在过去的 4 个世纪里，这样的荒谬场面反复上演：整个国家全民疯狂地炒作一个个外表漂亮却空无一物的概念

（当然是被包装过的），然后，几乎所有投资人都要经历财富大幅缩水。让人难以置信的是，这个游戏永远有人在玩，原因不仅是它满足了人类喜欢玩游戏、喜欢冒险的天性，而且人类天生不长记性。

不过，如果作为一个局外人，来看看这几百年来在资本市场进行的伟大的博弈，你会发现这跌宕起伏的历史很是精彩。虽然每一次资本的泡沫和金融风暴的原因都各不相同，但是在这精彩的背后有两条清晰的主线，一条折射出人性的弱点——自私和贪婪，即魔鬼的一面；另一条则反映了人类理性的一面——不断去规范资本市场。人类自身有一种进步的力量，能够不断地改善投资环境，完善交易的制度，让这场永不停息的游戏从无序到有序，逐渐往公平的方向发展。这个过程反映出了人类文明与进步。因此，我们在了解人类的文明进程时，有必要了解人类在资本市场上的一次次伟大的博弈，这样不仅可以帮助我们了解人类自身的弱点，也有助于我们今后避免诸如 2008 年那样的金融危机，或者至少减少由此带来的损失。

在世界的金融市场上，华尔街无疑是中心，我们有必要通过它来了解世界证券市场的历史。不过在正式介绍华尔街之前，让我们先从人类的赌性说起，只有深刻了解这一点，才容易理解华尔街历史上那些事件发生的原因及后果。

第一节　庞氏游戏和泡沫

中学时，不少同学都收到过老鼠会的邀请信或者电子邮件，内容大抵是这样的：请你给下面 10 个人每人寄一份礼物，然后划去名单中第一个人的名字，把自己的名字加到最后，再把信转发给 10 个朋友。只要这么做了，你很快就能获得成千上万的礼物，否则，你就会遭受这样或者那样的厄运。信里面接下来的内容，无非是一些例子，说某人按照要求做便收到了很多礼物，某人没有按照要求做就倒霉，等等。

任何人只要承认物质守恒，就应该知道这些凭空而来的礼物是无稽之谈，不过不仅有中学生上当，还有很多受过高等教育的人也相信并从事类似的活动，比如传销，当然这些人都有一套看似有理的歪理。人们为什么会相信这么荒唐的骗局呢？因为人们常常会迷信自己并非很懂的理论而无视常识。就拿这个例子说，行骗者还真能从数学上找出一点根据，他们的理论依据大致如下：

当一个人发出这样一封信，把自己的名字写在接受礼物的人当中，那么他可以收到他的 10 个下线的礼物，而假如他的 10 个下线每个人都这么做了，他又会收到下线的下线送来的 100 份礼物，只要这个游戏玩下去，他将获得 100 多亿份礼物。那么，只要所有的人都遵守这个游戏规则，任何参与游戏的人总有一天会获得这样的回报。

这看上去很美，很多人甚至不能发现它的问题所在 —— 要实现上述假设的前提是人口数量要无穷大。具体说，第一个人的后面要有 100 多亿人玩这个游戏，他才能实现上述利润。（遗憾的是，直到 2014 年，全球人口只有 70 亿。）而他的下家，难度就更大了，因为需要 1000 多亿人才能维持同样的回报。以此类推，第三层的人要有 1 万多亿人来玩这个游戏，第四层要有

10万多亿人参与，才能得到第一个人那样的回报。当然我们知道这是不可能的，也就是说，在人口有限时，处在这个游戏金字塔底层的人是永远收不回成本的。因此当游戏进行到某一时刻，不再有新的傻子来维持这个骗局，那么这个游戏金字塔就轰然倒塌了。在金字塔倒塌的一瞬间，底层的众多玩家将血本全无。这个游戏在西方有个专门的名词，叫作庞氏骗局（Ponzi Scheme）或者庞氏游戏，也就是我们俗称的老鼠会。老鼠会中的每个人就像是击鼓传花游戏中的一员，他们祈祷鼓声不要在自己手里停止，但是鼓声终有停止的一刻，手里拿着花的人要为所有人买单。

说到这里，大家或许会嘲笑那些玩击鼓传花游戏玩家的愚蠢，或许会笑话他们数学不够好，缺乏常识，但是这种简单的骗术并没有因为社会科技的发展和人类知识水平的提高而消失。今天很多人依然不知不觉地（甚至不承认）在玩这样的游戏，而且玩得还很大。这些玩家，除了一般的平头百姓，也包括像牛顿这样绝顶聪明、学富五车的科学家和获得诺贝尔经济奖的经济学家。甚至各国政府也在不同程度上玩——美国的国债和社会保险金其实就是庞氏游戏，只不过它们背后的经济学理论比上面那个简单的数学公式更复杂，更不容易被看穿而已。不过每一次鼓声停止的时候，就是一次经济危机或者金融危机发生之际。既然人类的这种行为与人的智力学识无关，与社会的科技发展水平也无关，那么我们就只能将其归结于人的本性了。

当然，人们一般不太愿意承认自己上当受骗，因此也不愿意用骗局这样的贬义词，而选择了一个中性词——泡沫，不过庞氏游戏的恶果并不因为换了一个词就消失了。在人类并不长的金融产品公开交易历史上，出现过很多次泡沫，我们不妨看几个有代表性的，便可从中找到共性，看出人性贪婪的一面对市场的影响。下面我们先从有记载的第一次金融泡沫——郁金香泡沫说起。

1.1 郁金香泡沫

荷兰是第一个全球范围的强国，荷兰人不仅富于冒险精神，而且在金融产品上很有创意，因此第一次金融泡沫出现在荷兰也在意料之中。

郁金香在今天是再常见不过的花了，在美国好市多（Costco）仓储式量贩店里，18 美元可以买到 50 头郁金香，很便宜，也很好养。在荷兰，郁金香深受国民的喜爱，被誉为国花。到了暮春时节（那里的春天来得晚），城市郊外都会有大片大片的郁金香开放，煞是好看。不过很少有人知道这种花原本产自土耳其，经过奥地利人的手才传到了北欧的荷兰。郁金香有时会感染一些无害的病毒，于是原本单色的花朵上就会出现火焰般的条纹。荷兰

图 11.1 被病毒感染了的郁金香，花朵呈现出火焰般的条纹

人非常喜欢这些被感染了病毒的郁金香，认为是名贵品种（当时人们还不知道基因这个概念）。

17世纪初期，荷兰从对外贸易中挣了很多钱，全体国民都很富庶，一般市民都会种上一些郁金香来点缀庭院，而富人们则喜欢在自家花园中展示稀有的郁金香新品种。由于民间聚集了大量的财富而暂时又无其他投资渠道，一些郁金香的珍品便被卖到了不同寻常的高价。到了17世纪30年代，人们购买郁金香不再是为了其内在的价值或作观赏之用，而是期望其价格能无限上涨从而获利。1634年，人们10月份花10块钱买一头郁金香的球茎，11月份就可能以20块的价钱卖出。既然炒作郁金香挣钱这么快，还要工作干什么？荷兰全国表现出一种病态，各行各业的人们放下手中的工作，开始争相抢购郁金香球茎。

于是，一些机敏的投机商开始大量囤积郁金香球茎，以待价格上涨。囤积果然导致价格进一步上涨。到了1636年，一株稀有的郁金香品种Chider卖到了1600弗罗林的高价。这是什么概念呢？当时一头公牛只要120弗罗林，一辆马车也不过500弗罗林，也就是说，这头郁金香球茎能值13头牛。面对如此不合理的价格，所有人都昏了头，他们即使隐隐地感觉到有点匪夷所思，但是想到下个月就有人愿意出更高的价钱从自己手里买走，很多人便变卖家产，只为买上一株郁金香。也就在这一年，为了方便郁金香交易，阿姆斯特丹的证券交易所干脆开设了固定的郁金香交易市场。

外国的投机者听说到荷兰炒郁金香能发大财，便纷纷携款跑到荷兰。大量热钱的涌入进一步推高了本来就不合理的价格。对此，当时一位历史学家是这样描述的，"谁都相信郁金香热将永远持续下去，世界各地的有钱人都会向荷兰发出订单，无论多高的价格都会有人付账。在受到如此恩惠的荷兰，贫困将会一去不复返。无论是贵族，还是工匠、农夫、船夫、随从、伙计，甚至是扫烟囱的工人和旧衣店的老妇，都加入了郁金香的投机。无论处在哪个阶层，人们都将财产变换成现金，投资这种原本很普通的花卉"。

郁金香价格上涨的过程就不细说了，总之从 1636 年到 1637 年郁金香的价格又涨了 60 倍。但是好戏有时伴随着黑色的幽默，1637 年 2 月，一株名为"永远的奥古斯都"的郁金香以 10000 荷兰盾的高价成交，这相当于当时 440 个荷兰人一年的收入，或者在阿姆斯特丹运河边上买一栋水景豪宅的价钱。要知道当年荷兰政府将各种特权作价给东印度公司，才获得 25000 荷兰盾的股份。

接下来荷兰人创造了一种伟大的证券 —— 期权。这东西说起来有点啰唆，简单地讲，在价格上涨时，它可以用较少的资本锁定较高的利润，但是如果涨幅没有达到预期（更不用说是下跌），它会放大投资人的损失，甚至让投资人血本全无。有了期权的交易，荷兰人的炒作更疯狂了。

但是，郁金香这东西，既不珍稀，又可再生，可以说是要多少有多少，因此以喜剧开场的大戏注定要以悲剧结尾。没有人知道是什么原因让人们清醒过来，或许是因为不再有资金能够接棒了。这时，郁金香的泡沫就要破灭了。如同房价下跌总是从周边地段开始一样，郁金香价格的下跌也是从一般品种开始，而那些所谓的名种在多撑了一两个月后，也终于难以为继。这时，或许是某个无名小卒，或许是一个无知无畏的青年，如安徒生童话里的小男孩，说了句"国王原来一丝不挂"，其他人马上跟着卖空。接下来，卖空的狂热与此前买进的狂热不相上下。于是，郁金香的价格崩溃了，成千上万的人在这一万劫不复的大崩溃中倾家荡产。最终，喜剧变成了悲剧，而回头看时却是荒诞剧。

郁金香泡沫给历史留下两样东西：期权和博傻理论。我们在后面还会看到期权这种带有杠杆性质的工具怎么让资本市场暴涨暴跌。顺带说一句，作为发明股市的民族，荷兰人发明了今天的很多股市操纵方法，除了期权，还有做空（卖出自己并不拥有的股票，指望股价下跌后平仓）、卖空袭击（指公司的合伙人卖空自己的股票，导致股票暴跌，然后再悄悄买回）、对敲（指公司合伙人之间互相买卖股票，以抬高股价）以及逼空（指多头悄悄买下全部流通的股票，等空头平仓时，不得不以极高的价钱从操纵者手中买进），等等。关于博傻理论，名字不大好听，也很容易从字面上推测出它的含义，即大家一起傻，具体地说就是在投资时总是期望有人愿意用更高的价钱从自己手里买走原本不值什么钱的产品。按照中国相声演员们的说法就是，"没有最傻，只有更傻"。

这次泡沫有多少人倾家荡产无从得知，当然考虑到这种投机本是零和游戏，早期或许造就了一些暴发户也未可知，但是郁金香泡沫对荷兰经济的危害是巨大的。至于为什么在那个年代一个国家所有的人都会集体贪婪，这是后来学者们一直想搞清楚的课题，也发表了很多研究论文。在这里我们不想讨论它的社会学或者经济学原因，只是要说明一个事实。当荷兰人在 17 世纪财富急剧增长时，很多能够导致价格暴涨暴跌的金融产品被发明出来，在人的贪婪本性驱动下，那种暴涨暴跌的特性被无限地放大了，以致出现了灾难性的崩盘。

虽然人们试图从郁金香泡沫中吸取教训，但是因为人类贪婪的本性没有改变，这种荒诞剧还在不断上演，包括中国早年炒作君子兰和近年来的炒作大蒜、普洱茶、木头和石头，都与郁金香泡沫有着惊人的相似之处。

17 世纪 30 年代为郁金香而疯狂的荷兰人，到了 18 世纪初可能都已经作古了。没有经历过这种庞氏骗局灾难的人可能不会想到它的危害性有多大。以至于近 100 年后，荷兰发生过的荒诞剧又搬到英国继续上演了。

1.2　南海泡沫

1711 年，英国成立了一家职权和经营范围非常奇怪的公司——"南海公司"（South Sea Company）。这家公司的经营范围原本是海上贸易，但是它又能像英格兰银行一样协助政府融资。根据南海公司注册时定下的章程，它需要等到 6 年后，即 1717 年才能开展贸易，在这之前它没有什么收入，并且根据它和西班牙王国签订的协议，该公司一年只能派 3 条船去西班牙控制的南美地区做生意。到了南海公司真正可以开始做生意的第二年，即 1718 年，由于英国和西班牙的关系已经恶化，公司连这么一点点规模的生意都进行不下去了。但是，就是这样一个不仅当下没有大生意可做，而且今后的前景也不很美妙的公司，在老百姓看来却是一个香饽饽，因为大家觉得它有政府背景。英国人甚至幻想着它能像荷兰东印度公司那样给全国的百姓带来可观的红利。南海公司也故意误导投资者，吹嘘自己将来能给股东带来可观的回报。就这样，南海公司的股票开始疯涨，1720 年初还是 128 英镑一股，到 3 月就涨到了 300 多英镑，翻了一番还多。

借着全国民众的信任以及所谓的政府背景，南海公司就开始通过将债券（Bonds）转换成可流通的股票（Common Stock）的方式向全社会增发股票，大肆圈钱。4 月，南海公司以每股 300 英镑的高价出售了 225 万股股票，但是稀释后的股票非但不跌反而大涨。接下来的事情简直匪夷所思，南海公司越是发行更多的股票，英国上下越是疯狂追捧，有人描述当时的情形是"政治家忘记了政治，律师放弃了打官司，医生丢下病人，商人关闭了生意，牧师离开了教堂，就连平时矜持的贵妇们也放下身段去抢购股票"。到了 5 月，股价上扬到了 500 英镑，6 月到 890 英镑，7 月突破 1000 英镑大关。这时公司的董事会进一步发行了 500 万股股票圈钱，这笔股票价值将达到 50 亿英镑，超过当时英国国内生产总值的 10 倍。

当然，任何股市当泡沫达到一定程度后，如果没有新的资金流入，高股价是维持不下去的。为了维持高股价，南海公司又出"奇招"，借钱给炒股的人买股票。在南海公司的带动下，各种证券公司和海外贸易公司如雨后春笋般地诞生，其中很多根本不做股票交易，只是借着证券公司和贸易的名义，浑水摸鱼，骗取公众的钱财。他们大多模仿南海公司的手法，在市场上发布假消息杜撰大宗生意，从而诱骗市民购买股票。这些公司的生意今天听

股价：英镑

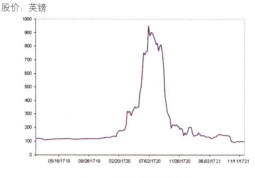

图 11.2　南海公司股价走势

起来完全荒诞不经，比如发明了永动机，或者干脆是一些空洞无物的吹嘘，比如正在开展"有潜力的生意"，等等。但是当时英国的市民居然也信以为真。就这样，这些皮包公司的股价便跟着南海公司一同上涨。

　　面对越来越混乱的市场，英国政府决定规范市场行为，以保护南海公司不受到泡沫的伤害。1720年6月份，政府出台了《1719年皇家交易所及伦敦保险公司法案》（又称"泡沫法案"），但是，这个迟到的法案不仅没能保护南海公司，而且使得正处在资本主义发展初期的英国跌进万劫不复的深渊。该法案颁布后，南海公司游说司法部门，促使法院宣布86家皮包公司为非法，并予以取缔。

　　南海公司的目的达到了，但是自从那些坑蒙拐骗的泡沫公司被取缔后，老百姓对各种股份公司就有了防范之心，这样一来南海公司自己的神话也就破灭了。它的股价下跌的速度比上涨的速度还快，这时就看谁跑得快了，先跑的避免了损失全部财富的厄运，但是稍稍犹豫的人就注定要血本全无了。从1720年

7月开始，南海公司的股价一路下跌，到了9月底，跌破200英镑，并最终跌破了上涨前的基准价128英镑，停在124英镑。

英国政府的本意是保护南海公司这样的"官商"，不料这把火最终还是烧到了南海公司这个始作俑者身上。南海公司还害得英格兰银行也因此被拖累，人类历史上的第一次股市泡沫就这样结束了。这次股市泡沫，让成千上万的投资人血本无归，包括很多上层社会的名流。其中一些人还是靠借贷炒股，因负债太多无法偿还而逃到了国外。著名物理学家牛顿也是南海泡沫的受害者之一，他在第一次进场时赚了一笔（7000英镑），等到股价到达高峰时他再次进场，结果赔了两万英镑。牛顿因此感叹道："我能算出天体的运行，却无法预测人类的疯狂。"（*I can calculate the motions of heavenly bodies, but not the madness of people.*）在南海泡沫之后，英国社会各界和舆论都要求调查有关官员和南海公司的董事，以追究其责任，由于民众对政府产生了严重的不信任，当时正在休假的英王乔治一世只好匆匆赶回伦敦主持大局。

或许是连牛顿这样的聪明人都无法避免南海泡沫带来的股灾，而使得这次泡沫格外有名。当然，也有人认为牛顿是科学家，未必懂得金融，因此认为牛顿亏钱只是他不懂投资而已。事实上牛顿并不是那种不食人间烟火的科学家，他还是当时英国的铸币大臣，相当于今天央行的行长，在当时来讲应该是相当懂金融的人。如果说郁金香泡沫证实了博傻理论，那么南海泡沫的教训则说明聪明人一旦被贪婪所控制，在资本市场上的表现并不比常人更好。后来的历史还证明，即使是那些比牛顿更懂金融、更善于操纵资本的人，一旦开始贪婪，其后果常常是聪明反被聪明误。

1994 年成立的长期资本管理公司（Long Term Capital Investment L.P.）就是一个很好的例子。该基金公司的创始人和主要的资金管理者都是金融界和经济学界大名鼎鼎的人物，比如创始人约翰·梅里韦瑟（John W. Meriwether）是当时华尔街活跃的资本管理专家，也是原所罗门兄弟公司的高管，另外两个董事迈伦·斯科尔斯（Myron Scholes）和罗伯特·默顿（Robert C. Merton）因为发明期权价值的理论，获得了 1997 年诺贝尔经济学奖。这家公司的投资策略和兴衰我们在后面还会介绍，不过在这里可以先告诉大家一个结果，就是该公司在美股大牛市的 1998 年破产了，而且差点引发一场大的金融危机。事实上，在资本市场上，聪明和投资回报没有直接的关系，一个聪明的专业人士，常常比不上一个智力平庸但是守纪律的外行。

或许有人会说，郁金香泡沫和南海泡沫的破裂是因为炒作的东西可以源源不断地产生出来（郁金香可以培育，南海泡沫的股票可以稀释），那么，那些供应量有限的物品是否就不会出现这样的泡沫呢？20 多年前日本人和炒作日本房地产的人也是这么想的。

1.3　日本泡沫

20 世纪 70 年代和 80 年代，可以说是属于日本经济的时代。20 世纪 60 年代末，日本已经成为世界第二大经济体，70 年代一大批日本企业成为大型跨国公司，包括索尼、丰田、本田、松下、三菱等。到了 20 世纪 80 年代中期，GDP 基数已经很高的日本依然保持着高速增长，这确实是一个奇迹。相比之下，美国自越南战争以后尼克松、福特和卡特三任总统都没有完成经济复苏的任务，而苏联自从入侵阿富汗之后更是每况愈下，因此全世界都看好日本。大家都在谈论日本能否超过美国成为全球最大的经济体。日本一些右翼人士也开始对美国说不。在这样的大背景下，日本的股市和楼市都屡创新高，出现了严重的泡沫。

我们不妨看看这次泡沫的形成过程：

- 1986 年初，日本日经指数为 13024 点（1 月 6 日），不到一年就涨了将近 50%，达到 18821 点（同年 12 月 1 日）。这一年，东京地区的商业楼宇价格比一年前上涨了 129%，居民住房价格上涨了 45%。上涨的理由是：日本地少人多，土地和房屋是稀缺资源。

- 1987 年初，日经指数突破 20000 点大关（1 月 5 日），到 8 月 2 日再次上涨 30%，突破 26000 点。虽然 1987 年 11 月华尔街的大股灾导致全球股市下跌，但是日本恢复得非常快。

- 1988 年，日经指数突破 30000 点大关，12 月 1 日收盘于 30159 点。东京的房价开始稳定，大阪、京都和奈良等地房价继续攀升。

- 1989 年，东京地区的房价增长已经成了强弩之末，但是整个日本的房价还在创新高，理由是房子是不动产，再跌也跌不到哪儿去。日经指数在这一年年底（12 月 29 日）达到了历史最高点 38957 点。

这时，日本股市的总市值超过了世界上其他国家的总和。日本股市的市盈率（P/E 值）高达 52（中国 2008 年的股市也是如此的离谱），而美国即使在 2008 年金融危机前，股市的市盈率最高点也不过是 21。

日本的房价更是高的离谱，一代人靠分期付款已经无法买房了，买房需要借所谓的父子债。也就是说，如果家里有一个男孩子（因为有财产继承权），银行可以借钱给他，到时候父债子还；如果只有女儿，那么对不起，银行不能借钱，因为购房所借的钱一代人是还不起的，而当时的日本，女子大部分不工作，也无继承权，因此无法还债。无独有偶，英国在 2008 年金融危机前，开始发行 50 年的国债，因此还债也需要两代人。很多人问我中国的房价什么时候会到头，我就给他们讲了上面这两个故事，什么时候中国还房贷需要两代人（在一线城市已经如此了），那房价肯定到头了。当时日本的房价是年收入的 17 倍，而美国在 2008 年金融危机之前，房价最贵的加州地区，不过是年收入的 8.5 倍。最令人不可思议的是，日本东京的御所（相当于故宫），只有 3.41 平方千米，地价超过美国地价最贵的加州地区的总和，要知道加州的面积是 42 万平方千米。

接下来又是喜剧变悲剧的故事了。1990 年新年伊始，在年前下了班的牛没有来上班，改成了熊接替牛来上班。股市从 1990 年 1 月 1 日起就开始下跌，一路跌到 12 月 1 日，跌幅高达 35%，从 37000 多点跌到 23000 多点。虽然房市还坚持了一年，但是到了 1991 年就再也坚持不住了，全国房市普遍小跌。在整个 20 世纪 90 年代，全世界的股市都在增长，唯独日本不仅不增长，反而一

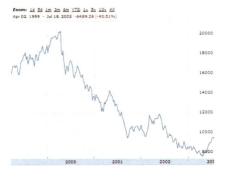

图 11.3　日本股市的泡沫和崩盘（日经指数）

路下跌，经济也是零增长。到了 2003 年，日本股市跌到历史最低点，只剩下 7862 点，不到峰值的 20%。而同期美国的股市（标普 500）却涨了 2.5 倍还多。到 2010 年，日本东京和大阪等地的房价依然只有其峰值的三四成。

　　上面这些数据和材料均来自 2011 年初高盛提供给其客户的年度展望报告，高盛报告的目的是说明美国 2008 年的金融危机不会造成像日本资产泡沫那么严重的后果。那么日本那次泡沫破碎后，带来了什么样的后果呢？首先是经济停滞 20 年，增长率基本为零，国民和公司的收入也没有增长，全球竞争力下降，产品占世界市场份额大幅下降。其次，原本要靠股票和房产退休的老人一下子面临老无所依的局面，全体国民的自信心跌到了第二次世界大战后的低点，而且长期看不到希望。在政治上，从第二次世界大战后一直领导日本的自民党分裂，政局一直动荡。大家还能找到除此之外的各种后果。如果能再给日本人一次机会，他们一定不会选择泡沫经济。

　　人类的幼稚通常表现为高估自己的能力和判断力。大家喜欢找"我们和他们不一样"或者"现在和过去不一样"这一类理由拒绝接受历史的教训。几乎就在日本人遭受到空前的房市和股市灾难时，大洋对岸的美国人却正在吹起另一个泡沫——互联网泡沫。

1.4 美国互联网泡沫

虽然日本人的股鉴不远，但是美国人对 20 世纪 90 年代疯涨的股市依然信心满满。美国人坚信自己的股市和日本的不一样，因为他们一来有冷战胜利的和平红利做基础，二来发明了一种新的经济模式——互联网经济。美国的一些经济学家甚至宣称在新经济模式下可以杜绝金融危机。

20 世纪整个 90 年代，美国的资产大幅升值，股市泡沫大得惊人。1997 年初，在克林顿总统的第二个任期开始时，以科技股为主的纳斯达克指数（Nasdaq）只有 1280 点，三年后便突破 5000 点大关，并且在 2000 年 3 月 10 日这一天达到迄今为止的历史最高点（5048.62 点）。当时在美国也出现了几百年前荷兰和英国出现过的怪事，我们不妨看看这些在今天看来非常滑稽可笑的现象。

1. 任何公司只要跟互联网挂钩，不管有没有盈利，股票就一定上涨。

2. 一个公司即使没有什么营业额，更不用说利润，也能上市（和南海危机时同出一辙）。

3. 对于没有利润的公司，传统衡量公司价值的市盈率已经没有用了，于是华尔街的投资人发明了用公司价值和销售额之比的衡量方法。比如当时雅虎的市值是 600 亿美元，年销售额是 20 亿美元，即市值和营业额之比是 30：1，那么没有什么利润的小公司，如果有 1000 万美元的营业额，不论是否亏损，那么华尔街也能给它 30 倍的作价，即 3 亿美元。

4. 对于那些连销售额都没有的公司，沙丘路 [1] 不看这些公司是否有技术，产品将来是否有市场，也能给它估值。他们发明了一种市值和流量比。比如雅虎当时一天的用户访问量是 10 亿页面浏览次数，那么市值流量比为 60：1；而某家小公司是 100 万次，不论这些流量是自有的还是买来的，根据这个比例也能值 6000 万美元。

5. 在 3 和 4 的前提下，任何人只要搞个网站，起个名字叫 e-John 或者 e- 张三，只要你每天搞出上百万的流量（哪怕是买来的），也能按照雅虎的市值流量比，被估价几千万美元，然后融资几百万美元。因此当时最容易提升流量的做法就是烧风险投资的钱买流量，然后再拿流量数据去融更多的钱进来。这有点像 2011 年中国的团购网站泡沫。

6. 由于股价上涨很快，小公司滥发期权，并且随意稀释股票。因为他们发现自己印钞票总是有傻子接手。而员工也出现了不要工资要废纸的怪现象，当然这些废纸在那个年代有个好听的名字 —— 期权。有人将自己的年薪下调 20% 甚至更多，以换取几万股的期权。

7. 研究生纷纷退学加入这些股票疯涨的小公司，我当时所

1　美国硅谷风险投资公司的聚集地，也成为了风险投资的代名词。

在的约翰·霍普金斯大学，1996 年招收 12 名博士生，到了 1998 年只剩下 6 名，1997 年招收了 15 名博士生，到 1999 年只剩下 2 名，其余全都到互联网大潮中淘金去了。教授们看到自己的学生挣到了钱，也纷纷离职创办公司或者加入自己学生所办的小公司。大公司的人更是不断向小公司跳槽。

8. 还在大公司没有离开的高管们，在上班时间都在办公室里悄悄炒股。

9. 股市开盘，大家活跃得不得了，股市关门后，大家应该歇一歇了吧？不对，大家依然挂在网上刷屏。为什么呢？因为当时几乎每天都有公司上市，谁得到了消息马上登录认购就能发财。我在 1999 年访问硅谷时看到这样一个怪现象：上午大家查一下电子邮件，就忙着炒股（偷偷进行），因为美国股市是太平洋时间上午 6：30 至下午 1：00 开门，中午快快地吃个午饭，然后等着股市关门后 IPO（Initial Public Offer，即俗称的"公司上市"）消息的发布，折腾到下午三四点钟，才开始安生。晚上这些员工开始加班做公司里的正事，弄到深夜才能休息会，夫妻一周也见不到几次面，因为谁都怕错过了发财的时机。

10. 餐馆跑堂的、理发店的理发师、家庭主妇都在谈论股票。

当然还有很多其他的怪现象。接下来的事情大家都知道了，美国股市在克林顿的任期还没有结束就撑不住了，2001 年的 911 事件将股市进一步推入深渊。到了 2003 年 2 月 13 日的低点，纳斯达克指数只剩下 1277.44 点，跌掉了 75%，十多年后的今天还没有回到 2000 年的高点。股票下跌的不仅仅是那些没有利润的小互联网公司（它们最后大多被清零了），而且包括各种明星公司，甚至一些百年老店。下表是几家大公司的股价跌幅。

表 11.1　互联网泡沫破裂后四家大公司的股价跌幅

公司	2000 年峰值市值（10 亿美元）	2002—2003 年谷底市值（10 亿美元）	跌幅
朗讯	258	15.6	94%
思科	75.39	8.1	93%
雅虎	91.25	4.54	95%
太阳	121	10	92%

　　这场荒诞戏之后，接踵而至的是公司和个人无穷的灾难，直至今日，上表中的这几家公司的股价也没有一家恢复到哪怕当年一半的水平，而朗讯和太阳这两家公司更是陷入年年亏损，以更低的价格被出售了。很多人为了炒股或购买公司的期权卖掉了自己的房子，自然血本无归；更可怕的是，一些曾经在期权上获利的创始人或者早期员工因为没有及时兑现，不得不为他们实际上并未得到的利润交纳巨额的个人所得税[2]，这些人大部分都破产了，而且到今天还欠着国税局和州政府的税钱。

　　克林顿时期吹起的另一个泡沫就是美国房市的泡沫，不过这得等到他的下任小布什总统入主白宫时才能看到其恶果，而如今则需要小布什的下任奥巴马来收拾残局了。

2　根据美国的税法，期权的所有者一旦行使期权，即使没有出售股票，也被认定有投资所得，须在第二年的 4 月 15 日之前缴纳投资所得税。如果行使期权者当年没有卖出股票，即使第二年股价暴跌，可当年的投资所得税依然不能免除，在这泡沫破裂的情况下，这些人其实并没有足够的钱缴纳所得税。

这样的泡沫过去有（我们已经从历史上看到了），今天也有（我们正在经历），今后还会有（我们的子孙将会见证）。所有的泡沫都有一个共同点，就是都出现在经济快速发展时期。照理讲，经济的快速发展带来的应该是大众财富的增加，但事实通常是，因泡沫的崩溃而让相当多的人蒙受巨大的经济损失，这样的结局颇有讽刺意味。

每一次泡沫之后，很多投资人和经济学家都会倾向于从技术上寻找解决的办法，比如今天一些经济学家在考虑大数据是否可以防止这些灾难的发生，但遗憾的是迄今为止这种技术上的万灵药并不存在。不管经济学理论在解释经济学现象上是多么的有效，一旦用在股市预测上总是对错各半，这当然是最糟糕的结果[3]。这倒不是因为经济学家们水平不够，而在于世界上的很多东西，包括人的感情和情绪是无法用几条规律来概括的，因此，比较理性的投资人和经济学家，比如比尔·夏普（William Sharpe，1934— ）[4] 从来不对股市的涨跌做任何预测。所幸的是，当人类了解到自身这个弱点之后，就开始不断地规范人们在资本市场上的行为，这种规范化的过程贯穿了整个证券交易的历史，而人类懂得要约束自己的行为，也是文明的象征。

为了向读者朋友们展示这一过程，让我们把目光集中到华尔街这个金融博弈的主战场上。

3　如果预测错的时候比预测对的时候更多，那么只要将这种预测反过来用即可，因此最糟糕的预测是对错各一半。

4　1990 年诺贝尔经济学奖获得者，以发明衡量投资回报和风险的夏普值而著名。

第二节　华尔街的诞生和发展

华尔街的所在地纽约的曼哈顿岛原本是荷兰人的殖民地，叫作新阿姆斯特丹，因此早期居民大多是荷兰人的后裔，他们喜欢经商，而且喜欢在资本市场博弈。同时他们也很务实，只要有钱挣就好，没有什么民族大义。

17世纪中叶，英国崛起并和荷兰争夺北美的殖民地，它很快占领了新阿姆斯特丹周边的地区。1652年，英荷战争爆发，新阿姆斯特丹很快就成了孤城。此地三面环水，只有北边和英国的殖民地接壤，当时荷兰驻新阿姆斯特丹的总督斯特文森（Peter Stuyvesant，1612—1672）担心英国人从北边陆地上打过来，便修建了一个东西贯穿曼哈顿岛的城墙，把城市和周边隔开。不过英国人从海上打了过来，这堵墙也就没有用了，全城都在英国人大炮的射程内。斯特文森是个军人，还想抵抗，但是全城的居民大多是生意人，不仅不愿意和这个城市共存亡，

图11.4　位于曼哈顿岛下城区的新阿姆斯特丹（左边是南方，图中右边的那个城墙就是后来华尔街的所在地）

而且还生怕炮弹打坏了他们的财物，于是纷纷要求投降，最后连斯特文森的儿子也反对打仗，这位总督只好开门投降了。从此新阿姆斯特丹就用一个英国约克郡的名字命名了，叫做新约克（New York），音译就是纽约。我们从这件事上可以看出，纽约人关心的是他们的生意，而不是所谓的国家利益。

当英国人占领纽约后，斯特文森建的那道墙就成了废物，被拆除了，不过人们还记得那里曾经有道墙，墙后面原来是练兵的场地，现在也没有用了，被改成了一条街，就取名为墙街（Wall Street），按照音译，就是华尔街。作为荷兰人的后裔，纽约人继承了他们荷兰祖先喜欢冒险、喜欢炒作的特点。这些纽约人跑到墙街的空地上，拿着各种证券（有各国各地政府发行的，有公司发行的）进行交易，这里渐渐就形成了一个交易市场，当然这些交易毫无规矩可言，欺诈也是少不了的。

美国证券市场的发展史其实是一部交易不断规范化的历史。在上述杂乱无章的交易持续了一段时间后，一些著名的交易人，比如平塔德（John Pintard，1759—1844）、哈特（Ephraim Hart，1747—1825）和麦克埃文斯（Charles McEvers，1755—1829）等开始在华尔街自己的办公室举行各种有价证券的拍卖活动，华尔街的证券交易就这样向着规范化的方向迈进了一步。到了1792年年初，这些经纪人的办公室演变成了证券交易所的雏形。想要卖股票的人把证券放在交易所里出售，想买证券的经纪人来参加拍卖，经纪人和交易所当然会收取一些手续费。这看上去既规范，又公平，可是却进行不下去，因为无论是出售证券的，还是来参加拍卖的，其实都不想花手续费在这里交易证券，他们大多是为了从这里获取证券的真实价格信息（Fair Market Value Information），然后回头私下里交易，这便省去了手续费。这就像今天很多人到百货店看了货，了解了价钱，然后找网店下单一样。这样一来，这些原始的交易所自然就维持不下去了。这时，一些有远见的经纪人认识到大家必须遵守一个行业规范，并建立一个大家都愿意参与的交易所，才能杜绝私家交易。于是他们在一棵梧桐树下商量出一个协议，就是证券历史上有名的《梧桐树协议》（Buttonwood Agreements），有 24 名交易人在上面签了名。根据这个协议，在交易所挂牌的中间商必须承诺不进行私下交易，而且收取的佣金不能低于 0.25%。

《梧桐树协议》被看成是美国证券交易规范化的开始。这个协议达成后，经纪人们创建了一个新的交易所，它是纽约证券交易所的前身，这个交易所本身为股东们所有，因此纽约证交所从一开始就具有私营企业的性质，它在很长的时间里和美国政府无关，而且不受美国政府的监管。

早期在交易所筹款的是当时各个大小银行，因此很大一部分交易是银行的债券，而非工业公司的股票。美国在独立战争之后，经济快速增长，很多公司发展起来了，于是迎来了建国以后的第一个大牛市。不过当时金融秩序非常混乱，一些大家族，比如在纽约最有影响力的利文斯顿家族，开始操纵股市，他们还把钱借给政府官员，包括财政部部长助理杜尔（William Duer, 1743—1799），参与投机。后来杜尔为了还钱，直接挪用了财政部 23 万美元的巨资，这在当时是天文数字。这让我们联想起了几年前上海市的陈良宇挪用社保款案件，这两件事有很多相似之处。我们在后面还会看到最近几十年中国发生的很多贪腐案件以及金融诈骗案，在美国 200 年前都出现过类似的事件。虽说后人应该可以通过了解历史而避免错误，但是更多的时候似乎不交点学费就长不了记性。腐败使得美国建国后的第一个大牛市很快就结束了，并且陷入第一次金融危机（史称"1792 恐慌"）。好在财政部长汉密尔顿十分精明，他马上动用手段，通过国家干预化解了危机。汉密尔顿起诉了杜尔并且把他丢进了监狱，而操纵股市的利文斯顿家族则是"偷鸡不成反蚀把米"。

对于这件事，联邦党人汉密尔顿和他的政敌共和民主党的杰斐逊有不同的看法。前者是个精明的商人，他主张要有一个区分好人和恶棍的界限，不能对证券商一棒子都打倒。对于那些他眼里的恶棍，他很乐于和他们斗一斗。杰斐逊是一个嫉恶如仇的人，他认为华尔街是人类本性堕落的大阴沟，里面没一个好人，但是他又强调政府应该让商业独立运行，他更相信"看不见的手"，而不是政府干预。很难说他们谁的话更有道理，杰斐逊因为相信华尔街人性本恶，因此倾向于在制度上加以限制，但是他又让政府少管闲事，想法颇为矛盾。而汉密尔顿主张由政府做最大的庄家，在经济上加以控制，但是实际上是靠他这样的强人进行人治，因此也不是什么长久之计。美国早期的政治家管理市场的经验远不如今天的领导人丰富。杰斐逊和汉密尔顿两人针锋相对，谁也没占得上风。不过毕竟汉密尔顿是财政部部长，而杰斐逊主管的是外交，因此在早期对金融的影响力显然是前者更大。汉密尔顿通过建立美国第一个央行和纽约银行（今天依然在运营），实际上控制了美国的金融业。虽然后来他辞去了财政部部长的职位，但还是牢牢控制着这两家大银行。

面对金融这个利润滚滚的行业，自然有人也想分一杯羹。这个人就是后来成为杰斐逊的副总统的亚伦·伯尔（Aaron Burr，1756—1836），他和汉密尔顿一样聪明，一样懂得金融。作为支持杰斐逊的共和民主党人，伯尔也想在纽约办一个银行，这样于公于私都有利，于公他们为纽约市提供了自来水，于私则打破了联邦党人对金融的垄断，他们可以贷款给一些中间派商人，让他们投共和民主党的票。但是伯尔不能让汉密尔顿等人知道自己的动机，否则后者绝不会同意，于是他采用了瞒天过海的方法集资，名义上是办一家公司给纽约市提供自来水。汉密尔顿从来不用权力谋取私利，他看到这是一项利民的举措就同意了，不过他的妹夫却乘机捞了个董事做。坦率地讲，汉密尔顿这种靠人（他自己）而非制度监管美国金融业的做法，无法杜绝金融行业的各种腐败，今天在很多国家依然能看到类似的事件上演。所以每当有人向我抱怨今天中国的腐败现象如何之多，我总是说一切都会好起来的，因为中国今天的问题，两百多年前美国也遇到过，但是改变现实需要时间。

言归正传，伯尔的公司不仅建立起来了，而且为了集资还顺便办了一个银行，结果是自来水管还没有铺，伯尔的银行倒是欣欣向荣。当然，最后这家公司还是给纽约通了自来水，但是伯尔办的银行今天更有名，它就是大名鼎鼎的大通曼哈顿银行。后来伯尔做了副总统就不能再经商了，便辞去了在银行的职务。汉密尔顿和伯尔两个人向来不对付，后来矛盾闹得不可开交，两个人决定以决斗的方式结束一切纷争。最后的结果是，美国第一位天才的前财政部部长倒在了枪法很差的伯尔的枪下。这件事导致了美国反对决斗的运动。当然这是题外话了。从这些事情可以看到，在美国早期，权力和金钱是绑在一起的。

美国独立后，经济发展非常快，证券交易也有了很大的发展，当时美国有多个金融中心。在 19 世纪初，巴尔的摩和费城完全可以在金融业上与纽约抗衡。不过纽约率先建立了证券交易委员会，这不仅帮助纽约成为美国的金融中心，也标志着美国股市运作朝着有约束的规范化又迈进了一大步，而促使这个委员会诞生的却是一场战争。

1812 年，美国和英国之间再次爆发战争，英国人一度攻占了华盛顿，并一把火烧了白宫。英国人似乎总是很爱烧别国的建筑，不过英国人的好运并不长，2 年后他们被美国人赶走了。这次战争史称第二次独立战争，美国人虽然赢得了胜利，却欠了一屁股债，大约有 1000 多万美元，相当于当时半年的税收。这些钱是美国政府发行债券募集的，债券数量之大前所未有，为了保证债券的募集和交易，纽约决定成立一个证券交易委员会以规范交易，纽约证券交易委员会就这样成立了。该委员会最早的董事会包括 28 名董事，他们来自 7 个不同的证券公司，因此这个委员会从一开始就是私人性质。当时为了防止过度投机，委员会规定买卖股票的交割是在第二天，和今天中国的股市一样，但是今天美国的股市已经允许同一天买卖。另外，为了杜绝上市公司自己操纵股市，委员会严格禁止对敲，不过在接下来的 100 多年里，这项禁令很难执行。

总的来讲，美国建国之初经济是持续增长的，在华盛顿任职当总统的 1792 年，美国的税收还只有 367 万美元，到了 1817 年就高达 3300 多万美元了，历经四分之一个世纪提高了 9 倍。即便如此，华尔街和今天一样，也总是牛市和熊市交替出现。有些时候看似经济形势一片大好，其实已经暗流涌动，接下来就是崩盘和萧条。有时看似已经山穷水尽，但是新的发现（比如加州的黄金）和新技术（铁路）的出现，又使得形势柳暗花明。不过从整体上来看，美国这半个世纪经济在快速发展，似乎和股市的起伏无关。这一点也和今天的中国有很大的相似性。

在美国金融史上规范化的重要一步是统一货币，而这件事又是由一场战争——南北战争促成的。

在南北战争以前，美国原则上实行金本位，也就是说，任何银行，如果你有 1 万美元的黄金储备，你就可以发 1 万美元的钞票。独立战争胜利后，美国各地的银行如同雨后春笋般冒出来，这些银行中，虽然有一些准备了足够的黄金储备，但是大部分银行是有 1 万美元的黄金，就发 10 万美元的纸币。名义上老百姓可以随时将这些纸币拿到发行的银行兑换黄金，可一旦发生挤兑，银行就要关门了。因此，如果纽约某个银行发行的纸币流通到了 400 千米外的马里兰，那里的人就会犯嘀咕，心想这个钱能不能收，因为一旦发行它的银行被挤兑，坐着马车赶到纽约肯定来不及。这样，纽约银行发行的钱，虽然在纽约还是一块钱顶一块钱用，但是到了马里兰的巴尔的摩，可能就只能值 80 美分或 90 美分了。同样，巴尔的摩银行的钞票，到了纽约也要贬值。因此，当时每年要出一本书，告诉你不同银行发行的纸币在不同城市的实际购买力。美国当年的金融秩序就是这么混乱。今天有些

图 11.5　19 世纪 30 年代美国一个地方银行发行的美元钞票

人，包括诺贝尔奖得主鼓吹全世界货币发行的去中心化，但是如果他们多研究研究历史，就会知道这种无政府背书的货币除了让金融秩序混乱外，没有什么好处。

　　1860 年，提倡废奴的林肯当选为总统，于是第二年南部各蓄奴州便组成邦联，从合众国中独立了，美国南北战争即内战因此爆发。这次战争历时 4 年多，是 19 世纪世界上自拿破仑战争之后最大的战争，双方死亡 62 万人，超过美国在之后全部战争中死亡人数的总和。内战巨大的开销使得联邦政府债台高筑，战争前美国政府每天的开销为 17 万美元，开战后马上涨到 100 万美元。虽然美国政府向华尔街借贷获得了一些钱，但是等它再去借钱时，华尔街也负担不起了，剩下最好的办法就是印钞票了。好在南北战争之前，美国从墨西哥手中获得了加利福尼亚州，并且在那里发现了黄金，因此美国国库还是有相当多的黄金储备的。美国内战的一个结果，就是在无意中统一了美国的货币。新的货币就是美国财政部为了战争所发行的绿钞票，也即今天的美元。

　　战争期间，美国政府强制推行财政部发行的绿色美钞，要求商家一律接收绿钞票。当时财政部的纸币和黄金名义上是 1：1 的挂钩，即面值 10 美元的钞票和 10 美元的金币等值，但是根据格雷欣法则[5]，也就是劣币驱除良币的法则，所有人都留着金币，把绿色纸钞票花出去，这样一来，黄金实际上退出了流通，而美元纸币开始流行。随着北方军队节节胜利，美元取代各个银行自己发行的货币，成为美国唯一流通的纸币。

在战争尚未结束时，华尔街已经走出了战争初期的熊市，开始了美国有史以来最长的牛市。不过在接下来的半个世纪里，华尔街完全被一些金融强人操纵着，公平交易还是一种奢望。

第三节　一个人掀翻华尔街

随便翻开一本介绍华尔街历史的书籍，里面可以找出一大堆在华尔街历史上翻云覆雨的人，比如曾经一个人拯救了华尔街的 J.P. 摩根，金融史上最成功也是最无耻的股市操纵者古尔德（Jay Gould，1836—1892）和菲斯克（James Fisk，1835—1872）等，但是其中傲立群雄的是范德比尔特（Cornelius Vanderbilt，1794—1877）。

范德比尔特在金融史上的地位相当于亚历山大之于军事史，贝多芬之于音乐史。他最神奇的一次记录是一个人掀翻了整个华尔街。范德比尔特是美国历史上靠自我奋斗实现美国梦的最好范例，他 16 岁时就借钱买了条帆船，开始了自己的航运事业，也因此获得船长的绰号，今天的拉里·埃里森就处处以他为榜样。范德比尔特建立起庞大的航运帝国，在大西洋两岸的很多港口都

5　格雷欣法则（Gresham's Law）使用者倾向于保留贵重的货币，而先将手中的价值低的货币花出去。格雷欣（Thomas Gresham）是英国金融家，英国证券交易所创始人。

有他的船队出入，此外，他还控制了美国从五大湖区到东部港口的运输。到了 19 世纪 50 年代，铁路开始在美国兴起，火车取代轮船成为北美最重要的运输工具。范德比尔特这时已经快 60 岁了，一般来讲，这个年龄的人再赶上一次技术革命浪潮的可能性不大了，但是范德比尔特可不是一般人，这个曾经通过托拉斯控制了世界最多财富的人（据估计他曾通过不断地建立信托控制了美国大约十分之一的财富），直到生命的最后都没有落伍。

范德比尔特被称为美国的铁路大王，但是他没有修过一条铁路，而是通过收购的办法从事铁路运输。范德比尔特研究了纽约 - 哈莱姆铁路公司（New York and Harlem Railway）很久，当时这条连接纽约和五大湖区的铁路并不被人看好，因为它途经的地区都是贫穷的农村。不过范德比尔特敏锐地看到了它的价值，因为它的一头连着纽约，而且这家公司和纽约市官员的关系很好，不仅每年花不少钱贿赂议员们，还将十分之一的收入送给纽约市的小金库。可见当时美国政府的腐败程度，要想获得公共交通的经营权，就要贿赂州议员或者市议员。看到这些价值后，范德比尔特于 1862 年开始悄悄购入这家公司的股票，虽然在此之前他在股票交易上毫无经验。

整个华尔街对这家公司的股票看法和范德比尔特正好相反，他们认为这是一只可以做空的股票。于是就出现了整个华尔街在做空，而范德比尔特一个人在买进的奇观。有意思的是，做空股票背后的黑手竟然是这家公司的董事丹尼尔·德鲁（Daniel Drew，1797—1879）。内部人士做空自家公司的股票，这种行为今天已经被证监会严令禁止，但是当时还没有。经过几天的交锋，做空者卖掉的股票已经超过了这家公司的总股数。比如说这家公司一共发行了 100 万股股票，做空者居然卖掉了 150 万股，那么其中的 50 万股必须在规定时间里购回平仓。不过麻烦的是，这 150 万股都在范德比尔特的手中，做空者必须按照范德比尔特规定的高价回购。一仗下来，范德比尔特不仅控股了纽约 - 哈莱姆铁路公司，而且还大赚了一笔。

纽约 - 哈莱姆铁路是范德比尔特控制的第一条铁路，范德比尔特还花了不少经费游说，将这条铁路修到了纽约市中心，并且修建了今天著名的纽约中央火车站（Grand Central Terminal）。之后，范德比尔特控制了多条铁路，并兼任数家公司的董事长。范德比尔特对股票投机没有兴趣，他的目标是建立一个铁路王国。范德比尔特一生都在跟华尔街的投机者对决，最凶险的一次是在 1868 年争夺对伊利铁路的控制权，他和另一个金融集团——德鲁、古尔德和菲斯克展开了殊死决斗，这其实也是美国工业资本家（范德比尔特一方）和金融资本家（华尔街一方）之间的斗争。

范德比尔特资本雄厚，买下这条铁路的全部股份并非难事，但是德鲁等人开始钻空子，他们利用做公司董事的便利，随意稀释股票。美国南北战争之后，政府是一片混乱和腐败，而华尔街则成了权钱交易的平台。大的投机商们控制着法官，随意解释股市上的游戏规则。这样股市上的盈亏，完全取决于各自控制的官员和议员们的无耻和贪婪程度。德鲁在担任伊利公司财务主管时，利用职务之便发行了很多债券。那么这些债券是否能转换成股票，就成了范德比尔特和德鲁等人争斗的焦点。如果债券不能够转换成股票，那么伊利铁路的股票很快就会被范德比尔特买光，反之，债券可以转换成股票，那么德鲁等人就可以不断地借债，然后把债券转换成股票，这样从理论上讲市场上将会有无穷多的股票。因此双方的做法都是控制法官，就这个问题做出对自己有利的判决。范德比尔特控制了一位叫作巴纳德的纽约州法官，让他做出了"债券不能转换成流通股"的规定，然后就放心地去购买这家公司的股票了。但是范德比尔特低估了德鲁的无耻，后者根本不理会法官的裁决，将所有的债券随意转成流通股，并且通过另外一名法官新的判决确认了他这么做的合法性。德鲁等人还随意稀释股票，他们卷走了范德比尔特700万美元，这在当时是个天文数字，超过了美国当时国民生产总值（GNP）的千分之一。这让范德比尔特忍无可忍，他把法官从床上叫起来，签署了对德鲁、古尔德和菲斯克的逮捕令，这3个人闻讯连夜逃出了纽约。从这些事情可以看到，当时美国金融秩序比今天的中国要混乱百倍。

至此，德鲁等人卷走了范德比尔特700万美元现金，而后者换回了10万股凭空发行的股票，看上去德鲁等人赢了一局，不过好戏并未就此结束。范德比尔特控制了纽约州政府，只要他不发话，德鲁等人这辈子就别想回纽约了。当时可没有互联网，可以通过网络交易股票，除非德鲁等人从此退出金融界，否则必须回纽约。最终德鲁等人和范德比尔特达成妥协，伊利铁路公司花费了900万美元平息这场官司，范德比尔特最后的所得比他的付出还多得了200万美元，他手中的10万股原本是废纸的股票也慢慢地被卖出了，他大赚特赚了一笔。最后倒霉的是其他持

图 11.6　1870 年的漫画，描绘范德比尔特（左）和古尔德（右）等人争夺伊利铁路的所有权

股人，中小股东们发现经过这场交锋，他们的股票被稀释了 40%（来自于德鲁增发的部分）。

从伊利铁路股权之争上，我们看到了人性中魔鬼的一面——自私和贪婪，在金融市场的行为还没有完全被规范时，一些人会尽可能地利用法律的漏洞肆无忌惮地掠夺他人的财产。在这些股市操纵者翻云覆雨时，为他们买单的常常是一些中小股东。而具体到德鲁、古尔德和菲斯克等人，简直可以用无耻二字来形容。对比一百多年前美国的股市，中国所有的投资人都应该庆幸当下中国的股市即使秩序再混乱，也比当年美国好得多。说实话，今天人们的道德水准比 100 多年前没有太多的提高，只是大家懂得了建立规范和遵守规范的重要性而已，这便是文明的体现。

范德比尔特其实不是想炒股，而是想通过收购控制公司，然后经营铁路，因此他一旦控制了铁路就远离华尔街，把心思放在经营业务上。而古尔德和菲斯克等人就不同了，他们没有经营企业的远大抱负，只是想通过操纵股市发大财。他们和范德比尔特围绕伊利公司进行了一番较量后，继续通过不断发行伊利公司的新股票来赚钱，纽约股票交易所终于对此忍无可忍，将伊利

公司摘牌了。在这之后,《商业和金融周刊》(*Commercial and Chronical*)建议实施以下法律:

1. 除非三分之二的股东同意,董事会无权发行新股票;
2. 现有股东对发行的新股票具有优先认购权,新股必须公开发行,必须给予足够长的预告期;
3. 所有公司都必须在第三方金融机构保存其所有流通股票的总数记录,并且随时接受任何股东的检查;
4. 违反上述任何一条即构成犯罪。

　　显然这些条款都是针对古尔德和菲斯克滥用职权胡作非为的行为的。他们擅自发行股票,不符合上面的第一条;而发行股票是暗地里进行的,不符合第二条;他们还刻意隐瞒流通股的总数,违反第三条。这些条款后来成为了美国《证券法》的基础,但是这个立法的过程却很漫长,不过纽约股票交易所在立法之前率先对上市公司提出了这些要求。在被交易所摘牌后,古尔德终于同意遵守这些条件。等伊利公司再次回到纽约股票交易所重新挂牌后,股东们发现这家公司的流通股数量其实已经超过了它原来登记数量的两倍。

　　范德比尔特后来的交锋中没有再输给过古尔德和菲斯克,虽然后者时不时地给他捣乱。1877年,范德比尔特去世,享年82岁,他留下的遗产估计多达1亿美元(在今天约相当于1 800亿美元),超过了当时美国国民生产总值的1%,在有史以来最富有的人中,他仅次于洛克菲勒排在第二位。他创造了一个人挑翻华尔街的纪录，也开创了一个人控制整个金融的先例。

经历了和范德比尔特就伊利铁路的交锋，古尔德和菲斯克名声大噪，并且开始在华尔街呼风唤雨了。他们要做一件不仅是前无古人，而且看上去不可能的大事。玩过纸牌游戏拱猪的人都知道，如果收个满堂红，所有负分数都变成正的了，这两个人类金融史上最大的投机商要做的就是这样一件事，他们试图操纵整个黄金市场。当然，古尔德和菲斯克二人并没有足够的资金将美国所有的黄金买下来，他们的方法在于利用杠杆。而这个杠杆就是当年荷兰人发明的期权。古尔德、菲斯克二人的诡计分为以下三步。

首先买下美国流通的黄金。我们前面说过了，由于在南北战争之后，美钞大量发行，美元与黄金脱钩了，根据劣币驱逐良币的效应，美国市场上流通的黄金量并不多，大约只有几百万美元，这一点黄金以他们的财富是可以买下的。

接下来就是买下所有看涨黄金的期权。当时美国进出口贸易是以黄金（而不是美元）交割的，进出口商为了防止美元和黄金的波动，需要用看涨期权和看跌的期权来对冲。也就是说，出口商为了防止在收到货款后黄金的价格下跌，要提前购买黄金下跌的期权（Put Options）。反过来，进口商为了防止货物进口后，黄金上涨而多付美元，那么要提前购买黄金上涨的期权（Call Options）。因此市场有大量的黄金期权。在当时没有人从数学的角度给出期权到底价值是多少，这件事直到一百年后才由芝加哥大学的费舍尔·布莱克（Fischer Sheffey Black，1938—1995)、哈佛大学的罗伯特·默顿（Robert C.Merton，1944—）和斯坦福大学的迈伦·斯科尔斯（Myron Scholes，1941—）完成，默顿和斯科尔斯也因此获得了1997年诺贝尔经济学奖，布莱克因为已经过世而错过了这项殊荣。按照后来古尔德自己所说，在那个年代，当前价格黄金期权[6]（option at current strike price）的价格只有当前金价的1/200，这个价格比期权的实际价值要低很多。在今天的市场上，（一年期的）当前价格黄金期权约为金价的1/10。由于当时期权价格偏低，古尔德和菲斯克二人只花了很少的钱就买下了大量的黄金期权。

看涨期权只有在黄金价格超过期权上规定的价钱时才有用，否则就是废纸。因此，古尔德和菲斯克二人要做的事情就是确保在期权到期时，黄金的价格超过期权规定的价钱。既然他们已经把市场上流通的黄金收到自己的口袋里了，那么黄金的价格上涨应该不成问题，到时候他们就等着收钱了。不过问题并没有这么简单，因为这里面还有两个漏洞：第一个漏洞是美国民间有大量的黄金，对于这一点他们二人并不担心，因为民间的黄金在短期内很难流入股票交易市场，第二个漏洞就是美国政府的国库中黄金储备非常充足，美国当时一大半的黄金都在国库中，只要政府抛售一点点，黄金价格就得大跌。因此这两个投机商要做的第三件事情就是防止美国政府抛售黄金。

古尔德的具体办法就是设法影响美国当时的总统格兰特。这位南北战争时北方的统帅，在军事上是一把好手，但是对金融却一窍不通。为了接近格兰特，古尔德找到了一个叫做科尔宾

6　比如今天黄金价格为每盎司1000美元，明年还按照这价钱交割的期权，就成为当前价格的黄金期权。

（Abel Corbin，1808—1881）的家伙，这个人并无大本领，而且很贪财，不过他的身份很特殊——格兰特的妹夫。古尔德送给了科尔宾一笔黄金期权，如果黄金价钱每涨一美元，后者就将获得15000美元的利润。通过科尔宾，古尔德认识了格兰特，他不断以金融自由为幌子给这位总统洗脑，目的就是不让政府干预黄金的价格。格兰特觉得两个人说得不无道理，但是直觉告诉他似乎哪里不对，因此在这一点上不置可否，不过他最后还是答应了科尔宾和古尔德的要求。古尔德和科尔宾还成功地劝说总统任命了巴特菲尔德（Daniel Butterfield，1831—1901）为财政部部长助理，这个人接受了古尔德10000美元的贷款。由此可见，当年的美国政府有多么腐败。至此，古尔德似乎一切准备就绪。

在1869年的夏天，古尔德和菲斯克不断地购进黄金和黄金期权，到了9月，这两个人开始对决整个华尔街了。古尔德和菲斯克当时可以说是信心满满，因为他们手中已经有了面值9000万美元的黄金债券，这相当于当时纽约交易所每天成交量的很多倍，而且超过美国当年国民生产总值的1%。如果到时候黄金价格在期权规定的价格之上，古尔德和菲斯克就可以找卖出期权的人按照规定的价格兑现黄金，而对方又没有地方去搞黄金，其结果就是只能让古尔德和菲斯克随意敲竹杠了，这样他们的逼空战术就会成功。等到那些卖空了黄金期权的华尔街大佬们意识到古尔德和菲斯克打算收满堂红，顿时头都大了，因为随着黄金价格的不断上涨，他们的亏损将越来越大，于是他们找到了财政部，希望财政部干预黄金价格。古尔德闻讯马上起草了一封信，阐述黄金的价格需要由市场（其实就是他古尔德自己）决定，然后让科尔宾交送给总统。恰巧这一次格兰特总统身边的一位部长提醒了他，他才发现上了古尔德和科尔宾的当，于是指示财政部干预此事。

古尔德得到这个消息，知道必须见好就收了。他和菲斯克一方面继续造势，一方面悄悄开始卖出。到了1869年9月下旬，黄金的价格已经从一个月前的131美元上涨到了150美元，一些"扛不住"的做空者不得不高价平仓。整个黄金交易室乱成了一锅粥，简直就像是葛优在电影《大腕》中描述的那个精神病院，由于交易量过大，很多电子设备过热而烧坏了。这时华尔街出现了有史以来最大的一次恐慌（史称黑色星期五），整个美国都在关注着黄金的价格。古尔德和菲斯克到了这时候还没有收手，还在通过对敲操纵着黄金市场，古尔德悄悄抛出，而菲斯克则虚张声势地买进。黄金的价格已经被菲斯克提到了160美元的高价，他的经纪人放了一个以150美元的单价买进500万美元黄金的大单子托盘，没有人敢接这个大单子，菲斯克的经纪人得意洋洋地一遍遍重复着报价，如果再没人接单，金价只有进一步上涨。但就在这时，一位资深的经纪人跳出来接下来这个大单子，这下轮到菲斯克傻眼了，黄金价格应声而落，一下子就跌到了140美元，而就在这时，财政部开始抛售黄金。原来，格兰特总统绕过了接受贿赂的巴特菲尔德，直接动用国库的黄金来平息市场。空头开始平仓了，整个交易所安静了下来。

这次黄金恐慌给美国政府一个大教训，从此美元又回归到金本位上来。作为善后，美国国会开始调查这次黄金操纵案，被古尔德和菲斯克买通的巴特菲尔德辞职了，古尔德本人也花了8年时间才平息对他的起诉。没有人知道古尔德和菲斯克两人从中赚了多少黑心钱，但是他们俩却否认自己挣到了钱。在接下来的时间里，古尔德和菲斯克继续在华尔街呼风唤雨。几年后，菲斯克死在了一个女人的手里，他被情敌开枪打死，而古尔德在56岁那年死于肺结核，两个人也算是得到了报应。

在整个19世纪的下半叶，华尔街就是这么混乱，市场的操纵者能量之大是我们今天无法想象的，他们甚至可以买通总统身边的人并且对国家的经济政策施加影响。如果拿中国今天的股市对比当年的华尔街，不知道要公平多少倍。不过华尔街的混乱并没有影响美国经济的发展，毕竟在那个年代上市的公司还不多，拥有股票的人也很少，美国靠着第二次工业革命和制造业，终于在19世纪最后的10年里超过了英国，成为世界第一大经济体。这一点也和今天的中国非常像，有人操纵股市大发不义之财，一个个毫无金融知识的演员和电视主播也大言不惭地自称股神（因为她们有内幕消息），但是这一切并没有影响中国经济的发展。历史常常就是这样，要走的路、要摔的跤是免不了的。而明天的中国，一定会比今天的美国更好。

金融业发展到这一步，大家终于认识到进一步规范金融市场的行为势在必行。1890年美国国会通过了反托拉斯法，开始限制范德比尔特、摩根这样的大家族操纵美国的经济和金融，而规范金融秩序不仅要完善各种法律，更要动真格地对一些有能力的大家族开刀。

第四节　将鸡交给狐狸照看

在美国南达科他州的黑山地区，有一座海拔 1800 米的拉什莫尔山，山顶上有四位杰出总统的雕像，他们分别是华盛顿、杰斐逊、西奥多·罗斯福（Theodore Roosevelt，1858—1919，即老罗斯福，不是第二次世界大战时的总统富兰克林·罗斯福）和林肯。对于华盛顿、杰斐逊和林肯，可能大家都没有争议，那为什么要将名气似乎不是那么大的老罗斯福并列其中呢？因为在美国人心中，他对社会的公平性贡献非常大。

1901 年，西奥多·罗斯福接替被刺的总统麦金莱（William McKinley，1843—1901）就职美国总统。这位老罗斯福总统，虽然来自一个显赫的家族，但是他一生倾向于为劳工和弱势群体争取权益。老罗斯福深知，虽然当时的垄断公司为公众提供了更便宜更好的服务和产品，但是如果不把美国拉回到自由竞争的轨道上，这个国家就没有未来。他上台后做的第一件事就是反垄断，他要求国会展开行动，但是当时美国政坛非常腐败，大家族和大公司的势力还非常强大，因此国会没有理会他的要求。老罗斯福干脆自己动手，发起针对 44 家大企业的法律诉讼，从此开始了美国历史上的反垄断风潮。老罗斯福在担任总统的近 8 年时间里，一共赢得了 25 场诉讼的胜利，最出名的就是肢解了垄断北大西洋铁路、昆西铁路和芝加哥铁路的运输巨头北方证券公司，这家公司背后是金融巨子 J.P. 摩根。老罗斯福还调解了劳资纠纷，他把劳资双方请到白宫谈判，并且为劳工说话。谈判的结果是将劳工每天的工作时间从 10 小时降到 9 小时。

老罗斯福的继任者塔夫脱（William Howard Taft，1857—1930）虽然在感情上倾向于大企业，但还是坚定地执行了老罗斯福反垄断的政策，把90多家大企业告上法庭，并且肢解了美国当时最大的垄断企业标准石油公司（是今天埃克森-美孚、雪佛龙和康菲等数家大石油公司的前身）。该公司的创始人、商业巨子洛克菲勒到死都不能明白为什么美国政府要拿他开刀。他一生热衷慈善，为美国赢得了世界上很多的石油资源，也为美国民众提供了更便宜更好的石油制品。他不懂的是，由于他的垄断（标准石油公司曾经占了美国原油产量的91%），后来者无法进入这个领域，从此破坏了社会的公平性。在美国，反垄断叫Anti-Trust 反托拉斯（信托）而不叫 Anti-Monopoly，因为信托是大家族用来控制财富和避税的手段，反托拉斯就是反对富有的大家族，以达到社会的公平。到了伍德罗·威尔逊（Woodrow Wilson，1856—1924）担任总统期间，他超越了老罗斯福和塔夫脱针对个别垄断财团打官司的反托拉斯方法，改为通过联邦贸易委员会预先阻止不公平的交易行为，以此来鼓励竞争。威尔逊还迫使国会通过了克莱顿反托拉斯法案（Clayton Anti-Trust Act），使得美国的商业从此开始规范。而在此过程中，美国政府成了企业规范化经营的监督者。美国联邦储备银行的出现和政府对金融业的规范化，就是在这样的大背景下开始的。

美国联邦储备银行的成立源于1907年一次短暂的金融危机。这次危机如果放到今天是根本不可能发生的，但是，当时美国没有央行，同时政府对资本的运作几乎是完全放任的，才使得一次很小的事件产生的蝴蝶效应居然让华尔街几乎崩盘。

1907 年金融危机的起源本是一次没有什么新意的股市操纵。这年 10 月份，海因斯（又译作海因策，Fritz Augustus Heinze，1869—1914) 等几个试图操纵股市的人，合计着重复范德比尔特、古尔德和菲斯克当年的神话。这次他们选定了自己控股的美国铜业公司作为操纵对象。海因斯等人将自己拥有的股票借给那些做空的经纪人（设下圈套），然后再试图通过贷款买下市场上的其他流通股，达到逼空的目的，这样等到做空者偿还股票时，会因为在市场上买不到股票而不得不向他们高价购买，到那时，价钱就完全由他们说了算了。当然，他们为了购买股票需要借钱，当时有不少银行都借给他们钱，这里面还包括了当时第三大证券公司尼克伯克信托投资公司（Knickerbocker Trust Company），它的地位相当于 2008 年金融危机前的美林证券，但这家投资公司当时其实已经被海因斯等人控制。众所周知，借钱是需要抵押的，而他们用的抵押品又是美国铜业公司的股票。这就好比一个人用自家的房子做抵押从银行借来钱，把自家的房价炒高，然后再用纸面上价值更高的房子（还是同一栋）借来更多的钱，继续炒作这一栋房子。

读者可能已经看出来了——这其实就是本章开篇时所讲的那种庞氏游戏。如果美国铜业公司的股票上涨还好，一旦控制不住下跌了，那么这些抵押品就成了废纸，各个银行和尼克伯克信托投资公司借出去的钱肯定是还不上的，更可怕的是，该投资公司的钱也不是它自己的，而是投资和存款人的，很多投资人将因此破产。这就是风险所在。

海因斯等人的对手是 J.P. 摩根和约翰·洛克菲勒等人，后者

第十一章　伟大的博弈

虽然都是美国铜业公司的董事，但对于海因斯等人利用管理公司的便利侵吞他们的资产也毫无办法。后来，海因斯可能真觉得J.P. 摩根等人是病猫，他把自己在公司里胡作非为的行为搬到了华尔街，决定和华尔街赌一把。一开始，海因斯等人通过逼空的办法抬高了股价，但是他们远远无法控制所有的流通股，这就像玩拱猪的人，原本打算收满堂红，但是一圈圈的牌打下来后，发现还有一人手中的红桃花色似乎很长，这个试图收满堂红的人就可能要精神崩溃了。海因斯他们现在就面临了这样一个困境，他们不像范德比尔特那样用的都是自己的钱，而是靠巨额的借款在支撑，这是一个不折不扣的定时炸弹。当他们债台高筑却还是不能控制所有流通股时，没有人敢再借给他们钱了，接下来，崩盘就开始了。起初，只是那些没有被他们控制的银行开始要他们还贷了，这逼迫他们不得不卖掉一些股票来还贷。一旦他们开始抛售自己的股票，美国铜业公司的股价就开始往下走了，很快海因斯等人抵押出去的股票已经抵不上他们所借的贷款了。损失最大的就是他们自己控制的尼克伯克信托投资公司，这家投资公司的客户担心它拿不出钱，纷纷开始挤兑。很快挤兑的风潮就蔓延开了，凡是借给海因斯钱的银行都遭到了挤兑，再接下来那些信誉很好的银行也发生了挤兑。如此下去，不仅华尔街得关门，美国的银行业也就完蛋了。

当时美国没有中央银行，因此无法为市场注入流动资金来平息这场挤兑风波，这时大家只能把希望寄托在唯一具有威望和实力拯救这次危机的 J.P. 摩根身上。J.P. 摩根的威望来自于他的诚信而不是金钱。他一生在商业活动中所坚持的原则是，要想在商业

图 11.7　1881 年《帕克》(*Puck*) 杂志上的漫画，J.P. 摩根和山姆大叔一同掌舵美国这条船，画中山姆大叔相比 J.P. 摩根显得非常得渺小（保存于美国国会图书馆）

上获得长期的成功，诚信至关重要。他曾被问及让他给一家企业贷款的决定因素，是对方的资产还是流动资金，他说，"都不是，先生。最重要的是品德……如果我不能相信一个人，他就是拿上帝来做抵押也别想借走一分钱"。现在轮到 J.P. 摩根出来拯救市场了。

　　虽然摩根和洛克菲勒在海因斯等人的失败中出了口恶气，但是，这时也不得不出来救火。J.P. 摩根拿出自己的一部分钱，洛克菲勒也拿出来 1000 万美元，单从数量上讲仅洛克菲勒的这笔钱就比 1791 年财政部拿出来拯救华尔街的 600 万美元还多（当然考虑到通货膨胀，实际的价值没有那么大）。不过挤兑仍然在继续，常常是上百万美元投入到一个银行，一会儿就被取光了。摩根只能再次去和财政部交涉，最后说服财政部将美国政府的 3500 万美元存款注入这些银行，加上他自己从各家银行筹措的 2700 万，但是谁也不知道这够不够应对挤兑。至此，J.P. 摩根也没有办法了，只好以他的名义把各大银行的老板找来商量对策，大家你看着我，我看着你，都傻眼了。最后在 J.P. 摩根的保证下，各大银行的老板们同意将各自存在银行结算中心的抵押款 8400 万美元拿出来。当储户们看到源源不断的现金流到市场上，便停止了挤兑，于是，这次短暂但十分危险的危机算是渡过了。

这件事使得原先反对政府干预金融的政治家们也意识到建立一个中央银行的必要性。虽然历史上美国已经建立过两个中央银行，但目的只是为了还战争的借款而已，一旦任务完成，中央银行也就自行解体了。由于 J.P. 摩根在平息这次金融危机中发挥了决定性的作用，因此他成为众望所归的美国联邦储备银行系统（简称美联储，Federal Reserve System）的发起人。1913 年美联储正式成立，它包括了 12 家地区性的联邦储备银行（现在为 7 家）。虽然它是以私有公司性质注册的政府部门，但是它直接听命于总统，它的主席由美国总统提名，国会批准。美联储虽然名字叫储备银行，其实并没有什么储备，和各国的央行一样，它的职责基本上是发行美元和制定利率。也就在美联储成立的这一年，J.P. 摩根去世了，他留下了大约 6000 万美元的财产，远不如人们想象的多。

就这样，在经历了反托拉斯的高潮和 1907 年的金融危机，成立美联储之后，华尔街的运作开始受到政府越来越多的监管。不过，美国资本市场真正进入有序还是在美国证券和贸易委员会（即美国证监会）成立以及 1933 年《银行法》颁布之后。

对于 1929—1933 年的全球大萧条，我们就不必细说了。下面的几个数据显示了这次大萧条对美国的影响：近 1 万家银行关门（当时美国有近 3 万家银行）；道琼斯工业指数[7]到了 20 世纪 50 年代末才恢复到大萧条前的 1929 年的水平；失业率超过 20%。当然，还有无数华尔街的弄潮儿破产甚至自杀。不过在这次危机中，也有人挣到大钱，其中之一就是肯尼迪家族的创始人，约翰·肯尼迪总统的父亲约瑟夫·肯尼迪（Joseph Kennedy Sr，1888—1969），人称老肯尼迪。美国最终形成比较规范的金融秩序与他有关。

1920 年，老肯尼迪刚到纽约市，就差点被无政府主义者搞的一次恐怖袭击要了命。在那个年代，受俄国十月革命的影响，美国的一些激进人士开始搞恐怖活动，计划暗杀资本家，老肯尼迪那时候既不老，也不是什么大资本家，他只是在路上恰巧遇到了那次爆炸，他被爆炸的气流掀翻在地。不过按照中国的古话，大难不死必有后福，这句话果然在老肯尼迪身上应验了。无人知道他早期的财富是如何积累起来的，虽然他自称是银行家，但其实是什么钱都挣。肯尼迪娶了波士顿市长的女儿，进入了上流社会。他渐渐开始在华尔街呼风唤雨。一次他岳父的支持者在股市上被套牢，老肯尼迪指挥着他在全美国的代理人硬是把这家公司的股票炒了起来。最后，空头不得不向他投降，让他狠狠地挣了一票。1928 年，老肯尼迪是当时美国金融界少有的几个嗅出了大风暴即将来临的人。大家后来把他捧为天才，但是他自己却说得

7　全称为道琼斯工业平均指数，由美国财经记者查尔斯·道（Charles Dow，1851—1902）创立，是美国最早的综合性工业指数，1896 年该指数创立时只有 12 家成份股，今天增加到 30 家。由于该指数所包含的公司数量很少，而且指数的计算采用的是简单平均而不是加权平均，因此今天它在金融上的指导意义远不如标准普尔 500 指数。不过考虑到它的历史悠久，而且成份股均为大公司，因此它在财经新闻上的影响力较大。

图 11.8　曾经担任证监会主席的老肯尼迪（左）和儿子约翰·肯尼迪（右）在一起

很轻松，"当我听到纽约街头擦皮鞋的小童也向我兜售股票经时，我知道该做空了"。他后来回忆当时的危机感"如果有办法让我保住一半的财富，我愿意放弃另一半"。

　　但是和前面提到的其他华尔街大亨不同的是，肯尼迪的抱负不仅仅在金融上，而更主要是在政治上。从 1932 年起，他看好了政治新星富兰克林·罗斯福，并且利用他的财力成功地帮助罗斯福当选总统。当然，即使没有肯尼迪的助选经费，罗斯福照样会当选，毕竟经济糟糕到了那样的地步，在台上的总统是不可能连任的。不过肯尼迪却不这么想，这是他后来和罗斯福产生矛盾，并且觉得罗斯福一直对不起他的原因。肯尼迪希望罗斯福让他当财政部长，不过罗斯福却给了他一个职务虽小但是后来证明作用更大的职务——新成立的美国证监会主席。这一下子，美国社会炸开锅了，媒体评价说，这简直是"让狐狸来看小鸡""从前的投机者现在要制止投机"。社会各界对他的不信任使得国会对他的正式任命延迟了半年。

　　不过事实证明罗斯福用人还真有独到之处。挣够了钱的老肯尼迪，想的不再是以权谋私去挣更多的钱，而是自己的政治前途。老肯尼迪接手的是一个烂摊子，问题多多，不仅大家对华尔街没有信心，华尔街自身对投资也没有了信心。作为华尔街最有经验的坐庄者，老肯尼迪知道华尔街里全部的猫腻和雷区。华尔街的小混混们，这回如同小偷遇上了贼爷爷，那些操纵市场的把戏再也玩不起来了。他很快在人们心中建立起一个公平而高效的管理者的形象。接下来他必须解决银行不愿意借贷的问题，因为这些银行家都被吓破了胆。没有借贷，经济活动就没有了血液，经济就无法恢复，这在历史上被称作"资本罢工"。老肯尼迪在各种场合宣传罗斯福的新政，重树华尔街的信心，银行的信贷又开始恢复了。老肯尼迪在监管金融的同时，打击华尔街那些维护经纪人利益的保守力量，扶植维护投资人的新生力量，这样也树立了民众对华尔街的信心。两年多过去了，华尔街再次走向正轨，老肯尼迪觉得这份差事已经没有了新鲜劲，辞职去追求更高的政治目标了。罗斯福和老肯尼迪开创了美国政府严格监管金融的先河，从此美国证券交易才真正走向正轨。

第五节　不断重复的愚蠢

金融行为得到了约束，交易开始公平，不等于证券市场的风险从此消失，因为人最大的敌人不是别人，而是自己的贪婪。今天人类的贪婪和愚蠢和两个世纪前相比并没多少改进。只要有这两条在，金融危机还会周期性地重复下去。

自罗斯福执政起直到今天，这80多年华尔街的历史，大家可能都比较熟悉，这里不再全面回顾了，我们只需要聚焦一些重大事件和危机，就不难得出"历史在不断地重复"这一结论。

我们在本章一开始谈到了各种泡沫，其中一个共同的特点就是炒作概念。在 19 世纪美国全民（甚至是全世界）都在炒作铁路和运输的概念。在英国，曾经发生过全民投资和炒作铁路的风潮，这固然集资修建了大量的铁路，却也因为泡沫而带来了巨大的灾害。在"缩短的距离 —— 交通和通信的进步"一章中，我们介绍过英国铁路泡沫带来的股灾，著名作家、《名利场》的作者萨克雷就把全部财产都赔在了铁路股票上，就连著名的惠灵顿公爵也不能幸免，最后只好找铁路投资人帮忙。20 世纪初，炒作的概念是汽车，到了第二次世界大战后就成了电子产品。

在美国 20 世纪 50—60 年代，什么公司只要和电子挂上钩，股票就疯涨，后来掀起了一场公司改名字的热潮。我们知道电子的英文写法是 electronics，结果很多公司都把自己的名字改成什么 -tronics。比如汽车配件公司改名为 autotronics，股价就能上涨，这些看似荒唐的事情和 2000 年所有公司都自称互联网公司（.com 公司），2007 年所有互联网公司都宣称自己是互联网 2.0 公司，而 2011 年后所有的互联网公司都宣称自己是移动互联网公司，没什么两样。从第二次世界大战结束到 20 世纪 60 年代末，美国股市经历了长达 20 多年的大牛市。然后随着电子概念带来的泡沫的破碎而结束，1971 年美国股市开始暴跌。

虽然各种规范可以约束人们的贪婪，减少不理性行为带来的恶果，但是并不能从根本上消除人类自私和贪婪的天性。今天，各种概念依然在不断地被炒作，各种泡沫还在不断地被制造。在

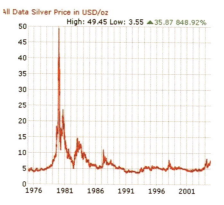

All Data Silver Price in USD/oz
High: 49.45 Low: 3.55 ▲35.87 848.92%

图 11.9　20 世纪 70 年代末到 80 年代初，被炒作起来的美国银价

泡沫期间，不理性的人永远比理性的人多 10 倍，而泡沫制造者
们不仅比他们的前辈更加"雄辩"，而且他们还拥有更复杂的金
融理论作武装。

除了概念的炒作，依然不断有人试图操控资本市场。我们
在前面讲到了古尔德和菲斯克在 19 世纪 60 年代曾经操纵了黄
金的价格，而 100 多年后，美国两个最富有的人，得克萨斯石油
大王亨特兄弟（纳尔逊·亨特和威廉·亨特，Nelson B Hunt &
William Herbert Hunt）又试图操控白银的价格。他们的做法和
古尔德、菲斯克如出一辙，就是买下整个市场上全部流通的白
银，然后逼空。他们将白银的价格从 1974 年的每盎司 3 美元出
头，炒到了 1980 年的将近 50 美元每盎司。到了 1979 年，他们
囤积了两亿盎司的实物白银，这足足有 6000 多吨。亨特兄弟一
心要模仿古尔德和菲斯克操控黄金的"壮举"，他们万万没有想
到自己的结局也和古尔德、菲斯克差不多。这次他们不是栽在美
国政府手上，而是栽到美国老百姓手上。随着银价上涨十来倍，

美国老百姓抛出了大量的银器，在美国凡中产以上的家庭，大都有一两千克的银器，比如咖啡具、茶具、刀叉、餐盘，等等。既然这些银子能卖这么多钱，大家就都拿出来抛售。在 2011 年银价飞涨时，这种情况再次出现，在 eBay 上有大量的银器出售。与此同时，原先因为银价低而亏损停业的银矿，在银价上涨了十多倍后，全部变成可以盈利的企业，它们开足马力开采和提炼白银，这也导致大量的白银流入市场。亨特兄弟二人再也没有钱购买白银了，银价开始下跌，而他们欠银行的钱因为银价下跌、抵押金不足而导致平仓。在 1980 年 3 月 27 日这一天，世界银价大跌一半。这次同样造成了股市的恐慌，当天股市大跌。

不过这次操纵对美国经济并没有伤筋动骨，股价第二天就回升了。但是亨特兄弟的命运就没有这么好了，他们在被称为"白银星期四"的这一天就由盈利变成了亏损 10 多亿美元。银行不得不重组他们的债务，给他们 10 年期限还债。但是，这一切是以白银价格未定并上涨为前提的，随着他们操控银价的结束，白银的价钱还在不断下跌。7 年后这两个曾经是美国最富有的兄弟宣布破产。

就在亨特兄弟为偿债苦苦支撑的 7 年间，里根的新政把美国带出了经济衰退的低谷，但是同时美国开始了借债经济，这最终导致了 1987 年 10 月史称"黑色星期一"的股灾[8]。这次股灾虽然没有给美国带来太大的危害，股市也很快得到了恢复，但是，美国经济对债务的依赖却变得越来越严重。到 2013 年 11 月 23 日，美国发行的国债（还不包括各级地方政府的）超过 17 万亿美元，

8　1987 年 10 月 19 日，美国股市一天暴跌了 20% 以上。

图 11.10　1987 年纽约股市"黑色星期一"，导致全球股市恐慌

超过了美国的 GDP（2013 年 GDP 预估为 16 万亿美元左右）。很多中国的朋友问我美国政府是否会赖账，是否会还本金。这个答案是显而易见的，美国政府不会赖账，否则以后他们就借不到钱了，事实上美国联邦政府至今还没有赖过账。至于会不会还本金，这个答案是"会还"，也是"不会还"。说它"会还"，是因为当债券到期时，美国政府每次都是连本金带上（最后一次的）利息还给债主。但是，这些都是以借到新债为前提的，也就是说美国政府一直在玩借新债还旧债的庞氏游戏，它永远欠着一笔越来越大的本金。事实上美国政府从来就没有打算还掉一部分本金，将债务减少，国会和总统之间争执的只是如何让债务上涨速度可控。而这一切和华尔街没有半点关系，因为借钱的不是华尔街。这件事说起来是和美国的主街（Main Street）即所谓的主流社会有关。

　　一位美国历史学博士曾经讲过，有什么样的民众就有什么样的政府。比如阿根廷等一些拉美国家有对经济发展漠不关心的民众，就有经常性破产的政府。美国中下层民众只想到享受福利，不打算纳税和通过自己的努力改变现状，而中上层的人则要求减税而不愿意进一步承担社会义务，私营公司有全世界最大的现金储备而四处避税，政府工作人员效率低下却要拿着高得骇人的福利，有这样的民众，就有从来不打算真正还债的政府。这些问题不是通过规范华尔街能解决的。

到了克林顿时代，他除了吹出了互联网泡沫和开始了房地产泡沫外，还开了放纵华尔街利用杠杆做最危险的投资的先例。而在失败前，这些使用超高杠杆的人和机构从来不承认他们的做法有非常大的风险，或者说他们从来不认为最坏情况会发生。但是事实上，坏事总是会来的。说到这里，我们就不得不回过头来讲讲长期资本管理基金公司（Long Term Capital Management）的案例了。

这家基金挣钱的原理其实并不复杂。大家都知道存款或者债券（比如国库券），存期长的利息高，比如年利 4%；存期短的利息低，比如 3%。这家基金就是用这个特点进行对冲。他们通过短期借款集资，然后去买长期债券，从中挣得利息差。当然，这个利息差很小，为了多挣钱，需要利用杠杆大量借钱，长期资本管理使用了 25 倍的杠杆，借了 1200 多亿美元的债。此前，并非别人看不见这种利息差（Spread），而是觉得这个利息差不算很大，为了挣它要去冒很大的风险，人们认为不值得。

长期资本管理在最初的两年里靠杠杆获得了不错的回报，这时人们常常会忽视这种做法的高风险，而这家公司的胆子却越来越大。开始还只是利用美国长短期债券的利息差价，后来发展到利用不同国家的利息差价赚钱，比如日本的利率低，韩国的利率高，那么他们就从日本借钱买韩国的债券。这时，他们眼里只有利润，而完全忽视了风险的存在。在债券市场上有一条铁律，就是只有风险高的债券才愿意付出相当高的利息。1997年，第二次世界大战后亚洲最大的金融风暴发生了，长期资本管理购买的亚洲债券暴跌，而他们卖出的美国债券却很稳定。这种事情属于小概率事件，却偏偏发生了。长期资本管理当年就开始亏损，而且资产快速缩水。第二年，又一个小概率事件发生了，俄罗斯宣布破产，所发债券全部赖账了。这下子引发了欧洲债券市场的剧烈震荡，当一个资本市场不稳定时，优质低回报的债券价格上涨，而低质高回报的债券价格下跌，结果是长期资本管理购买的那些高风险、高回报的债券，比如意大利债券价格暴跌，而它做空的低风险、低回报的债券，比如德国债券价格上涨，这一进一出就让这家公司亏了20亿美元，同时净资产快速缩水，债务和资产的比例一下子扩大到200∶1以上。

图11.11是1000美元投资在这家公司净值的变化，蓝线为长期资本管理、红线为道琼斯、橙色线为美国国债。在1998年，长期资本管理的净值一跌千丈。

至此，长期资本管理只能找华尔街的同行救助，他们先找到股神巴菲特来收购，巴菲特愿意出的钱连他们期望的一半都不到。他们又找到对冲基金的领袖索罗斯，索罗斯正在和中国香港政府打汇率战，根本没有钱帮助他们，何况亚洲金融风暴和俄罗斯主动破产幕后的始作俑者就是索罗斯。看来长期资本管理公司免不了要破产了。更可怕的是，这家公司偏偏和华尔街的主要投资银行都有商业往来，而它的投资人也是各大银行，因此它一旦

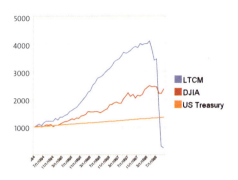

图 11.11 投资长期资本管理不同时期所剩的净值

破产，可能第二天华尔街就无法开门了。1998 年 10 月 23 日，在高盛、美国国际集团（AIG）和伯克希尔·哈撒韦（巴菲特的旗舰公司）牵头下，由纽约的美联储协调，各大银行和投资公司一共凑了 36 亿美元的救市基金，帮它暂时维持一段时间，到 2000 年，这家公司解体。而瑞士最大的银行瑞士联合银行（UBS）因为投资它亏损了 7.8 亿美元，导致其董事会主席的辞职。在救市过程中，贝尔斯登（Bear Stearns）是唯一一家拒绝出资的公司，这被华尔街同行普遍诟病，在 2008 年金融危机时，没有公司愿意救助贝尔斯登。

长期资本管理的失败说明，不论多么聪明的人，一旦贪婪起来，眼里就只有利润，而看不到风险，他们可能成功一时，但是最终都是以惨败收场。长期资本管理事件背后一个更深层的问题是，为什么美国政府会允许基金使用 25 倍的杠杆？在这家基金失败之前，所有人都低估了这种杠杆潜在的风险，但遗憾的是，在此之后大家依然没有意识到这一点。华尔街人士对长期资本管理的失败进行了技术分析，虽然他们看到了杠杆对投资亏损的放大效应，但是他们认为这只是因为长期资本管理的模型还不够完美，而不认为这种利用杠杆的冒险终究要出问题。为了弥补模型上的缺陷，华尔街在设计新的金融衍生品（比如美国次级贷款的信用违约互换[9]）时对自己的投资进行了再保险，这样就可以在遇到下行风险时保底[10]，当然为了逐利，他们依然采用了长期资本管理高杠杆的投资方法，岂不知保险公司也是会倒闭的。当整个华尔街都开始玩这种冒险的游戏时，当全世界各大银行都纷纷加入进来时，最终导致在 2008 年爆发了第二次世界大战后最大的金融危机。

　　金融危机过后，全世界从投资界到学术界都进行了深刻的反思，一些有识之士承认这些看上去很完美的模型其实不过是一种新的庞氏游戏的复杂包装而已。当然，依然有人觉得依靠技术的力量可以预测今后的风险并防止金融危机的发生。但是，正如牛顿所说"我可以预测天体运动的轨迹，却无法预测人性的贪婪"，而人类的贪婪依然是左右资本市场的重要因素。金融危机是过去了，但是造成金融危机的根本原因并没有消除，比如其中一个原因是美国原本没有经济实力购买房屋的低收入者，靠借次级贷款拥有了房屋，却无力供养房屋。而奥巴马政府解决这个问题的方式，并非让那些人能够面对现实，过相对简朴的日子，并通过自身努力来改变现状，而是用更低的利息让那些人能够拥有住房。

9　信用违约互换（Credit Default Swap，即常说的 CDS）是债券市场中最常见的信用衍生产品，通俗地讲就是金融产品的保险。在 CDS 交易中，购买者将定期向出售者支付一定费用（相当于保险金），而一旦债券的发行者出现违约事件，CDS 的购买者可以将债券以面值上的价格卖给 CDS 的出售者，从而有效规避信用风险。

10　因为根据它们和保险公司的协议，当这些投资公司和基金所投的金融产品亏损超过一定程度时，保险公司将支付它们的损失。

这其实不过是一个更大的庞氏游戏而已。而在金融史上，任何庞氏游戏最终的受害者恰恰是那些曾经认为自己讨到便宜的人。

不过，金融危机改变了世界的格局，加速了中国的崛起和欧洲的进一步衰落，当然这是题外话了。关于 2008 年这次金融危机的细节，读者可以参看拙作《浪潮之巅》。

结束语

关于华尔街，还有很多可以写的内容，比如巴菲特、索罗斯和西蒙斯（James Simmons）[11]等人的投资神话，比如计算机的使用对交易的影响，比如美国对股市的监管，等等。我们把这些精彩的内容省去，除了篇幅受限，也因为它们和我想强调的这一章的主题关系不大。

如果对这一章提到的这么多历史事件做一个总结，那就是整个资本市场总是在疯狂的上涨和令人绝望的下跌中循环。这里面有两个原因，首先是由人的天性决定。冒险是人类的天性之一，就像人类不会因为雪崩而停止攀登珠穆朗玛峰一样，人类也不会因为有金融危机而停止投资和对资产的炒作。资本市场的博弈是所有博弈中最伟大的一种，人们在游戏规则内不断追求自己的利益，而后面那只"看不见的手"（市场规律）其实才是资本市场真正的庄家。第二个原因是因为早期游戏的无序。回顾这 200 多年资本市场的历史不难看到，几乎所有的玩家都在作弊。为了让这个游戏能够不断地玩下去，大家就制定出各种规则，并且严抓

11　世界上最成功的对冲基金文艺复兴技术公司（Renaissance Technologies）的创始人。

作弊现象，而政府则成了游戏的裁判员。由于利益的驱动，永远有人试图作弊，或者打擦边球，不过应该看到，这场游戏还是越来越规范了，这便是人类文明的进步。不过，正如中国著名思想家王阳明所说"破山中贼易，破心中贼难"，设定游戏规则、监管资本市场容易，克服人性的弱点难。如果人真的没有了贪婪和恐惧，那么他就不是介于天使和魔鬼之间的动物，而是神了。不过，正是人类的这些弱点，给了后来者无穷的机会。

回顾美国金融历史的另一个目的，就是借此展示人类文明有时需要走过一个曲折的过程，而这个过程可能会经历相当长的时间，但是，最终人类身上属于天使的那一半——一种向上和向善的力量，使得文明在不断地进步。对比今天的中国和100多年前的美国，读者可能已经发现中国今天遇到的问题，当年美国都遇到过了，但是这些问题最终得到了较好的解决，我们有理由相信，不仅未来中国的金融秩序会变好，而且中国的社会也会更加进步。

第十二章　从 0 到 N
抗生素的发明

2016 年中国图书市场上有一本非常畅销的书——《从 0 到 1》，相比之下，在作者所在的美国，这本书虽然卖得不错，却远没有在中国那么火爆，而在硅谷把这本书挂在嘴边的人更是非常之少。另一方面，该书作者彼得·泰尔（Peter Thiel）在中国科技界和企业界其实并不怎么知名，而在美国硅谷则有很多人都知道他，他不仅是 PayPal 的创始 CEO，还曾是大名鼎鼎的埃隆·马斯克的老板。为什么会出现这种颇为矛盾的现象呢？因为《从 0 到 1》一书只是总结硅谷办公司的一般规律，当地的人都知道，早已习以为常了。但是，书中有个观点触动了正在进行"大众创业，万众创新"的中国人，即世界上有两种创新，一种是从无到有（即书中所说的从 0 到 1），另一种是从少到多（书中描述为从 1 到 N）。在中国，有一种看法比较普遍，就是"中国缺乏从 0 到 1 的创新"，或者说缺乏原创（有意思的是该书的作者泰尔也这么说）。甚至中国很多的业界领袖和各行各业精英也表现出一种其实并不必要的忧虑，即中国所谓的创新在商业模式上的改进居多，技术的原创非常少。另一方面很多人又简单地认为，中国并不缺乏从 1 到 N 的创新（《从 0 到 1》一书也这么认为），以为只要中国的创业者实现从 0 到 1 的突破，下一代微软、苹果和 Google 都将诞生在中国。

可是，完成一项重要的发明，其实并不那么简单，从 0 到 1 固然重要，但从 1 到 N 更重要，这一点，是重大发明全过程参与者的共识，因为重大的发明不是靠有灵感、有技术就办得到的，而只要参与过一次这样的全过程，就能够体会到其中的艰辛漫长。很多学者也从不同角度阐述了类似的观点。比如，美国 IEEE 和 ACM 会士（Fellow，也被称为资深会员）、计算机科学家古德里奇（Michael Goodrich）教授基于对近几百年来世界科技史上许多重大发明的研究，得到这样一个结论—— 从 1 到 N 远比从 0 到 1 重要得多，因为世界上从 0 到 1 的发明非常非常多，但是能走到 N 的却少之又少。

泰尔在他的书中给出了几个从 0 到 1 的例子—— 盖茨创办微软、乔布斯创办苹果以及佩奇和布林创办 Google。其实严格来说，这三个例子恰恰不是从 0 到 1，而是从 1 到 N。操作系统不是盖茨原创的发明，微软的拳头产品 DOS 和 Windows 最初要么是买来的，要么是跟别人学的，并非原创。乔布斯领导开发的苹果电脑、iPod、iPhone 和 iPad 也是从 1 到 N，在他之前都有类似的产品，只是那些从 0 到 1 的原型产品做得不成功罢了。而至于网页搜索，则在佩奇和布林做 Google 之前，早就有千百万互联网用户在使用了。泰尔的这几个例子恰恰说明从 0 到 N 的全过程都很重要，不仅仅是从 0 到 1 这第一步。今天全球市值最高的这三家科技公司，恰恰是从 1 到 N 做得好。倒是泰尔创办的

PayPal 公司是一个从 0 到 1 的重要发明，因为在此之前，世界上还真没有利用互联网的在线支付，或许是泰尔比较谦虚，不好意思把自己的发明创造归入从 0 到 1 的行列。

怎样做到从 0 到 1，泰尔已在书中给出了不少启发，这里不再赘述。不过朱棣文的一个观点非常值得一提。2015 年我和朱棣文在斯坦福大学就科学研究到发明创造的转换（也称为 translation）有过一次讨论。朱棣文认为，所谓的原创性发明（即所谓的从 0 到 1）从大学（或研究所）的重大科研发现开始，到转化为市场化的应用，周期大致为 20 年。他列举了生物制药、物理学和信息科学的很多例子，比如一种药品从它最重要的论文发表，到药品上市平均需要 20 年的时间。在他看来，中国 10 多年后自然会涌现出很多原创的发明，因为中国从 10 年前开始，在科学研究上就有了长足的进步，原创性的发明必将水到渠成，不断涌现，这一点中国并不需要着急。

今天，在提倡创新的时代，中国最需要的恰恰是耐下心来，踏踏实实走完一项项重大发明创造所无法跨越的相当漫长的全过程，既不能半途而废，也不可能从外界找到可供简单参考和抄袭的。把一项重大发明比作万里长征，那么从 0 到 1 的过程，不过是完成了长征的第一步而已，后面还有很多工作要做。这里我们将透过抗生素的发明过程，来看看历史上这些伟大的发明如何走过艰辛而漫长的道路。

抗生素大家都不陌生，因为我们时不时地要服用它。世界上恐怕还没有第二类药能够像抗生素那么神奇——它在一瞬间治愈了许多困扰人类（甚至包括动物）几万年的顽疾：各种外伤感染、肺结核、性病、霍乱等，从而将人类的平均寿命从 45 岁提高到了 60 岁。

不过，抗生素给人类所带来的最大福利远不止于平均寿命增加 15 岁，而是在很大程度上消除了人类对疾病的恐惧。在抗生素被发明和使用之前，人们对疾病的恐惧是现在的我们无法想象的，因为不论是东方人还是西方人，一旦得了病，能否治好很大程度上就只有听天由命。一个中上之家，如果有人得了肺结核，不仅这个人的性命捡不回来，而且往往会弄得倾家荡产。即便是今天我们看起来稀松平常的发烧和腹泻，过去一旦降临到某个人身上，他的性命就不再掌握在他自己或者医生手里了，有没有救全看死神高兴与否。可以想象天天生活在死亡的恐惧中是什么样的心情。但是抗生素的出现使得人们第一次在死神面前有了自信，因为人们不仅相信几片小小的药片或者胶囊就可以让发烧、腹泻和感染这种常见的病症药到病除，更重要的是从此相信生病时医生能把他们的病治好，即使得了绝症。这种信心使得人们日常的精神状态好了很多。

上面这一切足以构成我们用一整章来专门介绍抗生素的理由，当然青霉素等抗生素的传奇和它们给社会带来的意义还远不止于此。在人类诸多重要发明中，抗生素发明过程的复杂性也颇具代表性。人类对很多看似无害的新事物逐渐全面地认识，也可以通过我们对抗生素的认识过程观察到。因此我们很有必要好好了解一下人类发明抗生素并认识其副作用的全过程。

第一节　三次偶然的发现

霉菌杀菌的功效其实人类很早就发现了。在唐朝时，裁缝们如果划破了手，会把长了绿毛的糨糊涂在伤口上，帮助伤口愈合，这其实就是绿毛上的青霉素[1]起了杀菌的作用。但是，当时的医生无法解释其中的原因，这种土办法也没有得到推广。当然，光靠绿毛上那点霉菌其实也治不了大的伤病。人类第一次偶然发现青霉素的效用并没有导致重大的发明，也就是说，虽然有了从 0 到 1，但是并没有完成从 1 到 N 的过程。可是，我们不能责备我们的祖先，毕竟在那个时代，人类根本不知道世界上还有看不见的致病细菌。

一百多年前，人类才认识到细菌能够致病，而且这也是一个偶然的发现，我们不妨视其为第二次偶然发现。1847 年，奥匈帝国的医生塞麦尔维斯（Ignaz Philipp Semmelweis，1818—1865）发现在他所在的医院里，生完孩子的产妇当中，得产褥热病死的比例特别高，在 10% 以上，有些病房甚至高达 35%。这一年他外出行医游学数月，而在这几个月中，他负责的病房里只有护士替他照顾产妇，产妇的死亡率居然下降了很多。这件事，加上以前大家注意到的另一个现象，即有医生照料的病房，产妇死亡率反而要高过只有护士（没有医生）照料的病房，这让塞麦尔维斯想到会不会是医生们把"毒素"带给了病人。塞麦尔维斯所在的维也纳总医院是一家研究型医院，医生们出于研究的目的常会去

---

[1]　大部分食物和水果上的绿毛中都有青霉菌，但常常还有很多有害的菌种，因此不要尝试用那些绿毛治病。

做尸体解剖，但护士不会，可能恰恰是接触过尸体的医生把"毒素"带给了他们随后去照顾的产妇。于是塞麦尔维斯开始执行严格的洗手制度，这么做之后，产妇的死亡率便直线下降至 1% 以下。当时塞麦尔维斯并不知道"毒素"是什么，也就无法解释这种做法的有效性，因此当时其他的医生并未严格遵循洗手消毒的原则，更没有将生病和微生物感染联系起来。

世界上其实并不缺乏偶然的发现，但是如果人们未能在这些偶然发现的基础上继续朝前走，那么偶然的发现就难以产生重大的影响，甚至可能随着时间的流逝而被人淡忘。绿毛糨糊杀菌的方法没有被发扬光大，甚至没有被流传下来，就在于没有人在它的基础上往前走。塞麦尔维斯是幸运的，尽管他自己未能把"毒素"感染这件事说清楚，但是在他之后，世界上有其他医生和医学家继续沿着他的足迹向前走。

首先，从理论上论证了细菌能够让人（和动物）感染疾病的是法国著名科学家巴斯德（Louis Pasteur，1822—1895），他在 1862 年提出了生物的原生论，即非生物不可能自行产生生物，接着在 1864 年发现了微生物（细菌）的存在，最终将细菌感染与诸多疾病联系在一起。几乎就在巴斯德发现细菌的同时，英国著名医生李斯特（Joseph Lister，1827—1912）也提出了外部入侵造成感染的设想，1865 年，在得到了巴斯德理论的支持之后，李斯特提出了缺乏消毒环节是发生手术感染的主要原因，并且发明和推广了外科手术消毒技术。后来李斯特担任了英国皇家学会会长，并被封为爵士。

接下来，在发现细菌可以传染疾病方面，德国著名医生科赫

（Heinrich Koch，1843—1910）取得了重大成就。找到了很多长期困扰人类的疾病，尤其是传染病（如炭疽病、霍乱和肺结核）的根源。科赫因发现了炭疽杆菌、霍乱弧菌和结核杆菌而出名，并且发展出了一整套判断疾病病原体的方法——科赫氏法则，所以被视为细菌学之父。1905年，他因对于结核病的研究获得诺贝尔医学奖。科赫将疾病和病源（相应的细菌）对应起来的理论，对后来弗莱明发现青霉素的工作产生了很大的影响。

应该说塞麦尔维斯是非常幸运的，因为在他身后有巴斯德、李斯特和科赫等人，这使得他的发现不仅改变了近代医学的发展，而且直到今天他的大名依然被医学界所熟知，甚至有人将他和希波拉底、弗莱明等人一同列入对医学发展最有影响力的人物名单中。反过来，如果没有巴斯德等人的工作，今天恐怕就没有人会知道塞麦尔维斯的名字，他很可能就会和中国唐朝那些发现霉菌可以杀菌的工匠一样，被人遗忘，最多在历史学家查档案时会被感叹，"哦，曾经有一个叫做塞麦尔维斯的医生更早地发现了……"。

虽然科赫等人找到了病原，但要想杀死那些致病的细菌并非易事。在和平时期大家可以尽量避免细菌感染，但是到了战争期间，这一点就很难

图12.1　世界上最早提出细菌感染致病的塞麦尔维斯

图 12.2　在第一次世界大战期间，由于没有抗菌特效药可用，大量伤员失去了生命

保证了。在第一次世界大战期间，很多伤员因为细菌感染而死亡，当时医生们能做的就是给伤员们进行表面消毒，但是这种救护方法不仅效果有限，有时还有副作用，因为这样会把人体分泌的杀菌体液也一同清除了，常常是把伤员治得更糟糕。当时，英国医生亚历山大·弗莱明（Sir Alexander Fleming，1881—1955）作为军医来到了法国前线，目睹了医生们对处理细菌感染无计可施的困境，战后回到英国就开始研究细菌的特性。

　　弗莱明的想法和当时的大部分医生不太相同，他受到科赫的影响，认为既然感染来自病源的细菌，就要从根本上寻找能够杀死细菌的药物。1927 年，弗莱明在英国的圣玛丽医院（St Mary Hospital）开始研究金黄色葡萄球菌（Staphylococcus aureus），这是一种具有代表性的革兰氏阳性菌，在微生物学上属于葡萄球菌属，革兰氏阳性菌是很多严重感染的元凶。次年（1928 年）7 月，弗莱明照例要去休假了，他在休假前培养了一批金黄色葡萄球菌，然后就离开了。但是，或许是培养皿不干净，或者是掉进

图 12.3　弗莱明发现青霉素的那个培养皿

了脏东西，等到弗莱明 9 月份休假完毕再回到实验室时，他发现培养皿里面长了霉。如果弗莱明粗心大意，可能随手把培养皿洗一洗就重新做实验了。好在弗莱明非常细心，他发现霉菌周围的葡萄球菌似乎被溶解了，便用显微镜观察，发现霉菌周围葡萄球菌都死掉了。于是，弗莱明猜想会不会是霉菌的某种分泌物杀死了葡萄球菌，弗莱明把这种物质称为"发霉的果汁"（Mould Juice）。

　　为了证实自己的猜测，弗莱明又花了几周时间培养出更多这样的霉菌，以便能够重复先前的结果。9 月 28 日早上他来到实验室，发现细菌同样地被霉菌杀死了。此后经过鉴定，这种霉菌为点青霉菌（Penicillium Genus），1929 年弗莱明在发表论文时将这种分泌的物质称为青霉素（Penicillin），中国过去对这种药物按照音译，翻译成盘尼西林。9 月 28 日这个日子是弗莱明事后回忆起来的，弗莱明后来这样记录了当时的情景——"1928 年 9 月 28 日早晨醒来，我根本没有意识到我因为发现世界上第一种抗生素而将改变整个医疗。"后来 1928 年 9 月 28 日被正式确定为人类发现青霉素的纪念日 [2]。

在中学的教科书中，介绍青霉素的发明过程就到此为止了。因此，人们长期得到一个印象，以为青霉素就是这样偶然地被发现了，故事结束。当然，励志的读物，也会利用青霉素的发现过程，启发教育读者灵感、运气和有准备的头脑的重要性。我在学完英语课本中《弗莱明和青霉素》一课之后，也曾梦想着将来自己有那种运气，也曾努力让自己拥有一个有准备的头脑，同时也为自己缺乏灵感而沮丧。对于一个青春彷徨的人来讲，这种交织着梦想、发奋和沮丧的心情很容易理解。的确，弗莱明偶然的发现完成了一个从 0 到 1 的过程，但是，如果我们对青霉素发现的全过程的理解仅仅如此，多少有点可悲，实际上到 1928 年 9 月 28 日，人类仅仅是迈出了发现青霉素这万里长征的第一步。那么青霉素真实的发现全过程又是怎样的呢？

首先，弗莱明在接下来的 10 年里依然在研究青霉素，但一直没能分离提取出可供药用的青霉素。他也曾经试图说动生物化学专家帮助自己完成提纯的研究，却没人响应，因为弗莱明所做的各种实验时灵时不灵，有时候结果令人振奋，让人们觉得这种物质可能就含有大家要寻找的杀菌灵药，但更多的时候，实验结果令人沮丧。

不过，弗莱明依然坚持一代代地培养青霉菌菌株，这实际上便是在维系着人类文明的一颗火种。在这一点上，我们不得不敬

2　这一天又被称为历史上的一个"红字日"（Red Letter Day），因为根据中世纪抄书人的约定俗成，重要历史事件发生的日期要用红墨水抄写。

图 12.4　最早发现青霉素的英国医生弗莱明

佩弗莱明。如果弗莱明暂时看不到结果就轻易放弃了，那么人类发明青霉素的时间还要更晚一些。应该说，在这十年里，弗莱明的工作对后来的研究人员具有多重启发作用，比如他发现青霉素对任何动物都无害，另外他还通过研究不同酸碱度下青霉素的性质，搞清楚了怎样让这种药品变得更稳定。

　　其次，弗莱明关于青霉素的论文早在 1929 年就发表了，但是在长达十年的时间里都没有引起医学界的关注。后来由于研究进展不顺利，弗莱明也很少发表论文，因此在学术界也没有什么人知道他。在此期间，有个别科学家读了他的论文后，和他联系索要过菌种，弗莱明从未奇货可居，总是豪无保留地提供给其他科学家。1930 年，美国农业部其实也从弗莱明那里要来了一些青霉菌，提供给美国感兴趣的科学家进行研究，但是只有很少的科学家对此感兴趣，而这些人的实验结果也是时好时坏，证实不了青霉素的效果。

最后，在 20 世纪 40 年代之后，弗莱明完全停止了关于青霉素的研究。可以说，弗莱明偶然的发现和他后来十多年所做的研究工作，其实距离发明抗生素还差得远。真正从霉菌中提取出药用青霉素的另有其人。

在人类完成重大发明的过程中，常常会见到这样的情况：前面的人走出了正确的第一步，但却走不下去了，后来的人因为有不同的阅历和能力，在前人的基础上顺利地完成了突破。要想知道在发明抗生素的道路上为什么那些后来者能够成功，我们先要看看为什么弗莱明难以实现进一步的突破。

首先，弗莱明的知识结构和性格特点存在缺陷。弗莱明不是很懂化学，无法通过化学方法从霉菌中分离出青霉素。另外他对药理也不是很懂，故而搞不清楚青霉素杀菌的原理，他把青霉素当作外用的消炎药来进行实验，可实际上青霉素最有效的使用方法是通过血液循环输送到组织内部，让它和细菌全面接触，而外用的效果并不佳。1930 年，英国谢菲尔德的一家医院曾经试图使用青霉素治疗一种外部的细菌感染，但是失败了，人们由此怀疑其药性，而弗莱明也找不出原因。至于性格特点，弗莱明是出了名的不善表达。我们经常看到很多搞科学或者搞工程的人，虽然善于思考问题，但是不重视自己表达能力的训练，最终极大地限制了自身的发展。弗莱明其实也吃了这个亏，他很希望得到化学家们的帮助，但是他又无法说服他们与自己合作。

除了弗莱明自身的原因，还有两个重要的客观原因。首先是当时药物提纯水平很差。弗莱明培养的青霉菌，每一升培养液只能产生两个单位的青霉素。按照今天门诊肌肉注射青霉素一针通常是 60 万—80 万单位估算，这一针的青霉素当时所需的培养液可以灌满一个 25 米的短道游泳池。这么低的浓度，加上不正确的使用方法，实验结果时灵时不灵也就不奇怪了。在科学史上经常会出现这样的情况，一些好的方法或者发明尽管理论上没有问题，但是在实现时受到条件的制约，一开始可能显现不出它应有的效果。青霉素也是如此，医学界最初认为它无效，其实也是因为条件不具备。

另一个客观原因是弗莱明缺少足够的经费和资源支持。英国当时的科研机制和今天不一样。第二次世界大战后直到今天，各国科研经费要么来自于政府，要么来自于工业界或者捐赠，不论是哪种来源，都需要报告科研成果给出钱的一方，一旦有了弗莱明这样的重大发现，负责提供经费的一方也会推动对这类课题的深入研究。但是当时弗莱明的研究并没有什么科研机构的支持，他所在的圣玛丽医院本身并没有多少科研资源，弗莱明的发现又十分偶然，因此这么重大的发现，在当时却没有资源能让弗莱明全力以赴继续进行研究。当然，这也和弗莱明不善于调动资源有关。

此外，青霉素最初不受重视还有另外一个原因，就是当时德国人发明了另一种广谱抗菌的药品 —— 磺胺类药，并且由著名的拜耳公司生产，开始在全世界普及。1939 年，德国著名的细菌学家和药学家格哈德·多马克（Gerhard Domagk，1895—1964）还因此获得了诺贝尔医学奖。事实上，直到第二次世界大战初期，世界上主流的抗菌素都是磺胺类药品，而非青霉素。

综上可以看到，仅仅靠偶然的运气很难完成发明的全过程，如果考虑到中国唐朝裁缝的偶然发现、塞麦尔维斯的偶然发现，加上弗莱明的这一次，算是三次偶然发现。而弗莱明比前人幸运的是，他所处的时代具备了发明抗生素的客观条件，在他之后，又有大批的精英和成千上万普普通通的研究人员、药厂工人，以及拿着低薪的女工们为发明青霉素而共同努力着。

第二节　漫长而艰难的药品化

历史上的很多重大事件都需要等一个关键性人物的出现，才会揭幕。对于青霉素的药品化，这个关键人物是当时英国牛津大学拉德克利夫医院（Radcliffe Infirmary）的病理学家和实验室主任弗洛里（Howard Florey，1898—1968）。

到了 1940 年，弗莱明已经放弃了对青霉素的研究，而且后来再也没有回到青霉素的研究领域。所幸的是 1938 年弗洛里和他的同事、生物化学家钱恩（Ernst Chain，1906—1979）注意到了弗莱明的那篇论文，并且开始接手研究如何提炼青霉素，于是弗莱明就将自己培养的霉菌母株交给了弗洛里研究室的科学家们。需要指出中文网站上常见的几个错误，首先，由于钱恩是出生在德国的犹太人，很多中文媒体讲过弗莱明工作地是德国，这种说法是错误的。钱恩只是出生在德国而已，他和弗洛里的工作都是在英国做的。其次，弗洛里也不是出生在英国，而是远在几万里之外的澳大利亚。最后，一些网站指出 1930—1931 年间弗洛里并不看好青霉素，当时没有重视。然而这件事并不存在，1986年《英国医学杂志》就此专门做过更正，因为那时弗洛里并未进入正在试验青霉素的谢菲尔德大学工作 [3]。

在弗洛里的实验室里，钱恩和另一名科学家亚伯拉罕（Edward Abraham，1913—1999）终于从青霉菌中分离和浓缩出了有效成分——青霉素。这个结果于1940年发表。弗莱明听到这个好消息后，给弗洛里打电话，说过几天想去他们实验室看看。弗洛里把这件事告诉了钱恩，钱恩的反应居然是："天啊！他还活着。"从钱恩的反应也可以看出，弗莱明不仅远离生物化学这个群体，而且确实也不是经常与外界科学家沟通。

从霉菌中分离出少量的青霉素，和得到能够做实验的足够药物，完全是两回事。采用当时的方法和材料来培养青霉素，效率特别低。为了能提取足够多的青霉素进行剂量不大的简单实验，每周也需要培养500升的霉菌液体。当时在牛津大学找到这么多容器都非易事，更别提要找很多人来从事这一低级的实验室工作。1939年，第二次世界大战在欧洲战场的战争一触即发，这一方面让科研的物质条件难以得到保障，另一方面也激发了大家极高的工作热情，很多原本待在家里的妇女也出来工作了。这时候，弗洛里的组织能力就体现出来了。他以每周两英镑的超低薪水雇用了很多当地的女孩，她们每天就只从事一项简单的工作——培养青霉菌。没有足够多合适的容器怎么办，这些女孩就在牛津大学里把能找到的各种瓶瓶罐罐都用上了，包括牛奶瓶、

3　弗洛里1931年被任命为谢菲尔德大学病理学系主任，1932年到任，在那里工作到1935年，然后进入牛津大学担任病理学教授，直到1962年。

罐头桶、各种锅具，甚至是浴缸。当时人们讲，这些"青霉素女孩"（Penicillin girls）把牛津大学变成了霉菌工厂。

在这样一个人数众多的团队支持下，弗洛里实验室里的另一位科学家希特利（Norman Heatley，1911—2004）最终研制出一种青霉素的水溶液，并且调整了药液的酸碱度，这才使得青霉素从霉菌的一部分变成了能够用于人和动物的药品。到此，青霉素的整个研制，已经不像课本里描述的那么简单、那么传奇了，但这才只是一个开始。在接下来的时间里，弗洛里的整个研究团队做了大量细致而且看似枯燥的工作，才使得从霉菌中分离出的青霉素的药性能够保持稳定，这对实验是非常重要的。弗洛里是个天生的组织者，他和钱恩等人在困难重重的战争期间，让整个团队一直维持着高昂的士气，上述这么多工作，他们不到一年时间就完成了。可以说，没有弗洛里等人的参与，青霉素的研发不知要推迟多少年。

按照药品研制的一般步骤，接下来就要开始做动物实验。1940 年夏天，弗洛里和钱恩用了 50 只被细菌感染的小白鼠做实验，其中 25 只注射了青霉素，25 只没有注射，结果注射了青霉素的小白鼠活了下来，而没有注射的则死亡了，实验非常成功。

不过，将青霉素用于人的临床实验还迟迟无法开展，这倒不是因为当时的科学家和医生们像今天的研究人员那样保守，而是因为钱恩等人分离和提取的青霉素剂量太小，不够进行人体试验。1940 年冬天，牛津一位名叫亚历山大（Albert Alexander）的警官在花园修剪玫瑰时划破了脸，感染了细菌，很快眼睛和头皮也被感染，于是被送进了弗洛里所在的医院。当时德国发明的磺胺类抗菌药品其实已经传入英国，但是这位警官使用后效果并不好，很快感染到了肺部。在这种情况下，弗洛里建议使用青霉素。经过五天的治疗，亚历山大的病情开始好转，但是弗洛里手上所有的青霉素都用完了，最后亚历山大在第二年（1941年）的春天因为无药可用而病逝。

到了1940年年底，弗洛里和钱恩等人对青霉素药品化的研究遇到了瓶颈：他们明明知道有一种可以救人的药，却又苦于无法大量制造。弗洛里当时估算了一下，治疗一次脓血症的病人，至少需要每天从两千升这样的霉菌溶液中提取青霉素，而这在当时几乎不可行。事实上，弗洛里还低估了所需的药量。在接下来的时间里，弗洛里和钱恩的精力都放在如何能大量制造青霉素上，但并未取得什么进展。这时候，弗洛里的社会活动能力再次显现出来。他找来了英国著名的制药公司葛兰素 [Glaxo，即今天的葛兰素史克（GlaxoSmithKline）] 和金宝毕肖（Kemball Bishop，后来卖给了辉瑞制药）一起研究，但是英国当时在第二次世界大战初期遭到了重创，英国的制药公司已经没有能力独立解决量产的问题。而另一方面战争使得英国对抗生素的需求非常迫切，于是英国人开始寻求美国人的帮助。弗洛里决定将研究团队一分为二，他和希特利去美国寻求盟友的帮助，钱恩和亚伯拉罕留在英国继续搞研究。值得一提的是，长期资助世界医疗发展的洛克菲勒基金会对促成英、美两国在青霉素研究上的合作起到了很大的作用，它不仅在第二次世界大战之前就为弗洛里团队的科研提供了一些资金，而且出资促成了弗洛里和希特利的美国之行。

到了1941年夏天，就在美国即将被卷入战争之前，弗洛里和希特利来到了美国伊利诺斯州的北方研究所（Northern Regional Research Lab，NRRI）。这是一家农业部下属的研究所，研究的课题是农作物的特性，而非制药。弗洛里之所以选择这里，是为了寻求增产青霉菌的农作物产品和培养方法。就这样，在北方研究所，英美两国的科学家们携手一起攻克青霉素量产的难关。几周后，北方研究所的研究员默耶尔（Andrew Moyer，1899—1959）发现将英国科学家培养霉菌时使用的蔗糖液（sucrose）替换成乳糖液（lactose），就能增加青霉素的产量。不久，他又发现加入玉米浆可以令产量再增加十倍。之后，英美科学家又通过在培养基中添加青霉菌的前体（Precursors）[4]，比如苯乙酸（Phenylacetic），进一步提高了青霉素的产量。经过这一系列的努力和突破，青霉素的产量可以从每升培养液提取2个单位上升到40个单位。和许许多多为青霉素的药品化做出了重要贡献的人一样，默耶尔并不被大众知晓，并非他的贡献不够大，而是因为参与青霉素研制、做出重大贡献的人也实在太多，对于他们的贡献媒体也就无法一一报道，以至于人们一般都不知道他们的名字。但是没有他们，青霉素的研制速度就不会那么快。好在自近代以来，各种科研历史档案保存得很完整，这些人的贡献并不会被埋没。

任何一种药品终究不可能在实验室里进行量产，要生产成品药，就需要制药公司的参与。于是弗洛里和希特利又做了一次

4　前体是一个生物和化学上的名称。在生物中，它是指某一代谢中间体的前一阶段的物质。例如葡萄糖是糖原或乳酸的前体物质；原叶绿素是叶绿素的前体物质。

分工，后者继续和美国科学家们在实验室里改进制造及提取青霉素的方法和过程，弗洛里则开始寻求美国制药公司在生产青霉素药品方面的合作。最初大部分美国制药厂对弗洛里的提议都没有兴趣，不过还是有四家制药公司多多少少表现出一点合作的可能性，其中默克（Merck）、施贵宝（Squibb，今天属于百时美施贵宝 Bristol-Myers Squibb，简称 BMS）和礼来（Lilly）三家制药公司在弗洛里到访前便已开始研究青霉素，而辉瑞则准备研制青霉素。

　　有了这些潜在的合作可能性，弗洛里开始寻求美国政府对青霉素研制的进一步支持。他说服了自己的老朋友，时任宾夕法尼亚大学副校长、美国医学研究委员会（Committee on Medical Research）主席的理查兹（Alfred Richards，1879—1953）。理查兹所领导的医学研究委员会是美国当时新成立的科学研发办公室（Office of Scientific Research and Development，OSRD）的下属机构，该办公室当时成立的目的是研究在即将到来的战争中有用的技术和产品，因此，理查兹的态度非常重要。理查兹对弗洛里十分敬重，再加上默克等四家制药公司都有意研制青霉素，理查兹同意从国家安全的利益出发，大力推进青霉素的药品化工作。于是，他召集了有关的科学家和这四家制药公司的负责人在华盛顿召开了一次会议，通过开会交流，大家原则上同意在青霉素药品化的工作中一起合作，并决定于 1941 年 12 月在纽约召开第二次会议。

　　然而，还没等到科学家和工业界的第二次联席会议召开，珍珠港事件就爆发了。第二次会议的气氛和上一次就完全不同了。在会上，来自北方研究所的一位负责人柯西尔（Robert D. Coghill）报告了他们在青霉菌培养和青霉素提取上的进展，原来对青霉素研制比较悲观的默克公司创始人乔治·默克（George Merck，1894—1957）当即表示，只要实验结果属实，工业界愿意全力以赴做这件事。当然，在如何开展进一步研究和药品化工作方面，各家制药公司仍希望保持研究的独立性，不过同意由理查兹所领导的医学研究委员会将各家制药公司的研究成果在同行中共享。

1942 年 2 月默克和施贵宝开始联合研制青霉素，9 月辉瑞也加入了进来，在此之前，希特利已经开始将牛津大学团队的经验传授给默克的研究人员。由于工业界投入了大量资源，青霉素药品化的进度比以前快了许多。

照理讲青霉素的研制和药品化进行到这一步，应该可以大量生产药品了，但事实并非如此，实际生产出来的药量还是非常有限。1942 年 3 月弗洛里的朋友、耶鲁大学的约翰·富尔顿（John Fulton）因病住在耶鲁大学医院，他的医生约翰·巴姆斯特德（John Bumstead）问他能不能搞到青霉素，因为一名 31 岁的女患者安妮·米勒（Anne Miller）得败血症而生命垂危。富尔顿找到正在默克药厂合作研究的希特利，希望从默克公司获得一些青霉素做临床实验，但是在战时，生产青霉素的默克公司对青霉素也没有使用权，任何调配都要经华盛顿最高当局批准。最终在科学家们的建议下，美国政府同意批 5 克青霉素进行人体试验，于是，这一次临床实验就用掉了全美国当时所有青霉素的一半。医生给米勒注射了青霉素后，她的病情第二天就开始好转，最终她捡回了一条命，并且又健康地生活了将近 60 年，直到 1999 年 90 岁的高龄去世。

如果全美国一半的青霉素都只够救治一个人，而通过当时已知的方法无论怎样提高产量，也无法满足更大规模临床实验的需求，更别提给患者们普遍使用了，因此如何进一步提高产量，再一次成为摆在英美科学家面前的难题。起初，两国科学家将精力都集中在改进培养基（培养液）上，但是这种方法的潜力似乎已被挖尽，产量再也提升不上去了。此外，科学家还绞尽脑汁，想出了各种各样的怪点子，比如，希特利甚至一度尝试从青霉素使用者尿液中回收这种珍贵的药品，这当然不现实。最后，英美科学家们意识到问题所在，当时用于提炼青霉素的青霉菌菌种只能生长在培养基表面和浅层，因此产量取决于培养皿的表面积，不可能有数量级的提升。要想成百上千倍地提高产量，必须设法找到能够在培养基的深层生长的新菌种才行。

也许是这些科学家们的运气特别好。到了 1942 年的夏天，腐烂的水果给了他们启示，能否在那里找到可用的新霉菌呢？弗洛里就让手下有事没事去逛水果摊。一天，一位叫玛丽·亨特的实验人员又到水果摊上去找发霉的水果，希望能够找到一种高产的菌种。在水果摊上她看到长了毛的哈

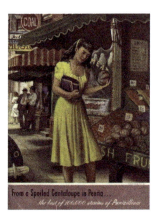

图 12.5　玛丽·亨特从市场上带回了一个发霉的哈密瓜

密瓜（cantalope，美国的一种甜瓜，和新疆哈密瓜是同种），上面的黄绿色霉菌已经长到了深层，并带回了实验室。弗洛里检查了哈密瓜上的绿毛，发现这是能够提炼青霉素的黄绿霉菌。这种来自哈密瓜上的菌种，能够在培养基（或者培养液）比较深的地方生长，用来制造青霉素可以将产量提高200倍。密西根大学医学史教授马克尔（Howard Markel）在讲到这件事时，用了无心插柳（serendipity）这个词。很多人认为，在发明青霉素的过程中有两次至关重要的偶然发现，第一次是弗莱明的那次神奇发现，第二次就是亨特女士带回的这个发霉的哈密瓜。当然，科学家们觉得这个新菌种还有潜力可挖，只要对它稍做处理，比如先进行X光或紫外线照射，就能将产量再提高5倍，即提高为原来的1000多倍，每升可提取2500单位。需要指出的是，这两项发明分别由威斯康星大学和卡内基学院（今天卡内基—梅隆大学的前身）完成，可以看出青霉素的药品化到了那个阶段，已经是由很多大学、公司和研究所合作的跨团队项目了。

　　在发现了从哈密瓜的黄绿霉素中提取青霉素的秘诀后，青霉素的产量终于有了明显的增加，默克制造出了能供10人临床实验的药品。但是这距离制造出能够供应军队大量使用的药品，还有很长的路要走，还有很多工程难题等待着各家制药公司的工程师们去解决。我们不妨看一个当时所遇到的简单问题，即如何解决霉菌生长所需空气的问题。这个问题在研制试验产品时并不存在，因为空气哪儿都有，但是在成批量生产青霉素时，这个问题才被发现。为了大量培养黄绿霉菌，需要上千吨霉菌溶液，这些溶液存放在一个个大罐子里，而不是实验室的小培养皿中培养的。这些培养液一旦长出霉菌，就会发酵产生泡沫，继而阻碍空气和培养液的接触，没有了空气，霉菌就无法生长了。这个看似不大的问题并非处在青霉素研制的关键路径上，但是不解决，青霉素的产量就上不去。后来礼来制药公司的工程师们发明了除泡剂，才解决了这个问题。这样，制药公司就从过去用一个个只有几升的罐子培养青霉菌，发展到了使用4万升（40立方米）的巨型"池子"培养青霉菌的水平，同时青霉菌的浓度也增长了80—90倍。

在青霉素的批量生产过程中，制药厂遇到了大量类似除泡这样的问题，并不存在某个天才对这些问题天生地就有答案，而是靠大量的科学家和工程师一起来参与，本着遇到问题解决问题的态度，才将这些问题一一解决。

话分两头。就在弗洛里等人和美国科学家们解决青霉素药品化的同时，在英国，钱恩和亚伯拉罕仍继续从事对青霉素性质的基础研究。1943年，亚伯拉罕终于搞清楚了青霉素杀菌的机理和有效成分（青霉烷，如图12.6所示）。亚伯拉罕等人发现，青霉素之所以能够杀死病菌，是因为青霉烷能使病菌细胞壁的合成发生障碍，导致病菌溶解死亡。而人和动物的细胞则没有细胞壁，不会受到这种药物的损害。搞清楚青霉素的杀菌机理，人们才敢放心大胆地使用青霉素。

没有弗洛里这位天才组织者，以及被他调动起来的成千上万人的参与，是无法完成青霉素药品化的。同样，没有钱恩、亚伯拉罕和希特利等人在实验室里的研究，人们也不敢放心大胆地使用青霉素。到了1943年，青霉素的药品化才算真正完成。讲

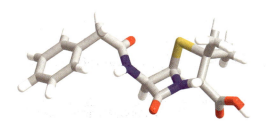

图 12.6　青霉素的有效成分青霉烷

到这里，读者们可以对比截止到弗莱明的工作，以及后来在弗洛里领导下所完成的工作，就能体会出本章开头讲述的，真正的创新是一个多么艰难的过程。但是，人类对抗生素的研究并没有因为青霉素的药品化而结束。今天如果我们去药厂参观抗生素的生产，再也不会看到几万升长满霉菌的大容器，而它们生产的抗生素也远不止青霉素一种。当默克和辉瑞等公司生产出第一批青霉素时，更多的工作还等待着大家。

今天，一种新药的上市需要非常漫长的临床实验过程。以美国为例，在进行动物实验之后，需要由食品与药品管理局（Food and Drug Administration，FDA）批准，进行三期人的临床实验，其中第一期是由健康的人参与，主要是测试药物的毒性而不是药效，这一期通过了，才能进行药效的试验（第二和第三期）。美国绝大部分新药是通不过这三期试验的，即使通过，整个周期也非常漫长。相比今天的研究人员，青霉素的研制者实在是太幸运了，虽然食品与药品管理局早在 20 世纪 30 年代就对药品管理变得严格起来，但当时处于战争期间，任何能够救治伤员药品的试验，审批过程都变得很简单，而试验的场地就是战场。

从 1943 年开始，尽管青霉素还无法量产，但已经直接用到

图 12.7　辉瑞公司在第二次世界大战期间制造的青霉素（早期的青霉素是粉状的，使用时要兑入生理盐水）

了战场上，可以说美国人当时是一边使用一边进行临床实验，而实验对象就是那些需要救治的伤员。青霉素最早大规模的人类临床实验是在太平洋战场和北非战场。

　　由于科学家们对青霉素的效力已经搞得非常清楚了，因此大规模生产青霉素成为了美国战时工业的一个重要组成部分。在1943 年之后，青霉素的药品化成为美国仅次于曼哈顿计划的第二重要科研项目。从这一年开始，美国战时生产委员会直接领导青霉素的生产，从美国上百家制药公司中挑选了 21 家，批准它们生产青霉素。放在今天，这件事不可能发生，首先这 21 家制药公司中，大部分没有参与青霉素的研制，不可能获得生产权。但是在第二次世界大战时，默克公司的老板乔治·默克同时在美国政府任职，负责统筹战时药品的供应，为了做一个表率，他让默克公司放弃了对青霉素知识产权的诉求，允许没有参加研制的公司参与生产。其次，今天即便允许一家公司生产一种新药，也必须严格审查其资质，用时很长，但是在第二次世界大战时，这个过程快得很。可以说，第二次世界大战大大加速了青霉素的普及。不过，即便有了这么多制药公司同时生产青霉素，这种特效药还是不够用，成品药一律由该委员会统一调配。

　　作为研制青霉素的一方，英国共享美国制药公司生产出来的青霉素，弗洛里代表英国和美国军方签订了首批青霉素生产合同。整个 1943 年，美国生产了 210 亿单位的青霉素，相当于 21 万支每针 10 万单位的针剂，以一个疗程 10 天 20 针计算，也只能救治一万人次伤员，远远无法满足战争的需要。当时，加班加点生产青霉素被视为一种爱国行为。到了美国和英国准备在诺曼底登陆并开辟欧洲第第二次世界大战场时，各个制药公司被要求加班加点生产青霉素这种救命药。当时战时生产委员会主管青霉素生产的埃尔德（Albert Elder）给各个公司写信，"你们要告诉每一个工人，今天每生产一支青霉素，几天后就能在战场上挽救一条生命，或者救治一个伤员。把这条标语贴到工厂里，印在工资的信封上……"。

　　但是真正大幅度提高青霉素产量，是靠解决了前面提到的大规模生产所遇到的各种问题。随着一个个瓶颈被突破，美国青霉素的产量开始呈指数增长。

1944 年 1 月，辉瑞建成了世界上第一家大规模的青霉素工厂。整个 1944 年，美国生产了 1.66 万亿单位的青霉素，比前一年增长了 80 倍。到诺曼底登陆时，美国准备了 230 万只青霉素针剂，以保证每一个英

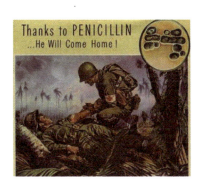

图 12.8　第二次世界大战时的海报 "感谢青霉素，他们（伤员）得以平安回家"

美军队的伤员都能得到救治。到了 1945 年，美国青霉素的产量达到 6.8 万亿单位，是前一年的四倍，其中辉瑞一家生产了全世界一半的青霉素[5]。青霉素的横空出世，在第二次世界大战后期帮助盟军锁定了胜局。从 1944 年下半年开始，药物的供应已经足够治疗第二次世界大战期间所有参战的盟军士兵。

讲到这里，一些缺乏历史常识的国产电视剧中常见的时间错误，需要给大家更正一下，就是各种人都在抗日战争期间想方设法为解放区或敌后根据地搞盘尼西林。然而这件事是不可能发生的，因为 1943 年以前，青霉素作为药品还没有做出来。即便在 1943 年之后，青霉素这个项目本身在美国和英国还是保密的，药品完全是由政府和军方统筹，而且只供应给英美军队。政府和军方甚至不让民间知道有这种药，更不要说让中国的地下党和爱国人士满世界去找盘尼西林了。青霉素进入中国时，第二次世界大战已经快结束了。

虽然在战争期间青霉素的项目是保密的，并且最初被要求全部用于战场上，但是很快民间就得知美英共同研制出了一种新的万能救命药。民间要求为平民提供青霉素的呼声越来越高，当时美国国家科研顾问委员会里负责生化治疗研究的主席基弗（Chester Keefer，1897—1972）就面临着空前的压力和道德上的两难问题。他当时的一项工作就是从医院收集青霉素的临床实验结果，因此有权批准在美国国内进行少量青霉素临床实验。于是，各种求他的人纷沓而至。但是，将数量有限的青霉素民用，就意味着在战场上的军人要付出更多生命的代价。然而，对疾病

5 参考文献 4。

患者见死不救，又实在有违背医生的道德。最后，基弗是根据需要（而不是感情）决定谁可以参加试用，谁不可以。但即使如此，他也解决不了僧多粥少的问题。直到 1945 年战争快结束时，这个矛盾才逐步得到缓解。1945 年 3 月，美国正式批准青霉素可以民用，而在英国，青霉素从 1946 年 6 月开始在药房出售。

到了 1949 年，美国的青霉素产量达到了 1332 万亿单位，相当于 133 亿支 10 万单位的针剂，价格也从每支针剂 20 美元降至不到 10 美分，这样，青霉素便开始在全世界得到普及。

第三节　机会总是有的

在青霉素诞生之后，全世界对抗生素的研究并没有减少，围绕着抗生素涌现出了许许多多重要的发明。这些发明相比青霉素的发现，可算是从 1 到 N 的过程；但是它们本身在其各自局部的领域里，则又是从 0 到 1。因此，从 0 到 1 和从 1 到 N 并不是绝对的，一个发明属于哪一个阶段，也要看是从什么视角来考察。诸多相关的重要发明和发现，大致分为两类：第一类是继续围绕着青霉素展开的，包括发现青霉素杀菌的原理、发现它的有效成分和分子结构，从而能够人工合成青霉素；第二类则是研制新的抗生素，而在青霉素之后人类发明的最重要的一种抗生素则是链霉素，它让困扰人类几千年的结核病成为了历史。

在研究青霉素杀菌机理方面最早取得成就的是亚伯拉罕，他在 1943 年发现了青霉烷，在他之前弗莱明和钱恩都以为青霉素的有效成分是一种酶。亚伯拉罕的发现不仅解释了为什么美国和

图 12.9　牛津大学科学史博物馆中摆放着霍奇金发现青霉素分子结构的示意模型，黑色线圈表示电子云，从线圈的密度能推断出是什么原子

英国研制出来的青霉素虽然稍有不同，但药效却相似，因为它们都含有相同的有效成分。1945 年，牛津大学的女科学家多萝西·霍奇金（Dorothy Hodgkin）通过 X 射线衍射，搞清楚了青霉烷的分子结构（beta 内酰胺，β-lactam），不过这项研究成果直到1949 年才发表。1964 年，她因为此项发现获得了诺贝尔化学奖。霍奇金后来还取得了两项诺贝尔奖级的研究成果——发现了维生素 B12 和胰岛素的分子结构，为后来人工合成胰岛素治疗糖尿病做出了巨大的贡献。

在搞清楚了青霉素有效成分的分子结构后，人工合成青霉素就成为了可能。1957 年，美国麻省理工学院的希恩（John C. Sheehan，1915—1992）第一次成功地合成了青霉素。从此，人类就不需要像第二次世界大战时那样通过大量培养霉菌来提炼青霉素了。科学家们还发现，如果让抗生素的分子式略有不同，它们的功效也会不同，从 20 世纪 50 年代起，各种各样的青霉素的变种先后被研制出来，它们有的被称为第二代、第三代青霉素，有的药效和青霉素相似，但却是全新的抗生素。

在这些新的抗生素中，最常见的是头孢类抗生素，它的药效很像青霉素，但不容易过敏，至今仍被广泛使用（甚至被滥用）。

头孢的发明者恰恰是研制青霉素的两位元勋，牛津大学的亚伯拉罕和希特利。亚伯拉罕后来通过头孢的发明专利，成为了亿万富翁，当然他把很多钱都捐给了母校牛津大学。他也曾经想把8000万英镑的巨资分给希特利，但是后者没有拿，理由是牛津大学给他的薪水足够生活了。对于钱财看得很淡的另一位发明青霉素的元勋是弗洛里，他放弃了对青霉素专利的诉求，否则他会是世界上最富有的人之一。弗洛里认为救死扶伤是医生的天职，为此拿钱是不道德的。

继青霉素之后，人类在抗生素研究方面的另一大突破就是链霉素的发明，而研制它的则完全是另一个团队。在很长的时间里，结核病（以肺结核为主）都是不治之症，人们对它的恐惧不亚于今天对癌症的恐惧，这种恐惧在中外文学作品里都有充分的描述。直到第二次世界大战后，肺结核依然是非常可怕的疾病。虽然青霉素是广谱抗生素，可惜对结核杆菌的疗效非常差。不过，青霉素的发现却给寻找治疗肺结核的药物带来了曙光。

很多时候，成功的机会不止是一次，我们不必为失去一次机会而烦恼，因为机会还会有的。对于研究药品的人来讲，一辈子如果能赶上参与青霉素的研究固然可以慰藉平生，但如果错过了，还有很多新的药品等着被发明呢。而有一个人就等到了第二次机会，他起初研究农业微生物学，后来改行从事医药学研究，发明了链霉素并且成为一代宗师，他的名字叫瓦克斯曼（Selman Waksman，1888—1973）。

瓦克斯曼是从俄国到美国的移民，他毕业于美国新泽西罗格斯大学（Rutgers University），后来在加州大学伯克利分校获

图 12.10　链霉素的发明人瓦克斯曼

得了农业微生物学的博士。当时的伯克利农业研究占了很大的比例，学术水平也非常高。瓦克斯曼一毕业，就在母校罗格斯大学获得了教职，担任了助教授（Assistant Professor）。1923 年瓦克斯曼和助手斯塔基（Robert Starkey）一同发现土壤里的一种放线菌能够杀死周围的真菌和其他细菌。如果瓦克斯曼是研究医学的，他或许会早于弗莱明发现抗生素，但瓦克斯曼研究的课题是农学，而不是治病，他所关心的是细菌对农作物的影响，而不是治病，因此错过了成为发现抗生素第一人的机会。

　　瓦克斯曼接下来的运气也不算好，他曾经有两次在弗洛里和钱恩之前提取出抗生素的机会，但是也都错过了。第一次是 1932 年，他在研究埋葬患有结核病人和动物的土壤中的细菌，发现那些土壤里其实没有什么结核杆菌，也就是说土壤里一定还有另一种微生物杀死了那些细菌，但瓦克斯曼没有继续研究。第二次是

1935 年，他发现试管里的结核杆菌被污染的真菌杀死了，但是他也没有继续研究。这两次与运气失之交臂，都是因为他的关注点不在制药上。直到 1936 年，瓦克斯曼在伦敦听了弗莱明介绍青霉素的抗菌作用之后，受到了启发，开始专注于抗生素杀菌的研究。

1939 年，瓦克斯曼说服了大学旁边的默克公司研制抗生素药品，并且成为公司的顾问。通过和默克公司合作，瓦克斯曼发现了一种放线菌素的抗生素可以杀死结核杆菌，但是这种药物毒性太大，把实验的动物都毒死了，默克公司认为根本没有必要做人体实验了。接下来的几年是瓦克斯曼事业的低谷，他不仅没有合作伙伴，而且跟随他的学生也都一个个离开了，瓦克斯曼的课题组规模越来越小。几年后，瓦克斯曼的一位学生在默克公司改进了这种毒性大的药物，尝试进行人体实验，但是实验者很快出现了肾衰竭，实验再次宣告失败。

一连串的失败让默克公司放弃了链霉素的研究，因为公司认为这种药没有前途。不过瓦克斯曼并没有因此而放弃，他认定这个方向是对的，于是孤军奋战，带着规模不大的课题组继续他的研究。

1943 年，一位学生的加入令课题的研究有了转机，这位名叫阿尔伯特·沙茨（Albert Schatz，1920—2005）的学生因伤病从战场上回到美国，因为没有钱就来到了老师的实验室里打工。瓦克斯曼给沙茨提供生活费，让他帮助提炼链霉素。沙茨的运气很好，几个月后他就成功地分离出了毒性很小的链霉素（从土壤中和鸭子喉咙里找到的菌种），并且在梅奥诊所（Mayo Clinic）[6]进行了两例治疗结核病的临床实验，结果非常成功。第二年（1944年），默克公司在英国和美国使用链霉素，进行了更大规模的临床实验，证明这种新的抗生素对结核杆菌和很多其他细菌的药效。

接下来，关于链霉素的发明权，引发了科学史上一桩著名的公案，到底链霉素应该算是瓦克斯曼发明的，还是沙茨发明的？按照瓦克斯曼的想法，最早发现链霉菌可以杀死结核杆菌等细菌的，无疑是他瓦克斯曼，只是他一直没有能够找到合适的菌种，分离出毒性较小的药物而已。在瓦克斯曼的实验室里，还有其他学生和助手在培养各种各样不同的链霉素菌种，沙茨只不过运气比别人好罢了。但是沙茨认为是自己真正分离出副作用很小、具有实用价值的链霉素。事实上，关于链霉素研究最重要的一篇论文的第一作者也是沙茨。

不过，沙茨在1946年博士毕业时并没有了解到他所做的工作的重要性，以及可能给他个人带来的巨大经济收益。在沙茨离开罗格斯大学之前，瓦克斯曼要求他将链霉素的专利权无偿交给罗格斯大学处置，沙茨当时根本不觉得链霉素的专利还能获利，也就签署了协议。瓦克斯曼显然比他这位学生精明得多，早在1945年沙茨毕业之前，瓦克斯曼就意识到链霉素将来会带来巨大的经济效益。瓦克斯曼在此前其实已经做了另一件事，就是让一直支持他研究工作的默克公司放弃专利诉求。根据1939年默克公司资助他研究时双方签的协议，公司有权拥有和链霉素相关的

文明之光 精华本 一

6 梅奥诊所虽然名字叫诊所，却是美国最好的医院之一。

专利。瓦克斯曼说服默克公司的理由是，如果开放专利让更多的制药公司一起来生产，能够降低成本，有利于药品的普及，当时代表美国政府采办药品的乔治·默克为了更好地满足军需，代表默克公司放弃了对专利的诉求。当瓦克斯曼再次说服沙茨放弃专利诉求之后，他和罗格斯大学就成了链霉素发明专利仅有的受益者[7]。

到了1949年，沙茨发现他的导师瓦克斯曼从链霉素的专利中获益巨大，三年间已经拿了35万美元的专利费，这在当时是一笔很大的收入。沙茨知道后觉得非常委屈，正好他的一位亲戚是律师，就鼓动他去打官司，于是师徒二人不得不对簿公堂。罗格斯大学为了维护自己的声誉，极力促成他们之间的和解。最后，经过调停，沙茨获得了12万美元的补偿和3%的专利使用费，瓦克斯曼的专利受益降到10%，另外7%给了实验室其他工作人员，而罗格斯大学的比例不变。这个结果实际上等于向外界表明沙茨赢得了官司，也让实验室包括刷试管的所有工作人员都获得了不少经济利益。

不过，沙茨虽然在官司上赢得了不少经济利益，但是他破坏了学术界的潜规则，学术界对他并不买账，以至于他后来无法在美国一流大学任职。从1946年起，瓦克斯曼连续被提名诺贝尔奖，并于1952年单独获得了诺贝尔医学奖。沙茨通过他所任职的学校（一所非常小的农学院）向诺贝尔奖委员会提起申诉，要求分享这项殊荣，还向许多诺贝尔奖获得者求援，但几乎无人愿意替他说话。

7　根据协议，默克公司有权生产链霉素。

瓦克斯曼和沙茨两人后来一生交恶，瓦克斯曼甚至不再提沙茨的名字，只是用"那个学生"的称谓。他自始至终不认可沙茨的贡献，他在写给沙茨的信中，表达了他真实的想法。

　　　　"你要充分认识到在解决链霉素的问题上你的贡献并不大。你只是我实验室研究抗生素这一伟大的车轮上的众多部件之一。在这方面的工作中，有许多研究生和研究助理帮助我；他们是我的工具，我的手，如果你想知道的话[8]。"

　　沙茨对链霉素的贡献后来不再有人提及，人们也忘记了沙茨这个人。而这件事情今天被人们再次发现，则要归功于英国谢菲尔德大学的微生物学家威恩莱特（Milton Wainwright）。20 世纪80 年代，威恩莱特为了写一本有关抗生素的书，来到发明链霉素的罗格斯大学查阅相关的档案，看到了沙茨的贡献，然后他做了一番细致的调查，包括采访了沙茨本人，最后威恩莱特认定沙茨是分离出链霉素药物的第一人。接下来，这位在微生物学界颇有影响力的教授开始扮演起学术界侠客的角色，发表了好几篇文章介绍沙茨的工作，并且在他的《灵药：抗生素的故事》一书中客观地肯定了沙茨的工作。顺便说一句，本章很多内容的细节，参考了这本书。1994 年，在链霉素发现 50 周年之际，罗格斯大学授予沙茨最高荣誉奖章，以表彰他对链霉素发明的贡献以及对大学的贡献。这时瓦克斯曼已经去世多年，学校才不担心有所难堪。

8　1949 年瓦克斯曼写给沙茨的信。

在随后的几年里，学术界对这桩公案的看法来了 180 度的大转弯。2002 年 2 月，世界上最权威的学术杂志《自然》发表了一篇评论文章，以链霉素的发现为例说明科研成果发现归属权的不公正。2004 年，被链霉素拯救了生命的女作家奥尔巴克采访沙茨后，写成了《发现沙茨博士》一书，并在沙茨去世后出版，在书中，瓦克斯曼被描绘成了侵吞他人科研成果的人。

客观地讲，在发现链霉素这件事情上，瓦克斯曼的贡献比沙茨大，没有瓦克斯曼之前近三十年的工作基础，沙茨是无法分离出链霉素的。不过沙茨的水平也不容置疑，更重要的是他的运气非常好，当时瓦克斯曼让实验室里不同的人试验不同的菌种，正巧沙茨的试验取得了成功。瓦克斯曼对待沙茨的态度，在今天看来是让人无法接受的，但是在他那个年代，实验室的负责人将下属的功劳全部记在自己头上颇为常见。瓦克斯曼是一个老式的科学家，他并不认为自己的所作所为有什么不妥。在他看来，既然他付给了沙茨生活费，沙茨的研究成果自然归他所有。有着瓦克斯曼这种想法的科学家并不少见。我们在第十章"打开潘多拉的盒子"里介绍核裂变的发现时，也提到过虽然是迈特纳最早发现了核裂变现象，但最后功劳和诺贝尔奖都给了她的主管负责人哈恩。另外，在我们过去所从事的语音识别领域，最重要的一项发明——将隐含马尔可夫模型用于语音识别，到底是实验室主管贾里尼克的功劳，还是他手下两位科学家贝克夫妇（Jim Bakcr 和 Janet Baker）的功劳，也一直争论了很长时间，情况与瓦克斯曼和沙茨的争执很相似。说回到瓦克斯曼这个人，尽管相比弗洛里和希特利，他在名利面前算不上是高风亮节，但是他对于链霉素的发明以及整个抗生素的研究所做出的巨大贡献是无法否认的。他一生写了 28 本学术专著和科普图书、14 本科普小册子，合作发表了 400 多篇论文，并用自己一半的专利所得建立了研究基金，支持大学的研究。

在青霉素和链霉素之后，各种抗生素不断被发明出来，每一种抗生素的发明过程，都伴随着一个精彩的故事，我们就不一一讲述了。通过青霉素和链霉素（尤其是青霉素）的发明过程，我们可以看到任何一项真正伟大的创新，都不像想象的那么容易，需要很多人长期持续地付出艰辛的努力。

讲回到青霉素的发明，到底谁的贡献最大呢？著名医学家、基因学和癌症研究的先驱亨利·哈里斯（Henry Harris）给出了非常形象和准确的描述：

> 如果没有弗莱明，就没有钱恩或者弗洛里；如果没有弗洛里，就没有希特利；如果没有希特利，就没有青霉素。

由此可见，青霉素的发明和药用是一环扣一环的过程，并非某一个人的贡献。1945 年，诺贝尔奖委员会将医学奖颁发给了弗莱明、弗洛里和钱恩三人，以表彰他们在研制青霉素的工作中所做出的杰出贡献。这三个人获得诺贝尔奖显然毫无争议，弗莱明的贡献在于第一个发现了青霉素这种能够抗菌的物质；钱恩的贡献在于对青霉素进行的理论研究和药物提取，他是那个时代当之无愧的青霉素第一理论家；而弗洛里在我看来，则是贡献最大的人，因为青霉素最终制成药，在很大程度上是靠他的组织才能。

此外，亚伯拉罕和希特利的贡献也很大，他们的贡献超过很多诺贝尔奖获得者，但是因为诺贝尔奖有一个不成文的规定，除了和平奖外，每一次授奖人数不超过三人，因此他们都与诺贝尔奖无缘。不过英国人没有忘记他们的贡献，亚伯拉罕后来被授予爵士，并荣获了英国科学的最高奖 —— 皇家奖章（Royal Medal），希特利被牛津大学授予了名誉医学博士，这是在牛津800多年的历史上第一次给非医科的学者授予医学博士。除了上述这些科学家外，在整个弗洛里的团队里还有很多其他人都对青霉素的研制做出了贡献，如今有些人的姓名已经无法考证，但是没有他们的工作，青霉素就不可能那么快问世。

至于为什么媒体将发明青霉素的主要贡献归结到了弗莱明一个人的身上，这在很大程度上是因为英国记者们的报道。弗莱明喜欢接受采访，而记者们也正需要他神奇的故事，这就造就了弗莱明在医学史上的传奇。相比之下，弗洛里不喜欢接受采访，因此就没有受到大众的关注。根据《弗洛里博士外套中的青霉》一书作者莱克斯的观点，如果牛津大学的研究人员们给这种抗生素起一个不同于"青霉素"的名字，那么发明青霉素大部分的荣誉将给予弗洛里，毕竟弗莱明发现的能杀菌的青霉菌和最后成为药品的青霉素是两回事，这就如同阿司匹林和柳树皮里的汁液不同一样[9]。

还需要指出的是，默克、辉瑞和礼来等一批制药公司，一方面因为掌握了抗生素的技术在日后变成了全世界最主要的制药公

---

9 阿司匹林的有效成分是水杨酸钠，柳树皮中含有水杨酸，有和阿司匹林相似的作用，但是功效相差很远。

司，另一方面它们对于抗生素的推广普及起到了莫大的作用。在历史上大部分时间里，这些制药公司是以盈利为目的的，习惯于各自独立研究。不过在第二次世界大战时为了救治伤员的需要，它们能够联起手来，加速了青霉素的量产和普及。没有这些制药公司的合作，没有制药公司里成千上万的科学家、工程师和普通工人的辛勤劳动，青霉素就不可能在短短的几年时间里从霉菌变成普及到全世界的灵药。

在伦敦的弗莱明实验室博物馆有着这样一块铭牌，简述了青霉素的发明过程。它首先赞扬了弗莱明的偶然发现，接下来介绍了弗洛里、钱恩、希特利和亚伯拉罕的贡献，最后提到了美国北方研究所和很多制药公司对青霉素药品化的贡献。这个铭牌概括了青霉素从 0 到 N 的全过程。

即便在青霉素被广泛使用之后，围绕它的发明和发现还不断在涌现。从霍奇金发现它的分子结构，到希恩人工合成青霉素，这些工作相比弗莱明从 0 到 1 的偶然，或许只是从 1 到 N 过程中具体的一步，但是没有这些工作，青霉素的生产也不会变得如此简单，药效也不会像今天这么稳定，因此我们无法说他们的工作不重要。事实上，从霍奇金获得诺贝尔奖，就说明世界认可了所谓"后续工作"的重要性。

在链霉素的发明过程中，瓦克斯曼失去了很多次从 0 到 1 的机会，最终他受到青霉素发明的启发，在所有人都对链霉素失去信心的时候，坚持了下来，完成了另一项伟大的发明。如果从他1918 年博士毕业研究土壤开始算起，到 1944 年成功进行临床实验，整整花费了 26 年的时间。瓦克斯曼一生致力于抗生素的各种研究，他在几十年里对人类持续的贡献，要超过那些所谓灵机一动的原创发明。

第四节　被滥用的药物

人类对新事物的认识过程常常是曲折的。在开始的时候，人们容易只看到它好的一面，而忽视它可能带来的问题，而新事物的负面影响，往往要等很多年后才会逐渐显现。人类对抗生素的认识，也走了一个大弯路。

青霉素的诞生开创了用抗生素治疗疾病的新纪元，通过数十年的完善，青霉素针剂和口服青霉素已能治疗各种因细菌感染引起的炎症。继青霉素之后，链霉素等抗生素不断出现，增强了人类治疗传染性疾病的能力，消灭了肺结核等绝症。这样，人类的健康水平就提高了一个台阶，寿命也普遍得到延长。抗生素对没有细胞壁的动物细胞并无直接的伤害，在很长时间里人类认为抗生素是近乎无毒副作用的，或者说可以忽视了它的副作用。

但是，科学家们慢慢发现抗生素的使用，尤其是滥用，会带来各种各样很严重的副作用。

首先，抗生素帮助细菌形成抗药性，使得过去的万灵药不再那么灵了。

抗生素和细菌的关系有点像矛和盾的关系，在没有抗生素之前，细菌一般也不会产生对抗生素的抗药性，因为从进化的角度来讲没有必要。但是在抗生素出现和使用之后，部分病菌也开始适应抗生素，随着抗生素的使用越来越广泛，细菌的抗药性也在逐渐增强，并获得了抵抗基因。比如，一些耐药的细菌（比如耐药金葡）会产生一种酶，破坏青霉素的有效成分。这样抗生素就不像当初那么灵了。结果人类使用青霉素的药量，也不得不从20世纪40年代的每天10万—20万单位，增加到每天80万—100万单位，甚至更多。当然，青霉素的用量不可能无限制加大，好在科学家们对抗生素杀菌的原理以及抗生素的有效成分有着足够多的了解，他们不断研制新的抗生素，这样，那些对某些抗生素具有抗药性的细菌有可能被另一种抗生素杀死。例如，头孢家族抗生素的出现，很大程度上就是要解决青霉素的抗药性问题。

抗药性问题的出现，和滥用或误用抗生素有关，这个问题今天已经成为危害人类健康不可忽视的大问题，在中国尤其严重。在很长的时间里，抗生素在中国随处可以买到。一般百姓对抗生素过分迷信，不管是什么原因引起的疾病，只要一生病发烧就自作主张使用抗生素。中国在1949年之前所生产的抗生素全球占比微乎其微。1949年之后，中国的抗生素产量和使用量不断上升，进入21世纪后，无论是产量还是使用量，中国都超过了全球的一半。这并不是因为全世界缺乏抗生素，而是中国使用的太多。其实，并非所有的炎症都是由细菌引起的，很多是由病毒引起的，但它们的症状颇为相似，比如嗓子疼痛。不分清红皂白地使用抗生素，不仅对病毒引起的疾病没有任何作用，而且会让人体内的细菌产生抗药性。即便是一些细菌引起的炎症，如果抗生素没有针对性，照样起不了什么作用。

美国著名的梅奥诊所给出了一张如下的清单（表12.1），指出很多常见病使用抗生素是没有用处的，而在中国和印度，患者在得了这些疾病时，却常常在使用抗生素。

表 12.1　不需要使用抗生素的常见疾病

感冒（Cold）

病毒性感冒，流感（Flu，influenza）

支气管炎（Bronchitis）

大部分咳嗽（Most coughs）

大部分嗓子痛（Most sore throats）

一些耳部感染（Some ear infections）

一些鼻窦感染（Some sinus infections）

病毒性消化系统疾病（Stomach flu or viral gastroenteritis）

　　除了滥用抗生素，中国大部分老百姓对抗生素也缺乏认识，使用抗生素的方法是错误的。我自己在中国做了个调查，问过十几个人，发现绝大部分人使用抗生素时都是在炎症症状刚消失或者开始缓解后就停止使用，因为他们认为药能少吃就少吃，既然病都好了，何必还要多吃药呢。这样使用抗生素，虽然可以杀死病灶内的大部分细菌，消除症状，但是会在身体里留下一些尚未杀死的细菌，久而久之就会产生抗药性。对于这种抗生素的错误使用及其危害，弗莱明在青霉素被发明之后不久，就敏锐地预见到了。他在 1946 年获得诺贝尔奖的讲演中说："在不久的将来，青霉素就将在世界普及。缺乏药品知识的患者很容易会减少剂量，这将不足以杀灭他体内的所有细菌，从而使菌种产生抗药性。"遗憾的是，很多患者真的犯了弗莱明所担心的错误。

今天在美国，医生在给病人使用抗生素时非常谨慎，一般能不用就不用，一定要用的话也会要求病人必须用完一个疗程（通常6天左右），以免漏掉抗药性强的细菌。而美国的病人通常又比较天真，医生说什么他们就照着做，因此，抗生素滥用和误用的情况，较中国轻一些。

但是，消除人为使用的不当之处，并不能杜绝细菌抗药性的问题，因为抗生素的使用范围早已超出了给人治病的范畴，广泛用于养殖业和畜牧业。中国目前已经意识到滥用抗生素的危害，医用抗生素是由医疗部门管理，控制得比较严，但是兽用抗生素则是由农业部门控制，管理得相对较松。中国的养殖业用掉了全国一半左右的抗生素，大部分使用者缺乏科学知识和指导，会对牲畜随意滥用，以为这样就可以防止牲畜生病。

从2005年开始，中国科学院广州地球化学研究所的应国光研究员领导的课题组对中国抗生素的使用情况进行了长达十年的调研和研究。在十年的时间里，应国光团队走访了多家饲养场，询问它们的主人是否使用抗生素，大家给他们的回答都是否定的，但实际上应国光的课题组工作人员在这些饲养场的饲料和动物粪便中发现了多种抗生素，而且浓度很高。这些抗生素除了少数被人和动物吸收，大多数都进入了土壤和河流。在中国东部的长江和珠江，水中抗生素的浓度为每立方米80微克左右，是自然环境较好的雅鲁藏布江的几十倍。2015年6月，应国光团队公布了中国第一份抗生素使用和排放情况的研究报告。报告指出，中国不仅是全球抗生素最大的制造和使用国（大约占了全球的一半），而且滥用情况相当普遍，危害严重。

当抗生素大量地进入到自然环境中以后，就会促使整个大自然形成各种抗药细菌。细菌适应抗生素的进化过程，在抗生素诞生之后就慢慢开始了，而且每出现一种新的抗生素，不久就会有某些细菌能够抵抗它的药性。更可怕的是，很多细菌已经从原来的单药耐药性，变成了能够抵抗多种抗生素的超级细菌。

2013 年，美国的《国家科学院院刊》刊登了 8 名中美科学家关于抗生素使用情况的研究成果，他们在中国三家饲养场的动物粪便里发现了 149 种抗药性很强的细菌，其中有些是能抗多种抗生素的超级细菌。这些细菌会通过动物体和肉制品传到人类身上，这也就是为什么一些并没有过度使用抗生素的人，却会感染上抗药性细菌的原因，因为在各个人口密度高的环境中，这种抗药细菌已经普遍存在了。

对于抗药的细菌，目前医学家和药物学家们所能做的，就是研制出一种更新、抗菌能力更强的抗生素。目前，世界上公认最有效的抗生素是多粘菌素（Polymyxin），它被认为是人类最后的防线。但是，2015 年 11 月 18 日，来自中国、英国和美国多所大学的研究人员在期刊《柳叶刀》上发表了一篇题为"在中国动物和人身上发现质粒介导的多粘菌素抗性"的文章。文章指出，对多粘菌素抗药的细菌已经在人和动物的体内被发现，更可怕的是，这种抗药性可在细菌之间轻易地转移，而且可能已经蔓延到了很多国家，这让人类的最后一道防线岌岌可危。

抗药性的问题远比很多人想象的要可怕得多。美国现在每年有 200 多万人因为对各种抗生素都产生了抗药性而感染重病，其中每年 25 万人必须住院治疗，全美每年都有 23000 多人死于尤药可治的细菌感染，这大约相当于美国每年死于肝癌的人数。所不同的是，美国死于癌症（包括肝癌）的人数每年都在减少，而因为抗药性对细菌感染无药可治的人数却在连年增加。一些悲观的医学家担心，21 世纪人类将再次面临没有抗生素可用的"后抗生素时代"。直到这时，世界上一些发展状况良好的国家才开始认真考虑合理使用和限制使用抗生素的问题。比如欧盟已禁止使用抗生素促进农产品生长，澳大利亚和美国干脆禁止了一些种类的抗生素农用。2015 年 3 月，麦当劳宣布两年后在美国停止采购使用了对人类有影响的抗生素的鸡肉，但是这仅限于美国，在其他国家没有这个限制。人类较早就认识到抗生素可能产生抗药性的问题，但是采取行动已经是半个多世纪后的事情了，这中间的教训值得每一个人，特别是科研人员反思。

抗生素的副作用远不止是让细菌产生抗药性，也在于它的毒性和其他副作用上，而人类对这些副作用的全面认识，同样也经历了一个漫长的过程。最初，人们了解的副作用仅限于因药品不纯而导致的过敏，这种过敏非常危险，甚至是致命的。因此，一些国家在使用青霉素之前要求进行皮试。不同批号的青霉素可能含有不同的杂质，每一次使用前都需要重新作皮试。但是皮试安全并不完全等同于用药就安全，通过了皮试却死于青霉素过敏的案例并不少见。另外，皮试本身也有一定的危险性，约有四分之一因青霉素过敏性休克而死亡的病人死于皮试。因此，皮试时也应该做好充分的抢救准备，不过很多医院并没有这么做。在青霉素诞生之后，因用药不慎而发生的过敏死亡事件时有发生。另外，由于皮试用药量很小，经常进行皮试会帮助细菌产生抗药性，这也是青霉素的副作用之一。

随着抗生素生产工艺的改进，基本上能做到里面不含有害的杂质或者杂质含量微乎其微，因此对抗生素过敏的现象在逐渐减少，在美国等一些药品质量有充分保障的国家，使用青霉素（大部分是口服，而非注射）通常不需要进行过敏试验。但是，随着抗生素开始大规模使用，人们渐渐发现它的副作用比想象的多得多。

除了过敏，抗生素对人体的副作用基本上可以分为两类。第一类是药品中的其他成分对人体的伤害，比如青霉素常常以钾盐或者钠盐的形式保存。钾盐常常用于点滴，但是血液中过量的钾离子会抑制心脏功能，造成死亡，因此每次使用前要仔细计算钾离子量。

第二类是抗生素在人体内的沉积和代谢给人带来的伤害。比如青霉素虽然不会直接伤害到人体细胞，但是并非没有毒性，因为它在人体内要被分解掉，这会对肝脏造成伤害。类似地，前面提到的多粘菌素，使用后对肾脏也有不同程度的伤害。

每当一种新型抗生素问世时，一方面会给人类带来新的希望，另一方面都免不了会有毒副作用，而很多毒副作用是事先想象不到的。以前面提到的链霉素为例，在它刚刚诞生时，人们认为它是一个相当安全的抗生素，使用起来不加限制。但是，后来人们发现，长期使用链霉素会导致听力下降，甚至让听力永久性丧失。当这些副作用的病例不断重复之后，科学家们才开始找原因。后来人们发现，链霉素容易在耳朵里堆积，会伤害耳蜗神经，此外，链霉素会在肾脏里面堆积，伤及肾脏。

人类使用抗生素已有半个多世纪，我们已经离不开这些药品了，要回到没有抗生素的时代显然不现实。在走过很多弯路之后，人们发现唯一能做的，就是少用抗生素并且在非用不可时合理使用。国际卫生组织、美国食品与医药管理局以及美国国家医学院（National Institute of Health，简称 NIH）的数据显示，即便在今天的美国，人们已经非常重视合理使用抗生素的情况

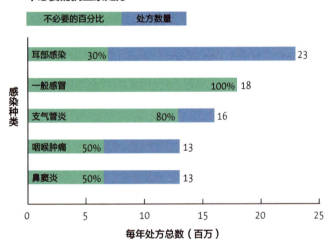

图 12.11　不需要使用抗生素的病例占比（资料来源：国际卫生组织、美国食品与医药管理局以及美国国家医学院）

下，依然有一半左右多的抗生素其实是不需要使用的（如图12.11 所示）。

一些发达国家对于抗生素的使用变得越来越谨慎，能不用则不用。在不得不使用时，必须确保有对症用药，而且必须用够量，以免培养出抗药细菌。同时根据抗生素的副作用，严格划分

等级，对于孕妇等敏感人群，一直是本着安全第一、疗效第二的原则非常谨慎地选用抗生素。

人类对抗生素副作用的认识，是以许许多多生命为代价换来的。而人类对很多其他伟大发明的副作用，至今也还缺乏认识。

结束语

青霉素的发明和普及过程，在人类文明的进程中非常具有典型性。首先，最初发现青霉素带有很多偶然性，而这其实只是整个发明工作中很小的一部分，这一偶然发现即使不是由弗莱明完成，也会有其他科学家能做到。但是接下来，从最初偶然发现到变成一种改变人类生活的发明和产品，中间经历了漫长而曲折的过程，在这个过程中，需要无数人为之做出贡献。当然，在这些人中，需要有那种善于组织和调动资源的领导者，当时弗洛里就扮演着这个角色，还需要有智慧和眼光超越同时代人的科学家，比如钱恩、希特利和亚伯拉罕。通常，人们梦想得到弗莱明那种灵感和运气，并且认为自己运气好，或许也能成就一番事业。之所以很多人会有这样的想法，和媒体过度渲染各种发明的传奇性有关。这种想法其实很不切实际，且不说弗莱明早就有一个有准备的头脑，这是当时大部分科学家所不具备的，而且在他的偶然发现之后，如果没有弗洛里等人长期大量的艰苦工作，青霉素永远变不成药品。对于媒体而言，弗洛里等人的工作并没有什么新闻效果，不易受到关注，而在伟大的发明过程中，需要的恰恰是弗洛里那样的人，那样的工作。

至于为什么在发明青霉素等抗生素的过程中，那么多人能够为一个目标而共同努力，其实每一个人的想法都不相同，有的人为了改善人类的福祉而不计报酬，有的人是为了金钱和名誉，有些人则是为了养家糊口。在那一代为抗生素的诞生做出巨大贡献的科学家和企业家中，在名和利前面，每个人的表现相差很大。其中既有像弗洛里和希特利那样完全为了尽到一个医生和科学家的天职不计报酬的道德崇高之人，也有像默克那样为了公众利益放弃个人公司利益有情怀的企业家，当然也有相对计较名利的瓦克斯曼和亚伯拉罕，毕竟他们和我们一样，是有着各种欲望的平常人。

　　我们不能要求每一个人都像圣者那样完全无私，都本着奉献的目的工作，虽然我们对这样的人非常敬重，但他们实际上数量很少。大部分人在帮助世界的同时谋求改善自己的生活命运，其实也无可厚非。因此，我们在感谢高风亮节的弗洛里、希特利和默克的同时，也要感谢通过发明获得巨大财富的亚伯拉罕和瓦克斯曼——他们二人对人类的贡献远远大于他们的所得。不论是谁，只要他们在为改善人类的福祉做出贡献，我们就应该对他们表示尊敬。

　　面对一个新生事物，大家常常会先看到它好的一面，而忽视它潜在的问题，人类对抗生素的认识便是如此。在科学上，不能证明有害和尚未证明有害，与已经证明无害完全是两回事，但是很多人却将两者混为一谈。值得一提的是，并非所有科学工作者在这个问题上的态度都是中立公正的，很多人由于知识的局限性和看待事物的片面性，倾向于不客观地赞誉自己所从事的工作，还有一些科学家为了科研经费，有意无意地忽视自己所从事的工作的潜在副作用。人们往往很久之后才会了解一项发明的副作用，甚至会在大规模的危害发生之后才有所认识。

透过抗生素的发明和使用，我们可以更好地理解人类认识真理的过程，更好地理解怎样做出改变世界的发明，更好地理解为什么科学是一个过程，而非结论。

第十三章　两个人的竞赛

苏美航天发展的历程

军事的需求往往会推动科学技术的发展，而这些技术民用化之后又促进了人类文明的进步。美苏太空争霸导致了太空技术的飞速发展，而在这背后，很大程度上是两个天才的默默竞争。

第一节　寻找冯·布劳恩

1944 年 6 月 6 日，军事史上最著名的 D 日（D-Day）。这一天，艾森豪威尔将军率领的盟军在法国诺曼底成功登陆，之后盟军迅速向纳粹占领的法国纵深推进。纳粹德国离最终的失败已为期不远了，在战争中饱受德国空军袭击的伦敦人似乎可以松一口气了。然而，到了 9 月 8 日，一个庞然大物从天而降，落在伦敦西南部的奇希克（Chiswick）地区，并引起了大爆炸，炸死 3 人，炸伤 22 人。和往常不同，这次袭击没有预兆，没有警报。甚至在爆炸发生后，附近的居民才听到空气中传来的炸弹呼啸声，因为这种飞行物的速度是音速的 4 倍。伦敦的居民再次陷入恐慌。在接下来的几个月里，这种飞弹（当时德国人给它起的名字）的袭击持续不断，直到盟军摧毁了德国的飞弹基地为止。

其实英国情报部门早就得知德国在研制一种能够进行远程打击的秘密武器——飞弹，但是对它的细节一无所知。我们现在知道，这种名为 V-2 的飞弹是一种短程导弹或者说短程火箭，它能以时速 5760 千米（即 4.8 倍音速）飞行几百千米。德国在火箭方面的技术明显领先于同盟国。

到了 1945 年，德国的败局已定。这时的同盟国想得更多的已经不是战争本身，而是如何处置战败国和建立战后新秩序。美国是一个重视人才的国度，他们看中了德国的人才，尤其是掌握火箭技术的精英。相比之下苏联人更看中德国和日本留下的机器设备，他们洗劫了德国的工业区和中国的东北。1945 年 4 月，一个特殊的美国调查团来到战争还在持续的德国，团长是陆军航空队的西奥多·冯·卡门（Theodore von Kármán，1881—1963）少将。这位出生于匈牙利的将军其实并不带兵，而是一位数学和力学家，因为肩负了特殊使命，才以美军人员的身份行动。在这个几十人的调查团中，还有一位来自中国的黄皮肤黑头发的年轻人，他是冯·卡门的学生，当时的军衔是陆军航空队上校。在美军护卫下，调查团冒着战火深入德国，封存了德国的最高科技机密，并邀请德国一流科技人才为美国效劳。冯·卡门后来被誉为美国航空之父，并且在 1963 年被肯尼迪总统授予美国第一届国家科学奖。冯·卡门的这位学生后来回到了中国，成为中国的导弹之父，他就是著名科学家钱学森，在当时调查团里的职务是火箭组组长。

不过，本章故事的主角并不是冯·卡门和钱学森，而是一

图 13.1 被美国航天局誉为世界航天史上第一人的冯·布劳恩

图 13.2 三代航天传奇人物在一起（从左到右：普朗特，钱学森，冯·卡门）

位比钱学森还小一岁的年轻人——V-2 火箭的设计师冯·布劳恩（Wernher von Braun，1912—1977）。

　　1945 年 5 月的一天，钱学森所在的美军部队在巴伐利亚俘获了一名叫冯·布劳恩的火箭工程师。或许是因为他的名字和职业都跟美国要找的人对上了，钱学森等人得知后欣喜如狂，连夜提审了他。这位德国人得知他们的来意后，对钱学森说："我想你们要找的是我哥哥沃纳·冯·布劳恩，我的名字是马格努斯·冯·布劳恩（Magnus von Braun），我哥哥发明了 V-2 导弹，我们都想向你们投降。"在马格努斯帮助下，钱学森等人终于找到了沃纳·冯·布劳恩。冯·布劳恩见到美军调查团后说："我知道我们创造了一种新的战争模式。问题是现在我们不知道，应该把我们的才智贡献给哪个战胜国。我希望人类能避免再进行一场世界大战，我认为只有在各大国导弹技术均衡的条件下，才能维持未来的和平。"最终冯·卡门和钱学森等人让冯·布劳恩相信将火箭技术交给美国人对世界和平更有好处，于是他随冯·卡门等人来到了美国。

冯·卡门和钱学森在德国期间，还一起去了当年冯·卡门上学的哥廷根——德国的一所大学城。在那里他们会见了空气动力学的开山鼻祖，冯·卡门的导师普朗特（Ludwig Prandtl，1875—1953），三人还留下了一张合影。值得一提的是，普朗特在二战之前收了位名叫陆士嘉（原名陆秀珍，1911—1986）的中国女学生做博士生。大家可能对这个名字有点陌生，但是她在中国航空领域的地位就相当于钱学森在航天领域的地位。她也是北航的筹建者之一，算起来还是钱学森的师叔呢。

冯·布劳恩来到美国后的头几年，居然无事可做，因为美国当时成为了世界上唯一的超级大国，其核心任务是帮助西欧恢复经济，以避免这些国家倒向苏联。因此，美国一直在裁减军队和军费。到了1947年，美国军队总兵力从二战后期的1200万裁撤到150万，与现在的规模大致相当，军费预算从1945年初的909亿美元裁减至1947年的103亿美元。这两年间美国并没有什么航天计划的预算。冯·布劳恩多次提出研制新火箭的建议，都被搁置一边。事实证明他的老板既糟糕又不称职，这个26岁的少校仅仅上过大学，对航天技术完全是门外汉，对冯·布劳恩的要求从不理会。要知道，冯·布劳恩26岁时已经指挥上千名德国工程师工作了，现在倒要向这个什么都不懂的毛头小伙汇报，一定非常郁闷。美国自身也不知道要做什么，几年时间里，冯·布劳恩从波士顿搬到马里兰州，后来又给弄到了得克萨斯州，这大致就相当于从东北给搬到京郊，再给搬到广东。在此期间，他能做的事情就是教教课，为大学和工业界做点培训，另外，有空就把美国人从德国带回来的V-2火箭再重新装一装。照我想，冯·布劳恩这些年过得实在是无聊。如果不是冷战的开始和另一个对手的出现，冯·布劳恩说不定也就讲讲课、做做研究，直到终老。但是，上帝还是给了他、也给了他的对手发挥其天才的机会。而他那位26岁的老板，曾经有一次影响历史的机会，可惜不是这块料，最终证明还是从哪儿来，到哪儿去。虽然从档案里我们知道这位老板名叫吉米·哈米尔（Jim Hamill），但是没人知道他，也没有人有兴趣想了解他。关于冯·布劳恩这段岁月，在《红色月亮升起——史泼尼克卫星和被遗忘的太空时代的对手》（*Red Moon Rising: Sputnik and the Hidden Rivalries that Ignited the Space Age*）一书中有详细描述。

第二节　特殊的囚徒

太空竞赛双方的主要负责人身份都很有意思，美国方面最终是由一个（前）战俘来主持航天计划，而苏联方面也找到了一个在身份上"门当户对"的高手来打擂台——（前）囚犯谢尔盖·帕夫洛维奇·科罗廖夫（Sergei Korolev，1907—1966）。科罗廖夫1907年出生在乌克兰，毕业于莫斯科鲍曼高等技术学校（相当于中国的清华大学）。1932年，25岁的科罗廖夫成为苏联火箭研制小组的负责人，并取得了火箭研究和试验的许多成果。1936年，他成功地设计出苏联的第一代火箭飞机。不幸的是，第二年他在斯大林的大清洗中，因为莫须有的阴谋颠覆罪（不知道要颠覆什么）遭到逮捕，先后在劳改营和监狱工厂做苦工。在那里科罗廖夫得了坏血病，不知这跟他后来的早逝是否有关。20世纪40年代初，苏联政府知道德国在研制导弹，于是把科罗廖夫转到"4号"特种监狱工厂，重新组织人员，开始研究军用火箭。在这家特

图13.3　苏联航天之父谢尔盖·科罗廖夫

种监狱工厂里，警卫十分森严，科罗廖夫毫无行动自由，每天工作12小时以上。1944年，科罗廖夫虽被释放，但是一直受到监视，对他的指控直到斯大林死后数年的1957年才被撤销。

自二战结束后，科罗廖夫逐渐受到重用，一些西方史学家认为那是因为苏联人得知冯·布劳恩去了美国。不论这个理由是否成立，有一点是肯定的，科罗廖夫不仅是当时，而且也是整个苏联历史上最优秀的空气动力学和火箭设计专家。二战后，从德国缴获的大量V-2火箭资料被送到了科罗廖夫和同事们的手里。不少人错误地认为，美苏两国的导弹和航天成就都依靠德国的前期工作。这种看法对美国而言或许说得过去，因为他们火箭研制的中坚力量就是冯·布劳恩及其德国同事；但是对于苏联，这种

说法有失公允。虽然二战后一些德国的科学家也在为苏联研究导弹，但是这些人以前在德国从来没有与冯·布劳恩工作过，而且苏联领导人对他们也不信任，根本就没有让他们接触机密文件，到了 1950 年，苏联干脆将这些德国专家送回了前东德。因此，苏联导弹和火箭的研制，主要是靠科罗廖夫等人的努力。其实，早在二战期间，苏联就开始了火箭技术的研究，积累不少。而在二战后苏联在火箭方面的研究也长期领先于冯·布劳恩领导的美国团队。

虽然科罗廖夫蒙受冤狱，并长期遭受非常不公正的待遇，但是他对苏联始终忠心耿耿，他没有像他的另一个同伴、杰出的科学家萨哈罗夫 [1] 那样从此成为对苏联持不同政见者。科罗廖夫的一生中多半时间里是在没有人身自由的情况下工作的，现在没有任何文件和史料记载他当时的心情，我们很难想象一个人在这样遭受监视、不信任甚至受到肉体惩罚的情况下还能安心工作，并为自己的国家、为整个人类做出卓越贡献。我常常想，相比科罗廖夫，我们有时在工作中所受的一点委屈根本算不上什么。

到 1947 年，作为苏联导弹总设计师的科罗廖夫，照着德国人的 V-2 导弹，仿制出了苏联第一代导弹 R-1。R-1 的射程还不如 V-2，不过两年后的 1949 年，新一代 R-2 的射程就达到 V-2 的两倍了。虽然有人质疑苏联的 R-2 多少还有点 V-2 的影子，但它是世界上第一个弹头和火箭分离的导弹，在此之前的德国人和

1　安德烈·德米特里耶维奇·萨哈罗夫（俄语：Андре́й Дми́триевич Са́харов），苏联原子物理学家，主导苏联第一枚氢弹的研发，被称为苏联氢弹之父。但他也是人权运动家和苏联持不同政见者，曾经被流放。他在 1975 年获得诺贝尔和平奖。为了纪念他，欧洲议会把设立的欧洲最高人权奖命名为萨哈罗夫奖。

同时期的美国人都没有做到这一点。在放弃了不是很成功的 R-3 后，科罗廖夫领导的第一试验设计局（OKB-1）于 1953 年成功发射了 R-5 弹道导弹，射程 1200 千米，可以覆盖西欧大部分地区。它的改进型 R-5M 成为了苏联第一代可携带核弹头的弹道导弹。R-5 系列导弹的出现和部署，让西欧和美国感到了恐慌。而更让西方感到害怕的是科罗廖夫领导设计的下一代导弹 R-7。R-7 是世界上第一种洲际导弹，它采用了二级火箭，这也是世界上第一枚采用多级火箭推进的导弹，射程长达 8000 千米以上，能够打到美国本土。到此，苏联的导弹技术已经明显领先于美国了，而且他们自行设计了近程、中程、远程和战术导弹，中程导弹在试验成功后很快就开始装备部队了。科罗廖夫团队的效率之高在世界航天史上是空前的。

现在，我们要回过头来讲讲冯·布劳恩。当科罗廖夫和他的同事们大干快上时，他还在继续被浪费光阴。但是历史终究会给有准备的人以机会，而他们也能够把握这样的机会。如果说二战后苏联人在火箭上的努力还没有唤醒沉溺在胜利喜悦中的美国人，那么 1950 年 6 月朝鲜人民军的胜利给了美国人当头一棒，把这个巨人砸醒了。6 月 25 日，朝鲜人民军跨过了三八线[2]。作为美国盟国的韩国，既没有坦克也没有反坦克的武器，甚至没有重炮。面对北方的坦克和重炮，毫无还手之力。到了第三天即 27 日，韩国政府就打算撤离汉城（离三八线很近），并且在 28 日就逃过了汉江。因为害怕朝鲜军队追击，韩国政府炸掉了汉江大桥，这不仅对逃亡中的平民造成了很大伤亡，而且把几千名军人

---

[2]　关于这段历史，有兴趣的读者可以阅读沈志华的《中苏同盟与朝鲜战争研究》。

丢在了汉江北面，最后让他们都成了朝鲜的俘虏。当天朝鲜军队就占领了汉城，从开战算起仅仅四天而已。韩国的表现，怎一个惨字了得！美国人发现在二战时靠自己提供援助和部分武器的苏联，现在在很多武器装备上已经接近甚至超过了自己，于是开始加大了对军备的投入，力图在武器上全面压倒苏联，这包括对导弹研发和装备的投入。

对无数的家庭和参战各方上百万军人来讲，朝鲜战争是个巨大的灾难，经过几年的战争，交战双方基本维持了战争前各自控制的领土。而对冯·布劳恩来讲，这是一个转折点，并从此开始了他不朽的事业。

朝鲜战争开始后，冯·布劳恩被任命为美国陆军弹道导弹局（Army Ballistic Missile Agency，简称 ABMA）开发中心的主任。他和他的德国同事来到了美国偏远的阿拉巴马州的一个叫 Huntsville 的小城，后来在那里他一住就是 20 年。从 1950 年到 1956 年，冯·布劳恩和他的德国同事研制出红石火箭，它后来成为了美国第一代携带核弹头的弹道导弹。这种射程 300 千米的火箭，直接源于冯·布劳恩以前在德国设计的 V-2，因此他们从开始设计到完成只用了两年时间。但是，从性能来讲，它仅仅超越了德国在二战末的水平，相比苏联同期的 R-5 火箭（射程 1200 千米）有很大的差距。即使到了 1956 年，冯·布劳恩的团队设计的美国第二代火箭木星 -C（Jupiter-C），射程也就是 1000 千米，而这时候，科罗廖夫已经研制出射程 8000 千米的洲际导弹 R-7 了。

科罗廖夫从昔日德国人的追赶者成了领先者，而他的对手冯·布劳恩则从领先者变成了追赶者。对冯·布劳恩来讲，二战后五年的宝贵时间白白浪费掉了，现在他必须追赶，但是，他甚至不知道要追赶的对手是谁，因为苏联保密工作做得很好。而另一方面，科罗廖夫知道他的对手冯·布劳恩等人的存在。这是一场非常有趣的比赛。从 1947 年到 1966 年，两个顶尖的科学家同时也是设计师就这样在幕后展开了长达 20 年的竞赛。

第三节　第一回合：人造卫星，科罗廖夫胜

无论是科罗廖夫，还是冯·布劳恩，他们的兴趣都不在于用导弹将核武器打到对方领土，而是利用火箭载人进行太空旅行。不过颇具讽刺意味的是，他们和平利用太空的理想，恰恰是由两个敌对的、正在进行军备竞赛的国家帮助实现的。

苏联领导人赫鲁晓夫笃信社会主义可以通过和平竞赛（而不是武力）战胜资本主义。当然他眼里的和平竞赛并非经济发展和老百姓生活的改善，而更多的是体现国力的"面子"工程，在这样的指导思想下，苏联把太空竞赛从科技竞赛上升到社会制度比拼的高度，一切都要抢在美国人前面。这个艰巨的使命就落到了科罗廖夫和他所在的第一试验设计局的身上。而科罗廖夫也没有辜负苏联对他的期望。

1957 年 10 月 4 日，美国人自朝鲜战争后又一次被震惊了，因为这一天，苏联在拜科努尔发射场成功地发射了世界上第一颗人造地球卫星史泼尼克一号（Sputnik-1），并顺利送入预定轨道，这标志着人类从此进入了利用航天器探索外层空间的新时代。这颗卫星被赋予了太多的"第一"，无需我们赘述。《纽约

时报》当时发表的评论说，该卫星的发射不亚于原始人第一次学会直立行走。这是一个极高的评价。这颗卫星是一个直径大约半米的圆球，重约 84 千克。它有两部无线电发报机，不断向地面发回最简单的信号，表示工作正常。卫星每 96 分钟绕地球一周，在近地轨道上运行了 92 天后坠毁在大气层中。为了纪念这一天，1999 年联合国大会将 10 月 4 日—10 日定为"世界空间周"。应该讲，苏联第一颗人造卫星的发射，是全人类的文明成果。我们今天的电视、气象和通信都离不开卫星。

科罗廖夫的成功让美国人，包括冯·布劳恩的团队非常不安。美国人的自信心和威信都受到严重打击。美国人常常很庆幸他们的国家位于两个大洋之间，东临大西洋，西靠太平洋，敌人很难跨越两个大洋攻击美国。在两次世界大战尤其是二战时，虽然美国征集了上万人的军队在东西两个战场与德国和日本两线作战，但是无论外面打得多么热火朝天，美国的本土总是安全的。美国民众从来不用像亚洲人或者欧洲人那样，担心睡觉时天上会掉下炸弹来。即使是今天，美国依然执行本土安全为重中之重的国策，并在"9·11"恐怖袭击后成立了本土安全部（Department of Homeland Security）。苏联卫星上天，这在外界看来，只是苏联在航天技术上有了重大的突破，人类实现了很多的梦想，但是从军事的角度看，能将人造卫星发射上天的火箭，同样可以将核弹头打到很远的地方，这样美国本土就不再安全了。

发射卫星不是一件容易的事，因为它考验着一个国家的综合科技水平和工业水平。而其中火箭技术又是核心。火箭的推力、稳定性和准确性又都缺一不可。先说说推力，我们知道，要把一个东西投掷得远一点，出手的速度必须快。对火箭也是一样，一枚火箭速度越快，射得越远，当它的速度快到一定程度时，地球引力，也就是我们常说的重力，就不足以将它再吸引回地球表面，这样它就可以围绕地球旋转。这个速度在物理学上称为第一宇宙速度，即每秒钟 7.9 千米。

这个速度非常快，大约是音速的 20 多倍（即超过 20 马赫）。按照这个速度，火箭从北京飞到上海也就是两分半钟而已。当年德国 V-2 火箭的速度是 4 倍音速，现在需要 5 倍于 V-2 的速度才有可能将卫星发射上天。我们知道，火箭动能和速度的平方成正比，也就是说为了这 5 倍的速度，需要 25 倍的动能，而动能是靠燃料的热能转换过来的，在其他条件（比如发动机效率和燃料的比冲）不变的前提下，那需要准备 25 倍燃料。当然不能简单地将 25 倍的燃料灌到火箭里就完事，因为这样火箭的自重大了，速度依然上不去，这在当时是个尚未解决的难题。

为了解决这个矛盾，科罗廖夫设计了两级火箭。每一级都装有单独的发动机与燃料，每级火箭燃料用完后自动脱落，同时下一级火箭发动机开始工作，使飞行器继续加速前进。这样在一级火箭工作结束后可以抛掉不需要的质量，从而获得良好的加速性能，逐步达到预定的飞行速度。多级火箭的另一个好处是可以通过调整每一级火箭的推力和工作时间调整轨道，这样既可以把质量小的物体（比如卫星）发射得又远又高，又可以把质量大的物体（比如核弹头）送到相对近一点的目的地。事实上，发射第一颗人造卫星和发射苏联第一颗洲际导弹用的是同一种火箭，就是我们前面提到的 R-7。今天所有大推力火箭都采用多级的结构，而全世界最早的多级火箭[3]和级数最多的火箭（N1火箭，一共有四级）都是科罗廖夫设计的。

图13.4 苏联的R-7火箭

世界上任何事情都有两面性，多级火箭也有它的问题，它不仅结构复杂，而且火箭比较长，弯曲刚度差，不容易实现气动稳定。而发射卫星的火箭，准确性和稳定性比过去的导弹要高得多。事实上，无论是德国的V-2，还是苏联的R-5，准确性都不是很好。如果大家有机会参观美国的肯尼迪航天中心，可以在那里看到很多珍贵的历史影像。从这些影像中我们可以看到，在美国火箭早期的发展历程中，稳定性是个大问题，火箭经常打偏了或者干脆直接掉下来。为了解决稳定性的问题，科罗廖夫利用吉洪拉沃夫（Mikhail Klavdievich Tikhonravov，1900－1974）的理论，设计了一枚矮胖的火箭，如图13.4所示。

这枚火箭和我们印象中的火箭长相大不相同。我们印象中的多级火箭应该是细长的，比如中国的长征运载火箭。然而R-7却是矮胖的，火箭的中心有一个喷气发动机，而四周捆绑着四个同样大小的发动机。这种设计虽然增加了一些阻力，但是火箭

---

3 有文献记载美国在1949年试射了多级火箭，甚至有观点认为中国14世纪的"火龙出水"是最早的多级火箭，但是最早可以实用的多级火箭是苏联的R-7。

的效率会高一些[4]，能产生巨大的推力，火箭的稳定性也因此好了很多。

在 20 世纪 50 年代，苏联在火箭技术上可以讲领先美国整整一代。表 13.1 是苏联 R-7 火箭（早期型号）和美国同期的木星 -C 火箭的各项指标对比。

表 13.1　苏联 R-7 火箭和美国木星 -C 火箭技术指标对比

火箭	R-7	木星 -C
级数	2	3
长度	34 米	21.2 米
直径	3.04 米[4]	1.78 米
质量	170 吨	28.5 吨
推力[5]	5974[6] 千牛[7]	467[8] 千牛
负载重量	3000 千克	140 千克
射程	8000 千米	1100 千米

从这些数据中可以看到，R-7 的很多指标比木星 -C 高了一个数量级。

面对与苏联的巨大差距，冯·布劳恩并不服输。其实在此之前，美国人已经开始积极研制和发射人造卫星了，只是失败一次接着一次。其中最惨重的一次是 1956 年底的美国第一次卫星发射试验。在苏联卫星上天两个月之后的 12 月 6 日，美国人翘首期盼的第一颗实验性人造卫星终于发射了。很多美国人都希望它

4　一般串行的多级火箭，后面每级火箭是前面的完全负担，而像R-7这样并行的多级火箭，所有的发动机可以一起工作，后几级火箭不再是前面的单纯负担。

5　不包括四个捆绑的火箭。

6　由于 R-7 有诸多发动机，它的总推力是这样计算出来的：$907 \times 5 + 38 \times 12 + 907 + 38 \times 2$

7　火箭的推力一般用千牛顿（简称千牛）米衡量，1 千牛的推力大约相当于 0.1 吨。

8　木星 -C 比较简单，它的总推力为 370+73+24。

能够顺利上天，遗憾的是，这个期盼几乎在运载火箭离地的那一刹那就终结了。运载火箭"先锋号"在发射后离开地面仅几英尺后就出现故障，翻起跟斗，落回到发射台上，发生了爆炸。现场人员因为身处拥有厚厚墙壁的保护室里，才躲过了这场劫难。事后调查报告显示，当火箭发射出去两秒钟以后，第一级火箭便丧失了推力。

这次发射失败让冯·布劳恩等人乃至整个美国航天界压力倍增。在冷战岁月，这种压力不亚于战场上战败。当时不仅是美国人，而且包括他的德国同胞在内的全体西方人的航天梦都寄托在他们身上。当然，如果冯·布劳恩没有顶住这些压力，就不会成为后来的阿波罗登月之父了。到了第二年，他终于迎来了他辉煌的一天。1958 年 1 月 29 日，朱诺一号运载火箭（Juno Ⅰ）和"探险者 1 号"卫星竖立在美国南部佛罗里达州的卡纳维拉尔角发射场（即现在的肯尼迪发射中心）上，只待一声令下，即可点火升空。然而，这次发射出师不利，由于高空风大，发射推迟 24 小时。24 小时后，风速仍然在增大，发射再次被迫推迟！直到 1 月 30 日清晨，载着"探险者 1 号"的朱诺一号火箭才在紧张的气氛中点火升空。8 分钟后，卫星从天外传回声音——发射取得完全成功！五角大楼里的将军们纷纷抢着与冯·布劳恩握手拥抱。冯·布劳恩一言不发，只是

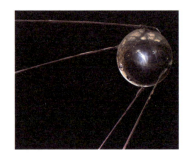

图 13.5　世界上第一颗人造卫星

流下两行热泪。当晚，白宫举行盛大的庆贺仪式，艾森豪威尔总统亲自为冯·布劳恩颁发了美国公民服务奖。

有意思的是，美国的卫星只有 9 千克重。这一方面说明美国的火箭不如苏联的，另一方面说明美国的电子技术要领先于苏联。但是从航天的角度讲，在这个回合的竞争中，科罗廖夫领导下的苏联航天工作者取得了完胜。

第四节　第二回合：载人航天，科罗廖夫再胜

无论是科罗廖夫还是冯·布劳恩，都志在实现人类飞出地球的太空旅行，而不在于制造导弹攻击对方[9]。因此，美苏太空竞赛的第二场就在载人航天上展开了。通过这场竞赛，双方不仅想在航天技术以及军事技术上压倒对方，而且都想借此证明自己的社会制度比对方优越。

为了实现载人航天，苏联制定了东方计划（Vostok programme），挂帅的当然还是科罗廖夫。我们之所以用"挂帅"这个词，是因为科罗廖夫不仅仅是火箭的设计师，而且确确实实是苏联载人航天计划的统帅。载人航天比发射卫星又复杂得多，除了火箭技术，还涉及其他相关技术，比如太空舱的设计制造。当然，还有就是宇航员的挑选和训练。事实上，科罗廖夫不仅过问一切和技术相关的事情，而且还负责制定宇航员的选择标准。我们并不打算讨论载人航天的方方面面，只是想通过火箭技术发展这"一斑"来窥视航天技术的"全豹"。

9　在这一点上，科罗廖夫和坚持发展洲际导弹的军方分歧很大。

按照科罗廖夫的要求，首批宇航员必须是 25－30 岁之间的男性，身高不超过 1.75 米，体重不超过 72 千克。挑选工作从 1959 年开始，经过海选，挑出了 200 个符合条件的候选人。在挑选过程中，苏联严格保密，没有告知候选人这次选拔的目的。但是这些有经验的飞机飞行员们，很多其实已经猜到他们将肩负的使命。在这 200 人中，科罗廖夫又精选出 20 人作为第一批参加受训的宇航员。这 20 人的姓名苏联已经解密，可以在维基百科[10]中查到。他们中的 19 人是空军飞行员，另外一名是工程师，军衔都在中尉和少校之间。其中最为人熟知的名字就是尤里·加加林（Yuri Gagarin，1934－1968），我们后面还要提到他。在这 20 人中，有 12 人最终乘坐宇宙飞船上了天。

与此同时，美国的载人航天计划也在紧锣密鼓地进行着，美国国家航空航天局（即 NASA，以下简称为美国航天局）的第一任主管格伦南（Keith Glennan，1905－1995），于 1958 年正式批准了载人航天的水星计划（Project Mercury）。这是美国空前庞大的航天计划，发射多达 26 次，其中前 20 次为非载人任务，中间有两次是载人亚地球轨道的飞行，最后的四次是真正的载人航天飞行。挑选宇航员的方法与苏联类似，但是规模要小些——首先要选出 110 名符合条件的飞行员，然后从中选择了 7 名作为宇航员培训。

这 7 个人后来被称为水星七子（Mercury Seven），虽然在他们中间包括了美国第一个上天的宇航员和第一个环地球飞行的宇航员，但即便是美国人，也没有多少人知道他们的姓名，倒是很多美国人都知道一个名叫加加林的苏联人。在这个世界上，人们往往只知道第一名，没人关心谁是第二名。

美国虽然不想做第二名，但是美国人心里清楚，苏联会抢在他们前面实现载人环球飞行，因为苏联的运载火箭已经准备好了，而自己这边还得从头研制。我们前面讲到，苏联的 R-7 系列火箭比同期美国的火箭领先整整一代，它的推力足以将几吨重的宇宙飞船发射上天。而美国当时的火箭推力都远远不足。

双方经过数次失败后，1961 年 4 月 12 日，全人类历史性的时刻到来了：苏联宇航员尤里·加加林登上了耸立在拜科努尔航天发射场的"东方一号"宇宙飞船。当天上午 9 点零 7 分，火箭点火发射，飞船奔向预定的地球轨道。火箭和飞船一切正常，加加林和基地通过甚高频无线电保持着通信，他在太空的讯息（类似于电报）也很快传回了地球。但是很快，飞船飞到了地球的背面，苏联在地球的另一面没有地面站，加加林和基地的联络暂时中断了，万一出了故障，就要全靠加加林自己随机应变了。当加加林和地面的联络中断后，发射基地的所有人只能祈祷。所幸，一切正常，很快加加林又飞了回来，并且和基地取得了通信联系。但是飞船在重返大气层时遇到了麻烦。按照设计，当飞船降落到一定高度时，降落装置（主要是反推火箭）应该和飞船分离。但不幸的是，东方一号的降落装置和飞船被一些电线给缠在了一起，两个部分绑着一起下降。这时，加加林显示出超乎常人的心理素质，为了不让发射中心担心，他当时还是报告一切正常。好在进入大气层后强烈的气流把电线扯断了，加加林才得以安全返航，但是这个意外却让降落地点比预定的偏离了 280 千米。当降落舱距离地面还有 2500 米时，加加林被弹射出降落舱，他的降落伞按时打开了。但是飞船落地时把地面砸出了个大坑。据两位目击的学生讲，一个直径两三米的大球从天而降，砸到地上，高高弹起，然后又落下。接着加加林穿着宇航服，背着降落伞从天而降。当地一位农夫和他的女儿见此情景吓了一跳，直往后退，还以为外星人来了。加加林告诉他们说，你们别怕，我和你们一样也是苏联人，说俄语。然后，加加林让他们带他到有电话的地方，因为他必须在第一时间通知总部。

加加林的整个太空旅行持续了 108 分钟，大约环绕地球一周。他成功的主要原因是苏联的火箭技术领先于美国。当然，和很多成功一样，里面多少也有运气的因素。当时苏联为了抢在美国前面将人送入太空，更加敢于冒险。这种做法为后来俄罗斯航天的发展埋下了隐患，导致了后来的一些事故。科罗廖夫本人是非常反对让宇航员冒险的，但是在当时政治第一的情况下，他的建议无人理睬。

加加林在完成了史无前例的太空飞行后，苏联为他举行了隆重的庆功仪式，并在接下来的时间里授予他无数的光荣称号。加加林成为了时代英雄，他的形象不仅出现在各种媒体和海报上，甚至上了邮票。不久，他回到大学学习，后来还通过函授获得了硕士学位。他的军衔和职务也不断提升，成为了苏联宇航员训练局副主任。在以后的岁月里，他的时间更多地花在了培养新的宇航员上，虽然他自己依然在坚持训练，希望再次进入太空。遗憾的是，他在 1968 年一次例行训练中因飞机失事而丧生。

和加加林不同的是，出于保密的原因，载人飞行的幕后英雄科罗廖夫却长期不为人知。在苏联第一颗人造卫星成功发射后，瑞典皇家科学院曾经询问它的设计者是谁，赫鲁晓夫答道："是全苏联人民"。但是科罗廖夫却从来没有因此而抱怨过，继续书写着他的传奇，创造着人类航天史上更多的第一。

世界各国对加加林上天反应不一。印度总理尼赫鲁说这是"人类战胜自然的胜利""和平的胜利"。英国人则担心来自太空的核打击。日本人和埃及人则希望美苏两国把太空竞赛用于和平目的。比较有意思的是西德人，或许是因为他们将最优秀的科学家送到了美国，他们认为美国应该先于苏联将人送入太空才对，因此美国是故意输的。当然，最重要的还是美国人的态度，他们外松内紧。一方面官方对苏联的成就表示祝贺，另一方面加紧自己的载人航天计划。

继加加林之后，美国人迫不及待地将艾伦·谢泼德（Alan Shepard，1923－1998）送入太空，毕竟这在当时是两种制度的竞争。美国人当时虽然还没有能力将宇航员送入环地球轨道，但是总要做点什么鼓舞一下国民的士气，并且在冷战的盟国中树立威信。1961年5月5日，谢泼德乘坐自由七号飞船，由红石火箭发射升空，整个飞行时间只有15分钟多一点，飞船只飞行了480多千米（303英里），降落在大西洋里。严格地讲，谢泼德这次不是真正意义上的太空飞行，因为他并没有进入地球轨道，而只是飞了个抛物线，飞出大气层，再重返大气层，中间飞船处于失重状态的时间仅仅5分钟。真正实现环绕地球轨道飞行的第一个美国人是约翰·格兰（John Glenn，1921－），他在加加林环球飞行的10个月后也成功地乘坐水星——宇宙神6号进入了地球轨道。在此之前，第二名苏联宇航员提托夫（Gherman Titov，1935—2000）完成了太空飞行，他也成为全世界在太空中滞留时间超过一天的第一人。

需要一提的是，虽然冯·布劳恩设计的红石火箭系列参与了水星计划，并且把美国第一个宇航员送上太空，但是美国水星计划中大部分的发射，尤其是后面的几次载人飞行，使用的运载火箭宇宙神（Altas）却不是他研制的，而是由美籍比利时科学家卡雷尔·博萨尔特（Karel Jan Bossart，1904—1975）[11] 设计的。在阿波罗计划之前，冯·布劳恩当时还隶属于陆军，而水星计划是由美国航天局负责，双方彼此没有隶属关系。而从 20 世纪 60 年代初开始，冯·布劳恩和他的团队就把精力转到了研制下一代火箭系列——著名的土星火箭上，为今后的登月使命服务。因此，水星计划在冯·布劳恩的航天生涯中只是一个小插曲而已。对于早期载人航天的贡献，冯·布劳恩在美国的作用远不如科罗廖夫在苏联的作用大。

在 20 世纪 60 年代初，科罗廖夫继续保持着对美国的领先。1963 年，苏联的捷列什科娃（Valentina Vladimirovna Tereshkova，1937— ）成为第一位进入太空的女宇航员。6 月 16 日，她驾驶东方六号飞船进入太空，与两天前进入地球轨道的东方五号共同完成太空编队飞行。她飞行了近三天时间，绕地球 48 圈。这次飞行完成了很多生物、医学和科学技术的考察和实验，证明女性也能在太空正常开展工作。这之后，科罗廖夫又在为载多人太

11　卡雷尔·博萨尔特也是一位世界级火箭专家，但是由于他主要是为美国军方工作，他的很多档案至今没有解密，外界对他的工作了解甚少。

空飞行、长期载人太空飞行和宇宙空间站而努力。从 20 世纪 60 年代起，他的身体状况日渐变差，因为他在三四十年代被囚禁时落下很多病根，但是他依然忘我地工作着。对此，我认为唯一的解释是，他热爱这项事业。他的成就包括多艘飞船编队飞行和太空对接、人类太空行走以及飞船和太空站对接。遗憾的是，他没有看到联盟号飞船和礼炮号太空站对接就与世长辞了。

回顾载人航天的历史，可以说苏联在这个阶段依然保持着对美国的领先，这里面科罗廖夫的个人因素起了很大的作用。因此，我们说在这一回合的竞争中，科罗廖夫依然完胜。但是，急于求成和过分冒险的苏联宇航计划为它之后的很多事故埋下了伏笔。事实上，科罗廖夫在这个阶段与苏联的领导层已经发生严重的分歧，他反对后者不顾宇航员安全、大跃进式的航天计划，更加反对苏联把钱花在弹道导弹而不是航天上。而这个阶段，美国做了很多脚踏实地的工作，缩短了与苏联的差距。这些坚实的工作，为之后的阿波罗登月做好了准备。

第五节　第三回合：登月，冯·布劳恩完胜

科罗廖夫在进行载人航天的同时，开始了飞出地球的努力，当然离地球最近的月球是人类走向太空的第一个着陆目标。为了登月，需要至少三个人乘坐同一艘飞船，这样飞船的体积和重量就要比先前运载一名宇航员的东方号大很多，再加上登月的距离比环绕地球轨道航行要远得多，火箭的推力就必须比先前的 R-7 大很多。科罗廖夫对 R-7 的改进工作从 1958 年就开始了，但是

苏联政治动荡导致经费不足，他的工作遇到不少麻烦。1959年苏联的第一艘探月飞船探月一号（Luna）的任务是接触到月球，但是最后比预定的轨道偏离了6000千米。好在探月二号获得了成功，成为人类第一个到达月球的飞行器，科罗廖夫又为苏联争得了一项世界第一。第三艘更进一步，它发回了月球背面的照片。

按照科罗廖夫的规划，苏联人的登月是早晚的事情，而且应该在美国人之前。为了适应登月的需要，科罗廖夫提出了大型火箭新的设计方案和长远规划，这就是著名的苏联N1运载火箭。N1还有两个小兄弟N2和N3，尺寸和推力逐次减小，后者用于运载洲际导弹。但是就在N1的设计方案刚出炉，还没有来得及实施时，苏联就陷入了优先发展洲际导弹还是载人火箭的争论。1959年12月，经过主管官员和各级专家的激烈讨论，优先发展导弹的意见占了上风，既然如此，就没有必要制造N1这样的超大型火箭。虽然科罗廖夫也获得了一些经费继续研制登月火箭，但是苏联的登月计划却暂时搁浅了。

与此同时，美国白宫迎来了新主人，而美国也进入了他们的新时代。太空竞赛的天平开始向有利于美国的方向倾斜。

1961年1月20日，白雪覆盖着美国的首都华盛顿。美国有史以来最年轻的总统，只有43岁的约翰·肯尼迪，在白宫前面宣誓就职。几个月前，他在大选中击败了当时的副总统尼克松，而两人在竞选中总是回避不了一个争论的主题——如何在冷战中战胜苏联。美国的努力自艾森豪威尔总统就开始了，而当时任副总统的尼克松做了很多工作。但是，年轻气盛的肯尼迪雄心比他的前任要大得多。在肯尼迪著名的就职演说中，他把探索星际的

图 13.6　冯·布劳恩和肯尼迪总统在一起

奥秘作为科学工作的第一位，放在征服沙漠和治疗疾病之前。而且他呼吁美苏在这些领域联起手来。仅仅四个月后，肯尼迪就提出了一个雄伟的航天计划——十年内登月，这个计划以太阳神的名字命名，就是著名的阿波罗计划（Apollo Program）。当时，水星计划还没有结束，阿波罗计划暂时还无法送人上天，为了做好衔接，美国还进行了一个过渡性的计划——双子星计划（Gemini）。在 20 世纪 60 年代的最初几年里，美国是三个计划（即水星计划、双子星计划和阿波罗计划）并行，这需要强大的国力支持。

　　阿波罗计划是人类探索太空和未知领域最庞大的计划，美国全国上下都动员起来了。有上百家的大学、研究机构和公司，两万多名科学家和 40 万人直接和间接地参与了这项航天计划。一般的航天计划，比如苏联的东方计划和中国的神舟计划，都是这样进行的：当第一次发射成功后，再设计和制造第二次发射所需的火箭和飞船。这样每一次发现的问题在下一次都能被克服，成功率较高，不过时间也会拖得很长。据美国航天局的一位主管后来在 Google 介绍，为了确保在苏联人之前登月成功，美国在双子星和阿波罗计划中采用了高密度的流水线式的研发方式，也就是当第一号火箭发射时，第二号在测试，第三号在组装，第四号在制造，第五号在设计研制……每一枚火箭发射的间隔只有半年甚至更短。当然，这里面也存在一个问题，如果在中间某个环节，比如说在测试环节，发现前面某个环节上都出了问题怎么办。答案是已在流水线上的火箭全部报废，所有工作推倒重来。事实上，在双子星和阿波罗计划中有三枚火箭因此而报废。毫无疑问，这么做就是用钱来换时间。

阿波罗计划的关键是登月火箭的研制，众望所归的人选非冯·布劳恩莫属。在该计划即将开始之际，冯·布劳恩和他的团队从陆军转到美国航天局。冯·布劳恩担任了马歇尔太空中心主任，负责研制登月的火箭，项目代号为土星。冯·布劳恩新的工作从 1961 年开始，他在与苏联那位他不知名的对手抢时间。

相比科罗廖夫，冯·布劳恩要幸运得多，美国在财力和人力上都比苏联更有保障，因此美国人追赶的速度很快。1961 年，冯·布劳恩的土星一号火箭研制成功，这是美国制造出的第一枚大推力火箭，第一级火箭的推力就达 6670 千牛，超过 R-7 全部发动机的推力。由于美国综合国力比苏联强很多，他们能负担得起更多的实验。土星一号火箭的前四次试验都只试验第一级火

图 13.7 阿波罗 11 号的三名宇航员重逢在当年的登月舱前

箭，第二级和第三级虚设，火箭按照既定的轨道打到海里即算成功。这样的试验方式更容易测试和改进火箭性能，但缺点是成本很高。总体来讲，土星一号非常成功，它不仅在 1964—1965 年间，把五艘登月飞船的包括指令舱和服务舱成功送进地球轨道，而且将一些与阿波罗计划有关的人造卫星和地月之间的微波测量船（为后续登月时的通信做准备）送到预定的轨道。

　　美国航天局原本计划在 1965—1966 年间使用土星一号再进行四次载人航天，但是后来发现该火箭的推力稍显不足，于是冯·布劳恩在 1963 年又研制出了推力更强劲的土星一 B 火箭，它的一级火箭推力比土星一号提高了百分之十左右，而二级火箭的推力更是增加了不止一倍（890 千牛对 400 千牛），至此，美国在火箭技术上已经超过了苏联，在其他登月的准备上也遥遥领先。除了火箭技术外，登月需要的尖端技术非常多，让我们来看看在几项最关键的技术上，美国人做的准备工作。

　　首先是着陆和离开月球的技术。让宇航员安全着陆月球并不是一件容易的事情。在地球上，因为有大气和海洋的帮助，可以通过降落伞给即将着陆的太空舱减速，为了防止太空舱和地面撞击，还可以降落在海洋上。月球和地球不同，既没有大气，也没有海洋，因此在地球上着陆的这些办法在月球都用不上，唯一的办法就是用反推火箭让登月舱减速，缓缓落下，就像我们在电影《星球大战》和各种科幻片中看到的那样。但是在现实中，这么做非常困难，火箭喷速和角度都必须控制得非常好。

　　当然，宇航员既不是嫦娥，也不是吴刚，无法在月球上长期生活，还需要离开月球返回地球。在阿波罗计划一开始，美国宇航局就提出了四种返回方案。

　　第一种方案是随登陆舱一起带一枚大火箭到月球上，然后直接发射返回地球，这样登月设备的总重量就非常大，需要从地球上发射一枚比阿波罗计划实际使用的土星五号大得多的巨型运载火箭，但这种方法最为简单。

　　第二种方案是在地球轨道上组装一枚火箭和一艘飞船飞往月球，同时迎接从月球返航的火箭，这需要用多个火箭将各个部件运到地球轨道，更需要卓越的空间对接技术，但是可以适当降低登月总设备的重量。顺便提一句，苏联一开始考虑的就是这种方案。虽然苏联没有能成功登月，却按照这个方案研制出著名的联盟号宇宙飞船。

　　第三种方案和第二种类似，差别是在环月球轨道对接，然后一起返回地球。这种方法需要的总设备重量最小。

第四种方案是发射两枚火箭到月球上，一枚运载登月舱，另一枚运载从月球返回地球的火箭，然后在月球上组装。这种办法的缺点是如果两枚火箭的轨迹出现一点偏差，登月舱和返航火箭的着陆点就会差出百八十千米甚至更多，宇航员就回不来了。

大部分专家倾向于第一种方案，因为它简单。当时大多数专家对于空中对接都没有把握。事实上冯·布劳恩也是支持这个方案的，并且已经打算设计一种比土星五号更大的新星火箭（Nova）来完成这个使命。但是，有一个叫约翰·侯博尔特（John Houbolt，1919—2014）的科学家坚持认为登月设备的总重量越轻越好，并想方设法说服了大多数人，于是，包括冯·布劳恩领导的马歇尔空间中心的专家们接受了第三种方案。阿波罗计划最终采用了这种方案并获得成功。美国历史学家认为，如果不是因为美国航天局最终采用了少数人的意见，就不可能在 20 世纪 60 年代末登月，尽管最终美国人能够登月。

当然这个计划的难点之一是对接，为此阿波罗 9 号在环地球轨道进行了对接试验，试验获得了成功，美国人这才继续往前走。

其次是登月飞船的技术，登月的飞船包括指令和服务舱（Command and Service Module，简称 CSM）及登月舱（Lunar Module，简称 LM），如下图所示。

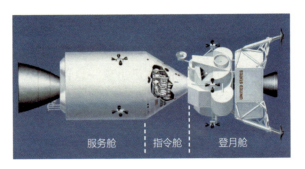

图 13.8　阿波罗 11 号的三个部分，从左到右分别为服务舱、指令舱和登月舱

指令舱是往返途中宇航员的栖身之所。它不仅要把宇航员从地球上送到月球轨道，并且接回，而且也是唯一重返大气层将宇航员送到地表的部分，因此阿波罗计划中对它所做的试验最多。这个模块的直径大约三米半，近四米高，有 5.5 吨重。服务舱（SM）和指令舱（CM，新闻中有时也称之为太空舱）相连，直径也和指令舱差不多，但长达七米。它运输登月所需的各种物资，包括液态燃料和各种设备，重达 24 吨。服务舱和指令舱相连，一同飞往月球，但是在飞船重返地球大气层时会被抛掉。大部分时候服务舱和指令舱的试验一起进行。登月部分包括登月时降落所需的反推火箭和离开月球的火箭，以及登月舱。尽管设计时已经尽可能地降低这部分的重量，但是仍重达 15 吨。

再接下来是控制技术。这里面最关键的一项技术就是自动控制中的卡尔曼滤波。这种滤波方法由美籍匈牙利数学家鲁道夫·卡尔曼（Rudolph E. Kalman，1930—）等人发明。在卡尔曼提出这种控制理论之初，它的实用性颇受怀疑，以至于他并未在电子工程和自动控制的杂志上发表这个成果，而是将它发表在数学期刊上。1960 年的一天，卡尔曼去拜访在美国航天局工作的斯坦利·施密特（Stanley Schmidt，1926—），发现他的方法对于解决阿波罗计划中轨道预测的难题很有用，于是就将它传授给施密特。后者成为了世界上实现卡尔曼滤波器的第一人，并对卡尔曼的工作进行了进一步的扩展。卡尔曼滤波器不仅用于阿波罗飞船的导航和控制，而且在雷达、计算机视觉、航天飞机和潜艇上都有广泛的应用。

最后还有地月之间通信的难题。月球距地球有 38 万千米，是地球周长的近 10 倍。这么长距离的双向通信，以前人类没有进行过。信号的衰减是否会让通信中断？另外无线电波往返地球和月球之间一次也需要两秒多，如何消除该延时对控制的影响？这里面有诸多问题需要一一试验才能确定。为此，美国发射了一些航天器，专门测试地月之间的通信情况。最后，由摩托罗拉公司提供了月球和地球之间的对讲设备。遗憾的是，这家伟大的公司今天已不再独立存在了。

在登月竞赛中，苏联除了火箭技术和美国略有一比，其余关键技术都远远落后于美国。

当然，最后一切都要回到火箭上，因为整个登月飞船几部分加起来重量超过 45 吨，这使得制造大推力火箭又成了整个计划的瓶颈。冯·布劳恩的团队需要设计推力比土星一 B 大得多的火箭。之前的十几次各种发射试验，无疑为他们后来研制新火箭提供了丰富的技术积累。1967 年，冯·布劳恩的杰作土星五号诞生了。

2002 年，笔者有幸参观了肯尼迪航天中心并且看到了冯·布劳恩设计的土星五号火箭。看到它的尺寸，任何人都会感到震撼。这个庞然大物长度超过一个足球场，直径超过一个排球场的宽度。它被水平地安放在展示大厅里，人们从下面走过，只感觉到个人的渺小。

土星五号一级火箭的推力就高达 33400 千牛，是土星一 B 的四倍多。

现在美国航天局对阿波罗计划所有的细节都考虑周全了，任务也落实了，各项工作也在按计划展开，一切进展顺利。从 1966 年 2 月到 8 月短短的半年里，美国航天局进行了三次代号为 AS201、AS203 和 AS202 的（无人）发射试验。代号 AS 是阿波罗和土星的首字母缩写，分别测试火箭和飞船的各种性能。之后的试验，代号更名为阿波罗。

但是 1967 年 1 月，阿波罗一号还没有发射就出事了，在一次地面的试验中，氧气舱爆炸，飞船着火，三名宇航员全部罹难。这次事故没有动摇美国人的决心，反而帮助美国人发现了很多问题，做了大量改进，大到飞船的设计、小到宇航服。其中有些改进，让后来的阿波罗 13 号受益匪浅，避免了新的悲剧。虽然阿波罗计划因此稍有延迟，但是到了 11 月，阿波罗四号 [12] 成功发射，这是土星五号火箭的第一次试验。在之后的半年里，美国又进行了两次试验，在无人状态下把登月所需的各个环节测试了一遍。又经过了半年的准备，从 1968 年的 10 月起，美国开始使用载人飞船（阿波罗七号）进行模拟实验。在短短的 7 个月里，美国进行了多达四次试验，有 12 名宇航员进入太空。其中阿波罗八号首次载人进入月球轨道，三名宇航员围绕月球转了 10

12　为了纪念罹难的三名宇航员，阿波罗一号、二号、三号空缺，从第四号开始。

圈，阿波罗十号测试了飞船到月球的降落过程，降落到离月球表面只有 15000 米的高度，这个高度只比现在商用飞机的巡航高度略高。

接下来的任务就是要降落在月球上，并让宇航员们踏上月球的表面。对于人类首次登月之旅，美国宇航局做了充分的准备。前期多次实验发射，把能想到的都试验了一遍。余下的就是确定执行首次登月任务的人选了，经过多重考虑，最后确定了由尼尔·阿姆斯特朗（Neil A. Armstrong，1930－2012）、巴兹·奥尔德林（Edwin E. Aldrin，1930－）和迈克尔·科林斯（Michael Collins，1930－）三人执行这次具有历史意义的任务。当然，为了保险起见，美国航天局还准备了一套对应的后备团队。即使选定了三人团队后，谁将第一个踏上月球又成了几个宇航员争执的焦点。在训练时是由奥尔德林先爬出舱门，最后才改成阿姆斯特朗，完全是因为舱门的设计更方便他而不是奥尔德林先出去。关于阿波罗登月的内幕细节，读者可以参看《阿波罗 —— 月球远征》一书。

很快，人类历史上辉煌的一刻到来了。1969 年 7 月 16 日，在佛罗里达卡纳维拉尔角的肯尼迪航天中心，阿姆斯特朗等人登上了高高耸立的阿波罗 11 号宇宙飞船，即将开始人类登月之旅。这次阿波罗登月，美国向全世界进行了电视转播，时任总统的尼克松也在白宫的椭圆办公室中通过电视观看实况。我想，每一位读者如果能回到那一天，一定也会坐在电视机前观看的。所幸的是，30 多年后，在肯尼迪航天中心的指挥室里，我在模拟现场看到了阿波罗 11 号登月任务的指挥情况和登月的录像。

好了，现在请读者们随我来到指挥中心。上午 9 时 32 分（美国东部夏令时间），火箭发射进入了最后的倒计时。宇航员和火箭的状态良好。或许是出于兴奋抑或紧张，阿姆斯特朗在火箭发射时的心跳达到了每分钟 110 次，这在以前是不曾有过的。控制台上各种仪器的显示屏和显示灯不停地闪烁着，墙上的计时器开始倒计时——10、9、8……3、2、1，这时背景响起了"发射"的声音。大屏幕上，土星五号点火成功，橙色的火焰推着 110 米高的庞然大物徐徐升起，速度越来越快，直到火箭消失在屏幕上。第四天，也就是 7 月 19 日，火箭进入月球轨道；第五天，7 月 20 日，阿波罗 11 号准备着陆月球。镜头切换到阿波罗 11 号着陆月球表面的影像，在登月舱的下方有一个摄像机，将模糊不清的月球表面图像传回地球。只见登月舱离月球表面越来越近，终于停在了那里。这段影像在美国航天局的网站上可以看到。在登月舱安全地降落在月球表面后，指挥长阿姆斯特朗传回了人类在月球上说的第一句话："休斯敦[13]，这里是静海基地。鹰[14]着陆成功。"

　　接下来，阿姆斯特朗和奥尔德林按照事先设定的行程，应该先睡五个小时的觉，因为他们在飞行途中没怎么合眼。但是他们俩兴奋得谁也睡不着，在征求了总部的同意后，他们提前踏上了月球的表面。在控制室的屏幕上出现了阿姆斯特朗走下登月舱，踏上月球大地的影像，他的动作非常缓慢。由于距离遥远以及通信技术远不如今天发达，传回的影像和声音断断续

13　指挥总部的代号。

14　阿波罗 11 登月舱的代号。

续，但是还是能分辨出阿姆斯特朗那句著名的话，"这是一个人的一小步，却是人类的一大步"。这几秒的录音在互联网上可以听到。

全球有六亿多观众通过电视观看了人类首次踏上月球的活动。阿姆斯特朗和奥尔德林在月球的表面安放了一些实验仪器，并且采集了 20 多千克的月球岩石标本。他们两个人在月球上滞留了大约两个半小时，然后回到登月舱睡觉。虽然奥尔德林不小心搞坏了返回火箭的点火开关，但是有惊无险，他们用一支笔打开了开关，火箭将他们先送到月球轨道和控制 / 服务舱汇合，然后返回地球。7 月 24 日，运载三名宇航员的指令舱落入太平洋。从发射到安全降落到地球表面，整个过程大约是八天零三小时。

在宇航员们返回地球 20 天后，即 8 月 13 日，美国全国举行了盛大的庆祝仪式，纽约、芝加哥和洛杉矶等三大城市同时举行了游行庆典。当晚，洛杉矶市为宇航员们举行了国宴，总统尼克松到场致辞并向宇航员和参加阿波罗计划的人员代表授勋。到场的政要还有当时的加州州长（后来成为美国总统）里根、联邦大法官、50 名国会议员、（50 个州中的）44 位州长和 83 个国家的代表。用尼克松的话讲，即使是白宫的晚宴，也从来没有来过这么多的州长。这·天还只是他们 45 天环球庆典的第一天，接下来他们应邀访问了 25 个国家，见到了包括英国女王在内的诸多外国政要和名流。

阿波罗登月的成功是全人类的胜利，直接和间接参加阿波罗计划的人员多达 40 万人（尼克松的原话），他们来自世界不同

图 13.9　阿姆斯特朗等三名宇航员从月球返回后，在隔离舱中度过了十几天。当时的美国总统尼克松在第一时间前往隔离舱看望他们并透过玻璃窗向他们表示祝贺

的国家，其中包括很多华裔科学家。第二个踏上月球的奥尔德林说："这不仅仅只是三个人去月球完成一次任务，也不仅仅是一个政府和产业团队的努力，也不仅仅是一个国家的努力。我们感觉这象征了人类对未知世界探索的求知欲……"

　　在阿波罗计划中，冯·布劳恩的贡献有多大呢？用阿波罗11 号的成员柯林斯的话讲："……把我们送入轨道的土星五号火箭的复杂程度是难以想象的，它的每一部件都很完美……我们始终对它抱有信心。没有为这个计划流血、流汗、流泪的人们，这一切都不会成为现实……我想对他们说：'十分感谢'。"美国航天局是这样评价他的："毋庸置疑，他是历史上最伟大的火箭科学家。他最大的成就是在担任美国航天局马歇尔太空飞行中心主任时，主持土星五号的研发，成功地在 1969 年 7 月首次达成人类登月的伟业。"可以说没有冯·布劳恩就没有土星五号，虽然人类最终还是可以登月，但不会是在肯尼迪设定的期限内——20世纪 60 年代。

在美国全民支持阿波罗计划并为之奋斗的同时，他们的竞争对手苏联又在做什么呢？由于内斗、资金不足和配套工业跟不上航天计划的需求，苏联从 20 世纪 60 年代中期在各个方面就落后于美国了，包括火箭技术。虽然科罗廖夫等人仍然壮志凌云，怎奈严酷的现实让他们举步维艰。当美国在 1961 年 5 月宣布实施人类登月计划时，科罗廖夫也提出了苏联自己的登月计划，并开始着手研制登月火箭 N1 和相应的飞船。我们在前面提到，对接技术是登月的关键之一，科罗廖夫在他生命的最后岁月，研究了联盟号宇宙飞船和礼炮号空间站，并且解决了两者之间对接的理论问题。然而当时的苏联已经无力像美国那样进行高密集的发射，因此登月计划进展缓慢，而且各项准备工作做得也非常不充分。这中间苏联还经历了赫鲁晓夫下台事件，新的领导人勃列日涅夫并不像他的前任那样无条件地支持航天计划。

1966 年 1 月 12 日，科罗廖夫死于一次外科手术，年仅 59 岁。很遗憾，他没有看到自己设计的宇宙飞船联盟号和礼炮号空间站成功对接——那时他已经长眠于地下四年多了。

科罗廖夫的继任者瓦西里·米申（Vasily Mishin，1917—2001）没有科罗廖夫的影响力和魄力。虽然他在很艰难的情况下完成了 N1 火箭的研制，但是该火箭四射四败。再加上不断的航天事故，尤其是宇航员的丧生 [15]，导致苏联登月计划的整体失败，并且最终被放弃了。

苏联和美国在火箭上的差距最容易被外界看到的是在技术上。的确，美国的土星五号 11 次发射无一失败，而 N1 火箭 4 次发射 4 次爆炸，技术上确实存在差距，但是在这背后有着更深层的原因。在说明这些深层原因之前，我们不妨先对比一下这两种火箭，它们分别是冯·布劳恩设计的土星五号和科罗廖夫的压轴之作 N1。

表 13.2　土星五号和 N1 主要参数指标的对比

火箭	土星五号	N1
高度	110 米	105 米
最大直径	10 米	17 米
质量	2800 吨	2735 吨
负载	120 吨	90 吨
发射次数	13	4
成功次数	12 [16]	0
推力 1	34020KN	50300KN
推力 2	4400KN	14040KN
推力 3	1000KN	1610KN
推力 4	无第四级火箭	446KN

从上面的对比中，我们可以看到 N1 的推力其实比土星五号更大，但它只能将 90 吨有效载荷送入地球轨道，而土星五号

15　1967 年 4 月 23 日联盟 1 号降落失败，科马洛夫丧生。1971 年，联盟 11 号的三名宇航员多布洛沃斯基、帕查耶耶和沃尔科夫在返回途中窒息而亡。1968 年，加加林，在一次米格 -15 战斗机坠毁中丧生。

16　土星五号唯——次不是完全成功的发射是在运载阿波罗 6 号的时候。那次发射，土星五号的两个发动机点火失败，但是并没有影响阿波罗 6 号完成任务。

可以运送 120 吨有效载荷。
这是由于 N1 全箭以煤油做
燃料，而土星五号的第二级
和第三级火箭是以液态氢做
燃料，因此效率较高。作为
火箭的燃料，煤油和液态氢
各有千秋，但是具有很高比
冲量的液氢对提高第二和第
三级火箭性能颇有帮助。苏
联方面并非不想用液态氢燃
料，但是一来液态氢价格昂
贵，二来它的燃烧不好控
制，而苏联在这方面的研究
和准备落后于美国，故而选
用了更有把握的煤油。

图 13.10　土星五号（左）和 N1（右）
的对比

　　N1 火箭最主要的问题还
不在于它的效率低，因为即使效率低一点，它还是可以把登月所
需的飞船送上天。作为一个非常复杂的机体，它从制造、组装到
测试都反映了一个国家整体的工业水平和质量水准，而在这方面
苏联远远落后于美国以及主要西方国家。首先，N1 火箭设计的
过程本身就一波三折，虽然科罗廖夫早在 1959 年就提出了 N 系
列火箭的总体设计方案，但是由于苏联内部的政治斗争，N1 火
箭的研制断断续续，直到 1969 年科罗廖夫去世后的第三年，才
第一次发射。而与它同期设计的土星五号在那一年已经完成了人

类首次登月的任务。其次，因为火箭非常庞大，整个设计过于复杂，我们都知道越是复杂的东西就越容易有小毛病，这种极端脆弱的结构导致了 N1 最后失败。另外，大型火箭都是在制造后运到发射场组装，土星五号是在海港城市新奥尔良制造，然后整级火箭装船运到位于佛罗里达海边卡纳维拉尔角的发射基地组装，而 N1 的制造和苏联的拜科努尔发射基地都在内陆，铁路无法运送这样的庞然大物，因此箭体各级都被拆散后运输，然后再重新组装。拼装出来的火箭比整体制造的火箭出现小毛病的概率高很多。最重要的是，由于缺乏资金支持，加上做事情一贯粗糙，N1 从未经过严格的出厂测试，导致它四次发射全部失败，而且每次爆炸都发生在一二级分离之前。不过需要指出的是，虽然 N1 火箭彻底失败了，苏联还是获得了不少火箭设计经验，这促使了后来苏联和俄罗斯主力火箭质子火箭的诞生。

最终美国人多次成功登月而苏联一次也没有，这里面的根本原因不是科罗廖夫的能力不行，而是苏联输在了综合国力上。

没有了对手的冯·布劳恩继续在为航天事业奉献着。继阿波罗 11 号之后，美国又有五次成功登月，完成了人类历史上的一个壮举。1972 年，在达到预期目的后，美国终止了阿波罗计划，转而开发可重复使用的太空飞行器——航天飞机。在最后一艘阿波罗飞船登月的五年后，冯·布劳恩也走到了他生命的尽头，1977 年他死于癌症。就在去世前不久，他获得了美国科技的最高奖——美国国家科学奖，但是他已经无力去白宫领奖了。14 年前，将他从德国带到美国的冯·卡门获得了第一届美国国家科学奖，12 年后，为阿波罗计划做出杰出贡献的另一名科学家卡尔曼也获得了这项殊荣。冯·布劳恩来到这个世上，似乎就是为了完成将人类送入太空、送上另一个星球的使命。他这一生过得匆匆忙忙，从 26 岁开始主管纳粹德国的火箭项目，到领导美国航天计划，三十年如一日地工作着。当他完成了这个使命后，上天似乎不愿意让他在这个世界上多停留，就召他回去了。

结束语

美苏太空竞赛产生了很多正面结果。它首先让人类飞出了地球。虽然人类目前只能在月球上短暂停留，距离真正的太空旅行乃至太空殖民还相差甚远，但是人类的太空探索只有短短几十年的历史，相比人类的历史只是一瞬间而已。当我们的远古祖先第一次抱着漂浮的树干漂过一条湍急的河流时，一定想不到自己的后代能够远渡重洋到达新的大陆。在哥伦布看来，原始人过河的行为再简单不过，但这却是探索未知的开始。当然，哥伦布也无法想象今天登月的壮举。或许几万年后，我们的后代可以自如地在太空旅行时，他们到达月球就如同我们过河一样，他们应该知道我们今天人类半个多世纪的努力是千里之行的第一步。历史将永远记住这些名字：科罗廖夫、冯·布劳恩、加加林和阿姆斯特朗。

太空竞赛的第二个结果就是培养了美国、苏联和世界很多国家的一代科技人才，造就了今天的高科技时代。当苏联的人造卫星经过西方媒体广泛报道后，导致了美国的恐慌和政治上的争论。这件事史称史泼尼克危机。作为回应，美国采取了一系列措施以夺回技术优势，当年美国国会就通过了《国防教育法案》，并由艾森豪威尔总统立即签署生效。该法案授权的花费超过 10 亿美元，广泛用于改造学校、为优秀学生提供奖学金（和助学贷款）以帮助他们完成高等教育、发展职业教育以弥补国防工业的人力短缺等。据当时还是小学生的希拉里·克林顿女士 2008 年在 Google 讲演时回忆，那时整个美国天天宣传的都是要学习科学，发展科技，这些宣传影响了一代人的一生。在那时，大中小学生们都响应总统的号召学习科技，学习工程。美国也因此诞生了一大批世界一流大学，包括斯坦福大学和加州理工学院。按照希拉里的观点，那时美国的教育水平普遍比现在高不少。

太空探索极大地促进了科技的进步，我们今天使用的很多东西，最初都是为太空探索的需要而发明的。比如我们今天婴儿使用的尿不湿，其实最早是为宇航员开发的。我们用的反辐射保暖衣和保温包，都是太空服的一部分。今天有记忆海绵的床垫和枕头，也是采用航天技术。今天数码相机成像的 CMOS 传感器，最初也是为了将登月图像传回地球而发明的。阿波罗计划一共成功登月六次，在月球上进行了大量实验，带回来几百千克月球的岩石标本，对我们了解太阳系的形成起到了关键的作用。这些岩石标本证实了月球起源于一颗早期行星和地球碰撞的理论。

太空竞赛也带来很多负面影响。但是很多人夸大了负面影响，甚至认为它最终拖垮了苏联。太空竞赛确实造成了很多浪费和不可持续发展的投入，但是相比它的成绩来讲，这些投入微不足道。美国阿波罗计划历时 11 年，耗资 200 亿－250 亿美元，折算成上一次金融危机前（2007 年）的购买力，相当于 1360 亿美元，还不如 2008 年金融危机时美国政府救助银行的零头，也远比美国陷入越战泥潭中的花费要小得多。在 20 世纪 70 年代，美国因为陷入了越战泥潭，耗费高达 1110 亿美元（相当于今天的7000 多亿美元），无力也无心进行大规模的空间探索活动，终止了阿波罗计划。虽然在 20 世纪 70 年代，美国航天局预算的绝对金额没有太大减少，但是占 GDP 的比重从 1970 年的 1.9% 降到了 1980 年的 0.8%。阿波罗计划的终止，导致两万多名科学家失业。苏联对其在航天上的投入一直不公开，但是在 20 世纪 70 年代，它在很多航天项目，比如空间站的建设等方面的投入依然可观。在苏联，更耗费资金的是，它利用火箭技术大量生产弹道导弹，这使得关乎国计民生的轻工业和农业长期得不到发展。最后又陷入了阿富汗战争的泥潭，直接从经济上拖垮了苏联，令其最终在冷战中失败，导致国家的解体。

回顾美苏太空竞赛，如果仅仅概括成科罗廖夫和冯·布劳恩两个人的竞赛，多少有点以偏概全。但是这两个人在这次竞赛中起到了关键性的作用。一方面他们是造时势的英雄；另一方面，是两个超级大国成就了他们的英名。积极推动探索太空的美苏领导人肯尼迪和赫鲁晓夫在历史上都是富有传奇色彩的领袖，遗憾的是他们分别在 1963 年遇刺和在 1964 年被政变推翻，没有能分享他们倡导的事业的成功，但是人类探索太空的努力并没有因此而停止。

法国思想家圣西门（Henri de Saint-Simon，1760—1825）在他的著作《寓言》中曾经讲过，一个国家如果失去了 100 名高官，它会照样前进；但是如果法国失去了各 50 名最好的物理学家、化学家、数学家和工程师……，后果将难以想象。科罗廖夫和冯·布劳恩就是这样的科学家。

科罗廖夫以囚徒的身份，在没有人身自由的情况下，忘我地工作，为他的祖国贡献了许许多多个世界第一。他生前（因为保密的原因）默默无闻，没有得到他应得的掌声和荣誉，也没有享受到普通人的快乐。他在去世后才为人所知，苏联为他举行了国葬，他的陵墓在红场的墓园内。2007 年，在科罗廖夫诞辰 100 周年之际，俄罗斯为他举行了大型的纪念活动，也可谓是荣于身后了。

相比科罗廖夫，冯·布劳恩是幸运的，他虽然为纳粹服务过，但是他的新国家对他和他的同事们完全信任，将最机密最重要的任务交给了他。而他那些去了苏联的德国同胞，因为得不到信任，早在太空竞赛真正开始前就被拒之门外。相信移民，重用移民，这是美国强大的重要原因。单比较这一点，苏联就已经输了。

冯·布劳恩不仅是世界上第一个把航天器送出大气层的人，还把人类送上了月球。他设计的土星五号火箭，在他去世 30 多年后的今天，依然保持着世界最大火箭的纪录。我们很难讲他们二人谁的本事更大，但是毫无疑问，他们是人类历史上迄今为止最伟大的火箭专家。当我们提到他们时，自然还会想到加加林和阿姆斯特朗，以及几十万直接和间接服务于太空探索壮举的人们。

在本章的最后，我们再回过头来提一下本章开头提到的年轻的中国人钱学森。他后来回到了中国，成为了中国的航天之父。他师承冯·卡门，而冯·卡门和冯·布劳恩其实没有太多的关联，因此过去一个流行的说法是中国的航天得益于美国（和德国）早期的研究是不对的，或许这个说法把冯·卡门和冯·布劳恩混为一谈了。中国航天的成就，虽然多少得到了苏联专家的一些帮助，但主要是靠自己的努力实现的。

第十四章　上帝的粒子
希格斯玻色子和希格斯场

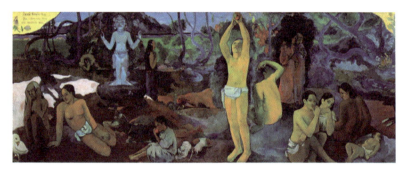

图 14.1　《我们从何处来？我们是谁？我们向何处去？》（高更绘制于 1897 年，收藏于波士顿艺术馆）

　　上面这幅画是著名的后期印象派大师高更（Paul Gauguin，1848—1903）的代表作。这幅画之所以出名，除了单纯的艺术成就外，还因为高更在画的左上角用法语写下了三个非常具有哲理性的问题 *D'où Venons Nous, Que Sommes Nous, Ou Allons Nous*，即"我们从何处来？我们是谁？我们向何处去？"。这三个问题从人类诞生开始就困扰着我们，并被认为是难以回答的终极哲学问题。

图 14.2　高更在画的左上角写下了三个终极哲学问题

在几千年的文明过程中，人类在很多领域的研究和科学实践其实都是为了回答这三个问题。从远古，到早期文明，到近代的科学时代，再到当代的科技大爆炸，人类对这三个问题的认识越来越深刻，离问题的答案也越来越接近。从某种意义上讲，对这三个问题的回答其实成为了衡量我们社会文明程度的标尺，相信有一天人类能够圆满地回答它们。

要了解我们从何而来，往何处而去，不能不了解我们所生活的宇宙：它的构成、它的起源、它的运动规律和它的归宿。如果说 300 多年前牛顿揭示了宇宙中星体宏观运动的奥秘，那么彼得·希格斯（Peter Higgs，1929—）等人则揭示了宇宙基本粒子构成的奥秘。后者的学说回答了关于宇宙的一些基本问题：为什么基本粒子有质量？为什么能量和质量能互相转换？等等。彼得·希格斯在 20 世纪 60 年代提出的模型希格斯场（和希格斯玻色子），终于在他有生之年得到证实。2013 年，他和另一名物理学家弗朗索瓦·恩格勒特（Francois Englert，1932—）众望所归，获得了这一年的诺贝尔物理学奖。这可能是半个世纪以来，含金量最高的诺贝尔物理学奖。

那么，什么是希格斯场（Higgs Field）？它为什么这么重要，

图 14.3 恩格勒特和希格斯（右）在诺贝尔物理学奖颁奖现场

以至于全世界花掉了上百亿美元来做实验？这还得从我们生活的宇宙谈起——它是由什么构成的？它是怎样产生的？它未来的命运如何？

第一节 世界是能量的

关于构成宇宙的基本元素是什么，它们能否无限制地分下去，这个问题几千年来一直困扰着人类。早在 2400 多年前的中国，就有了惠子和庄子之间一次著名的争论。庄子又名庄周，是中国古代著名的哲学家和道家的始祖之一。惠子名叫惠施，虽然他的名气比庄子小得多，不过他是中国诸子百家中名家的代表人物，以善辩著称。惠子认为宇宙中的万物由最基本而不可分的粒子组成。"至大无外，谓之大一；至小无内，谓之小一"，他所说的至大，可以理解为整个宇宙，宇宙之外没有东西；他所说的小一，可以理解为基本粒子，基本粒子之内是不可再分的。而庄子则认为，"一尺之棰，日取其半，万世不竭"，也就是说基本粒子是一层套一层，可以永远分下去的。他们两人的争论都没有证据的支持，因此谁也说服不了谁。

在古希腊，不少人持类似惠子的观点，其代表人物就是德谟克利特（希腊文：Δημόκριτος，约前460—前370），他提出了朴素的原子论。他注意到水汽蒸发以及香味传递等现象，推测出物质应该由很小的颗粒组成，他把这种颗粒称为原子。他还认为在宇宙中，有的地方有原子，有些地方没有，没有的地方就是真空。和惠施一样，德谟克利特的结论主要源于他的哲学思想，而非科学证据。至于原子是什么样的，有什么性质，无论是惠施，还是德谟克利特，或者是印度的学者，都无法想象。早期各种关于物质组成的学说还有一个非常含混的地方，就是搞不清分子和原子之间的区别，很多对原子的描述其实是针对分子的。

近代物理和化学的发展，让我们认识到了构成物质的基本单位——分子，它是维持物质化学特性的最小单位。将分子再往下分，物质的性质就变了，比如一个氧原子和一个碳原子构成一氧化碳，这是一种毒性气体，而构成它的氧是无毒的，而且是我们新陈代谢必需的元素，碳也是无毒的。当我们试图将一个分子继续分下去时，得到的物质已经不再是原来的物质了。分子非常小，不仅肉眼看不见，而且任何光学显微镜都看不见。虽然意大利科学家阿莫迪欧·阿伏伽德罗 [1]（Amedeo Avogadro，1776—1856）和英国科学家约翰·道尔顿（John Dalton，1766—1844）等人在19世纪初都提出了现代分子学说，尤其是后者的学说非常完备（今天的中学物理课本关于分子的理论基本上来源于道尔

---

[1]　意大利著名物理学家，以物理学中的阿伏伽德罗常数而著名。

顿），但是仍然缺乏有力的证据证实分子的存在。在 19 世纪，物理和化学都有了许多重大发现，虽然人们看不见分子，但是各种实验结果表明，如果分子论是正确的，那么这些实验结果就解释得通，否则就解释不通，因此科学家们普遍接受了道尔顿的分子理论，并以此指导自己的研究。我们在前面提到，任何科学的结论，最终必须有办法证实或者证伪，否则就是伪科学。在道尔顿之后科学家们就一直试图找到间接的证据来证实分子的存在。（在没有电子显微镜的条件下，无法直接看到分子。）1827年，英国生物学家罗伯特·布朗（Robert Brown，1773—1858）在显微镜下发现灰尘或者花粉等小颗粒在移动，开始他以为自己发现了一种微生物，但是很快证明这种毫无规律的运动并非微生物在移动，而是另有原因。直到半个世纪后的 1877 年，德赛尔（J. Desaulx，生平不详）提出了水分子随机的热运动导致花粉运动的解释。1905 年，爱因斯坦给出了分子热运动带动花粉布朗运动的数学模型，几年后法国物理学家让·佩兰（Jean Perrin，1870—1942）在爱因斯坦理论的指导下进行了大量的试验，证实了分子的存在，他也因此在 1926 年获得了诺贝尔物理学奖。爱因斯坦可谓是继牛顿之后科学的集大成者，虽然人们了解他一般都局限于相对论，但是他对世界科学的贡献远不止于此，对于分子论的确立，爱因斯坦居功至伟。

宇宙中的分子有成百上千万种，而构成分子的基本单位原子却只有几百种，包括 100 多种元素和 200 多种它们的稳定同位素（即便考虑到不稳定的放射性同位素，自然界中不同的原子也不到 3000 种）。化学家们发现两种或多种不同的物质发生化学反应，会产生新的物质，因此他们认识到分子是由更基本的单位——原子组成的。最早科学地论述原子论的还是英国化学家约翰·道尔顿，1803 年他在《化学哲学新体系》一书中提出了科学的原子论。道尔顿在进行各种化学实验时注意到，在任何化学反应中，发生反应的不同物质都是呈整数倍，而生成的各种物质也是如此，即符合倍比定律（Law Of Multiple Proportions）。因此他提出一种科学的解释，即不同物质的分子都是由若干个原子组成，不同的原子对应不同的元素，而化学反应是这些原子的重新组合，只有这样才能很好地解释倍比定律。他还提出，物质有单质和化合物之分，如果一种物质只包含一种元素，则称为单质，而不同元素的原子相互结合，就形成了化合物。道尔顿还用原子论解释了为什么某些气体比另外一些更容易溶于水。在道尔顿之后，原子的概念已经被科学界普遍接受，可以说整个近代化学都是建立在"原子构成分子"这个前提之下的。

19 世纪，化学得到了很大的发展，科学家们在化学实验中，认识到不同化学性质的元素其原子重量也不同，有些原子比较重，有些比较轻，同时化学家们也发现一些元素之间的化学性质很相近，而其他一些元素之间的化学性质则相差很大。1869 年，俄罗斯伟大的化学家门捷列夫（Dmitri Mendeleev，1834—1907）根据自己多年的研究和教学经验，并总结了以前的很多科学家如安托万 - 洛朗·拉瓦锡（A.L. Lavoisier，1743—1794）等人的贡献，提出了第一张元素周期表。在元素周期表中，一些元素的位置当时是空缺的，根据门捷列夫的理论，这些元素应该存在，虽然暂时没有找到。门捷列夫的元素周期律，给科学家们寻找这些元素提供了一个理论指导，这样科学家们很快就发现了很多新元素，元素周期表上的空当也都被填满了。

在发现原子以后，人们便好奇它的内部结构是什么样的。当然，并没有一种显微镜可以看清原子的结构，更没有一把"刀"可以把原子切开。怎么办呢？1909 年，著名的实验物理学家、诺贝尔化学奖获得者欧内斯特·卢瑟福（Ernest Rutherford，1871—1937）设计了一个实验，解决了这个难题。

卢瑟福的实验说起来很简单。为了更好地理解它，我们先打一个比方。假如我们想知道一个草垛子里面到底有什么东西——它是实心的，还是空心的？一个简单的办法是用一挺机关枪对它进行扫射。如果所有子弹都被弹了回来，那么我们知道这个草垛子是实心的。如果所有子弹都穿过去，并且没有改变轨迹，那么这个草垛子应该就是空心的了。卢瑟福把原子想象成一个草垛子，不过"扫射"用的是一把特殊的枪—— α 射线。卢瑟福用 α 射线轰击一个金箔做的靶子。如果所有的 α 粒子都被弹回来，那么说明原子是实心的；如果所有的 α 粒子都穿过了金箔靶，

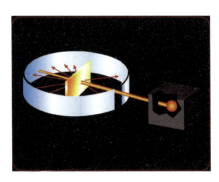

图 14.4　卢瑟福实验示意图

打到了靶子后面放置的感光胶片上，那么就说明原子内部是空心的。至于为什么卢瑟福使用金箔，那是因为金原子"个头"比较大，而且金箔可以做得很薄。有意思的是，实验的数据显示，有很少量的（大约只有八千分之一）α 粒子被反弹回来，大部分基本按照原来的轨迹穿过了金箔靶，还有一些拐了弯四处乱溅。这说明原子核内部既不是完全空心的，也不是完全实心的，而是有的地方空心，有的地方实心。卢瑟福根据 α 粒子反弹和溅射的轨迹（通过感光照片获得），推断出在原子的中心有一个很小的原子核，在原子核四周是密度很低的物质（后来证明是电子云）。中间那个核，直径只有整个原子直径的几万分之一。这相当于一个足球场中间竖起的一支铅笔。卢瑟福的整个实验过程持续了两年左右，收集数据的照片多达几十万张，直到 1911 年卢瑟福才发表他的结果。由于这个发现，原子的模型便以卢瑟福的名字命名了。

后来，随着近代物理学的发展，人们进一步了解到原子核是由质子和中子（统称强子）构成的。至于质子和中子内部结构如何，一直到 1968 年才被破解 [2]。原来它们都是由一种叫夸克的更基本的粒子构成。美国物理学家穆雷·盖尔曼（Murray Gell-Mann）也因为提出夸克模型获得了 1969 年诺贝尔物理学奖。至此，似乎庄子的结论是正确的，因为我们的实验数据表明基本粒子似乎可以不断地分下去。但是，就这样下结论还为时尚早，夸克的结构又是什么样的，它是不是由更小的粒子构成的呢？科学家们很快得知夸克是一个像圆锥形状的螺旋结构，一个强子由两

---

[2] 　模型是在 1964 年提出，1968 在斯坦福大学线性加速器实验室得到证实。

图 14.5　夸克（三个夸克构成一个强子）

个头朝上和一个头朝下的夸克组成，或者反过来，由两个头朝下和一个头朝上的夸克组成。至于这个螺旋结构里面是什么，在很长时间里大家都无从了解。后来有科学家又想到了卢瑟福当年的老办法，于是使用更高速的粒子轰击夸克，看看里面到底有什么。让所有科学家惊诧的是，夸克内部空无一物！也就是说夸克不可再分了。于是，似乎又是惠子的结论对了。到了这一步，我们已经得到了按照今天物理学认知所确定的标准模型（Standard Model）。对于物质，不论怎么分，最终总会得到一大堆夸克和一大堆电子之类的粒子。除非今后物理学的发展能否认这一点，否则这就是结论了。

　　事实上除了构成质子和中子的上述两种夸克（通常被称为上夸克和下夸克），另外还有 4 种夸克[3]。从 20 世纪 60 年代开始，很多物理学家因为发现了新的夸克或者研究发现了夸克新的性质而获得诺贝尔奖，其中包括美籍华裔科学家丁肇中——他发现了

3　　他们是奇夸克、粲夸克、底夸克和顶夸克。

粲夸克（Charm Quark），俗称 J 子。在标准模型中，电子则属于另一个家族，即轻子家族，因为它们的质量较小，这个家族也有 6 种粒子[4]。所有这 12 种物质粒子，被统称为"费米子"，都各自拥有一种与它们完全相同、只是电荷相反的反物质粒子。就目前人类的认识来讲就是这样了。物质不可能再分割成比这些基本粒子更小的东西了。

大家读到这里可能会开始困惑了：怎么基本粒子里面没有物质？原来，夸克是纯能量，和光子一样。这个发现很好地解释了以前困惑大家的两个问题。第一，为什么质量和能量可以互相转化，即爱因斯坦著名的公式 $E=mc^2$。因为构成物质的基础就是能量。第二，为什么在宇宙大爆炸之初，宇宙只是一个没有体积的质点，因为，宇宙最初是纯能量的，并没有物质，后来能量转变为物质，形成了宇宙中的基本粒子。我们过去常说世界是物质的，现在我们发现其实世界是能量的。说到这里，我们必须为后面的内容引入一个概念，即基本粒子的质量：单位电子伏特 eV。还记得中学物理内容的读者可能会问，这不是能量的单位么？没有错，不过既然爱因斯坦把能量和质量统一起来了，为什么不可以用能量的单位来衡量基本粒子的质量呢？采用这个单位的好处是方便，如果我们讨论基本粒子质量时，讲中子的质量是 1.675×10^{-27} 千克，大家都会觉得很不方便，但是如果说是 940MeV（或者 0.940GeV），就容易得多了。

回到基本粒子的问题上，如果构成基本粒子的是能量，又带来一个新的问题——那么它们为什么有质量、有体积、有形状

4　包括电子、μ 子和 τ 子，以及 3 种几乎没有质量的中微子。

呢？另外，上述 12 种不同粒子的质量各不相同，从质量最小的电子中微子到质量最大的顶夸克，相差 11 个数量级之多。这些质量来自何方，为什么又如此千差万别？这个问题困扰了科学家们很长时间，直到苏格兰爱丁堡大学的物理学家彼得·希格斯（Peter Higgs）和其他几位物理学家提出了一个假说，很好地解释了这个问题。

第二节　上帝的粒子

20 世纪 60 年代初，苏格兰爱丁堡大学的物理学家彼得·希格斯提出了一个假说——宇宙中存在一种特殊的场（或者说一种力量），如同一种胶把这些纯能量的东西固定在一起，它赋予了我们宇宙基本粒子的质量、体积和形状。虽然场这种东西，看不见摸不着，但是它们实实在在地存在着，而且每一种场对应我们所说的一种力。到目前为止，我们发现宇宙中的场只有 4 种。

第一，重力场，对应着重力或万有引力，这一点大家都知道。

第二，电磁场，对应着电磁力，我们现在对它有些恐惧，它是各种电磁辐射的来源。不过，另一方面，正是地球的电磁场挡住了射向我们星球的强烈的宇宙射线。

第三，强核力场，对应着原子核中的强力，大部分人对此知之甚少，不过因为有了它，原子核中的质子才不会因为电磁力互相排斥开来，否则我们的宇宙就会被电磁力炸得灰飞烟灭。

第四，弱核力场，对应着弱力，它与原子的裂变和放射性有关。

这 4 种场，都各对应着一种粒子，一般称为玻色子，比如电磁场对应的玻色子是光子（光是一种电磁波），弱核力场对应的是 W 玻色子和 Z 玻色子。那么，假说中的希格斯场，也应该对应着一种粒子，物理学家们称之为希格斯玻色子（Higgs Boson）或者希格斯粒子（Higgs Particle）。

希格斯的理论非常好地解释了我们宇宙的构成，但是要证明它是正确的，就必须有数据支持。希格斯在提出他的理论时并没有数据支持，因此当时欧洲的物理学杂志拒绝发表他的论文。于是他只好寻求在美国发表，1964 年美国的《物理学通讯》（*Physics Review Letter*，美国最著名的物理学杂志）发表了他的论文，他的理论和那篇只有两页纸的论文引起了物理学界的轰动。在此两个月前，比利时物理学家恩格勒特也发表了类似的论文。他们二人的工作是独立进行的，希格斯的理论成型更早，故理论以他的名字命名了。而恩格勒特发布得稍早一些，因此他们分享诺贝尔奖也是很公平的事情。不过在自然科学领域，没有数据支持的理论只能称其为假说。为了证实它，美国和欧洲展开了一场几十亿美元的实验竞赛。尤其是欧洲，当初拒绝了希格斯的论文，后来又花了几十亿美元来证实它，这恐怕是希格斯无论如何也没有想到的。

有读者可能会问，场这个东西看不见摸不着怎么证实？别忘了，我们前面讲到，场总是和粒子相对应的。只要证明了希格斯玻色子的存在，就能证明希格斯场的存在，很多宇宙的奥秘将会就此揭开，因此有人将希格斯玻色子又称为上帝的粒子，表示它如同上帝造宇宙时来固定万物的胶。那么如何找到这个粒子呢？希格斯玻色子存在的时间非常短暂，在自然界中是很难捕捉到的，但是人类发明了一种人工生成粒子的办法，就是用高能量的强子束（质子束）进行对撞，能量会生成物质，世界上很多新的粒子就是这么发现的。

接下来的问题是，如果这些希格斯粒子存在并且被撞出来了，怎么才能观测到呢？这恰恰要利用希格斯玻色子存在时间非常短的特性了，这种玻色子一旦被撞出来，就可能会衰变成两个光子。根据希格斯玻色子的质量，能够推算出这两个光子的能量。那么在相应频谱上就应该出现一个鼓包。当然希格斯玻色子也可能衰变成 4 个轻子（Lepton），这 4 个轻子也同样是可以接收到的。这就是后来发现了希格斯玻色子的 ATLAS 和 CMS 实验的设计原理。当然，物理学家事先估算出希格斯玻色子的质量必定介于大约 100 GeV 到 400 GeV 之间，后来更精确地锁定在 125 GeV 附近。具有这样质量的玻色子是一个非常"大"的粒子，其质量是质子或者中子的上百倍（它们的质量都不到 1 GeV），要撞出这么大的粒子，就需要一个巨大的强子对撞机，为此欧洲和美国都投入巨资建造高能加速器。

美国的实验是在芝加哥大学所属的费米实验室进行的。该实验室以著名的美籍意大利物理学家恩里克·费米的名字命名，历史上这个实验室走出了包括杨振宁和李政道等一大批诺贝尔奖获得者。它的强子对撞机 CDF（Collider Detector at Fermilab）是

图 14.6　阿尔卑斯山下的欧洲核子研究中心（图中的红圈是加速器所在的位置，8 个小红星是拐点的位置）

一个周长达 10 千米的回旋加速器，建造于 20 世纪 80 年代，并在 1989 年和 2001 年进行了两次升级。在欧洲核子研究中心（The European Organization for Nuclear Research，以下简称 CERN）的大型强子对撞机 LHC（Large Hadron Collider）建成以前，CDF 是世界上最大的强子对撞机。在这里，曾经发现过质量高达 175 GeV 的顶夸克粒子。2004 年，寻找希格斯粒子的实验在费米实验室进行，经过 6 个月的实验，科学家们没有找到希格斯粒子，但是大家普遍相信，这是由于费米加速器还不够大，产生的粒子束能量还不够高。因此，全世界都把希望寄托在欧洲核子研究中心上。

　　LHC 是一个回旋加速器，它建立在瑞士阿尔卑斯山下面，周长 27 千米，是费米加速器周长的两倍半还多。之所以藏得这么深，是为了防止外界任何震动对它的影响。它的加速轨道是一个八边形，在直线的地方加速，在拐弯处靠超导产生的巨大磁场让粒子束拐弯，这样形成环形的闭路，它巨大的能量和磁场可以将质子加速到光速的 99.99999999%，在这么高的速度下，每个质子的能量可以高达 7 万亿电子伏特（7 TeV 或 7000 GeV）。为了能准确对撞，粒子束的直径又非常细，只有 90 微米，比头发丝还细。在进行对撞实验时，两束运动方向相反的质子束分别被加速，然后对撞。在加速的轨道四周有很多探测器，用来提取实验数据。

为了找到希格斯粒子，CERN 设计了两个实验，代号分别为 ATLAS 和 CMS，它们的实验原理基本相同。当两个质子在大型强子对撞机的探测器中心对撞时，它们携带的能量会变成朝各个方向四散奔逃的大量粒子。这些探测器的任务就是收集这些产生出来的基本粒子，让它们减速，并根据能量分辨这些碰撞产生的粒子。唯一的区别在于 ATLAS 的探测器填充的是液态氩，而 CMS 采用钨酸铅晶体。顺便说一句，这两个实验应该讲是人类历史上迄今为止规模最大、投入人力和资金最多的科学试验，据《福布斯》杂志披露出的数据，这两项实验投

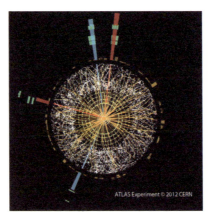

图 14.7　ATLAS 实验接收装置，两束高能粒子对撞后，产生新的粒子，四周环形的探测器收集所需要的数据

入的成本估计为 132.5 亿美元。

像 LHC 这样庞大而精密的系统自然也很容易出故障。因此，ATLAS 实验进行得并不是很顺利，还没有正式开展，加速器就坏了，经过多次维修、调试、测试、再维修和调试，该加速器终于在 2012 年进行了一系列寻找希格斯粒子的实验。实验数据多得惊人，每 50 纳秒就有两束粒子在 LHC 中发生对撞，而且今后的实验密度还要提高到 25 纳秒。而 CERN 每年产生的数据，相当于 2012 年整个互联网索引的大小（基本上等同于互联网上文字信息的存储量），当时 CERN 数据中心的存储量已经达到了 30 拍字节（即 30PB，等于 30000TB，或者说 3×10^{16} bit），现在还在不断地增加。无论是 ATLAS 还是 CMS，数据的处理工作均非常繁重，这么多照片，已经不能像卢瑟福那样通过人工查找的方法来处理了，而是通过图像处理和数据处理软件来实现的。根据《福布斯》的估计，每年为了处理这些数据，计算成本就接近 3 亿美元。

2012 年 6 月，ATLAS 实验获得成功，实验结果和预想的完全一致，无论是对光子的观测，还是对轻子的观测，人们都在 125 GeV 的位置发现了科学家们所期待的鼓包（图 14.8）[5]。希格斯粒子被发现了！但是，CERN 并没有马上宣布这个消息——他们需要确认这不是噪声，虽然出现噪声的概率只有 1/3 500 000。2012 年 7 月 4 日，在对实验结果进行了反复确认后，CERN 向全世界宣布了这一结果。几乎是与此同时，CMS 实验也获得了同

5 这是 CERN 给出的原图，标注为英文，读者不必深究图中文字的含义，注意 125GeV 处的鼓包即可。

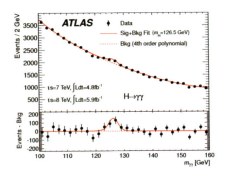

图 14.8　CERN 公布的 ATLAS 实验结果：在 125 GeV 附近发现新的粒子

样的结论。至此，人类算是破解了宇宙物质构成之谜。

　　消息传出，英国著名物理学家霍金博士向他的同胞、当时已经 87 岁高龄的希格斯教授表示祝贺，并且愉快地付给了密西根大学的物理学家凯恩（Gordon Kane，1937－）100 美元——多年前霍金和凯恩曾经为希格斯玻色子而打赌，赌注是 100 美元。2013 年，希格斯和恩格勒特共同获得了诺贝尔物理学奖。本来，很多人和我一样以为他们应该获得当年（2012 年）的诺贝尔奖，在 2012 年底时，大家还为他们有些遗憾。后来著名物理学家张首晟教授解释说，除了希格斯和恩格勒特外，还有 3 个科学家对这一理论有贡献，再加上两个通过实验证实这个理论的科学家（ATLAS 和 CMS 的负责人），已经达 7 人之多。而根据惯例，诺贝尔奖（除和平奖）从来没有授予超过 3 个人，因此诺贝尔奖委员会要想办法将这 7 个人减少到 3 个以内。看来，诺贝尔奖委员会是在花时间权衡谁的贡献相对较大，因此就拖了一年。

　　希格斯玻色子的发现，不仅完善了宇宙微观结构的标准模型，同时揭开了宇宙中的质量来源之谜，而且对先前关于宇宙形成的理论做了完美的解释。在这些理论中，最重要的，也是今天被大家普遍接受的就是宇宙大爆炸理论。可以讲，希格斯等人的理论将过去人们常说的微观世界和宇观世界联系在了一起。接下来我们就从微观世界跨越到宇观世界，来看看我们所生活的宇宙。

第三节　宇宙的起源——大爆炸

关于宇宙的起源，自古至今就是一个百家争鸣的课题。目前最通行的理论是大爆炸（Big Bang）理论，它是由美国俄裔物理学家伽莫夫（G.Gamov，1904—1968）、阿尔菲（Ralph Asher Alpher，1921—2007）和赫尔曼（Robert Herman，1914—1997）在 1948 年提出的，其中，伽莫夫就是我经常提到的《从一到无穷大》一书的作者。我们这一章介绍的全部内容都是基于这个理论的正确性，至于它是如何被证实的，我们在这一节的后半部分会讲到。这一章里涉及的知识和观点以截至 2013 年初的物理学发现为准，当然如果有人试图用哲学或者神学的原理来否定这些结论，那么就不在我们讨论的范围之内。

根据宇宙大爆炸理论，宇宙始于一个温度近乎无穷大、没有体积的质点。在大约 138 亿年前（前后误差 3700 万年），发生了大爆炸，从此诞生了我们的宇宙。在大爆炸发生后的极短时间（大约一个普朗克 [6]）里，重力场开始形成（而另外三种力——电磁力、强核力和弱核力还没有开始形成）。要知道普朗克是非常

6　可测量的最小的时间单位，大约 10^{-44} 秒。

短的时间，一秒钟内包括的普朗克的数量，比宇宙从开始形成到现在所流逝的秒数还大得多。在这个时刻，任何物理学的定律都不起作用。在大约 10^8 普朗克时间里，也就是 10^{-36} 秒的时候，强力开始分离。这时候宇宙的温度还很高，大约是 10^{27} 摄氏度[7]。在 10^{-12} 秒时，宇宙中的弱核力和电磁力开始产生，然后夸克和反夸克开始形成（10^{-6} 秒），这时宇宙的温度降到了 10^{13} 摄氏度。至此，宇宙还没有严格意义上的物质，甚至没有光。

光子大约产生在宇宙大爆炸后的 0.02 秒，从这时开始的若干普朗克时间里，光子是宇宙中唯一我们熟悉的物质。据说当年教皇约翰保罗二世（John Paul II，1920－2005）非常喜欢宇宙大爆炸理论，他说，你看看，这不是和《圣经》上说得一模一样吗？上帝在创造宇宙时，宇宙开始是混沌（没有物质），上帝先造出来的是光，"上帝说要有光，就有了光"[8]。这位教皇对近代物理学颇感兴趣，不过他也知道，要让《创世纪》和今天所有的物理学及天文学发现完全一致是不可能的，因此对这些不一致的情况非常不情愿承认。这位教皇还曾经对霍金教授说，大爆炸以前的事情你们就不要研究了，因为那是上帝的事情。我每每想起约翰保罗二世的行为，就觉得这位教皇也蛮可爱。

好了，当宇宙中有了光以后，那些光子的能量可比我们的太阳光强得多，成对的高能量光子，产生出成双的正电子和电子，这样，宇宙中的一部分能量就变成了物质。几乎是同时间，大量

7　也有估计说温度还更高一点，大约 10^{28} 摄氏度。

8　《圣经·旧约》中的《创世纪》第一章，第三段。

的能量转化为质子和中子，但是它们很不稳定。到了 0.11 秒 [9] 的时候，质子和中子开始大量地存在。它们的比例大约是 2 ∶ 1。在这个过程中，宇宙中能量减少，物质增加。

在大约 1 秒的时候，宇宙中最初形成的中子因为不带电，最先冲出宇宙大火球，弥散到宇宙的四周，它们所携带的能量形成了今天宇宙的背景辐射。如果宇宙大爆炸理论是正确的，那么应该能测量到宇宙形成时的这些背景辐射。此刻，中学物理课本中讲到的那些基本粒子（质子、中子、电子）就都已经产生了，但是因为这时候宇宙的温度还非常高，大约是 10^{10} 摄氏度，质子和中子处在一种高温等离子状态，运动速度太快，无法形成原子核。我们可以看到，在宇宙形成的过程中，能量被不断地转换成物质，宇宙的温度也在不断地降低。

在宇宙中形成由多个强子组成的原子核是在 13 秒左右。对于氢原子核，虽然我们可以称呼它为原子核，但是它只有一个质子，因此它的出现并不代表真正原子核的形成。当宇宙温度下降后，质子和中子（统称为强子）运动的速度逐渐慢了下来，在强力作用下形成多强子原子核。我们给这个过程打一个比方就很好理解，两个试图拥抱的男女，如果他们向对方跑去，张开双臂，可以抱到一起，但是如果他们坐着火箭冲向对方，即使碰上了，也会被弹开。除了氢原子外，宇宙中最小的原子就是氦原子了，因此最先形成的多强子原子核为氦原子核。这时的宇宙还非常热，大约有 10^9 摄氏度，不可能形成原子质量数大于 5 的原子核（氦原子核的质量数为 4）。同时由于宇宙的密度还非常高，光

9　范围可以放宽到 0.01—1 秒之间。

第十四章　上帝的粒子　一

线实际上是无法穿透宇宙的，光子不断地撞到各种基本粒子上，被反射和散射掉了。保罗教皇虽然讲上帝已经创造了光，但是如果你那时站在宇宙之外，是看不见任何光的。随着宇宙温度的降低，其他一些比氦原子核稍大的元素也开始出现了。

经历了半个小时后，大爆炸直接产生氦和其他元素的过程就停止了。但是，宇宙继续快速膨胀，继续降温，同时密度下降，这时宇宙中终于射出了第一束光线。我有时在想，如果真有一个上帝站在宇宙之外，在大爆炸的几小时后，看到从宇宙中射出的这第一束光，会是一种怎样愉快的心情？当然这束光频率非常高，不是我们肉眼看得见的。宇宙的这个降温和膨胀的过程大约持续了 70 万年。当温度降低到几千度时，电子和原子核的运动变得不那么快了，它们之间的电磁力将它们结合成原子。虽然宇宙作为整体继续膨胀冷却，但是在局部地区平均密度较高，就会由于万有引力而停止膨胀并开始坍缩。当它们坍缩时，在这些区域外，密度不均匀的其他物质对它产生的引力将牵动这一团物质开始很慢地旋转，这就形成了原始的星云；当坍缩的区域变得更

图 14.9 星云形成星系

小时，星云会自转得更快，这就像花样滑冰运动员在旋转时只要收起双臂就能更快地转动一样；最终，当这团物质的区域变得足够小，其自转的速度就足以平衡引力的吸引，碟状的旋转星系就以这种方式诞生了。

在大星云的内部，各处的密度也不是均等的，一些地方的密度相对更大，这些地方的氢原子和氦原子相互吸引，形成密度更高的区域。当这些区域的密度高到一定程度后，原子的碰撞使得气体温度升高，直到最后，热得足以开始发生核聚变反应。这些反应和氢弹爆炸的原理类似，释放出大量的能量，它不仅阻止了气体团的进一步坍缩，而且将能量以热和光的形式辐射出来，这就形成了我们宇宙中早期的恒星。那时宇宙的体积已经足够大，密度足够稀疏，原始的恒星已经开始产生热核反应，由此产生的光子向宇宙黑暗的地方送去一缕缕光，这些光才是我们肉眼能够看到的。至此，整个大星云最终变成了像我们银河系一样的星系。而宇宙中有亿万个这样的大星云。

在第一代恒星中，只有氢和氦元素，因此在它们的周围不可能有固态的行星。在很多第一代恒星中，核聚变反应进行得极快，经过大约 1 亿年的时间，氢就用光了。这时，这些恒星会进一步缩小，进一步变热，开始将氦转变成像碳和氧这样更重的元素。但是，这一过程并没有释放出太多的能量，以至于无法支撑恒星的体积，这下子麻烦就来了，恒星的中心区域会坍缩形成非常紧致的状态，譬如中子星或黑洞，它的温度将会越来越高，最后可能会导致超新星爆炸。恒星外部的一些重原子，比如氧、碳和铁，有时会在超新星的巨大爆发中被吹出来，一些重元素集聚在一起，就形成了像地球这样围绕着太阳公转的固态星球。因此，我们的太阳系应该是第二代或者第三代的恒星系。而在我们自己的太阳内只有大约2%的元素是重元素，剩下的依然全是氢气和氦气。

说到这里，宇宙大爆炸的说法似乎很完美，但是正如《文明之光》第二册"从笛卡尔到达尔文 —— 科学时代"一章中所说，任何科学理论都需要能够被证实或者证伪。那么如何证实（或者证伪）宇宙大爆炸这个"假说"呢？从大爆炸理论一提出开始，科学家们就在找证据来说明大爆炸的真实性。到目前为止，人类对宇宙的观察结果都符合大爆炸学说，包括我们后面会讲到的红移现象。不过，在所有证据中，被称为"3K背景辐射"的证据最有说服力。我们前面讲到宇宙最初是温度非常高的质点，在爆炸后向四周扩散，并且渐渐冷却。宇宙冷却到今天，四周任何一个方向的温度应该还残留几开尔文（绝对温度），而不是绝对零度。只要不是绝对零度，就应该有热辐射存在，就应该能检测得到。

1964年，美国贝尔实验室的工程师阿诺·彭齐亚斯（Arno A Penzias，1933— ）和罗伯特·威尔逊（Robert Wilson，1937— ）在无意中发现了这种宇宙背景辐射。他们架设了一个天线，本来是要接收卫星发回的信号的。为了检测这台天线的噪声性能，他们将天线对准天空中没有卫星的方向进行测量，结果发现有一种厘米波在各个方向都存在，而且这个信号与地球的公转和自转都无关。

起初彭齐亚斯和威尔逊怀疑是他们的天线系统有问题。1965

年初，他们对天线进行了彻底检查，甚至把天线上的鸽子窝和鸟粪都清除了一遍，然而这个噪声仍然存在。于是他们在《天体物理学报》上以"在 4080 兆赫上额外天线温度的测量"为题发表论文，正式宣布了这个发现，整篇论文只有两页纸。不久，狄克（Robert Henry Dicke，1916—1997）、皮伯斯（Jim Peebles，1935— ）、劳尔（Peter G Roll，生平不详）和威尔金森（David Wilkinson，1935—2002）在同一杂志上以"宇宙黑体辐射"为标题发表了一篇论文对这个发现给出了正确的解释，即：这个额外的辐射（3 开尔文黑体产生的辐射，也简称为 3K 辐射或者 3K 背景辐射，互动百科里有比较通俗的介绍）就是天文学家要寻找的宇宙微波背景辐射。1978 年，彭齐亚斯和威尔逊"幸运地"获得了诺贝尔物理学奖。很多重大的科学发现看上去来得很偶然，但是只有那些有准备的头脑才能从看似不经意的现象中发现事物的本质。他们那篇两页纸的论文可能是获得诺贝尔物理学奖的论文中最短的一篇，有趣的是希格斯获得诺贝尔物理学奖的论文也是两页，而和他一起获奖的恩格勒特的论文也只有三页纸，有时候有价值的论文并不需要啰里啰唆写得很长。

关于地球的历史，我们在本书第一册的引子中已经讲过，这里不再赘述。有意思的是，科学家们对于地球和太阳系的未来，反而比对它们的起源要了解得更多一些，因为人类看到了其他恒星死亡的过程。

第四节　宇宙的终结

太阳系的形成至今已有将近 46 亿年了，目前它正处在其中年时期。和万物一样，太阳和地球也会有终结的一天，根据目前太阳核聚变的速度推算，这大约是 60 亿年之后的事情。不过在此之前，稳定的太阳系首先会陷入混乱。比如火星有可能太靠近木星，进而被抛射出太阳系。我们今天用火星撞地球来说明不可能发生的事情，但是到了那一天，狂奔的水星却可能会和地球相撞。科学家们通过计算发现，从现在到太阳死亡，出现这个灾变的可能性大约是 2%，要知道，超过 1% 的概率就不能算是小概率了。

与此同时，由于太阳的质量在减小，它的引力将无法吸引外围的物质，因此它会膨胀。在太阳系最后的 20 亿年里，太阳的边际可能和地球靠得很近，它的高温足以杀死地球表面的所有生命，而火星如果仍然处于现在的位置，在温度上将会是太阳系中最适宜人类居住的星球。

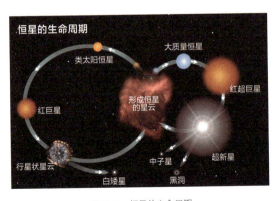

图 14.10　恒星的生命周期

当太阳中的氢燃料进一步耗尽时，太阳的体积会渐渐膨胀到目前的 100 万倍，成为一颗红巨星。而按照最新的数值模拟，那时太阳会吞噬水星、金星，可能还有地球。这时从火星上看太阳，它将占据大部分的天空，在这么近的距离里，火星会热得变成地狱。而土星和木星这些原本冰冷的卫星，此时会开始焕发出生机。其中土星的一个卫星——土卫六特别有希望形成生命。

如果那时人类还存在的话，也会看到和我们现在所见截然不同的天空。银河系也许已经和邻近的仙女星系发生了碰撞，正在融合形成一个超级银河系。很多气体分子和灰尘聚在一起，可能会引发一次大规模恒星形成过程，那时夜晚的天空会比今天的更明亮。

太阳在度过了短暂的红巨星阶段以后，其内部的核反应最终会停止，它会抛射出它的外部物质并且收缩成一颗白矮星。整个太阳系会变冷，土卫六会再一次被冰封。最终太阳还会由白矮星变成黑矮星，最后一丝光亮也将消失。

天文学家和物理学家对太阳系的未来还是有很准确把握的，因为他们观测到了很多已步入老年的恒星在不同时期的表现。但是对于宇宙最终的未来，天文学家过去曾经有过两种不同的假说。

第一种假说认为宇宙在膨胀到一定时间后，由于万有引力定律的存在，膨胀会放缓，并且渐渐停滞下来，然后局部高密度的星系将吸引周围的物质，产生巨大的黑洞，并且这个宇宙在万有引力的作用下会开始收缩，这样就会扭转当初宇宙大爆炸的过程，这是一个坍缩的过程。就如同黑洞的形成一样，宇宙在坍缩的过程中，中心的质量会越来越大，引力越来越强，并且坍缩成

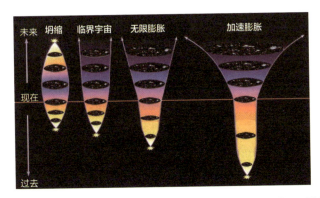

图 14.11 对宇宙终结的几种猜测（从左到右分别是：1.宇宙最终通过大挤压回到大爆炸前的初始状态；2.宇宙的密度正好在临界密度放缓膨胀速度；3.宇宙均匀膨胀；4.宇宙加速膨胀）

一个质点，重新爆炸。当然这种假设成立的前提是宇宙的总质量要足够大，而把这个质量刚好能形成坍缩的宇宙称为临界宇宙（Critical Universe），对应的质量则是临界质量。霍金在他的《时间简史》中基本采用了这种说法。霍金把这个坍缩的过程称为大挤压（Big Crunch），和大爆炸对应，并且一旦宇宙恢复到无限密度的状态，物理定律将会失效，就如同大爆炸初期物理学定律不起作用一样。这也就是说，完全无法预言会发生什么事情。或许以后还会有新的大爆炸，这有一点像是投胎。不过以前的生命遗传特征和记忆将不复存在——即使有新的宇宙，也会和现在的宇宙完全不同。不过霍金当时还不知道这几年最新的天文学大发现，否则他不会再讨论这种情况。

那么宇宙的前途便只剩下另一种情况，即宇宙将无限地扩张下去。物理学家早就知道，如果宇宙的密度（或者说质量）小于能让宇宙坍缩的临界值，万有引力便无法对减缓膨胀有任何效果。星系们会继续相互离开，宇宙就会继续永远膨胀下去。

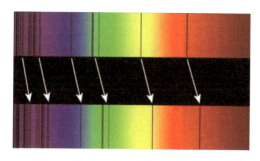

图 14.12　恒星色谱线的红移

　　我们是怎么知道宇宙是在继续膨胀的呢？一个直接的证据是所谓的红移。为了说明什么是红移，我们不妨回顾一个中学物理书上讲到的原理。当你站在铁路旁时，你会发现当火车驶向你时，汽笛的频率比它停在月台时要高；而当它驶离你时，其汽笛的频率听起来要比它在静止时低。火车汽笛的频率是恒定的，那么为什么人会感觉听到的声音频率不同呢？其实你的感觉并没有错，因为火车在驶向我们、静止和驶离我们时，在我们所在位置测量到的频率确是不同的，这种现象被称为多普勒效应。至于造成这个现象的原因，任何高中物理课本里都有解释。在宇宙中也是一样，遥远的星体并不发声，而是发光。当然我们知道光和声音一样也是一种波，有着同样的性质。如果星体朝我们的方向运动，那么，它传来的光谱应该比我们观测到的太阳光谱往频率高的方向移动。在光谱中，蓝光的频率高，因此我们看到的光偏蓝，这就是所谓的蓝移。反过来，如果它远离我们而去，传过来的光谱频率会向低的方向移动，我们知道红光的频率相对偏低，这时我们观察到的光偏红，也就是红移。通过蓝移或者红移现象，就能判断出恒星是向我们驶来，还是离我们而去。

宇宙的红移现象最早是由法国物理学家斐索（Armand Hippo-
lyte Louis Fizeau, 1819—1896）首先发现的，他指出恒星色谱线红
移现象是由多普勒效应引起的，也就是说宇宙星系之间的距离在
拉大，后来这种效应也被称为多普勒 - 斐索效应。后来美国天文
学家哈勃发现大多数星系都存在红移现象，并建立了关于红移的
哈勃定律。红移成为了后来宇宙膨胀说的有力证据。在哈勃之
后，天文学家都承认宇宙在膨胀，但问题是宇宙膨胀的速度是在
增加，还是已经开始减缓了。弄清楚这一点，就可以了解宇宙的
未来是无限膨胀还是大挤压。

　　就在霍金完成《时间简史》10 年后的 1998 年，美国劳伦
斯国家实验室（Lawrence Berkeley National Laboratory）和澳
大利亚斯特朗洛山（Mount Stromlo）天文台，开展了一项寻找
高红移超新星的项目（High Z Supernova Search Team）合作。
为什么要寻找超新星呢？因为超新星特别亮，在几十亿光年外
也能通过太空望远镜看见。通过观察高红移现象，科学家们都
得出了"宇宙正在加速膨胀而非减速"的结论。此前，宇宙学
家们一直预期宇宙是在减速膨胀。那么是什么原因导致宇宙不
断加速膨胀呢？

　　2011 年底，我在约翰·霍普金斯大学听了一个小型的学术
报告会，报告者是当时刚刚获得诺贝尔物理学奖的亚当·里斯
（Adam Guy Riess, 1969—）教授。他介绍了宇宙的加速膨胀和
红移等概念，然后介绍了他的工作。1998 年他和布莱恩·施密
特（Brian Paul Schmidt, 1967—）博士（另一位诺贝尔物理学
奖获得者）领导了上述那个寻找高红移超新星的项目。

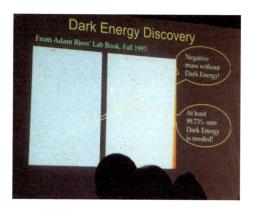

图 14.13　里斯的笔记——发现宇宙质量是负值的原始计算依据

里斯讲到，在计算宇宙质量时，他得到了负值！宇宙的质量怎么可能是负数呢？如果里斯是一位不认真的科学家，可能会造假或者放弃，不过他相当认真，而且善于捕捉异常的现象。最后他和布莱恩·施密特博士指出宇宙的质量真的是负的，因为存在大量的暗物质和暗能量。

根据里斯等人的推算，宇宙中我们看得见的物质不超过宇宙的5%，大约有 20%－25% 是所谓的暗物质，也就是无法观测到却又存在的物质；剩下来的占据了宇宙 70% 以上的，是我们一无所知的暗能量，而恰恰是这些暗能量在推动宇宙加速膨胀。

对于宇宙的未来，里斯教授是这样描述的：即使我们的星球（包括整个太阳系）能永远存在下去，也会有一天，我们将看不到任何星星，因为它们离我们太远，而且越来越远，最终整个宇宙将是死寂一般。这个过程会非常漫长，需要大约 10^4 亿到 10^6 亿年的时间，在这之后所有可能用于形成新的恒星的物质都将消耗殆尽，没有任何闪光的星星，即使是黑洞，因为霍金辐射带走了能量，也将消失。或许是害怕听众过于悲伤，里斯教授又说不过也许有一天有人会推翻我的结论。不过就目前人类得到的所有科学证据而言，宇宙将是有始无终。

结束语

从本书的引言开始，我其实一直在尝试回答高更提出的这三个问题，而这一章实际上是从物理学角度对"我们从何处来？我们向何处去？"的回答。当然，给出这些答案的不是我，而是几千年来一直在为文明做贡献的所有勤于思考的人们。有读者朋友在知乎上问"耗费巨资做实验证实希格斯玻色子，何时能产生回报？"我认为，世界上很多事情都不应该以"是否很快有回报"来衡量它的意义。希格斯等科学家对人类文明的贡献，是无法用金钱衡量的，因为他们在解决人类终极的哲学问题。美国国家航空航天局（NASA）斯坦林格博士写的"为什么要探索宇宙"[10]一文，则是从另一个角度回答了这一类"大投入搞科研是否值得？"的问题，这篇文章在互联网上广为流传。

---

[10] 1970 年，赞比亚修女 Mary Jucunda 给斯坦林格（Ernst Stuhlinger）博士写了一封信，在信中，Jucunda 修女问道："目前地球上还有这么多小孩子吃不上饭，他怎么能舍得为远在火星的项目花费数十亿美元？"斯坦林格博士很快给 Jucunda 修女回了信，同时还附带了一张题为"升起的地球"的照片，这张标志性的照片是阿波罗号宇航员安德斯（William Anders）于 1968 年在月球轨道上拍摄的（照片中可以看到月球的表面）。他这封真挚的回信随后由 NASA 以"为什么要探索宇宙"为标题发表。在信中，斯坦林格博士指出，太空探索不仅仅给人类提供了一面审视自己的镜子，它还能给我们带来全新的技术、全新的挑战和进取精神，以及面对严峻现实问题时依然乐观自信的心态。我相信，人类从宇宙中学到的，将充分印证诺贝尔和平奖得主施瓦策（Albert Schweitzer）的那句名言："我忧心忡忡地看待未来，但仍满怀美好的希望。"

至于"我们是谁？"这不是一个物理学的问题，我也无法回答。不过，每当我想到浩瀚的宇宙时就会以我的方式来思考这个问题，这时我总是不禁要感叹人生的短暂，个人的渺小。当我们把时空的范围放到宇宙这个量级来看时，王侯将相们的功绩简直就不值得一提，而发现各种宇宙规律的科学活动对后世的影响力则不会随着时间的推移而被磨灭掉。每一个人在宇宙中是多么地微不足道，因此，人们在任何时候都不必为自己的一点所得而沾沾自喜；但是另一方面，人类作为一个整体却是伟大的，他（她）在不断破解宇宙的规律，而作为这个整体中的一员，如果我们能够做一些对文明有益的事情，无论大小，我们都足以为自己感到骄傲。

世间万物都有生有死，就连宇宙也概莫例外，这就是规律。既然人的生命如此短暂，我们唯一能做的就是过好每一天，过得有意义。

附录　宇宙诞生的时间表

1 普朗克	重力形成
10^{-36} 秒	强力场形成
10^{-12} 秒	弱核力和电磁力形成
10^{-6} 秒	夸克形成
0.11 秒	强子形成
13 秒	氦原子核形成
35 分钟	由强子直接形成原子核的过程终止

参考文献

第一章

1. 十二铜表法 .http://t.cn/8FEuQSQ.

2. 彼德罗·彭梵得 . 罗马法教科书（第二版）. 黄风，译 . 中国政法大学出版社，2005.

3. 埃米尔·路德维希 . 拿破仑传 . 郑志勇，译 . 陕西师范大学出版社，2009.

4. 孟德斯鸠 . 论法的精神 . 许明龙，译 . 商务印书馆，2009.

第二章

1. Mary Frank Gaston. 青花梧桐（*Blue Willow – Identification & Value Guide*）.Collector Books，1990.

2. Mary Frank Gaston. 利摩日瓷器收藏者百科全书（*Collector's Encyclopedia of Limoges Porcelain*）.Collector Books，2000.

3. Robert E. Rontgen. 麦森瓷器（*The Book of Meissen*）.Schiffer Pub Ltd，1996.

4. Jenny Uglow. 五个好奇心改变世界的人（*The Lunar Men: Five Friends Whose Curiosity Changed the World*）.Farrar, Straus and Giroux，2002.

5. Robert Finlay. 世界史上的瓷器文化（*The Pilgrim Art: Cultures of Porcelain in World History*），University of California Press，2010.

6. 马未都 . 马未都说陶瓷 .CCTV 百家讲坛 .

第三章

1. Christopher Hibbert. 美第奇家族（*The House Of Medici Its Rise And Fall*）. Harper Collins Publishers，2000.

2. PBS TV Series: Medici Godfather of Renaissance.

3. 罗曼·罗兰. 米开朗琪罗传. 傅雷，译. 三联书店，1999.

4. Gene A Brucker. 文艺复兴时期的佛罗伦萨（*Renaissance Florence*）. University of California Press，1983.

第四章

1. 崔瑞德，鲁唯一，《剑桥中国秦汉史》，社会科学出版社，1992.

2. 赫拉利，《人类简史》，林俊宏译，中信出版社，2014.

3. 马礼逊夫人编，《马礼逊回忆录》，顾长声等译，广西师范大学出版社，2004.

4. [日] 寺尾善雄，《话说太监》，上海文化出版社，1987.

5. 房龙，《人类的故事》，三联书店，1997.

第五章

1. 卢梭，《社会契约论》，何兆武译，商务印书馆，2003.

2. 卢梭，《忏悔录》，唐永祥等译，长江文艺出版社，2008.

3. 卢梭，《论人与人之间不平等的起因和基础》，李平欧译，2003.

4. 孟德斯鸠，《论法的精神》，彭盛译，当代世界出版社，2008.

5. 孟德斯鸠，《罗马盛衰原因论》，婉玲译，商务印书馆，1962.

6. 亨利·古耶，《卢梭与伏尔泰》，裴程译，华东师范大学出版社，2008.

7. 洛克，《政府论》，丰俊功、张玉梅译，北京大学出版社，2014.

8. Nancy Mitford，Madame de Pompadour，New York Review Books Classics，2001.

第六章

1. 本杰明·富兰克林. 富兰克林自传. 姚善友，译. 三联书店，1985.

2. David McCullough. 约翰·亚当斯传（*John Adams*）.Simon & Schuster，2002.

3. Kevin R.C. Gutzman. 詹姆斯·麦迪逊和缔造美国（*James Madison and the Making of America*）.St. Martin's Press，2012.

4. R.B. Bernstein. 杰弗逊传（*Thomas Jefferson*）.The Oxford University Press，2003.

第七章

1. Samuel Smiles. 工程师的生平 —— 史蒂芬森父子和火车头（*Lives of the Engineers. George and Robert Stephenson. The Locomotive*）.Adamant Media Corporation，2005.

2. Jon Gertner. 点子工厂：贝尔实验室和美国发明的伟大时代（*The Idea Factory: Bell Labs and the Great Age of American Innovation*）.Penguin Books，2013.

3. T. C. W. Blanning. 十九世纪：牛津简明欧洲近代史（*The Nineteenth Century: Europe 1789—1914（Short Oxford History of Europe*）).Oxford University Press，2000.

第八章

1. Robin Langley Sommer. 毕加索（*Picasso*）. JG Press，2003.

2. Jacob Baal-Teshuva. 夏加尔（*Chagall*）.Taschen，1998.

3. Charles A. Riley II. 彼得·麦克斯的艺术（*The Art of Peter Max*）. Harry N. Abrams，2002.

4. Lawrence Gowing. 卢浮宫（*The Paintings of Louvre*）.Stewart, Tabori and Chang，1987.

5. Peter J. G‰ortner. 奥赛博物馆的艺术和建筑（*Art & Architecture Musèe d'Orsay*）. H.F.Ullmann Publishing Gmbh，2013.

6. William Barcham， Augusto Gen. 英国国家美术馆的绘画（*Paintings in The National Gallery*）.Bulfinch，2000.

7. John Walke. 华盛顿国立美术馆（*National Gallery of Art: Washington*）. Harry N. Abrams，1995.

8. Michael Collins. 梵蒂冈：圣城的秘密和宝藏（*The Vatican: Secrets and Treasures of the Holy City*）.DK，2008.

9. Kiki Smith. 纽约现代艺术博物馆简介（*MoMA Highlights: 350 Works from The Museum of Modern Art*）. New York: Revised Edition，The Museum of Modern Art, New York，2013.

10. 德拉克罗瓦 . 德拉克罗瓦日记 . 李嘉熙，译 . 广西师范大学出版社，2002.

第九章

1. 费正清、刘广京编，《剑桥中国晚清史》，上卷，第九章《清代的中兴》，社会科学出版社，1985.

2. 依田熹家，《简明日本通史》，北京大学出版社，1989 年，79-84.

3. 福泽谕吉，《劝学篇》http://www.saohua.com/shuku/zhexue/mydoc077.htm.

4. 鲁思·本尼迪克特，《菊与刀》，商务印书馆，1990.

5. Marius B. Jansen，The Making of Modern Japan，Belknap Press，2002.

6. John Dower，Embracing Defeat，W W Norton & Company，1999.

7. 大野健一著，臧新远译，《从江户到平成》，中信出版社，2006.

第十章

1. Ruth Lewin Sime 迈特纳传（*Lise Meitner: A Life in Physics*）.University of California Press，1997.

2. Richard Rhodes. 制造原子弹（*The Making of the Atomic Bomb: 25th Anniversary Edition*）.Simon & Schuster，2012.

3. 罗伯特·谷克 . 比一千个太阳还亮 . 钟毅，译 . 原子能出版社，1991.

4. 莱斯利·R.格罗夫斯.现在可以说了 —— 美国制造首批原子弹的故事.钟毅，译.原子能出版社，1991.

第十一章

1. 伯顿·G.麦基尔.漫步华尔街.张伟，译.机械工业出版社，2012.
2. 约翰·S.戈登.伟大的博弈.祁斌，译.中信出版社，2011.
3. David Wessel. 我们相信美联储（*In FED We Trust: Ben Bernanke's War on the Great Panic*）. Crown Business，2009.
4. Peter Lynch. 在华尔街上（*One Up On Wall Street: How To Use What You Already Know To Make Money In The Market*）.Simon & Schuster，2000.

第十二章

1. 阿图·葛文德，《医生的精进》（Better），李璐译，浙江人民出版社，2015.
2. 《灵药：抗生素的故事》，Milton Wainwright，Miracle Cure: Story of Antibiotics，Balckewell Publishers，1991.
3. 《发现沙茨博士》，Inge Auerbacher，Finding Dr. Schatz: The Discovery of Streptomycin and A Life it Saved，iUniverse Inc，2006.
4. 《瓦克斯曼和抗生素》http://www.acs.org/content/acs/en/education/whatischemistry/landmarks/flemingpenicillin.html.
5. 《发现和开发青霉素》https://www.acs.org/content/acs/en/education/whatischemistry/landmarks/flemingpenicillin.html.
6. Penicillin 1929—1940，British Medical Journal，pp 158—159，July 19，1986，https://www.ncbi.nlm.nih.gov/pmc/articles/PMC1340901/pdf/bmjcred00243—0004.pdf.
7. http://www.botany.hawaii.edu/faculty/wong/BOT135/Lect21b.htm.
8. 《弗洛里博士外套中的青霉》，Eric Lax，The Mold in Dr. Florey's Coat，Holt Paperbacks，2005.
9. 德吕恩·布奇，《医药的真相》，孙红、马良娟译，新世界出版社，2010.

第十三章

1. Matthew Brzezinski. 红色月亮升起—史泼尼克卫星和被遗忘的太空时代的对手（Red Moon Rising: Sputnik and the Hidden Rivalries that Ignited the Space Age）.Holt Paperbacks, 2008.

2. Edgar M. Cortright. 阿波罗—月球远征（Apollo - Expeditions To The Moon）.Dover Publications, 2009.

3. 太空竞赛.Space Race.BBC 视频节目.

4. 当我们离开地球（When We Left Earth: The NASA Missions）.美国 Discovery 频道节目.

第十四章

1. 史蒂文.温伯格.宇宙最初三分钟：关于宇宙起源的现代观点.张承泉，译.中国对外翻译出版公司，2000.

2. 史蒂芬·霍金.时间简史.许明贤，吴忠超，译.湖南科学技术出版社，2010.

图书在版编目（CIP）数据

文明之光 : 全四册 : 精华本 / 吴军著. -- 北京 :
人民邮电出版社，2017.1
ISBN 978-7-115-44355-7

Ⅰ．①文… Ⅱ．①吴… Ⅲ．①世界史－文化史 Ⅳ.
①K103

中国版本图书馆CIP数据核字(2016)第285157号

内 容 提 要

本书是吴军博士《文明之光》全四册的精华本。

全书大致按照从地球诞生到近现代的顺序讲述了人类文明进程的各个阶段，以人文和科技、经济结合的视角，选取对人类历史发展产生重大影响的人或事件，透过有趣易懂的故事式的讲解，揭示人类文明不断解决问题、曲折前行的辉煌历程，以及平凡人等对社会进步的巨大贡献，有机地展现了一幅人类文明发展的宏大画卷。在阅读过程中，读者既能够增长历史知识，也可以体会到人类文明发展历程的多样性。

◆ 著 吴 军
　责任编辑 俞 彬
　审稿编辑 李琳骁
　版式编辑 胡文佳
　策划编辑 周 筠
　责任印制 焦志炜

◆ 人民邮电出版社出版发行　北京市丰台区成寿寺路 11 号
　邮编 100164　电子邮件 315@ptpress.com.cn
　网址 http://www.ptpress.com.cn
　临西县阅读时光印刷有限公司印刷

◆ 开本：880×1230　1/32
　印张：22
　字数：473 千字　　　　　　2017 年 1 月第 1 版
　印数：40 501 - 43 500 册　　2024 年 8 月河北第 7 次印刷

审图号：GS（2018）2239 号

定价：128.00 元

读者服务热线：(010)81055410　印装质量热线：(010)81055316
反盗版热线：(010)81055315